松本史朗

法然親鸞思想論

大蔵出版

まえがき

法然と親鸞が日本の浄土教を代表する二人の思想家であることは、誰しも否定し得ないであろう。しかし、彼等の思想が、釈尊以来の長い仏教思想の展開において、仏教として如何なる意義をもつかについては、未だに明らかにされていない面が多いように思われる。

このような観点から本書では、法然と親鸞を中心とする浄土教の思想について批判的研究を試みた。『道元思想論』（大蔵出版、二〇〇〇年）の時と同様に、私は研究の対象となる思想家について、讃美や賞讃よりも批判的な考察を先行させるように努めた。特に親鸞については、明治以来の日本の思想界において極めて高い評価が与えられているが、如来蔵思想批判という私の視点から見るとき、このような評価に対しては、否定的な理解を示さざるを得なかった。すべての人間の思惟・思想というものは、絶対的なものではありえない。従って、この意味において、宗祖と呼ばれるような人物の思想に関する批判的研究は、常に何等かの実りを生じるであろう。本書も、この点で、法然・親鸞の思想的研究の発展に、幾分なりとも資する所があれば幸いである。次に、本書の内容を簡単に紹介しておこう。

第一章「選択本願念仏説と悪人正因説——平雅行氏の所論をめぐって——」は、本来『駒沢大学仏教学部論集』第二九号（一九九八年）に掲載された同名の論文に大幅に加筆し補訂したものである。副題に示されているように、この論文は直接的には、平雅行氏の法然理解と『歎異抄』解釈を批判したものであるが、そこには、私の法然理解、あるいは、『選択集』理解の基本的立場が示されている。

平氏の法然理解に対する私の批判のポイントは、氏が『選択集』の思想を「念仏以外では往生できない」という思想と解されるのに対し、私は『選択集』では、念仏以外の諸行による往生の可能性を認めていると見る点にある。この私の理解は、弁長・良忠以下の浄土宗鎮西派の『選択集』解釈を、他の諸派の『選択集』解釈と比べれば、一応は最も自然なものと見ることにもとづいている。また、この第一章では、現在の法然研究に重要な問題を投げかけている『醍醐本法然上人伝記』について、真宗文献との関連を指摘された永井隆正氏等の近年の諸研究を参照しつつ、否定的見解、つまり、この文献の内容を法然自身の所説に直結させるような傾向に対する否定的見解を提示した。

次に、第二章「法然浄土教の思想的意義――袴谷憲昭氏の解釈について――」は、やはり『駒沢大学仏教学部論集』第二九号に掲載された書評「袴谷憲昭著『法然と明恵　日本仏教思想史序説』」を、かなりの部分削除し、また加筆補訂したものである。袴谷氏は、『法然と明恵』なる著書で、善導・法然の浄土教思想を「他力主義」「往生の教」「菩提心否定説」「如来蔵思想否定」「深信因果」「仏教の正統説」等と解釈して高く評価されたが、これらの解釈を、私は、すべて批判せざるを得なかった。

特に、氏が、善導・法然の思想を「他力主義」として讃美されたことは、残念である。善導は、中国浄土教の先輩である曇鸞・道綽に反して、その著書において一度たりとも「他力」という語を用いなかった。そこには、〝称名正因〟説を確立したいという善導の強い意図が伺われる。従来〝本覚思想批判〟を標榜してきた袴谷氏が、『歎異抄』の〝悪人正因〟説に関する平雅行氏の解釈を全肯定した上で、「他力主義」を讃美されたことは、完全な論理的倒錯であり、浄土教に関して、如来蔵思想的理解を示したものと考えられる。

第三章「『捨子問答』と『後世物語』――親鸞思想の研究(一)――」は、やはり『駒沢大学仏教学部論集』第二九号に収録された論文に大幅に加筆したものである。即ち、本書の二六〇頁九行から四二五頁までは増補部分である。

本章で私は、親鸞が晩年関東の弟子達に書き送り、これを読むことを勧めた『後世物語』という文献が、従来殆んど研究されてこなかった『捨子問答』なる一書を下敷にして親鸞自身が著作したものであろうという論証を提示した。つまり、隆寛の弟子の系統に成立したと思われる『捨子問答』を親鸞が改作したものが『後世物語』であると見るのである。しかるに、『捨子問答』は、〝称名正因〟説、多念義を説き、『後世物語』は、〝信心正因〟説、〝信の一念義〟を説いている。また、『捨子問答』は、〝造悪無礙〟説を批判するのに対し、『後世物語』は、その批判を欠落させて、一種の〝悪人正機〟説を説いている。従って、そこには、親鸞思想の独自性が認められるであろう。

第四章「『唯信鈔』について——親鸞思想の研究(二)——」は、『駒沢大学仏教学部研究紀要』第五七号（一九九九年）所収の論文に加筆補訂したものである。本章で私は、一般に聖覚撰とされる『唯信鈔』、隆寛撰とされる『自力他力事』『一念多念分別事』も、『後世物語』同様、親鸞の著作であることを論証した。従って、以上の私の論証が正しいとすれば、親鸞が晩年関東の弟子達に書き送った和文の小品群は、すべて親鸞の著作であったということになるのである。また本章では、親鸞の「他力」説、〝信の一念義〟の構造等についても、考察を提示した。

なお、本書では、親鸞の著作と思われるものについては、「わるし」「あおぐ」「こころう」等の表現の統一を行ない、その他、読み易さを考え、テキストに若干の送りガナを補った。

本書をこのような形で出版して頂いた大蔵出版の井上敏光氏の並々ならぬ御尽力には、衷心より御礼申し上げたい。また、本書の執筆と作成の期間を通じて、私は絶えず肉体的に苦を経験したが、その間も私を支えつづけてくれた私の妻富恵子の献身的な助力によって、本書は完成することができた。

私は、この拙ない一書を、妻にささげたい。

二〇〇〇年一二月七日

東京にて　著者

（本書は平成一二年度駒沢大学特別研究出版助成金を受けて出版された）

法然親鸞思想論――目　次

略号・使用テキスト

A　大蔵経・全集等

大正　＝大正新脩大蔵経
『仮名聖教』＝『真宗仮名聖教』（『校訂再版　縮刷　真宗仮名聖教』）四時染香書院、一八九一年
『浄全』＝『浄土宗全書』山喜房仏書林、一九七〇―一九七六年
『昭法全』＝『昭和新修法然上人全集』平楽寺書店、一九五五年
『真聖全』＝『真宗聖教全書』大八木興文堂、一九四一年
『真蹟集成』＝『親鸞聖人真蹟集成』法蔵館、一九七三―一九七四年
『定本』＝『定本親鸞聖人全集』法蔵館、一九六九―一九七〇年

B　テキスト・資料等

『閑亭』＝『閑亭後世物語』（『浄全』続九）
『後世』＝『後世物語』（『定本』六(2)）
『後世講義』＝『後世物語講義』（『真宗大系』三一）〔『後世物語聞書講義』〕
『後世録』＝『後世物語録』（『真宗全書』四六）
『捨子』＝『捨子問答』（『浄全』続九）
『選択（仏教大系）』＝『選択集』仏教大系本、仏教大系完成会、一九二一年、一九二三年
『隆寛集』＝『隆寛律師遺文集』（平井正戒『隆寛律師の浄土教附遺文集』復刊、国書刊行会、一九八四年）〈付録〉
『浄典研（資）』＝『藤堂恭俊博士古稀記念　浄土宗典籍研究　資料篇』同朋舎、一九八八年
『仮名法語集』＝宮坂宥勝校註『仮名法語集』日本古典文学大系83、岩波書店、一九六四年
『鎌倉旧仏教』＝鎌田茂雄・田中久夫編『鎌倉旧仏教』日本思想大系15、岩波書店、一九七一年

C　研究書等

『悪人正機説』＝梶村昇『悪人正機説』大東出版社、一九九二年
『縁起と空』＝松本史朗『縁起と空　如来蔵思想批判』大蔵出版、一九八九年
『教行講義』＝山辺習学・赤沼智善『教行信証講義』無我山房、一九一四年
『血脈研究』＝梅原真隆『三本対校　親鸞聖人血脈文集の研究』親鸞聖人研究所、一九二三年
『浄典研(研)』＝『藤堂恭俊博士古稀記念　浄土宗典籍研究　研究篇』同朋舎、一九八八年
『真蹟研究』＝平松令三『親鸞真蹟の研究』法蔵館、一九八八年
『親鸞(石田)』＝石田瑞麿『親鸞』日本の名著6、中央公論社、一九八三年
『親鸞(松野)』＝松野純孝『親鸞――その生涯と思想の展開過程』三省堂、一九五九年
『親鸞書誌』＝宮崎円遵『親鸞聖人書誌』真宗典籍刊行会、一九四三年
『親鸞用語索引』＝『親鸞聖人著作用語索引』〈縮刷版〉龍谷大学真宗学会研究室、一九九六年
『選択集全講』＝石井教道『選択集全講』平楽寺書店、一九五九年
『禅批判』＝松本史朗『禅思想の批判的研究』大蔵出版、一九九四年
『善導』＝藤田宏達『善導』人類の知的遺産18、講談社、一九八五年
『中世仏教』＝家永三郎『中世仏教思想史研究』法蔵館、一九四七年
『道元思想論』＝松本史朗『道元思想論』大蔵出版、二〇〇〇年
『日仏論考』＝末木文美士『日本仏教思想史論考』大蔵出版、一九九三年
『日本中世』＝平雅行『日本中世の社会と仏教』塙書房、一九九二年
『法然遺文』＝中野正明『法然遺文の基礎的研究』法蔵館、一九九四年
『法然教学』＝梯実円『法然教学の研究』永田文昌堂、一九八六年
『法然と明恵』＝袴谷憲昭『法然と明恵　日本仏教思想史序説』大蔵出版、一九九八年
『略述』＝望月信亨『略述浄土教理史』日本図書センター、一九七七年
『隆寛浄土教』＝平井正戒『隆寛律師の浄土教附遺文集』復刊、国書刊行会、一九八四年〔本論〕

D　論文

「梶村・曾田」＝梶村昇・曾田俊弘「新出『大徳寺本　拾遺漢語灯録』について」『浄土宗学研究』二二、一九九六年

「曾田」＝曾田俊弘「恵雲（真宗高田派）の著書にみられる『法然上人伝記』「三心料簡事以下二十七法語」」『仏教論叢』四二、一九九八年

「坪井(一)」＝坪井俊映「醍醐本・法然上人伝記について――三心料簡以下の法語について――」『印度学仏教学研究』二三―二、一九七五年

「坪井(二)」＝同右「醍醐本『法然上人伝記』所収『三心料簡事』以下二十七法語について――とくに悪人往生説とその叙述者に関して――」『浄典研(研)』

「藤堂(一)」＝藤堂恭俊「禅勝房によって聴聞されたと伝えられる宗祖の詞の研究」『法然上人研究　第二巻　思想篇』山喜房仏書林、一九九六年

「藤堂(二)」＝同右「醍醐本『一期物語』の資料性」『浄典研(研)』

「藤堂(三)」＝同右「禅勝房の問いと法然の解答――『十一問答』に関する諸問題――」『浄典研(研)』

「永井(一)」＝永井隆正「『一期物語』についての若干の問題点――宗祖の詞を伝承した典籍の比較を通して――」『浄典研(研)』

「永井(二)」＝同右「顕智筆『見聞』に見られる醍醐本『法然上人伝記』」『法然上人研究』二、一九九三年

「真柄(一)」＝真柄和人「『本願成就聞書』について」『東山学園研究紀要』三九、一九九四年

「真柄(二)」＝同右「醍醐寺所蔵『法然上人伝記』の法語について――テキストクリティクの試み――」『東山学園研究紀要』四一、一九九六年

「モンテイロ」＝ジョアキン・モンテイロ「二種深信の思想的な意味について――善導における如来蔵批判――」『同朋大学仏教文化研究所紀要』一六、一九九七年

第一章　選択本願念仏説と悪人正因説

――平雅行氏の所論をめぐって――

法然の中心思想とされる選択本願念仏説と親鸞の系統に成立した『歎異抄』の悪人正因説について、平雅行氏は、その著書『日本中世の社会と仏教』（略号『日本中世』）の中で、興味深い議論を展開された。しかし、平氏の解釈には、私として賛同できない所もあるので、氏の解釈との相違を明らかにすることを通じて、この問題に関する私見を提示してみたい。

一　選択本願念仏説について

平氏は、法然の〃選択本願念仏〃説について〃選択〃の主体が、行者ではなく阿弥陀仏（厳密には法蔵菩薩）とされたことの意義を強調して、次のように言われる。

ⓐ石井教道氏が的確に指摘したように、「選択」とは「弥陀を主体とする取捨」を言うのである。このことはともすれば見落とされがちであるが、念仏を選ぶ主体を行者から弥陀へと転換した点に、法然の思想創出のすべての鍵があると言っても過言ではない。（『日本中世』一七三頁）

ここで、〃選択〃の主体が阿弥陀であるというのは、平氏の言われる通りであろう。ただし、この点は『選択本願念仏集』（以下、『選択集』と略す）の読者、研究者には理解されていたと思われるし、(1) そもそも『選択集』第三章において「選択」の語の典拠とされる(2)『大阿弥陀経』の経文(3)においても、「選択」という語は、阿弥陀仏による〝選択〟の意味で用いられていたのである。

さて、平氏は、右のように〝選択〟の主体が阿弥陀仏とされたことの意義を強調し、さらに次のように述べられる。

ⓑしかしながら選択説の場合、様々な価値体の中から一価値を選んだのは弥陀である。とすれば弥陀の浄土への往生を望む人間にはもはや多様な価値体は存在せず、阿弥陀仏が選んだ一価値が存するだけである。従来の浄土教には見えなかった絶対的世界が、こうして現出してくる。つまり選択本願念仏説では、極楽往生を望む行者にとって、称名念仏が唯一の絶対価値的行為なのであって、他の一切の行は極楽往生の手段としては全く無価値になったのである。それ故、選択本願念仏説とは「称名念仏は弥陀が選択した唯一の往生行であるから、念仏以外では往生できない」という思想なのであって、「念仏は弥陀の本願であるから、念仏を唱えるだけで往生できる」という本願念仏説と明確に区別されなければならない。選択本願念仏説は諸行の往生行としての無価値化、言い換えれば諸行往生の否定を本質としている。（『日本中世』一七三頁）〔傍線＝松本〕

この平氏の所論のうち、選択本願念仏説が「諸行往生の否定を本質としている」とは、論理的にはどのようにでも解釈できる言葉である。もしこの「諸行往生の否定を本質としている」という言葉が、平氏の右の論述にあるように、「念仏以外では往生できない」という意味であるとすれば、私はこの平氏の解釈に賛同することはできない。

「念仏以外では往生できない」ということを、法然は一体どの著作でどのように説いたのであろうか。平氏は、その論文中のどこにも、この点を示されていないように思われる。例えば、平氏は、論述ⓑに続けて、

ⓒそしてこの選択本願念仏説の樹立によって、浄土教理論の新たな地平が次々に切り開かれていった。それはまず第一に、「本願の念仏には、ひとりだちをさせて助をさゝぬ也」という絶対独立的念仏観を生んだ。（『日本中世』

一七三頁）

と言われるが、この論述を論理的に解する限り、ここで「本願の念仏には、ひとりだちをさせて助をさゝぬなり」という「絶対独立的念仏観」は、「選択本願念仏説の樹立によって」「切り開かれていった」「新たな地平」の一つであって、「選択本願念仏説」そのものではないということになるであろう。また、平氏が引かれた『禅勝房伝説の詞』の「本願の念仏には、ひとりだちをせさせて助をさゝぬ也」という言葉にしても、ここに「念仏以外では往生できない」という趣旨を読みとることができるかどうかも、明らかではない。さらに言えば、この言葉を含む『和語灯録』巻五『諸人伝説の詞』所収の『禅勝房伝説の詞』第五条に、法然の考え方が正確に反映されているかどうか、つまり、この文献の史料的価値ということが、問題となるであろう。(4)

「念仏以外では往生できない」と法然が説いたか否かは、やはり彼の主著を根拠にして、論じなくてはならないであろう。そこで、『選択集』を見てみると、そこには平氏の解釈を拒絶するような記述が、多く認められると思われる。以下に、それを示すことにしよう。

〔1〕問曰《テク》。何《ガ》故《ソ》五種之《ノ》中《ニ》、独《リ》以《テ》二称名念仏《ヲ》一為《ス》二正定業《ト》一乎《ヤ》。答曰《テク》。順《ズルガ》二彼《ノ》仏《ノ》願《ニ》一故《ニ》。意《ノ》云《ク》。称名念仏《ハ》是《レ》彼《ノ》仏《ノ》本願《ノ》行也。
故《ニ》修《スル》レ之《ヲ》者《ハ》、乗《ジテ》二彼《ノ》仏《ノ》願《ニ》一、必《ズ》得《ル》二往生《スルコトヲ》一也。（『昭法全』三一四頁）

ここに、五種の正行の中で、正業（正定業）、即ち、「称名念仏」と、助業、即ち、読誦等の四行の区別が説かれるのであるが、ここで言われていることは、「称名念仏」が本願の行であるということ、また、それ故に、「称名念仏」を為すものは必ず往生できるということである。即ち、「称名念仏＝本願行＝必得往生」ということである。ということは、助業については、⑴それが本願行でないこと（非本願行）と、⑵〝それによって必ず往生できる〟というものではないことが、言われていることになるであろう。つまり、ここで注意すべきは、「必得往生」の「必」という語であって、助業について、「必得往生」が否定されたからと言っても、それは、〝不可得往生〟、つまり、〝往生できない〟という意味にはならないということなのである。

「必得往生」の否定は、″不必得往生″であって、その場合″不必″は、″必ずしも……せず″（not necessarily）の意味であるから、ここで「称名念仏」以外の助業による往生の可能性は、全面的には否定されていない、つまり、ある程度は認められていることになるであろう。

以上は、五種正行中の助業について、″『選択集』においては、非本願とされるが、往生の可能性も認められている″という解釈を述べたものであるが、同様のことは、正行以外の諸行（雑行）についても、言うことができる。つまり、私は、『選択集』における法然の立場を、″諸行非本願″説と把えるのであるが、″諸行が本願ではない″と言われたからといって、諸行による往生の可能性が全面的に否定されたとは見ないのである。即ち、まず″念仏以外の諸行は本願ではない″（非本願）という記述は、『選択集』の中に繰り返し見出すことができる。

〔2〕余行非《ハズ》二本願《ニ》一。故《ニ》不レ照《セ》二摂之《ヲ》一。念仏是《ハレ》本願《ナリ》。故《ニ》照《ス》二摂之《ヲ》一。（『昭法全』三二七頁）
〔3〕念仏是《ハレ》本願《ノ》行《ナリ》。諸行是《ハレ》非《ズ》二本願《ニ》一。故《ニ》云《フ》三全《ク》非《ズト》二比校《ニ》一也。（同右、三二八頁）
〔4〕聞経之善是《ハレ》非《ズ》二本願《ニ》一。雑業《ナルガ》故《ニ》、化仏不レ讃《ゼ》。念仏之行是《ハレ》本願《ノ》正業《ナルガ》故《ニ》、化仏讃歎《ス》。加レ之聞経《ト》与二念仏一、滅罪《ノ》多少不レ同《カラ》也。（同右、三三六頁）
〔5〕定散諸行《ノ》非《ズ》二本願《ニ》一。故《ニ》不レ付二属《セ》之《ヲ》一。亦於《テ》二其《ノ》中《ニ》一、観仏三昧《ハ》、雖《ドモ》二殊勝《ノ》行《ナリト》一、非《ズ》二仏《ノ》本願《ニ》一。故《ニ》不二付属《セ》一。念仏三昧是《ハレ》仏《ノ》本願《ナリ》。故《ニ》以《テ》付二属《ス》之《ヲ》一。（同右、三四一―三四二頁）
〔6〕然《レバ》則《チ》、雖《ドモ》レ説《クト》二定散《ノ》諸行《ヲ》一、非《ザルガ》二本願《ニ》一故《ニ》、以《テ》不《ル》二付属《セ》一者也。（同右、三四三頁）〔盧山寺本のみ〕
〔7〕応《シ》レ知《ル》、釈尊所二以《ハ》不《ル》レ付《セ》二属諸行《ヲ》一者、即《チ》是《レ》非《ザル》二弥陀《ノ》本願《ニ》一之故也。（同右、三四三頁）
〔8〕若《シ》依《ラバ》二善導《ノ》意《ニ》一、念仏是《ハレ》弥陀本願也。故《ニ》証二誠《ス》之《ヲ》一。余行《ハ》不レ爾《ラ》、故《ニ》無《キ》レ之也。（同右、三四五頁）

これらの記述[5]によって、『選択集』において念仏以外の諸行が「非本願」とされたことが、知られるであろう。しかし、諸行が「非本願」とされたことは確認されても、〝「非本願」であるが故に、それによっては往生できない〟と法然が主張したか否かというのは、自ら別の問題である。即ち、『選択集』第十三章には、次のように説かれている。

〔9〕『阿弥陀経《ニ》』云《ク》、「不レ可《カラ》下以《テ》二少善根福徳《ノ》因縁《ヲ》一得上レ生《ズルコトヲ》二彼《ノ》国《ニ》一。舎利弗、若《シ》有《リテ》二善男子善女人一、聞《テ》レ説《クヲ》二阿弥陀仏《ヲ》一執二持《スルコト》名号《ヲ》一、若《シハ》一日、若《シハ》二日、若《シハ》三日、若《シハ》四日、若《シハ》五日、若《シハ》六日、若《シハ》七日、一心不乱《ナレバ》、其《ノ》人臨《デ》二命終《ノ》時《ニ》一、阿弥陀仏与《ニ》二諸《ノ》聖衆《ト》一現二在《ス》其《ノ》前《ニ》一。是《ノ》人終《ル》時、心不《シテ》二顛倒《セ》一、即《チ》得レ往二生《スルコトヲ》阿弥陀仏《ノ》極楽国土《ニ》一」。

善導釈《シテ》二此文《ヲ》一云《ク》、「極楽《ハ》無為涅槃《ノ》界《ナレバ》、随縁《ノ》雑善恐《クハ》難《シ》レ生《ジ》。故《ニ》使《ム》下如来選《デ》二要法《ヲ》一教《テ》念《ズルコト》二弥陀《ヲ》一専《ニシテ》復専《ナラ》上。七日七夜心無間《ニ》、長時《ノ》起行倍《モマスマス》皆然《レバ》、臨終《ニ》聖衆持《チテ》レ華《ヲ》現《ズ》。身心踊躍《シテ》坐《ス》二金蓮《ニ》一、坐《スル》時即《チ》得二無生忍《ヲ》一。一念《ニ》迎将《シテ》至《ル》二仏前《ニ》一。法侶将《モチテ》レ衣《ヲ》競来《ヒリテ》著《セシム》。証二得《シテ》不退《ヲ》一入《ル》二三賢《ニ》一」。

私云《ニク》、「不レ可《カラ》下以《テ》二少善根福徳《ノ》因縁《ヲ》一得上レ生《ズルコトヲ》二彼《ノ》国《ニ》一」者《トハ》、諸余《ノ》雑行者《ハ》難《シ》レ生《ジ》二彼《ノ》国《ニ》一。故《ニ》云《フ》二「随縁《ノ》雑善《ハ》恐《クハ》難《シト》レ生《ジ》」一。「少善根」者《トハ》対《スル》二多善根《ニ》一之言也。然《レバ》則《チ》雑善是《レ》少善根也。念仏是《レ》多善根也。（『昭法全』三四四頁）

この記述は、法然が念仏と念仏以外の諸行を「多善根」と「少善根」として対比するために、まず『阿弥陀経』の経文[6]を引き、次に、善導の『法事讃』巻下における註釈[7]を示し、さらに自己の解釈を述べたものである。この三者について見ると、『阿弥陀経』では、「不可以少善根福徳因縁得生彼国」とあるから、「少善根」、つまり、念仏以外の諸行による往生は、不可能とされているようである。しかし、善導は、これを「随縁雑善、恐難生」と釈し、法然も、「諸余雑行者、難生彼国」と説明している。つまり、善導も、法然も、念仏以外の諸行による往生を、「不可……得生」ではなく、「難生」としているのであって、従って、彼等は、念仏以外の諸行による往生の可能性を認めていることになるのである。

石井教道博士も注意していることであるが[8]、浄土宗鎮西派の良忠（一一九九—一二八七）は、『選択伝弘決疑鈔』（一二五四年）巻五において、記述〔9〕に引かれた『阿弥陀経』の経文の「不可……得生」、または、〝不生〟と、善導・

法然の説く「難生」の関係を、次のように説明している。

〔10〕意《ノ》云《ク》。余善正信《ハ》難《ク》レ立《チ》、廻願亦《モ》不二慇重《ナラ》一。故《ニ》多分不生《ヲ》、云《フ》レ非《ズト》二往生因《ニ》一。非《ズ》レ謂《フニハ》二全不生《ト》一。念仏正信《ハ》易《ク》レ立《チ》、願行亦《モ》能《ク》相続《ス》、故《ニ》決定往生《スルヲ》、云《フ》二多善根等《ト》一。

問。少善是《レ》雑行者《ナラバ》、雑行亦《モ》生《ズ》二彼《ノ》土《ニ》一。何《ゾ》云《フヤ》二不生《ト》一耶。答。修《スル》レ雑《ヲ》人《ノ》中《ニ》有《リテ》二堪能《ノ》機一、至心《ナレバ》生《ズ》レ彼《ニ》。故《ニ》余経《ノ》中《ニ》盛《ニ》説《ク》二往生《ヲ》一、今経《ハ》為《ニ》レ令《ンガ》二不堪之機《ヲシテ》不《ラ》レ行《ゼ》二余善《ヲ》一嫌《テ》云《フ》二不生《ト》一。是《レ》則《チ》大聖《ノ》善巧、暫《ク》逗《ジテ》二物機《ニ》一、設《ク》二毀讃《ノ》言《ヲ》一。故《ニ》釈家得《テ》レ旨《ヲ》、改《テ》二不生《ノ》文《ヲ》一述《ブ》二恐難生《ト》一。希《レニ》有《ルガ》二一二三五得生《ノ》一故也。「恐」《ト》者恐二慮《ス》不生之文《ヲ》一。「難生」《ト》者対《スル》二易生《ニ》一之言《ナリ》。非《ズ》レ謂《フニハ》二全不生《ト》一。難易相対、其《ノ》義可《シ》レ見《ル》。(『浄全』七、三三〇頁下―三三一頁上)

この良忠の説明は、〝念仏以外の諸行による往生の可能性〟を全面的には否定していない点で、法然の立場を正確に把えていると思われる。特に、「非謂全不生」という語がここに二回見られるが、諸行による往生に関する良忠の立場をこれ以上明確に示す言葉もないであろう。この「非謂全不生」は、また「多分不生」とも、「希有一二三五得生」とも表現されているが、これらが、「決定往生」と対立するというのが、良忠の立場、そしておそらくは、法然の立場なのである。それを図示すれば、次のようになる。

念仏＝決定往生

余行＝難生・非謂全不生・多分不生

つまり、ここで「決定」とは、すでに見た記述〔1〕の「必」と同義であり、これは〝念仏を行じた者は、その全てのものが必ず(necessarily) 往生する〟という意味であるが、これに対して、「難生」とは、〝余行を修した者は、「多分」、つまり、大部分は(for the most part) 往生できないが、しかしだからといって、〝必ずしも「その全ての者が往生できない」(全不生) というのではない (not necessarily)〟という意味である。従って、良忠の弟子である道光 (一二四三―一三三〇) も、『選択集大綱抄』巻上で、

〔11〕云《フハ》二難生《ト》一、非《ズ》二一向不生《ニハ》一。……原《レバ》夫《レ》余行往生之義《ハ》、本《ヨリ》在《リ》二弥陀如来別願之中《ニ》一。（『浄全』八、一七頁下）

と述べている。しかるに、このような良忠や道光の説明を別にしても、記述〔9〕における「諸余雑行者、難生彼国」という法然の語は、[9]「念仏以外では往生できない」という平氏の解釈と抵触するのは明らかだと思われる。

さらにまた、法然が〝念仏以外の諸行、つまり、余行による往生の可能性〟を認めている記述として、『選択集』第十二章の中から、次のものを挙げることができる。

〔12〕縦《ヒ》雖《ドモ》レ無《シト》二余行一、或《ハ》一或《ハ》多、随《ヒテ》二其《ノ》所《ニ》レ堪《ユル》、修《シテ》二十三観《ヲ》一、可《シ》レ得二往生《ヲ》一。（『昭法全』三三九頁）

〔13〕縦《ヒ》雖《ドモ》レ無《シト》二余行一、以《テ》二孝養奉事《ヲ》一、為《ス》二往生《ノ》業《ト》一也。（同右、三三九頁）

〔14〕縦《ヒ》雖《ドモ》レ無《シト》二余行一、以《テ》二四無量心《ヲ》一、為《ス》二往生《ノ》業《ト》一也。（同右、三三九頁）

〔15〕縦《ヒ》雖《ドモ》レ無《シト》二余行一、以《テ》二十善業《ヲ》一、為《ス》二往生《ノ》業《ト》一也。（同右、三三九頁）

〔16〕諸《ノ》求《ムル》二往生《ヲ》一之人、各須《シ》レ発《ス》二自宗之菩提心《ヲ》一。縦《ヒ》雖《ドモ》レ無《シト》二余行一、以《テ》二菩提心《ヲ》一、為《ス》二往生《ノ》業《ト》一也。（同右、三四〇頁）

〔17〕諸《ノ》求《ムル》二往生《ヲ》一之人、縦《ヒ》雖《ドモ》レ無《シト》二余行一、以《テ》二深信因果《ヲ》一、可《シ》レ為《ス》二往生《ノ》業《ト》一。（同右、三四〇頁）

〔18〕願《クハ》西方《ノ》行者、各随《ヒテ》二其《ノ》意楽《ニ》一、或《ハ》読二誦《シテ》法華《ヲ》一、以為《テシ》二往生《ノ》業《ト》一、或《ハ》読二誦《シテ》華厳《ヲ》一、以為《テシ》二往生《ノ》業《ト》一、或《ハ》受二持読三誦《シテ》遮那教王及以《ビ》諸尊法等《ヲ》一、以為《テシ》二往生《ノ》業《ト》一、或《ハ》解二説書三写《シテ》般若方等及以《ビ》涅槃経等《ヲ》一、以為《テス》二往生《ノ》業《ト》一。是《レ》則《チ》浄土宗《ノ》観無量寿経《ノ》意也。

（同右、三四〇頁）

これらの記述は、いずれも、念仏以外の諸行を往生の業となし得ること、つまり、記述〔12〕の「可得往生」の語によって明らかなように、それらの諸行によって往生が可能であることを説くものと考えられる。

しかし以上の所論に対しては、〝念仏以外の諸行と念仏一行との間には、「廃立」の関係があるのではないか〟という反論が、当然、予想される。というのも、『選択集』第四章に次のように「廃立」と「助正」と「傍正」の三義によって、「念仏」と「諸行」の関係が説かれるからである。

(19)凡《ソ》如《キ》レ此《ノ》三義、雖《ドモ》レ有《リト》二不同一、共《ニ》是《レ》所三以《ナリ》為《ノ》二一向念仏《ノ》一也。初《ノ》義《ハ》即《チ》是《レ》為《ニ》二廃立《ノ》一而説《ク》。謂《ク》諸行《ハ》為《ニ》レ廃《ノ》而説《キ》、念仏《ハ》為《ニ》レ立《ノ》而説《ク》。次《ノ》義《ハ》即《チ》是《レ》為《ニ》二助正《ノ》一而説《ク》。謂《ク》為《ニ》レ助《ケンガ》二念仏之正業《ヲ》一而説《ク》二諸行之助業《ヲ》一。後《ノ》義《ハ》即《チ》是《レ》為《ニ》二傍正《ノ》一而説《ク》。謂《ク》雖《ドモ》レ説《クト》二念仏《ト》諸行《ノ》二門《ヲ》一、以《テ》二念仏《ヲ》一而為《シ》レ正《ト》、以《テ》二諸行《ヲ》一而為《ス》レ傍《ト》。故《ニ》云《フ》二三輩通《ジテ》皆念仏《ト》一也。但《シ》此等《ノ》三義、殿最難《シ》レ知《リ》。請《フ》諸《ノ》学者、取捨在《ルベシ》レ心《ニ》。今若《シ》依《ラバ》二善導《ニ》一、以《テ》レ初《ヲ》為《ス》レ正《ト》耳。(『昭法全』三二四頁)

ここで、「廃立」の義とは、「諸行ハ廃ノタメニ説キ、念仏ハ立ノタメニ説ク」というものであるから、ここには、平氏の論述ⓑにおける表現を用いれば、「諸行の往生行としての無価値化」がなされ、〝念仏以外の諸行によっては往生できない〟という立場が認められるのではないかという疑問が生じるかもしれない。しかも、記述(19)末尾の「以初為正耳」とは、善導の説によれば、明らかに「廃立」「助正」「傍正」の三義のうち、第一の「廃立」義のみが「正」であると説いているのである。

しかし、「廃立」義において、〝諸行を廃する〟というのが、〝諸行によっては往生できない〟ということを意味するかどうかは、極めて疑問である。というのも、もしそうであれば、〝諸行による往生の可能性〟を認めていると思われる前掲の『選択集』の諸記述との矛盾が生じると思われるからである。

「廃立」の「廃」が何等かの意味で〝否定〟を意味していることは明らかであろう。この〝否定〟が往生の可能性の否定を意味すると見れば、〝念仏以外の諸行によっては往生できない〟という解釈が成り立つが、しかし、このように見ることは、〝念仏以外の諸行による往生の可能性〟を認めている多数の『選択集』の記述の存在と、抵触することになるであろう。

では、「廃」という〝否定〟は、念仏以外の諸行について、一体何を否定しているのであろうか。私は、これに対する答えを、前掲の『選択集』の記述(2)—(7)で「余行」または、「諸行」について言われた「非本願」という言葉の中に認めたい。つまり、「廃」とは、〝諸行〟について〝本願であること〟を否定する語であると見るのである。ということは、「廃」とは、とりもなおさず「諸行非本願」という主張を指すということになる。しかるに、「諸行非本願」とは、〝諸行不往生〟、つまり、〝念仏以外の諸行によっては往生できないこと〟を意味しないから、「廃」もまた〝諸行不往生〟を意味しないというのが、私の基本的な理解なのである。

ところで、「廃」という語は、〝諸行〟について〝本願であること〟を否定する語であるとするならば、その否定という行為の主体は誰なのであろうか。つまり、一体、誰が「諸行」を「廃」したり、「念仏」を「立」したりするのであろうか。

これについて、私は、「諸行為廃而説、念仏為立而説」という文における二つの「説」という語の主語、つまり、「諸行」や「念仏」を「説」く主体は、釈迦牟尼仏だと考えるが、それを「廃」したり「立」したりする主体は、阿弥陀仏であると考えるのである。というのも、『選択集』第三章の章名に、

〔20〕弥陀如来、不下以《テ》二余行《ヲ》一為《サ》中往生《ノ》本願《ト》上、唯《ダ》以《テ》二念仏《ヲ》一為《ス》二往生《ノ》本願《ト》一之文（『昭法全』三一七頁）

とあり、これこそ「廃立」の語義を明かしていると見るからである。つまり、『選択集』の根本主張は、単に〝諸行は本願ではなく、念仏は本願である〟（〝諸行非本願、念仏本願〟）というものではなく、〝阿弥陀仏が、念仏以外の諸行を本願とせず、念仏のみを本願として選択した〟という〝選択本願念仏〟説にあるのであり、この〝選択本願念仏〟説が、『選択集』の第四章に至って、「廃立」という語によって法然によって表現されたと見るのが、最も適切な見方ではないかと考えるのである。(10)

しかるに、以上の私の解釈は、次に示す良忠の『選択伝弘決疑鈔』巻三における「廃立」義の解釈に、基本的には一致するものと思われる。

〔21〕問。廃《スルコト》二余行《ヲ》一者、不《ルガ》レ生《ゼ》二浄土《ニ》一故歟。答。不レ爾《ラ》。廃立《ノ》義者《ハ》、捨《テ》二於劣行《ヲ》一、取《ル》二於勝行《ヲ》一。謂《ク》余行《ハ》不《ルガ》レ順《ゼ》二仏願《ニ》一故《ニ》廃《シ》、念仏《ハ》能《ク》順《ズルガ》二仏願《ニ》一故《ニ》立《ス》。是《レ》非《ザル》二余行不生《ノ》故《ニ》廃《スルニハ》一也。（『浄全』七、二四九頁下）

ここでまず、良忠は、「廃余行者、不生浄土故歟」という問いを起しているが、これは言うまでもなく、〝余行を廃するというのは、余行によっては往生できないからか〟という意味である。これに対して、良忠自身の答えは、「不爾」というものであるから、良忠が〝余行による往生の可能性〟を認めていることは明らかである。

次に、良忠自身の「廃立」義の解釈が、「捨於劣行、取於勝行」として示される。しかるに、この良忠の言葉が『選択集』第三章の「勝劣」義の説明における次の文章にもとづいていることは、明らかであろう。

〔22〕初《ニ》勝劣者《トハ》、念仏是《ハ》勝《レ》、余行是《ハ》劣《ナリ》。……故《ニ》捨《テ》レ劣《ヲ》取《リテ》レ勝《ヲ》、以《テ》為《ス》二本願《ト》一歟。（『昭法全』三一九頁）

というのも、良忠の用いる「捨」「劣」「取」「勝」の語は、すべてこの記述〔22〕に認められるからである。とすれば「廃立」に関する良忠の解釈は、阿弥陀が〝余行を捨て、念仏を本願として選択した〟という〝選択本願念仏〟説と同趣旨のものとして「廃立」を解したものと考えられる。それ故にこそ、良忠は、「捨於劣行、取於勝行」の直後に、正に本願について、「謂余行不順仏願故廃、念仏能順仏願故立」と語るのである。

この言葉は、文字通りには、〝余行は本願に順じないから廃し、念仏は本願に順ずるから立てる〟という意味でしかないが、私の解釈によれば、これは〝阿弥陀仏が、余行を捨てて本願とせず、念仏を取りて本願とした〟という〝選択本願念仏〟説の趣旨に一致する「廃立」の理解を示したものと思われる。即ち、記述〔21〕の「廃」「立」は、記述〔22〕の「捨」「取」と同義なのである。

従って、「廃立」の主体は阿弥陀仏であり、〝余行を廃する〟とは、〝阿弥陀仏が、余行を捨てて本願〔の行〕としなかった〟ことを言うと思われるから、これは〝余行によっては往生できない〟ということを意味しない。正に良忠が記述〔21〕末尾で、「是非余行不生故廃也」と言う通りなのである。

「廃立」の主体を阿弥陀仏と解することに仮りに問題があるとしても、『選択集』第四章の記述〔19〕に見られる「廃立」の説を根拠にして〝念仏以外の諸行によっては往生できない〟と主張することが妥当でないことだけは、確実であろう。平氏の所論を読むと、氏はその「念仏以外では往生できない」という主張（論述ⓑ）の根拠として、『選択集』第四章の「廃立」義に言及しているわけではないが、「廃立」義こそ、伝統的には、〝念仏以外の諸行によっては往生できない〟という主張をなす際に最も重要な論拠とされてきたことは、確かなのである。

この点は、良忠が、記述〔21〕に続けて、『選択伝弘決疑鈔』で、次のように述べることによっても、知られる。

〔23〕然《ルニ》或人以為《ラク》、諸行《ハ》不《ルガ》二往生《セ》一故《ニ》廃《スト》レ之《ヲ》。此《ノ》義大《ニ》背《ケリ》二上人《ノ》所判《ニ》一。若《シ》言《ハバ》三余行《ハ》不《ト》二往生《セ》一者、後之二義便《チ》為《ラン》二虚妄《ト》一。執者会《シテ》云《ク》。後之二義《ハ》、練磨之義《ニシテ》、全《ク》非《ズト》二実説《ニ》一。今云。此《レ》末学《ノ》強言《ナリ》。三義倶《ニ》不レ出《デ》二於大師《ノ》所判《ヲ》一。云何《ソ》是レ一《トシテヲ》而非《トセン》レ二《ヲ》乎。如《キハ》二信空聖覚等《ノ》師《ノ》一、皆面授口決《ノ》門人、又智行兼備《ノ》達士也。同《ジク》稟二承《シテ》上人《ニ》一、存《ス》二余行生《ノ》義《ヲ》一。善導寺《ノ》所伝、全《ク》以《テ》符合《セリ》矣。誰謂《カン》二新義《ト》一耶。況《ヤ》復《タ》所《ノ》レ引《ク》文、其《ノ》義分明《ナルヲヤ》哉。（『浄全』七、二四九頁下）

即ち、ここで、「或人」は、「諸行不往生故廃之」と考えるのであるが、この見方こそ「廃立」の「廃」に、〝諸行によっては往生できない〟という意味を読み取ろうとするものなのである。「此義」、つまり、このような主張を、良忠は、「大背上人所判」、即ち、全く法然の説に背くものであるとし、さらに「助正」義・「傍正」義は「実説ニアラズ」と説くことを、「末学強言」と言っているが、このような「末学強言」とは、具体的には如何なる人々の主張を指しているのであろうか。

記述〔23〕を見ると、信空（一一四六—一二二八）や聖覚（一一六七—一二三五）が、「面授口決門人」とか「同稟承上人」とかいうように、法然の正統の弟子とされており、彼等には、「余行生義」、つまり、〝念仏以外の諸行によっても往生できる〟という主張があったとされている。また、「善導寺所伝」、つまり、良忠の属している鎮西派の弁長（一一六二—一二三八）の主張も、「全以符合矣」というのであるから、この「余行生義」を認める立場であることは、言うまでもないと言うのである。すると、「諸行不往生」という「末学強言」は如何なる人々の主張とされているかと言えば、そこに名前を挙げられていない法然門下の重要人物の一人である証空（一一七七—一二四七）に由来する西山派の主張、つまり、西山義というものが、まず考えられる。

実際、西山派は、〃諸行によっては往生できない〃とする〃諸行不生義[11]〃によって知られ、西山派を代表する行観（一二四一―一三二五）は、『選択本願念仏集秘鈔』（『私記』）巻一で、次のように言っている。

(24)今西山門流《ノニハ》、選択本願念仏集《ト》、不《シテ》レ返《ラ》下《ダリ》読《ミニ》文点《ヲ》読《ム》也。其故《ノハ》選択《ノ》言《ヲ》付《ケルト》二弥陀《ニ》一云《フ》意也。選択《ノ》言《ヲ》付《ケテ》二弥陀《ニ》一置《キテ》、正《シキ》得生行《ノハ》念仏一行《ト》定《メテ》、諸行本願《トモ》諸行往生《トモ》不《ト》レ云《ハ》立《テル》義也《ナリ》。其故《ノハ》地体《ヨリ》弥陀本願《ノ》、選《ニ》二捨《シテ》自力諸行《ノ》一、取《リテ》二名号一行《ヲ》一、立《テル》二他力本願《ト》一故《ニ》、弥陀《ノ》選択《セル》本願念仏《ナリ》。此故《ノニ》選択本願念仏《ト》云《フマデハ》付《ケテ》二弥陀《ニ》一、集《ノ》言社《コツ》法然上人蒙《リ》二禅定殿下《ノ》仰《ヲ》一、集《ムル》二念仏《ノ》要文《ヲ》一得分也。（『浄全』八、三三七頁下）

ここには、長西（一一八四―一二六六）の「諸行本願」義と鎮西派を中心とする「諸行往生」義を否定して、「得生行」、つまり、往生を得るための行としては、「念仏一行」のみを認める西山派の基本的立場が示されている。

また、行観は、同書の巻二で、

(25)念仏門之外《ニ》、云《ヒテ》二諸行往生《ト》一、云《フ》二雑行往生《ト》一人有《リ》。或《ハ》二類往生《トモ》料簡《スル》也。如《キノ》レ此人《ハ》不レ知《ラ》二要集之意《ヲ》一、不《ル》レ存《セ》二上人《ノ》深意《ヲ》一故也。（『浄全』八、三七九頁上）

というように、〃念仏による往生〃以外に、〃諸行による往生〃をも認める立場を「二類往生」という語を用いて批判することが多いが、その際、「二類往生」を批判する原理として「廃立」義を用いることが、次の行観の言葉によって、知られるのである。

(26)但《シ》他流《ニハ》謂《ヒ》二諸行念仏《ト》二類往生《ト》一、西山《ニハ》謂《フ》二念仏一門《ニテ》一類往生《ト》一義替《ガル》也。其故《ノハ》言《フハ》二選択本願念仏《ト》一者言《フコト》二廃立《ノ》義《ト》一勿論也《ナリ》。廃立《トハ》又諸行《ト》念仏《ヲ》相対《スル》事也《ナリ》。故対《ニシテ》二諸行《ニ》一云《フ》二念仏《ト》一言也《バナリ》。随《テ》下《ノ》三輩章《ニ》、諸行念仏相対《シテ》、立《ス》二廃立助正傍正《ノ》三義《ヲ》一。廃立時《ノハ》、諸行《ハ》非本願《ノ》故《ニ》、非《ズ》二純極楽《ノ》行《ニ》一。念仏《ハ》純極楽《ノ》行《ナル》故《ニ》、選《ビテ》立《ツ》二本願《ト》一。故廃《ニシテ》二諸行《ヲ》一、取《リテ》二念仏《ヲ》一、往生之業念仏為先《ニテシ》可レ有《ル》。（『浄全』八、三四一頁下）

ここで行観が「諸行」と「念仏」を対立させた上で、「廃立」の「廃」を〝「諸行」によっては、往生できない〟という意味に理解していることは、明らかであろう。

従って、行観は記述〔9〕に示される善導の「随縁雑善、恐難生」という語について、記述〔10〕における良忠の「非謂全不生」という解釈とは全く逆の解釈を、『選択本願念仏集秘鈔』巻五で、次のように呈示するのである。

〔27〕此《ノ》故《ニ》言《フ》下非《ズ》二諸行往生《ニ》一、非《ズト》中諸行本願《ニ》上也。付《テ》レ之《ニ》或人《ノ》義《ニ》、「恐難生《ト》」者《ノ》恐《ハ》言少《シ》許《ス》言也。非二《ズ》一《トイフ》向《ニ》不《トイフ》レ生《ゼ》事《ニハ》一。時《ニ》或人問《ヒテ》云《ク》。和尚《ノ》釈《ニ》云《ヘリ》下「一切《ノ》仏土皆厳浄《ナレドモ》、凡夫乱想、恐《クハ》難《シ》レ生《ジ》、如来別《シテ》指《シテ》二西方国一従《リ》レ是《レ》超過《スルコト》十万億《ト》」上文。

諸仏《ノ》浄土《ニ》有《リヤ》レ生《ルコト》二乱想凡夫一哉。答《テ》云《ク》、無《シ》。然《バ》者言《フコソ》二「随縁雑善恐難生《ト》」一少《シ》許《ストイフハ》言レ不《ト》レ得レ意時、閉口《スト》文。

如《キ》レ是《ノ》等《ノ》義共《ハ》、所詮浄土《ノ》法門《ニ》、云《フ》二自力他力《ト》一事《ヲ》、能能不《ル》二得レ意分《ケ》一非学匠《ノ》所レ致《ス》也。（『浄全』八、四二一頁上）

ここで、「非一向不生」というのは、正に記述〔10〕における良忠の「非謂全不生」や記述〔11〕における道光の「非一向不生」という立場を指しているのであって、行観が良忠の記述〔10〕か道光の記述〔11〕を参照して批判しているのは、明らかだと思われる。その行観の批判を見ると、善導『法事讃』巻下の「凡夫乱想、恐難生」の語[12]を根拠として、『選択集』記述〔9〕に引かれる問題の「恐難生」も、〝不得生〟であることを言わんとするものであるが、充分に論理的な批判であるとは言い難い。

また、「如是等義共」以下を読むと、行観は、諸行による往生を認める「諸行往生」の主張、鎮西派をその代表者とする主張は、要するに浄土門に「自力」と「他力」の区別があることを知らない為に生じたのだと論じているように思われる。行観は、記述〔24〕でも、「選択」について、「選捨自力諸行、取名号一行、立他力本願」と解釈して、「自力」と「他力」の対立を強調しているが、これが西山義の特徴をなす〝全分他力〟の説[13]、つまり、

〔28〕すべて機より心をはげまして強くなすべき往生にあらず。全分に打ち任せて信じ奉るべきなり。[14]

というような証空の『述成』の言葉によって示される説にもとづくことは、明らかであろう。

しかし私としては、浄土門の中に「自力」と「他力」を区別する主張、あるいは、総じて「自力」と「他力」の区別を過度に強調する主張を、法然の立場であるとは認めがたい。即ち、確かに隆寛（一一四八—一二二七）作とされる『自力他力事』(15)においては、

(29)念仏の行につきて、自力・他力といふことあり。（『定本』六(2)、八三頁）

というように「念仏の行」について、「自力」と「他力」が区別されているが、このような区別をなす考え方がすでに法然その人にもあったと見ることには、無理があるであろう。

鎮西派の弁長は、『徹選択本願念仏集』巻下において、

(30)問曰《テク》。有人《ノ》云《ク》、「他力往生者《ハ》是《レ》往生《ノ》正行也。自力往生者《ハ》全《ク》非《ズ》二其《ノ》正行《ニ》一也」。是義《ノ》如何。答曰《テク》。当世之人人盛《ニ》談《ズ》二此義《ヲ》一。其本文何《レノ》処《ソ》乎。善導和尚、不《ハ》レ立《テ》二自力他力之名目《ヲ》一。又非《ズ》二曇鸞道綽所立之自力他力之義《ニ》一。彼『十住毘婆沙論』《ノ》意《ハ》、約《シテ》三菩薩求《ムルニ》二阿鞞跋致《ヲ》一、立《ツ》二自力他力《ヲ》一。曇鸞道綽依《レリ》二此意《ニ》一也。我身《ガ》無行《ニシテ》、不レ唱《ヘ》二称名《ヲ》一、偏《ニ》取《リテ》二信心《ヲ》一以《テ》レ之《ヲ》為《スコト》二他力《ト》一、全《ク》無《シ》二其《ノ》本文一。小智之輩、立《テテ》二此《ノ》邪義《ヲ》一、自迷迷他《スルコトモ》、尤罪業之至《リ》也。早早《ニ》起《シ》二改悔之心《ヲ》一、急急《ニ》翻《シテ》レ邪《ヲ》而帰《スベシ》レ正《ニ》。

（『浄全』七、一〇五頁下—一〇六頁上）

と述べているが、ここに見られる「他力往生者、是往生正行也。自力往生者、全非其正行也」という主張が、『選択集』で「自力」「他力」という語を、『往生論註』からの引用において一度しか用いなかった法然の立場から大きな径庭があることは、明らかであろう。

私としては、右の記述で弁長が「善導和尚、不立自力他力之名目」と指摘したように、善導の『観経疏』に「他力」「自力」の語が一度たりとも用いられていないこと、(17)及び『選択集』において、「自力」「他力」の語が引用として一度しか用いられなかったという事実に、大きな思想的意義を認めたい。つまり、善導・法然は、〝称名正因〟説を確立するために、「自力」「他力」の語の使用を意識的に避けたと見るのである。従って、私は法然の著作とされるものにお

いて、浄土門、あるいは、念仏について、「自力」と「他力」を区別する主張が見られるときは、その著作の真撰を疑問視すべきだと考えている。[18]

このように見るとき私は、『選択集』の「選択」、あるいは、「廃立」について、これを「自力」と「他力」の観念なしには説明することのできない西山義による法然理解には、基本的に無理があると考えるのである。しかし、だからといって私は、〃諸行による往生の可能性〃を認める鎮西義を、価値的に優れていると考えるわけでもなく、また、鎮西義による法然解釈を全面的に正しいと見るものでもないが、西山義や『自力他力事』等の説と比べれば、鎮西義が法然理解としては遙かに自然であり、正統的な解釈であるということは、認めざるを得ないであろうと考えている。

なお証空にもとづく西山義について、その〃自力の諸行を捨て、他力を取る〃というような「廃立」の説のみに注目するならば、西山義の本質を見失うことになる。[19]というのも、西山義においては、「廃立」義において一旦否定された〃諸行〃は、「要門」においては、再び肯定されるからである。これについては、次の行観の『選択本願念仏集秘鈔』巻二における説明が分り易い。

〔31〕三重六義《ノ》定散要門、定散料簡《トイフ》事《ハ》、西山上人《ノ》時《ヨリ》料簡《シ》出《シタマフ》法門也《ナリ》。大谷《ノ》御時《ハ》、定散要門《ノ》之重《ハ》、無沙汰《ニテ》、先《ツ》一向《ニ》勧《メテ》二廃立《ノ》重《ヲ》一、言《ヒテ》下捨《テ》二難行《ヲ》一立《テ》二易行《ヲ》一、捨《テ》二聖道《ヲ》一帰《シ》二浄土《ニ》一、捨《テ》二自力《ヲ》一入《ルト》中他力《ニ》上、道俗男女無《ク》レ隔《テ》、諸人《ヲ》入《ント》二唯念仏《ノ》之門《ニ》一勧《メタマフ》。是《レ》尤《モ》道理也《ナリ》。始《テ》立《スル》二一向専念義《ノヲ》一時、出《シテハ》二定散要門之沙汰《ヲ》一、法門《ガ》可《キノ》レ乱《ス》間、暫《ク》要門《ノ》之重《ハ》、無沙汰《ニテ》有《リケレ》也。此《ノ》故《ニ》廃立《ノ》重《ヲバ》、一念義多念義等《ノ》四箇流、皆此《ノ》廃立之重《ヲバ》伝《ル》也。

傍正要門《ハ》西山《ノ》料簡也。爰《ヲ》以《テ》山法師事《ノ》略頌《ニモ》、「師《ノ》法然房切《ハル》二諸行《ノ》頸《ヲ》一。弟子《ノ》善慧房生《ハケ》二取《リニスルト》諸行《ヲ》一」申《シケル》也。廃立者《トハ》捨《ル》二定散《ノ》諸善《ヲ》一位《ノ》法門也。要門《ト》者衆機《ニキ》説返《シテ》、弥陀《ノ》光明《ハ》摂《ストイフ》二定散《ノ》万機《ヲ》一法門《ナル》故《ニ》、山僧達如《モク》レ此《ノ》申《シケル》也。（『浄全』八、三五八頁下—三五九頁上）

ここで行観は、〃諸行〃に対する法然と証空（善慧）の扱い方の相違について、〃法然は諸行の頸を切り、証空は諸行を生け捕りにした〟という比叡山の法師達の評価[20]を紹介しているが、それに関する行観の説明によれば、「廃立」とは、「定散ノ諸善ヲ捨ル位ノ法門」であり、「要門」とは、「定散ノ万機ヲ摂ストイフ法門」であるというのである。しかるに、この「定散要門」とも「傍正要門」とも言われる「要門」の主張は、「西山ノ料簡ナリ」とか「西山上人ノ時ヨリ料簡シ出シタマフ法門ナリ」というように、法然にはない証空の独創的な新説とされているのであるから、西山義に「新義」があることは、西山派自らによって認められていることになる。[21]

もっとも、記述〔23〕で良忠が批判の対象とした論者、即ち、「廃」の意味を「諸行不往生」の意味に取る論者は、そこで「後之二義、錬磨之義、全非実説」と述べて、「助正」義と「傍正」義が実説ではないことを主張しているのであるから、その論者を西山派と見ることは難しいかもしれない。右に見たように、西山派は「傍正」義を高く評価しているからである。[22]とすれば、その論者は、親鸞系の人々と考えるのが、最も適切であるのかもしれない。

さて、以上の所論をまとめてみよう。平氏の所説の中心は、〝選択本願念仏〟説を〝「念仏以外では往生できない」という思想〟（論述ⓑ）と見なすことにあるが、第一に、『選択集』には〝念仏以外の諸行による往生の可能性〟を認める記述が多数存在する。第二に、『選択集』に説かれる「廃立」義は、一見すると、〝諸行によっては往生できない〟という解釈を認める根拠となるようにも思われるが、私見によれば、「廃立」とは〝阿弥陀仏が諸行を捨て、念仏一行を本願として取った〟という〝選択〟以外のことを意味しない。従って、〝諸行を廃する〟とは〝諸行を本願としなかった〟という意味にしかすぎず、ここから帰結するのは〝諸行非本願〟説、つまり、〝諸行は本願の行ではない〟という説であって、〝諸行不往生〟説、つまり、〝諸行によっては往生できない〟という説ではないのである。しかも、『選択集』が多数の記述において、〝諸行による往生の可能性〟を認めていることを考えれば、この場合の〝諸行非本願〟説は、〝諸行は本願の行ではないが、諸行によって往生することも可能である〟という意味になる。とすれば、これは、〝諸行によっては往生できない〟という〝諸行不往生〟説とは、矛盾することになるのである。

〝選択本願念仏〟説に関する以上の私見をまとめれば、次のようになる。

「選択本願念仏説」（阿弥陀が諸行を捨て念仏一行を選択して本願とした）→「諸行非本願説」（念仏以外の諸行は本願ではないが、諸行によって往生することもできる）≠「諸行不往生説」（諸行によっては往生できない）

最後にもう一つだけ、〝諸行による往生の可能性〟を認めている記述を、『選択集』の中から紹介しておこう。それは、次のものである。

〔32〕又念仏《スル》者《ハ》、捨《テテ》レ命《ヲ》已後、決定《シテ》往ニ生《ス》極楽世界一《ニ》。余行《ハ》不定《ナリ》。（『昭法全』三三八頁）

私見によれば、『選択集』の中で、これ以上明確に〝余行による往生の可能性〟を認めている記述も少ないように思われる。即ち、ここでは「念仏」を行ずれば、「決定往生」し、「余行」をなすならば、往生は「不定」だとされているが、ここで「決定」とは、往生が確定していることを言い、「不定」とは往生が不確定であることを意味している。

この二つの語の意味は、梵語の原語というものを一応想定することによって、さらに明確になるであろう。即ち、まず、「決定」の原語としては、〝niyata〟「確定した」という形容詞の副詞形としての〝niyatam〟「確定的に」「確かに」「必ず」が考えられる。荻原雲来『梵和大辞典』は、〝niyatam〟の漢訳語として「必」「定」「決定」「必定」等を出している。(23) つまり、「決定往生」の「決定」とは、すでに考察した『選択集』記述〔1〕の「必得往生」の「必」という語と同様に、念仏を行ずる人々が、例えば、百人いれば百人全て例外なく「必ず」往生するということを意味している。即ち、『選択集』第二章にも引用される(24)『往生礼讃』の

〔33〕若《シ》能《ク》如《ク》レ上《ノ》、念念相続《シテ》、畢命《ヲ》為《ス》レ期《ト》者《ハ》、十即《ハチ》十生《ジ》、百即《ハチ》百生《ズ》。（『浄全』四、三五六頁下）

という記述に見られる表現を用いれば、正に「百即百生」ということになるのである。

これに対して、「不定」の原語としては、〝aniyata〟「確定されていない」という形容詞が想定される。つまり、「余行不定」とは、「余行」を修しても、往生は、「確定されていない」という意味であり、ということは、人々が「余行」

を修すならば、その中には、往生できる人々と往生できない人々がいるという意味である。従って、「余行不定」とは、〝余行による往生の可能性〟を、全面的には否定せず、部分的には認めている語であるということになるのである。

それ故、「余行不定」の「不定」は、論理学的用語としての〝anaikāntika〟「不確定な」という形容詞の訳とみなすこともできる。例えば、日本でもよく研究された論理学（因明）の基本的テキストである玄奘訳『因明入正理論』は、「不定」（anaikāntika）な「因」（hetu 理由）を、次のように説明している。

〔34〕此《ノ》中、共者《トハ》如《シ》レ言《フガ》二声《ハ》常《ナリ》。所量性《ナルガ》故《ニト》一。常《ト》無常《トノ》品《ハ》皆共《ニス》二此因《ヲ》一、是《ノ》故《ニ》不定《ナリ》。為《ンヤ》下如《クニ》二瓶等《ノ》一所量性《ナルガ》故《ニ》声《ハ》是《レ》無常《ナリト》上、
為《ンヤ》下如《クニ》二空等《ノ》一所量性《ナルガ》故《ニ》声《ハ》是《レ》其《レ》常《ナリト》上。(25)

つまり、「声」（音声）が「常」（常住）であることを論証するためには、「所量性」（認識の対象であること）という「因」は、「不定」（不確定）であるというのである。というのも、この「所量性」という「因」は、例えば「虚空」のように「常」なるもののグループにも、また、例えば「瓶」等のように「無常」なるもののグループにも存在するので、この「因」からは、「声」について「常」たることと「無常」たることという両方の帰結が導かれてしまうからというのである。「余行」と「往生」との間にも、この「所量性」と「常性」との間にあるのと同様の関係が認められる。つまり、「余行」も、「往生」に対しては、「不定」である。「余行」という「因」から、「往生」という結果と、「不往生」という結果の双方が生じるからである。

すると、「念仏」が「正定業」と言われるときの「正定」の意味も、「念仏」が、「往生」に対して、「不定」の「因」ではなく、「決定」の「因」であること、つまり、それを行ずれば、人は必ず「決定して」往生できるという「決定」の意味に理解することができるであろう。(26) 以上の解釈をまとめれば、次のようになる。

余行＝往生不定（往生は不確定）

念仏＝決定往生・必得往生＝正定業（往生は確定）

従って、結論的に言えば、『選択集』が、〃余行による往生の可能性〃を認めていることは、明らかだと思われる。ただし、誤解を避けるために述べておきたいが、『選択集』が〃余行による往生の可能性〃を認めているからといっても、『選択集』は、余行を修することを勧めているのではない。『選択集』が勧めているのは、言うまでもなく、念仏という一行のみであって、この点は「略選択」と呼ばれる『選択集』の次の一節によっても、明らかであろう。

〔35〕夫《レ》速《ニ》欲《ハバ》レ離《レント》二生死《ヲ》一、二種勝法《ノ》中《ニ》、且《ラク》閣《キテ》二聖道門《ヲ》一、選《ビテ》入《レ》二浄土門《ニ》一。欲《ハバ》レ入《ラント》二浄土門《ニ》一、正雑二行《ノ》中《ニ》、且《ラク》抛《チテ》二諸《ノ》雑行《ヲ》一、選《ビテ》応《シ》レ帰《ス》二正行《ニ》一。欲《ハバ》レ修《セント》二於正行《ヲ》一、正助二業《ノ》中《ニ》、猶傍《ニシ》二於助業《ヲ》一、選《ビテ》応《シ》レ専《ニス》二正定《ヲ》一。正定之業者《トハ》、即《チ》是《レ》称《スルナリ》二仏名《ヲ》一。称《スレバ》レ名《ヲ》必《ズ》得レ生《ズルコトヲ》。依《ルガ》二仏《ノ》本願《ニ》一故《ナリ》。（『昭法全』三四七頁）

従って、『選択集』は、〃余行による往生の可能性〃を認めてはいるが、その主張は、〃余行を修すべし〃でもなければ、〃余行も修すべし〃でもなく、さらに言えば、〃余行を修してもよい〃ということでもないであろう。記述〔35〕にも「必得生」の語が見られたが、念仏と余行との間には、すでに示したように、往生に関して「決定」と「不定」という決定的な相違があるのである。従って、行者に対し「決定」の業、即ち、「正定之業」たる念仏一行の専修を勧めるのが、いわば『選択集』の結論なのである。

そして、この結論に至るためには、〃選択本願念仏〃説という極めて重要な論理が用意されている。つまり、念仏は、何故「決定往生」の業なのかと言えば、それは、阿弥陀が余行ではなく念仏を本願の行として選択したからであり、念仏の「決定」性、つまり、必ず往生を得させる業であるという性質は、阿弥陀によって念仏が本願として選択されたという事実にもとづいているとされるのである。

従って、念仏の「決定」性と余行の「不定」性は、阿弥陀仏の選択にもとづいている。念仏は阿弥陀仏によって本願として選取されたが故に、「決定往生」の「正定之業」となり、余行は選捨されて本願とされなかったが故に、往生について「不定」の業となったのである。では、何故に、念仏が阿弥陀仏によって本願とされたことによって「決定往生」の業となったかと言えば、それは言うまでもなく、『選択集』第三章の冒頭に引かれるように[27]、『無量寿経』の第十八願に、

(36)設《シ》我《レ》得《ンニ》レ仏《ヲ》、十方《ノ》衆生、至心《ニ》信楽《シテ》、欲《シテ》レ生《ゼント》二我《ガ》国《ニ》一、乃至十念《センニ》、若《シ》不《ンバ》レ生《ゼ》者、不レ取《ラ》二正覚《ヲ》一。(『浄全』一、七頁)

というように、〝もし念仏を修したものが、極楽浄土に往生しなければ、私は悟りを取らない〟と阿弥陀によって誓われたからである。しかも、『選択集』第三章に、

(37)而《ルニ》阿弥陀仏成仏《シテヨリ》已来、於《タ》レ今《テ》十劫《ニナリ》。成仏之《ノ》誓《ヒ》、既《ニ》以《テ》成就《セリ》。当《シ》レ知《ル》、一一之願不レ可《カラ》二虚《シク》設《ク》一。故《ニ》善導《ノ》云《ク》「彼《ノ》仏今現《ニ》在《シテ》レ世《ニ》成仏《セリ》。当《シ》レ知《ル》、本誓《ノ》重願不レ虚《シカラ》。衆生称念《スレバ》、必《ズ》得二往生《ヲ》一」[28]。(『昭法全』三二二頁)

と言われるように、阿弥陀がすでに悟っていること(成仏していること)は間違いないので、正に善導の言葉通りに、「衆生称念、必得往生」ということになるのである。

従って、このような論理構造においては、〝信〟とは、阿弥陀仏に対する信というような漠然としたものではなく、『無量寿経』記述(36)に第十八願として示された阿弥陀仏の言葉が真実であると信じること以外にはないのである。

以上が、『選択集』の論理構造である。これを繰り返せば、『選択集』は、結論として「速かに生死を離れたい」と思う人に、〝念仏一行の専修〟を勧めるものである。何故かと言えば、阿弥陀仏が余行を捨てて念仏を本願の行として選択したが故に、余行は往生について「不定」であり、念仏は「決定往生」の業であるという決定的な対立が生じたからである。では何故に、念仏が本願の行とされることによって、「決定往生」の業となったかと言えば、阿弥陀仏(法蔵菩薩)が、「念仏を修したものが往生しなければ、悟りを取らない」と述べたからであり、この阿弥陀仏が第十八願を述べた言葉が真実であるとすれば、念仏が「決定往生」の業であることは、明らかであるからというのである。

従って、ここにおいて、〝信〟は、直接的には、往生の因ではない。阿弥陀仏が第十八願を述べた言葉が真実であると信じることから帰結するのは、念仏が信者にとって「決定往生」の業と見なされることであって、往生そのもので

はないからである。言い換えれば、〝信〟は、〝念仏〟を引き起こすものにしかすぎず、往生の因は、あくまでも〝念仏〟なのである。それ故、極端に言えば、〝信〟がなくとも、〝念仏〟のみによって〝必ず往生できる〟というのが、『選択集』の基本的立場だと見ざるを得ないであろう。

勿論、このような解釈は、法然自身が承認しないであろう。というのも、まず第一に、すでに記述〔36〕で見たように、第十八願には、「至心信楽、欲生我国、乃至十念」とあるように、「乃至十念」という〝念仏〟と「信楽」という〝信〟は、並置されているからである。また、法然が『選択集』第八章「念仏行者ハ必ズ三心ヲ具足スベキノ文」において、『観無量寿経』の「三心」に関する善導の『観経疏』における解釈を詳しく引用し、(29) さらに、

〔38〕私《ニ》云《ク》。所《ノ》レ引《ク》三心者《ハ》是《レ》行者《ノ》至要也。所以者《ハ》何《イカン》。経《ニハ》則《チ》云《フ》下「具《スル》二三心《ヲ》一者《ハ》、必《ズ》生《ズト》中彼《ノ》国《ニ》」上。明《ニ》知《ンヌ》、具《シテ》レ三《ヲ》必《ズ》応《シ》レ得レ生《ズルコトヲ》。

（『昭法全』三三三頁）

と述べたことも事実であり、この「三心」とは、結局のところ〝信〟の問題に帰着するからである。この点は、『徹選択本願念仏集』記述〔30〕で、「不唱称名、偏取信心、以之為他力」と主張する論者を批判した鎮西派の弁長でさえも、『浄土宗名目問答』巻上で、

〔39〕所レ謂於二弥陀《ノ》本願《ニ》一、決定《シテ》可《シト》レ得二往生極楽《ヲ》一、深《ク》致《ス》二信心《ヲ》一之人《ハ》、自然《ニ》具《スル》二三心《ヲ》一也。其《ノ》故《ハ》三心倶《ニ》致《ス》二決定往生《ノ》信心《ヲ》一故也。（『浄全』十、四〇二頁上）

と述べ、(30) 良忠も『選択伝弘決疑鈔』巻四で、〝三心〟の〝傍正〟を論じて、

〔40〕取《リテ》レ要《ヲ》言《ハバ》レ之《ヲ》、深心《ヲ》為《スト》レ正《ト》。以《テ》二是《ノ》信心《ヲ》一、決《ス》三了凡夫為《ルコトヲ》二往生機一。若《シ》具《スレバ》二此《ノ》心《ヲ》一、二心自《ラ》具《スルガ》故《ニ》。二心《ハ》不レ爾《ラ》。故《ニ》『論註』及『安楽集《ノ》』中、唯立《テ》二三信《ヲ》一、不レ釈《セ》二一心《ヲ》一。信《ニ》知《ヌ》、亦三心《ノ》中《ニ》、深心《ヲ》為《スコトヲ》レ正《ト》。（『浄全』七、二九五頁上）

と説くことによって、知られるであろう。記述〔40〕には、明らかに「深心為正」の考え方が認められるのである。

しかし、私は、法然自身の〝三心〟に対する取り扱いは、意外と冷淡だったのではないかと考えている。つまり、

法然が『選択集』記述〔38〕で、「三心者是行者至要也」というとき、法然は、この「至要」という語にどれ程の重さを置いたのであろうか。

法然は、確かに『選択集』第八章で、

〔41〕次《ニ》深心者《トハ》、謂《ク》深《ク》信《ズル》之心也。当レ知《シル》、生死之家《ニハ》、以《テ》レ疑《ヲ》為《シ》二所止《ト》一、涅槃之城《ニハ》、以《テ》レ信《ヲ》為《ス》二能入《ト》一。（『昭法全』三三四頁）

と述べて、〝信〟を強調し、それが、松野純孝博士が言われるように(31)、親鸞が『教行信証』「信巻」で、

〔42〕弥陀如来雖《ドモ》レ発《シタマフト》二三心《ヲ》一、涅槃《ノ》真因唯《ハ》以《テス》二信心《ヲ》一。（『定本』一、一一五頁）

と説くような〝信心正因〟説の拠りどころの一つとなったということは、確かであろう。しかし、私には、『選択集』記述〔38〕で、「三心者是行者至要也」というとき、「至要」の語に、法然が左程の重きを置いたとは思えないのである。というのも、この「至要」が、〝不可欠な本質〟というような意味であるとすれば、当然、〝三心を欠いた念仏によって、人は往生できるか否か〟という問題が生じる筈であり、この問題について法然は扱わざるを得なかった筈だからである。

この点を別の言い方で表現すれば、次のようなことになる。即ち『選択集』の記述〔38〕に引かれた『観無量寿経』の言葉、つまり、「具三心者、必生彼国」と、『選択集』記述〔37〕の「衆生称念、必得往生」とは、決して同義ではないということである。というのも、前者は「具三心」が「必生彼国」の因であると説くのに対し、後者は、「称念」を「必得往生」の因として述べているからである。「必生彼国」と「必得往生」が同義であることは、言うまでもない。すると、この二つの文章の対比からは、当然のこととして、〝往生の正因は、三心（信）なのか、それとも念仏なのか〟という問題意識が否応もなく生じざるをえないであろう。しかるに、法然は、この両者の関係という問題を、全く扱うことなく、放置したままにしたのである。

私自身は、法然の本音は、〝信〟や〝他力〟を余り強調したくないという所にあったのではないかと考えている。そ

れは、〝信〟や〝他力〟を強調すれば、法然自身が何よりもその確立を目指していたと思われる〝称名念仏〟という行、あるいは、〝専修念仏〟という原理が崩壊してしまうだろうということを、彼が予め見通していたからだと思われる。それ故、『選択集』記述〔38〕で法然が、「三心者是行者至要也」とか「具三必応得生」と言い、さらに、第八章で、

〔43〕因《テ》レ茲《ニ》欲《セン》レ生《ゼント》二極楽《ニ》一之人《ハ》、全《ク》可《キ》レ具《ス》二足三心《ヲ》一也。（『昭法全』三三三頁）

と述べるとき、そこには法然の熱意というものが感じられない。「三心者是行者至要也」などというのは、いかにも力の無い、そっけない表現ではなかろうか。また、「具三必応得生」という語にしても、そこで法然は、「三心」という語の「心」を、おそらく敢て欠落させて、単に「三」としか述べていないのである。

法然の〝三心〟及び〝信〟に対する否定的評価は、次のような所謂『一枚起請文』[32]においても、歴然としていると思われる。

〔44〕もろこしわが朝に、もろ〳〵の智者たちの沙汰し申さるゝ観念の念にもあらず。又学問をして念の心をさとりて申す念仏にもあらず。たゞ往生極楽のためには、南無阿弥陀仏と申して、うたがひなく往生するぞとおもひとりて、申すほかには別の子細候はず。たゞし三心四修なんど申す事の候は、みな決定して南無阿弥陀仏にて往生するぞとおもふうちにこもり候なり。このほかにおくふかき事を存せば、二尊の御あはれみにはづれ、本願にもれ候べし。念仏を信ぜん人は、たとひ一代の御のりをよく〳〵学すとも、一文不知の愚鈍の身になして、尼入道の無智のともがらにおなじくして、智者のふるまひをせずして、たゞ一向に念仏すべし。（『昭法全』四一五―四一六頁）

この『一枚起請文』の結論は、「ただ一向に念仏すべし」ということであって、これが法然がその生涯をかけて確立しようと努めた〝専修念仏〟の勧めである。この結論を有する『一枚起請文』には、「三心」と「信」という語が一回ずつ用いられているが、「三心」については、

たゞし三心四修なんど申す事の候は、みな決定して南無阿弥陀仏にて往生するぞとおもふうちにこもり候なり。

と述べられている。この文章に相当するものは、対応する『善導寺御消息』(徳富本)では、

(45)タヽシ三心ソ四修ソナムトマウス事ノ候ハ、ミナ決定シテナモアミタ仏ハ往生スルソト思ウチニヲサマレリ。(33)

となっており、こちらの方が古形を伝えているように思われる。しかし、いずれにせよ、いずれの文章も、〝要するに、三心も四修も、念仏さえすればそこに自然に具わるのだ〟という立場を示しているであろう。特に、「なんど」「ナムト」という語には、〝三心〟〝四修〟という原理を端的に軽視する語感さえ感ぜられる。

次に、『一枚起請文』の「念仏を信ぜん人」(「念仏ヲ信シタマハム人」『善導寺御消息』)という語において、「信」は〝阿弥陀仏〟を対象とするものでも、〝他力〟を対象とするものでも、また〝本願〟を対象とするものですらなく、〝念仏〟という一行を対象とするものとされている。(34) このことは、〝専修念仏〟の勧めというこの『一枚起請文』や『善導寺御消息』の結論と合致しており、一切を念仏の一行に帰着させるものに他ならない。従って、繰り返せば、〝信がなくても、念仏のみによって、必ず往生できる〟というのが、法然、あるいは、『選択集』の基本的立場だと言えるであろう。ただし、〝信がなくても、念仏さえ称えれば往生できるのか〟という非難は、法然としても避けたかったであろう。私としてはむしろこのような非難を避けるために、法然は『選択集』の中に第八章「念仏行者必可具足三心之文」を置き、そこで「三心者是行者至要也」等と述べたと見たいのである。

私見によれば、〝具三心〟の強調ということは、むしろ法然以後の人々の課題となったものであろう。今、仮りに、法然が〝専修念仏〟というものを、ともかくもある時点で日本の仏教界に確立しえたと想像してみよう。するとそこには、当然〝専修念仏〟の徒と言われる人々が多数出現した筈である。彼等は、法然の教えに従って、〝念仏さえ称えれば、必ず往生できる〟と考えたと思われるが、そのとき実際には、どのようなことが起ったのであろうか。多数の人々が「必得往生」の確信を抱いて、念仏を称えたと思われるが、その彼等の現実の〝生き方〟、あるいは、〝態度〟

を見ていた人々の中に、〝果して、「ただ念仏さえすれば、それだけで往生できる」というのは、本当であろうか〟という不審の念が生じたであろうことは、想像に難くない。つまり、それは、〝念仏をしている人の態度、あるいは、心のあり方というものは、問題にならないのであろうか〟という素朴な疑問である。そして、一度、この疑問が生じたならば、必ずや、念仏を行者の心のあり方によって、良い念仏と悪い念仏、あるいは、往生できる念仏と往生できない念仏に区別する考え方が、生じる筈である。

この点を何よりも明瞭に示しているのが、念仏に加えて、〝具三心〟の必要性を強調した隆寛（一一四八—一二二七）の『具三心義』（一二一六年）巻上の次の文章であろう。

〔46〕問。念仏行者《ノ》、不レ発《レバサ》二三心《ヲ》一、可レ有《キゾル》二何失《ノ》一乎。答。不レ具《ルセ》二三心《ヲ》一者、非《ズ》二本願念仏《ノニ》一。若非《シザレバ》二本願念仏《ノニ》一者、恐《クハ》難《カラム》レ得《ルコト》二往生《ヲ》一。（『隆寛集』三頁上）

これによれば、〝三心を具えていない念仏〟は、「本願念仏」ではなく、それによって往生を得ることは難しいとされているようである。

同様の考え方は、『具三心義』巻上の次の文章にも認められる。

〔47〕不レ発《ルサ》二真実心《ヲ》一之《ノ》時称名念仏《ハ》、属《シ》二虚仮行《ノニ》一摂《スベシ》二雑毒善《ノニ》一。（『隆寛集』六頁下）

隆寛は、『具三心義』巻上で、

〔48〕其故《ノハ》、称《スルコトハ》二名号《ヲ》一帰《スルガ》二本願《ニ》一故《ナリ》。称《スルコト》二名号《ヲ》一者《ハ》、不レ疑《ルガハ》二本願《ヲ》一故《ナリ》。称《スルコト》二名号《ヲ》一者、被レ催《ルガサ》二欲生心《ノニ》一故也。定《メテ》知《ヌ》、一称名号之声中《ノニ》、三心具足《シテ》、無《シト》レ有《ルコト》二闕減一。（『隆寛集』二頁下—三頁上）

と述べ、〝称名念仏の中に三心が自然に具わる〟という立場をも示し、〝三心〟を〝称名念仏〟の他に別に立てることや、〝称名念仏〟を〝三心〟の具不具によって二種に分けることを嫌ったと思われるが、これは、恐らくは法然の説に忠実に従おうとした為であって、記述〔47〕を見る限り、「称名念仏」を三心の具不具、あるいは、「真実心」（至誠心）

の発不発によって、二種に分類する考え方が、隆寛において原理的には成立していることは、認めざるを得ないであろう。[35]

隆寛が〝三心〟の中で特に強調したのは、深心（深信）よりも、「真実心」（至誠心）の「帰本願」[36]ということであったが、念仏以外に「三心」や「真実心」という〝心のあり方〟を問題にしたことは確かであり、このような考え方が、〝念仏よりも信心〟という親鸞の〝信心正因〟説、あるいは、〝信心為本〟説にまで展開していくことは、明らかであろう。しかし、これはあくまでも、法然より後の発展と見るべきものであって、法然自身は、自己の思想的任務があくまで〝専修念仏〟や〝称名正因〟説の確立にあることを自覚し、〝三心〟や〝信心〟や〝他力〟の強調を、意識的に避けたものと思われる。

『選択集』の記述〔1〕には、「称名念仏是彼仏本願行也。故修之者、乗彼仏願、必得往生也」という文章があるが、この文章の「乗彼仏願」という語も、仏願に対する信を、往生の必須条件として行者に要請するものではない。何となれば、この文章は〝称名念仏を修すれば、彼の仏願に乗じて、必得往生する〟と述べているのであって、〝称名念仏を修し、彼の仏願に乗ずれば、必得往生する〟と述べているのではないからである。

要するに、『選択集』においては、〝他力に対する信〟も、〝本願に対する信〟も、往生の正因ではない。称名念仏こそが往生の正因であり、その念仏は、〝本願に対する信〟、つまり、経文の言葉という具体的内容をもった第十八願に対する信によって引き起されるというのが、『選択集』の基本的立場なのである。

二　念仏観の転換について

次に、上述の論点に関連して、法然に「信心為本的思想の成立[37]」を認めようとする平雅行氏の見解を問題としたい。

平氏は、『日本中世』第五章「法然の思想構造とその歴史的位置」において「念仏観の展開」という項目の下に、

ⓓ法然に念仏観の転換のあった事実を指摘しておきたい。（『日本中世』一八六頁）

と述べて、次のような資料を挙げられた。〔以下、『日本中世』一八六頁六―一一行をそのまま示す。ただし、本文にある註番号は削除し、〔H〕〔I〕〔J〕〔K〕の各文章に、読者の分り易さを考え、出典・傍線を付け加えた〕

〔H〕一念猶往生、況十念哉、十念尚往生、況多念哉、一日猶往生、況一月哉、一月猶往生、況三月一夏九旬哉、一夏尚往生、況一年哉、一年尚往生、況一生哉（『無量寿経釈』）

〔I〕既指二一念一云二大利一亦云二無上一、況二念三念乃至十念乎、何況百念千念乃至万念乎（『逆修説法』）

〔J〕既以二一念一為二一無上一、当以二十念一為二十無上一、又以二百念一為二百無上一、又以二千念一為二千無上一、如レ是展転、従レ少至レ多、念仏恒沙、無上功徳復応二恒沙一（『選択集』）

〔K〕一念既無上功徳、当レ知、十念即十無上、百念即百無上功徳也（『浄土宗略要文』）

これについて、平氏は、次のようにコメントされた。

ⓔこれは法然が『無量寿経』の同一箇所を釈したものを、〔H〕『無量寿経釈』、〔I〕『逆修説法』、〔J〕『選択集』、〔K〕『浄土宗略要文』と成立順序にしたがって並べたものである。〔H〕から〔I〕、さらに〔J〕〔K〕へと進むにつれて念仏観が転換している事実に気づくだろう。（『日本中世』一八六頁）〔傍線＝松本〕

しかし私には、氏が「念仏観が転換している事実」と言われることが理解できないのである。この「念仏観が転換している事実」の存在を、平氏は、論述ⓔの後に続く次の説明によって、論証しようとされている。

ⓕ〔H〕での「一念猶往生、況十念哉」という表現は、一念よりも十念、十念よりも多念の方が宗教的価値が高いことを示している。このように念仏の回数が増えるにつれて宗教的価値が増大してゆくのは、念仏それ自体に価値が内在しているからである。念仏そのものに功徳があるから、唱えれば唱えるほど功徳が増してゆく。それ故、

重松氏の言うように、史料〔H〕のような念仏観を多善根的・積善主義的念仏観と評してよかろう。

法然は選択本願念仏説によって、称名と諸行を比論しながら弥陀の下における宗教的平等を確立しようとした。しかし〔H〕のような念仏観では、一念と多念との間に再び宗教的差別がもちこまれ、弥陀の下における平等は瓦解せざるを得ない。後に法然門下の間で、一念か多念か、自力念仏か他力念仏か、誓願不思議か名号不思議か、といった激しい論争が沸きおこり、その中で安心派が論難しようとしたのは、まさに〔H〕のような念仏観だったのである。

それに対し〔J〕〔K〕では、念仏の価値を「一無上」「十無上」「百無上」とすることによって、一念と多念との同価値化が図られている。ここでは念仏の回数それ自体に意味はない。何度唱えても、念仏の価値はあくまで「無上」なのであって、回数を重ねたからといって功徳が増すことはない。このように法然は、念仏の価値を無上功徳とすることによって、瓦解しかけた弥陀の下における平等を再び回復することに成功したのである。(『日本中世』一八六―一八七頁)(傍線＝松本)

ここで、平氏は、〔H〕の『無量寿経釈』の念仏観について、「念仏の回数が増えるにつれて宗教的価値が増大してゆく」と言われ、また〔J〕〔K〕の『選択集』と『浄土宗略要文』の念仏観について、「一念と多念との同価値化が図られている」と述べて、両者の念仏観を対比されたが、平氏は、〔J〕〔K〕で「無上」、あるいは、「無上功徳」と言われることの意味が、〔H〕に言われる「往生」を意味していることを理解されていないのではなかろうか。つまり、〝「往生」＝「大利」＝「無上〔功徳〕」〟なのであるから、〔H〕から〔K〕までは、すべて全く同趣旨を説くものと解されるのである。即ち、〝「往生」＝「無上〔功徳〕」〟である限り、〔H〕の「一念猶往生、況十念哉」と、〔K〕の「一念既無上功徳、当知、十念即十無上」とは、その趣旨に全く異なるところはないのである。

また、〔H〕に見られる「…猶…況…」という表現と、〔I〕〔J〕〔K〕に見られる「…既…」という表現、特に〔I〕

の「…既…況…」という表現は、同義であると考えられるから、これらの表現は「一念と多念との同価値化」という平氏の解釈を拒絶するものであろう。この「…猶…況…」「既…〔況〕…」という表現に示される念仏観を、「念仏の回数が増えるにつれて宗教的価値が増大してゆく」とか、「唱えれば唱えるほど功徳が増してゆく」と評することに、私は若干の抵抗を感じざるを得ないが、しかし、この表現に、〃一念よりも多念に高い宗教的価値を認める考え方〃が示されていることは、確実であろう。

しかるに平氏は、〔J〕の『選択集』に、「一念多念の等価性と多念の勧めという二つの主張」が説かれていることを「整合的に把握することはできない」という「事実」を根拠に、「『選択集』の段階」で、「信心為本的思想の成立」があったという趣旨の主張を、次のように展開される。

ⓖつまり一念を多善根と考えても、無上功徳と考えても、一念多念の等価性と多念の勧めという二つの主張を、整合的に把握することはできないのである。この事実は、〔J〕『選択集』段階で法然が、宗教的価値の源泉を念仏にではなく、それ以外の何ものかに求めていたことを示唆していよう。

ではそれは何か。結論を言えば、法然は選択本願への信心に一切の価値の源泉を求めたのである。その結果、念仏の回数という身体的行為の多寡から宗教的価値が分離され、一念多念の同価値化がなし遂げられた。したがって〔H〕『無量寿経釈』から〔J〕『選択集』への転換は、多善根から無上功徳へという、念仏の善根性の極限的増大を意味するのではなく、念仏善根観の解体・信心為本的思想の成立を意味しているのである。（『日本中世』一八八頁）〔傍線＝松本〕

しかし、すでに述べた通り、〔J〕の『選択集』の記述を、「一念多念の等価性」とか、「一念多念の同価値化」と評価すること自体が、適切ではない。「多念の勧め」ということは、「…猶…況…」とか「…既…況…」というように、〃一念よりも多念に高い宗教的価値を認めること〃から、当然の帰結として導き出されるものであるし、また、そこからしか導き出されない。

平氏は、右の論述において、「〔J〕『選択集』段階で法然が、宗教的価値の源泉を念仏にではなく、それ以外の何ものかに求めていた」と言われ、その「源泉」とは、「選択本願への信心」であり、従ってそこに「信心為本的思想の成立」があったとされるのであるが、論理が飛躍しているように思われる。平氏がここで、単に「宗教的価値」ではなく、「宗教的価値の源泉」という語を使って議論を展開していることに、とりわけ注目したい。『選択集』において、宗教的価値の〝源泉〟といえば、それは、阿弥陀仏の第十八願以外にはないであろう。この本願に対する信にもとづいて念仏がなされ、その念仏が正因となって往生が可能になるのである。つまり、そこには、〝本願に対する信が、往生を可能にする正因である〟という意味での〝信心為本〟説、または〝信心正因〟説は、全く認められない。

平氏は、自説を根拠づけるため、『十二問答』の

〔49〕信オバ一念ニ生ルトトリ、行オバ一形ヲハゲムベシ〔下、ススメタマヘル釈也。〕（『昭法全』六三六頁）

という語を引かれるが、[38] 果してこの語は、法然の立場を正確に表しているであろうか。あるいは、法然の言葉と見なしうるであろうか。これは大きな問題であり、これについては、詳しく論じなければならない。

三　『十二問答』第八問答と『醍醐本法然上人伝記』について

まず、記述〔49〕を含む『十二問答』は、『和語灯録』巻四に収められているが、[39] この『十二問答』は、『西方指南抄』下本の『或人念仏之不審聖人に奉問次第』[40] 及び『醍醐本法然上人伝記』（以下、『醍醐本』と略す）所収の『禅勝房との十一箇条問答』[41] と関連を有する文献であることが、知られている。[42] その内、『或人念仏之不審聖人に奉問次第』と『禅勝房との十一箇条問答』は、十一の問答より成り、『十二問答』の第十二問答に相当するものを欠いているが、[43] い

ずれにせよ、記述〔49〕は、以上の三文献の第八問答の答の部分に、その記述そのもの、あるいは、それに相当するものが見られるのである。この三文献における第八問答の対照表は、すでに藤堂恭俊博士によって与えられているが(44)、繁を厭わずに、『西方指南抄』『醍醐本』『和語灯録』に所収のものの順に、三文献における第八問答を示せば、次の通りである。

〔50〕問。『礼讃』の深心の中には、「十声一声必得往生、乃至一念無有疑心」と釈し、また『疏』の中の深心には、「念念不捨者、是名正定之業」と釈したまへり。いづれか、わが分にはおもひさだめ候べき。

答。「十声一声」の釈は、念仏を信ずるやうなり。

かるがゆへに、信おば一念に生るととり、行おば一形をはげむべしと、すゝめたまへる釈也。

また「大意は、一発心已後」の釈を本とすべし。（『西方指南抄』）（『定本』五、二八四頁）

〔51〕八問云。『礼讃《ノ》』深心中《ノニ》、「十声一声定得往生乃至一念無有疑」文。又『疏』中《ノ》深心《ニハ》、「念念不捨者是名正定之業」文。云何可《ク》二分別《ス》一候。

答云。「十声一声《ノ》」釈《ハ》是《レ》信《ズル》二念仏一之様也。

信《ヲバ》取《テ》二一念往生《スト》一、行《ニハ》一形可《キ》レ励《ム》也。

又「一発心已後《ノ》」釈《ヲ》可《キ》レ為《ス》二本意《ト》一也。（『醍醐本』）（『浄典研（資）』一七八—一七九頁）

〔52〕問曰。『礼讃』の深心の中には、「十声一声必得往生、乃至一念無有疑心」と釈し、又『疏』の深心の中には「念念不捨者、是名正定之業」と釈し給へり。いづれか、わが分にはおもひさだめ候べき。

答。「十声一声」の釈は、念仏を信ずる様。「念念不捨者」の釈は、念仏を行ずる様也。

かるがゆへに、信をば一念にむまるととりて、行をば一形にはげむべしとすゝめ給へる釈也。

又「大意は、一発心已後、誓畢二此生一無レ有二退転一、唯以二浄土一為レ期」の釈を、本とすべき也。〔『和語灯録』〕（『浄全』九、五七六頁下）

これら三つの記述の相互関係を確定するのは容易ではないが、まず『和語灯録』は一二七五年に成立し、『西方指南抄』は一二五七年に成立し、そして『醍醐本』は、一二四二年頃に編集されたと考えられている。[45] しかし、この内『醍醐本』の成立・内容には、疑問が少なくない。即ち、『醍醐本』所収の『御臨終日記』末尾の「上人入滅以後及三十季」[46]の語にもとづいて、一二四二年頃の成立と考えられ、望月信亨博士によっては、「上人遺教の第一結集と称すべきもの」[47]とも呼ばれたのであるが、醍醐三宝院で発見された『醍醐本』の現存写本は、一七世紀前半のものであり、その現存写本が、『醍醐本』の原型をどの程度正確に反映しているか確定することはできない。のみならず、思想的・教理的な面でも、『醍醐本』の内容には、その学界への紹介者である望月博士以来、様々な疑問が提起されている。

例えば、『醍醐本』所収の『三心料簡事』の末尾には、『歎異抄』第三条と類似する〝悪人正機〟説を説く「口伝」が付されているが、これについて望月博士は、

此の文は最後の第二十七条に在り。思ふに編者の加筆なるが如し。又善人尚以往生、況悪人乎の語は、和語灯録等に曾て載せざる所なり。[48]

と評され、また坪井俊映博士は、同じく『三心料簡事』の〝三心釈〟等に隆寛の解釈が見られることを指摘された。[49] その後も『醍醐本』に関する研究は、精力的に続けられ、その優れた成果は、一九八八年の『浄土宗典籍研究』研究篇（略号『浄典研（研）』）第二部にも収められているが、近年特に注目されるのは、永井隆正氏と真柄和人氏と曾田俊弘氏によって、『醍醐本』と真宗文献との間に密接な関係があることが示されたことであろう。[50]

私は、今日に至るまでの『醍醐本』研究の蓄積を正確に把握しているものではないが、近年の『醍醐本』に関する研究は、『醍醐本』の成立・内容に関する私の疑問を益々深めている。つまり、『醍醐本』に関する私の基本的な理解

を言えば、〝『醍醐本』とは、醍醐寺で発見された『法然上人伝記』の首題をもつ十七世紀の写本を指すから、『醍醐本』なのであって、その原型がいつ成立したか、またどのようなものであったか、容易には確定できない〟というものなのである。従って、少なくとも私は、

『醍醐本』は、「望月論文」が述べているように、法然の遺文の第一結集であり、しかも、法然の秘書的存在であった勢観房源智の直接記録したものとみて誤りはないといえる。（『悪人正機説』七五頁）

という梶村昇氏の見解に従うことはできないのである。(51)

さて、このような立場から、前掲の〔50〕〔51〕〔52〕の三記述を見るとき、これら対応する三つの記述の内、『西方指南抄』記述〔50〕と『醍醐本』記述〔51〕の内容に、私は形式的な不備を感じざるを得ない。即ち、『和語灯録』そのものが、『西方指南抄』より約二十年後に成立したことは確実であるにかかわらず、論旨に注目すれば、『和語灯録』記述〔52〕の方が、論旨が一貫しているのである。即ち、まず記述〔52〕について、その「問」の意味を考えてみよう。その「問」は、善導『往生礼讃』で〝法の深信〟を説明する

〔53〕今信丙知《シ》弥陀《ノ》本弘誓願《ハ》及《ブマデ》下称《スルコト》二名号《ヲ》一、下至《ルニ》中十声一声等《ニ》上、定《ンデ》得《シムト》乙往生《スルコトヲ》甲、乃至一念、無《シ》レ有《ルコト》二疑心一、故《ニ》名《ク》二深心《ト》一。

（『浄全』四、三五四頁下）

という記述の傍線を付した文章と、同じく善導の『観経疏』「散善義」〝深心〟釈中の

〔54〕一心《ニ》専《ラ》念《ジテ》二弥陀名号《ヲ》一、行住坐臥、不レ問《ハ》二時節《ノ》久近《ヲ》一、念念《ニ》不《ル》レ捨《テ》者、是《ヲ》名《ク》二正定之業《ト》一、順《ズルガ》二彼《ノ》仏《ノ》願《ニ》一故《ニ》。（『浄全』二、五八頁下）

という記述の傍線を付した文章との二文章の間に、趣旨の違いを認め、その二つの文章の趣旨のいずれに依るべきかを問うているのである。

では、その二文章の趣旨の相違とは、記述〔52〕で、どのようなものと考えられているのであろうか。その意味は、

「答」の内容を見ると明らかになる。即ち、そこには、「念仏を信ずる様」と「念仏を行ずる様」とが対比され、また、そこには、平氏によって引用された

(ア)信をば一念にむまるととりて、行をば一形にはげむべし

という語が見られる。この点に注目すれば、「問」は、〝信〟か〝行〟（称名）か、〝一念〟か〝多念〟か、あるいは、〝信心正因〟説か〝称名正因〟説か、という極めて根本的な問題を問うていることが知られる。即ち、『往生礼讃』記述〈53〉からの引用文では、「一念」「無有疑心」という所に、「念仏を信ずる様」といわれる〝一念〟〝信〟の典拠が求められ、『観経疏』記述〈54〉からの引用文では、「念念」「正定之業」という所に、「念仏を行ずる様」といわれる〝多念〟と〝行〟（称名）の典拠が求められているのである。

では、それに対する「答」とは、どのようなものかと言えば、それは、「信をば一念にむまるととりて、行をば一形にはげむべし」というものであり、この答は、〝信〟か〝称名〟か、〝一念〟か〝多念〟かという問題を、一応は和解させているような印象を読者に与えている。従って、『和語灯録』記述〈52〉は、この点で、形式的にも、整合性をもっていることが知られる。

しかるに、『西方指南抄』記述〈50〉と『醍醐本』記述〈51〉はどうであろうか。両者は、その「答」に『和語灯録』記述〈52〉の

(イ)「念念不捨者」の釈は、念仏を行ずる様也。

に相当するものを欠いている。これでは、『観経疏』記述〈54〉の「念念不捨者、是名正定之業」という文章に対する解釈が示されていないのであるから、「問」に対して明確に答えていないことになるであろう。従って、本来は問答が成立していたと考えるならば、(イ)の部分は、『西方指南抄』記述〈50〉、『醍醐本』記述〈51〉では、ある意図のもとに、削除されたと見るのが、自然であろう。では、その意図とは何か。言うまでもなく、それは、〝信〟か〝行〟（称名）か、

〝一念〟か〝多念〟か、〝信心正因〟説か〝称名正因〟説か、という問題に対して、〝信の一念が往生の正因である〟という答えを示すために、〝行〟〝多念〟〝称名正因〟説の典拠に関する解釈を削除したとしか考えられないであろう。しかるに、この点は、『西方指南抄』の成立に、〝信心正因〟説を説く親鸞が深く関っていることを考えれば、容易に納得が行くのである。また、この点で、『醍醐本』の思想的立場も、基本的には、親鸞の〝信心正因〟説、あるいは、〝信の一念義〟に一致するのではないかということが、推測されるのである。

では、記述〔50〕〔51〕〔52〕と三様に示されるこの問答の原型とは、どのようなものであろうか。「念念不捨者」に対する解釈をも示している点では、『和語灯録』記述〔52〕は、この問答の原型に近いであろうが、その原型そのものと見ることはできない。では、その原型とはどのようなものか。この点で何よりも重要なのが、藤堂博士によってなされた指摘である。(52) 即ち、良忠の『決答授手印疑問鈔』（一二五七年）巻上に、問題の『十二問答』の第八問答に相当するものが、次のように示されていることが、指摘されたのである。

〔55〕若如《シキハ》二此義《ノ》一者、相二違《ス》『十二問答《ニ》』一。彼《ノ》一問答云《ニク》、「『礼讃《ノ》』深心《ノ》中ニハ『十声一声乃至一念無有疑心』ト釈シ、『疏《ノ》』深心《ノ》中ニハ『念念不捨者《ト》』釈セリ。以レ何《テカ》我《ヲ》分《ト》可《ク》二思《ヒ》定《ム》一候覧。上人答《テ》云《ク》、「『十声一声』等《ノ》レ釈ハ信《ズル》二念仏《ヲ》一様、『念念不捨者』等《ト》者、行者《ノ》念仏《スル》様也《ト》」一云云。（『浄全』十、三六頁上）

さらにまた、藤堂博士は、同じ良忠が上京在住時代（一二七六―一二八六年）に著した『浄土宗要集』（『東宗要』）巻四で、第八問答の答えの部分を、次のように引用していることを指摘された。(53)

〔56〕祖師云……。又云、「『十声一声』等《ノ》レ釈《ハ》、信《ズル》二念仏《ヲ》一様《ナリ》。『念念不捨者《ノ》』釈《ハ》、行《ズル》二念仏《ヲ》一様也。（『浄全』十一、八七頁上）

これらの指摘によって知られることは、まず、一二五七年という極めて早い時点で、『十二問答』なる書物が存在していたこと、そしてその中の一つの問答が、問題の第八問答、つまり、記述〔50〕〔51〕〔52〕と内容的にほぼ一致していることである。しかるに、記述〔50〕〔51〕〔52〕と、『決答授手印疑問鈔』の記述〔55〕を対照すると、記述〔55〕

における引用文、つまり、「『礼讃』深心……念仏様也」が、ほぼ問題の第八問答の原型を示しているように思われる。即ち、『決答授手印疑問鈔』記述〔55〕の「答」の部分には、『往生礼讃』記述〔53〕の「十声一声」等に対する解釈とともに、『西方指南抄』記述〔50〕や『醍醐本』記述〔51〕には欠けていた『観経疏』記述〔54〕の「念念不捨者」等に対する解釈も示されている。しかも、その引用が、「十声一声等」「念念不捨者等」として「等」の語を伴って示されているのは、おそらく原型を伝えているであろう。というのも、特に前者の場合、単に「十声一声」とあり、「等」の語を欠いているとすれば、それは、〝一念〟〝信〟の典拠となりえないからである。つまり、『往生礼讃』記述〔53〕の「十声一声……乃至一念、無有疑心」という表現で〝一念〟〝信〟の典拠とされているのは、「十声一声」の語ではなくて、「一念、無有疑心」の語の方だと思われるからである。

なお、『決答授手印疑問鈔』記述〔55〕と『浄土宗要集』記述〔56〕を比較してみると、末尾の「行者《ノ》念仏《スル》様也」と「行《ズル》二念仏《ヲ》一様也」が相違している。後者は、『和語灯録』記述〔52〕の「念仏を行ずる様なり」に一致しているのであるが、『決答授手印疑問鈔』記述〔55〕の「行者《ノ》念仏《スル》様也」の方がむしろ原型に近いのではないかと思われる。というのも、『浄土宗要集』記述〔56〕の「信念仏様……行念仏様」という表現は、余りにも整理されすぎているように感じられるからである。『浄土宗要集』記述〔56〕は、『決答授手印疑問鈔』記述〔55〕より二十年以上も後に書かれたものであり、その内容も、問題の第八問答の全容を紹介するものではない。従って、この第八問答の原型の探求に当っては、『決答授手印疑問鈔』記述〔55〕と『浄土宗要集』記述〔56〕とでは、前者の方に信を置くべきであろう。

さて、『決答授手印疑問鈔』記述〔55〕が問題の第八問答の原型をほぼ伝えているとすれば、その記述〔55〕には欠けている『西方指南抄』記述〔50〕、『醍醐本』記述〔51〕、『和語灯録』記述〔52〕における「答」の後半の二つの段落、つまり、記述〔50〕で言えば、「かるがゆへに」以下と、「また」以下は、どのように考えるべきであろうか。私は、この部分は、原型には本来なかった後代の付加であると見るのである。というのも、私は、この二つの段落に、

〝信〟〝一念〟の立場、つまり、〝信の一念義〟〝信心正因〟説を認めざるを得ないからである。以下、この点について、説明しよう。

まず、「答」後半の第一段落、つまり、「かるがゆへに」以下に相当する部分において、

(ウ)信おば一念に生るととり、行おば一形をはげむべし。(『西方指南抄』記述〔50〕)

(エ)信《ヲバ》取《テ》二一念往生《スト》一、行《ニハ》一形可《キ》レ励《ム》也。(『醍醐本』記述〔51〕)

(ア)かるがゆへに、信をば一念にむまるととりて、行をば一形にはげむべし。(『和語灯録』記述〔52〕)

という同趣旨の文章が、〝信〟か〝行〟(称名)か、〝一念〟か〝多念〟か、という問題について、その両者の立場を和解させるような印象を読者に与える極めてユニークな文章であることは、認めざるを得ないであろう。

これとほぼ同趣旨の文章が、法然の著作とされるものにおいては、他にも見られるが、例えば、『拾遺和語灯録』に収められ、その真撰が疑問視されている『登山状』には、

〔57〕信を一念にむまるとゝりて、行をば一形にはげむべしとすゝむる也。(『昭法全』四二七頁)

と示され、また、『和語灯録』巻四所収の『禅勝房にしめす御詞』には、

〔58〕信をば一念にむまるととりて、行をば一形はげむべし。(『昭法全』四六四頁)

と示されている。しかるに、この内、後者は極めて重要である。というのも、後者を含む『禅勝房にしめす御詞』(全四条)の第三条の全文は、次のようなものであるからである。

〔59〕又云。「一念十念にて往生す」といへばとて、念仏を疎相に申せば、信が行をさまたぐる也。「念念不捨」といへばとて、一念十念を不定におもへば、行が信をさまたぐる也。かるがゆへに、信をば一念にむまるととりて、行をば一形はげむべし。(『昭法全』四六四頁)

この記述を読めば、その趣旨が、問題となっている第八問答を示す『西方指南抄』記述〔50〕、『醍醐本』記述〔51〕、

『和語灯録』記述〔52〕と趣旨が全く一致していることが、理解されるであろう。即ち、ここで、「一念十念にて往生す」というのは、『西方指南抄』記述〔50〕における『往生礼讃』記述〔53〕からの「十声一声必得往生……」という引用文のヴァリアントであり、「念念不捨」というのは、記述〔50〕における「念念不捨者……」という『観経疏』記述〔54〕からの引用文のヴァリアントなのである。しかるに、記述〔59〕で、「一念十念にて往生すといへばとて」という文章を、記述〔50〕〔51〕〔52〕を参照せずに、漠然と読んでいると、この「一念十念にて往生す」という語が、『往生礼讃』記述〔53〕からの引用文のヴァリアントであることが理解できない。それは、『禅勝房にしめす御詞』第三条、つまり、記述〔59〕が、記述〔50〕〔51〕〔52〕に示される第八問答を踏えて成立しているために、記述〔50〕〔51〕〔52〕に比べれば、表現が曖昧なルーズなものになっているからであろう。

さて、『禅勝房にしめす御詞』第三条、つまり、記述〔59〕においても、「一念十念にて往生す」という『往生礼讃』記述〔53〕からの引用文とされるものは、〝信〟〝一念〟の立場の典拠とされ、「念念不捨」という『観経疏』記述〔54〕からの引用文が〝行〟(称名・念仏)〝多念〟の立場の典拠とされていることは、前者の後に、「念仏を疎相に申せば、信が行をさまたぐる也」と言われ、後者の後に、「行が信をさまたぐる也」と言われることによって明らかであろう。しかるに、この二つの立場、つまり、〝信〟〝一念〟の立場と〝行〟〝多念〟〝称名〟の立場は、その後に出る

〔58〕信をば一念にむまるととりて、行をば一形はげむべし。

という問題の語によって、和解させられているような印象を読者に与えているが、実はそうではない。その点は、記述〔58〕の直後に続く『禅勝房にしめす御詞』第四条によって明らかなのである。その第四条とは、次の通りである。

〔60〕又云。一念を不定におもふものは、念念の念仏ごとに不信の念仏になる也。そのゆへは、阿弥陀仏は、一念に一念の往生をあておき給へる願なれば、念念ごとに往生の業となる也。(『昭法全』四六四頁)

ここで、「一念を不定におもふものは」という表現は、記述〔59〕、つまり、第三条の「一念〔十念〕を不定におも

へば、〔行が信をさまたぐるなり〕」に趣旨が一致している。つまり、第四条、即ち、記述〔60〕は、第三条、即ち、記述〔59〕に示される二つの立場の内の一方だけを支持しているのである。では、その立場とは何かと言えば、「一念を不定におもふものは、……不信の念仏になる也」というのであるから、〃一念を不定に思ってはならない〃、つまり、〃一念で往生は確定する〃という〃一念〃〃信〃の立場であることは、明らかである。即ち、『禅勝房にしめす御詞』の第四条は、直前の第三条〔59〕末尾の記述〔58〕、つまり、「信をば一念にむまるととりて、行をば一形はげむべし」という極めてユニークな言葉を解説するために置かれているとも考えられるのであって、従って、この言葉、つまり、記述〔58〕は、二つの立場を和解させるものではなくて、実は〃信の一念義〃を説くものなのである。

しかるに、このことは、次のような『醍醐本』所収『三心料簡事』第二十二条「一念信心事」の前半を読めば、明らかになるのである。

〔61〕取《リ》二信《ヲ》於一念《ニ》一、尽《スベシ》二行《ヲ》於一形《ニ》一。疑《フ》二一念《ノ》往生《ヲ》一者《ハ》、即《チ》多念皆疑念之念仏也云々。（『浄典研（資）』二一〇頁）

この記述〔61〕は、『禅勝房にしめす御詞』の第三条と第四条を合したもの（記述〔59〕〔60〕）と、全く趣旨が一致していることを、理解しなければならない。即ち、ここにも、第三条の「信をば一念にむまるととりて、行をば一形はげむべし」（記述〔59〕）に一致する

(オ)取《リ》二信《ヲ》於一念《ニ》一、尽《スベシ》二行《ヲ》於一形《ニ》一。

という語が示されるが、この語は、決して〃信〃〃一念〃の立場と、〃行〃（称名念仏）〃多念〃の立場を和解させるものではなくて、前者を支持するものなのである。その点は、(オ)を含むこの第二十二条が、「一念信心事」と名づけられていることからも知られるし、(オ)の後に出る「疑《フ》二一念《ノ》往生《ヲ》一者《ハ》、即《チ》多念皆疑念之念仏也」という語によっても理解されるであろう。しかるに、この語が、『禅勝房にしめす御詞』第四条、即ち、記述〔60〕の「一念を不定におもふものは、念念の念仏ごとに不信の念仏になる也」という語と全く同趣旨であることは、最早言うまでもないであろう。

かくして、平氏が問題とされた『十二問答』中の記述〔49〕、即ち、「信オバ一念ニ生ルトトリ、行オバ一形ヲハゲムベシ」という語が、親鸞の立場と同じ〝信の一念義〟を説くものであることが知られた。従って、この語、及びそれのヴァリアントは、『十二問答』の第八問答の「答」の部分の原型には、本来含まれていなかったであろうと考えられる。右に示した『醍醐本』所収の『三心料簡事』については、すでに述べたように、近年、永井隆正氏と真柄和人氏と曾田俊弘氏によって、真宗文献、特に高田派の文献との密接な関係が指摘された。即ち、永井氏は、『三心料簡事』第六・七・十・十一・二十三・二十四条に相当するものが、高田派専修寺第三世顕智（一二二六―一三一〇）集録の『見聞』に見出されることを指摘され、(54) さらに真柄氏は、真宗の談義本である『本願成就聞書』に『三心料簡事』の第五・十一・十二・二十一・二十三条に相当するものが含まれていることを指摘された。(55) 残念ながら、これらには右で問題とした『三心料簡事』第二十二条「一念信心事」は含まれていなかったが、その後、さらに曾田氏によって高田派の恵雲（一六一三―一六九一）の著書である『興御書抄』と『教行信証抄』の中に、『三心料簡事』の第二・二十一・二十二条に相当するものが発見された。(56) このうち、本論文の議論にとって特に重要なのは、『興御書抄』における第二十二条、つまり、「一念信心事」の発見であって、そこで、「一念信心事」は、『禅勝房にしめす御詞』第三条、つまり、記述〔59〕に相当するものの後に続けて書かれていたのである。即ち、曾田氏の論文によれば、『興御書抄』二十三丁裏―二十四丁表には、次のような一連の記述が見られるのである。

〔62〕法然上人《ノ》伝記《観勢房》上人曰《ノク》。一念十念往生《ニ》云《ストヘバトテ》 念仏疎《ヲ》相申《ニセバ》信妨《ガグル》レ行《ヲ》也。念念不捨云《トヘバトテ》 一念十念思《ヲヘバ》二不定《ニ》一行妨《ガグル》レ信也。信《ヲ》取《リ》二一念生《ニズトハ》一行可《シ》レ励《ム》二一形《ヲ》一也。
又上人曰《ノク》。一念信心事《ノ》、信取《ヲリ》二一念《ニ》一行尽《ヲクスベシ》二一形《ニ》一。疑《フ》二一念往生《ノヲ》一者《ハ》、即《チ》多念往生皆《モ》疑心之《ノ》念仏也《ナリ》(57)已上仮名書也。

このうち前半は、「法然上人《ノ》伝記」からの引用とされるにもかかわらず、『禅勝房にしめす御詞』第三条（記述〔59〕）であり、後半が、『三心料簡事』第二十二条「一念信心事《ノ》」の前半部分（記述〔61〕）である。ここでまず注目されるのは、この二つの条が連続して書かれていることであって、これは両条の趣旨が全く一致していること、及びそこに示される「信取《ハリ》二一念生《ニズト》一、行可《ハシ》レ励《ム》二一形《ヲ》一也」と「信取《ヲリ》二一念《ニ》一、行尽《ヲクスベシ》二一形《ニ》一」という語の趣旨が、「一念信心」の立場、あるいは、「一念往生」を説くものであることを示しているであろう。

なお、『興御書抄』記述〔62〕には、『三心料簡事』第二十二条「一念信心事」は、その前半部分、つまり、記述〔61〕に相当する部分しか示されていない。即ち、この第二十二条「一念信心事」の後半部分とは、

〔63〕又云一期《ノ》終《ノ》一念《ハ》一人往生《ス》。況《ヤ》一生《ノ》間積《ム》二多念功《ノヲ》一、豈《ニ》不《ラン》レ遂《ゲ》二一度往生《ヲ》一乎。毎《ニ》二一念《ニ》一有《リ》二一人往生《ノ》徳一。何況《ニヤ》多念《ニ》無《キ》二一《ノ》往生一哉云々。（『浄典研（資）』二一〇頁）

というものであるが、その趣旨は不明確であり、この記述がない方が、「一念信心事」というこの第二十二条のテーマは、明確になる。従って、本来は、『三心料簡事』第二十二条「一念信心事」の原型には、『興御書抄』記述〔62〕第二段に示されるように、現在の『醍醐本』に見られる後半部分、つまり、記述〔63〕は欠けていたのではないかと思われる。

さて、曾田氏は、永井氏と真柄氏の研究を承けて、『三心料簡事』と真宗文献の関係を強調され、したがって「三心料簡事」は真宗に伝承されていたことが明らかになったのである。[58]

と言われたが、単に伝承されたというだけではなく、思想的な意味でも、真宗の教義に結びつくと思われる。即ち、第二十二条「一念信心事」に見られる「一念信心」の立場は、親鸞その人の〝信〟〝一念〟の立場、つまり、〝信の一念義〟と一致するように思われる。しかも、『三心料簡事』第二十二条「一念信心事」の直前の第二十一条には、

〔64〕於《テ》二平生《ノ》念仏《ニ》一往生不定《ト》思《ヘバ》、臨終《ノ》念仏《モ》又以《テ》不定也。以《テ》二平生《ノ》念仏《ヲ》一決定《ト》思《ヘバ》、臨終《モ》又以《テ》決定也云々。（『浄典研（資）』二〇九頁）（「真柄（一）」五頁、「真柄（二）」八―九頁、「曾田」四八頁参照）

という「平生臨終事」という一条があり、これも、『興御書抄』に収められていることが、曾田氏によって指摘されて

いるが、[59]ここには、〝平生業成〟説が説かれているであろう。[60]つまり、ここには、「平生ノ念仏」によって往生が「決定」するという立場が見られるのであり、しかもその「平生ノ念仏」とは、その直後の第二十二条「一念信心事」の記述〔61〕を参照するならば、〝信の一念〟を指していると考えられる。とすれば、ここには、親鸞の〝信心正因〟説、〝平生業成〟説、〝信の一念義〟と基本的には一致する考え方が示されているであろう。

さて、以上の議論は、平氏が『十二問答』第八問答に見られる「信オバ一念ニ生ルトトリ、行オバ一形ヲハゲムベシ」（記述〔49〕）という極めてユニークな言葉を、法然の立場を示すものとして提示されたことに対する批判として展開してきたものであるが、記述〔50〕〔51〕〔57〕〔58〕〔61〕〔62〕に様々のヴァリアントが見られるこの言葉、親鸞の立場と同じ〝信の一念義〟を説くこの言葉のルーツとは、一体どこにあるのであろうか。それを、私は、『唯信鈔』の結論部分に見られる

〔65〕このゆへに、一念決定しぬと信じて、しかも一生おこたりなくまふすべきなり。これ、正義とすべし。（『定本』六(2)、六九頁）

という記述にあると考えるのである。しかるに、私は、この『唯信鈔』は聖覚撰ではなく、親鸞が一二五二年以前に著した著作であることを、本書第四章で論証したいと思っている。即ち、この『唯信鈔』も親鸞自身の〝信の一念義〟を説く著作であると考えるのである。従って、結論的に言えば、『十二問答』記述〔49〕の「信オバ一念ニ生ルトトリ、行オバ一形ヲハゲムベシ」という語に示される考え方は、法然より後の発展と見るべきものであって、この語によって法然の立場を理解しようとする平氏の解釈は、適切ではないことになるであろう。また、この点からしても、法然に「念仏観の転換」とか「信心為本的思想の成立」を見出す平氏の説は、成立しないであろう。

なお、『十二問答』の第八問答に相当する個所の「答」の部分の最終段落、つまり、記述〔50〕〔51〕〔52〕の「また」や「又」以下について、一言しておきたい。『西方指南抄』所収の『或人念仏之不審聖人に奉問次第』記述〔50〕によ

れば、その個所は、
㈮また「大意は、一発心已後」の釈を本とすべし。
となっており、『和語灯録』所収の『十二問答』記述〔52〕では
㈭又「大意は、一発心已後、誓畢二此生一無レ有二退転一、唯以二浄土一為レ期」の釈を、本とすべき也。
となっているが、括弧でくくった部分は、『観経疏』「散善義」の次の記述からの引用である。
〔66〕八《ニ》従《リ》二「具此功徳」一已下《ハ》、正明《クス》二修行時節《ノ》延促《ヲ》一。上尽《ミシ》二一形《ヲ》一下至《リ》二一日一時一念等《ニ》一、或従《ハリ》二一念十念一至《ル》二一時一日一形《ニ》一。大意者《ハ》、一発心已後、誓《テ》畢《ルマデ》二此《ノ》生《ヲ》一無《ク》レ有《ルコト》二退転一、唯以《テ》二浄土《テ》一為《ス》レ期《ト》。（『浄全』二、六二頁上）
しかるに、この引用は、この引用が示される文献において、いかなる意味をもたされているのであろうか。この引用文の後半の「誓畢此生、無有退転、唯以浄土為期」という語が、『西方指南抄』記述〔50〕と『醍醐本』記述〔51〕に引用されていないことが、その引用の意味を明らかにしている。即ち、この語は、明らかに〝多念〟、つまり、臨終まで退転されることなく繰り返される称名の〝多念〟を示しているのであるが、この〝多念〟を示す語が、『西方指南抄』記述〔50〕と『醍醐本』記述〔51〕では、引用されずに削除されているのである。ということは、この二文献における「一発心已後」という引用文がもたされている意味も自ら明らかであり、つまり、「一発心」とは、〝信心を一度発すこと〟〝信の一念を発すこと〟を意味するのである。それ故、記述〔50〕の「一発心已後の釈」とは、直前の㈹信おば一念に生るととり、行おば一形をはげむべし。

という語の解釈を示したものであって、㈹において、「行おば一形をはげむべし」というのは、「一発心已後」、つまり〝信の一念を発した後は、称名の多念に励め〟と述べているのである。これは親鸞の〝信の一念義〟に全く一致する説であって、親鸞の説においては、〝信の一念を発した時点で、往生は定まる〟とされ、〝その後は、仏恩報謝の念仏に励め〟と説かれるのである。(61) 従って、第八問答の「答」の部分の最終段落、つまり、㈮に相当するものは〝信の一念

義〟の立場から、㈦を説明したものであるから、第八問答の原型に含まれていたとは考えられない。すでに述べたように、㈦それ自身が後代の付加と思われるからである。従って、『十二問答』第八問答の原型を最も正確に伝えているものは、やはり『決答授手印疑問鈔』記述〔55〕中の引用ということになるであろう。

なお、最後に『和語灯録』所収の『十二問答』は、必ずしも法然思想理解の信頼すべき史料たりえないという私見について、さらに一言しておきたい。元亨版『和語灯録』の『十二問答』では、自力と他力の区別が、次のように示されている。

(67)問。自力他力ノ事ハ、イカガココロウベク候ラム。答ラハク。源空ハイフカヒナキ辺国ノ土民ナリ。殿上ヘマイルベキキリヤウニテハナケレドモ、上ヨリメセバ、二度マイリタリキ。コレワガマイルベキシキニテハナケレドモ、上ノ御チカラナリ。マシテ阿弥陀仏ノ御力ニテ、称名ノ願ニコタエテ来迎セサセタマハム事オバ、ナムノ不審カアルベキ。(『昭法全』六三七頁)

これに対応する一節は、『西方指南抄』所収の『或人念仏之不審聖人に奉問次第』では、

(68)問。自力他力の事は、いかゞこゝろうべく候らむ。

答らくは、源空は殿上へまいるべききりやうにてはなけれども上《かみ》よりめせば、二度まいりたりき。これわがまいるべきしきにてはなけれども、上の御ちからなり。まして阿弥陀仏の仏力にて、称名の願にこたえて来迎せさせたまはむ事おば、なむの不審かあるべき。(『定本』五、二八五―二八六頁)

となっており、『醍醐本』所収の『禅勝房との十一箇条問答』第十問答では、

(69)十問云、自力他力《ト》申事、何様可レ得《ク》レ心候乎。答云、源空《ハ》雖《ドモ》レ非《ズト》下可《キ》レ参《ル》ニ殿上《ニ》一機量《ニ》上、自《リ》レ上召《セ》者二度《マデ》参《リタリキ》ニ殿上《ニ》一。此《レ》非《ズ》ニ我《ガ》可《キ》レ参《ル》之式《ニ》一、上《ノ》御力也。何《ニ》況《ンヤ》阿弥陀仏《ノ》御力《ニテ》、酬《ヘテ》ニ称名《ノ》願《ニ》一来迎《シタマフ》事、有《ルベキ》ニ何《ノ》不審《カ》一。(『浄典研(資)』一八一頁)

〔「永井(二)」八頁参照〕

となっている。

これらの記事を信じるとすれば、ここで法然は、「他力」、つまり、「阿弥陀仏ノ御力」を、「上ノ御チカラ」に喩えていることになるが、すでに述べたように、法然が『選択集』において「他力」の語を一度しか、しかも、曇鸞の『往生論註』からの引用文中にしか用いていない事実を考えれば、このような比喩を用いることは、不自然であるように思われる。また、その点を別にしても、この比喩は余りにも世俗権力に対して迎合的でありすぎるように思われる。「上ヨリメセバ、二度マイリタリキ」という表現も、殿上への二回の参上を誇っているようにも受け取られ、これは、法然と殿上とに緊密な関係があったことを主張するために創作された話にしかすぎないように思われる。

また、元亨版『和語灯録』では、法然が自身を「イフカヒナキ辺国ノ土民ナリ」と語ったことになっているが、この語は、記述〔68〕〔69〕を見れば分るように、明らかに後代の付加であり、正徳版に至って削除されている。[62] しかし、このような表現は、他力に頼らざるを得ない劣機たる凡夫の自己認識を語るものとして、親鸞『唯信鈔文意』（専修寺正月二十七日本）の

〔70〕れうし・あき人さまぐ〵のものは、みないし・かわら・つぶてのごとくなるわれらなり。（『定本』三(1)、一六九頁）

という表現などに近接するものであり、その点でも、元亨版『和語灯録』所収の『十二問答』の後代性を示しているであろう。

以上で、法然の〝選択本願念仏〟説に関する検討を終りたいが、『選択集』の〝選択本願念仏〟説の本質が密教的な〝勝劣義〟にではなく、〝一切皆成〟を意図しようとする〝難易義〟の方にあるという私見については、既発表の拙論を参照して頂きたい。[63]

四　『歎異抄』の悪人正因説について

『歎異抄』第三条の所説を、「悪人正機説」ではなく「悪人正因説」と呼んだのは、家永三郎氏が最初かもしれない。(64)
その後、『歎異抄』第三条の所説を「悪人正因説」と呼んだり、そのテーマを「悪人正因」と解することは、重松明久氏(65)、熊田健二氏(66)、さらには、平雅行氏によっても継承された。『歎異抄』第三条の所説を「悪人正因説」と呼ぶこと自体は、そこに「他力をたのみたてまつる悪人、もとも往生の正因なり」とある以上、不適切だとは思われない。ただし問題は、その所説を如何に理解するかであるが、これについては『歎異抄』のすべての研究者が、その解釈を異にしているといっても過言ではない。私自身の解釈についても、『歎異抄』それ自体の考究とともに発表する予定であるが、ただし、ここで問題としたいのは、平氏の解釈の基本的な図式についてである。そこで、長文ではあるが氏の論述を、以下にそのまま引用したい。

ⓑ善人(a)なをもて往生をとぐ、いはんや悪人をや、しかるを世のひと《人》つねにいはく、悪人(b)なを往生す、いかにいはんや善人をや

これは論争の焦点となった『歎異抄』の一節だが、まず①傍線(b)で「悪人でも往生、況んや善人」と語られていること、②それが世間の常識的見解であることから、悪人より善人の方が価値が高いことがわかる。したがって傍線(b)は「二次的価値体（悪人）でも往生、況んや一次的価値体（善人）」と言い換えることができる。では傍線(a)はどうか。まず①傍線(a)(b)は善人悪人の位置を変えただけで、言いまわしは同じであること、②「しかるを」という逆接を示す語の存在は傍線(a)(b)の内容が正反対であることを示しているため、傍線(a)もまた「二次的価値体（善人）でも往生、況んや一次的価値体（悪人）」という内容であることがわかる（このような煩雑な

論証方法をとらなければならない理由は後述する)。

そこで傍線(a)のように善人を二次的価値体、悪人を一次的価値体とする『歎異抄』の思想を悪人正因説と呼び、傍線(b)のように悪人を二次的価値体、善人を一次的価値体とする常識的思潮を善人正因説と呼びたい。つまり「○○正因説」とは常に「価値の劣った××でも往生、況んや勝れた○○の往生は当然である」という表現形式をとるのである。整理すれば次のようになる。

悪人正因説…二次的価値体(善人)でも往生、況んや一次的価値体(悪人)

善人正因説…二次的価値体(悪人)でも往生、況んや一次的価値体(善人)

(『日本中世』二二一―二二二頁)〔破線=松本〕

この平氏の説明で、私が最も疑問を感じるのは、私が破線を付した部分である。平氏は、「しかるを」という逆接を示す語は、(a)と(b)の内容が「正反対」であることを示していると言われる。これは、基本的に正しいであろう。しかし(a)と(b)の内容が「正反対」であるとすれば、(a)と(b)において、「善人」の語義も「悪人」の語義も、些さかも変ってはならないであろう。つまり、「悪人」の語義は、(a)においても、(b)におけると同様、平氏の言葉を用いれば、「二次的価値体」でなければならない。例えば、〝AはBより大きい〟という命題と〝BはAより大きい〟という命題が逆であるためには、この二つの命題におけるAにも、Bにも、同一の語義を有する同一の名辞が代入されなければならないであろう。即ち、右に示した第一命題のAとBに「アジア」と「日本」を代入し、第二命題のAとBにもそれぞれ「アジア」と「日本」を代入して、しかも第二命題における「日本」は、〝宇宙そのもの〟を意味しているのであるから、第一命題における「日本」とは意味が異なると言ったとしたら、第一命題と第二命題との間に、「正反対」や「逆」の関係は成り立たないであろう。

平氏は、「一次的価値体」「二次的価値体」という用語を用いられるが、氏自身はそれを感知されていないにもせよ、こうした用語の使用によって、氏の議論は一種トリッキーなものになっている。氏は、「悪人を一次的価値体とする『歎異抄』の思想」と言われるが、この解釈が『歎異抄』第三条の文言と合致するかどうかを、以下に検討しよう。前掲の平氏の論述では、第三条の冒頭しか引用されていない点に致命的な欠点が認められると思われるが、『歎異抄』第三条の全文は、次の通りである。

〔71〕善人なをもて往生をとぐ、いはんや悪人をや。しかるを、世のひとつねにいはく、悪人なを往生す、いかにいはんや善人をや。この条一旦そのいはれあるににたれども、本願他力の意趣にそむけり。そのゆへは、自力作善のひとは、ひとへに他力をたのむこゝろかけたるあひだ、弥陀の本願にあらず。しかれども、自力のこゝろをひるがへして、他力をたのみたてまつれば、真実報土の往生をとぐるなり。煩悩具足のわれらは、いづれの行にても生死をはなるゝことあるべからざるを、あはれみたまひて願をおこしたまふ本意、悪人成仏のためなれば、他力をたのみたてまつる悪人、もとも往生の正因なり。よて善人だにこそ往生すれ、まして悪人はと、おほせさふらひき。(『定本』四(1)、六―七頁)

ここで、「煩悩具足のわれらは、いづれの行にても生死をはなるることあるべからざる」という表現に注目したい。ここで、「煩悩具足のわれら」とは、行文上、「悪人」と同義と見てよいであろう。しかも、その「煩悩具足のわれら」=「悪人」は、「いづれの行にても生死をはなるることあるべからざる」、つまり、如何なる行によっても生死を解脱できないと言われているのであるから、ここでも、「悪人」は、平氏が傍線を付した(b)の「悪人なを往生す、いかにいはんや善人をや」におけるのと同様に、平氏の言葉を用いるならば、「二次的価値体」であると言えるであろう。

私は、「いづれの行にても生死をはなるることあるべからざる」とある所を、「いづれの善行にても……」とした方が、論旨は分り易いと思っている。つまり、ここでこの語は、その前に出る「自力作善のひと」との対比において言われているのであるから、「自力作善のひと」は、何等かの「行」、つまり、善行によって、「生死をはなるること」ができるということも意味している筈である。しかるに、『歎異抄』第三条においては、「自力作善のひと」と「他力をたのみたてまつる悪人」との対比が、「善人」と「悪人」の対比として述べられていると考えられるから、そこで「善人」＝「自力作善のひと」とは、〝何等かの「（善）行」によって生死を離れることができる人〟であり、「悪人」＝「他力をたのみたてまつる悪人」とは、〝いかなる「（善）行」によっても生死を離れることができない人〟であり、従って、「悪人」は、平氏の表現を用いれば、相変らず「二次的価値体」にとどまっているのである。

また、「生死をはなるること」と「往生」との価値評価についても、考えざるを得ない。「往生」とは、基本的には、仏教の目的と考えられる「悟り」ではない。極楽世界に「往生」してから、そこで聞法修行して「悟り」を得るというのが、浄土教の基本的な考え方であろう。とすれば、「往生」が、「悟り」以上の仏教的価値をもっていると考えることは不可能なのである。つまり、『歎異抄』第三条においても、やはり、「生死をはなるること」と「往生」とでは、前者の価値の方が高く考えられていると思われる。

しかるに、仏教の目的としてのこの前者に何等かの「（善）行」によって到達できるのが、「自力作善のひと」であり、「いづれの行にても」到達不可能なのが、「悪人」だと言うのである。それ故、そのような言わば〝自力では、どうしようもない〟「いづれの行にても生死をはなるることあるべからざる」ものを、「あはれみたまひて願をおこしたまふ本意」と言うのであるから、「悪人」は、〝自力では、どうしようもない存在〟として憐れまれるべきもの、つまり、「二次的価値体」なのである。

その二次的価値体が、「いはんや悪人をや」とか「まして悪人は」と言われて「善人」よりも先に往生が認められているのは、やはり、『醍醐本』所収『三心料簡事』末尾の「口伝」[67]や覚如（一二七〇―一三五一）の『口伝鈔』で問題とされる〝本願の対機〟または、〝本願の正機〟（平氏の言う「一次的救済対象」[68]）という原理にもとづいているのである。

つまり、第三条から、この原理を示す「本願他力の意趣」と「弥陀の本願にあらず」と「願をおこしたまふ本意」という語を省いてしまえば、[69]『歎異抄』第三条の所説は構造的に成立しないのである。その意味では、第三条の所説が〝悪人正機〟説にもとづいて成立していることは、確実である。しかるに、何故、この『歎異抄』第三条において「悪人」が「正機」ではなく、「正因」という語で言われているかは、大きな問題であろう。それについては、本書第三章で論じるが、[70]「悪人」をそのまま全肯定しようとする極端な〝造悪無礙〟説が、その背景にあるというのが、私の基本的理解である。[71]従って、『歎異抄』第三条の〝悪人正因〟説は、法然の思想でも、親鸞の思想でもなく、また、覚如『口伝鈔』に示される〝悪人正機〟説ですらないであろう。

以上、『選択集』の〝選択本願念仏〟説と『歎異抄』の〝悪人正因〟説に関して、平氏の見解を批判し私見を述べたが、何故このような批判がなされる必要があったのかについて、最後に一言述べておきたい。私が、多数の研究者の法然研究、特にその思想的研究に対して抱いている最大の不満は、法然が親鸞的に解釈されているのではないかという点なのである。さらに、親鸞的ならまだよい方として、ある場合には『歎異抄』的に解されている場合すら見受けられる。[72]私が力説したいのは、法然は法然であって、親鸞ではなく、また〝他力〟を強調した隆寛でさえないということである。しかるに、多くの研究者は、隆寛・親鸞という所謂「他力義系統[73]」の方向を、法然思想の徹底と見なし、それに対して法然を〝まだ親鸞にまで徹底していない思想家〟と評価しているように見える。あるいはまた、親鸞の方が法然より〝深い〟とか、あるいは〝反権力的である〟というような予断を自明なものとして、法然の思想を扱おうとしているように見受けられるが、これは大きな問題であろうと思われる。

私の見るところでは、『選択集』は、緊密な論理によって構成された確固たる一個の明確な知的体系であって、そこに「他力」とか、曖昧な「信」とかいう原理を持ち込んで全体を解釈しようとすることは、『選択集』の一貫した論理を見失うことになると思われる。残念ながら私には、平氏の法然理解にも、この意味での親鸞的な解釈が持ち込まれているように感ぜられた。従って、これを批判することが、法然思想の解明に若干は資するのではないかと考えたのである。平氏を始めとして、識者の御批判を待ちたいと思う。

註

（1）望月信亨博士も『略述浄土教理史』（略号『略述』）において、選択の主体が阿弥陀であることの意義を強調して、次のように述べている。そこには、平氏の主張の中心的な論点とされるものが、すでに示されているように思われる。

斯様に、称名の一行を本願と誓はれたことを以て、弥陀因位の選択にかゝるものと論じて、即ち取捨を仏意の上に帰せられた点は、慥に上人の独創であり、又即ち根本信仰であるといはねばならぬ。……阿弥陀如来が、因位に心中の所願を選択して、四十八願を建立せられたのであるから、取捨は、元と〳〵仏意の上に存するのである。既に如来が選択を加へられて、吾等衆生を摂受せんが為に、善妙の国土を荘厳せられた上は、吾等は、仏意に随順して、此土入聖の心を捨て、浄土往生の法に帰せねばならぬ。又既に如来が選択を加へられて、諸行を以て本願となさず唯だ称名を生因と誓はれた上は、吾等は、仏意に随順して、余行余善を抛ち、専ら称名の一行を事とせねばならぬ。取るも、捨てるも、悉く如来の指命であるから、吾等は、唯だその指命に信順して、取捨を決すれば善い。否な決せねばならぬ。（『略述』二一二―二一三頁）〔傍線＝松本〕

（2）『昭法全』三二八頁参照。

（3）「其仏《ノ》即《チ》選二択《シ》二百一十億《ノ》仏国土《ノ》中《ノ》諸天人民之善悪国土之好醜《ヲ》一、為《ニ》選二択《ス》心中所欲《ノ》願《ヲ》二」（『浄全』一、一〇五頁上）。

（4）まず、以下に『禅勝房伝説の詞』第五条の全文を示そう。

㋐又いはく、本願の念仏には、ひとりだちをせさせて助をさゝぬ也。助さす程の人は、極楽の辺地にむまる。すけと申すは、智恵をも助にさし、持戒をもすけにさし、道心をも助にさし、慈悲をもすけにさす也。

それに善人は善人ながら念仏し、悪人は悪人ながら念仏して、たゞむまれつきのまゝにて念仏する人を、念仏にすけさゝぬとは申す也。

さりながらも、悪をあらためて善人となりて念仏せん人は、ほとけの御心にかなふべし。かなはぬ物ゆへに、とあらんかゝらん(a)とおもひて、決定心おこらぬ人は、往生不定の人なるべし。（『昭法全』四六二頁）

(a)寛永版、正徳版は「かくあらん」

平氏は、この内、冒頭の一文を引かれた訳であるが、その後には、「助さす程の人は、極楽の辺地にむまる」という文章が続いている。

しかし、ここに見られる〝助業→辺地往生〟という考え方は、少なくとも、『選択集』には認められないであろう（「辺地」という言葉自体が、『選択集』には見られない)。これは、法然より後に発展した考え方ではなかろうか。即ち、この考え方は、例えば、後論するように、極めて問題のある『醍醐本法然上人伝記』(以下、『醍醐本』と略す)所収の『三心料簡事』第八条「行者生《ノ》所《ハル》依二心行《トニ》一事」においてて、

㋑但念仏《ハ》生《ジ》二極楽国《ニ》一、但余行《ハ》生《ズル》二懈慢国《ニ》一也。然《ルニ》念仏余善兼行《ノ》者《ニ》亦有レ二。念仏《ノ》方《ニ》心重《キハ》、雖《トモ》二余行《ヲ》一生《ジ》二極楽《ニ》一余行《ノ》方《ニ》心重《キハ》、助《クトモ》二念仏《ヲ》一生《ズベシ》二懈慢《ニ》一云々。(『浄典研(資)』一九七頁)

と説かれる考え方と一致するように思われる。しかるに、この第八条については、末木文美士氏が、「極楽国と懈慢国を分けるなど、源空自身の思想とは思われない」(『日仏論考』四三四頁)と評されている。

また、この『禅勝房伝説の詞』㋐には、第二段落に次のようにある。

㋒それに善人は善人ながら念仏し、悪人は悪人ながら念仏して、たゞむまれつきのまゝにて念仏する人を、念仏にすけさゝぬとは申す也。

この「善人は善人ながら、……悪人は悪人ながら……」というのは、日本の天台本覚法門を代表する『三十四箇事書』(多田厚隆等編『天台本覚論』日本思想大系9、岩波書店、一九七三年)に、

㋓無常乍無常、常住不失。差別乍差別、常住不失也。(三五八頁下)(一五七頁、読み下し)
㋔但正報乍正報三身、依報乍依報三身也。改之非云三身。(三六四頁下)(一七三頁、読み下し)
㋕地獄乍地獄、餓鬼乍餓鬼、乃至仏界乍仏界、不改変。(三六五頁上)(一七四頁、読み下し)
㋖円教意、転衆生成仏身不云也。衆生乍衆生、仏界乍仏界、倶常住覚也。(三六五頁下―三六六頁上)(一七六頁、読み下し)

とあるように、天台本覚法門に典型的に認められる表現であり、論理である。現象的な差別、あるいは事物をそのまま絶対的なものとして肯定するこのような論理を、私は「当体即常」の論理、または、「居直りの論理」と呼んでいるが(『道元思想論』四四―五二頁参照)、『選択集』に、このような論理は認められない。従って、この『禅勝房伝説の詞』の史料的価値には疑問があり、そこに見られる所説をそのまま法然のものと見ることには、問題があるであろう。

また、『醍醐本』所収の『三心料簡事』第六条「善悪機《ノ》事」にも、

㋗念仏申《サム》者《ハ》、只生《レ》付マヽニテ申スベシ。善人《ハ》乍二善人一、悪人《ハ》乍二悪人一、本《ノ》マヽニテ申スベシ。此《ノ》入二念仏一之故、始持《テ》戒破戒ナニクレト云ベカラズ。只本体アリノマヽニテ申スベシト云々。(『浄典研(資)』一九五頁)(「永井(二)」九頁参照)

とあり、前掲の『禅勝房伝説の詞』㋒の文章と、趣旨も表現も一致している。また、㋗で、「始持《テ》戒破戒ナニクレト云ベカラズ」という

のは、「持戒」という「助」の不必要を説くものであり、㋒の「念仏にすけささぬ」に対応している。また、㋗の「ナニクレト」は、㋐の「とあらんかからん」に趣旨が一致しているであろう。

さらに、㋗で「本体」という語が用いられていることに、特に注目したい。この「本体」は、直前の「本ノママニテ」の「本」と同義とされているのであるが、このような表現、あるいは、論理は、天台本覚法門に典型的なものと見ることができる。即ち『三十四箇事書』には、

㋘行住坐臥四儀乃至作十悪五逆体不改即応身也。(三六三頁上)〔一六九頁、読み下し〕

とあるのである。現象的事物、あるいは差別的な事物は、各自の「体」または「当体」を改めずに、そのまま絶対的なものとして肯定されるとすれば、ここに、悪をそのまま肯定する〝造悪無礙〟的思想が成立するのも当然であり、それ故、㋘には「十悪五逆を作るも体を改めず」と述べられるのである。

『醍醐本』所収の『三心料簡事』について見ても、第一条の「三心料簡事」には、

㋙造悪之凡夫即《チ》可《キ》レ由《ル》二此《ノ》真実《ニ》一之《ノ》機也。(『浄典研(資)』一八八頁)

とあり、さらに、第五条「造悪機念仏事」には、

㋚造《ル》レ悪《ヲ》身《ナルガ》之故念仏《ヲ》申《ス》也。(同右、一九四頁)〔「真柄(一)」六頁、「真柄(二)」一一頁参照〕

とあり、また、第七条に、

㋛此《ノ》宗《ハ》悪人《ヲ》為《シ》二手本《ト》一善人《ニテモ》摂《ス》也。(同右、一九六—一九七頁)〔「永井(二)」九頁参照〕

とあり、さらに、末尾の第二十七条には、有名な

㋜善人尚以往生況悪人乎事。(同右、二一三頁)

という「口伝」と、その説明があるのである。

従って、『三心料簡事』について、坪井俊映博士が

このことは『三心料簡事』以下の法語は悪人往生を明かさんとするところに主意があるようにみられるのである。〔「坪井(二)」四四八頁〕〔傍線＝松本〕

と言われることは、極めて適切であると思われる。

また、坪井博士は、つとに、

この三心料簡以下の法語の中に長楽寺隆寛の考えが処々に見られるが、〔「坪井(一)」五二七頁〕

と述べられたが、博士が『三心料簡事』の中に隆寛の説に一致するものを指摘されたことも、重要であったと思われる。というのも、

この指摘によって、少なくとも、この文献の所説をそのまま法然のものと見なすことはできないことが、示されたと思われるからである。

しかしながら、坪井博士がさらに、

また『三心料簡事』の末尾に出づる、

善人尚以往生況悪人乎事

の文について、親鸞の『歎異抄』に出づるものと同文であるために、法然にすでにかかる悪人往生を優先する考えがあるという説が識者によっていわれているが、これはすでに論じたごとく、法然は善悪凡夫の平等往生の考えであって、人間の身分能力にとらわれることのない平等往生説である。この悪人往生説は上来縷説したごとく長楽寺隆寛のものと考えるのである。

しかして、この醍醐本『法然上人伝記』の内容六篇のうちこの『三心料簡事』以下二十七法語はすべて長楽寺隆寛のものと考えられるが、しかし、これがいかなる理由によって、この中に収録されるに至ったかは、今後検討すべき問題である。(「坪井(二)」四五九頁)〔傍線＝松本〕

と論じられたことには、私は必ずしも同調できないのである。即ち、まず「法然は善悪凡夫の平等往生の考えであって……平等往生説である」という見解に、私は基本的に全面的に賛成する。つまり、「悪人往生を優先する考え」が、法然にすでにあったとは思えないのである。しかしながら、「この悪人往生説」を「隆寛のもの」とすることには、賛成できない。博士の論証にもかかわらず、本書の第三章で論じるように(一九二頁参照)、『極楽浄土宗義』で〝造悪無礙〟説を批判している隆寛に、「悪人往生を優先する考え」があったとは思えないからである。後論するように(二二六―二三一頁参照)、おそらく隆寛も、「善悪凡夫の平等往生の考え」、つまり、私の言葉で言えば、〝凡夫正機〟説という善導から法然に至るまでの浄土教思想の基本的枠組から逸脱していないであろう。

また、『醍醐本』、及び所収の『三心料簡事』については、本章第三節で述べるように、永井隆正氏等によって、真宗文献に、その一部に相当するものが伝承されていることが明らかにされるに至っている。私としては、『醍醐本』の『三心料簡事』や『禅勝房との十一箇条問答』の所説を、隆寛よりも、真宗の説、あるいは、親鸞その人の教説と結びつけて考えるのが、より適切であろうと思っている。

(5) これらの記述以外に、後出の記述〔20〕、つまり、『選択集』第三章の章名を加えることができるであろう。

(6) 『浄全』一、五三―五四頁。

(7) 『浄全』四、二一頁上―下。

(8) 『選択集全講』六〇一頁参照。

(9) この語は、法然の『阿弥陀経釈』(『昭法全』一四八―一四九頁)にも見られる。

(10) 梯実円氏も、次のように述べられていることに注意したい。

本願においてなされた弥陀の廃立を選択とよび、(『法然教学』二〇九頁)

かくて弥陀が選択廃立された本願念仏は、(同右、二二〇頁)

選択と廃立は同義語であって、(同右、二二三頁)

(11) 『略述』三三二頁、恵谷隆戒『補訂　概説浄土宗史』隆文館、一九七八年、六〇頁参照。

(12) 『浄全』四、一六頁下。

(13) 『法然教学』三四七―三五三頁参照。

(14) 森英純編『西山上人短篇鈔物集』文栄堂、一九八〇年、八五頁。『法然教学』三五〇頁参照。

(15) 『自力他力事』は、隆寛ではなく親鸞の著作であると考える。これについては、本書、第四章で論証したい。

(16) 『昭法全』三一二頁参照。

(17) 『観経疏』だけではなく、おそらく善導のいかなる著作にも、「自力」「他力」という語は用いられていないであろう。とすれば、この「自力」「他力」という語の〝不使用〟は、善導において、意図的なものであったとしか考えられないであろう。

(18) 法然の著作とされるものの中で、念仏に「自力」と「他力」を区別する最も典型的なものとして、『和語灯録』巻二に収められている『念仏往生要義抄』という文献がある。というのも、そこには、

㋐他力の念仏は往生すべし。自力の念仏はまたく往生すべからず。(『昭法全』六八二頁)

と述べられているからである。

しかるに、この一文について、梯実円氏は、次のような重要なコメントをされている。

さきにのべたように鎮西派の弁長や良忠は、念仏に自力と他力を分別することは、法然にはなきことであるといわれていたが、法然にもこのような法語があったのである。ところが元亨版『和語灯録』本では「自力の念仏はまたく往生すべからず」となっているのを、義山が改訂した正徳版では「他力の念仏は往生すべし、自力の念仏は、本より往生の志しにて申念仏にあらざれば、また往生すべからず」となっている。これによれば、自力の念仏とは、往生の志のない念仏で、聖道門の行法としての念仏のごときものをさすということになる。しかし法然はさきにのべたように他力に対して「自力といは、わがちからをはげみて往生をもとむる也」といわれているから、義山改訂本は、鎮西義との矛盾をぼかすための改変であったとみるべきであろう。(『法然教学』三六一頁)〔傍線＝松本〕

つまり、梯氏は、義山本で、右の一文㋐に「本より往生の志しにて申念仏にあらざれば」という語が補われているのを、「鎮西義との

矛盾をぼかすための改変であった」と推測されたのである。この氏の推測は、正しいと思われる。しかし、だからと言って、「法然にもこのような法語があったのである」という結論は、必ずしも容易に導き出し得るものではないと思われる。というのも、私は『念仏往生要義抄』を偽撰と考えるものであるが、このテキストが偽撰であることと、義山がこのテキストを鎮西義に都合のよいように改変することは、少しも矛盾しないからである。

『念仏往生要義抄』の冒頭近くには、

㋑しかるに世すでに末法になり、人みな悪人なり。(『昭法全』六八一頁)

とあるが、これは、法然の語としては、やや極端に過ぎないであろうか。〝悪人往生〟〝悪人正機〟が、法然より後、特に親鸞系統において唱えられたのは確実と思われるが、例えば『選択集』には「悪人」の用例は、ただ一回、それも、『往生論註』からの引用として、

㋒無顧《ノ》悪人、破《ス》二他《ノ》勝徳《ヲ》一。(『昭法全』三一二頁)

とあるだけである。しかも、この「悪人」の用例には、〝悪人正機〟説に連なる要素は認められない。

これに対して、前掲の文章㋑を含む『念仏往生要義抄』の冒頭部分は、

㋓それ念仏往生は、十悪十逆をえらばず、迎摂するに十声一声をもてす。聖道諸宗の成仏は、上根上智をもとゝするゆへに、声聞菩薩を機とす。しかるに世すでに末法になり、人みな悪人なり。はやく修しがたき教を学せんよりは、行じやすき弥陀の名号をとなへて、このたび生死の家をいづべき也。(『昭法全』六八一—六八二頁)

となっていて、ここには、念仏往生は「悪人」を〝正機〟とするという考え方、つまり〝悪人正機〟説が読み取れる。あるいは、この『念仏往生要義抄』が〝悪人正機〟説を説くことは、この文献の

㋔阿弥陀仏は悪業の衆生をすくはんために、生死の大海に弘誓のふねをうかべ給へる也。(『昭法全』六八五頁)

という一文によって、明瞭であろう。

しかるに、このような〝悪人正機〟説は、家永三郎氏によって指摘された(『中世仏教』一三頁)『後世物語』第七答(本書、第三章、『後世』ⓐ)の

㋕いはゆる弥陀の本願はすべてもとより罪悪の凡夫のためにして、聖人のためにあらずとこゝろえつれば、わがみのわるきにつけても、さらにうたがふおもひのなきを、信心といふなり。(『定本』六(2)、一〇六—一〇七頁)

という記述に示される〝悪人正機〟説と、極めて近接していると思われる。また『教行信証』「化身土巻」には、

㋖則《チ》是《レ》彰《ス》レ為《タルコトヲ》二悪人往生機《ノ》一也……即《チ》是《レ》未来衆生《ノ》顕《ス》レ為《ルコトヲ》二往生正機《ノ》一也。(『定本』一、二七七頁)

とあり、ここに〝悪人正機〟説が認められるということは、古田武彦氏の指摘(古田「親鸞に於ける悪人正機説について」『日本歴史』

九五、一九五六年、三一二頁）の通りである。

それ故、『念仏往生要義抄』の〝悪人正機〟説は、親鸞系の〝悪人正機〟説と軌を一にすると思われるが（『後世物語』を親鸞の著作と見る私見については、本書、第三章で論証する）、これに対して『選択集』では、念仏往生の正機について、どのように説かれているであろうか。家永氏が注意された（『日本中世』八頁）ように、そこには確かに、

㋗唯有《テ》二念仏之力《ノミ》一、能《ク》堪《タリ》レ滅《スルニ》二於重罪《ヲ》一。故為《ニ》二極悪最下之人《ノ》一、所レ説《ク》二極善最上之法《ヲ》一。（『昭法全』三三七頁）

とも言われるが、しかし、『選択集』第一章（『昭法全』三一一頁）で元暁の著作として引かれる『遊心安楽道』の

㋘浄土宗《ノ》意《ハ》、本為《ニシ》二凡夫《ノ》一、兼《テ》為《ニス》二聖人《ノ》一。（『浄全』六、六二五頁下）

という一文に示されるように、〝「凡夫」は正機であり、「聖人」は傍機である〟というのが、法然の基本的立場であると見るべきであろう。つまり、これは、いわば〝凡夫正機〟説であって、〝悪人正機〟説ではない。この点は、本書、第三章、二二三―二二六頁参照。従って、『念仏往生要義抄』の〝悪人正機〟説は、『選択集』の〝凡夫正機〟説ではなく、親鸞系の〝悪人正機〟説に一致すると考えられる。

また、この『念仏往生要義抄』では、「女人」が「悪人」と同レヴェルのものとして扱われるが、この点も、『選択集』の所説とは、隔りが大きいように思われる。即ち、『念仏往生要義抄』には、

㋙しかるに阿弥陀ほとけの本願は、末代のわれらがためにおこし給へる願なれば、利益いまの時に決定往生すべき也。わが身は女人なればとおもふ事なく、わが身は煩悩悪業の身なればといふ事なかれ。もとより阿弥陀仏は、罪悪深重の衆生の、三世の諸仏も十方の如来も、すてさせ給ひたるわれらをむかえんとちかひ給ひける願にあひたてまつれり。往生うたがひなしとふかくおもひいれて、南無阿弥陀仏〳〵と申せば、善人も悪人も、男子も女子も、十人は十人ながら、百人は百人ながら、みな往生をとぐる也。（『昭法全』六八二頁）

とあり、ここで「女人」は「悪人」と同じレヴェルのもの、つまり、「罪悪深重の衆生」「三世の諸仏も十方の如来も、すてさせ給ひたるわれら」の一種とされていることが知られる。この点はさらに、

㋚抑、機をいへば、五逆重罪をえらばず、女人闡提をもすてず、（『昭法全』六八八頁）

というように、「女人」が「闡提」と同置されていることによっても、明らかである。

しかるに、『選択集』において、「女人」への言及は、『阿弥陀経』（『浄全』一、五四頁）からの引用文中に、

㋛舎利弗、若《シ》有《リテ》二善男子善女人一、聞《テ》レ説《クヲ》二阿弥陀仏《ヲ》一執二持《スルコトヲ》名号《ヲ》一、……是人《ノ》終《ル》時、心不《シテ》二顛倒《セ》一、即《チ》得レ往二生《スルコトヲ》阿弥陀仏《ノ》極楽国土《ニ》一。（『昭法全』三四四頁）

とあり、また、善導の『観念法門』(『浄全』四、二二九頁上)からの引用文中に、

㋜又如《シ》二弥陀経説《ニガ》一。若有《リテ》二男子女人一、七日七夜及《ビ》尽《シテ》二一生《ヲ》一、一心《ニ》専《ラ》念《ジテ》二阿弥陀仏《ヲ》一願《ズレバ》二往生《ヲ》一者、此《ノ》人常《ニ》得《ルガ》二六方恒河沙等《ノ》仏共《ニ》来《テ》護念《スルコトヲ》一 故《ニ》名《ク》二護念経《ト》一。(『昭法全』三四六頁)

とあり、さらには、『往生要集』(『浄全』十五、一二八頁下)からの引用文中に、

㋝今勧《ルハ》二念仏《ヲ》一、非《ズ》三是《レ》遮《スルニハ》二余《ノ》種種妙行《ヲ》一。只是男女貴賤、不レ簡《バ》二行住坐臥《ヲ》一、不レ論《ゼ》二時処諸縁《ヲ》一、修《スルニ》レ之不レ難《カラ》、乃至臨終《ニ》願二求《スルニ》往生《ヲ》一、得《ルコトノ》二其便宜《ヲ》一、不レ如《カ》二念仏《ニ》一。(『昭法全』三二〇頁)

とあるのみであって、これらの引用文において、「女人」を「悪人」と等視するような考え方は見られない。

しかるに、正にこのような考え方が『後世物語』第二答(本書、第三章ⓖ)に、次のように示されているのである。

㋞この念仏もまたしかなり。諸教にきらはれ、諸仏にすてらるゝ悪人・女人、すみやかに浄土に往生してまよひをひるがへし、さとりをひらくは、いはゞまことに、これこそ諸教にすぐれたりともいひつべけれ。(『定本』六(2)、九六頁)

しかも、ここに出る「諸仏にすてらるる」と、『念仏往生要義抄』㋙の「三世の諸仏も十方の如来も、すてさせ給ひたる」とは、表現まで一致している。

さらに『念仏往生要義抄』には、

㋟たゞひとすぢにわが身の善悪をかへり見ず、決定往生せんとおもひて申すを、他力の念仏といふ。(『昭法全』六八二頁)

㋠この心に住して、わが身の善悪をかへり見ず、ほとけの本願をたのみて念仏申すべき也。(同右、六八七頁)

というように「わが身の善悪をかへり見ず」という表現が二回ある(なお、「ひとすぢに」は、後論するように、親鸞愛用の言葉)。このような表現が見られることは、このテキストに〝悪人正機〟説が説かれていることを示すであろうが、『後世物語』にも、すでに㋕のところに「わがみのわるきにつけても」という類似の表現があり、さらに、第五答(本書、第三章、『後世』ⓜ)にも、

㋡わがこゝろのわるきにつけても、弥陀の大悲のちかひこそ、あはれにめでたくたのもしけれとあおぐべきなり。(『定本』六(2)、一〇三頁)

という表現が見られるのである。それ故、『念仏往生要義抄』に、親鸞系統の考え方が濃厚に反映されているということは、確実だと思われる。

親鸞思想の特徴としては、

㋢真実信心の行人は、摂取不捨のゆへに正定聚のくらゐに住す。このゆへに臨終まつことなし。来迎たのむことなし。信心のさだまるとき往生またさだまるなり。来迎の儀式をまたず。(『末灯鈔』第一通『定本』三(2)、五九―六〇頁)

㋣真実信心をうれば、すなわち無礙光仏の御こゝろのうちに摂取して、すてたまはざるなり。摂はおさめたまふ、取はむかへとるとまふすなり。おさめとりたまふとき、すなわち、とき日《ひ》おもへだてず、正定聚のくらゐにつきさだまるを、往生をうとはのたまへるなり。（『一念多念文意』『定本』三(1)、一二七―一二八頁）

㋤選択不思議の本願、無上智慧の尊号をきゝて、一念もうたがふこゝろなきを真実信心といふなり。金剛心ともなづく。この信楽をうるときかならず摂取してすてたまはざれば、すなわち正定聚のくらゐにさだまるなり。（『唯信鈔文意』専修寺正月二十七日本、『定本』三(1)、一六〇―一六一頁）

という記述にあるように、〝信心が定まるとき、往生が定まり、正定聚に入る〟という〝信心正因〟、〝現生正定聚〟、〝平生業成〟の説が考えられるが、明確な形ではないにせよ、『念仏往生要義抄』には、同様な説が説かれているように思われる。即ち、例えば、

㋥他力の心に住して念仏申さば、一念須臾のあいだに、阿弥陀ほとけの来迎にあづかるべき也。（『昭法全』六八四頁）

と言われるときの「一念」とは、臨終の一念ではなく、平生の一念なのではなかろうか。つまり、親鸞が、

㋦一念といふは、信心をうるときのきわまりをあらわすことばなり。（『一念多念文意』『定本』三(1)、一二七頁）

と述べるように、信を得るときの一念なのではなかろうか。とすれば、『念仏往生要義抄』の立場は、〝臨終を待つことなく、平生に信の一念を得た時点で、往生が定まる〟という〝信心正因〟説にもとづく〝平生業成〟説であると言うべきであろう。

また、このテキストの次の記述も、この〝平生業成〟説を説いていると思われる。

㋧問ていはく。最後の念仏と平生の念仏と、いづれかすぐれたるや。答ていはく。たゞおなじ事也。そのゆへは、平生の念仏、臨終の念仏とて、なんのかはりめかあらん。平生の念仏の、死ぬれば臨終の念仏となり、臨終の念仏の、のぶれば平生の念仏となる也。

難じていはく。最後の一念は百年の業にすぐれたりと見えたり。いかむ。答ていはく。このうたがひは、この文をしらざる難なり。いきのとゞまる時の一念は、悪業こはくして善業にすぐれたり、善業こはくして悪業にすぐれたりといふ事也。たゞしこの申す人は念仏者にてはなし。もとより悪人の沙汰をいふ事也。平生より念仏申して往生をねがふ人の事をば、ともかくもさらに沙汰におよばぬ事也。

問ていはく。摂取の益をかうぶる事は、平生か臨終か、いかむ。答ていはく。平生の時なり。そのゆへは、往生の心ま事にて、わが身をうたがふ事なくて、来迎をまつ人は、これ三心具足の念仏申す人なり。この三心具足しぬればかならず極楽にうまるといふ事は『観経』の説なり。かゝる心ざしある人を、阿弥陀仏は八万四千の光明をはなちてらし給ふ也。平生の時てらしはじめて、最後まですて給はぬなり。かるがゆへに不捨の誓約と申候也。（『昭法全』六八六―六八七頁）

ここには、三つの問答が見られるが、まず第一問答の「答」で、「平生の念仏、臨終の念仏とて、なんのかわりめかあらん」、つまり、

〝平生の念仏と臨終の念仏は、優劣がなく同じである〟と言っているのは、第二問、つまり、「難じていはく……いかむ」に示される〝臨終業成〟説を斥け、それとは逆の〝平生業成〟の立場を示したものと考えられる。その点は、第三問答を読むと理解されると思われる。即ち、第三答に、〝摂取の益をこうむるのは、平生のときである〟と言われるが、これは、㋢㋣㋤における親鸞の「摂取不捨」の説明に合致しているように思われる。

また、㋧で「往生の心ま事にてわが身をうたがふ事なくて来迎をまつ人」というのは、決して、臨終の人ではなくて、真実の信心を平生に得た人を言うであろう。この人は、「三心具足」の人と言われるが、この「三心」とは、特に〝深心〟、つまり信心を指すと見るべきであろう。そして、「三心具足しぬれば、かならず極楽にうまる」というのは、正に㋢の「信心のさだまるとき往生またさだまるなり」に合致している。かくして、ここには、親鸞の説と一致する〝信心生因〟〝現生正定聚〟〝平生業成〟の説が説かれていると見ることができる（『念仏往生要義抄』㋧と〝平生業成〟説の関係については、『法然教学』四六五―四六六頁にも指摘がある）。

なお、『念仏往生要義抄』㋧の第二問には、「最後の一念は百年の業にすぐれたり」という語が見られ、直後の第二答では、この語が「この文」と呼ばれているが、これは『往生要集』巻中末の

㋨臨終《ノ》一念《ハ》、勝《レタリ》二百年《ノ》業《ニ》一。（『浄全』十五、一一六頁上）

という文章を示したものであろう。この文章は、臨終の念仏（臨終正念）を平生の念仏とは比較にならない程優れたものとして高く評価するものであり、この点で〝臨終業成〟説の典拠とされるものである。

これに対して、㋧第一答の「平生の念仏、臨終の念仏とて、なんのかはりめかあらん」というのは、一般に臨終にあると考えられる業成の時点を、平生にまでもたらすものであり、〝平生業成〟説を説くものに他ならない。しかるに、これと全く同じ主張が、『醍醐本』所収『三心料簡事』の次のような第二十一条「平生臨終事」に見られるのである。

㋩於《テ》二平生《ノ》念仏《ニ》一往生不定思《トヘバ》、臨終《ノ》念仏《モ》又以《テ》不定也。以《テ》二平生《ノ》念仏《ヲ》一決定思《トヘバ》、臨終《モ》又以《テ》決定也云々。（本書、第一章、記述〔64〕）

ここでも、「平生念仏」と「臨終念仏」は変りのないものとされ、しかも、「往生不定」「決定」の語が用いられている。いうまでもなく、「平生念仏」は、〝一念の信心〟を得た時点で、往生について「決定」のものとなるという立場がここに示されているのであって、そのことは、㋩の直後に、第二十二条「一念信心事」が置かれていることによっても、明らかなのである。

また、『和語灯録』巻四所収の『十二問答』の第十二問答にも、『念仏往生要義抄』㋧と全く同じ議論が見られる。その第十二問答とは、次の通りである。

㋪問曰。「臨終の一念は、百年の業にすぐれたり」と申すは、平生の念仏の中に、臨終の一念ほどの念仏をば申いだし候まじく候やらん。

答。三心具足の念仏は、おなじ事也。そのゆへは、『観経』にいはく、「具三心者必生彼国」といへり。「必」の文字のあるゆへに、臨終の一念とおなじ事也。（『昭法全』六四〇頁）

ここで「問」は、『往生要集』㋨の言葉を引き、〃平生の念仏の中に、臨終の念仏ほどの優れた念仏を称えることはできないのか〃と尋ね、「答」は「三心」を具足すれば、平生の念仏であっても、臨終の念仏と同様に、往生を決定的にすることができるから、平生の念仏は臨終の念仏と同じである〃と答えているのである。これは、〃臨終業成〃説を否定して、〃平生業成〃説を説くものであって、ここで、「三心」が、『念仏往生要義抄』㋧第三答の「三心」と同様に、〃深心〃、つまり、〃信心〃を意味することは、最早明らかであろう。

この点は、『閑亭後世物語』に、㋪と同趣旨の次のような記述が見られることによっても、知られるであろう。

㋫問「臨終の一念は、百年の業に勝れたり」と云ふ事の候なるは、何《いか》に平生のも臨終のも、念仏の功力は同事とは候ぞ。

答。同事と云ふは、三心具足の念仏は始も終も差別なし。おとりまさりを論ずる事は、信心のありなしに依るべし。（『閑亭』五〇頁下）（本書、第三章、記述(200)）

即ち、ここで、「三心」は、「信心」に置きかえられているのである。

なお、『往生要集』㋨にもとづくと思われる「臨終の一念は百年の業にすぐれたり」に類する語は、しばしば隆寛の説を示すものとして言われることが多い。例えば、『隆寛律師略伝』によれば、隆寛の臨終に際し、弟子達が隆寛に「臨終ノ一念ハ百年ノ業ニ勝レタリ」（『浄全』十七、五九一頁下）と言ったところ、隆寛が微笑したという記事が見られる。また、『捨子問答』にも、「此ノ臨終ノ一念、百年ノ業ニモ勝タリ」（本書、第三章、『捨子』Ⓜ）という語が、答者、即ち、「師」の言葉として出されている。

さて、以上の考察にもとづき、私は『念仏往生要義抄』を偽撰であると考えるのであるが、最後にこの私見を補強するため、この文献より、次の記述を示しておこう。

㋬答ていはく。聖人の念仏と、世間者の念仏と、功徳ひとしくして、またくかはりめあるべからず。

疑ていはく。この条なを不審也。そのゆへは、女人にもちかづかず、不浄の食もせずして申さん念仏は、たとかるべし。朝夕に女境にむつれ、酒をのみ不浄食をして申さん念仏は、さだめておとるべし。功徳いかでかひとしかるべきや。

答ていはく。功徳ひとしくして、勝劣あるべからず。（『昭法全』六八三―六八四頁）

この記述は『七箇条制誡』第四条（『昭法全』七八八頁）で、「戒是仏法大地也」と述べて、「婬酒食肉」等の「造悪」を否定した法然の立場とは明らかに矛盾するものと思われる。

(19) 〃全分他力〃説を主張した西山派は必ずしも反体制的であった訳ではないことにも、注意しておきたい。田村円澄『日本仏教思想史研究　浄土教篇』平楽寺書店、一九五九年、三九頁参照。

(20)『略述』、三六六頁参照。

(21) この点で、次の行観の『選択本願念仏集秘鈔』の語を参照すべきであろう。付《テ》レ之《ニ》西谷上人、又如《ク》レ是《ノ》物語《シテ》云《ク》、「昔《シ》大谷上人之《ノ》時《ノ》人人《ハ》、一向廃立《ノ》法門《ニテ》、要門定散《ノ》之重《ハ》無沙汰也。西山上人之御時《ノ》人人《ハ》、又一向《ニ》浄土《ノ》要門仏語《ノ》定散《ハ》或《ノ》見説法門《トイフ》事計《リニテ》、廃立《ノ》重法門《ハ》無沙汰《ナル》間《ダ》、異義不同也。此《レ》両方取合《リテ》分別《シテ》令《メ》レ持《バ》可《シト》レ宜《シカル》」物語有《リキ》。(『浄全』八、三五九頁上―下)。

なお、ここで、西谷上人とは、西山派西谷流の祖である浄音(一二〇一―一二七一)を指している。

(22)『選択集全講』二四七頁参照。

(23) 荻原雲来編『梵和大辞典』鈴木学術財団、一九七四年、六七九頁参照。

(24)『昭法全』三一六頁参照。

(25)『宇井伯寿著作選集』第一巻、大東出版社、一九六六年、三二七―三二八頁。

(26)『選択集全講』九八頁参照。

(27)『昭法全』三一七頁参照。

(28)『往生礼讃』(『浄全』四、三七六頁上)からの引用。

(29)『昭法全』三二八―三三三頁参照。

(30) 松野純孝博士は、この記述〔39〕に言及され、

源空門下のうちでは、最も口称の念仏行に重きをおく聖光ですら……深心(信心)の一心に三心をつめているところをみると、源空においても三心を深心(信心)の一心につめる思想があったことが想察される。(『親鸞(松野)』二三九頁)

と論じられるが、〃信心正因〃説とは対極にあるように考えられる鎮西派の弁長(聖光)・良忠が、三心の中の深心、つまり、信心の意義を強調したのは、私見によれば、法然というよりも、法然以後の展開、つまり、親鸞に向うような流れからの影響を、やはり受けたのではないかと思われる。

(31)『親鸞(松野)』二三八―二三九頁参照。

(32) 所謂『一枚起請文』のもつ問題点については、『法然遺文』第六章「「善導寺御消息」諸本の問題点」四九一―五一四頁参照。

(33)『法然遺文』四九三頁に依る。また、原テキストの写真は、『浄土宗大辞典2』(浄土宗大辞典編纂委員会編、一九七六年)の口絵19に示されている。なお、記述〔45〕については、『善導寺御消息』の他の諸本、つまり清浄華院本(『法然遺文』四九九頁参照)も、浄厳院本(同上、五〇四頁参照)も、全く同文である。

『善導寺御消息』の徳富本と清浄華院本は、安貞二年（一二二八年）十一月十日の日付を有し、弁長の『末代念仏授手印』は、その十八日後の安貞二年十一月二十八日の日付を有しているので、両文献の密接な関係が言われているが、『末代念仏授手印』の末尾、即ち、「安貞二年十一月二十八日申時」という著作年時を示す言葉の直前には、次の記述がある。

釈《シテ》曰《ク》。我《ガ》法然上人言《ノタマハク》、拝二見《スルニ》善導《ノ》御釈《ヲ》一、源空《ガ》目《ニハ》、三心《モ》五念《モ》四修《モ》、皆倶《ニ》見《ユル》二南無阿弥陀仏《ト》一也。（『浄全』十、八頁下）

ここに、「三心モ……四修モ、皆倶ニ南無阿弥陀仏ト見ユル也」とあるが、これは、『善導寺御消息』記述〔45〕と趣旨、及び表現が一致しているように思われる。

(34) 私は、道元が『弁道話』で説いたことは、〝専修坐禅〟の勧めであったと思っている。その『弁道話』で、道元は〝信〟を力説するが、その場合の〝信〟とは、〝専修坐禅〟を成立させる為の〝信〟、つまり、坐禅という一行に対する〝信〟であったと考える。つまり、『弁道話』の主張は、〝専修〟についても、〝信〟についても、法然の説や『選択集』とパラレルな関係にあり、この点でも、『弁道話』は、『選択集』の影響下に、それに範を取って書かれたものと思われる。この私見については、『道元思想論』一一三—一五七頁参照。

なお、〝念仏〟を対象とする〝信〟については、『選択集』の末尾の

然《ル》間希《ニ》問《フ》レ津《ヲ》者《ニハ》、示《スニ》以《テシ》二西方《ノ》通津《ヲ》一、適《タマ》尋《ル》レ行《ヲ》者《ニハ》、誨《ルニ》以《テス》二念仏《ノ》別行《ヲ》一。信《ズル》レ之《ヲ》者《ハ》多《ク》、不《ル》レ信《ゼ》者《ハ》尠《シ》。当《シ》レ知《ル》、浄土之教、叩《テ》二時機《ヲ》一而当《レリ》二行運《ニ》一也。念仏之行、感《ジテ》二水月《ヲ》一而得《タリ》二昇降《ヲ》一也。（『昭法全』三五〇頁）

という記述に説かれているように思われる。即ち、ここで、「之ヲ信ズル者」の「之」とは、直前の「念仏ノ別行」を指すと見てよいであろう。

(35) 実際、『具三心義』巻上には、次のような明確な表現もある。

念仏《ニ》有《リ》二二種一。一本願《ノ》念仏、二非本願《ノ》念仏。非本願《ノ》念仏者《ト》、六念《ノ》中念阿弥陀是《レ》也。本願《ノ》念仏者《ト》、三心具足《ノ》念仏、今所レ論《ズル》也。（『隆寛集』二頁下）

(36) 『具三心義』巻上には、「真実心者《ト》、帰二本願一之心也」（同右、一〇頁下）とある。

(37) 『日本中世』一八八頁。

(38) 『日本中世』一八七頁。ただし、括弧でくくった末尾の部分、即ち、「ト、ススメタマヘル釈也」は、平氏の引用では省かれている。

(39) 『浄全』九、五七四頁下—五七八頁上。ただし、『浄全』所収の『和語灯録』は正徳版である。

(40) 『定本』五、二七八—二八八頁。

(41) 『浄典研（資）』一七一—一八四頁。

(42) 「藤堂（一）」一九四—二二四頁、「藤堂（二）」三七七—三九一頁。

(43) この第十二問答については、すでに前註(18)の㊆にテキストを示し、〝平生業成〟説を説くことを、論証した。なお、この第十二問答が、『西方指南抄』所収の「或人念仏之不審聖人に奉問次第」に欠けていることに関連して、中野正明氏は、次のような解釈を示されている。

この『指南抄』に欠落する記述も、三心具足の念仏が臨終の一念と同等であるとの答えを『観経』を引いて解説する箇所である。これらから『指南抄』が『観経』の記述や諸行往生、善導についての記述を排しているとの事例が得られ、前述の「法然聖人御説法事」の場合と共通点が指摘できる。……

このように、『指南抄』に所収する多くの遺文に、原本や『語灯録』に比べてとくに善導についての記述に削除されている箇所が見られる。親鸞にとっては観想の方法を説く『観経』、およびその注釈書である『観経疏』やその著者善導について、定散二善の諸行往生に否定的であったがために記述の削除を生ぜしめたのであろうと考えられる。(『法然遺文』一〇七頁)

『西方指南抄』には、親鸞の手が加っているというのが、私の基本的理解であり、その観点よりすれば、この中野氏の解釈は、興味深く、また重要なものと思われる。

(44) 「藤堂(二)」三八八頁参照。

(45) 梶村昇「醍醐本『法然上人伝記』の意図するもの」『浄典研(研)』二九四頁参照。

(46) 『浄典研(資)』二三〇頁。

(47) 望月信亨『浄土教之研究』金尾文淵堂、一九二二年版、九五四頁。

(48) 同右、九五二頁。

(49) 「坪井(一)」五二一—五二七頁参照。

(50) 「永井(二)」一—二二頁、「真柄(一)」一—二一頁、「真柄(二)」一—一二頁、「曾田」四六—五一頁参照。

(51) 特に私は、『醍醐本』所収『三心料簡事』末尾の第二十七条「善人尚以往生況悪人乎事」にもとづき、法然にも、〝悪人正機〟説があったと力説される梶村氏の見解(『悪人正機説』参照)には、基本的に同調することはできない。

なお、すでに前註(50)に示した永井氏・真柄氏・曾田氏の研究によって、『三心料簡事』の第二・五・六・七・十・十一・十二・二十一・二十二・二十三・二十四条に相当するものが、真宗文献、特に高田派の文献の中に発見されたが、問題の第二十七条は未発見であることには、とりわけ注意しておきたい。

(52) 「藤堂(一)」二〇四—二〇五頁、「藤堂(二)」三八五頁参照。

(53) 「藤堂(一)」二〇四—二〇五頁、「藤堂(二)」三八五頁参照。

(54)「永井(二)」一―二二頁参照。
(55)「真柄(一)」一―二一頁参照。なお、『本願成就聞書』は、『真宗史料集成』五（同朋舎、一九七九年、六六二―六六四頁）にも収められている。
(56)「曽田」四六―五一頁参照。
(57)同右、四七頁。
(58)同右、四六頁。
(59)同右、四八頁参照。
(60)前註(18)の㋩についての考察を参照。
(61)〝仏恩報謝の念仏〟のことは、例えば、『浄土和讃』「讃阿弥陀仏偈和讃」〔四八〕後半に、次のように説かれている。
信心すでにえむひとは　つねに仏恩報ずべし。（『定本』二(1)、三一頁上）
(62)『浄全』九、五七七頁上参照。ただし、「イフカヒナキ」という語には、注目しておきたい。というのも、『醍醐本』所収の『禅勝房との十一箇条問答』の末尾には、
㋐此故一文不通者中《ニモ》神師(妙)往生也。（『浄典研(資)』一八四頁）
という文章があるが、これは、『西方指南抄』中の『或人念仏之不審聖人に奉問次第』の対応個所では、
㋑さればこそいふにかひなきやからどもの中にも、神妙なる往生はする事にてあれ。（『定本』五、二八八頁）
となっており、「一文不通」が「いふにかひなき」に変えられているように感じられるからである。なお「いふにかひなきやからども」は、『和語灯録』では、元亨版・正徳版とも「イフニカヒナキモノドモ」（『昭法全』六四〇頁、脚註㉘）となっている。
(63)『道元思想論』一一三―一二〇頁、一七三―一七四頁、註(51)参照。
(64)『中世仏教』六頁一二―一三行。また、二〇四頁、二〇七頁、二〇八頁参照。ただし、家永氏は「親鸞の悪人正因説」という表現をしばしば用いられ（『中世仏教』二〇四頁、二〇八頁）、親鸞と『歎異抄』を区別する理解を、明確には示されていないようである。
(65)重松明久『日本浄土教成立過程の研究』平楽寺書店、一九六四年、五一七―五一九頁参照。
(66)熊田健二「親鸞における否定の論理―悪人正因と悪人正機―」『古代・中世の社会と思想』三省堂、一九七九年、二三三―二三五頁参照。
(67)平氏は『三心料簡事』末尾に示される「口伝」である「善人尚以往生、況悪人乎〔事〕」を、「法然の発言」と呼んで、次のように論じられる。

最後に、傍線(c)の法然の発言について一言しておきたい。この内容が果たして悪人正機説・悪人正因説のいずれであったのかは、定かではない。ただ法然が浄土門の対機の普遍化を図って、「弥陀ノムカシ《（昔）》ノチカヒ《（誓）》タマヒシ大願ハ、アマネク一切衆生ノタメ也、無智ノタメニハ念仏ヲ願トシ、有智ノタメニハ余行ヲ願トシタマフ事ナシ」と、念仏門を無智の人だけを対象とするという思想を明確に否定している事実からすれば、悪人正機説であった可能性はかなり少ない。しかも「浄土門《ハ》還愚癡一生極楽《ニ》一」（訓点・返点、原文のママ）といった表現や、

此宗悪人《ハ》為《ヲ》手本《ト》一善人《マテモ》摂《ス》也、聖道門善人《ハ》為手本《ト》一悪人《ヲモ》摂也（訓点・返点、原文のママ）

念仏を信せん人は、たとひ一代の御のりをよく〳〵学すとも、一文不知の愚鈍の身になして、尼入道の無智のともからおなしくして、智者のふるまひをせすして、たゝ一向に念仏すへし

などの発言からすれば、傍線(c)が悪人正因説であった可能性の方が高いだろう。しかしいずれにせよ、親鸞・源智のように、法然門下に二通りの解釈が存在していたことだけは確かである。（『日本中世』二二八—二二九頁）〔傍線＝松本〕

この論述を読むと、私には、平氏が、「善人尚以往生、況悪人乎」という語を、法然が実際に発した語であると素朴に考えておられるのではないかとさえ感じられる。しかし、『醍醐本』所収の『三心料簡事』には、坪井博士によって、隆寛の解釈の存在が指摘される等、問題の多いことは、すでに繰り返し述べた通りである。平氏は右の論述の後半でも、所謂『一枚起請文』の記述（本章、記述〔44〕参照）と、「此宗悪人《ハ》為《ヲ》二手本一」という『醍醐本』中の『三心料簡事』第七条の記述（前註(4)の記述㋛参照）を並べているが、両文献は、その信憑性において、対等に扱われるべきものではないであろう。即ち、法然の思想を論じる際には、まず何よりも、史料の信憑性に関する吟味が必要であろうと思われる。

(68) 『日本中世』二二四頁一七行。

(69) 平氏によれば、「悪人正機説」と「悪人正因説」の相違は、次のように定式化される。

悪人正機説…二次的救済対象（一次的価値体・善人）でも往生、況んや一次的救済対象（二次的価値体・悪人）

悪人正因説…二次的価値体（善人）でも往生、況んや一次的価値体（悪人）

（『日本中世』二二六頁）

これによって、知られることは、平氏が、『歎異抄』第三条の「悪人正因説」から〝正機〟つまり、氏の言葉によれば、「一次的救済対象」という原理を排除しようとされていることである。しかし、私見によれば、『歎異抄』第三条から、〝正機〟という原理を排除することはできない。「本願他力の意趣」「弥陀の本願にあらず」「願をおこしたまふ本意」というこれらの言葉は、実質的には正に本願の〝正機〟とは誰かについて語っているからである。平氏が、この〝正機〟という原理を排除して、『歎異抄』第三条に関して、氏独自の「悪人正因説」の解釈を構築しえたと考えたのは、氏が第三条の全体に依らず、その冒頭の文章のみにもとづいて、「悪人正機説」との

相違を構想されたからにすぎないであろう。

なお、『歎異抄』第一条の「そのゆへは、罪悪深重、煩悩熾盛の衆生をたすけんがための願にまします」(『定本』四(1)、四頁) という文も、言うまでもなく〝悪人〟を本願の〝正機〟とするものであろう。

(70) 本書、第三章、二四〇頁参照。

(71) かつて金子大栄氏は、岩波文庫の『歎異抄』の旧版(一九三一年)の解説において、

こゝでも悪人が正因であつて、他力をたのみたてまつることが正因であるといふのではない。(二五頁)〔傍点=金子氏〕

と述べられていた。しかるに、これに対し、古田武彦氏は、この解釈を、

明らかに宗学的もしくは哲学的歪曲ではあるまいかと思われる。(前註(18)の古田論文、「親鸞に於ける悪人正機説について」三一五頁)

と批判され、金子氏も、前述の解釈を改版(一九五八年版)では削除されたが、私は、金子氏の当初の解釈こそ正解だと思っている。

熊田氏は、前註(66)に示した論文で、

すなわち歎異抄第三条が語るところのものは、親鸞の全思想体系を貫く根本理念たる「正定之因唯《ハ》信心《ナリ》」とする信心為本・唯信の思想に他ならない。(一三五頁)

と論じられたが、私はこの熊田説よりも、前掲の金子氏の旧説の方が、実は正確に『歎異抄』の本質を突いているのではないかと思っている。つまり、〝信〟や〝他力〟ではなく「悪人」を「正因」と呼んで全肯定するところに、『歎異抄』の基本的立場たる〝造悪無礙〟説が示されているのである。なお、〝造悪無礙〟説については、本書、第三章、一七七—二〇六頁参照。

(72) 『歎異抄』第三条の〝悪人正因〟説や、『醍醐本』所収『三心料簡事』末尾に付せられた「善人尚以往生況悪人乎〔事〕」という「口伝」を法然の説であると力説される梶村昇氏の解釈は、氏の著作『悪人正機説』の全体に詳論されるが、氏の解釈は、私見によれば、法然思想の『歎異抄』的解釈だと思われる。

(73) 「他力義系統」という語は、末木文美士氏の『鎌倉仏教形成論　思想史の立場から』(法蔵館、一九九八年)で用いられていた語(一五〇頁)であり、氏は『三部経大意』を「主に門下の他力義系統によって伝持されたのではないだろうか」(一五〇頁)と論じられたのである。『三部経大意』については、末木氏自身がその真撰・偽撰をも含めて問題点を指摘されているが、私としてはその真撰を疑っている。『三部経大意』については、本書、第四章、五一九—五二三頁参照。

第二章　法然浄土教の思想的意義
——袴谷憲昭氏の解釈について——

一九九八年七月に、法然の浄土教、あるいは浄土教思想一般について、注目すべき書物が出版された。袴谷憲昭氏の『法然と明恵　日本仏教思想史序説』（大蔵出版）〔略号『法然と明恵』〕である。この書物で袴谷氏は、法然と明恵の思想的対立が、仏教思想史における根本的な二つの立場の対立を意味していると把握し、善導・法然の浄土教思想を、「他力主義」「往生の教」「菩提心否定説」「如来蔵思想否定」「深信因果」「排他主義」「仏教の正統説」等と規定して、高く評価されたが、私としては氏の解釈に従うことはできない。そこで以下に簡単に氏の解釈を示し、それに対する批判を述べることを通して、法然浄土教に関する私見を述べてみたい。

ただし、袴谷氏の議論・文章はかなり錯綜しており、要点にまとめるのは容易ではない。従って、氏の著書からの引用は、かなり長文となることが予想されるが、読者にはその点を予めご了承頂きたい。以下、袴谷説に対する批判はできるだけ要点を絞り、項目を立てて行うことにしたい。

なお、本章は、『法然と明恵』に対する私の書評(1)を改稿し、簡潔にまとめたものであるから、詳しい議論については、その書評を参照して頂きたい。

一　他力主義について

「自力主義」と「他力主義」の区別ということは、袴谷氏が『法然と明恵』で最も力説される点であり、氏は、それを次のように説明されている。

㋐このような善導の「指方立相」説は、「二種深信」の第二点である、「唯心」説に基づく「仏」の内在性の排除を、阿弥陀仏の外在性として、より積極的に展開したものであると考えられるのであるが、私は、かかる意味での阿弥陀仏を「絶対他者（Das 'Ganz Andere'）」と呼び、この「絶対他者」の前に「罪悪生死凡夫」として平等に投げ出された絶望的存在が、その「絶対他者」によって選択された念仏往生の本願によって、残らず救済されると信ずる思想を他力主義と呼ぶことにしているわけである。もっとも、私としては、この呼称中に「力」を留めることは内在的なニュアンスが残存しそうで避けたかったのであるが、右のような規定を重んじて頂ければ誤解も回避しうると考えている。因みに、このような「他力」に関して、親鸞は「他力と言ふは、如来の本願力なり。」と述べているが、これが、外在的な阿弥陀仏の本願力だけを指し、それによって全ての人が救済されると信ずる思想である限り、親鸞のこの思想も明らかに他力主義だと言ってよいであろう。

しかるに、自力主義とは、右に規定した他力主義とはことごとく対峙するものであるが、そのうちの「自力」についていえば、「自」とは、例えば、「自灯明（atta-dīpa, ātma-dīpa）」と言われる場合の「自（attan, ātman）」と同じもので、インドでアートマンと称されている霊魂もしくはそれに順ずる「仏性」や「如来蔵」や「菩提心」のことを意味し、「力」とはかかる「自」を「本」として「迹」の方向へ展開させていくことのできるマジカルな内在的な力のことを意味する。この「自力」によって「自」を本来の姿に解放させることができると主張する

「成仏」をめざす一種の解脱思想が自力主義である。（『法然と明恵』九一―九二頁）〔傍線＝松本〕

即ち、「自力主義」とは、インドのアートマン論、如来蔵思想、本覚思想、解脱思想、「成仏」の思想であるとされるのに対し、「他力主義」とは、「この「絶対他者」の前に「罪悪生死凡夫」として平等に投げ出された絶望的存在が、その「絶対他者」によって選択された念仏往生の本願によって、残らず救済されると信ずる思想」であると規定されているのである。

ここには、善導・法然の浄土教に対する氏の基本的なアイデア、つまり、「他力主義」「往生の教」「菩提心否定説」「如来蔵思想否定」「深信因果」というものが、錯綜した表現ではあるが、すべて示されていると見てよいであろう。また、「阿弥陀仏の外在性」「「仏」の内在性」という語は、「他力主義」と「自力主義」を区別するポイントを示すものとして用いられていることにも、注目したい。さらに、『教行信証』「行巻」で、

〔1〕言《フ》二他力《ト》一者《ハ》、如来《ノ》本願力也。（『定本』一、七一頁）

と述べる親鸞の思想も、「他力主義」であるとされている。

しかし、袴谷氏は、この「他力主義」の典型を、善導と法然に見出されるのであり、注目すべきことは、一般に浄土教における「他力」説の典拠として引用されることの多い『往生論註』の著者である曇鸞に対して、氏が次のような批判的見解を述べられていることである。

㋑曇鸞の「他力」は、「菩提心」に基づく「成仏」の楽天性と「唯心」説に基づく「仏」の内在性とを内包した、むしろ自力主義的なものであるから、その「他力」をもって他力主義命名の論拠とすることはできない。（『法然と明恵』八九頁）〔傍線＝松本〕

曇鸞が「菩提心」の重要性を力説し、「「唯心」説に基づく「仏の内在性」」を説いたことは確実だと思われるので、その点では、この氏のコメントは卓見だと思われるが、「他力」という語を浄土教に導入した曇鸞の思想を「自力主義

的なもの」と評することは、氏の「他力主義」の規定に問題があることを示しているであろう。

この点で、袴谷氏は、自らの「自力主義」と「他力主義」の規定を、一般に言われる「自力聖道門」と「他力浄土門」とは異なるとして、次のように言われていることに、注意しておきたい。

㋒では、善導の夢に発し法然によって更に強く願われていった夢とは一体なんだったのでありましょうか。一言でいえば、法然の夢とは、絶対他者たる阿弥陀仏の平等に催された慈悲の力によって、平等に罪悪生死の凡夫でしかない全ての人々が一人残らず西方極楽浄土に往生するということであります。それを私が他力主義と呼びますのは、通例の他力と区別したいためで、即ち、通常は、菩提心に基づく自力の修行を価値的に勝れたものと見做すことを自明の前提とした上で、その能力をもったものを勝機とし、これに当てがわれた法門を自力聖道門と設定し、しかるべき能力をもたないものを劣機とし、これに当てがわれた法門を他力浄土門と設定するわけですが、そういう相対的な他力ではないという意味で、それとは区別したいからであります。主義を付しただけでそういう区別が可能であるとは到底思えませんが、私が他力主義を用いる場合にはそういうふうに限定された意味であると御了解頂ければありがたいと思います。

そこで、今申し上げました他力主義に対して、先の、自己に内在する菩提心というものを根拠にして、そこに自力聖道門と他力浄土門とを相対的に設定する考え方を、そのいずれもが自己の内なる力を根拠としているという意味で、自力主義と呼ぶことにして、この立場を図によって示すとすれば上図右のようになると思います。(2)（『法然と明恵』二四四—二四五頁）〔傍線＝松本〕

要するに、「菩提心」という内在的原理を認めているかぎり、「他力浄土門」とは言っても、それは「本覚思想」であり、「自力主義」であるというのが、袴谷氏の主張であろう。(3)

以上で、『法然と明恵』における袴谷氏の基本的理解は示されたように思われるが、更に日本の浄土教の展開について、氏は、善導・法然の「他力主義」は、「自力主義」・菩提心肯定説を説く明恵による法然批判、つまり、法然の「菩提心否定説」に対する批判を重要な契機として、敗北するに至り、法然門下の浄土教も次第に「自力主義」に吸収されていったと見なされるようである。この「他力主義の敗北」という氏の視点は、後に見るように、私が本書の第一章で批判した平雅行氏の法然理解から強い影響を受けたものであり、このような視点から、袴谷氏は浄土宗鎮西派の弁長（聖光）の『念仏名義集』におけるある文言について、

㋓他力主義の敗北と言わずしてなんと呼びうるであろうか。（『法然と明恵』九九頁）

と言われているが、これについては、後論したい。

さて、以上のような袴谷氏の「他力主義」の規定について言えば、まず私は善導・法然の思想を「他力主義」と呼ぶこと自体に、基本的に賛成できないのである。というのも、私は、善導・法然は、曇鸞によって浄土教に導入された「他力」という語の使用を、意識的に避けたのではないかと考えているからである。弁長が『徹選択本願念仏集』巻下において、

〔2〕善導和尚《ハ》、不レ立《テ》二自力他力之名目《ヲ》一。（『浄全』七、一〇五頁下）

と述べたように[4]、善導の『観経疏』には、「他力」という語も、「自力」という語も、一度たりとも用いられてはいない。おそらく、善導の他の著作にも用いられてはいないであろう。これは善導が、曇鸞の「他力」説に対して批判的意識をもっていたためだと思われる。というのも、「自力」「他力」という語ほど、実は一般的な読者、信者を納得させ易い性格をもつものはないのであるが、善導は敢えてこの言葉を拒否し使用しなかったと思われるからである。その理由は、おそらく〝称名正因〟説、あるいは〝称名念仏〟説の確立にとって、曇鸞の「他力」説が妨げになると考えたからであろう。

曇鸞の「他力」説が、極めて通俗的な雰囲気をもっていることは、『往生論註』末尾の次の比喩によっても、知られ

るであろう。

〔3〕以《テ》レ斯而推《スルニ》、他力《ヲ》為《ス》ニ増上縁《ト》一、得《ンヤ》レ不《ルコトヲ》レ然《ラ》乎。当《シ》三復《タ》引《テ》レ例《ヲ》示《ス》ニ自力他力《ノ》相《ヲ》一。如《シ》下人《ノ》畏《ルガ》ニ三塗《ヲ》一故《ニ》受ニ持《ス》禁戒《ヲ》一、受ニ持《スルガ》禁戒《ヲ》一故《ニ》能《ク》修《ス》ニ禅定《ヲ》一、以《テノ》ニ禅定《ヲ》一故《ニ》修ニ習《ス》神通《ヲ》一、以《テノ》ニ神通《ヲ》一故《ニ》能《ク》遊《ブガ》中四天下《ニ》上、如《キ》レ是《ノ》等《ヲ》名《テ》為《ス》ニ自力《ト》一。又如《シ》下劣夫《ノ》跨《リテ》レ驢《ニ》不《レドモ》レ上《ラ》従《ヘバ》ニ転輪王《ノ》行《キニ》一、便《チ》乗《ジテ》ニ虚空《ニ》一遊《ブコト》ニ四天下《ニ》一無《キガ》上レ所ニ鄣礙《スル》一、如《キ》レ是《ノ》等《ヲ》名《テ》為《ス》ニ他力《ト》一。愚哉後之《ノ》学者、聞《テ》ニ他力《ノ》可《キコトヲ》レ乗《ズ》当《シ》レ生《ズ》ニ信心《ヲ》一、勿《レ》ニ自《ラ》局分《スルコト》一也。（『浄全』一、二五五頁下―二五六頁上）

これに対して、善導は、『往生礼讃』の中で、

〔4〕畢命《ヲ》為《シ》レ期《ト》、誓《テ》不ニ中止《セ》一、即《チ》是《レ》長時修《ナリ》。（『浄全』四、三五五頁下）

と三度述べて、「長時修」を説いた。これは、称名念仏に対する絶え間のない厳しい努力、精進の姿を示している。このような称名念仏の「長時修」という〝絶えざる努力〟のあり方と、曇鸞の「他力」説とでは、調停するのは困難であろう。従って、善導は、称名念仏の理論的確立のために、「他力」を拒否したものと思われる。

この善導の立場を忠実に継承したのが法然であり、彼は、『選択集』の中で、「他力」という語を一度しか用いていない。[5] それも、『往生論註』からの引用に見られるものであり、そこで引用されたのは、『往生論註』冒頭の次の一節である。

〔5〕謹《テ》案《ズルニ》 龍樹菩薩《ノ》『十住毘婆沙』《ニ》云《ク》、菩薩求《ムルニ》ニ阿毘跋致《ヲ》一有《リ》ニ二種道《ノ》一。一《ニ》者難行道、二《ニ》者易行道《ナリ》。難行道者《ト》、謂《ク》於《テ》ニ五濁之世《ノ》於無仏時《ニ》一求《ルヲ》ニ阿毘跋致《ヲ》一為《ス》レ難《ト》。此《ノ》難《ニ》乃《チ》有《リ》ニ多途一、粗言《テ》ニ五三《ヲ》一以《テ》示《サン》ニ義意《ヲ》一。一《ニ》者外道《ノ》相善乱《ル》ニ菩薩《ノ》法《ヲ》一。二《ニ》者声聞《ノ》自利障《フ》ニ大慈悲《ヲ》一。三《ニ》者無顧《ノ》悪人破《ス》ニ他《ノ》勝徳《ヲ》一。四《ニ》者顛倒《ノ》善果能《ク》壊《ス》ニ梵行《ヲ》一。五《ニ》者唯是《レ》自力《ニシテ》無《シ》ニ他力持《ツ》一。如《キ》レ斯《ノ》等《ノ》事、触《テ》レ目《ニ》皆是《ナリ》。譬《バ》如《シ》ニ陸路《ノ》歩行《ハ》則《チ》苦《キガ》一。易行道者《ト》、謂《ク》但以《テ》ニ信仏《ノ》因縁《ヲ》一願《ズレバ》レ生《ゼント》ニ浄土《ニ》一乗《ジテ》ニ仏願力《ニ》一便《チ》得レ往ニ生《スルコトヲ》彼《ノ》清浄土《ニ》一、仏力住持《シテ》即《チ》入《ル》ニ大乗正定之《ノ》

聚《ニ》一。正定《ハ》即《チ》是《レ》阿毘跋致《ナリ》。譬《バ》如《シ》二水路《ノ》乗船《ハ》則《チ》楽《キガ》一。（『浄全』一、二一九頁上）

しかるに、法然がこの一節を『選択集』で引いたのは、「他力」と「自力」という区別を示すためではなく、「難行道」と「易行道」という区別を、「聖道門」と「浄土門」について述べることが目的であったことが、この記述〔5〕を引用した後の『選択集』における法然自身の次の言葉によって、明らかである。

〔6〕此《ノ》中《ノ》難行道者《ハ》即《チ》是《レ》聖道門也。易行道者《ハ》即《チ》是《レ》浄土門也。難行易行《ト》、聖道浄土《ト》、其《ノ》言《ハ》雖《ドモ》レ異《ナリト》、其《ノ》意是《レ》同《ジ》。（『昭法全』三一三頁）

従って、善導・法然の立場を「他力」という語で呼ぶことは、適切ではないことが知られたと思われる。

さて、袴谷氏は、すでに掲げた氏の論述㋒において、氏の言われる「自力主義」と「他力主義」は、「自力聖道門」と「他力浄土門」とは異なるという説明をされ、また論述㋑において、曇鸞の「他力」説に対する批判的視点も示されている。しかし、繰り返すことになるが、善導が『観経疏』の中で「他力」の語を一切用いず、また法然が『選択集』の中でそれを一度しか、しかも曇鸞の『往生論註』記述〔5〕からの引用においてしか用いなかったことを考えるならば、いかに袴谷氏独自の解釈を加えたとしても、善導・法然の立場に対して、「他力主義」という語を用いるべきではないであろう。

言葉の上では「他力」を説かない善導・法然に「他力主義」を認め、「他力」という語を浄土教に導入した曇鸞を「自力主義的なもの」（論述㋑）と評することは、いかに考えてみても、「自力主義」「他力主義」という用語の不適切性を示しているであろう。

二　指方立相説と如来蔵思想について

前掲の論述㋐における袴谷氏の「他力主義」と「自力主義」の説明には、「阿弥陀仏の外在性」という語と「「仏」の内在性」という語、及び、「仏性」「如来蔵」という語が認められる。つまり、「仏性」「如来蔵」を説く如来蔵思想を認め、「「仏」の内在性」を説くのが「自力主義」であり、これに対して如来蔵思想を否定し、「阿弥陀仏の外在性」を説くのが「他力主義」であるというのである。しかるに、この袴谷説に私は同調することはできない。

袴谷氏は、論述㋐の冒頭に、

このような善導の「指方立相」説は、「二種深信」の第二点である、「唯心」説に基づく「仏」の内在性の排除を、阿弥陀仏の外在性として、より積極的に展開したものであると考えられるのであるが、

と述べられ、善導の「指方立相」説が「阿弥陀仏の外在性」を説き、「「仏」の内在性の排除」、つまり、如来蔵思想の否定を説いていると解されるようであるが、この善導理解に私は疑問をもっている。即ち、〝善導は如来蔵思想を否定した〟ということも、容易に言いうることではない。この袴谷説は、ジョアキン・モンテイロ氏の「二種深信の思想的な意味について――善導における如来蔵思想批判――」という論文（略号「モンテイロ」）にもとづいており、袴谷氏は、

㋔私は、このジョアキン＝モンテイロ氏の論文によって、善導が如来蔵思想を批判したことは充分に論証されたと判断しておりますので、（『法然と明恵』二三八頁）（傍線＝松本）

と言われるのであるが、私見によれば、モンテイロ氏の議論にも、また、それに対する袴谷氏の右の評価にも、不適切な面が認められると思われる。

そこで以下に、まずモンテイロ氏の当該論文の内容から検討していきたい。

まず、モンテイロ氏は、善導の仏身観について、次のように言われる。

如来蔵や仏性のような用語は、善導の著述にはほとんど用いられていないことは事実であるが、「真如」や「法性」がよく用いられているから、善導の仏身観が三身説であると了解する場合には、全く根拠がないとはいえない。（「モンテイロ」二七二頁下）

この論述について言えば、モンテイロ氏が『観経疏』における「如来蔵」や「仏性」という語の用例の少なさに注目したのは、卓見であろう。『観経四帖疏索引』(7)による限り、『観経疏』における「如来蔵」の用例は皆無であり、「仏性」は一例のみ、それも以下に見るように、やや否定的に使用されている。中国人学僧のかなり大部な著作に、「如来蔵」の語がなく、また、「仏性」も否定的な意味で一回見られるだけというのは、確かに特筆すべきことに思われる。

しかしモンテイロ氏が、右の論述で、さらに「真如」や「法性」がよく用いられるから、善導が三身説を認めたと論じることも「根拠がないとはいえない」と述べられているのは、極めて重要である。さらに、氏は、

善導の仏身観は如来蔵的三身説であると主張する立場は『観経疏』の次の文を根拠としているのである。（「モンテイロ」二七二頁下）

と述べて、『観経疏』「玄義分」から、次の記述を引用されている。

〔7〕第一《ニ》先《ズ》標《ストハ》二序題《ヲ》一者、竊以《ニミレバ》真如広大《ニシテ》、五乗不《モ》レ測《ラ》二其《ノ》辺《ヲ》一。法性深高《ニシテ》、十聖莫《モ》レ窮《シ》二其《ルコト》際《ノヲ》一。真如之体量、量性《ハ》不レ出《デ》二蠢蠢之心《ヲ》一。法性無辺、辺体《ハ》則《チ》元来不動《ナリ》。（『浄全』二、一頁下）

因みに、これに続くのは、次の文章である。

〔8〕無塵《ノ》法界《ハ》凡聖斉《シク》円《カニ》、両垢《ノ》如如《ハ》則《チ》普《ク》該《ネテ》二於含識《ヲ》一、恒沙《ノ》功徳《ハ》寂用湛然《ナリ》。但以《テ》二垢障覆《フコト》深《キヲ》一、浄体無《シ》レ由《シ》二顕照《スルニ》一。（『浄全』

二、一頁下)

ここには、「真如」「法性」「法界」という語によって単一な実在、即ち、〝仏性〟、あるいは、私の言う基体（dhātu）が説かれており、また、末尾の「但以垢障覆深、浄体無由顕照」という語を見れば、〝単一な実在が覆障される〟という理解が示されているから、ここには、完全にインド的な如来蔵思想、即ち、私の言う「仏性内在論」(8)が説かれていることは、明らかであろう。

それ故、モンテイロ氏も、右の記述〔7〕の引用に続けて、

善導は、三身説を論理的に批判したことがないということは、認めざるをえないことである。(「モンテイロ」二七三頁上)

と言われている。実際、『観経疏』には、「法身」の用例が五回見られ、そのうち「玄義分」には、

〔9〕経能《ク》持《チ》レ法《ヲ》、理事相応《シ》、定散随《ヒテ》レ機《ニ》、義不二零落《セ》一。能《ク》令《ム》下修趣之者《ヲシテ》、必《ズ》藉《リテ》二教行之縁因《ニ》一、乗《ジ》レ願《ニ》往生《シテ》証《セ》中彼《ノ》無為之法楽《ヲ》上。既《ニ》生《ジヌレバ》二彼《ノ》国《ニ》一更《ニ》無《シ》レ所レ畏《ルル》。長時《ニ》起《シテ》レ行《ヲ》、果極《メ》二菩提《ヲ》一、法身常住《ナルコト》、比《ヘバ》若《シ》二虚空《ノ》一。能《ク》招《ク》二此《ノ》益《ヲ》一、故《ニ》曰《テ》為《ス》レ経《ト》。(『浄全』二、三頁下)

という表現も見られ、善導が「法身常住」を説く如来蔵思想的三身説を認めていたことは、否定できないのである。梶山雄一博士も、『観経疏』「玄義分」冒頭の十四行詩中、

〔10〕法性真如海《ト》　報化等諸仏《ノ》、(『浄全』二、一頁上)

という語の「法性真如海」を「法身」と見なされ、ここに三身説が説かれていることを認めておられる。(9) それ故、以下に見るように、善導が如来蔵思想に対して批判的意識をもっていたことは確実であると思われるにもかかわらず、彼が如来蔵思想から完全に自由であり得たということはありえない。この点を、いわば〝善導の限界〟としてはっきり確認しておかないと、善導を〝如来蔵思想の批判者〟として絶対視することにもなりかねない。

現に袴谷氏は、

㋕それどころか、古今を絶する善導の思想の独自性は、法然によって初めて正確に把握され活かされえたとさえ思われてくるのであります。（『法然と明恵』二五三頁）〔傍線＝松本〕

と述べておられ、〝善導・法然の絶対視〟に接近されているように思われる。

さて、モンテイロ氏の論文にもどれば、氏が善導に「如来蔵思想の否定」を認める最重要の論拠は、『観経疏』「定善義」における「指方立相」を説く次の記述の存在なのである。

〔11〕或有《ハリ》二行者一、将《テ》二此《ノ》一門之義《ヲ》一、作《シ》二唯識法身之観《ヲ》一、或《ハ》作《ス》二自性清浄仏性《ノ》観《ヲ》一者、其《ノ》意甚《ダ》錯《レリ》。絶《エテ》無《シ》二少分《モ》相似《タルコト》一也。既《ニ》言《ヒテ》レ想《ヘト》レ像《ヲ》、仮二立《セル》三十二相《ヲ》一者、真如法界身《ノ》、豈《ニ》有《リテ》レ相而可《ク》レ縁《ズ》、有《リテ》レ身而可《ケンヤ》レ取《ル》也。然《ルニ》法身《ハ》無色《ニシテ》、絶《ス》二於眼対《ヲ》一、更《ニ》無《シ》二類《トシテ》可《キ》レ方《ブ》。故《ニ》取《リテ》二虚空《ヲ》一、以《テ》喩《フル》二法身之体《ニ》一也。
又今此《ノ》観門等《ハ》、唯指《シ》レ方《ヲ》立《テテ》レ相《ヲ》、住《メテ》レ心《ヲ》而取《ラシム》レ境《ヲ》。総《テ》不《ル》レ明《サ》二無相離念《ヲ》一也。如来懸《ニ》知《ル》、末代罪濁凡夫《ノ》、立《テテ》レ相《ヲ》住《ムトモ》レ心《ヲ》、尚不《ト》レ能《ハ》レ得《ルコト》。何況《ニヤ》離《レテ》レ相《ヲ》而求《ムルハ》レ事《ヲ》者、如下似《シト》無《キ》二術通一人《ノ》居《テ》レ空《ニ》立《テンガ》上レ舎《ヲ》也。（『浄全』二、四七頁下）

モンテイロ氏の論文における引用は、「末代罪濁凡夫」まで終っているが、これについて氏は、

この文には、無相離念を説く唯識や仏性の否定がはっきり見られるのである。……結論的にいえば、第八の観に対する善導のこの分析は如来蔵思想の否定を意味することであるように考えられる。（「モンテイロ」二七五頁上）

と論じられている。確かに、ここには、唯識思想・如来蔵思想を否定する語感が感じられる。しかも、両者を同時に否定していることを考えれば、ここでは、唯識思想においては「法身」と呼ばれ、如来蔵思想においては「自性清浄仏性」（ここが『観経疏』における「仏性」の唯一の用例）と呼ばれる基体（dhātu）、即ち、両者によって共通にその実在性が認められる基体が否定され、基体説（dhātu-vāda）[10]が論破されているようにも見受けられる。しかし事情はそれ程簡単ではない。

前掲の記述〔11〕は、一般に「指方立相」の説を述べたものと見られるが、その論旨は難解である。現在、伝統的な解釈を充分に参照する余裕はないが、私自身は、藤田宏達博士の『善導』（略号表参照）における現代語訳[11]に依りつつ、その論旨をほぼ次のように理解している。

ある行者たちは、この一門（観門）の意味について唯識法身の観や自性清浄仏性の観をなしているが、その考え方は非常に誤っている。少しも〔この観門の意味に〕似たところはない。既に〔経文に〕「想像」（像を想へ）と言って、三十二相を仮りに立てたのは、[12]〔次のような理由によるのである。即ち〕真如法界身は、どうして有相であり、縁ずることができようか。またどうして有身であり取ることができようか。〔というのも〕法身は無色であり、眼の対象領域を超えており、さらに、方ずべき類をもたないから、虚空を取って法身の体に喩えるのである。また、今、この観門等（定善十三観）[13]は、ただ[14]〔西方という〕方〔角〕を指し、〔仮りに〕相を立てて心を安定させて、対境を取らせるもの〔にすぎないの〕である。〔この観門＝定善十三観は〕すべて、無相離念を明かしてはいない。如来は、はるかな昔から、末代罪濁の凡夫が、〔仮りに〕相を立てて心を安定させても、なお得ることができないのを知っておられる。まして、相を離れて事を求めることは、術通の無い人が、空中に居て、家を立てようとするのと同様〔に不可能〕である。

この私訳は、大部分が藤田博士の訳に従ったものであるが、私が特に注目したいのは、「仮立三十二相」の「仮立」という言葉なのである。つまり、「指方立相」とは、〝凡夫のために仮りに方角を指し相を立てる〟という意味だと思われる。とすれば、ここには、〝如来は本来は無相無色の法身であるが、凡夫の為に仮りに有相有色の報身となる〟という観念、つまり、如来蔵思想的三身説にしっかりと立脚した観念が認められるであろう。

記述〔11〕末尾の「無術通人」の比喩について考えてみると、ここで「無術通人」とは、「末代罪濁凡夫」の喩となっている。[15]「居空立舎」の「空」とは、「離相」「無相」の喩であり、これは当然「無相」の「法身」をも意味している。

また、その後の「舎」は「相」「事」に相当すると思われる。かくして、記述〔11〕の趣旨は、〝如来は本来は無相無色の法身であるが、それを直接には観ずることのできない劣った凡夫のために、仮りに相を立てて有相有色の報身となる〟ということになるであろう。以下に示す藤田博士の解説も、私より見れば、この趣旨を述べているものと思われる。

善導によると、定善十三観の対象である浄土は西方に位置する有形的・具体的な世界であって、摂《しょう》論学派や禅宗系など当時の仏教界一般で考えられていた無形的・唯心的な世界ではない。末代の凡夫は煩悩におおわれていて、形を立てて観想することさえむずかしいのであるから、まして形を離れて具体的な観想を行なうことができるはずはない。このことを仏ははるか昔より知っておられ、あえて西方という方角を指示して、形ある浄土のすがたを示されたのである。つまり、指方立相というのは、われわれ凡夫のための仏の教説にほかならぬと見たのである。(『善導』一〇三―一〇四頁)〔傍線＝松本〕

この藤田博士の解説と私の説明との相違を言えば、博士は「指方立相」を専ら浄土（依報）の問題として論じられているのに対し、私の説明は、これを仏身（正報）の問題として扱っているのである。

しかるに、記述〔11〕には「法身」の語が三度も繰り返されるのであるから、「指方立相」説のテーマは、仏身論、つまり、三身説であることは明らかであろう。即ち、「法身無色」という如来蔵思想の大前提が、この「指方立相」説の内容を根本的に規定しているのである。

いま、「指方立相」説の意義を明らかにするために、〝法身〟の系譜を浄土教の歴史に若干たどってみれば、まず、世親『浄土論』の偈に、

〔12〕大乗善根界ノハ　等クシテ無シ二譏嫌ノ名一。(『浄全』一、一九二頁)

とあるのが〝法身〟に相当するであろう。つまり、ここで「界」(dhātu)は「等」(sama)、即ち、〝平等〟であると言

われているのであるが、これこそ瑜伽行派の〝法界無差別〟説[16]という基体説（dhātu-vāda）を説くものであり、この「平等」なる「界」が〝平等法身〟とも言われるのである。『浄土論』の散文釈の部分には、「平等法身[17]」「無為法身[18]」という語も出るが、後者について曇鸞は『往生論註』巻下において、次のように註釈している。

〔13〕「無為法身」者《ト》、法性身也。法性寂滅《ナルガ》故《ニ》、法身無相也。無相《ノ》故《ニ》能《ク》無《シ》レ不《ルコト》レ相《ナラ》。是《ノ》故《ニ》相好荘厳即《チ》法身也。無知《ノ》故《ニ》能《ク》無《シ》レ不《ルコト》レ知《ラ》。是《ノ》故《ニ》一切種智即《チ》真実《ノ》智慧也。以《テ》二真実《ヲ》一而目《ナヅクルコトハ》二智慧《ニ》一、明《ス》三智慧《ハ》非《ズ》レ作《ニ》非《ザルコトヲ》二非作《ニ》一也。以《テ》二無為《ヲ》一而標《スルコトハ》二法身《ヲ》一、明《ス》三法身《ハ》非《ズ》レ色《ニ》非《ザルコトヲ》二非色《ニ》一也。非《スル》二于非《ヲ》一者《ハ》豈《ニ》非非之能《ノ》是《クナラムヤ》乎。蓋無《シキ》レ非之曰《ヲフ》レ是《ト》也。自是《ニシテ》無《シ》レ待《ツコト》、復非《ザル》レ是《ニ》也。非《ズ》レ是《ニ》非《ズ》レ非《ニ》、百非之所《ナリ》レ不《ル》レ喩《ヘ》。是《ノ》故《ニ》言《フ》二「清浄句《ト》」一。「清浄句」者《ハ》、謂《ク》真実智慧《ノ》無為法身也。（『浄全』一、二五〇頁下）

ここで、「法身無相」と言いながら、「能無不相」と述べたり、「法身非色」と言いながら、さらに「非非色」と述べたりして、無意味な否定を重ねるのは、「百非之所不喩」という語によって示されるように、三論教学の影響を受けたものであろうが、『観経疏』記述〔11〕の「法身無色」「無相」は、この曇鸞の「法身非色」「法身無相」の語を承けたものとも考えられる。

また、善導の「指方立相」説における「法身無色」説の意義を正しく理解するためには、親鸞の『唯信鈔文意』（専修寺正月二十七日本）の中にある次の記述が、参考になるであろう。

〔14〕法身はいろもなし、かたちもましまさず。しかれば、こゝろもおよばれず、ことばもたへたり。この一如よりかたちをあらわして、方便法身とまふす御すがたをしめして、法蔵比丘となのりたまひて、不可思議の大誓願をおこしてあらわれたまふ御かたちおば、世親菩薩は尽十方無礙光如来となづけたてまつりたまへり。この如来を報身とまふす。誓願の業因にむくひたまへるゆへに報身如来とまふすなり。報とまふすは、たねにむくひたるなり。（『定本』三(1)、一七一頁）

ここには、〝本来は無色無形で不可知な「法身」=「一如」が、「かたち」を示めして「方便法身」=「報身」として現れる〟という趣旨、つまり、「指方立相」説と同様の趣旨が説かれている。しかも、ここに見られるのは、〝常住法身〟〝無為法身〟という典型的な如来蔵思想であることは、明らかであろう。とすれば、善導は記述〔11〕の「指方立相」説によって〝如来蔵思想を否定した〟と見るのは、困難となるであろう。

この点で私の注目するのは、記述〔11〕の「今此観門等、唯指方立相」の「唯」の語なのである。この「唯」は、〝ただ……にしかすぎない〟の意味ではなかろうか。つまり、これは、〝凡夫の為に仮に指方立相したにしかすぎない〟というニュアンスを含んでいるのではなかろうか。「唯識法身之観」や「自性清浄仏性観」が誤っているというのは、唯識思想や如来蔵思想に共通する基体説(dhātu-vāda)そのものが誤っているというのではなくて、ただ、凡夫を対象とする「此観門」の意には合致しないと言われているだけではなかろうか。とすれば、善導の「指方立相」説を「如来蔵思想の否定」と見る見解は、限定を付さなければ、認めることはできない。つまり、ここで善導は、如来蔵思想は、「術通無キ人」と同様の「末代罪濁ノ凡夫」を対象とする「此ノ観門」、あるいは、浄土教の意には合致しないと述べているだけであって、決して、「無相離念」の「法身」という如来蔵思想の基盤となる観念を否定してはいないのである。「法身」、即ち、基体“dhātu”の実在を否定せずして、いかにして如来蔵思想、つまり、基体説(dhātu-vāda)を否定できるであろうか。

以上の私見は、藤田博士の前掲論述の「指方立相というのは、われわれ凡夫のための仏の教説にほかならぬと見たのである」という理解と抵触するものではないと考える。

このようにして、善導の「指方立相」説を「如来蔵思想の否定」として評価するのは、〝浄土教に合致しないという意味で〟という限定を付した上でなければ、認められないことが明らかになったと思われる。

しかるに、袴谷氏は、善導『観経疏』の「指方立相」説を、「阿弥陀仏や極楽世界の外在性」を主張するものとして、次のように説明される。

㋖なお、善導の場合、右の第二点に絡めて特に言っておくべきことは、彼の「指方立相」説である。これは、阿弥陀仏や極楽世界は、西方の十万億刹を超えた方処にあることをはっきりと指示し、その相状をきちっと弁立できると主張するものであるが、単に「仏」の内在性を排除するだけではなく、阿弥陀仏や極楽世界の外在性を積極的に主張している点で注目される。以下に、善導のこの考え方を知るに最適な文言を『観経疏』「定善義」のほぼ同一箇所より便宜上(イ)(ロ)の二つに分かって示す。(『法然と明恵』九〇頁)(傍線＝松本)

ここで、袴谷氏が、「『観経疏』「定善義」のほぼ同一箇所より便宜上(イ)(ロ)の二つに分かって示す」と言われた(イ)(ロ)とは、すでに見た記述(11)の第一段落と第三段落であって、氏は、如来蔵思想を明確に説いている「法身無色」や「真如法界身」「法身之体」という語を含む第二段落(「既言……体也」)を引用されていない。[19] しかし、氏によって引用されなかった、あるいは省略された第二段落の「法身無色」という根本的観念がなければ、「指方立相」説は構造的に成立しないのであるから、氏による、この第二段落の省略は、不適切なものと思われる。

以上の議論をまとめれば、善導に「如来蔵思想の否定」を認めることは困難であり、彼は単に〝如来蔵思想は、凡夫の為の教である浄土教には適合しない〟と主張しただけであろう。あるいはさらに厳密に言えば、善導は、如来蔵思想を「如来蔵思想」として把えることもなかったと思われる。というのも、彼は全く「法身無色」という如来蔵思想の根本的観念に立脚していたのであり、如来蔵思想的思考法を別にして、彼にとって〝仏教とは何か〟という問題を考えることさえできなかったと思われる。

次に、法然について言えば、法然は如来蔵思想について論じていない。これは〝如来蔵思想は、凡夫の為の教えである浄土教に合致しない〟という善導の説を承けたものかもしれないが、論じていないからといって、如来蔵思想を否定したことにはならないであろう。因みに、如来蔵思想を強く指示する語である「如来蔵」と「仏性」の『選択集』

における用例について言えば、「如来蔵」は皆無であり、「仏性」は『選択集』冒頭に一例のみ[20]、それも『安楽集』巻上の次の一節の引用の中に見られるのみである。

〔15〕問《テ》曰《ク》。一切衆生皆有《リ》二仏性一。遠劫《ヨリ》以来応《シ》レ値《フ》二多仏《ニ》一、何因《ニテカ》至《ルマデ》レ今《ニ》仍自《ラ》輪二廻《シテ》生死《ニ》一、不《ルヤ》レ出《デ》二火宅《ヲ》一。答《テ》曰《ク》。依《ルニ》二大乗《ノ》聖教《ニ》一、良《ニ》由《ル》レ不《ルニ》下得《テ》二二種《ノ》勝法《ヲ》一以《テ》排《ハラハ》中生死《ヲ》上。是以《ヲテ》不レ出《デ》二火宅《ヲ》一。何者《ヲカ》為《ス》レ二《ト》一。一《ニハ》謂《ク》聖道、二《ニハ》謂《ク》往生浄土《ナリ》。其聖道《ノ》一種《ハ》、今《ノ》時難《シ》レ証《シ》。一《ニハ》由《ル》下去《ルコト》二大聖《ヲ》一遙遠《ナルニ》上。二《ニハ》由《ル》二理深《ク》解微《ナルニ》一。（『浄全』一、六九二頁下―六九三頁上）

次に、『選択集』における「法身」の用例は一例のみであり[21]、これは、空海の『弁顕密二教論』（大正七七、三七八下）に引かれる『大乗理趣六波羅蜜多経』巻一の次の一節からの引用に見られるものである。

〔16〕総持門者《ハ》、契経等中《ノ》最《ニモ》為《ス》二第一《ト》一。能《ク》除《キ》二重罪《ヲ》一、令《ム》下諸《ノ》衆生《ヲシテ》解二脱《シテ》生死《ヲ》一、速《ニ》証《セ》中涅槃安楽法身《ヲ》上。（大正八、八六八下）

次に、「法界」「法性」の用例は無く、「真如」の用例は一例のみで[22]、これも、『安楽集』の次のような一節（前掲の記述〔15〕と一続きのものとして『選択集』では引用されている）からの引用文中に見られるものである。

〔17〕又復一切衆生、都《テ》不二自《ラ》量《ラ》一。若《シ》拠《ラバ》二大乗《ニ》一、真如実相第一義空、曾《テ》未《ダ》レ措《カ》レ心《ヲ》。若《シ》論《ゼバ》二小乗《ヲ》一、修二入《シ》見諦修道《ニ》一、乃至那含羅漢《ニ》、断《ジ》二五下《ヲ》一、除《クコト》二五上《ヲ》一、無《ク》レ問《フコト》二道俗《ヲ》一、未《ダ》レ有《ラ》二其《ノ》分一。（『浄全』一、六九三頁上）

このように見れば、法然の『選択集』において、如来蔵思想を明確に指示する言葉は、殆ど用いられていないことが知られる。しかし、このことから、〝法然は如来蔵思想を否定した〟と論じることはできないであろう。しかも、「一切衆生皆有仏性」の語を有する『安楽集』の記述〔15〕は、『選択集』第一章の正に冒頭に引かれているのである。この語は、記述〔15〕の「問」の中に含まれるものであるが、しかし、記述〔15〕の「答」の部分を見ても、そこには、「一切衆生皆有仏性」という主張に対する批判は、全く示されていない。従って、『選択集』の読者には、〝「一切衆生皆有仏性」という如来蔵思想の根本主張は、聖道門・浄土門に共通する仏教思想の大前提として『選択集』において認められている〟という印象が与えられるのである[23]。

以上の議論をまとめれば、善導・法然の思想に「如来蔵思想の否定」を認めるのは、適切とは思えないのである。

さらに、袴谷氏は、前掲の論述㋐において、

> このような善導の「指方立相」説は、「二種深信」の第二点である、「唯心」説に基づく「仏」の内在性の排除を、阿弥陀仏の外在性として、より積極的に展開したものであると考えられるのであるが、私は、かかる意味での阿弥陀仏を「絶対他者（Das 'Ganz Andere'）」と呼び、この「絶対他者」の前に「罪悪生死凡夫」として平等に投げ出された絶望的存在が(24)、その「絶対他者」によって選択された念仏往生の本願によって、残らず救済されると信ずる思想を他力主義と呼ぶことにしているわけである。

と述べて、「指方立相」説の意義を「阿弥陀仏の外在性」という主張に見出し、「かかる意味での阿弥陀仏」を「絶対他者」と呼ばれている。

しかし、「指方立相」説が「阿弥陀仏の外在性」を説くという理解は、果して正確であろうか。というのも、「指方立相」説は、すでに述べたような如来蔵思想、即ち、「法身無色」という如来蔵思想の根本的観念にもとづいて成立したものであるから、如来蔵思想、つまり、「仏性内在論」の内在主義というものと無関係に成立しているとは思えないからである。「立相」というのは、「仮りに相を立てる」という意味であって、その根底には〝本来、如来は無相無色の「法身」である〟という観念が確固として横たわっているのである。この「法身」が凡夫の為に「相」を取ったとされる「報身」たる阿弥陀仏を、絶対的に外的なものとして、「絶対他者」と呼び得るであろうか。

あるいは、別の言い方をすれば、『唯信鈔文意』記述〔14〕の「法身はいろもなし、かたちもましまさず……この一如よりかたちをあらわして、方便法身とまふす御すがたをしめして……この如来を報身とまふす」と述べられるときの「報身」（方便法身）即ち、阿弥陀仏を、「絶対他者」と言いうるであろうか。しかもその記述〔14〕に明説されているように、「報身」とは「誓願の業因にむくひたまへる」ものであり、「酬因感果」なのである。つまり、阿弥陀仏

は過去世に法蔵菩薩として菩薩の願行を行じた結果としてあるものなのである。このような阿弥陀仏を、「絶対他者」と言いうるであろうか。

ここで、はっきりと私見を述べるなら、阿弥陀仏は、キリスト教の「神」ではありえないのである。それは、我々人間と絶対的に隔絶した超越的な他者としての「絶対他者」ではありえない。しかるに、袴谷氏が浄土教、いや仏教全体がキリスト教になるのを望むと言われるなら、その解釈は仏典というテキストからは遊離したものとならざるを得ないであろう。

なお、袴谷氏が『法然と明恵』で頻繁に使用される「絶対他者」という言葉について、一言述べておきたい。私がこの言葉を初めて用いたのは、一九八六年のことであった。つまり、同年十月五日に、袴谷氏とともに参加した同朋大学における日本仏教学会学術大会において、私は、「仏教と神祇——反日本主義的考察——」なる発表を、袴谷氏の発表の前に行ったのであるが、そのとき私は、発表資料にも書いたことであるが、

私は仏教の無我説は、次の二つを教えるものと考える。それは、

一、自己を憎むべきこと

二、絶対他者（神または仏）だけを愛すべきこと

という二つである。[25]

と述べたのである。このときの発表原稿は、そのまま活字化されて、『日本仏教学会年報』（第五二号、一九八七年）に掲載され、さらにこの論文は、拙書『縁起と空——如来蔵思想批判——』（一九八九年）にも収録された。また、袴谷氏自身も、一九八六年の時点で、「絶対他者」の語を含む右の私の言明を引用されている。[26]

私は、その後も「絶対他者」という語を用いて、多くの論を展開してきたが、[27]袴谷氏は、この「絶対他者」という語が決して一般に使用されているとは思えない語を『法然と明恵』で繰り返し用いるに際し、私からの抗議がなされてい

たにもかかわらず、私の議論には一切言及されなかった。これは、残念なことである。

さらに言えば、私の見るところでは、袴谷氏は「絶対他者」なる語を、余りにも安易に使用しすぎているように思われる。この言葉は、宗教的自省とでもいうべき余程の緊張感、厳しい自己反省、あるいは強度の罪の意識というものなくしては、用いられるべきものではないであろう。つまり、この言葉は、絶え間ない厳しい宗教的省察の果てに、すべての議論の結語としてのみ用いられるべきものであって、議論の前提として使用されるべきものではない。氏の議論を読み、私はそこに議論の単純さを感ぜずにはいられなかった。袴谷氏は『法然と明恵』において、一体いかにして阿弥陀仏が「絶対他者」であることを論証しえたのであろうか。「罪悪生死の凡夫」という「機の深信」さえあれば、阿弥陀仏は「絶対他者」となると考えられるとすれば、これは余りにも主観的、主情的な論証であるように思われる。

三　成仏の教と菩提心について

では、次に袴谷氏の「成仏の教」と「往生の教」との区別という主張・提言について考えてみたい。この主張に対する私の最大の疑問は、氏は、浄土教において、人が浄土に〝往生〟した後で一体どうなると考えておられるのかということである。つまり、極楽浄土に〝往生〟することが、浄土教における最終の目的ではないであろう。〝往生〟した後で、浄土において〝成仏〟を求め、そして〝成仏〟に至るということがなければ、浄土教はいかにして〝仏教〟としての意義をもちうるであろうか。私はいかに考えてみても、〝往生〟ということそれ自体に、知的な内容を見出すことはできないし、またそこに〝仏教〟の本質を認めることもできないのである。人が〝往生〟したあと、その先にあるとされる理想は〝成仏〟でなければならないであろう。この〝成仏〟〝悟り〟〝智慧〟という理想がなければ、〝往生〟それ自体に、仏教的意義を認めることはできないであろう。

たとえば、袴谷氏は、「往生の教」「成仏の教」という区別を主張されるきっかけともなったと思われる『法然と明恵』所収の「成仏ノート」なる論文で、次のように言われている。

> ㋗浄土教によれば、阿弥陀仏ではない私ども全ての人間は「罪悪生死凡夫」でしかないのであって、私ども自身としては決して「出離之縁」はありえないと信ずるほかはないのだから、「仏となる（成仏）」などという考えは思い上りも甚しいと言わなければならないが、しかし、阿弥陀仏の本願に乗じてのみ往生はかなうと信ずることだけはできるからである。(28) このように、浄土教では、基本的には、「往生」が説かれるだけあって、「成仏」は説かれないのであるが、その往生の一例を、『観無量寿仏経』の下品下生の衆生の場合について見てみることにしよう。
>
> 　如是至心、令声不絶、具足十念、称南無阿弥陀仏。称仏名故、於念念中、除八十億劫生死之罪。命終之時、見金蓮花、猶如日輪、住其人前。如一念頃、即得往生極楽世界。於蓮花中、満十二大劫、蓮花方開。当花敷時、観世音大勢至、以大悲音声、即為其人、広説実相、除滅罪法。
>
> このように、たちまち往生することはできたとしても、彼は、極楽世界の蓮花の中で満十二大劫を経なければ大悲の教えも聞くことができないのである。（『法然と明恵』三七六―三七七頁）〔傍線＝松本〕

しかし、ここに袴谷氏によって引用されている『観無量寿経』の経文の後には、

〔18〕聞已《キリテ》歓喜《シテ》、応《ジテ》レ時《ニ》即《チ》発《ス》二菩提之心《ヲ》一。是名《ヲク》二下品下生者《ノト》一。（『浄全』一、五〇頁）

という経文が続くのである。ここに出る「発菩提之心」の語を、袴谷氏はいかに理解されるのであろうか。〝菩提心〟とは、菩提（悟り）、つまり、〝成仏〟を目指す心ではなかろうか。また、氏の説によれば、〝「菩提心肯定説」＝「自力主義」＝「成仏の教」〟ということであろうから、それによれば、『観無量寿経』の右の経文は、「成仏の教」を説いていることにならないであろうか。それとも右の経文にある「発菩提之心」の語は、氏の言われる「菩提心肯定説」でいう

「菩提心」ではないから、右の経文の説は「成仏の教」ではなく、「往生の教」であると氏が言われるとすれば、ここでも、氏の解釈はテキストから遊離していると言わざるを得ない。

また、袴谷氏は、『法然と明恵』第二章で、善導の『観経疏』「玄義分」から、次の論述を引用されている。(29)

〔19〕又看《ルニ》二此《ノ》『観経』《ノ》定善及《ビ》三輩上下《ノ》文意《ヲ》一、総《テ》是《レ》仏去《リテ》レ世《ヲ》後《ノ》五濁《ノ》凡夫《ナリ》。但以《テ》二遇《フニ》レ縁《ニ》有《ルヲ》レ異、致《ス》レ令《ムルコトヲ》二九品《ヲシテ》差別《セ》一。何者《トナレバ》、上品《ノ》三人《ハ》是《レ》遇《ヘルニ》レ大凡夫、中品《ノ》三人《ハ》是《レ》遇《ヘルニ》レ小凡夫、下品《ノ》三人《ハ》是《レ》遇《ヘルニ》レ悪凡夫《ナリ》。以《テノ》二悪業《ヲ》一故《ニ》、臨終《ニ》藉《テ》レ善《ニ》、乗《ジテ》二仏願《ノ》力《ニ》一、乃《チ》得《テ》二往生《ヲ》一、到《リテ》レ彼《ニ》華開《ケテ》、方《ニ》始《メテ》発心《ス》。何《ゾ》得《ン》レ言《フコトヲ》二是《レ》始学大乗《ノ》人《ト》一也。(『浄全』二、八頁上―下)

ここに「発心」とあるのは、勿論「発菩提心」を意味する。とすれば、〝往生〟→〝発菩提心〟→〝成仏〟という段階を説くのが、浄土教の基本的な立場と言えるのではなかろうか。

袴谷氏は、

㋘法然はこの点でも善導の夢を自分の夢とするかのように、菩提心を余行として選捨した阿弥陀仏の本願を、我が夢としたのでした。しかし、自力主義の明恵にとっては、菩提心肯定説こそ「顕密二宗」の全仏法にほかなりませんから、菩提心否定説の他力主義の法然は全仏法を否定する仏教の大怨敵と映ったわけです。……仏教が霊魂(ātman)否定の無我説(anātma-vāda)を根本的立場とし縁起説である因果を主張している以上、霊魂とほとんど同義である菩提心を否定し、二種深信によって深信因果を極度に重視した善導や法然の仏教こそ仏教の正統説と呼ぶにふさわしいものなのです。(『法然と明恵』二五四頁)〔傍線＝松本〕

という論述において、「菩提心を否定し」た「善導や法然」と言われるが、その氏の言われる善導の「菩提心否定説」と右の『観経疏』の記述〔19〕の「発心」という語との関係を、どのように解されるのであろうか。

また、『観経疏』「玄義分」には、記述〔19〕と同趣旨のものとして、次のような記述も認められる。

〔20〕此《ノ》三品《ノ》人《ハ》倶《ニ》在《リテ》レ彼《ニ》発心《ス》。(『浄全』二、一二頁下)

さらに、『観無量寿経』の記述〔18〕で問題とされた「下品下生者」についての『観経疏』「散善義」の次のような解説には、〝発菩提心〟と同義と思われる「発菩提因」という語も認められる。

〔21〕讃《ジテ》云《ク》。下輩《ハ》下行下根《ノ》人《ナリ》。十悪五逆等《ト》貪瞋《ト》四重《ト》偸僧《ト》謗正法《ト》、未《ダ》三曾《テ》慚愧《シテ》悔《イ》二前愆《ヲ》一。終時《ニ》苦相如《クニ》レ雲《ノ》集《リ》、地獄《ノ》猛火罪人《ノ》前《ニアリ》。忽《チ》遇《フ》三往生《ノ》善知識《ノ》急《ニ》勧《メテ》専称《セシムルニ》二彼《ノ》仏《ノ》名《ヲ》一。化仏菩薩尋《ネテ》レ声《ヲ》到《ル》、一念傾《クレバ》レ心《ヲ》入《ル》二実蓮《ニ》一。三華障重《クシテ》開《ク》二多劫《ニシテ》一、于レ時始《メテ》発《ス》二菩提《ノ》因《ヲ》一。（『浄全』二、七〇頁上）

また、そもそも『観経疏』「玄義分」は、次の記述で始まるのである。

〔22〕先勧《メテ》二大衆《ヲ》一発《シテ》レ願《ヲ》帰《セシム》二三宝《ニ》一。道俗《ノ》時衆等、各発《セ》二無上《ノ》心《ヲ》一。(30)（『浄全』二、一頁上）

ここで「発無上心」が、〝発菩提心〟を「道俗時衆等」に勧める語であることは、明らかであろう。

また、善導の『往生礼讃』「後序」には、

〔23〕始《テ》レ従《リ》二今日一、願《クハ》共《ニ》二法界《ノ》衆生《ト》一、捨《テ》レ邪《ヲ》帰《シ》レ正《ニ》、発《シテ》二菩提心《ヲ》一、慈心《モテ》相向《ヒ》、仏眼《モテ》相看、菩提《ノ》眷属《トナリテ》、作二真《ノ》善知識《ト》一、同《ク》生《ジ》二阿弥陀仏国《ニ》一乃至成仏《マデ》、如《キ》レ是《ノ》等《ノ》罪、永《ク》断《ジテ》二相続《ヲ》一、更《ニ》不二敢《テ》作《ラ》一。（『浄全』四、三七五頁上）

という記述があるが、ここには、「発菩提心」から「成仏」に至るコースが説かれているであろう。(31)

また、『往生礼讃』「前序」には、次のような記述もある。

〔24〕仰《ギ》願《ハクハ》一切《ノ》往生《ノ》人等、善《ク》自《ラ》思量《セヨ》。已《ニ》能《ク》(32)今身《ニ》願《ゼント》レ生二彼《ノ》国《ニ》一者《ハ》、行住坐臥《ニ》、必《ズ》須《シ》二励《マシ》レ心《ヲ》剋《テ》レ己《レヲ》昼夜莫《ク》レ廃《スルコト》、畢命《ヲ》為《ス》レ期《ト》。上在《ルハ》二一形《ニ》一、似《ニ》二如《レドモ》少苦《ニ》一、前念命終《シテ》、後念即《チ》生《ズ》二彼《ノ》国《ニ》一。長時永劫常《ニ》受《ク》二無為《ノ》法楽《ヲ》一。乃至成仏《マデ》、不レ経二生死《ヲ》一。豈《ニ》非《ズ》レ快《ニ》哉。応《シ》レ知《ル》。（『浄全』四、三五七頁上―下）

これによれば、「生彼国」、即ち、〝往生〟から「成仏」までは、「不経生死」というのであるから、別の生を経ないというのであろうが、しかし、「長時永劫常受無為法楽」と言われるのであるから、〝往生〟から「成仏」まで、「長時」であることが、認められているようである。また、「受無為法楽」というのは、〝聞法〟を意味すると思われるから、浄土において、〝往生〟から「成仏」に至るまでの「長時」になされることは〝聞法〟であるという理解が、ここに示されているであろう。

しかるに、ほぼ同様の理解が、『観経疏』「玄義分」の前掲の記述〔9〕にも説かれている。

〔9〕経能持《チ》レ法《ヲ》、理事相応《シ》、定散随《ヒテ》レ機《ニ》、義不ニ零落《セ》一。能令《ム》下修趣之《ノ》者《ヲシテ》必《ズ》藉《リテ》ニ教行之《ノ》縁因《ニ》一、乗《ジ》レ願《ニ》往生《シテ》、証《セ》中彼無為之《ノ》法楽《ヲ》上。既《ニ》生《ジヌレバ》ニ彼《ノ》国《ニ》一、更《ニ》無《シ》レ所レ畏《ルル》。長時《ニ》起《シテ》レ行《ヲ》、果極《メ》ニ菩提《ヲ》一、法身常住《ナルコト》、比《ヘバ》若《シ》ニ虚空《ノ》一。能《ク》招《ク》ニ此《ノ》益《ヲ》一、故《ニ》曰《テ》為《ス》レ経《ト》。

ここでは、〝往生〟から「菩提」に至るまでの間に、「長時起行」がなされると説かれている。「起行」は、ここではほぼ〝修行〟を意味するであろう。つまり、『往生礼讃』記述〔24〕の「長時永劫常受無為法楽」という語と、ここの「無為之法楽」と「長時起行」という語を考え合せれば、善導は、〝往生〟から〝成仏〟までの間に「長時」の〝聞法〟と〝修行〟がなされると理解していたと考えられるであろう。

従って、結論的に言えば、善導の説を、「菩提心否定説」と見ることも、「成仏の教」と対比された「往生の教」と見なすことも、適切ではないことが知られたと思われる。

なお、〝善導が菩提心を否定した〟と見ることは妥当ではないが、だからと言って、善導が〝菩提心を発さなければ、往生はできない〟と論じたわけではないことは、明らかである。つまり、望月信亨博士が、

処が曇鸞は前章に述べた如く、天親の意に依りて回向門を無上菩提心とし、この心を発さなければ、往生は出来ぬとまで主張されたが、大師（＝善導）は余まり菩提心のことを八釜敷いはれて居らぬ。（『略述』一一五―一一六頁）

〔傍線＝松本、括弧内は松本補〕

と論じられたように、菩提心に関する曇鸞と善導の評価の差を確認することは、重要であろう。即ち、曇鸞の『往生論註』巻下には、次のように述べられているのである。

〔25〕案《ズルニ》ニ王舎城所説《ノ》『無量寿経』《ヲ》一、三輩生《ノ》中《ニ》雖《ドモ》三行《ニ》有《リト》ニ優劣一、莫《シ》レ不《ルハ》三皆発《サ》ニ無上菩提之心《ヲ》一。此《ノ》無上菩提心《ハ》即《チ》是《レ》願作仏

心《ナリ》。願作仏心《ハ》即《チ》是《レ》度衆生心《ナリ》。度衆生心《ハ》即《チ》是《レ》摂二取《シテ》衆生《ヲ》一生《ゼシムル》二有仏《ノ》国土《ニ》一心《ナリ》。是《ノ》故《ニ》願《ズル》レ生《ゼント》二彼《ノ》安楽浄土《ニ》一者《ハ》、要《ズ》発《スル》二無上菩提心《ヲ》一也。若《シ》人不《シテ》レ発《サ》二無上菩提心《ヲ》一、但聞《テ》二彼《ノ》国土《ノ》受楽無間《ナルヲ》一、為《ノ》レ楽《ノ》故《ニ》願《ゼバ》レ生《ゼント》 亦当《シ》レ不《ル》レ得二往生《ヲ》一也。(『浄全』一、二五一頁下—二五二頁上)

ここには、基本的には、〝菩提心を発さなければ、往生はできない〟という説が認められる。この説は、ここに述べられているように、次のような『無量寿経』下巻冒頭の「三輩往生」の一段にもとづいている。

〔26〕仏告《グ》二阿難《ニ》一。十方世界《ノ》諸天人民、其《レ》有《リ》二至心《ニ》願《ズル》レ生《ゼント》二彼《ノ》国《ニ》一。凡《ソ》有《リ》二三輩一。其《ノ》上輩《ノ》者《ハ》、捨《テ》レ家《ヲ》棄《テ》レ欲《ヲ》而作《リ》二沙門《ト》一、発《シ》二菩提心《ヲ》一、一向《ニ》専《ラ》念《ジ》二無量寿仏《ヲ》一、修《シテ》二諸《ノ》功徳《ヲ》一、願《ズ》レ生《ゼント》二彼《ノ》国《ニ》一。此等《ノ》衆生臨《ミテ》二寿終《ノ》時《ニ》一、無量寿仏与《ニ》二諸《ノ》大衆《ト》一、現《ゼン》二其《ノ》人《ノ》前《ニ》一。即《チ》随《ヒテ》二彼《ノ》仏《ニ》一、往二生《シ》其《ノ》国《ニ》一、便《チ》於《テ》二七宝《ノ》華《ノ》中《ニ》一自然《ニ》化生《シ》、住《セン》二不退転《ニ》一。智慧勇猛《ニシテ》、神通自在《ナリ》。是《ノ》故《ニ》阿難、其《レ》有《リテ》二衆生一、欲《セバ》下於《テ》二今世《ニ》一見《ント》中無量寿仏《ヲ》上、応《シ》下発《シ》二無上菩提之心《ヲ》一、修二行《シテ》功徳《ヲ》一、願《ズ》上レ生《ゼント》二彼《ノ》国《ニ》一。

仏語《グ》二阿難《ニ》一。其《ノ》中輩《ノ》者《ハ》、十方世界《ノ》諸天人民、其《レ》有《リ》二至心《ニ》願《ズル》レ生《ゼント》二彼《ノ》国《ニ》一。雖《ドモ》レ不《ト》レ能《ハ》下行《ジテ》作《リ》二沙門《ト》一大《ニ》修《スルコト》中功徳《ヲ》上、当《シ》下発《シ》二無上菩提之心《ヲ》一、一向《ニ》専《ラ》念《ズ》中無量寿仏《ヲ》上。多少《ニ》修《シテ》レ善《ヲ》、奉二持《シ》斎戒《ヲ》一、起二立《シ》塔像《ヲ》一、飯二食《セシメ》沙門《ニ》一、懸《ケ》レ繒《ヲ》然《シ》レ灯《ヲ》、散華焼香《シテ》、以《テ》レ此《ヲ》迴向《シテ》願《ゼン》レ生《ゼント》二彼《ノ》国《ニ》一。其《ノ》人臨終《ニ》、無量寿仏、化二現《ス》其《ノ》身《ヲ》一。光明相好、具《ニ》如《シ》二真仏《ノ》一。与《ニ》二諸《ノ》大衆《ト》一、現《ゼン》二其《ノ》人《ノ》前《ニ》一。即《チ》随《ヒテ》二化仏《ニ》一、往二生《シ》其《ノ》国《ニ》一、住《ス》二不退転《ニ》一。功徳智慧、次《デ》如《シ》二上輩《ノ》者《ノ》一也。

仏告《グ》二阿難《ニ》一。其《ノ》下輩《ノ》者《ハ》、十方世界《ノ》諸天人民、其《レ》有《リ》二至心《ニ》欲《スル》レ生《ゼント》二彼《ノ》国《ニ》一。仮使《ヒ》不《トモ》レ能《ハ》レ作《スコト》二諸《ノ》功徳《ヲ》一、当《シ》下発《シ》二無上菩提之心《ヲ》一、一向《ニ》専《ニシテ》レ意《ヲ》乃至十念、念《ジ》二無量寿仏《ヲ》一願《ズ》上レ生《ゼント》二其《ノ》国《ニ》一。若聞《シテ》二深法《ヲ》一、歓喜《シ》信楽《シテ》不レ生《ゼ》二疑惑《ヲ》一、乃至一念、念《ジテ》二於彼《ノ》仏《ヲ》一、以《テ》二至誠心《ヲ》一願《ゼン》レ生《ゼント》二其《ノ》国《ニ》一。此《ノ》人臨終《ニ》、夢《ニ》見《テ》二彼《ノ》仏《ヲ》一、亦得二往生《ヲ》一。功徳智慧、次《デ》如《シ》二中輩《ノ》者《ノ》一也。(『浄全』一、一九—二〇頁)

ここでは、〝発菩提心〟の時点が〝往生〟以前に位置づけられている点が、前掲の『観無量寿経』記述〔18〕の下品下生の説明、及び下品上生、下品中生の説明[33]とは異なっており、従って、この『無量寿経』記述〔26〕の所説から曇鸞の〝菩提心を発さなければ、往生はできない〟という説が帰結したのであろうが、しかし、ここでも、上輩、中輩の説明には、〝往生〟以後に「住不退転」の語があり、「住不退転」とは、〝悟り（成仏）に到達することが決定して、悟りに至るコースから退転しないこと〟を言うから、ここでも〝往生〟後の〝成仏〟が認められていると考えられる。

この点は、記述〔26〕の直前に出る『無量寿経』の次のような重要な経文によっても、明らかである。

〔27〕諸有《ル》衆生、聞《テ》二其名号《ヲ》一、信心歓喜《シテ》、乃至一念、至心《ニ》迴向《シテ》、願《ズレバ》レ生《ゼント》二彼《ノ》国《ニ》一、即得《チテ》二往生《ヲ》一、住《ス》二不退転《ニ》一。唯除《ク》二五逆誹謗正法《ヲ》一。（『浄全』一、一九頁）

しかも、この経文は、法然(34)・親鸞(35)にとっても極めて重視されているから、浄土教が〝往生〟以後の〝成仏〟を認めていることは、最早明らかであろう。

では、次に法然と「菩提心否定説」との関係を見てみよう。袴谷氏は、論述㋘で、「菩提心否定説の他力主義の法然」と言われ、さらに、

㋙その明恵の烔眼には、法然の「いま一つの仏教」が「一味仏教」本来の根本的前提となる「菩提心」を正確にも全面否定しているように映じたのである。そこで明恵は、菩提心肯定説の立場から菩提心否定説の法然を批判したわけであるが、それが『摧邪輪』の実質的内容をなす。（『法然と明恵』八〇頁）（傍線＝松本）

という論述で、氏は、〝法然が菩提心を全面否定した〟と明恵に映じたのは「正確」であったと論じられているのであるが、〝法然が菩提心を全面否定した〟という明恵の理解が正確であるか否かは、法然の著作の内容を検討することを通じて確認されなければならないことであろう。しかるに、私は、『選択集』を何度読んでみても、〝法然が菩提心を否定した〟という主張の典拠を、そこに見出すことはできないのである。

袴谷氏は、論述㋘の冒頭で、「法然は……菩提心を余行として選捨した阿弥陀仏の本願を、我が夢としたのでした」と言われるが、菩提心が阿弥陀仏によって余行として選捨されたことを法然が認めたことが、〝法然が菩提心を否定し

た〟という氏の主張の意味するところであろうか。しかし、そうであるならば、法然は、『選択集』において、菩提心を否定したとともに、「深信因果」をも否定したことになるのである。

ふり返って考えてみよう。まず、『観無量寿経』の序段には、「かの国に生まれんと欲する者は、まさに三福を修すべし」（欲生彼国者、当修三福）として、〝世福〟〝戒福〟〝行福〟の三福が説かれるが、その内の〝行福〟と言われるものの中に、次のように「発菩提心」と「深信因果」が含まれているのである。

〔28〕欲《スル》レ生《レント》二彼国《ノ》一者《ハ》、当《シ》レ修《ス》二三福《ヲ》一。一《ニ》者、孝養父母、奉事師長、慈心不殺、修十善業。二《ニ》者、受持三帰、具足衆戒、不犯威儀。三《ニ》者、発菩提心、深信因果、読誦大乗。勧進行者《ナリ》。（『浄全』一、三九頁）

しかるに、法然は、『選択集』第十二章で右の経文〔28〕の「一者」以下を引用して、次のように述べるのである。

〔29〕縦《ヒ》雖《ドモ》レ無《シト》二余行一、以《テ》二孝養奉事《ヲ》一、為《ス》二往生《ノ》業《ト》一也。（『昭法全』三三九頁）
〔30〕縦《ヒ》雖《ドモ》レ無《シト》二余行一、以《テ》二四無量心《ヲ》一、為《ス》二往生《ノ》業《ト》一也。（同右、三三九頁）
〔31〕縦《ヒ》雖《ドモ》レ無《シト》二余行一、以《テ》二十善業《ヲ》一、為《ス》二往生《ノ》業《ト》一也。（同右、三三九頁）
〔32〕縦《ヒ》雖《ドモ》レ無《シト》二余行一、以《テ》二菩提心《ヲ》一、為《ス》二往生《ノ》業《ト》一也。（同右、三四〇頁）
〔33〕縦《ヒ》雖《ドモ》レ無《シト》二余行一、以《テ》二深信因果《ヲ》一、可《シ》レ為《ス》二往生《ノ》業《ト》一。（同右、三四〇頁）

ここでは、「三福」に含まれる種々の行が「往生ノ業」とされること、つまり〝それによって往生することができる〟という立場が説かれているが、法然は、勿論、これらの行を修することを勧めているわけではない。つまり、『選択集』第十二章で、

〔34〕付《テ》二散善《ニ》一有《リ》レ二。一者《ニハ》三福、二者《ニハ》九品。（『昭法全』三三九頁）

と言われるように、「三福」と「九品」は「散善」とされているが、その「散善」と「定善」との二善について法然は、

〔35〕定散《ノ》諸行《ハ》非《ズ》二本願《ニ》一。（『昭法全』三四一頁）

と述べて、それらは阿弥陀によって本願としては選取されず、選捨されたと解するのである。言うまでもなく本願として選取されたのは、念仏一行のみであって、その他の諸行はすべて本願ではない故に、念仏のみが「決定往生」、または、「必得往生」の「正定之業」(「正業」)であり、その他の諸行はすべて往生に関しては、「不定」(不確定)であるというのである。(36) この〝「念仏」=「決定」、「余行」=「不定」〟の関係は、『選択集』第十一章の次の記述に端的に示されている。

(36)念仏《スル》者捨《テテ》レ命《ヲ》已後、決定《シテ》往二生《ス》極楽世界《ニ》一。余行《ハ》不定《ナリ》。(『昭法全』三三八頁)

従って、法然が〝専修念仏〟を勧めるのも、「念仏」と「余行」との間に、「往生」に関して、確定的(決定往生、必得往生)と不確定的(不定、必ず往生できるとは限らない)という根本的な相違があると見なしたからであって、〝余行によっては往生できない〟と考えたためではない。

かくして「念仏」以外の「余行」は、阿弥陀仏によって本願とされずに選捨され、また「決定往生」の業ではないとして、それを修することが、法然によって勧められなかったことは、確かである。しかるに、これをもって、〝法然が菩提心を否定した〟と論じるなら、「深信因果」も、「発菩提心」と全く同様に、「三福」「散善」の中に含められ、「往生」に関しては「不定」なる「余行」とされ、「非本願」とされるのであるから、〝法然は「深信因果」を否定した〟とも言わなければならないであろう。

従って、論述㋘における「菩提心を否定し、二種深信によって深信因果を極度に重視した善導や法然」という袴谷氏の解釈は、『選択集』の所説と矛盾することになる。繰り返せば、『選択集』において「菩提心」と「深信因果」に対する評価は、何等異なるものではない。

また、『選択集』第十二章には、

(37)又有《リ》二善導所釈菩提心《ノ》一。具《ニハ》如《シ》二『疏《ニ》』述《ルガ》一。(『昭法全』三三九―三四〇頁)

という記述[37]がある。善導が「菩提心」を重視していたことは、すでに見た通りであるが、ここに「具サニハ『疏』ニ述ブルガ如シ」とあるように、『観経疏』「序分義」では、前掲の『観無量寿経』の経文〔28〕中の「三福」の一つとしての「発菩提心」について、善導は、次のように註釈している。

〔38〕三言《フハ》二「発菩提心」一者《ト》、此明《ス》下衆生《ノ》欣心趣《テ》レ大《ニ》不レ可《カラ》三浅発《クス》二小因《ヲ》一、自《リハ》レ非《ザル》三広発《クスニ》二弘心《ヲ》一何能得《ソクントイフコトヲ》中与二菩提一相会《スルコトヲ》上。唯願《クハ》我身《ガ》、身同《ク》二虚空《ニ》一、心斉《ク》二法界《ニ》一、尽《サン》二衆生性《ノヲ》一。我以《テ》二身業《ヲ》一、恭敬供養《シ》、礼拝《シテ》迎二送来去《シヲ》一、運度《シテ》令《メンサ》レ尽。又我以《テ》二口業《ヲ》一、讃歎説法《センニ》、皆受《ナテ》二我化《ガヲ》一、言下得《ニル》レ道者《ヲヲバ》令《メンサ》レ尽。又我以《テ》二意業《ヲ》一、入定観察分《シ》二身《テ》法界《ニ》一、応《ジテニ》レ機而度《シテ》無《ラン》二一《トシテ》不《ルコトサ》レ尽。我発《ス》二此願《ノヲ》一。運運増長《ニシテ》、猶如《シク》二虚空《ノ》一、無《ク》二処《トシテ》不《ル》レ遍《セ》、行流無尽《ニシテ》、徹《シ》二窮後際《ヲ》一、身無《ク》二疲倦《ニ》一、心無《カラン》二厭足《ニ》一。又言《ハ》二菩提《ト》一者、即是《チレ》仏果之名《ナリ》。又言《ハ》レ心《ト》者、即是《チレ》衆生能求之心《ナルガ》 故云《ニフ》二発菩提心《ト》一也[38]。（『浄全』二、三一頁下）

ここには、「菩提」とは「仏果」、即ち、〝成仏〟〝悟り〟であり、それを求める心、つまり、「能求之心」が「菩提心」であるという〝菩提心〟に関するごく一般的な説明が見られるが、ここには、「菩提心」を高く評価する善導の姿勢こそ見られるものの、「菩提心」に対する否定的、批判的意識は、全く認められない。

また、さらに、袴谷氏は、〝善導・法然が菩提心を否定した〟という自説の典拠として、『醍醐本』所収の『一期物語』第十一話に対応する正徳版『拾遺漢語灯録』所収の次のような『浄土随聞記』第十二話から、「皆勧菩提心……称名助業」の部分を引用されている。[39]

〔39〕又一時師語曰《テク》。弘二通《スル》浄土《ヲ》一之師、世世多《シ》レ之。皆勧《メテ》二菩提心《ヲ》一、且以《ツテ》二観察《ヲ》一為《ス》レ正《ト》。唯善導一師、許《スルモサ》下不レ発二菩提心《ヲ》一亦得《ト》中往生《ヲ》上。又判《ジテ》二観察《ヲ》一以為《テス》二称名助業《ノト》一。
当世之人《ノ》、若不《シンバ》レ依《ラ》二善導意《ノニ》一、則恐《チハ》難《シ》レ得二往生《ヲ》一也。曇鸞道綽懐感等、雖《ドモ》三皆為《スト》二相承人師《ノ》一而至《トモ》二其義《テハノニ》一則未《チダ》二必《シモ》一準《ナラ》一、当《シ》三能辨《ク》二別之《スヲ》一。若不《シンバ》レ辨《ゼ》二此旨《ノヲ》一、於二往生難易《ノニ》一冥然《トシテ》 有《ラン》レ惑也。（『浄全』九、四六〇頁上）

この『浄土随聞記』第十二話は、これに対応する新出の大徳寺本『拾遺漢語灯録』所収の『浄土宗見聞』第十二話

では、

〔40〕或時物語云浄土人《ノ》師雖レ多之皆勧二菩提心一《ヲ》、観察為レ《ヲ》正《スト》。唯善導一師、無レ許二菩提心往生一《ヲ》以二観察一《ヲ》判二《ス》称名《ノ》助業一《ト》。
当世之人不レ依二善導意一《ノニ》者輒《ク》不レ可レ得二往生一《スルコト》。曇鸞道綽懐感等皆雖レ為二相承人《ノ》師一於レ義《ニ》者未二《ダ》必《シモ》一准一《ナラ》。能々
可レ分二別之一。不レ辨《ンハ》二此《ノ》旨一《ヲ》者於二往生難易一《ニ》難二存知一者也。（「梶村・曾田」四四—四五頁、八六—八七頁）〔テキストの
まま記載〕

となっており、また、『醍醐本』所収の『一期物語』第十一話では、

〔41〕或時云浄土人《ノ》師雖多《ト》、皆勧《テ》菩提心《ヲ》一、観察《ヲ》為正《ト》。唯善導一師《ノミ》、許下無《シテ》菩提心之往生《ヲ》一、以《テハ》観察《ヲ》一判《ト》称名《ノ》助業《ト》一。
当世之人不《ス》三依二善導意《ノニ》一、輒《ク》不得往生《ヲ》一。曇鸞道綽懐感等皆雖為相承《ノ》人《ノ》師一於義一者未必一唯《ナラ》一。能々可分別之。不弁
此旨者於《ハ》往生《ノ》難易《ニ》一難存知者也云々。（『浄典研（資）』一五六—一五七頁）〔テキストのまま記載〕

となっている。この三つの記述を比較すると、正徳版の『浄土随聞記』第十二話に比べて、大徳寺本の『浄土宗見聞』第十二話（記述〔40〕）と『醍醐本』所収『一期物語』第十一話（記述〔41〕）との一致が顕著である。特に、三つの記述において問題となる表現、つまり、

(ア)唯善導一師、許不発菩提心亦得往生。（正徳版）
(イ)唯善導一師、無許菩提心往生。（大徳寺本）
(ウ)唯善導一師、許無菩提心之往生。（『醍醐本』）

という三表現を比べると、(ア)は明らかに原型から発展したものであり、おそらくは義山による改変[40]にもとづくであろう。この点は記述〔39〕の「恐難得往生」という語も、同様であろう。つまり、これも「輙不可得往生」（記述〔40〕）、「輒不得往生」（記述〔41〕）を改変したものであろう。この改変は言うまでもなく、〝菩提心を発さなくても、往生できる〟〝発菩提心によって〔のみ〕、往生することは難しい〟という解釈、つまり、〝余行による往生は不可能ではないが、

難しい〟という鎮西義に合致させるためになされたものであろう。つまり、「不可得往生」「不得往生」という表現は、義山にとっては、おそらく強すぎると考えられたために、「恐難」という表現に変えられたのであろう。

さて問題は、大徳寺本(イ)の「菩提心往生ヲ許スコトナク」と、『醍醐本』(ウ)の「菩提心無クシテノ往生ヲ許シ」とのいずれが、この話が作られたときの原型に近いか、あるいは原型そのものかということであるが、後者(ウ)が原型に近く、(イ)の「無許」は(ウ)の「許無」の誤りであろうと思われる。というのは、大徳寺本(イ)をそのまま読めば、〝善導一人だけは、「菩提心往生」を認めなかった〟ということになるが、「菩提心往生」という語の意味が不明確であるとともに、もしも、この語が、〝菩提心による往生〟を意味するとすれば、大徳寺本の記述〔40〕を含めて、三つの記述〔39〕〔40〕〔41〕の末尾近くにある「往生難易」という語が、〝菩提心による往生〟を「難」と規定していて、〝不可能〟と規定するものではないことと矛盾すると思われるからである。

また、もし仮に、大徳寺本(イ)の「無許菩提心往生」という表現が、この話の原型に見られ、それが〝〔善導一人だけは〕菩提心による往生を認めなかった〟を意味するとすれば、それは、すでに考察した善導自身の立場とも矛盾し、また、法然がこのように発言することは、『選択集』記述〔32〕で、「縦雖無余行、以菩提心、為往生業也」と述べる法然自身の立場とも矛盾するであろう。さらに、「無許」は「不許」でなければ、文章として不適切であろう。

しかるに、『醍醐本』(ウ)について言えば、『醍醐本』それ自体が、極めて問題のある文献ではあるが、仮りに実際に法然が「唯善導一師、許無菩提心之往生」と発言したとしても、それは、上来見てきた善導や法然の立場と何等抵触するものではない。というのも、両者においては、称名念仏が「正定之業」、つまり、往生の正因なのであって、それ以外の諸行がなくても、称名念仏のみで必ず往生できる（「決定往生」「必得往生」）というのが、善導・法然の基本的立場であるから、勿論〝菩提心が無くても、往生できる〟とされているからである。

かくして、善導においても、法然においても、〝菩提心の否定〟ということは、菩提心が本願とされず、「正定之業」

「決定往生」の行とされなかったという意味においてしか言うことはできない。しかるに、このことがもしも〝菩提心の否定〟と言われるなら、すでに論じたように、〝善導・法然は「深信因果」をも否定した〟と見なければならないことになってしまうであろう。

さて、袴谷氏は、「往生の教」と「成仏の教」という区別・二分法を、全く典拠もなしに構想されたのではない。その際に典拠とされたのは、やはり『醍醐本』所収の『一期物語』の第十五話であった。そこでまず、氏の議論をやや長文ではあるが、以下に引用してみよう。

㋚まず、法然自身の「往生の教」と「成仏の教」に関する記述を中心に考察を開始することにする。以下に示す記述中、(a)は『一期物語』、(b)は『百四十五箇条問答』からの引用である。

(a)或る人、問いて曰く。真言の修する所の阿弥陀の供養法は、是れ往生の正行と為るべきや云何ん。師、答へて曰く。然るべからず。一に似たりと雖も教に随へば其の意は同じからざるなり。真言の教に云ふ阿弥陀は是れ己心の如来にして、外に覓むべからざるものなり。此の教の阿弥陀は是れ法蔵比丘の成仏にして、西方に居するものなり。其の意大きに異なり。彼は成仏の教なり。此は往生の教なり。更に以つて同ずべからざるなり。

(b)真言の阿弥陀の供養法は、正行にて候べきか。

答。仏体は一つには似たれども、その心不同なり。真言教の弥陀は、これ己心の如来、外を尋ぬべからず。この教の弥陀は、これ法蔵比丘の成仏也。西方におはします故に、その心大きにことなり。

『一期物語』が法然自身の言葉を伝い得ているかどうかという資料的信憑性に関しては今なお問題は残っているのかもしれないが、少なくとも当面の「往生の教」と「成仏の教」とに関していえば、法然がこの両者を峻別し、前者を取って後者を捨てたということは、彼の主著『選択本願念仏集』からも論理的に導きうることだと思うので、私は(a)を法然自身の発言と見做して差し支えないと考えている。『百四十五箇条問答』による(b)には、「往生の教」と「成仏の教」という用語は認められないけれども、内容的には(a)とほとんど同じことが述べられており、(b)も(a)を支持する一助にはなるであろう。（『法然と明恵』四〇—四一頁）〔傍線＝松本〕

ここで、袴谷氏は「(a)を法然自身の発言と見做して差し支えないと考えている」と言われるが、この氏の主張は不適切だと思われる。というのも、私は、(a)と(b)を比較した場合、基本的に(a)は(b)の発展したものであり、特に傍線部の「彼は成仏の教なり。此は往生の教なり」は、明らかに後代の付加であると考えるからである。以下に、この私見について、論証しよう。

まず、袴谷氏が(a)として示したのは、『醍醐本』所収『一期物語』の第十五話であって、その原文は次の通りである。

〔42〕或人問云。真言《ノ》阿弥陀《ノ》供養法《ハ》、是《レ》可《キ》二正行《ナル》一哉云何。答。不レ可《カラ》レ然《ル》也。雖《ドモ》レ似《タリト》レ一《ニ》、随《ヒテ》レ教《ニ》其《ノ》意不同也。真言《ノ》教《ニ》云《フ》阿弥陀《ハ》是《レ》己心《ノ》如来《ナリ》。不レ可《カラ》レ尋《ヌ》レ外《ニ》。此《ノ》教《ノ》弥陀《ハ》法蔵比丘之成仏也。居《ス》二西方《ニ》一。其《ノ》意大《ニ》異《ナリ》。彼《ハ》成仏《ノ》教也。此《ハ》往生《ノ》教也。更《ニ》以《テ》不レ可《カラ》レ同《ズ》云々。（『浄典研（資）』一六〇—一六一頁）

この『一期物語』第十五話は、正徳版『拾遺漢語灯録』所収の『浄土随聞記』第十六話[41]、及び大徳寺本『拾遺漢語灯録』所収の『浄土宗見聞』第十六話とほぼ一致するが、因みに後者を示せば、次の通りである。

〔43〕或時人問云真言《ノ》阿弥陀《ノ》供養法是可二正行一歟。答云不レ可レ然仏体雖レ似《リト》レ一《ニ》随レ教其意不同也真言教《ノ》阿弥陀《ハ》是己心《ノ》如来不レ可レ尋レ外《ニ》此教《ノ》阿弥陀《ハ》是法蔵比丘之成仏《シテ》居二西方《ニ》一給其意大《ニ》異也。彼《ハ》成仏此《ハ》往生教也更以不レ可レ同《ス》云云。（「梶村・曾田」四七—四八頁、八八—八九頁）〔テキストのまま記載〕

次に袴谷氏が示された(b)は、『和語灯録』所収の『百四十五箇条問答』の第144条[42]であるが、ここには、袴谷氏によって自説の典拠とされた「彼《ハ》成仏《ノ》教也」以下を欠いている。では、(a)と(b)のどちらが、この問題の原型を表しているであろうか。あるいは、その原型に近いであろうか。

まず、袴谷氏によって引かれた(b)、つまり、『百四十五箇条問答』の第144条の説明を読むと、「真言教の弥陀」と「この教の弥陀」が対比されており、そこでは基本的には、二つの「教」における阿弥陀仏観の相違が問題となっており、二つの「教」の相違が言われているのではない。つまり、「真言教」では、阿弥陀仏を「己心の如来」というように、唯心的に内在的に解するのに対して、「この教」、つまり、浄土教では、阿弥陀仏が西方に存在するとともに、その仏が、「法蔵比丘の成仏」、つまり、「酬因感果」の〝報身〟であることが述べられている。このように言われるとき、「真言教」の「己心の如来」は、暗に〝法身〟であることが意図されており、従って、二つの「教」における阿弥陀仏観の相違とは、〝法身〟と見るか〝報身〟と見なすかという仏身観の相違であるとされていることは、明らかである。

このように(b)を理解して、『一期物語』の(a)、つまり、記述〔42〕を見るとき、そこにある「彼ハ成仏ノ教ナリ。此ハ往生ノ教ナリ」という文章に重大な疑問を抱かざるを得ないのである。何故ならば、そこでは「真言ノ教」を指して、「彼ハ成仏ノ教ナリ」と言われているのであるが、その文章の直前を見ると、「成仏」という語は「真言ノ教」についてではなく、「此ノ教ノ弥陀ハ法蔵比丘ノ成仏ナリ」というように、「此ノ教」の説明の中に出るのである。これでは、「彼ハ成仏ノ教ナリ。此ハ往生ノ教ナリ」という文章は、その直前に出る二つの「教」における阿弥陀仏観の相違の説明と、表現として、合致しなくなるであろう。

つまり、「成仏ノ教」とは区別されている「往生ノ教」の阿弥陀仏について、「法蔵比丘ノ成仏ナリ」というように、「成仏」という語を用いて説明がなされるのは、完全な自己矛盾であろう。(43)

従って、『一期物語』の記述〔42〕、つまり、(a)は、基本的には、(b)から発展したものであり、袴谷氏が自説の典拠とされた傍線部の文章、つまり、「彼ハ成仏ノ教ナリ。此ハ往生ノ教ナリ」は、おそらくは、法然門下の人々の中で、聖道門との対決を意識し、自己の教団の独立性・優越性を強く主張しようとした人々によって、創作され付加されたものであろう。

また、この私見の妥当性は、『選択集大綱抄』における引用によっても、確認される。即ち、すでに藤堂博士の対照テキストによっても示されていることであるが、[45]『一期物語』第十五話たる記述〔42〕、つまり、(a)に相当するものは、道光（一二四三―一三三〇）が一二九六年に著した『選択集大綱抄』巻上に、次のように引かれるのである。

〔44〕黒谷云ク。真言教ノ弥陀ハレ於己心ノ如来、不レ可カラレ尋ヌレ外ニ。
此ノ教ノ弥陀ハレ是法蔵比丘ノ之成仏也。居ス二西方ニ一。其ノ意大ニ異ナリ上已（『浄全』八、二〇頁下）

この引用は、『一期物語』記述〔42〕の「彼ハ成仏ノ教ナリ」以下を欠いている。つまり、この点では、『百四十五箇条問答』の第144条(b)に一致しているのである。『百四十五箇条問答』も、道光が一二七五年に編纂した『和語灯録』に含まれるものであるが、その現存最古のテキストは、一三二一年（元亨元年）円智によって印刻された元亨版であって、袴谷氏が引用に用いられた『昭法全』でも、『百四十五箇条問答』については、元亨版を底本としているのである。しかも、『百四十五箇条問答』中の第140条以下は、後代の付加である可能性もある。[46]従って、一二九六年の『選択集大綱抄』の記述〔44〕における引用は、極めて貴重であって、そこに引用された形こそ、この問答、あるいは厳密に言えば、〝答〟の原型を示しているであろう。しかるに、そこには、すでに述べたように、「彼ハ成仏ノ教ナリ。此ハ往生ノ教ナリ」という語は、存在しないのである。

「往生の教」と「成仏の教」の二分法は、袴谷氏がこれに早速とびつかれたように、極めて分り易く見え、またそれ故にこそ危険をはらんでいる。通俗的な説明は、常に危険である。それは多数の一般的な人々を納得させるかもしれないが、それによって思想の最も本質的な部分が欠落し、否定されることが多い。袴谷氏は、自説を述べるに当っては、やはり『選択集』の文言をこそ典拠にすべきであったのではなかろうか。しかるに、『選択集』には勿論、「往生の教」と「成仏の教」というようなラフな区別・規定は説かれていないのである。

もしも、「往生の教」と「成仏の教」という区別を認めるとすれば、『選択集』第十一章の

〔45〕亦往二生《シテ》浄土一《ニ》乃至成仏《ス》。此是《ハレ》当益也。（『昭法全』三三八頁）

という記述は、その二つの教の内、いずれを説いていることになるのであろうか。

四　仏教の正統説と深信因果について

さらに、袴谷氏は、善導・法然の浄土教を、ほぼ二つの論拠にもとづいて、「仏教の正統説」と見なされるようである。その第一の論拠は、〝二種深信によって、深信因果を重視するが故に〟というものであり、第二の論拠は、〝「選択」を説くが故に〟というものであるように、見受けられる。いずれの論拠も不適切なものと思われるが、ここではまず、〝「選択」を説くが故に「仏教の正統説」である〟と説くが如き氏の主張から検討していこう。なお、ここで〝説くが如き〟と表現したのは、袴谷氏の論述は、いかなる場合にも不明確なものであって、論理的にそれを把握することが極めて困難に思われるからである。

さて、袴谷氏は、まず善導・法然の浄土教を「仏教の正統説」と見る第二の論拠に関連して、次のように言われる。

㋛仏教史において、だれしも承認せざるをえない「正統」派の代表は、選別学派（Vaibhāṣika、毘婆沙師）であろうが、この学派は、無表（avijñapti）を主観的な人間の心に関わるものではなく、より客観的な色法（rūpa-dharma）に属するものと認め、カシュミールやガンダーラを中心とする北インドに数世紀にわたって教線を拡大し、その教義は当時の仏教圏に広く「伝統性」や「普遍性」を有するものと承認されるに至っていた。しかも、そうなるに至った根本は、この学派が、仏教の基本的姿勢である「誤り（mithyātva、邪性＝異端）」と「正しさ（samyaktva、正性＝正統）」とを「選別（vibhāṣā）」し後者を「簡択（pravicaya）」するというやり方を絶えず守り抜いていったからである。従って、その学派名は彼らの姿勢である「選別」に因んでいるのであり、その意味での「正統性」

はむしろ我が国の法然の『選択本願念仏集』の「選択」という考え方に受け継がれていると言わなければならないであろう。(『法然と明恵』三二六頁)〔傍線=松本〕

しかし私自身は、この袴谷氏の議論に疑問をもっている。最も正統的と考えられるアビダルマ哲学の代表者たる毘婆沙師(「選別学派」)が、智慧(prajñā)を「法の簡択」(dharma-pravicaya)[47]と定義したときの「簡択」と、『選択本願念仏集』の「選択」との間には、余りにも大きな隔りがあるように思われる。仮りに、アビダルマの「法の簡択」が「誤り」と「正しさ」を「選別」することだと認めるとしても、それと『選択本願念仏集』の「選択」とは、どのように関わるのであろうか。

後者の「選択」とは、少なくとも、『選択集』では、法蔵菩薩(阿弥陀仏)が余行を選捨し、念仏を選取して本願の行としたことを言う筈である。とすれば、ここに「正」と「誤」の問題は関係がないであろう。いずれにせよ、「選択」と「簡択」という語の類同性を通じて、法然浄土教の仏教としての「正統」性を論証しようとする袴谷氏の議論は、成立しないであろう。

次に、第一の論拠について言えば、すでに掲げた氏の論述㋗に、

仏教が霊魂(ātman)否定の無我説(anātma-vāda)を根本的立場とし縁起説である因果を主張している以上、霊魂とほとんど同義である菩提心を否定し、二種深信によって深信因果を極度に重視した善導や法然の仏教こそ仏教の正統説と呼ぶにふさわしいものなのです。〔傍線=松本〕

という主張が見られたのである。つまり、"「縁起説」=「深信因果」を説くが故に、「仏教の正統説」である"というのである。しかし、すでに論じたように、『選択集』においては、「〔発〕菩提心」と「深信因果」は、ともに「決定往生」の行たる「念仏」に対して、往生について「不定」なる「余行」とされているので、「菩提心」と「深信因果」に対する法然の評価に変りはなく、特に後者が前者に比べて重視されていると見ることはできない。

また、袴谷氏は、論述㋘の前掲の文章で、善導によって説かれ、法然の『選択集』においても継承された〝二種深信〟の説を「深信因果」であると主張されているようであるが、何故〝二種深信〟が「深信因果」と見なされるのかは、そこでは説明されていない。それは、

㋜しかし、仏教の正しい因果は、我々自身が罪悪生死の凡夫として自らのうちに救済の根拠を欠如している存在である以上、我々同士が互いに馴れ合っているような現実の相互依存関係のうちにあるのでは決してなく(48)、「因行虚しからず定んで来果を招く」「酬因の身」として「今既に成仏したまう」絶対他者たる阿弥陀仏への信仰によって、その本願のゆえに往生できるという、細い一本の糸のような因果なのであり(49)、それを信ずることが「深信因果」といわれます。(『法然と明恵』二四八頁)(傍線＝松本)

という論述によって説明されるのであるが、しかし、この説明も充分に説得的なものとは言いがたい。ここに見られる「因行虚しからず。定んで来果を招く」「酬因の身」「今既に成仏したまう」という語は、『観経疏』「玄義分」で、阿弥陀仏が「報身」であることを説明する

〔46〕今既《ニ》成《ス》仏。即《チ》是《レ》酬因《ノ》之身也《ナリ》。又観経《ノ》中《ノ》上輩《ノ》三人、臨《メルニ》二命終《ノ》時《ニ》一、皆言《ク》阿弥陀仏及与《ト》二化仏一来《リテ》、迎《フ》二此人《ヲ》一。然《ルニ》報身《ハ》兼《テ》レ化《ヲ》、共《ニ》来《テ》授《ク》レ手《ヲ》。故《ニ》名《ケテ》為《ス》レ与《ト》。以《テ》二此《ノ》文《ヲ》一証《ス》、故《ニ》知《ヌ》是《レ》報《ナルコトヲ》。然《ルニ》報応《ノ》二身者《ハ》、眼目《ノ》之異名《ナリ》。前《ニハ》翻《シテ》報《ヲ》作《シ》レ応《ト》、後《ニハ》翻《シテ》応《ヲ》作《ス》レ報《ト》。凡《ソ》言《フハ》レ報《ト》者、因行不《ル》レ虚《カラ》、定《テ》招《ク》二来果《ヲ》一。以《テ》二果《ヲ》一応《ズル》レ因《ニ》、故《ニ》名《ケテ》為《ス》レ報《ト》。又三大僧祇《ニ》所《ノ》レ修《スル》万行必定《シテ》、応《シ》レ得《ニ》二菩提《ヲ》一。今既《ニ》道成《ズ》、即《チ》是《レ》応身《ナリ》。(『浄全』二、一〇頁下—一一頁上)

という記述から採られたものであるが、ここで言われる「因」「果」という語は、阿弥陀仏の成仏に関る「因」「果」を言うものであろう。しかし、「深信因果」の「因果」と阿弥陀仏の成仏に関する「因果」とは、関係がないのではなかろうか。「深信因果」の「因果」は、縁起説を意味するのでなければ、「仏教の正統説」としては評価されえないであろう。私は、〝縁起説を考え続けること〟が〝悟り〟だと思っており(50)、それはまた「深信因果」であると考えている

が、このような「深信因果」＝〝縁起説を考え続けること〟と、阿弥陀仏の成仏における「因果」とは、関係がないように思われる。

いずれにせよ、〝二種深信〟が何故「深信因果」となるのかについては、明確な説明が為されなくてはならないであろう。「深信因果」という言葉こそ用いられなかったものの、〝二種深信〟が仏教の正しい「因果」説にもとづいているという見解は、かつてジョアキン・モンテイロ氏によっておそらくは初めて提起されたものであり、氏は、その論文「二種深信の思想的な意味について」において、次のように論じられている。

「二種深信」ということは、機と法との関係において成立する信仰的認識の過程である。つまり、教法との関係において自己の無明を一種の宗教的時間性として認識できた凡夫が、逆に、釈尊の教えの中から「浄土三部経」を選び取ることを内容とする信仰的認識なのである。

「機の深信」とは、自己の無明を一つの宗教的時間性として信知することを意味するのである。そして、善導は、『観経疏』の「散善義」の中でこの問題について次のように述べている。

二者深心。言深心者。即是深信之心也。亦有二種。一者決定深信自身現是罪悪生死凡夫。曠劫已来常没常流転。無有出離之縁。

ここで見られる「機の深信」の内容について、二点が述べられるのである。一つは、「機の深信」とは、仏教の正しい時間的な「因果」を内容としているということである。もう一つは、「無有出離之縁」という表現がよく示しているように、この「因果」の認識はもう既に衆生に内在しているものではなくて、仏の教法との出会いを不可欠の条件にしているということである。仏教の正しい「因果」を内容とし、仏の教法との出会いを必然的条件にしているこの「機の深信」とは、もちろん、如来蔵思想と対立する思想である。（「モンテイロ」二七六頁下―二七七頁上）〔傍線＝松本〕

ここでモンテイロ氏は、二種深信のうち、「機の深信」の方に、「宗教的時間性」としての仏教の正しい「因果」説、縁起説を認められているようであるが、この考察を優れたものとは認めつつも、「機の深信」を「宗教的時間性」という概念を媒介として、仏教の「縁起説」に結びつけることには、やはり無理があるように思えてならない。

確かに私は、仏教の縁起説は「宗教的時間」または、「宗教的時間性」を説くものと解釈した。(51) しかし、この「縁起説」と「宗教的時間性」の関係（縁起説→宗教的時間性）を逆にして、〝「宗教的時間性」を説くものはすべて「縁起説」である〟と述べることはできないであろう。さもなければ、アウグスチヌスもキルケゴールも、あるいはカフカでさえも「縁起説」を説いたということになってしまうであろう。従って、〝二種深信〟を、「深信因果」や縁起説に結びつけることは、幾重もの解釈を媒介とした上でなければ、不可能だと思われる。それ故、私は、前掲の袴谷氏の論述㋘の中の「二種深信によって深信因果を極度に重視した善導や法然」という見解には、賛同することができないのである。

五　排他主義と批判の意義について

次に、袴谷氏の「排他主義」の主張について吟味してみたい。氏は次のように言われる。

㋝ここで、他力主義が排他主義であることに注目して、その問題に触れた法然の言及を『選択本願念仏集』の中から示せば、「仏の光明はただ念仏の者を照らして、余行の者を照らさざるは何の意かあるや。」というような問題に対して、法然は、本願の義の上から「余行は本願にあらざるが故に、これを照摂せず。」と答え、更に、善導が「自余の衆善(52)は、これ善と名づくといへども、もし念仏に比ぶれば、全く比校《ひきょう》にあらず。」と述べたことに対しては、次のように説明しております。

これ浄土門の諸行に約して比論するところなり。念仏は、これ既に二百一十億の中に、選取するところの妙行なり。諸行は、これ既に二百一十億の中に、選捨するところの麁行なり。故に「全く比校にあらず」と云ふなり。また念仏はこれ本願の行なり、諸行はこれ本願にあらず。故に「全く比校にあらず」と云ふなり。このように阿弥陀仏の選取にだけ賭けるわけですから、この他力主義は明らかに排他主義なのですが、しかし、そのことによって念仏だけに従えば、全ての人が残りなく救済されるわけですから、平等主義なのであります。
（『法然と明恵』二四五―二四六頁）〔傍線＝松本〕

ここでの「排他主義」の説明は、必ずしも理解し易いものではない。「排他主義」の「他」、つまり、「排他主義」が排斥するところの「他」が何であるかが、氏によって、明確には規定されていないからである。

しかし、袴谷氏の、

㋞法然の主張する浄土門とは、いわば絶対的なもので、私のいうところの他力主義であるために、法然がその他力主義から排斥する聖道門とは、その中に相対的な浄土門も聖道門も二門を共に含んでしまうような、私のいうところの自力主義になってしまうわけです。（『法然と明恵』二五〇頁）〔傍線＝松本〕

という論述を見ると、氏は、その「他」、つまり、「排他主義」が排斥するものを「聖道門」と見なされているのかもしれない。しかるに、この解釈は、少くとも、論述㋝に引用された『選択集』第七章の一節[53]、つまり「これ浄土門の……」の内容とは、合致しない。というのも、そこでは、念仏が本願の行であり、「諸行」は本願の行ではないことが、述べられているのであるが、その「諸行」とは、袴谷氏によって引用された『選択集』第七章の一節の冒頭にあるように、「浄土門の諸行」であるから、ここに「聖道門」の排斥は、認められないからである。

袴谷氏の説明を読むと、この「浄土門の」（原文は単に「浄土門〔諸行〕」とある）という限定語を読み落されているのではないかとすら感じられる。これは、氏の論述㋝に引用されているように、善導の『観経疏』「定善義」中の

〔47〕自余ノ衆行[54]モ、雖レ名クト二是善ト一、若シ比ブレバ二念仏ニ一者、全ク非ザル二比挍ニ一也。（『浄全』二、四九頁上）

という記述の「衆行」という語について、法然が、敢てその論旨を明確にするために、「浄土門〔の〕」という限定語を付加して、「浄土門〔の〕諸行」として示したものなのである。従って、ここに「聖道門」の排斥は認められない。この「浄土門」内の「念仏」と「諸行」の関係は、前者は「本願の行」であり、後者は「非本願」であるが、「諸行」は「非本願」であると言っても、それによる往生が全面的に不可能だというのではなく、ただ「決定往生」「必得往生」の「念仏」とは異なって、往生をもたらすかどうか「不定」（不確定）であり、従って、「諸行」は「念仏」とは「全非比校」〝全く比べものにならない〟というのが、法然の言わんとする所であろう。

それ故に、繰り返すが、ここには、「聖道門」の排斥も認められず、また、「浄土門」内部の「諸行」による往生の可能性も全面的に否定されているわけではない。この点を正確に把握しないと、〝法然浄土教は「念仏」以外の一切を排斥し否定した〟という単純かつ粗雑な理解を生じかねない。そして、このような不正確な理解が、法然讃美の根拠とされる場合には、誤解はさらに増幅されるであろう。私は袴谷氏の強引な議論に、このような危惧の念を抱かざるを得なかった。まさか袴谷氏は、何が何でも排斥をし「排他」をしさえすれば、それが「仏教の正統説」である「法の簡択」の立場になると考えられるわけではあるまい。

右の氏の「排他主義」の主張にも関連するが、所謂〝鎮西義〟に対する袴谷氏の理解は、余りにも一面的であり、誤解にもとづくものと思われる。即ち、袴谷氏は、次のように言われる。

㋟さて、以上の(イ)(ロ)の例で見たごとき明恵の法然批判は、「菩提心」を認めるか否かで論を組み立てた点で極めて分かりやすかった上に、法然の菩提心否定説たる他力主義を批判した明恵の菩提心肯定説たる自力主義が、当時の階層化社会のイデオロギーとして極めて有効であったがゆえに、また当時平行して数度試みられた他力主義に対する思想弾圧も功を奏したことも手伝って、「事実」上の勝利を収め、他力主義は手痛い敗北を喫するに至ったのである。その他力主義の敗北の一端には、前節の「安心派と起行派」の項でも若干触れたのであるが、明恵登場以後の法然門下を大きくリードすることになった聖光の場合をここでもう一度見ておくことにしたい。明恵の『摧邪輪』が著わされてから十九年後で嘉禄の法難からは四年後に著わされたと思われる、聖光の先にも触れた『念仏名義集』の一節において、聖光は、「恭敬修」「無余修」「無間修」「長時修」という「四修」のうちの第三を説明して次のように述べている。

無間修トハ隙マ無ク念仏ヲ修スル也。又タ、阿弥陀仏ニ於テ隙マ無クツカヘタテマツル也。或ハ香花ヲ進メラセテ阿弥陀経ヲ読ミ奉リ念仏申シテ正行助行隙マ無ク修スル、是ヲ無間修ト云フ也。故法然上人ノ仰セ被レ候シハ此ノ無間修ガ四修ノ中ニ能ク能ク念仏ヲ勧メタル修ニテ有リト仰セ候也。能ク能ク此ノ行ニ心ヲ留ム可キナリ。念仏ヲ構テ構テ多カランニ申セナントト勧ムルハ此ノ無間修ノ心也。一万三万六万返ナラント勧ムルハ皆是レ無間修ノ心也。是ヲ云ハレタル心也。其ノ故ハ、菩薩ノ行モ六波羅蜜ノ行成就シテ仏ニ成ルト申スハ、六波羅蜜ノ中ノ精進波羅蜜ト申ス行ガ強クシテ、余ノ五波羅蜜ノ功徳ヲ成就セサセテ成仏スル也。若シ夫レ精進波羅蜜ノ力弱キハ、余ノ五波羅蜜ノ功徳ヲ全ク成就ス可カラズ。成就セズンバ全ク成仏ス可カラズ。其ノ様ニ、此ノ四修ノ中ノ無間修ト申スハ、阿弥陀仏ヲ隙マ無ク申セト勧ムル行也。

ここでは「菩提心」こそ説かれてはいないが、「成仏」を当然の目標に据え、自力主義的な六波羅蜜を認めた上で、念仏をその中の精進波羅蜜に摺り替えている。これはもはや法然の教えではない。法然は『選択本願念仏集』で次のように主張していたのである。

即ち今は前の布施・持戒ないし孝養父母等の諸行を選捨して、専称仏号を選取す。故に選択と云ふなり。(55)

これと比較するなら、先の聖光の文言は他力主義の敗北と言わずしてなんと呼びうるであろうか。(『法然と明恵』九八―九九頁)〔傍線＝松本〕

ここに「他力主義の敗北」という言葉が見られるが、これが『法然と明恵』を貫く袴谷氏の基本的アイデアなのである。つまり、同書、第二章第三節の節名である「法然の夢と他力主義の革命」という言葉にも見られるように、要するに氏は、法然浄土教を一種の「革命」と見なされ、その純粋な革命運動は体制側の弾圧により打撃を受け敗北し壊滅するに至ったと見られるのであろう。この氏の考え方は、

㋠要するに、この二つの法難によって法然の浄土教は壊滅的な打撃を思想的な意味で受けてしまうのです。極端に言えば、その後の法然の浄土教は、宗派としては残ったとしても、既に蛻《も》抜けの殻の状態になってしまったわけです。（『法然と明恵』一九〇頁）〔傍線＝松本〕

という文章にも、明瞭に読み取れる。しかし、先鋭的な革命運動の「敗退」「敗北」「壊滅」とは、何というセンチメンタルな言葉、何という安易な図式であろうか。この安易な図式ゆえに、氏には、法然浄土教の正統と一般には評価される鎮西派のテキストが正確に読解されていないように思われる。

例えば、袴谷氏は、前掲の論述㋟で、法然門下の鎮西派、聖光房弁長（一一六二―一二三八）の『念仏名義集』巻下の一節[56]を引用し、それについて、

ここでは「菩提心」こそ説かれてはいないが、「成仏」を当然の目標に据え、自力主義的な六波羅蜜を認めた上で、念仏をその中の精進波羅蜜に摺り替えている。これはもはや法然の教えではない。

と述べられている。しかし、これは誤解だと思われる。まず、論述㋟について、当然の前提と思われることから述べたいが、「恭敬修」から「長時修」に至る「四修」を最初に明確に説いたのは、言うまでもなく、浄土教では善導であって、[57]弁長ではないが、この点の説明が㋟にも、また註記にも、欠落している。また、別の個所での袴谷氏のコメント、即ち、

㋡これが知恩院だとすれば、嘉禄の法難で破却され応仁の乱で焼失した後の知恩院の盛況ということになる。しか

し、それは、前節の「他力主義の敗北」の項の末尾で触れた、聖光の説く「無間修」のような念仏の盛況だったのである。(『法然と明恵』一二四頁)〔傍線＝松本〕

と合して氏の論調を読むと、読者はあたかも〝「無間修」乃至「四修」を最初に説いたのは聖光(弁長)だ〟と袴谷氏が主張されているような印象すら受けるかもしれないが、「四修」の浄土教における明確な創唱者が善導であることを知らない読者もいるのであるから、叙述は正確になされるべきであろう。つまり、善導を肯定的に、あるいは絶対的に評価される袴谷氏としては、善導の説く「無間修」と弁長の説く「無間修」の思想的相違を明らかにする責任があったと思われるが、氏はそれを果されていない。ただ単に〝「無間修」は自力主義的である〟というような論調が見られるのである。

さて、私が論述㋟における袴谷氏の理解を〝誤解〟と考えるのは、氏が『念仏名義集』の一節をコメントして、「「成仏」を当然の目標に据え、自力主義的な六波羅蜜を認めた上で、念仏をその中の精進波羅蜜に摺り替えている」と言われたことなのであるが、氏は、論述㋟中の『念仏名義集』からの引用文において私が実線を付した「菩薩ノ行モ」と「其ノ様ニ、此ノ」という二つの語句の意味を理解されていないのではなかろうか。つまり、「菩薩ノ行モ」以下は、喩(能喩)“yathā”であり、そこに「聖道門」の教えが示されるのに対し、「其ノ様ニ」“tathā”以下は、所喩であり、そこに「浄土門」の教えが説かれているのである。従って、破線を付した「六波羅蜜ノ行成就シテ仏ニ成ル」というのは、弁長自身が「浄土門」の立場で認めていることではない。「浄土門」の「無間修」が、「聖道門」の「精進波羅蜜」に喩えられているのは確かである。しかし、だからといって、「念仏を精進波羅蜜に摺り替えている」と評価することは、適切ではないであろう。

袴谷氏は、「これはもはや法然の教えではない」と言われるが、その根拠は明確に説明されてはいない。氏は、論述㋟で『選択集』第三章から、〝阿弥陀仏が諸行を選捨し、称名念仏を選取して本願としたこと〟を意味する一文、つまり、「即ち今は……」を根拠として引かれるようであるが、ここでも氏の論理は飛躍しているようである。推測する所、氏は、その文の「諸行を選捨して」に、〝聖道門の否定・排斥〟を認められるのであろうが、しかしそれも誤解である。そこに、「前の布施・持戒ないし孝養父母等の諸行」とあるのは、先に見た論述㋝の中で『選択集』第七章から引用された文章に「浄土門の諸行」とあったのと同様に、「浄土門の諸行」を意味している。その点は、「前の布施・持戒ないし孝養父母等の諸行」の少し前に、『選択集』では、次のように説かれていることによっても、自明であろう。

〔48〕或有《ハリ》下以《テ》二起立塔像、飲食沙門、及《ビ》以孝養父母、奉事師長等種《ノ》種《ノ》之行《ヲ》一、各為《ル》二往生《ノ》行《ト》一之国土等上。或有《ハリ》下専《ラ》称《シテ》二其《ノ》国仏《ノ》名《ヲ》一為《ル》二往生《ノ》行《ト》一之土上。（『昭法全』三一九頁）

つまり、ここには、「浄土門の諸行」として、〝称名〟と並んで「孝養父母」等が説かれているのである。従って、弁長の『念仏名義集』の説明と、法然の『選択集』の説が矛盾するとは思えない。「これはもはや法然の教えではない」という結論を急ぐ以前に、袴谷氏には、『選択集』及び弁長・良忠等の鎮西派のテキストの正確な読解を期待したい。

「これはもはや法然の教えではない」という文中の「もはや」という語が見事に氏の気持を示しているように、〝もはや体制内に復帰し、体制的になってしまった浄土宗（鎮西派）には、『選択集』の正しい解釈、革命的な読みなどある筈はない〟と氏が考えられたとすれば、これ以上に甘い予断も無いであろう。袴谷氏が、反体制的なることを志向されているのは良く知っているが、その志向の強さゆえに、テキストの正確な理解が妨げられているとすれば、残念なことと言う他はないのである。

『法然と明恵』の〝反体制的・反権力的な気分〟は同書の長所でもあり、欠点でもある。この点で、著者の袴谷氏に大きな影響を与えたのが、平雅行氏の『日本中世の社会と仏教』（略号『日本中世』）であることは、同書の処々に示されている。特に、『法然と明恵』の浄土教理解の根底には、私が本書の第一章で批判した[58]平氏の〝悪人正因〟説の解釈が据えられており、[59] その意味では、袴谷氏の法然理解は平説を継承したものに他ならないとも考えられる。しかし、この平氏の著書の第二編第六章「専修念仏の歴史的意義」の末尾に置かれる次のような文章は、少なくとも私には耐えられないものであった。

ところで本稿はあくまで、数多くの無名の念仏者たちによって担われた専修念仏運動の歴史的意義を、親鸞を中心的素材にしながら考察したものであって、親鸞論ではない。この運動もやがて弾圧と社会の相対的安定化の中で、孤立と退廃の時期を迎えるにいたる。しかし敗北とは決して、個々人に同じ相貌で訪れることはない。勝利とは異なり、敗北は孤立の中でたった一人で耐えぬかなければならない。それが敗北の敗北たる所以だ。そのため敗北は、常にそれぞれの個性と資質とを刻印した、固有の蹉跌として表われることだろう。それ故、親鸞論はいつか、造悪無碍批判に始まる彼の蹟き[60] から語り始めなければならない。(『日本中世』二五五頁)〔傍線＝松本〕

「敗北」「孤立」「蹟き」はまだよいとしても、「蹉跌」はやめて頂きたい。

世界的な仏教学者でもある袴谷氏が、このような文章にリードされて、平氏の「画期的な論稿」「画期的な御指摘」「御業績」を讃美したり、[61]「やはり、私が提起したこの問題にも御一考を乞いたいと思う」[62] などと教えを乞うたりしているのを見ると、正直言って馬鹿らしくなってくるのである。

その袴谷氏は、平氏の「仏教思想史研究と顕密体制論――末木文美士氏の批判に応える――」という論文末尾の次のような「独白」を、『法然と明恵』に引用された。[63]

私は、ある客体の多面的な姿をすべて描くことに、学問の課題があるとは考えていない。多面的な相貌なんぞは、史料を読む能力さえあれば誰でも気のつくことであり、この程度のことを語ることに、研究の使命があるとは夢想だにしない。彼にはこういう側面もあるが、しかし反対にこういう側面もある。AとBとは断絶的側面もあるが、逆に連続的側面もある。このような凡庸な議論をいくら繰り返しても、研究は前進しない。事実は無数にある。この無数の事実、無数の側面を羅列することを学問とは呼ばない。研究とは、こういうものではないはずだ。私たちがもしも、多面性の背後にある論理連関を明らかにできた時、AとBとの断絶面と連続面を統一的に把握する視座を獲得できた時、その瞬間に初めて、論文を書く意味が生まれるのである。

こうして描き出された一つの像に対して、「あれが抜けてる。これが落ちてる」と揶揄することは素人でもできる。私は決してこのような水準の批判は行わない。これは研究者としての私の最低限の矜持である。私がもしも批判するとすれば、先行研究が包摂できなかったものまで組み込んだ、新たな全体像解釈を提示することができた時だけだ。世界に必要なのはアンチテーゼではない。ジンテーゼの提示である。今の時代にあってアンチテーゼを語ることは、思想的惰眠に等しい。(64)〔傍線＝松本〕

袴谷氏は、この「独白」について、「私は右の平博士の独白にほとんど同感なのである」(65)と言われたが、私はこれを読んで殆んど信じられないような気持になった。一体〝批判だけが仏教である〟という氏の〝批判仏教〟はどこに行ってしまったのであろうか。私達が山口瑞鳳先生から習ったのは、こんな高慢な学問論だっただろうか。そんな筈はない。私達が先生から教わったのは、どんな些細なことについてでも、一つ一つアンチテーゼ(66)をキッチリと提示していくことであった筈だ。言うまでもなく、どんな些細に見えるようなことにでも、重要な論点、あるいはもしかしたら、最も本質的な論点すら隠されているかもしれないからである。

論者は、いかに些細な批判と思われようとも、自己の主張に対して提起されるすべての批判を真剣に受けとめねばならない。そして、自説に自信がある場合でも、自説に対する批判の方が全面的に正しいのではないかと絶えず考えなければならない。それを、「凡庸な議論」とか「水準」に達しないとか「素人でもできる」というのは、批判を排するための高慢な論法にしかすぎない。

もし以上の論説によってもなお、袴谷氏に平氏の「独白」の意義が了解されないとすれば、「独白」中の「この程度のこと」を「これしきのこと」という禅僧風の言葉に代えてみたらどうであろうか。かつて「小林秀雄『私の人生観』批判」(67)を書かれて小林の傲慢を批判された袴谷氏に、この意味が分らないわけはないであろう。

ところで、袴谷氏は、本書中において、氏自身の学問論を、次のように展開されている。

㋢ただ、この方面のことに関して、私が平博士と末木博士とに共通して一抹の不安を感じていることがある。前者は、家永博士の研究姿勢を、その著書において「超越的批判」と呼び、後者は、C末木論文(68)において「超越的評価」と呼んだ上で更に、研究者は、①過去の思想に対して超越的評価を下しうるほど偉くないことを自覚すべきこと、②絶対的に正しい思想も誤った思想もないことを前提に思想研究に従事すべきことを推賞しているのである。(69)しかし、研究者本人が自らを絶対者だと思い上っていない以上、人が「超越的批判」や「超越的評価」を行ったり、絶対的判断を下したりできるはずもあるまい。人としてなにが「正しい思想（samyag-dṛṣṭi、正見）」であり「誤った思想（mithyā-dṛṣṭi、邪見）」であるかを精一杯判断することができるだけである。しかも、たとえ誤るにしても、その選別を試み続けることが「正統」たることの最低条件でなければならない。だが、これすらも避けるとするならば、法然を「偏執」として避けた明恵を始めとする「異端」の包括主義の中に自ら身を置くことになるであろう。（『法然と明恵』三三九―三四〇頁）〔傍線＝松本〕

ここに見られる「選別」という語について、袴谷氏に申し上げたいことは、氏の個々の「選別」が「誤り」であると判明したときには、それを一々明確に訂正していただきたいということである。それは、次のような意味である。

即ち、袴谷氏は、右の論述㋢を含む論文への「付記」で、

㋣恐らく、末木博士は、今のままであれば、「自らへの自誡として「自分が過去の思想に対して超越的評価を下しうるほど偉くないことを、常に自覚していたい」と語」〔平論文、同上箇所の末木論文の引用を含んだ記述による〕りながら、AとBとの「思想」的な本質的差異を論理的に峻別することなしに、価値判断からは超然として発言を続

けていくことになるだろうと考えられるからである。しかし、「思想」的な本質論を抜きにして、客観めかした類型論だけが蔓延ることにでもなれば、Aタイプは善玉でBタイプは悪玉だという「思想」的議論を欠如した決めつけが横行する危険性がある。(『法然と明恵』三五四―三五五頁)〔傍線＝松本〕

と言われているのであるが、ここに見られる「類型論」と、善玉悪玉の「決めつけ」を、私は残念ながら、袴谷氏の論調に感じざるを得ないのである。

私は、法然について、「他力主義」「往生の教」「排他主義」「菩提心否定説」「如来蔵思想否定」「深信因果」「仏教の正統説」という類型論・図式の妥当性を、すべて承認することはできない。これは、すでに述べた通りである。氏の解釈は、私より見れば、テキストより遊離しているように思われるからである。しかも、氏の論調に、善玉・悪玉の「決めつけ」を感じざるを得ないのは、袴谷氏が『法然と明恵』において、善導・法然の思想というものを、殆ど絶対視されているからである。氏は、おそらくそのようなことはないと言われるであろうが、すでに見たように、氏は、前掲の論述㋕において、

それどころか、古今を絶する善導の思想の独自性は、法然によって初めて正確に把握され活かされえたとさえ思われてくるのであります。

と言われているのである。また、私は『法然と明恵』の全体を精読したつもりであるが、善導・法然の思想に対する否定的批判的な言辞を、そこに一言たりとも見出すことはできなかった。もしそれが同書に見られるとすれば、是非とも示して頂きたい。

先の論述㋢の中で言及された「絶対的に正しい思想はなく、絶対的に誤った思想もない」という末木文美士氏の言葉に[70]、私は全面的に賛成であり、袴谷氏には、この言葉の意味をよく考えて頂きたい。

私は、一九九三年十一月にワシントンDCで開かれたアメリカ宗教学会(the American Academy of Religion)の〝批

判仏教〟Critical Buddhism に関するパネルに参加したとき、"My View on Critical Buddhism" なるコメントの冒頭で、"Critical Buddhism must be critical towards Critical Buddhism itself."(71) と述べたが、これは勿論、袴谷説批判を意図したものであった。一九八五年(72)から袴谷氏は道元を〝差別思想の元凶である本覚思想の希有なる批判者〟として位置づけ、道元思想の一貫した本質を〝本覚思想批判〟と評価された。当初は、この評価に従っていた私も、しだいに袴谷説に、道元思想の絶対視・讃美という側面を感じざるを得なくなっていった。一九九一年に拙論「深信因果について」(73)が公刊されたが、そこで私は、如来蔵思想に「仏性内在論」と「仏性顕在論」の二類型を区別し、『弁道話』における「心常相滅説」批判とは、このうちの後者による前者の批判であり、従ってそれを袴谷氏のように〝本覚思想批判〟と解することはできないことを論証し、かつ道元は晩年の「十二巻本」『正法眼蔵』の時代に至っても、「やはり如来蔵思想的傾向を脱却できなかったのではないか」(74)という批判的見解を提示したのである。

私の袴谷説批判の妥当性は、拙著『禅思想の批判的研究』への氏による書評の中においてであったが、一九九五年になって氏によって認められた(75)。しかるに、私の袴谷説批判、つまり、氏の道元解釈に対する批判が公けになった頃と前後して、袴谷氏はしだいに道元から法然へと傾斜されていったが、これが〝道元の絶対視から法然の絶対視への移行〟という側面をもつことは、否定できないと思われる。

袴谷氏は〝仏教とは批判である〟と言われたが、〝絶対視〟と〝批判〟は、正に矛盾対立物以外の何ものでもない。氏において〝批判〟が対象の〝絶対視〟と絶縁できないのは、その批判が、〝自己自身〟よりもむしろ〝他〟に向けられているからであろう。つまり、氏の〝批判〟には、自己肯定的要素が充分に払拭されていない。それ故、対象の性急な絶対視ということも生じるのである。

私見によれば〝批判〟とは、〝自説〟を絶えず繰り返し疑い、〝自己〟を絶えず全面的に否定し続けることでなければならないであろう。この絶えざる〝自己否定〟〝自己批判〟ということがあってこそ初めて、さらにそのうえに、〝正邪の決着〟とか〟正しい主張の定立〟ということがありうるであろう。

残念ながら私には、袴谷氏の善導・法然評価に批判的意義を認めることはできなかった。氏の議論は、私の議論と同様に、余りにも性急であるというのが、私の実感である。

結語

袴谷氏が、その著書『法然と明恵』で、法然思想を〟他力主義〟として賞讃したことは、今日の日本社会の現状を考えてみても、極めて不適切な uncritical な行為であったと考える。〟他力主義〟は、自己の知性と責任を放棄させ、〟造悪無礙〟や日本特有の無責任主義を生み出す源にもなるのである。即ち、現代社会において、まず何よりも必要なものは、独立した個人が、自らの知性によって、考え疑い判断し、そして最後に、自らの責任において行為することを説く〟自力主義〟であろう。(76) 従って、私は、相当の影響力を有していると思われる袴谷氏の法然解釈・浄土教解釈を批判せざるを得なかった。法然浄土教の真義の解明に、もしも本論文が多少なりとも資することができれば、幸いであると考えている。

註

(1) 拙稿「書評　袴谷憲昭著『法然と明恵　日本仏教思想史序説』」『駒沢大学仏教学部論集』二九、一九九八年、四二〇—四七七頁。

(2) 『法然と明恵』では、以下に図とその解説が示されているが、ここでは省略する。

(3) 袴谷氏は、論述㋒で、「自力主義」と「自力聖道門」を区別し、「他力主義」と「他力浄土門」を区別されるが、『法然と明恵』の「付録」の第二論文たる「成仏ノート」(三七六頁)では、「自力聖道門的な仏教」と「他力浄土門的な仏教」という言葉が、特別の限定もなく対比されており、前者は、「仏となる〔成仏〕」（三七七頁）教え、後者は、「往生」（同頁）と規定されている〔後出の袴谷氏の論述㋗参照〕。従って、袴谷氏の「自力主義」と「他力主義」の区別には、浄土教文献一般に見られる「自力」と「他力」の対比が全面的に否定されることなく、温存されていると見ることができる。

（4）本書、第一章、記述〔30〕参照。

（5）『昭法全』三一二頁。

（6）この点については、前註(3)参照。

（7）真宗学研究会編『観経四帖疏索引』永田文昌堂、一九八七年。

（8）「仏性内在論」と「仏性顕在論」の仮説については、『道元思想論』二五一―三五頁、二五九―二六〇頁等参照。

（9）梶山雄一「別時意論争と是報非化論」（『中西智海先生還暦記念論文集　親鸞の仏教』永田文昌堂、一九九四年）六七四頁参照。また、藤田宏達博士も、「法性真如海」を、「法性真如海〔の法身〕」（『善導』一八六頁）と訳されている。

（10）基体説（dhātu-vāda）という私の仮説については、『縁起と空』二―八頁、六七頁、三一三頁等参照。

（11）『善導』二七二―二七三頁。

（12）藤田訳では、「仮に立てているのであるから」（『善導』二七二頁）とある。

（13）『善導』二七五頁、註(15)参照。

（14）この「ただ」（「唯」）については、後論する。

（15）「無術通人」と「有術通人」とのどちらを善導は優れたものと見なしているか考えてみるべきであろう。つまり、「末代罪濁凡夫」は、やはり劣った人々と考えられているのである。

（16）記述〔12〕の「界等」の語は、『大乗荘厳経論釈』における世親の語、「声聞等の法界は、無差別であるから」"śrāvakādīnāṃ dharmadhātor abhinnatvāt" (*Mahāyānasūtrālaṃkārabhāṣya*, Lévi ed, p.68, *l*. 17) に意味上、一致する。
なお、この『大乗荘厳経論釈』の〝法界無差別〟説については、拙稿「唯識派の一乗思想について」『駒沢大学仏教学部論集』一三、一九八二年、三一二頁、三〇五頁、『縁起と空』三一一―三一二頁参照。

（17）『浄全』一、一九六頁一行。

（18）同右、一九六頁一二行。

（19）『法然と明恵』九〇頁参照。

（20）『昭法全』三一一頁。

(21) 同右、三三八頁。
(22) 同右、三一一頁。
(23) 私は、谷口圓雄氏より、〝『選択集』に「一切衆生皆有仏性」の語を有する『安楽集』の一節が引用されていることは、『選択集』で如来蔵思想が否定されていないことを示している〟という趣旨の指摘を受けた。それ故、ここでの「しかも」以下の私の論述は、氏の指摘からヒントを得ていると言えるであろう。
(24) 絶望は、本来キルケゴールの言葉であるが、この語は私によって〝縁起〟の解釈に、次のように用いられた。
私にとっての縁起とは、相互依存的な同時的空間的縁起ではなく、宗教的時間としての不可逆の方向性をもった縁起、もし文学的表現をとれば、全く絶望的な時間としての縁起なのである。(『縁起と空』「まえがき」四頁)
なお、このような〝縁起〟解釈は、『縁起と空』第二章「縁起について」に詳論されている。
(25) 『縁起と空』一一一頁参照。
(26) 袴谷憲昭『本覚思想批判』大蔵出版、一九八九年、二二四頁、註(27)参照。
(27) 拙稿「釈尊と真理――法が先か仏が先か　再論」(奈良康明編『ブッダから道元へ　仏教討論集』東京書籍、一九九二年)一一九頁、拙稿「仏教の批判的考察」(『世界像の形成』〔『アジアから考える〔7〕』〕東京大学出版会、一九九四年)一七六―一七七頁、及び、前註(1)の拙稿、四五〇―四五四頁参照。
(28) この袴谷氏の〝往生〟の説明には、普通〝往生の正因〟と解される〝称名念仏〟という最も重要な契機、氏が㋗で引かれる『観無量寿経』の経文の「称南無阿弥陀仏」という語によっても明示されている契機が見事に欠落している。おそらく、浄土教を「他力主義」と把えることから、氏においては、〝信〟のみが注目され、〝称名〟が欠落してしまうのであろう。これは正に善導・法然、そして弁長が否定しようとした傾向であり、かつ私見によれば、親鸞の〝信心正因〟説に至る傾向であると思われる。
このうち、弁長の立場については、本書、第一章の記述〔30〕の「我身無行、不唱称名、偏取信心、以之為他力」という語を参照されたい。袴谷氏が主張する「他力主義」、あるいは、論述㋗における〝往生〟の説明は、弁長によって批判される記述〔30〕のこの語に示される立場と、基本的に一致しているように思われる。

なお、論述㋗に引かれる当該経文それ自体には、〝称名〟だけが説かれ、〝信〟も〝本願〟も説かれてはいない。
(29) 『法然と明恵』二三六―二三七頁。
(30) 『浄全』では、「各発《セ》二無上心《ノヲ》一」とある所を、『真聖全』(一、四四一頁)では、「各発《ミセドモ》二無上心《ノヲ》一」と読んでいる。「無上心ヲ発セ」と「無上心ヲ発セドモ」では、意味が全く異なるであろう。言うまでもなく、後者は、真宗の伝統的な読みにもとづいているのであって、

親鸞は、『教行信証』「信巻」における引用では、これを、

㋐各《ノ》発《セトモ》二 無上心《ヲ》一（『定本』一、一三二頁、『真蹟集成』一、二二二頁一行）

と読み、『観経疏』の加点では、

㋑各発《トモ》二無上《ノ》心《ヲ》一（『定本』九(1)、三頁）

と示しているのである。

しかし、「道俗時衆等、各発無上心」の前には、「先勧大衆発願帰三宝」の語があるのであるから、ここは、「発《オコ》セ」と読むのが正しいであろう。藤田訳も、「おのおのこの上もないさとりを求める心をおこすがよい」（『善導』一八六頁）となっている。

因みに、この点で、親鸞による『観経疏』〝至誠心〟釈の読み方に関する真宗大谷派の了祥（一七八八―一八四二）のコメントに注意すべきであろう。即ち、彼は『後世物語講義』で、次のように述べるのである。

㋓実ニ此ノ至誠心ノ釈、年来苦ニナリテ如何シテ見テモ、吾祖ノ御意ガ善導ニ合ハヌ。至誠心ノ文点ナド無理ノ無理。何程祖師デモ無理ヲ云フテハ承知ガ出来ヌ。（『後世講義』六六頁下）

これについては、本書、第三章、二七八頁参照。従って、了祥は、親鸞による『観経疏』の加点が全面的に正しいとは見ていない。

(31) ただし、ここでは「発菩提心」は、〝往生〟以前に位置づけられているようである。この点は、前掲の『観経疏』の記述〔22〕においても、同様であるかもしれない。というのも、記述〔22〕の後には、

㋐生死甚《ハ》難《ク》レ厭《ヒ》、仏法復《ハ》難《シ》レ欣《ヒ》。共発《ニシテ》二金剛志《ノヲ》一、横超《ニ》二断《シテ》四流《ヲ》一、願《ジテ》レ入《ラント》二弥陀界《ニ》一、帰依合掌《シテ》礼《シタテマツレ》。（『浄全』二、一頁上）

とあるからである。ここで「発金剛志」というのも〝発菩提心〟を意味するであろう。この点で、私は、良忠の『観経疏伝通記』に、

㋑有《カク》曰《ク》。「共発金剛志《ノ》」文、亦勧《ム》二菩提心《ヲ》一。上《ニハ》云《ヒ》二「各発無上心《ト》」一、下《ニハ》云《フ》二「共発金剛志《ト》」一。明知《ニヌ》、中間言《ニフ》二「生死甚難厭」等《ト》一者《ハ》、於《テ》二厭欣《ノ》二事《ニ》一、発《シテ》二金剛志《ノヲ》一厭《ヒ》レ之《ヲ》欣《ヘトイフコトヲ》レ之《ヲ》。（『浄全』二、八九頁上）

として示される「有曰」以下の解釈が、正しいのではないかと思う。

(32) ここを、『教行信証』「信巻」では、次のように読んでいる。

善《ク》自《ミツカラ》思二量《セヨ》己《ノレカ》能《ヲ》一。（『定本』一、一四三頁、『真蹟集成』一、二四二頁一―二行）

しかし、大正新脩大蔵経（大正四七、四三九下）でも、「己能。」ではなく「。已能」と読んでいる。これについて、『善導』三三七頁、註(1)参照。

(33) 『浄全』一、四九―五〇頁。

(34) 『選択集』第三章における引用（『昭法全』三二一頁）は、末尾の「唯除五逆誹謗正法」を欠いている。

(35)『教行信証』「信巻」における引用（『定本』一、九七―九八頁）は、「唯除五逆誹謗正法」を含む全文である。
(36) 本書、第一章、三一七頁、一七―一八頁参照。
(37)『選択本願念仏集』岩波文庫本（一九九七年、一四五頁）の註で、この記述の「善導所釈の菩提心」という語に註して、校註者たる大橋俊雄氏が、善導の『観経疏』の文言を指示せず、『浄土随聞記』の文言を出しているのは、奇妙に思われる。また、そこで『浄土随聞記』の文言とされたものは、本章で後に示す『浄土随聞記』の記述〔39〕前半と一致せず、かえって『醍醐本』所収の『一期物語』記述〔41〕の前半とほぼ一致しているが、完全には一致していない。大橋氏は、一体いかなるテキストに依られたのであろうか。なお、大橋俊雄『法然・一遍』（『日本思想大系』10、岩波書店、一九七一年、三八三頁下）における「善導の所釈の菩提心」に対する註も、岩波文庫本のものと全く同様である。
(38) 明恵は、浄土教においても「菩提心」が確かに説かれていることを示すために、この『観経疏』記述〔38〕を、その『摧邪輪』巻上（『浄全』八、六七八頁上―下）に引用している。
(39)『法然と明恵』二五四頁参照。
(40) 正徳版が義山による改変を多く含むことについては、本書、第一章、五五―五六頁、註(18)、『法然遺文』一七九頁、一九二頁参照。
(41)『浄全』九、四六〇頁下―四六一頁上。
(42)『昭法全』六六八頁。底本は元亨版である。
(43) 正徳版『浄土随聞記』では、大徳寺本『拾遺漢語灯録』所収の『浄土宗見聞』記述〔43〕の「法蔵比丘之成仏」が、「法蔵比丘発願成就仏体」（『浄全』九、四六一頁上二行）となっている。これは、おそらく私の言う「自己矛盾」に気づいた義山が、「成仏」の語を避けて、「発願成就仏体」という奇妙な表現に変えたものであろう。
(44)「永井(二)」三四五頁の対照表、15番の第六段参照。
(45)「藤堂(二)」三二六頁参照。
(46)『昭法全』六六七頁、脚註(4)参照。
(47) Cf. *Abhidharmakośabhāṣya* (Pradhan ed.), p. 2, *l*. 4.『品類足論』にも、「慧如何、謂心択法性」（大正二六、六九三上）とある。
(48) ここには、〝縁起〟を「相互依存」と解することを否定する私の解釈が示されているように思われる。この解釈につていは、前註(24)、『縁起と空』二九―三六頁参照。
(49) 私自身は、この記述の三つの傍線部分は、すべて袴谷氏が私の説を述べられたものだと理解している。即ち、袴谷氏の「批判仏教と本覚思想」なる論文（『日本の仏教』第一号、一九九四年、法蔵館）の「支えるものなき脆い一本の線のごとき因果」（一〇八頁）という表現と、ここの「細い一本の糸のような因果」という表現とには、大差はないであろう。このうち、前者の表現については、袴谷氏は、「剽窃」であることを認められた。袴谷憲昭「書評　松本史朗著『禅思想の批判的研究』」『駒沢短期大学仏教論集』一、一九九五年、七六―七七頁、前註(1)の拙稿、四五三―四五四頁参照。
(50)『禅批判』六四―六五頁、前註(1)の拙稿、四三二頁参照。
(51)『縁起と空』一四―一七頁、二七頁、三四頁参照。なお、モンテイロ氏は、「宗教的時間性」という表現を用いるに際し、私の表現を採用したことを明記されている。「モンテイロ」二八三頁、註(45)参照。
(52)「衆善」という語については、後註(54)参照。
(53)『昭法全』三二八頁。
(54)「衆行」は、『選択集』第七章における引用(『昭法全』三二七頁)では、「衆善」となっている。これに対して親鸞は、『教行信証』「化身土巻」(『定本』一、二九七頁)で、「衆行」と引用している。
(55)『昭法全』三一九頁。
(56)『浄全』十、三七七頁上―下。
(57)『往生礼讃』(『浄全』四)三五五頁下参照。なお、善導の〝四修〟は『倶舎論』の〝四修〟(大正二九、一四一中、二九二中)〔*Abhidharmakośabhāṣya*, Pradhan ed, p. 415, *ll.* 19-20〕にもとづくのであろうが、基(六三二―六八二)に帰せられる『西方要決』(『浄全』六、六〇四頁下―六〇五頁下)にも、〝四修〟が説かれている。
(58)本書、第一章、四六―五〇頁参照。
(59)『法然と明恵』二七八―二七九頁、三三五―三三七頁参照。
(60)ここで平氏は、〝造悪無礙〟批判に親鸞の〝躓き〟を認められているが、確かに〝一念義〟に対する批判的意識の欠落した平氏には、この様な理解は当然の帰結として生じるであろう。平氏の〝一念義〟評価については、『日本中世』一五七頁、一八七―一八九頁、一九九頁、一九九頁註(1)、二三八―二四〇頁、『道元思想論』一八二頁、註(85)参照。
なお、私自身が、〝多念義〟を浄土教の正統説と考えていることについては、『禅批判』二二〇―二二二頁参照。また、そこで善導の「無間修」と隆寛の〝多念義〟の関係についても、論じている。
(61)『法然と明恵』三五七頁。
(62)同右、三五六頁一行。
(63)同右、三五二頁。

(64) 平雅行「仏教思想史研究と顕密体制論―末木文美士氏の批判に応える―」『日本史研究』四二二号、一九九七年、六〇頁。
(65) 『法然と明恵』三五二頁。
(66) 袴谷氏は、さすがに平氏の〝ジンテーゼ論〟には、全面的に賛成はできなかったのであろう。「ドイツ哲学風の「弁証法（Dialektik）」が連想されて、多少同調できないところはあるにはあるが」（『法然と明恵』三五二頁二〇行）と言われている。
(67) 袴谷憲昭『批判仏教』（大蔵出版、一九九〇年）所収論文「小林秀雄『私の人生観』批判」参照。
(68) これは、「顕密体制論の再検討」（一九九六年）という論文で、末木文美士『鎌倉仏教形成論　思想史の立場から』（法蔵館、一九九八年）に収められた。
(69) 末木『鎌倉仏教形成論』五三頁参照。
(70) 同右、五三頁。
(71) 拙稿「My Report of the Panel on "Critical Buddhism"」『駒沢大学仏教学部研究紀要』五二、一九九四年、三〇二頁。ただし、私の表現は、英語として不適切だったのであろう。*Pruning the Bodhi Tree―The Storm over Critical Buddhism* (Hubbard & Swanson eds., University of Hawai'i Press, 1997) に、"Comments on Critical Buddhism" として収録されるに際し、表現は、"Critical Buddhism must always maintain a critical attitude toward Critical Buddhism itself." (p. 161) に変更された。
(72) この年、袴谷氏の「差別事象を生み出した思想的背景に関する私見」（『本覚思想批判』大蔵出版、一九八九年所収）が書かれた。
(73) 拙稿「深信因果について――道元の思想に関する私見――」（鏡島・鈴木編『十二巻本『正法眼蔵』の諸問題』大蔵出版、一九九一年）、一九九―二四七頁。なお、この論文は、その後、補訂を伴って、『禅批判』（一九九四年）の第六章に収められた。
(74) 『禅批判』六二〇頁。
(75) 前註(49)の袴谷書評、八一頁参照。
(76) この意味では、私は、袴谷氏の主張される「他力主義」よりも、宮元啓一氏が推賞される「自己責任思想」「自力主義」の方を評価する。宮元啓一『インド死者の書』鈴木出版、一九九七年、付章「自己責任思想と救済思想をめぐって」一六八―二〇三頁参照。

〔付　記〕本章の原論文発表後、善導の〝指方立相〟説は如来蔵思想に立脚しているという私見に対して、花木信徹氏より、法然は〝指方立相〟説を説いていないのではないかという指摘を頂いた。確かにその通りであり、この指摘は、法然と如来蔵思想との関係を考える上で重要であろう。

第三章　『捨子問答』と『後世物語』
――親鸞思想の研究(一)――

この論文の第一の目的は、『後世物語』が『捨子問答』にもとづいて書かれたこと、しかも、親鸞その人によって書かれたことを論証することにある。また、『捨子問答』が親鸞によって『後世物語』に書き改められたときに蒙った種々の改変に、親鸞思想の独自性を探ることも、本論文の重要なテーマとなるであろう。『後世物語』が『捨子問答』を下敷にして親鸞によって著されたということは、両文献において対応するテキストを並置し、それに若干のコメントを付しさえすれば、容易に論証しうることであろうが、その前にまずこの両文献について、序論的な説明をなしておきたい。

一　両文献の序論的説明

『後世物語』(略号『後世』)は、『真宗聖教全書』二(宗祖部)、『定本親鸞聖人全集』六、写伝篇(2)に収められていることからも知られるように、浄土真宗においては、極めて重視された文献である。よく知られているように、親鸞が関東の弟子達に送った書簡の中には、『唯信鈔』とともに、この『後世物語』をよく読むように弟子達に勧めている趣旨が、しばしば認められる。即ち、建長四年(一二五二年)に書かれたとされる(1)『末灯鈔』第十九通前半(『親鸞聖人御消息集』広本、第三通)には、次のような記述が見られる。

〔1〕さきにくだしまいらせさふらひし『唯信鈔』・『自力他力』なんどのふみにて御覧さふらふべし。それこそ、この世にとりてはよきひと〴〵にておはします。すでに往生をもしておはしますひと〴〵にてさふらへば、そのふみどもにかゝれてさふらふには、なにごとも〳〵すぐべくもさふらはず。法然聖人の御をしへを、よく〳〵御こゝろえたるひと〴〵にておはしますにさふらひき。さればこそ往生もめでたくしておはしましさふらへ。(『定本』三(2)、一〇七―一〇八頁)

ここには、『後世物語』という書名は現れていないが、この『末灯鈔』第十九通前半と一致する『親鸞聖人御消息集』広本、第三通では、『唯信鈔』と『自力他力』という語の間に、『後世物語』という書名が見られ、[2] 従って、梅原真隆氏による『末灯鈔』の校訂本では、当該個所が「唯信鈔、後世物語、自力他力ナムトノフミ[3]」となっている。親鸞の書簡としては、『後世物語』という語を有するこの読み方が、本来の形であろう。

それ故、真宗大谷派の了祥(一七八八―一八四二)も、『後世物語講義』[4](略号『後世講義』)において、

〔2〕御消息、建長四年ノ御文ニ明法房往生ノコトガ出デテ、ソレニ『唯信鈔』『後世物語』『自力他力』ヲヨク見ヨトアル。然レバ建長四年ニ早ヤ『後世物語』ヲ書キ与ヘサセラレタカト見エル。(『後世講義』一七頁下―一八頁上)

と述べている。

また、『親鸞聖人御消息集』には、他にも『後世物語』を推賞する記述が、次のように見られる。

〔3〕たゞ詮ずるところは『唯信鈔』・『後世物語』・『自力他力』、この御文どもをよく〳〵つねにみて、その御こゝろにたがへずおはしますべし。いづかたのひと〴〵にも、このこゝろをおほせられさふらふべし。(『定本』三(2)、一二五―一二六頁)(略本、第一通。広本、第六通)

〔4〕また、親鸞も偏頗あるものとときゝさふらへば、ちからをつくして『唯信鈔』・『後世物語』・『自力他力』の文[5]のこゝろども、二河の譬喩なんどかきて、かた〴〵へひと〴〵にくだしてさふらふも、みなそらごとになりてさふ

らふときこえさふらふは、いかやうにすゝめられたるやらん。（同右、一四五頁）（略本、第六通。広本、第十一通）

〔5〕よく〳〵『唯信鈔』・『後世物語』なんどを御覧あるべくさふらふ。（同右、一五一頁）（略本、第七通。広本、第十二通）

このうち、記述〔4〕を含む『親鸞聖人御消息集』略本、第六通（広本、第十一通）は、建長七年（一二五五年）十一月九日、善鸞（慈信）に宛てたものと見られている。[6] また、記述〔5〕を含む略本、第七通（広本、第十二通）は、建長八年（一二五六年）一月九日、真浄に宛てたものとされている。[7]

さらに、『親鸞聖人血脈文集』第二通には、次のようにある。

〔6〕オホカタハ、唯信抄、自力他力ノ文、後世モノガタリノキ、ガキ、一念多念ノ証文、唯信抄ノ文意、一念多念ノ文ノコヽロ、コレラヲ御覧ジナガラ、慈信ガ法文ニヨリテ、オホクノ念仏者タチノ、弥陀ノ本願ヲステマイラセアフテ候ラムコト、マフスバカリナク候ヘバ、カヤウノ御フミドモ、コレヨリノチニハ、オホセラルベカラズ候。又、真宗ノキ、ガキ、性信房ノカ、セタマイタルハ、スコシモ、コレニマフシテ候ヤウニ、タガハズ候ヘバ、ウレシウ候。真宗ノキ、ガキ一テウハ、コレニトヾメオキテ候。（『血脈研究』一一—一二頁）

これは、建長八年五月二十九日に、親鸞が性信に宛てて、自分の息子の善鸞を義絶したことを報告した手紙とされるものの一節であるが、ここでは、『後世物語』の書名が、『後世物語聞書』と呼ばれているようである。このような所から、『後世物語』が『後世物語聞書』とも称せられることになったと思われるが、そもそもこの書簡の信憑性については、疑問がある。

まず、先に見た『親鸞聖人御消息集』の記述〔1〕及び〔2〕—〔5〕によれば、親鸞が、おそらくは異義を正すために、関東の弟子達に書き送ったと思われる文書としては、第一に『唯信鈔』、第二に『後世物語』、第三に『自力他力』というものがあった。しかるに、『血脈文集』第二通の記述〔6〕を見ると、それ以外にも、「一念多念ノ証文、唯信抄ノ文意、一念多念ノ文ノココロ」という三点が挙げられている。これらは、順次に、『一念多念分別事』、『唯信鈔文意』、『一念多念文意』を指すであろうが、記述〔6〕では、以上の六文献について、

カヤウノ御フミドモ、コレヨリノチニハ、オホセラルベカラズ候。

と言われている。これは奇妙なことではなかろうか。

ここで記述〔6〕全体の趣旨について検討するために、記述〔6〕に対する石田瑞麿氏の現代語訳を、次に示そう。

おおかたは『唯信鈔』、『自力他力分別事』、『後世物語聞書』、『一念多念分別事』、『唯信鈔文意』、『一念多念文意』など、これらをご覧になりながら、慈信の説く教えによって、多くの念仏者たちがともに弥陀の本願を捨てておいでになられるように見えますことは、申しても詮ないことでありますから、このようなご書物などについては、今後はお話しになってはいけません。

また『真宗の聞書』という、あなたのお書きになったものは、少しもわたしの申していることと違いがありませんので、うれしく存じます。『真宗の聞書』一部はここにいただいて置いておきます。（『親鸞（石田）』一四七頁）

〔傍線＝松本〕

この記述〔6〕の内容が真実であるとすれば、親鸞は、明白な自著である『唯信鈔文意』や『一念多念文意』をも、「御フミ」（「ご書物」）の中に含めたことになるが、これは不自然だと思われる。また、さらに驚くべきことは、この二つの自著をも含めて、「カヤウノ御フミドモ、コレヨリノチニハ、オホセラルベカラズ候」（「このようなご書物などについては、今後はお話しになってはいけません」石田訳）というように、自著を読むことすら禁じたというのであるから、仮りに〝これらの書物が善鸞の異義を防止する力をもたなかったから〟という理由づけがなされるにせよ、これ以上、不自然なことはないであろう。

さらに、この書簡、つまり、『血脈文集』第二通の末尾には、次のような驚くべき言辞が認められるのである。

〔7〕コノ唯信抄、カキタルヤウ、アサマシウ候ヘバ、火ニヤキ候ベシ。（『血脈研究』一二頁）

『唯信鈔』こそは、すでに見た『親鸞聖人御消息集』記述〔1〕、〔3〕―〔5〕によっても知られるように、親鸞が関東の弟子達にまず第一に推賞した文献である。それを、〃その書き様が悪いから、火に焼くべし〃というのは、到底、親鸞の言葉とは考えられない。

この『血脈文集』第二通は、明白に親鸞の自著である二文献を含む重要な六文献について、「カヤウノ御フミドモ、コレヨリノチニハ、オホセラルベカラズ候」と述べ、また、『唯信鈔』について、「火ニヤキ候ベシ」と言っている一方で、この手紙を宛てた相手である性信の著とされる『真宗ノキキガキ』なる得体の知れない書物を、親鸞の自説に合致するものとして〃ベタ賞め〃している。これもこの書状の真撰を疑わしめるものであって、ここには、この「慈信房義絶宣誓状」とも呼ばれる書状の作者の極めて意図的な作為があるとしか考えられない。[8][9]

ところで、この『血脈文集』の性格については、かつて梅原真隆氏が、次のように指摘されていたことは、重要であろう。

今その内容から判断して、私は性信房の系統の人々の手になつたものと推考するのである。（『血脈研究』三二頁）

かくのごとく、全編すべて性信房に関するものである。故に、この文集は性信系統の人々即ち横曾根門徒の手によつて編纂せられたものと解すべきである。（同右、三三頁）

この文集の特徴は法然聖人と親鸞聖人との的伝の血脈を性信房が相承したといふ一点に存する。即ち、法然・親鸞・性信の三代伝持の血脈をしるしづけんとしたところに鋭い特徴が見出されるのである。（同右、三五頁）

これらによつて私は、この文集は法然・親鸞・性信の三代伝持の血脈相承を立証せんがために、編纂せられたことを推考するものである。（同右、三六頁）〔傍線＝松本〕

この梅原氏の指摘は、全く正確なものと思われるが、氏は、『血脈文集』に含まれる書状の内容には疑問を抱かれなかったのであろうか。『血脈文集』が、「法然・親鸞・性信の三代伝持の血脈相承を立証せんがために」「性信系統の人々即ち横曾根門徒の手によって編纂せられたもの」、あるいは、「性信系統の人々の手になったもの」であるとするならば、そこに見られる親鸞の自著を含む六文献を今後読むことを禁じたり、『唯信鈔』の焼却を命じたり、性信作という『真宗の聞書』なる文献を親鸞説に合致するものとして激賞したりする記事を、〝法然―親鸞―性信の血脈相承〟を立証するための意図的捏造ではないかと疑ってみるのは、むしろ当然の学問的作業と言うべきであろう。

この『血脈文集』第二通で排斥された六文献を見ると、それらはすべて聖覚・隆寛に関るものである。即ち、『後世物語』の位置づけは微妙であるものの、隆寛に関連する文献であることは認められていたであろう。また、その他はすべて聖覚・隆寛の著作とされるものと、それに対する親鸞の解説である。しかるに、聖覚・隆寛は法然―親鸞―性信のラインからは外れるため、それらの六文献は、不必要なものとして排除されたのではなかろうか。

この『血脈文集』第二通には、

〔8〕自今已後ハ、慈信ニオキテハ、親鸞ガ子ノ義オモヒキリテ候ナリ。（『血脈研究』一〇頁）

という文があるため、この書状は、「慈信房義絶宣誓状」とも呼ばれているが、この〝善鸞（慈信）義絶〟ということ自体、事実であったかどうか、極めて疑わしい。〝善鸞義絶〟が事実であったとすれば、梅原氏の言葉を用いるならば、「慈信房の血族系と真仏房や性信房などの直弟系との対抗」[10]において、直弟系に決定的な勝利が宣せられることは言うまでもない。とすれば、『血脈文集』第二通は、京都からやってきた善鸞等の血族系の信用失墜と、〝造悪無礙〟を非難された関東の直弟子系、特に性信の権威回復を意図して捏造された虚構の文献であると見るのが、最も自然であるように思われる。

〝善鸞義絶〟を伝える文献は、この『血脈文集』第二通と、親鸞がこの書状を性信に宛てて出した当日（建長八年五月二十九日）に、善鸞自身に宛てて書いたとされる「義絶状」なるものがあるだけである。その「義絶状」には、

〔9〕いまはおやといふことあるべからず。ことおもふことおもいきりたり。三宝・神明にまふしきりおわりぬ。(『定本』三(2)、四三頁)

とあって、「おもいきる」という動詞の使用が、『血脈文集』第二通の記述〔8〕に一致しており、記述〔8〕を承けた表現であるように思われるが、このような親子絶縁という極めて個人的内容をもつ「義絶状」が書写されて現存していること自身、極めて不自然なことと言わなければならない。まさか善鸞が〝私は、父親鸞からこうして義絶されました〟と回りの人々に触れまわって、この「義絶状」を書写させた訳でもあるまい。しかも、この「義絶状」は、善鸞より見れば敵方の「直弟系」の高田の顕智によって嘉元三年(一三〇五年)に書写されたものとして、伝えられてきたのである。そこに、意図的な作為を認めない方が、不自然というものであろう。[11] 従って、私としては、〝善鸞義絶〟は、関東の門弟達の一部によって捏造された虚構であったと考えるものである。

また、『血脈文集』第二通と善鸞あて「義絶状」の内容にもとづいて、善鸞の思想は秘事法門的なものだったと考えられることが多い。しかし、これについても、私は疑問をもっている。即ち、『血脈文集』第二通には、

〔10〕マヅ、慈信ガ申候法文ノヤウ、名目オモキカズ、イハンヤ、ナライタルコトモ候ハネバ、慈信ニ、ヒソカニオシフベキヤウモ候ハズ。マタ、ヨルモ、慈信一人ニ、人ニカクシテ、法文オシエタルコト候ハズ。(『血脈研究』九一一〇頁)

とあり、例の「義絶状」には、

〔11〕又、慈信房のほふもんのやう、みやうもくをだにもきかず、しらぬことを、慈信一人に、よる親鸞がおしえたるなりと、人に慈信房まふされてさふらうとて、(『定本』三(2)、四〇―四一頁)

とあり、確かにこれらの記述を含む両書簡が真撰であるとすれば、〝善鸞は夜中一人で親鸞から秘事法門を授かったと主張した〟という理解が成立するであろうが、この両書簡を虚構と見る私より見れば、これらの記述は、むしろ関東

門弟の側における秘事法門に対する強い嗜好を語っていると見られるのである。

そもそも善鸞が関東に赴いたこと、おそらく親鸞によって派遣されたこと自体が、親鸞の帰洛後、関東の門弟達にひろまった所謂〝造悪無礙〟的傾向に対処する為であったとしか考えられない。[12] しかるに、所謂〝造悪無礙〟説が、現実そのものをそのまま肯定する論理、敢えて言えば、〝本覚思想〟的、〝即身成仏〟的な密教的論理と無関係であったとは思えない。これについて、重松明久氏が、「真言的な即身成仏観」「関東天台流の即身成仏観」が、「当時関東一円に瀰漫していた」と指摘されたことは、重要である。[13] このような密教的傾向が基盤となって、〝造悪無礙〟説が、親鸞帰洛後の関東の門弟達の間に、成立するようになったことは、ほぼ間違いのないところであろう。こうした密教的〝造悪無礙〟的傾向を排するために派遣されたのが善鸞であって、その彼が密教的な秘事法門を説いたとは、私には考えられない。秘事法門は、むしろ関東門弟達の愛好したものなのである。

この点について、かつて梅原真隆氏が、『血脈文集』の性格に関連して、次のような重要な指摘をされたことを、想起すべきであろう。

かゝる奥書を添加する心理をさぐれば、一部の人々への密伝的傾向を帯びてゐることは争はれない。かくて私は性信系の人々の密伝的技巧を看破せんとするものである。而して慈信房が密伝的法門を説いて問題となり、義絶されたが、密伝的様式をとつて自家の勢力範囲を保持し、もしくは拡張しやうとしたものは慈信房だけでない。高田の唯授一人口決を云々するのも、密伝的様式の風情を帯ぶるものである、しかしてこの文集によつてみれば、性信系の門侶も密伝の様式をとつたものと推考されうる。関東に於ける門侶が教団の成立の過程に立つて自家の立場を擁護し、自家の勢力を拡張するために、いつしか不純な技巧をとつたものとおもはれる。(『血脈研究』四一頁)〔傍線＝松本〕

私自身は、「而して慈信房が密伝的法門を説いて問題となり、義絶された」という論述の内容については疑問視するものであるが、『血脈文集』その他に「密伝的傾向」を明確に指摘した梅原氏の考察は、鋭利という他はない。『血脈文集』が「法然・親鸞・性信の三代伝持の血脈相承を立証せんがために、編纂せられたもの」であり、その書名にも採用された〝血脈相承〟という観念が完全に密教的な論理（guru 崇拝）にもとづくことが明らかである以上、『血脈文集』に結実する関東門弟達の支配的な考え方が、密教的、即身成仏的、秘事法門的、口伝法門的であり、かつ〝造悪無礙〟的傾向を帯びていたことは、否定できないであろう。[14]

しかも、この点で注目されるのが、実は『血脈文集』第二通に現れる『後世物語ノキキガキ』という呼称なのである。記述〔6〕を見てみると、そこには、「キキガキ」、つまり、「聞書」という語が三回現れている。後の二回は、性信作とされる『真宗の聞書』について言われるもので、これによれば、性信は「聞書」の語を有する書名をもつ著書を著したことになっている。しかるに、「聞書」とは、基本的には主として密教的な口伝法門に関係するテキストの名称として用いられる言葉なのである。即ち、〝師の口から聞いたことを弟子が書きつけたもの〟という意味での〝口伝〟の観念なしに、「聞書」なる名称は成立しない。

法然・親鸞・道元の著作には、「……聞書」なる書名をもつ著作は存しないが、『歎異抄』冒頭には、「歎異先師口伝之真信」[15]として、「口伝」の強調が見られ、覚如はその影響を受けてか、一三三一年に『口伝鈔』を口述している。[16]一方、道元門下について見れば、『正法眼蔵』に対する最古の註釈とも言うべき『聞書』の一部は、少なくとも、一二六三年には、叡山出身の学僧で道元門下の詮慧によって書かれている。[17]この詮慧の『聞書』・経豪の『抄』について詳しく研究された山内舜雄博士は、「聞書」という文献のジャンルについて、次のように言われている。

「聞書」とは、中古天台で流行した注釈の一形式で、有名なものに、彼の『廬山寺聞書』がある。法華三大部の注釈としては、証真以後あくまで正統的な天台教学を伝えたものとして、重要視されている。

この「聞書」と称するものは、平安末から鎌倉そして南北朝にかけて、盛んに現われたもので、天台出身の詮慧が、この聞書形式を、『眼蔵』注釈に持ち込んだものと推測される。

「聞書」は、平安中ごろから発達した、いわゆる私記と称する注釈形式を承けて、文献・考証にあまり拘わらずに主体的な解釈をなすところに特徴があり、さらにそれは、南北朝時代となると「抄」物として発展する。

本覚法門では、『一帖抄』『二帖抄』『二帖抄見聞』『八帖抄』等の展開がそれで、「聞書」と並んで夥しい数の「抄」が作製されている。(18)

詮慧、そして経豪が、前身天台僧であったことから、論義用語や、口伝法門とおぼしき表詮を用いたり、あるいは重要な本覚法門の口伝の二、三を出したことを、理由づけることは容易である。(19)〔傍線＝松本〕

この論述によって知られることは、「聞書」という文献ジャンルが、中古天台の本覚法門、口伝法門というものと不可離に結びついていることである。しかるに、天台本覚法門とは、私より見れば、基本的には〝天台教義の密教化〟とも言うべきもので、そこには〝俗諦常住〟とか〝当体即常〟というように、現実をそのまま全肯定する〝居直りの論理〟が示されている。(20)〝造悪無礙〟説というのは、勿論関東のみに起ったことではないが、その〝造悪無礙〟説を論理的につきつめて考えてみれば、必ずその根底に、密教的な現実全肯定の論理が横たわっていることは、確実だと思われる。それが関東においては、重松氏の語を用いれば、「関東天台流の即身成仏観」とでも言うべきものであったことは、充分考えられる。

いずれにせよ、『血脈文集』第二通に見られる『真宗の聞書』、そして『後世物語の聞書』という書名は、善鸞というよりも、むしろこの書状の作者自身に見られる口伝法門、本覚法門、秘事法門という密教的表現形式に対する嗜好の強さを示すものと思われる。

さらに、『血脈文集』の性格を理解するために、山内博士が口伝法門、本覚法門の性格を要約された論述を、次に示すことにしよう。

口伝法門といわれるだけあって、本覚法門の各書は、ほとんどが伝教、円仁、円珍、安然、良源という三聖二師と称せられる先徳達または慧心、忠尋等に仮託された偽撰であり、それればかりか経論をねつ造し、引用文を勝手に変改し、まともに応接するにいとまあらずの感がある。(21)〔傍線＝松本〕

ここに示されているように、口伝法門においては、「仮託」「偽撰」「ねつ造」、引用文の勝手な「変改」ということは、日常茶飯事であった。無論これは大きく見れば、インド密教までをも含めた密教的タントラ文献の共通の特徴といえるかもしれないが、〝法然・親鸞・性信という三代の血脈相承〟という密教的観念を主張しようとする『血脈文集』に、「偽撰」「ねつ造」が見られたとしても、左程異とするには足りないであろう。

以上の考察によって、『後世物語』は、『血脈文集』のように、『後世物語の聞書』とか、『後世物語聞書』と称されるべきものではなく、(22)『後世物語』を正式名称とすべきであろう。

真宗大谷派の著名な学僧であった了祥は天保七年（一八三六年）に、この『後世物語』の講義をし、その講義が『後世物語聞書講義』と『後世物語録』（略号『後世録』）という若干の異読を有する二本として伝わっているが、そのいずれを見ても、了祥は、『後世物語聞書』という「題号」の説明中において、「後世」と「物語」という語については詳論するものの、「聞書」という語については、一切コメントをしていないばかりか、当該文献を「後世物語」と呼んでいるのである。(23)これは、了祥がこの文献を『後世物語聞書』ではなく、『後世物語』と見なしていたことを示すものと思われる。この点は、前掲の記述〔2〕からも知られる。ただし、「題号」の説明の冒頭には、『後世物語講義』においても、『後世物語録』においても、『後世物語聞書』という題名が示されているのを、どう解するかという問題がある。しかし「聞書」という語に対する了祥のコメントが全く見られないことから考えて、了祥の講義を聞いた『後世物語講義』や『後世物語録』の筆録者達が、勝手に『後世物語』を『後世物語聞書』と訂正して筆録したのではないかということが想像される。もしこの想像が正しいとすれば、それらの筆録者達には、『後世物語聞書』の方が正式の名称であるという意識があったのであろう。

『後世物語』の註釈としては、私は他に、『後世物語抄』という三巻本の書物を参照することができた。(24) この註釈書は、皆円によって、貞享元年（一六八四年）に著され、宝永二年（一七〇五年）京都で出版されたもので、各巻の表紙には、『聖人後世物語抄』と書かれている。しかし、各巻の末尾には、「後世物語聞書抄巻之上終」「後世物語聞書巻之中終」「後世物語聞書抄巻之下終」と出ていて、要するに出版者にとっては、書名は、『後世物語抄』でも、『後世物語聞書抄』でも、どちらでも良かったのであろう。そこで本文中の註釈文を見ると、皆円は、被註釈文献の題名の説明において、「聞書」という語にもコメントしているから、(25) 彼にとっては、『後世物語』の題名は、『後世物語聞書』と意識されていたのであろう。

さて、『後世物語』の著者は誰かと言えば、これは本章のテーマに関ることであるが、過去の説を示せば、皆円は、

(12)客ノ語《コトバ》ニ応《オウ》ジテ、虔《ツツシ》ンデ拝《ハイ》シ見レバ、良《マコト》ニ鸞聖人《ランシヤウニン》ノ御作《ゴサク》トミエテ、（『後世物語抄』序、三右）

というように、これを親鸞の著作と見ている。これに対して、了祥は、皆円を批判して、次のように述べている。

(13)然ルニ古来註釈トテハ『鈔』ト云フモノ三巻アルノミニテ、講釈シタ人モナイノガ此書ナリ。ソノ『鈔』ト云フモノモ、役ニ立タヌ事ヲ吟味シタキリデ、此書ノ実意ヲ解スニハ少モ役ニ立タヌ。終ノ「愚禿親鸞写之」トアルヲ無理ニコヂツケテ吾祖ノ御作ト定メナガラ、何故ニ「写之」トアルサヘ何トモ云フテナイ。（『後世講義』一頁上）

ここで了祥が皆円の『後世物語抄』を「役ニ立タヌ事ヲ吟味シタキリデ、此書ノ実意ヲ解スニハ少モ役ニ立タヌ」と評しているのは、ある意味では当っている。了祥の博識については、私も『後世物語講義』を読んで驚嘆させられたが、それを別にしても、そもそも『後世物語』の読解には、『捨子問答』と『閑亭後世物語』、特に、『捨子問答』との対比が不可欠であるが、この対比を皆円は怠っている。また、了祥が言う通り、『後世物語』の末尾には、「愚禿親鸞写之」の語を有する本もあり、(26) この語は普通、この書物が親鸞によって書写されたこと、つまり、親鸞の著作ではな

いことを示す証拠と解されるのである。しかるに、この語に対する皆円の解釈は、

〔14〕今大祖《ハ》譲《テ》二徳《ヲ》於賢者《ニ》一曰《フ》二書写《ト》一、可《キ》レ知耳《ルノミ》。（『後世物語抄』下、十九左）

という曖昧なものであった。この記述の後、皆円は、〝自分は愚かであり、「聖意」を誤っているかもしれないので、それについては「後賢」がこれを訂正してほしい〟というような弁解めいた言辞を述べて、[27]この註釈を終えている。

『末灯鈔』の記述〔1〕を、『親鸞聖人御消息集』に従って「『唯信鈔』・『後世物語』・『自力他力』なんどのふみ……」と読む限り、親鸞はこれらの書物を「この世にとりてはよきひとびと」「すでに往生をもしておはしますひとびと」の著作と述べていることになるから、この記事を信じる限り、『後世物語』の著者を親鸞とする皆円の説は、成立しなくなるであろう。しかし、私が本章において論証しようと考えているのは、正に〝『後世物語』の著者は親鸞である〟ということであって、もしこの私見が正しいとすれば、むしろ誤っていたのは、皆円ではなく、あの博識の了祥の方であったということになるから、了祥が皆円の『後世物語抄』を「少モ役ニ立タヌ」と酷評したのも、根本においては、誤りであったとしなければならないであろう。

その了祥が『後世物語』の著者を誰であると考えたかと言えば、彼はこの問題について、「弁作主」という項目を設けて詳論しているが、[28]結論として、

〔15〕先ヅコレデ、隆寛ノ説ヲ静遍ノ書カレタデアラウト云フ義ハ弁ジ終ル。（『後世講義』七頁下）

と述べるように、『後世物語』は、隆寛（一一四八―一二二七）の説を弟子の静遍（一一六六―一二二四）、即ち、真言宗出身で東山禅林寺に住した静遍が著したものと見ているのである。

しかし、了祥は、右の記述に続けて、再び皆円の説を、次のように問題としている。

〔16〕然ルニ『鈔』ノ説ノ如ク、吾祖ノ御作ト云フハ、三本トモニ終ニ「親鸞写之」トアルニ相違スレバ、論ズルニタラズ。（『後世講義』七頁下）

ここで了祥は、『後世物語』を親鸞作とする皆円の説は、『後世物語』末尾に「親鸞写之」とある以上、論じるに足りないという自説、つまり、記述〔13〕にも示された自説を繰り返すのであるが、実際には了祥はその自説に全面的な自信を持てなかったのである。それ故、彼は、記述〔16〕の少し後の所で、さらに次のように言っている。

〔17〕コ、ニ一ノ不審ノ立ツタト云フハ、カノ『捨子問答』ガ文迄此ノ書ニヨク合スルデ、若ヤ吾祖ガ『捨子問答』ノ趣ヲ取意シテ御書キナサレタデハアルマイカ。又「ヰナカノ在家無智ノヒト〳〵ノタメニクダスナリ」トアルガ、ヨク証文文意ノ奥書ニ合シテオルデ、吾祖ノ御作デハナケレドモ御取意ノ書デハアルマイカト云フ不審ガタツ。然シナガラコレハ非ナリ。(『後世講義』七頁下)

即ち、了祥はここで、〝『捨子問答』は、この『後世物語』に文章までよく一致しているので、もしかしたら親鸞が『捨子問答』の趣旨を取って書いたのが『後世物語』ではないかという疑問(「不審」)がここに生じる〟と述べているのである。私としては、この了祥の「不審」こそ、『捨子問答』と『後世物語』の関係に関する完全な正解を示していると考える。つまり、〝『後世物語』は『捨子問答』を下敷として親鸞によって書かれた〟と考えるのであるが、注目すべきことは、ここで了祥は、両文献の関係に関する決定的証拠とでもいうべきものに言及していることである。即ち、記述〔17〕に示された通り、『後世物語』の序段には、

〔18〕そのおもむきを、たちどころにしてつぶさにしるして、ゐなかの在家無智の人々のためにくだすなり。よくよくこゝろをしづめて御覧ずべし。(『後世』九三─九四頁)(後出のⓐの一部)

という文章が見られるのである。これについては、後のテキスト解釈の部分において詳しく説明するが、この文章は、『一念多念文意』『唯信鈔文意』における親鸞自身の「奥書」に見られる同様な表現と対照すれば、親鸞自身の言葉としか考えられないのである。

しかし了祥は、この明白な決定的証拠というべきものを前にしても、記述〔17〕で「然シナガラコレハ非ナリ」と

述べて、飽くまでも『後世物語』の親鸞作を否認し、以下にその論拠をいくつか示している。(29)私は了祥の挙げる論拠をここで一々否定することはしない。了祥が記述〔17〕で示した〝決定的証拠〟を別にしても、以下の論説で、『捨子問答』と『後世物語』のテキストを対照させて示せば、両文献の関係は容易に知られると思われるからである。

ただし了祥が『後世物語』の親鸞作を否認するために挙げる論拠(30)は、私より見て、論理的なものとは言い難いものが多い。その中には、

〔19〕吾祖ハ人ノ書イタ書ヲ取意スルヤウナ御気性デナイ。(31)(『後世講義』八頁上)

という言葉さえ見られる。その博識と論理的明快さで知られる了祥が、親鸞の「御気性」などというものを持ち出さざるを得なかったという事実以上に、記述〔17〕に示された「不審」に対する彼の反論が論理的には窮地に陥っていたことを象徴的に示すものはないであろう。また、この言葉は、江戸期の著名な真宗の学僧が、親鸞の人柄に関するある理解を示したものとして、注意しておきたい。

以上見たように、了祥は〝『後世物語』は、『捨子問答』にもとづいて親鸞によって書かれた〟という見方を否定し、〝『後世物語』は、隆寛の説を静遍が書いたものであろう〟という説を説いたことが、明らかになった。

『後世物語』については、明治以降の学者も、多くこれを論じているが、例えば、宮崎円遵氏は、『親鸞聖人書誌』(略号『親鸞書誌』)において、『一念多念分別事』・『自力他力事』・『後世物語聞書』の三文献について、

この三部は、源空の高弟たる隆寛の述作である。(『親鸞書誌』二一八頁)

と言われている。

また生桑完明氏は、『親鸞聖人全集』写伝篇(2)解説において、

「師」は法然上人滅後、その法流を伝える明師として、東山長楽寺来迎房の隆寛が、その人ではあるまいか。……『後世物語聞書』も隆寛の語るところを聞書したものであろう。聞書の編者の署名はないが静遍に擬する説がある。

（『定本』六(2)、二三九頁）[32]

これは、『後世物語』において、問答の答者となる「師」を隆寛と見る説であり、従って、了祥の説に一致している。最後の「静遍に擬する説」というのも、了祥の説を示したものであろう。

次に、思想的側面から『後世物語』の重要性に注目した明治以降の学者としては、第一に家永三郎氏が挙げられる。氏は、『中世仏教思想史研究』（略号『中世仏教』）において、親鸞の〝悪人正機〟説が『後世物語』の影響のもとに成立したという趣旨の説を、次のように展開された。

> 私は、現在確認せられたる限りの歴史的事情について親鸞の精神的環境を考察し、彼の悪人正機説は恐らく法然の徹底した悪人救済の精神に立脚しつつ、同門の先輩たる後世物語聞書の著者（法彙左券によれば隆寛と云ふも、異説もある）の影響を媒介として悪人正機の立場に到達したのであらうと推定する。……
>
> それはともかくとして、尠くとも後世物語聞書には既に悪人正機の思想が明瞭に説かれてゐる。「いはゆる弥陀の本願はすべてもとより罪悪の凡夫のためにして聖人賢人のためにあらずとこゝろえつれば、わが身のわろきにつけてもさらにうたがふおもひのなきを信心といふなり」とあるはそれであつて、これは法然の未だ曾て口にしなかつた新しい思想であつた。而して親鸞は親しく筆を採つてこの書を書写し、又門徒に向つてその熟読を勧めてゐるのである（御消息集血脈文集所収消息）。然らば親鸞の悪人正機説がこの書の示唆の下に成立したことは何人と雖も否み得ない事実と云はねばならぬ。この句の外にもこの書には「念仏往生はもとより破戒無智のもののためなり」「わがこゝろのわろきにつけても弥陀の大悲のちかひこそめでたくたのもしけれとあふぐべきなり」と同一の立場に立脚する特色ある思想が随処に示されてゐるが、試みに前者を歎異抄の「願をおこしたまふ本意悪人成仏のためなれば云々」に、後者を「仏かねてしろしめして煩悩具足の凡夫とおほせられたることなれば云々これにつけてこそいよ〳〵大悲大願はたのもしく往生は決定と存じさふらへ」とを比較するならば、思想に於て

> は固より語勢口吻にまで著しい近似が認められ、親鸞の悪人正機説がこの書より導かれたことを一層明に確認し得るのである。この点に於て後世物語聞書は、その優れた思想内容は云ふまでもなく法然より親鸞への展開を媒介し促進した歴史的役割に於ても亦極めて大なる価値あることを改めて見直さずにはゐられないであろう。（『中世仏教』一二一―一三頁）（傍線＝松本）

これは、実に興味深い議論であって、ここに示された様々な論点はいずれも極めて重要なものと思われるが、[33] しかし、従来の多くの研究と同様、『捨子問答』が参照されていないために、『後世物語』の位置づけについて、正確さを欠くように思われる。つまり、問題は、〝『捨子問答』が親鸞によって『後世物語』にどのように改変されたか〟という点にあるのである。

次に、『捨子問答』（略号『捨子』）について、説明したい。『捨子問答』は、『浄土宗全書』続九巻、「先徳要義集」に収められている文献であるが、『仏書解説大辞典』には、「伝、隆寛述」として、森本真順氏によるかなり的確な解説が見られるので、その要点を以下に示しておこう。

> 本書は多念義の祖、長楽寺隆寛が捨子と修行者との問答に托して、一流の要義を弁述せる、和文体の文辞豊かな作品である。上下二巻十六箇の問答より成る。……
>
> 就中第十五の問答に「故上人は七万遍、其後の明匠達は八万四千遍、十万遍」云々とある文意を取て本書を隆寛の真撰に非らずと主張するものあるも、尚ほ考究を要すべきものなり。蓋し本書は現流の作者の諸著作中に就いて、最もよく浄土源流章の叙説に符せるものあり、且つ多念義研鑽の文献としては相当敬重すべき好資料である。[34]

この論述の前半では、森本氏は、この『捨子問答』を一応は隆寛の述作とする立場に立たれるようであるが、この立場がまた後半において、本文献を隆寛の真撰にあらずとする説に対して、「尚ほ考究を要す」というやや批判的評価

となって表れているものと思われる。また、この論述で、『捨子問答』の

(20)故上人ハ七万遍、其ノ後ノ明匠達ハ八万四千遍、十万遍、十二万遍ナンド勧メ給ヘリ。(『捨子』二二頁上―下)

という文意を取って〝本書を隆寛の真撰にあらずと主張するもの〟とは、他ならぬ了祥を指しているのである。何となれば、了祥は、次のように述べているからである。

(21)サテ『捨子問答』ハ別ニ隆寛デナイト云フ証拠モナイガ、『捨子』下二十一左[35]「故上人ハ七万遍、ソノ後ノ明匠達ハ八万四千遍十万遍二十万ナンド勧メ給ヘリ」[36]トアリ。元祖滅後漸ク十六年在世ノ隆寛ガ、元祖滅後ノ人ヲ「其ノ後ノ明師達」ト書ク筈モナイ。又八万四千遍ヲ称ヘタハ隆寛ナリ。即チ律師臨終ノトキ七律ヲ作ラレタ其ノ結句ニモ、「八万四千三字声」トアル。三字声トハ阿弥陀仏ト称ヘル声ト云フコト。サレバ隆寛ノ門弟ガ、師匠ノコトヲ「ソノ後ノ明匠達」ト云ヒ、「八万四千遍」ト挙ゲタモノ。故ニ『捨子』モ隆寛ノ作ニ非ズ。(『後世講義』一一頁上)

ここで了祥は、〝念仏を八万四千遍称えたのは隆寛その人であり、従って、『捨子問答』に出る「其ノ後ノ明匠達」とは、隆寛の門弟が隆寛を呼んだ語であるから、『捨子問答』は隆寛の真撰にあらず〟と論じるのであるが、そこで言われている隆寛が臨終に作った七律とは、『隆寛律師略伝』に含められている

(22)仏智定知智願明　故関夜月待二雲迎一
舞姿和レ鳥去留易　楽韻任レ風遠近啼
界道林池交レ友廻　楼台宮殿礼レ尊情
智光照摂一無レ捨　八万四千三字声。(『浄全』十七、五九一頁上)

という詩を指すのであろう。

ここで、『捨子問答』の作者に関する私見を述べておけば、右の了祥の議論はほぼ妥当だと思われるし、私も『捨子問答』を隆寛の真撰だとは考えていない。これは、隆寛の門弟の誰かが隆寛の教義を明らかにするために著した著作

であろうと思われる。了祥は『後世物語』の著者を隆寛の弟子の静遍と考えたが、『後世物語』が『捨子問答』を改作したものだとすれば、『捨子問答』こそ静遍が隆寛の説をまとめたものなのであろうか。

しかし、静遍は、隆寛の没年（一二二七年）よりも三年前の元仁元年（一二二四年）に没しているのである。従って、『捨子問答』が静遍の作であるならば、『捨子問答』は、隆寛在世中に成っていたことになるが、先の「八万四千三字声」の詩が臨終のものとされることからしても、この想定は無理であろう。では『捨子問答』の著者は誰か。

了祥は『後世物語』の著者を静遍に擬する根拠の一つとして、次のような興味深い指摘を行っている。

（23）次ニ又『捨子問答』上左七問ノ言ニ「事相ノ称名」ト云フ事ガアル。此ノ事相教相ト云フガ真言ノ名目。然ルニ此ノ静遍ガ真言ノ学者。コレモ一ノ証拠トシルベシ。（『後世講義』六頁上）

即ち、『捨子問答』の第一問答の問いに出る「事相ノ称名」(37)という言葉をとらえて、了祥はこの語を用いるのは真言宗系の学者だと論じているのである。この了祥の見解が重要だと思われるのは、『捨子問答』の第十六問答の答えの中に、〝明賢阿闍梨〟なる人の言葉が、次のように引用されるからである。

（24）明賢阿闍梨ノ云、「設ヒ八十ノ齢ヲ持ツトモ、其ノ日ヲ稽《カンガ》フルニ、纔ニ二万八千八百七十余日也。況ヤ齢ヒ半《ナカバ》スギナンモノ、残ノ命幾《イクバク》ナラズ。況ヤ老少不定ニシテ、朝暮難レ知。悲哉ヤ。何ナル山ノ麓、何レノ野中ニカ捨テラレテ、身分処々ニ散在シテ、交《マジハリ》テ塵ト成ラントスル」ト云ヘリ。（『捨子』二三頁下―二四頁上）(38)

ここで、「明賢阿闍梨」とは誰であるかが問題であるが、「阿闍梨」という呼称からしても、真言宗系統の人であることが予想される。そこで、鷲尾順教『日本仏家人名辞書』の記事(39)にもとづいて、『本朝高僧伝』巻五三を見てみると、高野山沙門覚基（一一三三―一二一七）の弟子として、明賢の説明が、次のように出ている。

（25）弟子明賢、久侍《シクス》二左右《ニ》一。承《ケ》二基秘訣《ノ》《ヲ》一。常住《ニス》二北院《ニ》一。為《ニ》二学人《ノ》一、授《ク》二中院法流《ヲ》一。尤《モ》有《リ》二感通一。仁治元年、任《ゼラル》二高野検校《ニ》一。(40)

これによると、常に北院に住した明賢は、仁治元年（一二四〇年）、高野検校に任ぜられたことが知られる。『本朝高僧伝』の説明は、『高野春秋編年輯録』巻八にもとづいていることは、そこに示されている通りであるから、今度はその書物を見ると、そこには、仁治元年十月十四日、明賢が良任の後を承けて、第四五世高野検校の職に就いたこと、寛元元年（一二四三年）七月に、この職を辞任したこと、行年七十四歳であったこと等が出ている。[41]ただし、没年がいつであったかは、明らかでない。建長二年（一二五〇年）十二月二十日、信増という阿闍梨に伝法灌頂を授けたことが出ているので[42]、その時点まで存命していたことは、確かであろう。『捨子問答』の記述〔24〕にその語が引かれる「明賢阿闍梨」は、この高野検校明賢を指しているのではないかと思われるが、このような経歴をもつ明賢を権威として引く以上、『捨子問答』の著者は、高野山系の人かとも考えられる。すでに記述〔1〕で見たように、建長四年（一二五二年）に親鸞が、「さきにくだしまいらせさふらひし」『後世物語』と言っていたことが事実とすれば、そしてまた、『後世物語』の成立が『捨子問答』にもとづいているとすれば、『捨子問答』の成立年代は、明賢との関係から考えても、ほぼ一二四〇年代に想定するのが最も適切ではないかと思われる。

さて、『後世物語講義』の著者了祥が、『後世物語抄』の皆円に対して抱いた最大の不満は、『後世物語』を註釈するのに際し、『捨子問答』を参照していないということだったと思われるが[43]、しかし『捨子問答』が二巻本として出版されたのは、『後世物語抄』の成った貞享元年（一六八四年）の丁度翌年である貞享二年（一六八五年）のことなのである。従って、皆円には『捨子問答』を参照する機会はなかったと思われる。貞享二年に至るまで、この『捨子問答』がどのように流伝していたかは知られていない。[44]

貞享二年の二巻本の刊本は、『浄土宗全書』に収められた『捨子問答』の底本となったものであり、了祥が参照したのも、この本である。今日、龍谷大学や大正大学等の図書館に所蔵されているが、私が参照し得たのは、東京大学図書館所蔵のものであった。[45]巻上と巻下の始めには、「権律師隆寛記」とあり、また各巻の表紙には、「浄土安心捨子問答」と出ている。東京大学所蔵本について言えば、前掲の記述〔22〕にもその一部を引用した『浄土宗全書』十七巻に収められた『隆寛律師略伝』を付録として後に添えている。従って、言ってみれば、三巻セットで、貞享二年に出版されたのである。出版者については、「福森兵左衛門板行」と記されている。

この『捨子問答』は先に見た森本氏の説明にあるように、凝然の『浄土法門源流章』(一三一一年)における隆寛説の説明[46]に合致する所が多く、氏の「多念義研鑽の文献としては相当敬重すべき好資料である」という評価は、全くその通りであると思われる。

このような重要な文献が、貞享二年に至るまでその流伝が明らかでないのは驚くべきことに思われるが、その理由としては、まず隆寛の〝多念義〟の系統がほぼ断絶したことが考えられるであろう。しかしそれだけではなく、この『捨子問答』と『後世物語』との関係が明らかにならない方が良いと考えた人々もいたのではないかと私は想像している。

すでに記述〔21〕で見たように、了祥は『捨子問答』を隆寛の「門弟」の作と見ているが、次の記述では、「末弟」「末流」の作であろうと述べている。

〔26〕『捨子問答』トイフ書ガアル。此ノ書ノコト具ニハ次ニ辯ズベシ。何レ其ノ義カラ推察シテミルニ、隆寛ノ末流多念義ノ書ナルコトハ分明ナリ。「権律師隆寛記」トハアレドモ、是レ亦恐ラク隆寛ノ作ニアラズ。隆寛末弟ノ作ナルベシ。(『後世講義』二頁上)

ここで、「末弟」とは、直弟子を意味するかどうか疑問であるが、おそらく了祥は直弟子の意味で、「末弟」も「門弟」も、用いているのであろう。これは、了祥の『閑亭後世物語』に対する評価から知られることである。

『閑亭後世物語』(略号『閑亭』)は、『捨子問答』と同様、『浄土宗全書』続九巻に収められているが、一読すれば、『捨子問答』『後世物語』に関連する文献であることが、知られる。ただし、その本文の冒頭近くに、

〔27〕たゞ須《すべからく》世に聞へたる碩学明匠の既に往生の素懐を遂給《とげ》へる浄土の先達の口伝を受用侍べき也。所謂、空也上人、恵心僧都、永観律師、珍海法師、法然上人、隆寛律師、聖覚法印、浄遍僧都、明遍僧都、明禅法印、乗願上人、敬日上人等也。此等の明訓、末代の衆生の為の明鏡也。其の伝をきかん人、往生何の不審か残るべき。(『閑亭』三五頁上)

と出ているから、隆寛の作ではありえないことは明らかである。これについて了祥は、『捨子問答』と『閑亭後世物語』の関係を次のように述べている。

〔28〕サテ前ニ因ミテ解シ置クベキハ、『捨子問答』ト『閑亭後世』トノ二書。私ノ目デハ隆寛直弟ノ作トミエルデ、コレガ先ヅ隆寛ヲ解スル杖柱。然ルニ其ノ二部ノ書ガ、義ヲ見ルト敵ト味方ニナリテ、『閑亭後世』ニ破スル相手ガ『捨子問答』ト見エルコトガアルデ、此ノ二部ヲバヨク心得テオカネバナラヌ。(『後世講義』一一頁下)

即ち、了祥は、『捨子問答』と『閑亭後世物語』を、ともに隆寛直弟子の作としながらも、後者は前者を論破していると見るのである。従って、了祥は問題となっている三文献の成立の順序を次のように把えていることになる。

『後世物語』→『捨子問答』→『閑亭後世物語』

これに対して私自身は、その成立順序を、

『捨子問答』→『後世物語』→『閑亭後世物語』

と考えているが、『閑亭後世物語』が『捨子問答』を論破しているという了祥の説は、後に検討するように、ある意味で妥当だと思われる。いずれにせよ、了祥が述べるように、(47) その書名から見ても、『閑亭後世物語』が『後世物語』を承けていることは明らかであり、しかも、『閑亭後世物語』は、了祥が言うように、(48) 文永一二年（一二七五年）成立の『和語灯録』巻五所収の『諸人伝説の詞』に引用されているが故に、(49) 文永一二年以前に成立していたことは明らかである。

了祥は、『閑亭後世物語』の成立時期を、記述〔27〕に言及された乗願の没年、つまり、建長三年（一二五一年）と、こ

の『和語灯録』成立（一二七五年）までの間に推定し、

〔29〕依リテ建長三年ヨリ文永十二年マデ二十年ホドノ間ニ出来タモノ。（『後世講義』一六頁下）

と述べるが、『後世物語』が『末灯鈔』の記述〔1〕が書かれた建長四年（一二五二年）以前に成立したことは、ほぼ確実であろうから、『捨子問答』『後世物語』『閑亭後世物語』の成立年代を、私としては、それぞれほぼ一二四〇年代、一二五二年以前、一二六〇年代と考えておきたい。このように見れば、『閑亭後世物語』が一二二七年に没した隆寛の直弟子の作であるという見方は、問題があるように思われる。この書物は、その内容から見て、むしろ真宗系統の人々が、了祥の言うように、『捨子問答』を論破するために作成したのではないかと想像されるのである。

さて、本論文は、〝『後世物語』が『捨子問答』にもとづいて親鸞によって著されたこと〟を論証することを第一の目的としており、この目的の達成の為に、以下に両文献のテキストを対比して示したいが、そのためには、そのテキストの確定がまず問題となる。即ち、『捨子問答』については、『浄土宗全書』続九巻に収められた貞享二年の刊本しか知られていないのであるから、その『浄土宗全書』所収のテキストを使用したい。ただし、貞享二年本（東京大学図書館蔵）で、万一読みに相違があるときは、これを註記したい。

問題は『後世物語』のテキストをどう扱うかであるが、まず写本等の概要は、『親鸞聖人書誌』に、簡潔に説明されている。[50] 現存最古の写本とされるのは、高田専修寺所蔵の定専（一三一七—一三六九）書写本と言われるものであるが、『定本親鸞聖人全集』では、これを底本とし、蓮如（一四一五—一四九九）の書写本を対校本としている。『真宗聖教全書』では、蓮如書写本を底本とし、堺真宗寺の室町時代中期の写本、『真宗法要』所収本、『真宗仮名聖教』所収本をもって対校している。これらのうち、やはり一三四九年に定専によって書写されたとされる定専書写本が、古形を伝えているように思われる。了祥は、『真宗仮名聖教』中に[51]「又一本」とある本がよいとして、

〔30〕ヨリテ「又一本」ト出ス文バカリガ正シク見エルニヨリテ、今ヨム処ハ此ノ本ヲ正本トスベシ。（『後世講義』一

九頁下）

と述べており、この「又一本」が何を指すか分らないが、その読みは、定専書写本と変らないように思われる。従って、定専書写本を底本とする『定本親鸞聖人全集』所収のテキストを、『後世物語』のテキストとして、以下に示すことにしたい。

なお、予め、『捨子問答』と『後世物語』の内容の対照表を示しておこう。括弧内は、それぞれ、『浄土宗全書』続九巻と『定本親鸞聖人全集』六(2)の頁数行数である。

『捨子問答』	『後世物語』
Ⓐ 序段（二頁上三行―三頁下七行）	ⓐ 序段（九三頁二行―九四頁二行）
ⒷⒸ第一問答（三頁下八行―四頁下一三行）	ⓑⓒ第一問答（九四頁三行―一〇行）
ⒹⒺ第二問答（四頁下一四行―六頁上四行）	欠
ⒻⒼ第三問答（六頁上五行―七頁上一二行）	ⓕⓖ第二問答（九五頁一行―九七頁四行）
ⒽⒾ第四問答（七頁上一三行―下四行）	ⓗⓘ第三問答（九七頁五行―九八頁三行）
ⒿⓀ第五問答（七頁下五行―八頁下一行）	ⓙⓚ第四問答（九八頁四行―一〇一頁二行）
ⓁⓂ第六問答（八頁下二行―一〇頁下六行）	ⓛⓜ第五問答（一〇一頁三行―一〇三頁一〇行）
ⓃⓄ第七問答（一〇頁下七行―一二頁下一四行）	ⓝⓞ第六問答（一〇四頁一行―一〇六頁一行）
ⓅⓆ第八問答（一二頁下一五行―一三頁上一一行）	ⓟⓠ第七問答（一〇六頁二行―一〇七頁二行）
Ⓡ 第九問（一三頁下三行―五行）	ⓡ 第八問（一〇七頁三行―四行）
Ⓢ 第九答〔前半〕（一三頁下六行―一一行）	ⓢ 第八答（一〇七頁五行―一〇八頁六行）

Ⓣ　第九答（後半）（一三頁下一一行—一六行）	ⓣ　第九問答（一〇八頁七行—一〇九頁二行）
第十問答—第十六問答（一四頁上一行—二五頁下七行）	欠
結文（二五頁下七行—一五行）	奥書（一〇九頁三行—五行）

以上について説明すれば、『捨子問答』は序段・一六問答・結文の三部より成るが、このうち、第二問答と、第十問答—第十六問答の七問答が、『後世物語』で欠落しているのが、両書の構成上の大きな相違である。また、『捨子問答』の第九答の前半は、『後世物語』の第八答となり、『捨子問答』の第九答の後半は、『後世物語』では第九答となる。しかし、その第九答には問いが第九問として設けられているため、結局、『捨子問答』の第九答後半は、『後世物語』の第九問答に相当することになる。

では、以下に、両文献がいかに対応するかを、テキストを対照させて示し、さらに若干のコメントを加えよう。

なお『捨子問答』のテキストは、『浄土宗全書』で、「見レバ」「厭ハズ」等が、貞享二年本で、「見レハ」「厭ハス」等となっていても、訂正はしなかった。また、貞享二年本が漢字にルビをふっていて、『浄土宗全書』でルビが無い場合でも、必要と思われる場合を除き、ルビを加えなかった。さらに、特に序段で、〝捨子〟と〝師〟との会話が多く、論旨を明瞭にするため、会話文を敢えてカギ括弧「　」でくくった。また、読み易さを考えて、多少の送り仮名を加えた。

『後世物語』については、『定本親鸞聖人全集』にあるルビを取り去った。また、『捨子問答』と『後世物語』で一致する文章・語句には、傍線（実線）を付した。破線を付したのは、単に注目すべき語句であるという意味である。

二　両文献の対照と解説

Ⓐ捨子問答上　　権律師隆寛記

近代、此彼《ココカシコ》ニ修行シテ栖定《スミカサダメ》ヌ非人侍リキ。其ノ名ヲバ捨子ト云キ。思ハズ道ノ辺リニ、アルベカシク住成《スミナ》セル家《イヘ》居アリ。指寄《サシヨリ》テ見レバ僧坊ナリケリ。傍《カタハラ》ニ持仏堂アリ。本尊ハ来迎(52)ノ阿弥陀ノ三尊、善導ノ御影同ク木像ニ顕シ奉レリ。不断香トヲボシクテ、匂ナツカシク、煙カスカナリ。見レバ此ノ僧坊ニ常ニ人ノ居テ聖教ナンド披《ヒラ》キ見ル所ト覚ヘテ、棚ヲツリ机ヲ立テ、経釈多ク置散《ヲキチラ》セリ。左ノ壁ヲ見レバ上人ノ御影、絵像ニテヲハシマス一鋪《ホ》、聖教ノ箱置重《ハコオキカサネ》タル傍ニ懸ケ奉ル。右ノ障子ニハ「光明遍照十方世界、念仏衆生摂取不捨」(53)ト書タリ。内ノ通路《カヨヒヂ》ノ母屋《モヤ》ノ障子ニソヱテ屛風片隻《カタセキ》アリ。「雖《モ》二十悪《ト》一兮猶引接ス。疾風ノ披《ヒラクヨリモ》二雲霧《ヲ》一甚シ。極楽ノ鸚鵡ノ前ノ玉簾《タマスダレ》心ノ内ニカケヌ間ゾナキ」ト書キタリ。サテコソ此ノ取ヒロゲタル聖教ハ、浄土宗ノ章疏ト知リ侍リヌレ。

暫クタヽズメバ、内ヨリ齢《ヨハヒ》半バ過テ、墨染ノ衣ノ色ニ、心ノ底モ顕《アラハレ》テ、イトアラマホシク見ユル僧ノ、誠ニ思ヒ入タル気色ナルガ立出テ、此ノ経ノ机ニ向ヒ居タリ。先ヅ『観無量寿経』ノ真身観ノ所ヲ、微音ニ二三返ガ程読奉リテ、押巻《ヲシマイ》テ机ニサシヲキテ、眼蓋《マブタ》ヲフサギ良少時《ヤヤシバラク》アリ。心中思ヒ遣《ヤラ》レテ貴クコソ。サテ此ノ修行者ヲ見付テ、「イヅクヨリ修行セサセ給フ人ニカ。是ヘ登リ給ヘ」トスヽム。随テ近ク立寄侍シカバ、打物語リシテ云ク、「浦山敷モ見ヘサセ給フ修行者カナ。誠ニ受《ウケ》難キ人界ノ生ヲ受テ、適《タマタマ》弥陀ノ人ヲ度シ給フ理《コトハリ》ヲ聞キナガラ、今度《コノタビ》浮世ヲ厭ハズ、極楽ヲ欣ハズシテ、空ク過ナン事口惜カリナン」ト語ル様、ゲニ〳〵シク聞ヘ侍レリ。非人申ス様、「ウレシクモ、今日カヽル善知識ニ遇《アヒ》奉レリ。昔モ師ニ逢フ事ハ難レ有事ナレバコソ、古ノ国王ハ阿私仙人ノ弟子ト成テ千歳マデ仕ヘ給ヒ、雪山童子ハ半偈ヲ習ハントテ鬼神ノ唇ニ身ヲ投ゲ給ヒケメ。可レ然仏ノ御哀ミニコソ。我レ無間ノ甖《ホトギ》ヲ蒙テ不審少カラズ。生死ヲ離ル、道、誠ニ承ナン」ト申セバ、此ノ僧ノ給ハク、「左様ニ修行セサセ給フハ、何ナル人ニカ御座ラン。不審披セ給フ程マデハ思寄侍ラヌ。但ダ聞テ侍ル程ハ、御尋アラバ申シ侍ルベシ」ト。

非人申ス様、「我恐《ワレナマジイ》ニ髪ヲソリ、袈裟ヲカケテ迷ヒ廻《メグ》リ侍ルハ、世ノウキ事ヲ知リ、誠ニ後世ヲ思フ者哉ト思食タル事、理《コトハリ》ニハ侍レドモ、サテモ世間ニ心安クシテ身ヲ置ベキヨスガノ侍ラネバ、跡ヲ留ル所ノ無計《ナキバカリ》ナリ。心底ハ偏ニ梅陀羅ナリ。悕望アレバ、諛《ヘツラヒ》求《モト》ムル思ヒ誠ニフカシ。道心ナク慈悲ナケレバ、厭欣《イトヒネガ》ヘル勤モナシ。然ルニ、人ノ意ヲ引替テ改ムル事ハ、家ヲ出テ名ヲ替《カ》ヘ、質《スガタ》ヲ改メテ知識ニ値ニアヘリ。何トシテ申シ初《ソメ》タリケルヤラン。此彼《ココカシコ》ニ行キ逢フ非人ドモノ捨子ト云フ名ヲ申シ初テ侍リシヲ、トガムベキ身ニモアラネバ、有ニ任《マカセ》テ今日マデ過ギ侍ル也。今ハ偏ニ乍レ恐誠ノ善知識ニ憑《タノ》ミ奉ルニ、此ノ捨子ト云フ名、物グルハシク覚ヘ侍ル。可レ然バ是ヲ改テ、法名ヲ一罷預リ侍ラバヤ」ト云。

此ノ僧暫ク物モ云ハズシテ遙ニ打案ジテ宣《ノタマ》フ様、「法名ヲ以テ師弟子ト約束スル事モアリ。又必シモアルベキニテモ非ズ。サテモ世間ノ道理ヲ以テ、捨子ト云フ事ヲ思ニ、存命《ナガラヘ》テ有ベキ住所ヲ余所ニシテ、野中山ノフモトニ捨ラレテ、父ニモ離レ母ニモ不レ副《ソハ》、親類モナク兄弟モナシ。親《シタ》シミ近付ク者ハ我ヲ害スベキ虎狼毒虫ナリ。ハゲシキ風アラキ雨、心細ク悲メドモ哀ト云フベキ人モナキナリ。浮世《ウキヨ》ノ有様ハ高モ賤モ皆是ニ同ジ者也。或論云、真ノ覚《サトリ》ヲ不レ得《ル》程ハ常ニ夢ノ中ナリト云。知ルベシ。妻子眷属数多ク、所従郎等身ニ随テ富ル人モ、云ヘバ皆幻《マボロシ》ノ間也。タトヘバ、ヒトリネノ床ニ有リナガラ、夢ニ多ク人ヲ伴ヒタリツル程ニ、夢覚《サメ》ヌレバ、只独リ有ルガ如シ。人界ノ生ハ夢中ノ如シ。三悪ノ炎ハ現《ウツツ》ノ悲ミナリ。『宝積経』ニハ、「於《テ》二彼ノ三途怖畏ノ中《ニ》一、不レ見二妻子及眷属《ヲ》一」(54)ト云ヘリ。『往生要集』ニハ、「黄泉ノ底《ソコ》、多百由膳那ノ炎《ホノヲ》ニ独《ヒト》リ咽《ムセブ》」(55)ト云ヒ、永観ノ筆ニハ、「獄卒ノ将《ヒキヰテ》去道《サル》ニハ、涙ヲ流シテ独リ行ク」(56)ト書レタリ。然ルニ人ノ罪ヲ造ル事ハ妻子ト眷属ヲ顧ミ、親類兄弟ノ境界ニフレテ多ハ侍ル也。故ニ『心地観経』ニ云、「人ハ子ノ為ニ罪ヲ造テ地獄ニ堕ツ」(57)ト説キ、『瑜伽論』ニハ、妻子ヲバ煩悩ノ繋《キツナ》ニ喩ヘタリ。(58)又解脱上人ノ筆ニハ、「其ノ一縁ヲ説ント欲レバ、愛結ノ繋纏《キツナマト》ハリ易ク、其ノ一人ヲ度セントスレバ、牢獄[木+強]鎖椸シテ破リガタシ」(59)。如レ此ノ罪業ノ源ナレドモ、有為ノ境ハ会者定離ノ所ナレバ、生々世々副《ソフ》事ナシ。サレバ此ノ世ノ事ハ、皆楽モ悲モ捨子ノ夢ノ物語ニ成ハテヽ、現《ウツツ》ノヒトリ子ニ同キ也。浄土無為ノ栖、遙ニ余所ニ聞リ。早晩《イツカ》彼ノ真如ノ城《ミヤコ》ニ入ルベキ。妄想顛倒ノ少者《ヲサナキ》ト成ハテヽ、流転生死ノ野ノ間、六道四生ノ山ノ麓ニ、独リ捨ラレタルミナシ子ナレバ、六賊四蛇近付テ毒虫ノ如ク、生老病死ハ競ヒ来テ虎狼ニ似タリ。罪障ノ風ハゲシクシテ邪見ノ袂《タモト》ヲ徹シ、煩悩ノ雨アラクシテ放逸ノ膚ヲ洗フ。悲ベシ、釈迦ノ父ニヲクレ奉テ二千余年。歎ベシ、弥陀ノ母ニハ栖ヲ隔テヽ十万億土ナリ。観音勢至文殊薬王等ノウツヽノ親類兄弟ニモソワズ。コヽヲ以テ善導和尚ハ、娑婆世界ヲバ「人無シテ空ク迥《ハルカ》ナル沢《サハ》」(60)ト釈シ給ヘリ。『般舟讃』ニハ、「父母妻子百千万ナレドモ非《ズ》二是《レ》菩提ノ増上縁《ニ》一」(61)ト云ヘリ。已ニ我等三途ニ沈没シテ、皆是レ三界流浪ノ捨子ナリ。願クハ釈迦弥陀ノ父母、発遣ハグヽミヲソヘ、引摂ノ乳房ヲ含テ、我ヲ助ケ給ヘト思ハヾ、此レニ過タル浮世ヲ厭ヒ浄土ヲ欣フ便リヤハ有ルベキ。サレバ捨子ト云ヘル名コソ、心賢ク聞ヘ侍ル」ト云。(『捨子』一頁上一行—三頁下七行)(上一右—七右)

ⓐ後世物語(62)

ちかごろ浄土宗の明師をたづねて、洛陽ひんがしやまの辺にまします禅坊にまいりてみれば、一京(63)九重の念仏者、五畿七道の後世者達、おのおのまめやかに、こゝろもはこゝろとともにそめ、身はよとともにすてたるよとみゆるひとびとのかぎり、十四五人ばかりならびゐて、いかにしてかこのたび往生ののぞみをとぐべきと、これをわれもわれもとおもひおもひにたづねまふしゝときしもまいりあひて、さいわいにひごろの不審ことごとくあきらめたり。

そのおもむきを、たちどころにしてつぶさにしるして、ゐなかの在家無智の人々のためにくだすなり。よくよくこゝろをしづめて御覧ずべし。(『後世』九三頁一行―九四頁二行)

以上の『捨子問答』の序段Ⓐと『後世物語』の序段ⓐとでは、前者の方が量的にはるかに長い記述であることは、一目瞭然である。これについて、了祥は、『後世物語』ⓐが『捨子問答』Ⓐに書き換えられたと見て、

(31)サテ『捨子問答』ハ、コノ初ノ処ハ大キニ書キカヘタモノデ、捨子ト云フ遁世者ガ或ル僧房へ尋ネテ行キテ問答ヲシタ相タニシテアル。コレモ面白キコトデ。(『後世講義』三頁上)

と言っている。「大キニ書キカヘタモノ」とは、確かに適切な評価であろうが、この〝書きかえ〟は、『捨子問答』Ⓐから『後世物語』ⓐへという形でなされたことを、以下に論証したい。了祥が「コレモ面白キコトデ」というように、『捨子問答』の序段は、一個の文学作品として見ても、確かに面白いものである。そのストーリイの展開は、ほぼ次のようにまとめられるであろう。

近頃、住所を定めずに処々で修行していた〝捨子〟という名の非人(世捨て人)がいたが、彼はあるとき突然に道端で、ある僧房に出くわした。傍に持仏堂があり、来迎の阿弥陀三尊を本尊とし、善導の木像も置かれており、香の匂いがして、僧房には常に人がいる気配であった。また浄土宗の章疏が多くひろげられていて、法然の絵像も懸けられていた。〝捨子〟が暫く立ち止まっていると、中から墨染の衣を着た中年を過ぎた非常に好ましく思われる僧が現れて、『観無量寿経』の第九真身観の所を二三回読誦し了えた後、〝捨子〟に気づいた。僧は〝捨子〟に僧房に上るように招き、話をして〝捨子〟の修行の様を讃嘆した。〝捨子〟は、その讃辞を聞いて、僧の優れた境涯を確信し、その僧を「善知識」と呼び、師に会えた喜びを語り、さらに自分は無聞であるから、「不審」が少なくないので、「生死を離るる道」について質問したいと述べた。

これに対して僧は、自分が聞いている程の事は、尋ねられればお答えしようと述べたので、〃捨子〃は、自分が世のうき事を知って、世捨て人となった事情を語り、さらに、他の世捨て人たちから〃捨子〃と呼ばれるようになったが、この名は「物ぐるはしく」感ぜられるので、法名を一つ頂きたいと僧に懇願した。これに対して、僧はしばらく無言で考えていたが、〃捨子〃という名が浄土の教えにいかに合致した素晴しい名であるかを延々と説明して、法名を与えることはしなかった。

以上が『捨子問答』Ⓐの大体の趣旨であるが、〃捨子〃という名が浄土教の趣旨に合致していることを説明する部分は、様々の経論を引用して、非常に長くなっている。そこには、『往生要集』などで強調される〃厭離穢土〃〃欣求浄土〃とか、〃無常迅速〃というような中世浄土教の基礎となるような詠嘆的な観念が認められる。特に、「タトヘバヒトリネノ床ニ有リナガラ、夢ニ多ク人ヲ伴ヒタリツル程ニ、夢覚ヌレバ、只独リ有ルガ如シ。人界ノ生ハ夢中ノ如シ」などという文章は、『捨子問答』の時代の念仏者達の切実な無常感、孤独感というものをよく表していると思われる。このような見方によれば、〃僧〃の言うように、「已ニ我等三途ニ沈没シテ、皆是レ三界流浪ノ捨子ナリ」ということになるから、〃捨子〃という名前、あるいは考え方は、「此レニ過タル浮世ヲ厭ヒ浄土ヲ欣フ便リヤハ有ルベキ」ということになり、「サレバ捨子ト云ヘル名コソ、心賢ク聞ヘ侍ル」ということになるというのである。

『捨子問答』は、Ⓐの後で、〃捨子〃が〃師〃、つまり、〃僧〃に「不審」を質問し、〃師〃が答えるという一六の問答に入っていくことになるが、それについては、Ⓑ以下で見ることにしたい。

さて、〃『後世物語』ⓐは、『捨子問答』Ⓐを親鸞が書き改めたものである〃と私は見るが、この点について、以下に説明したい。まず、了祥は、すでに記述〔31〕で見たように、『捨子問答』こそ『後世物語』を書き改めたものだとして、「大キニ書キカヘタモノデ」と述べるが、常識的に考えても、『後世物語』ⓐから『捨子問答』Ⓐを造り出すことは、余程の文学的な才能や創造力があったとしても、不可能に近いであろう。Ⓐをⓐに短縮することは容易であるが、

ⓐから（A）を作り出すことは、無から有を創造するに等しい。

そこで次に、『後世物語』ⓐについて考察しよう。まず、「後世物語」という書名の「後世」は、『捨子問答』（A）第三段落の「後世ヲ思フ者」から採ったものであろうし、「物語」という語も、（A）に二回現れている。即ち、第二段落と第四段落においてである。次に、ⓐの「ちかごろ」という冒頭の語は、（A）冒頭の「近代」を言い換えたものであり、ⓐの「浄土宗」は、（A）第一段落末尾の「浄土宗ノ章疏」から採って来た語である。また「浄土宗の明師」とは、了祥の言うように、(64)隆寛を指しているのであろう。

『後世物語』ⓐに、「洛陽ひんがしやまの辺」とあるが、この「辺」は、（A）の「思ハズ道ノ辺リニ」の「辺」を採ったものである。「洛陽ひんがしやまの辺」とは、了祥が詳しく論じているように、(65)要するに、隆寛が住した東山の長楽寺の来迎房の場所を意味しようとしたものであろう。『捨子問答』（A）の「僧坊」は、『後世物語』ⓐでは「禅坊」になっているが、これは、『後世物語』の著者と考えられる親鸞が「僧」の語を嫌ったからであろう。親鸞の「僧」に対する批判的意識は、『正像末和讃』の「愚禿悲歎述懐」〔九〕に、

〔32〕僧ぞ法師といふ御名は

たうときことゝきゝしかど

提婆五邪の法ににて

いやしきものになづけたり。（『定本』二(1)、二一二頁上）

と明確に示されている。『捨子問答』（A）には、その後でも、〃師〃が「僧」と呼ばれて、「僧」という語が多用されるが、『後世物語』には、ⓐだけではなく、その全体においても、「僧」という語は全く用いられていないのである。

以上の『後世物語』の論旨をまとめると、〃『後世物語』の著者が浄土宗の師を尋ねて、東山の辺にある禅房を訪れた〃ということになる。その後の趣旨は、〃著者がそこを訪れてみると、十四五人ばかりの「念仏者」「後世者」たち

がいて、「いかにしてかこのたび往生ののぞみをとぐべき」、つまり、往生の方法を「われもわれもとおもひおもひに」師に質問し、師がそれに答えているときに出くわしたので、自らの日頃の「不審」を明らかにすることができた。以下は、その問答の趣旨である〟ということになるが、ここには不自然な論述が、数多く認められる。

まず、「一京九重の念仏者、五畿七道の後世者」という表現の内、「一京九重、五畿七道」について言えば、了祥が、

(33)コレモキット一京九重五畿七道ノ人ガ集リテ居タデハナイ。コレ物語ノ言ナリ。(『後世講義』四六頁上)

と言うように、これは文学的で大袈裟な表現だと言えよう。何故なら、実際には、十四人か十五人程の人がいただけだとされているからである。しかも、十四五人の質問者が、「われもわれもとおもひおもひに」師に質問したとしたら、質問の数は、十四か十五になるであろうし、また、その内容にも重複が起こるであろうが、実際には、質問の数は九であり、またその内容も重複してはいない。

この不合理について、了祥は、

(34)「ワレモワレモトオモヒオモヒニ」トハ、九種問答ノ問ノ相。然シコレモ実ハ嘘デ、一向専修ニオコリテ一向専修ニ結ビ、中ニ三心ヲ挙ゲテ一向専修ニ具スルト云フ次第ハ、オモヒ〳〵ニ狗ノ吠ヘツクヤウニ問フタ次第デハ無イ。(『後世講義』四七頁下)

と説明している。つまり、彼は以下の九種の問答は、実際に起ったことではなく、「物語ノ言」と解しているのである。「嘘」という語は強すぎると筆録者は考えたのであろうか。『後世物語録』では、「嘘」ではなく「ツクリゴト」[66]という語が用いられている。

〝ツクリゴト〟と言えば、『捨子問答』も勿論〝ツクリゴト〟であろう。しかし、『後世物語』と比べるとき、その虚構性はそれ程露わではない。つまり、質問者の数と質問の内容について言えば、『捨子問答』では、質問者が〝捨子〟という一人だけなのであるから、その質問がいくつあっても、内容が重複しないのは、当然なのである。これに対し

て『後世物語』では、質問者が十四・五人いて、彼等が思い思いに質問した筈なのに、その質問の内容が重複していないのは、明白な不合理であると感じられたために、了祥はつい「嘘」という語を用いてしまったのである。

さて、前掲の表現にもどれば、そこで「後世者」という語が何気なく使われているが、この語が当時、広く用いられていた語であったかどうか明らかではない。『歎異抄』第十三条(67)や覚如『改邪鈔』第三条(68)には見られるが、『親鸞聖人著作用語索引』(略号『親鸞用語索引』)によれば、親鸞の他の著作にも用いられていない。ということは、『後世物語』以前に多くの用例を見出しうるか、明らかではないのである。少なくとも私は、ⓐの「後世者」の語は、『捨子問答』Ⓐの「後世ヲ思フ者」を承けたものと考える。

次に『後世物語』ⓐの「ころもはこゝろとともにそめ」という表現についていえば、これはⒶにおいて、僧房に現れた僧が「墨染ノ衣ノ色ニ、心ノ底モ顕テ」と言われた表現を承けている。ただし両者の大きな違いは、ⓐの表現が曖昧であることである。Ⓐにおいては、「墨染ノ衣」とあったのが、ⓐでは「墨」が落ちている。これは親鸞が、僧形を嫌ったためでないかと思われる。黒袈裟に対する批判は、覚如の『改邪鈔』第三条(69)にも認められる。

次に『後世物語』ⓐに、「身はよとともにすてたるよとみゆるひとびと」とあるが、この「すてたるよ」は『捨子問答』Ⓐの「捨子」という名称を承けており、「みゆる」は、Ⓐの「イトアラマホシク見ユル僧ノ」の「見ユル」を採ったものであろう。ⓐのその後に出る「不審」も、Ⓐの〝捨子〟の「不審」を承けていることは、言うまでもない。

さて、問題は『後世物語』ⓐの第二段落、つまり、破線を付した一節であるが、すでに若干述べた通り、これこそ『後世物語』が親鸞の著作であることを証明する決定的証拠とも言うべきものである。即ち、了祥が、記述〔17〕で述べた通り、まず、『一念多念文意』の奥書きには、次のようにある。

〔35〕ゐなかのひとぐ〵の文字のこゝろもしらず、あさましき愚癡きわまりなきゆへに、やすくこゝろえさせむとて、おなじことを、とりかへし〳〵かきつけたり。こゝろあらむひとは、おかしくおもふべし。あざけりをなすべし。

しかれども、ひとのそしりをかへりみず、ひとすぢに、おろかなるひと〴〵を、こゝろえやすからむとてしるせるなり。(『定本』三(1)、一五二頁)

また、『唯信鈔文意』(専修寺正月二十七日本)の奥書きにも、ほぼ同文が次のようにある。

(36)ゐなかのひと〴〵の文字のこゝろもしらず、あさましき愚癡きわまりなきゆへに、やすくこゝろえさせむとて、おなじことをたび〳〵とりかへし〳〵かきつけたり。こゝろあらむひとは、おかしくおもふべし。あざけりをなすべし。しかれども、おほかたのそしりをかへりみず、ひとすぢに、おろかなるものを、こゝろえやすからむとてしるせるなり。(『定本』三(1)、一八三頁)

この二つの記述と『後世物語』ⓐの「そのおもむきを、たちどころにしてつぶさにしるして、ゐなかの在家無智の人々のためにくだすなり」を比較するとき、両者は同一の人物、即ち、親鸞の手に成ったものとしか考えられない。しかも、ⓐでその後に出る「よくよくこころをしづめて御覧ずべし」にしても、これは正に親鸞が関東の弟子達に宛てた手紙の中で多用した表現なのである。即ち、すでに示した記述〔5〕(『親鸞聖人御消息集』略本、第七通)に、「よくよく『唯信鈔』・『後世物語』なんどを御覧あるべくさふらふ」とあったが、『親鸞聖人御消息集』略本、第三通にも、

(37)そのやうは『唯信鈔』にくわしくさふらふ。よく〳〵御覧さふらふべし。(『定本』三(2)、一三一頁)

(38)『唯信鈔』をよく〳〵御覧さふらふべし。(同右、一三二頁)

(39)よく〳〵『唯信鈔』を御覧さふらふべし。(同右、一三四頁)

という類似表現が見られるのである。「よくよく……べし」というのは、殆ど親鸞の語り癖と言ってもいいもので、(70)「よくよくこころえたまふべし」という表現に至っては、親鸞の著作に三回も用いられる。(71)従って、『後世物語』ⓐの破線を付した第二段落は、明らかに親鸞その人の言葉であり、『後世物語』の著者が親鸞であることを露呈しているのである。

ところで『後世物語』全体の末尾は、実質的には、第九問答で突如終っている。これは奇妙なことであり、このような『後世物語』の構成について、皆円は『後世物語抄』で、

〔40〕諸書ニ準ジテ三段ヲ分タバ、序正アリテ流通ナシト云フベシ。（『後世物語抄』上、一左―二右）

と言っている。つまり、序分・正宗分はあるが流通分がないというのである。これは全く適切な評価であるが、実は親鸞は流通分を序分の後に出してしまったのである。即ち、序段ⓐの破線を付した第二段落こそが、彼にとっては流通分なのであって、親鸞はそこで、関東の弟子達に向けて『後世物語』を勧める言葉を記しているのである。従って、『後世物語』ⓐは親鸞が『後世物語』を自ら書いたことを部分的には認めている叙述になっている。それ故、皆円が『後世物語』を「鸞聖人ノ御作」（記述〔12〕）と考えたことは、それ程不自然ではないし、『後世物語抄』の序によれば、皆円に『後世物語』の註釈を書くように勧めた「客」もまた、

〔41〕世ニ『後世物語』トテ、聖人ノ製シ給フ御書アリ。（『後世物語抄』序、二左）

と述べていたのである。

なお、言うまでもないが、皆円は「たちどころにしてつぶさにしるして」とは、親鸞が「しるし」たのだとして、次のような註釈を示している。

〔42〕「タチドコロニシルシテ」トハ、聖人己《オノレ》ヲ忘レテ不請ノ友トナル。我等長夜ニ深睡ス。モシ上人ノ撫育ニアラズンバ、何ゾ聞《キク》コトヲエン。在俗ノ輩フカク奉行スベキナリ。（『後世物語抄』上、九左）

なお、親鸞によって、『捨子問答』Ⓐが『後世物語』ⓐに書き改められたとき、Ⓐのもっていた多くの重要な要素が省かれたが、その中でも重要なものに、〝真身観文〟[72]とも呼ばれる『観無量寿経』真身観の読誦ということがある。浄土三部経の読誦は、〝正業〟たる念仏に対して〝助業〟とされるわけであるが、『捨子問答』が、この〝助業〟の意義を認める立場であることは、[73]注意しておくべきであろう。

また、さらに重要なことは、『観無量寿経』真身観に対する親鸞の思想的な評価の問題である。即ち、まず、『観無量寿経』の〃真身観文〃では、阿弥陀仏は、次のように描かれている。

〔43〕仏告《ハク》二阿難及韋提希《ニ》一、此《ノ》想成已《シナバ》、次当《ニシ》三更観《ニズ》二無量寿仏身相光明《ヲ》一。阿難当《シ》レ知《ル》、無量寿仏身《ノハ》、如《シ》二百千万億夜摩天閻浮檀金《ノ》色《ノ》一。仏身《ノ》高《サ》六十万億那由他恒河沙由旬《ナリ》。眉間《ノ》白毫《ハ》、右旋《ニテ》婉転《セリ》。如《シ》二五須弥山《ノ》一。仏眼《ハ》如《シ》二四大海水《ノ》一。青白分明《ナリ》。身《ノ》諸《ノ》毛孔《ヨリ》、演二出《スルコト》光明《ヲ》一、如《シ》二須弥山《ノ》一。彼《ノ》仏《ノ》円光《ハ》、如《シ》二百億三千大千世界《ノ》一。於二円光《ノ》中《ニ》一、有《リ》二百万億那由他恒河沙化仏一。一一《ノ》化仏《ニ》亦有《テ》二衆多無数《ノ》化菩薩一、以為《テス》二侍者《ト》一。無量寿仏《ニ》有《リ》二八万四千《ノ》相一。一一《ノ》相《ニ》各有《リ》二八万四千《ノ》随形好一。一一《ノ》好《ニ》復有《タリ》二八万四千《ノ》光明一。一一《ノ》光明偏照《クシテ》二十方世界《ヲ》一、念仏衆生《ヲ》摂取《シテ》不レ捨《テ》。其《ノ》光明相好及与《ビ》化仏、不レ可《カラ》二具《ニ》説《ク》一。但当《シ》三憶想《シテ》令《ム》二心眼《ヲシテ》見《セ》一。(『浄全』一、四三—四四頁)

ここに示される「無量寿仏身」を、善導は『観経疏』で、「真身」と呼び、(74) また〃化身〃ではなくて「報身」であることを力説したのであるが、(75) これに対して親鸞は、『教行信証』「化身土巻」の冒頭で、

〔44〕謹《テ》顕《サ》二化身土《ヲ》一者《バ》、仏者《ハ》如《シ》二『無量寿仏観経《ノ》』説《ノ》一。真身観仏是也。土者《ハ》『観経』浄土是也。(『定本』一、二六九頁)

と述べて、『観無量寿経』の「真身観」の「仏」を「化身」であると説いたのである。従って、当然〃親鸞の解釈は、善導の解釈に反するのではないか〃という疑問が生じるが、この疑問については、山辺習学・赤沼智善『教行信証講義』(略号『教行講義』)が注意しているように、(76)『六要鈔』において、存覚(一二九〇—一三七三)は、二つの解答を用意して、その疑問を排除しようと努めている。しかるに、その二つの解答の内の第二のものとは、次のようなものである。

〔45〕二云《ニ》、言二「真身観仏是也《ト》」一者、此非《レズ》下指《シテ》二彼真身《ノ》報仏《ヲ》一、謂《フニハ》中之化《ヲ》身《ト》上。指《ス》二真身観《ノ》真身所共《ノ》之化身《ヲ》一也。真身《ノ》本仏、約《スル》二其《ノ》観門所見《ノ》辺《ニ》一時《ハ》、雖《ドモ》レ属《スト》二化身《ニ》一、約《スル》二彼念仏衆生摂取不捨《ノ》益《ニ》一時、其《ノ》実体者是《レ》報身也。今化身者《ト》、所謂『経《ニ》』云《ク》、「於《テ》二円光《ノ》中《ニ》一有《リト》二百万億那由他恒河沙化仏一」上已。指《シテ》二此《ノ》化仏《ヲ》一言《フ》二真身観所説《ノ》化仏《ト》一、非《ズ》二其《ノ》真身則《チ》化身《ナルニハ》一也。此《ノ》仏則

是レ下ノ九品ノ中ノ来迎ノ仏也。因テレ茲ニ「玄義」ニ引テ二『同性』等ノ三経之文ヲ一証スルニ二報身ノ義ヲ一、引テ二『観経』ノ文ヲ一即チ釈シテ成ク云、「報身兼テレ化ヲ共ニ来テ授手スト」上已。此ノ釈ノ之中ニ、言二「報身ト」一者真身ノ本仏、言二「兼化ト」一者彼ノ所ノ共之化身是レ也。

尋云。此ノ義有リレ疑、然者可キレ謂フ二真身観ノ中ノ之化仏ト一乎。答。上標ニス二「謹顕化身土者ト」一、其ノ下ノ釈ナルガ故ニ不ザラク二重ネテ牒セ一耳ノミ。問。二義ノ之中ニ何ヲカ為スレ正ト乎。二義並ベテ存ス、各以テ有リレ義、所用宜シレ在ル二学者ノ之意ニ一、但シ第二ノ義可シレ称ス二穏便ト一。（『真聖全』一、三七二―三七三頁）

この第二の解答を、存覚は自ら「穏便ト称スベシ」と述べているのであるが、しかし、〝真身観文〟記述〔43〕中の「化仏」を「化身」と言っているのであって、その「化仏」を伴っている阿弥陀仏は「真身」「報身」であって「化身」ではない、という存覚の第二の解答は、〝真身観文〟に対する善導と親鸞の解釈の相違を強いて調停しようとするものであって、『教行信証』記述〔44〕における親鸞の〝「真身観仏」＝「化身」〟説から懸け離れていることは、明らかであろう。

従って、親鸞の『観無量寿経』、及び、その第九「真身観」に対する評価は、決して高いものであるとは言えない。(77)この点は、親鸞が『浄土三経往生文類』（略本）で、

〔46〕観経往生といふは、修諸功徳の願により、至心発願のちかひにいりて、万善諸行の自善を廻向して浄土を忻慕せしむ。また『無量寿仏観経』に、定善・散善を分別し、三福九品の諸善をときて、九品往生をすゝめしむ。これ他力の中の自力なり。これを『観経』の宗とす。このゆへに観経往生といふ。これみな方便化土の往生なり、これを双樹林下往生とまふすなり。（『定本』三(1)、七―八頁）

と説くことからも、知られるであろう。

また、『観無量寿経』の〝真身観文〟記述〔43〕について言えば、親鸞は、これを引用していないように思われる。(78)即ち、まず第一に『教行信証』には引用は全く見られず、また、他の著作においても、若干の問題を有すると思われ

る『弥陀如来名号徳[79]』を除けば、引用はなされていないと思われる。
従って、結論を言えば、『観無量寿経』「真身観」の阿弥陀仏を「化身」と見る親鸞にとって、『捨子問答』Ⓐに見られる〝師〟による〝真身観文〟の読誦という記事は、削除すべきものと考えられたであろうと思われる。

では、次に第一問答に関して、『捨子問答』と『後世物語』のテキストを対照して示そう。まず、第一問は、次の通りである。

Ⓑ捨子問テ云ク。凡夫ノ常ノ習ト申シナガラ、能ク思固《カタメ》タル理《コトハリ》モ、又人ノアラヌ様ニ申シタルヲ聞ケバ、心ノ其レニ移リテ迷ヒ侍ルナリ。水上ノ月ノ波ニ随テ動キ、野原ニシゲル薄《ススキ》ノ風ニ任《マカセ》テ靡クガ如シ。大方出難生死ノ道、思ヒ定メ侍ラズ。

抑モ「無智ノ者モ、念仏ダニ申セバ往生スル」ト承テ、一筋ニ称名ヲ営《イトナミ》侍ルヲ、或ル人ノ物語ニ、「光リニ非ズバ、暗ヲ照スハカリ事ナシ。智慧ノ灯ニ非ズヨリ外ニ、生死ノ闇ヲバ何ニシテカ出ベキ。サレバ龍樹ノ『智論』ニハ、智目行足、到清涼池[80]ト云ヘリ。無智ニシテ事相ノ称名計《バカリ》ヲ以テ、生死流転ノ旧里《フルサト》ヲ出ル事叶フベカラズ」ト申セバ、何ト心得侍ルベキ。（『捨子』三頁下八行—四頁上一行）（上七右—左）

ⓑある人とふていはく。「かゝるあさましき無智のものも、念仏だにまふせば極楽にむまるゝ」とうけたまはりて、そのゝちひとすぢに念仏をまふせども、まことしくさもありぬべしとおもひさだめたることも候はぬおばいかゞしつかまつるべきと。（『後世』九四頁三行—六行）

ここで、実線を付した部分は、両文献において、語句が一致している。従って、『捨子問答』Ⓑを『後世物語』ⓑが承けたのか、『後世物語』ⓑを『捨子問答』Ⓑが承けたのかいずれかということになるが、Ⓑとⓑを比較してみると、Ⓑの論旨は分り易いのに対し、ⓑの論旨は把握し難いと思われる。即ち、Ⓑにおける〝捨子〟の質問の趣旨は、凡夫の習性とはいえ、よく確信している筈の道理も、他人からそうではない様に言われると、つい心が動揺してしまう。つまり、「無智の者も、念仏さえ称えれば往生する」と聞いて、一筋に称名に励んでいても、ある人から、「智慧が無ければ、称名念仏だけでは、生死から出離することはできない」と言われたら、それをどのように理解するべきであろうか。

というものであろう。

ここでは、「無智」の「称名」と「智慧」というものが、明確に対比されている。しかるに、『後世物語』ⓑにおいては、「智慧」という語が欠落しているので、「無智」と「智慧」の対立が分りにくい。しかも、「称名」の語も見られないので、ⓑの「ある人」の質問の趣旨は、いよいよ不明瞭なものとなるのである。それ故、私見によれば、『後世物語』ⓑの趣旨は、『捨子問答』Ⓑを参照することがなければ、正確には把握されないように思われる。

ところで、『捨子問答』Ⓑにおける反論、つまり、「或ル人」の「光リニ非ズバ……」という説の趣旨は、了祥の説明を参照することによって、明確になる。即ち、まず弁長（一一六二―一二三八）の『念仏三心要集』には、深心に対して、「破戒故疑」「散心故疑」「無智故疑」「造悪故疑」という四疑があることが、次のように説かれている。

(47)又深心申《トハ》深《ク》信《ズト》 申事《ニテ》 候也。深信申《トハ》念仏《ヲ》一筋《ニ》信《ジテ》 疑ハヌ事《ニテ》 候也。此疑《ニ》付《テ》四《ノ》疑アリ。一破戒《ノ》故《ニ》疑《フ》。二散心《ニ》依《テ》疑《フ》。三無智《ノ》故《ニ》疑《フ》。四造罪《ノ》故《ニ》疑《フ》也。（『浄全』十、三八九頁下—三九〇頁上）

ここで「疑」とは、念仏を疑うこと、つまり、例えば〝破戒の者は、破戒なるが故に、念仏しても往生できないのではないか〟などと疑うことを言っている。このうち、「無智故疑」について、弁長は、次のように説明している。

(48)第三《ニ》無智故疑《ト》者、或人云《ク》、「智慧是《ハ》眼也。行《ハ》又足也。目足備《ル》故《ニ》、清涼池《ニ》至《ル》。縦《ヒ》念仏《ノ》行足有《リト》云《トモ》、智慧《ノ》眼ナカラン人《ハ》、極楽《ノ》清涼池《ニ》、往生スベカラズ。能能経論《ヲ》悟ラン人《ノ》念仏コソ往生《ハ》センズレ。無智《ノ》人《ノ》念仏《ハ》、往生不可也《ト》」。（『浄全』十、三九〇頁上）

ここに示される「或人」の主張と、『捨子問答』Ⓑの「或ル人」の主張が一致していることは、明らかである。しかるに、記述〔48〕の「或人」の主張の方が論旨が分り易い。つまり、それは、〝智慧は眼であり、行〈念仏〉は足である。念仏〈足〉だけあっても、智慧〈眼〉がなければ、往生できないので、経論をよく学んで智慧を得なければ、念仏だけでは往生できない。従って、無智の人の念仏は往生できない〟というものである。

これに対して、『捨子問答』Ⓑの「或ル人」の主張には光と闇の対比とか、「事相ノ称名」とか、「生死流転ノ旧里」とか、余分な説明、語句が加っているが、その為にかえって論旨が分りにくくなっている。これは、おそらくⒷが直接『念仏三心要集』の記述〔48〕にもとづいて文学的潤色を加えたものか、それとも、「或人」「或ル人」と呼ばれる人が実際に存在していて、その人の主張・言辞を、『念仏三心要集』では論理的に簡潔に把握して表現したものを、『捨子問答』Ⓑでは文学的に曖昧に表現したものか、いずれかであろう。ただしⒷにおいて『大智度論』からの引用として示される「智目行足、到清涼池」という語と、記述〔48〕の「縦ヒ念仏ノ行足有リト云フトモ、智慧ノ眼ナカラン人ハ、極楽ノ清涼池ニ往生スベカラズ」は、趣旨と表現が一致しており、『捨子問答』Ⓑが記述〔48〕にもとづいて成立した可能性は大きい。

了祥は、『念仏三心要集』記述〔48〕の「或人」の主張と『捨子問答』Ⓑの「或ル人」の主張がピタリと合致することについては言わないが、記述〔48〕の「或人」の主張、つまり、「無智故疑」を、幸西（一一六三―一二四七）や行空の「一念ノ邪義」と見なし、『後世物語』ⓑも、この邪義を否定する為に設けられた問いと見ていることが、次の記述によって知られる。

〔49〕此ノ四ノ中、一者「無智ノ故ニ疑フ」ト云フハ、此ハモト訳ガ有ル名目デ、モトコレハ幸西ヤ行空ガ所立デ、「光ニ非ズンバ闇ハ晴レ難ク、智慧ニ非ズンバ成仏モ得難ク往生モナリ難シ。只称ヘルハ犬ノ鳴ク如ク、牛ノ吠ヘル如ク、役ニ立タヌ。依ツテ学問ヲシテ智慧ヲ研キ、三心ノ義ヲ知ツテ称ヘネバ往生ハナラヌ」ト云フモノヂヤ

ニヨリテ、此ノ一念ノ邪義ヲ「無智ノ故ニ疑フ」ト云フナリ。即チ此ノ『後世物語』ニ無智ノ者モ称フレバ往生シ、無智ノ者モ専修スレバ三心アルトスル。コレガ無智ノユヱニ疑フノ邪義ニ当ツタモノ。（『後世講義』二一頁上）

また、了祥が『後世物語』ⓑの「無智」という語について、次のように説明するのも、同様の理解を示している。

〔50〕「無智」トハ愚人ニ当ルト見ルベシ。タダシ又ソコニ意ノ含ムハ、カノ一念義ハ「智慧デ無ケレバ迷ハ出ラレヌ。学問シテ智慧ヲミガケ」ト云フ。ソレニアタリテ「無智」ト出シタ謂モアリ。（『後世講義』五〇頁上）

弁長が『念仏三心要集』の記述〔48〕で、「無智故疑」として出した「或人」の説が、幸西等の〃一念義〃を指していることは、(81) 弁長が嘉禎三年（一二三七年）に著した『徹選択本願念仏集』巻下における次の記述によっても知られるであろう。

〔51〕問曰。有人云《ク》「称名《ハ》是《レ》浅《ナリ》。能能学《シ》二法門《ヲ》一、以《テ》二慧解《ヲ》一信入者《セバ》、設《ヒ》雖《ドモ》レ不《ト》レ唱《ヘ》二仏名《ヲ》一、依《テ》二此《ノ》信心《ニ》一得二往生《ヲ》一也《ト》」云云。此《ノ》義如何《ン》。

答曰。此《ノ》義難《シ》レ得レ意。所以者《ハ》何《トナレバ》、称名念仏《ハ》是《レ》末代相応之要法、下根得度《ノ》易行也。随《ヒ》二弥陀《ノ》本願《ニ》一、順《ジ》二善導《ノ》専修《ニ》一、励《ムヲ》二一向称名之行《ヲ》一、為《シテ》二日夜朝暮之勤《ト》一、三心無《ク》レ欠《ルコト》、四修無《キハ》レ漏《スコト》、是《レ》則《チ》決定往生之業因也。然《ルニ》当世《ノ》義者《ノ》云《ク》「依《テ》二学問《ニ》一生《ジ》二慧解《ヲ》一、依《テ》二慧解《ニ》一生《ズベシ》二信心《ヲ》一。具《スル》二此《ノ》信心《ヲ》一者《ハ》、雖《ドモ》レ不《ト》二称名《セ》一、決定往生《スト》」云云。此条《ノ》尤《モ》不審也。末代《ノ》凡夫設《ヒ》雖《ドモ》レ学《スト》、正智正解甚以《テ》難《シ》レ有《リ》。但仰《ギ》二弥陀之本願《ヲ》一、偏任《ニテ》二善導之勧化《ニ》一、行《ズル》二称名《ヲ》一之人《ハ》、皆是《レ》自然《ノ》正智正解《ニシテ》、相二応《ス》仏心《ト》一(82)矣。先《ツ》修《スル》二称名之行《ヲ》一之上《ニ》、次《ニ》正《ク》可《シ》レ論《ズ》二其《ノ》義之浅深《ヲ》一。捨《ル》二称名《ヲ》一之後、但取《テ》二信心《ヲ》一、許《シ》二証得往生《ト》一、而以《モテ》二此《ノ》義《ヲ》一、言《ハ》二深義《ト》一者、其《ノ》謬《リ》幾《クゾ》乎。発《シ》二邪智《ヲ》一致《シ》二高慢《ヲ》一、自損損他《スル》也。魔説也。仏敵也。可《シ》レ恐《ル》可《シ》レ悲《ム》。（『浄全』七、一〇五頁上—下）

ここで、まず「有人」と「当世義者」の主張はほぼ同じであろう。それは、〃「学問」によって「慧解」を生じ、「慧解」によって「信心」を生じ、「信心」を具すれば「称名」をしなくても、「決定往生」する〃という主張である。

この「有人」＝「当世義者」の主張を、幸西の〝一念義〟と見なすことは、凝然（一二四〇—一三二一）が『浄土法門源流章』で幸西の〝一念義〟を次のように説明していることを考慮すれば、基本的には、認められるであろう。

〔52〕幸西大徳、立《ツ》二一念義《ヲ》一。言《ハ》二一念《ト》一者、仏智《ノ》一念《ナリ》。正《シク》指《シテ》二仏心《ヲ》一為《ス》二念心《ト》一。凡夫《ノ》信心、冥《ス》二会仏智《ニ》一。仏智《ノ》一念《ハ》是《レ》弥陀《ノ》本願《ナリ》。行者信念、与二仏心《ト》一相応《シテ》、心契《ヒ》二仏智願力《ノ》一念《ニ》一、能所無二、信智唯一、念念相続《シテ》、決定往生《ス》。（『浄全』十五、五九一頁下）

ただし、私にとって若干疑問があるのは、『徹選択本願念仏集』記述〔51〕における弁長の説明、及び記述〔52〕における凝然の説明にもかかわらず、幸西がそれ程「信心」を強調したであろうかということなのである。というのも、私見によれば、幸西の『玄義分抄』にも、また『浄土法門源流章』に引かれる幸西のいくつかの著書にも、「信心」の強調が認められないと思われるからである。

しかるに記述〔51〕において、弁長が「依此信心、得往生也」と述べ、記述〔52〕において凝然が「信心」を言うのは、幸西の影響下にあると目されることがある親鸞の〝信心正因〟説を意図したものではなかろうか。『徹選択本願念仏集』が書かれた嘉禎三年（一二三七年）には、親鸞はすでに帰京して四年程経ていたと考えられている。記述〔51〕において弁長が親鸞を明確に意識していたかどうかは明らかでないが、記述〔51〕は幸西門下の〝一念義〟の一般的傾向、特に親鸞の〝信心正因〟説、〝他力〟説を生じるような傾向を批判したものと見るべきであろう。[83] [84]

さて、すでに述べたように、『後世物語』ⓑでは、『捨子問答』Ⓑとは異なり、「智慧」の語が欠落し、「称名」の語も無いので、論旨が不明瞭になっている。さらに、Ⓑとⓑの違いは、ⓑの「無智のもの」の前に「かかるあさましき」という語が置かれていることであるが、結論より言えば、これは親鸞の言葉であると思われる。

了祥は、この語について、

〔53〕今モ答ノ文カラ見ルト「破戒無智」トアル。戒ヲ破ル悪イ者ヲ「アサマシキ」ト云フ。（『後世講義』五〇頁上）

と述べ、『後世物語』ⓑの第一問に対する答（第一答）（後出のⓒ）に「破戒無智」という語があるので、「あさましき」とは、その内の「破戒」を意味すると解している。確かに、後に示す『捨子問答』の第一答ⓒにおいても、「智慧モアリ戒行モマタキ身」「愚鈍造罪ノウタテシキ身」とあるので、『後世物語』ⓑにおいて「かかるあさましき」という語は、「無智のもの」の前に置かれて、「破戒」を意味していると思われるが、しかしこれは親鸞が愛用した言葉であることは、次の文例によって知られる。

〔54〕かゝるあさましきわれら、願力の白道を一分二分やう〳〵づゝあゆみゆけば、（『一念多念文意』）（『定本』三(1)、一五〇頁）

〔55〕「不簡破戒罪根深」といふは、「破戒」はかみにあらわすところのよろづの道俗の戒品をうけて、やぶりすてたるもの、これらをきらはずとなり。「罪根深」といふは、十悪五逆の悪人、謗法闡提の罪人、おほよそ善根すくなきもの、悪業おほきもの、善心あさきもの、悪心ふかきもの、かやうのあさましきさま〴〵のつみふかきひとを「深」といふ。ふかしといふことばなり。すべてよきひと、あしきひと、たふときひと、いやしきひとを、無碍光仏の御ちかひには、きらはずえらばれず、これをみちびきたまふをさきとしむねとするなり。真実信心をうれば実報土にむまるとおしえたまへるを浄土真宗の正意とすとしるべしとなり。（『唯信鈔文意』専修寺正月二十七日本）（『定本』三(1)、一六六―一六七頁）

また、すでに見た『一念多念文意』の奥書き（記述〔35〕）と『唯信鈔文意』の奥書き（記述〔36〕）にも、「ゐなかのひとびとの文字のこころもしらず、あさましき愚癡きわまりなきゆへに」という表現があったのである。

さらに、『親鸞聖人血脈文集』第六通（『末灯鈔』第三通）にも、

〔56〕浄土ノ真実信心ノ人ハ、コノミコソアサマシキ不浄造悪ノミナレドモ、心ハスデニ如来トヒトシケレバ、如来トヒトシトマフスコトモアルベシトシラセタマヘ。（『血脈研究』二二一頁）

とあり、また『歎異抄』第十三条にも、「かかるあさましき身[85]」とあることは、注意しておきたい。親鸞が「あさまし」の語を多用したことは、『親鸞用語索引』によって、明らかなのである[86]。故に『後世物語』ⓑの「かかるあさましき」は親鸞自身の語であり、親鸞が『後世物語』第一問と第一答の内容に斉合性をもたせるために、つまり、『後世物語』第一答の「破戒」という語を導くために、付加したものと思われる。

では、次に『捨子問答』と『後世物語』の第一答のテキストを示すことにしよう。

Ⓒ師答テ云ク。称名ノ行ハ、一切善悪ノ凡夫ノ名号ヲ唱フル事、上ミ一形ヲ尽スヨリ下モ臨終ノ十念一念ニ至ルマデ、空カラズ往生スト云フ事、釈尊ハ金ノ御口ヨリ御声ヲ出シテ、「我レ是ノ利ヲ見ル故ニ如レ此教フ[87]」ト宣給ヘリ。六方恒沙ノ諸仏ハ各々舌相ヲ三千ノ雲ニ覆ヒテ、誠ナリト証シ給ヘリ[88]。此ノ上ハ縦ヒ仏来テ、「僻事ナリ。不レ可レ叶」ト宣給フトモ、念仏信心ノユルクスベキニ非ズ。只深ク憑テ称名ヲ励《ハゲマ》サバ、仏ノ本願限リアル事ナレバ[89]、往生極楽ハ決定ナリ。

若シ智慧モアリ、戒行モマタキ身ナラバ、何レノ教ニテモ生死ハ離レナン。利智精進ニ叶ヌ愚鈍造罪ノウタテシキ身ニテ、出離ノ縁ナキ器ナレバコソ、仏ノ御誓ヲ憑ミ他力ニ乗ジテ、生死ヲ離レナントハ嗜《タシナ》ム事ナレ。事新ク有智トモ無智トモ沙汰スルニ及バヌ者哉。知ルベシ。此ノ浄土ノ教ハ、末来悪世ノ煩悩濁乱ノ凡夫ノ為ニ説ケリト云フ事ヲ。

コノ故ニ善導和尚ハ、『観経』ノ一部ノ内ヨリ、十ノ文証ヲ勘《カンガヘ》テ、此ノ旨ヲ顕シ給ヘリ[90]。又『大経』ノ下巻ニハ、「当来ノ世ニ経道滅尽センニ、我レ慈悲ヲ以テ哀愍シテ、特《ヒトリ》留《メ》二此ノ経《ヲ》一止住《スルコト》百歳ナラン[91]」ト文。慈恩大師ハ、「時経《ルコト》二末法《ヲ》一、満《ツレバ》二一万年《ヲ》一、一切諸経、並《ビニ》従《テ》滅没《ス》。釈迦《ノ》恩重《クシテ》、留《ムルコト》レ教《ヲ》百歳《ナリ》[92]」ト釈セリ。天台大師ハ、「末法法滅之時、特《リ》留《メ》二此《ノ》経《ヲ》一百年在レ世[93]」ト判ゼリ。善導、経ヲ引キテ、「万年《ニ》三宝滅《シ》、此経住《スコト》百年[94]」ト釈セリ。

経釈ニ定ル処如レ此。末法一万年ノ後、人ノ命僅ニ十歳ニ極リタラン時、万《ヨロ》ヅノ経教皆滅スベシ。其ノ時猶念仏ノ教門ハ、百年留リテ、此ノ経ニヨリ往生スベシト云ヘリ。不レ叶ト云バ、此ノ時ノ衆生ナンドノ生ル、事ヲ得哉。有智無智ヲエラバヌ教行ナレバコソ、釈尊ノ慈悲ニテ留メ給フ事ナレ。多クノ八万聖教ノ中ニ選《エラン》デ此ノ法ヲトヾメント、仏ノ思食ケルニ、皆心得べキ者也。（『捨子』四頁上一行―下一三行）〔上七左―九左〕

Ⓒ師、こたえてのたまはく。念仏往生はもとより破戒無智のものゝためなり。もし智慧もひろく戒もまたくたもつみならば、いづれの教法なりとも修行して生死をはなれ菩提をうべきなり。それがわが身にあたはねばこそ、いま念仏して往生おばねがへと。（『後世』九四頁七行―一〇行）

まず、『捨子問答』Ⓒの趣旨は、〝「一切善悪ノ凡夫」は、称名によって、有智・無智の相違にかかわらず、必ず往生する〟ということであろう。このうち、「一切善悪ノ凡夫」とは、善導が好んだ語であって、『観経疏』「玄義分」には次のような用例が見られる。

〔57〕言《フハ》二弘願《ト》一者、如《シ》二『大経《ニ》』説《クガ》一。一切善悪《ノ》凡夫得《ルコト》レ生《ヲ》者《ハ》、莫《シ》レ不《ルコト》下皆乗《ジテ》二阿弥陀仏《ノ》大願業力《ニ》一為《サ》中増上縁《ト》上也。（『浄全』二、二頁上）

〔58〕今以《テスルコトハ》二一一出《シ》レ文《ヲ》顕《スヲ》一レ証《ヲ》、欲《ス》レ使《メント》下今時《ノ》善悪《ノ》凡夫《ヲシテ》同《ク》沾《シ》二九品《ニ》一生《ジテ》レ信《ヲ》無《ケレバ》レ疑、乗《ジテ》二仏《ノ》願力《ニ》一悉《ク》得《セ》上レ生《ズルコトヲ》也。（『浄全』二、八頁下）

また、『捨子問答』Ⓒ冒頭の「称名ノ行ハ」から「誠ナリト証シ給ヘリ」までの一節は、次の『観経疏』「散善義」の記述と同趣旨であり、おそらくはそれにもとづいていると考えられる。

〔59〕又十方仏《ノ》等、恐二畏《レテ》衆生《ノ》不《ランコトヲ》一レ信《ゼ》二釈迦一仏《ノ》所説《ヲ》一、即《チ》共《ニ》同心同時《ニ》、各出《シテ》二舌相《ヲ》一、偏《ク》覆《ヒテ》二三千世界《ニ》一、説《ク》二誠実《ノ》言《ヲ》一。汝等衆生、皆応《シ》レ信《ズ》二是《ノ》釈迦《ノ》所説所讃所証《ヲ》一。一切《ノ》凡夫、不レ問《ハ》二罪福《ノ》多少、時節《ノ》久近《ヲ》一、但能《ク》上尽《シ》二百年《ヲ》一、下至《ルマデ》二一日七日《ニ》一、一心《ニ》専二念《スレバ》弥陀《ノ》名号《ヲ》一、定《ンデ》得《ルコト》二往生《ヲ》一、必《ズ》無《シト》レ疑也。[95] 是《ノ》故《ニ》一仏《ノ》所説《ハ》、即《チ》一切仏同《ジク》証二誠《スル》其《ノ》事《ヲ》一也。（『浄全』二、五八

頁上―下）

しかし、〝一切の凡夫が、善も悪も問わず、また有智・無智にもかかわらず、念仏によって必ず往生できる〟というのと、「若シ智慧モアリ、戒行モマタキ身ナラバ、何レノ教ニテモ生死ハ離レナン。利智精進ニ叶ヌ愚鈍造罪ノウタテシキ身ニテ、出離ノ縁ナキ器ナレバコソ……」と述べるのとでは、若干のニュアンスの相違が見られるであろう。つまり、〝有智の念仏でなければ往生できない〟という反論に対して、〝有智でも無智でも、凡夫は念仏すれば往生できる〟と答えるのと、〝智慧があり、持戒であれば、聖道門の教えによって生死を離れ菩提を得ることができるであろうが、無智であり、破戒造悪の身であるため、聖道門によっては生死を離れることのできない器であるから、浄土門により、他力に乗じて往生して生死を離れようとするのだ〟と述べるのでは、趣旨の相違があることは、明らかである。つまり、〝念仏による凡夫の往生は、有智・無智、善悪を問わない〟という主張をⓘとし、〝有智・持戒ならば聖道門によって菩提を得ることができるであろうが、それができない無智・破戒の身であるからこそ、浄土門により念仏して往生するのだ〟という主張をⓘⓘとするなら、『捨子問答』Ⓒ第二段落末尾の「此ノ浄土ノ教ハ、未来悪世ノ煩悩濁乱ノ凡夫ノ為ニ説ケリ」という主張ⓘⓘⓘは、主張ⓘⓘからは導かれるが、主張ⓘからは帰結しないのである。

この主張ⓘⓘⓘが、『後世物語』においては、「念仏往生はもとより破戒無智のもののためなり」と説かれ、「もし智慧もひろく」以下が、『捨子問答』の主張ⓘⓘに相当することは、明らかであるが、ただし『後世物語』Ⓒには、『捨子問答』の主張ⓘに当るものが欠落していることに注意すべきである。この欠落は、主張ⓘがその趣旨において主張ⓘⓘⓘⓘとは若干異質であるが故に、『後世物語』の著者、即ち、親鸞は、全体の論旨を明確にするためには、主張ⓘは不必要だと考えて、これを『後世物語』では削除したために生じたのであろう。その結果、『後世物語』Ⓒの論旨は、極めて明快なスッキリしたものとなったのである。

「念仏往生はもとより破戒無智のもののためなり」という一文は、既に示したように、かつて家永三郎氏が「尠くとも後世物語聞書には既に悪人正機の思想が明瞭に説かれてゐる」[96]と論じられたとき、その論拠の一つともされたことは、重要である。つまり、この一文には確かに〝悪人正機〟とも呼び得るような思想の要素が認められるのである。しかし、この一文の趣旨が、『捨子問答』Ⓒ全体の趣旨から、大きく隔っていることも、また事実だと思われる。即ち、『捨子問答』Ⓒ第二段落の

(ア)此ノ浄土ノ教ハ、未来悪世ノ煩悩濁乱ノ凡夫[97]ノ為ニ説ケリ。

という文章と、『後世物語』ⓒの、

(イ)念仏往生はもとより破戒無智のもののためなり。

という文章を比較してみると、前者(ア)の趣旨は、私の用いる言葉でいえば、〝凡夫正機〟説であり、後者(イ)の趣旨は、〝悪人正機〟説に近接したものであるという違いがあるのである。

そこで〝凡夫正機〟説と〝悪人正機〟説を定義しなければならないが、ここでは一応、〝凡夫正機〟説を「凡夫を、善人（善凡夫）と悪人（悪凡夫）とに分けることなく、等しく浄土教の正機とする説」とし、〝悪人正機〟説を「凡夫を善人（善凡夫）と悪人（悪凡夫）とに分け、善人よりも悪人を浄土教の正機とする説」と規定しておきたい。〝凡夫正機〟説と〝悪人正機〟説の関係は複雑であり、両者には必ずしも明確に区別できない側面もあるが、私は基本的に、浄土教は、善導から法然・隆寛に至るまでは、〝凡夫正機〟説であり、親鸞の著作、『醍醐本法然上人伝記』、『歎異抄』、『口伝抄』（覚如）においては、〝悪人正機〟説が成立していると考えている。また、『歎異抄』の〝悪人正機〟説は、〝悪人正因〟説とも呼び得るものであるが、この〝悪人正因〟説は〝悪人正機〟説と原理的に異なるものではなく、ただその極端な形態であるというのが、私の理解である。しかし、この〝凡夫正機〟説と〝悪人正機〟説の関係については、ここでは述べず、若干の論説をなした後で、再び論じることにしたい。

なお、『捨子問答』Ⓒと『後世物語』ⓒの相違について、さらに若干述べておけば、Ⓒにおける「上ミ一形ヲ尽スヨ

リ下モ臨終ノ十念一念ニ至ルマデ」という語は、〝多念義〟の立場を明示するものであるが、当然のことながら、ⓒにおいては、省かれている。これは、親鸞が〝多念義〟を嫌ったためであろう。また、Ⓒには、「称名」という語が二度用いられ、「名号ヲ唱フル事」という表現もあるが、ⓒには単に「念仏」とあるのみで、これが〝称名念仏〟を意味するかどうか不明確である。

さらに『後世物語』ⓒの「破戒無智」という表現における「破戒」と「無智」の語順にも注目しておきたい。即ち、『捨子問答』においては、第一問答（ⒷⒸ）は、基本的には〝無智の念仏でも往生できるか否か〟という問題を扱ったものであって、〝破戒〟〝造罪〟は、そこで副次的に扱われるにせよ、その本来のテーマではなかったと思われる。従って、『捨子問答』Ⓒにおいて、その結論的部分とも言うべき第四段落においてさえ、「有智無智ヲヱラバヌ」ということが言われ、〝有智〟〝無智〟が本来のテーマであることが明示されているのである。しかるに、『後世物語』においてはすでに第一問ⓑにおいて、「かかるあさましき」という語が、「無智のもの」の前に付加され、第一答ⓒにおいては、「破戒無智」と述べられ、「無智」以上に「破戒」の方が重要なテーマとされている。これは何故であろうか。

私は親鸞が「無智」を明確なテーマとすることを故意に避けたと考える。つまり、「無智」をテーマとするということは、〝無智なものでも、念仏によって往生できる〟と説くことであって、これは、〝念仏しても、智慧が無ければ、往生できない〟という〝一念義〟に対する批判になっているのである。しかるに、親鸞は、後に『後世物語』第三答ⓘの「まことにしかなり」という語についての考察でも示すように、〝一念義〟に対して好意的であったと思われる。従って、「無智」をテーマとすることを避けたのであろう。

それ故、家永氏も、すでに示した氏の論述で、『後世物語』ⓒの「念仏往生はもとより破戒無智のもののためなり」という文章に「悪人正機の思想」を認められたのであるが、当然のことながら、その際、氏は「無智」の語の方には注目されていない。「破戒」のものは〝悪人〟であり、「無智」のものは〝愚人〟であるが、家永氏においては、〝悪人〟

の側面のみが注目されたのは、『後世物語』ⓒが実際、「破戒」の〝悪人〟をテーマとしているように書かれているからなのである。

さて、『捨子問答』ⓒが、「無智」だけでなく、副次的に、「破戒」の問題をも扱っていることは、すでに述べたように、そこに見られる「悪」「戒」「造罪」「悪世ノ煩悩濁乱ノ凡夫」という語の存在によって明らかであるが、この問題を更に詳論したものが、『捨子問答』の第二問答であり、それに相当するものは、『後世物語』では欠落していると一応は考えられる。予め言えば、この『捨子問答』第二問答は〝造悪無礙〟説に対する批判をテーマとしているが、この〝造悪無礙〟説批判が『後世物語』に欠落していることこそが、『後世物語』の思想的性格を明示しているのである。

では次に、『捨子問答』第二問答のテキストを、示すことにしよう。

Ⓓ捨子問テ云ク。弥陀ノ本願ハ、本《ト》罪悪生死ノ凡夫ノ為ニ、釈迦此ノ教ヲ説キ給フ事、偏ニ末法悪世ニ蒙シメタリ。サレバ浄土ノ教門ニ入リ念仏ノ行ヲ修セン者ハ、罪悪ヲ恐ルベカラズ。若シ罪ヲイタム者アレバ、本願ヲ疑フ者ト云ヒ、他力ヲ信ゼヌ者ト申ス。誠ニ念仏ダニモ申セバ、罪ヲ作ルトモ、クルシカルマジク侍ルニヤ。（『捨子』四頁下一四行―五頁上二行）〔上九左―一〇右〕

Ⓔ師答テ云ク。此ノ義ユ、シキ僻事也。諸悪莫作諸善奉行ハ、是レ七仏ノ同ク被レ仰タル御詞也。惣テ一切ノ諸仏ハ、罪ヲ止メ善ヲ修シテ正覚ヲ成ジタマヘリ。何ナル仏カ、悪ヲス、メテ善ヲ止メヨト教ヘ給ヘル。世々番々ノ諸仏モ、皆悪業ヲ恐レヨトコソ説キ給フ事ナレ。阿弥陀仏独リ此ノ旨ヲ違《タガ》ヘ御座スベカラズ。止悪修善ハ聖教ノ大旨也。浄土ノ一宗何ゾ此ノ義ヲ背カン。諸仏ハ悉ク悪業ヲ離レ給ヘリ。若シ罪ヲ恐レ悪ヲ留ヨト教ズバ、何カ聖教ト可レ仰。誰カ仏ト信ゼン。其ノ人ハ大魔王ナルベシ。其ノ法ハ外道ノ教ナリ。知ヌベシ。又思フベシ。

罪業ハ是レ輪廻ノ業ナリ。煩悩ハ即チ流転ノ因也。故ニ三界ノ火宅ヲ離レント思ハバ、我等ヲ繋《ツナ》ヒデ生死ニ留メケル罪業ノ鏁《クサ》リ、殊ニイタミ恐ルベキ者也。サレバ無始ヨリ今日マデ久シク造リヲク所ノ罪ヲバ何カセン。仏ノ御力ニテ助ケ給ヘト思フベシ。弥陀ヲ頼ミ仏ノ本願ヲ信ジ、苦ヲ厭ヒ楽ヲ願フ心ヲ発シテン後、猶罪ヲ憚《ハバカ》ラザラン事、大ナル咎也。タトヘバ雲ヲ厭ズシテ月ヲ翫《モテアソ》ビ、友綱ヲトカズシテ船ヲコガンガ如シ。

浄土ノ教ニ、「十悪五逆ノ者ヲ捨テズ」ト云フ事ハ、昨日マデ悪ノ凡夫ニテ、カヽル悪業ヲ造リツルガ、今日此ノ法ニ逢奉テ、悲ク思ハヾ、「我レカヽル重罪ヲオカセリ。サレバ諸仏モ捨テ給ヒ、諸教ニ悉ク嫌ヘリ。然ルヲ今阿弥陀仏超世ノ別願ノ大慈悲計《バカリ》コソ助ケ給ヘ」ト思ヒテ、頼ミ奉ル者ヲ、他力願王ノ弥陀、手ヲ舒ベ自ラ来迎シ給フナリ。此ノ仏ハ悪業重キ衆生ヲ助ケ給ヘバトテ、念仏申シテハ罪ヲ作リ、罪ヲ作リテハ念仏申ス。如レ此セン者ハ、更ニ往生スベカラズ。善導ハ四修ノ下ニ、「貪瞋煩悩ヲ以テ来《キタラ》シ交ル事ナカレ」[98]ト誡《イマシ》メ給ヘリ。

但如レ此思ヒ知リテ、悪ヲバ痛ミ恐ルベキ事ゾト思ヒタレドモ、鈍根愚癡ノ凡夫ノウタテシキ事ハ、尚ヲ余リイデ悪ノ造ラレンヲバ。カヽルウタテシキ器ニテ、諸仏ノ化導ニモレ、十方ノ仏土ニ門ヲサヽレケル、カヽル衆生ノ為ニ、他力ノ大願ヲ発シ給ヘル[99]阿弥陀仏ノ御哀ミコソ、難レ有頼モシクハ御座スト、深ク打頼ミ奉テ、仏助ケ給ヘト思ヒテ、イヨイヨ称名ヲ唱フベシ。イカニモイカニモ罪ヲ恐ルベシ。罪業ヲ恐レズシテ、出離ノ行ヲ勤ルハ、偏ニ是レ外道ノ苦行ナルベシ。(『捨子』五頁上二行―六頁上四行)〔上一〇右―一二左〕

ここでⒹの『捨子問答』第二問の意味を考えてみると、その趣旨は、ほぼ次の通りであろう。

〔ある人は〕「阿弥陀の本願は、本来、罪悪生死の凡夫の為に発されたものであるから、浄土教に入り念仏を修する者は、罪悪を恐れるべきではない。もし罪悪を恐れる者がいれば、それは本願を疑う者である」と言い、「他力を信じないものである」と言っている。〔このように言われているが〕本当に念仏を称えさえすれば、罪を作っても問題ないのであろうか。

まず形式的なことから問題にしたいが、ここで「云ヒ」「申ス」とは、〝捨子〟自身が〝言う〟のではなく、このように〝ある人〟は〝言っている〟という意味であり、この〝ある人〟が〝言っている〟ことは正しいのかというのが〝捨子〟の問いの趣旨なのである。従って、「云ヒ」「申ス」という語以前に出るのは、〝捨子〟自身の主張を示すものではなく、〝ある人〟、つまり、〝捨子〟の心を惑わす〝ある人〟の見解を示したものであろう。この点は、『捨子問答』第一問Ⓑの「人ノアラヌ様ニ申シタルヲ聞ケバ」と「或ル人ノ物語ニ……ト申セバ、何ト心得侍ルベキ」という表現において〝申す〟が、〝捨子〟の心を惑わす「或ル人」の主張を指しているのに一致している。

さて、Ⓓにおいて〝ある人〟の主張は、二つの要素からなっている。即ちその第一は、「弥陀ノ本願ハ」以下に示される所謂〝悪人正機〟説のように思われるものであり、第二は、「サレバ」以下に説かれる所謂〝造悪無礙〟説である。〝悪人正機〟説と〝造悪無礙〟説とが、ここで論理的に不可離に結合していることは、明らかであろう。というのも、〝弥陀の本願は悪人を救うために発されたものであるから、いかなる悪をなしても往生の礙りとはならない〟というのが、〝ある人〟の主張と考えられるからである。従って、両者は、切り離すことなく考察されることが望ましいが、所謂〝悪人正機〟説については、後論することにして、ここではまず〝造悪無礙〟の問題について、考えてみたい。

〝造悪無礙〟という語を厳密に定義することも、実は容易ではない。[100] 一応は、〝悪を造っても往生の礙りとならない〟という主張を、〝造悪無礙〟説と規定したいが、しかし、この〝造悪〟、つまり、〝悪を造っても〟ということが、〝これまで悪を造ってきたけれども、〔それは往生の礙りにならない〕〟を意味するのか、〝これから〔いくら〕悪を造っても、〔それは往生の礙りにならない〕〟を意味するのかによって、〝造悪無礙〟説の意味は、全く異なるであろう。ここでは、前者、つまり、〝これまで造られた悪は、往生の礙りとはならない〟という主張を、〝過去造悪無礙〟説と呼び、後者、つまり、〝これからいくら悪を造っても、往生の礙りとはならない〟という主張を、〝未来造悪無礙〟説と呼んで、両者を区別したい。一般には、後者を〝造悪無礙〟と呼ぶのであろうが、本論文でも、〝過去……〟とか〝未来……〟という限定なしに、単に〝造悪無礙〟説とか〝造悪無礙〟という場合、後者を意味することにしたい。ただし、〝過去造悪無礙〃説と〃未来造悪無礙〃説とは、個々の具体的なテキストにおいて、必ずしも截然と区別できない場合があり、従って、両者は合せて考察されるべきであろう。

そこで『捨子問答』第二問Ⓓの〃ある人〃の主張を考えてみると、これは明らかに〃未来造悪無礙〃説であることは、そこに出る「罪悪ヲ恐ルベカラズ」という語によって、知られるであろう。また、この主張を「此ノ義ユ、シキ僻事也」として否定する『捨子問答』第二答Ⓔの〃師〃の答を見ても、そこには「何ナル仏カ、悪ヲススメテ善ヲ止メヨト教ヘ給ヘル。世々番々ノ諸仏モ、皆悪業ヲ恐レヨトコソ説キ給フ事ナレ」とか「念仏申シテハ罪ヲ作リ、罪ヲ作リテハ念仏申ス。此ノ如クセン者ハ、更ニ往生スベカラズ」とあって、そこで否定される主張が、〃未来造悪無礙〃説であることが、明示されているのである。

しかるに、この『捨子問答』Ⓓにおける〃未来造悪無礙〃説、及びⒺにおけるそれに対する批判の意義を明らかにするためには、〃造悪無礙〃説全般についての理解が必要であるから、まずそれについて若干論じたい。

私見によれば、浄土教におけるすべての〃造悪無礙〃説の展開において、根源的な、あるいは中心的な役割を果したのが、『無量寿経』巻下の次の経文だと思われる。

(60)爾《ノ》時慈氏菩薩、白《シテ》レ仏《ニ》言《サク》。世尊、何《ノ》因何《ノ》縁《アリテカ》、彼《ノ》国《ノ》人民、胎生化生《ナルト》。仏告《ハク》二慈氏《ニ》一。若《シ》有《リテ》二衆生一、以《テ》二疑惑心《ヲ》一、修《シテ》二諸《ノ》功徳《ヲ》一、願レ生《ゼント》二彼《ノ》国《ニ》一、不レ了《セ》二仏智不思議智不可称智大乗広智無等無倫最上勝智《ヲ》一、於《テ》二此《ノ》諸智《ニ》一、疑惑《シテ》不レ信《ゼ》、然《モ》猶信《ジ》二罪福《ヲ》一、修《シテ》二習善本《ヲ》一、願《ズ》レ生《ゼント》二其《ノ》国《ニ》一。此《ノ》諸《ノ》衆生、生《ジテ》二彼《ノ》宮殿《ニ》一、寿五百歳《マデ》、常《ニ》不レ見レ仏《ヲ》、不レ聞《カ》二経法《ヲ》一、不レ見二菩薩声聞聖衆《ヲ》一。是《ノ》故《ニ》於《テ》二彼《ノ》国土《ニ》一、謂《フ》二之《ヲ》胎生《ト》一。

若《シ》有《リテ》二衆生一、明《カニ》信《ジ》二仏智乃至勝智《ヲ》一、作《シ》二諸《ノ》功徳《ヲ》一、信心迴向《スレバ》、此《ノ》諸衆生、於二七宝《ノ》華《ノ》中《ニ》一、自然《ニ》化生《シ》、跏趺《シテ》而坐《シ》、須臾之頃《ニ》、身相光明智慧功徳、如《ク》二諸《ノ》菩薩《ノ》一、具足《シ》成就《セン》。(『浄全』一、三三—三四頁)

「胎生」と「化生」の区別を説くこの重要な経文が、親鸞に強い影響を与えたことは明らかであるが、(101)その趣旨は、

〝仏智・不思議智等を信ぜず疑惑し、しかも罪福を信じ、善本を修習して、往生を願うものは「胎生」となり、仏智等を信じ、信心廻向すれば、「化生」となる〟というものであろう。ここで、「疑惑」と「信心」が「胎生」と「化生」の本質的性質として対比されているのであるが、それればかりではなく、前者、つまり「仏智」を信ぜず疑う者が、「猶信罪福、修習善本」と言われていることが、極めて重要である。即ち、ここで「仏智」に対する「信」とは、「罪福」を超えたもの、あるいは、「罪福」に対立するものとして定立されていることに、注目しなければならない。しかるに、ここで「信仏智」の「化生」の立場と、〝善を為すべし、悪を造るべからず〟という「信罪福」の立場、つまり、「胎生」の立場とが対比されていることは、明らかである。しかも、「化生」が「胎生」よりも、価値的に優れたものとされていることは、言うまでもない。かくして、この『無量寿経』の経文〔60〕が〝造悪無礙〟説にとって、最も根源的な典拠とされたことは、確実だと思われる。

しかるに、この経文〔60〕の意義について、敏感に反応したのが曇鸞なのである。即ち、彼は、『略論安楽浄土義』で、次のように言っている。

〔61〕問曰《テク》。以《テ》二疑惑心《ヲ》一往二生《スル》 安楽《ニ》一名曰《テフ》二胎生《ト》一者、云何《ガ》起《スヤ》レ疑《ヲ》。
答曰《テク》。『経』《ノ》中《ニ》但云《テ》二「疑惑不信《ト》」一不レ出《サ》下所二以《ンノ》疑《フ》一意《ヲ》上、尋《テ》二不了《ノ》五句《ヲ》一敢以《テ》二対治《ヲ》一言《ハン》レ之《ヲ》。「不了仏智」者《トハ》、謂《ク》不レ能《ハ》レ信二了《スルコト》 仏《ノ》一切種智《ヲ》一。「不了故起疑」一、此《ノ》一句《ハ》惣《ジテ》辨《ズ》二所疑《ヲ》一。下《ノ》四句《ハ》一一《ニ》対二治《ス》所疑《ヲ》一。疑有《リ》二四意一。一者《ニ》疑《フ》但憶二念《スルモ》 阿弥陀仏《ヲ》一不四必《シモ》 得三往二生《スル》 安楽《ニ》一、何以故《ニ》、『経』《ニ》言《ク》、「業道《ハ》如《シ》レ秤《ノ》、重《キ》者先《ツ》牽《クト》」。云何《ガ》一生《ハ》、或《ハ》百年、或《ハ》十年、或《ハ》一月、無《キモノ》二悪《トシテ》 不《ルコト》レ造《ラ》、但以《テ》二十念相続《スルヲ》一 便《チ》得《テ》二往生《スルコトヲ》一 即入《リテ》二正定聚《ニ》一畢竟《シテ》不レ退《カ》、与二三塗《ノ》諸苦一永隔《クンヤ》耶。若《シ》爾《ラバ》、先牽之義、何《ヲ》以《カ》取《ラン》レ信《ヲ》。又曠劫《ヨリ》已来備《ニ》造《ル》二諸行《ヲ》一、有漏之法《ハ》繋二属《ス》三界《ニ》一、云何《ガ》不《シテ》レ断《ゼ》二三界《ノ》結惑《ヲ》一、直《ニ》以《テ》三少時念《ズルヲ》二 阿弥陀仏《ヲ》一、便《チ》出《ンヤ》二三界《ヲ》一耶。繋業之義、復欲《スト》二云何《セント》一。

対二治此疑一故、言二「不思議智」一。「不思議智」者、謂仏智力、能以レ少作レ多、以レ多作レ少、以レ近為レ遠、以レ遠為レ近、以レ軽為レ重、以レ重為レ軽、以レ長為レ短、以レ短為レ長。如レ是等仏智、無量無辺不可思議。譬如下百夫百年聚レ薪積高千仞、豆許火焚半日便尽上耶。又如下躃者寄二載他船一、因二風帆勢一一日至中千里上、豈可レ得レ言三躃者云何一日至二千里一耶。又如下下賤貧人獲二一瑞物一而以貢レ王、王慶二所得一加二諸重賞一、斯須之頃富貴盈溢上、豈可レ得レ言丙以下数十年貧仕備尽二辛懃一不レ達帰者上、言二彼富貴一無乙此事甲耶。又如下劣夫以二己身力一擲レ驢不レ上、従二転輪王行一便乗二虚空一飛騰自在上、復可レ得下以二擲驢之劣夫一言中必不上レ能レ乗レ空耶。又如二十囲之索、千夫不レ制、童子揮レ剣瞬頃両分一、豈可レ得レ言二一小児力不一レ能レ断レ索耶。又如二鴆鳥入レ水魚蜯斯斃、犀角触レ泥死者咸起一、豈可レ得レ言二性命一断無一レ可レ生耶。又如下黄鵠呼二子安一子安還活上、豈可レ得レ言二墳下千歳決無一レ可レ甦耶。一切万法皆有二自力他力自摂他摂一。千開万閉、無量無辺。安得下以二有礙之識一疑中無礙之法上乎。又五不思議中仏法最不可思議。而以二百年之悪一為レ重、疑二十念念仏一為レ軽、不レ得下往二生安楽一入中正定聚上者、是事不レ然。(『浄全』一、六六八頁下―六六九頁下)

ここでまず曇鸞は、経文(60)の「不了仏智」を「不能信了仏一切種智」と置きかえているが、「信」の語を加えたことによって、「胎生」と「化生」とのそれぞれの立場が「不信」(疑)と「信」として、明確に対比されることになったのである。ここで斥けられる「疑」を、曇鸞は四種に分けて説明するが、その第一の「疑」が、〝造悪無礙〟説と関係する。

その「疑」は、「疑但憶念阿弥陀仏、不必得往生安楽」という内容をもつものであって、要するに、〝ただ念仏しても、必ずしも往生できないのではないか〟という疑いであるが、この疑いの根拠として「云何一生或百年或十年或一月、無悪不造、但以十念相続、便得往生……」ということが言われている。これは、〝曠劫已来多年にわたって造られてきた悪業と、わずか十念の念仏を比べれば、悪業の方がはるかに重いので、悪業によって繋縛されている三界から、わずかな期間の念仏によって、どうして脱し、往生することができようか〃という意味であろう。つまり、従来多年にわたって為されてきた悪業とわずか十念の念仏との業としての軽重が比較され、〃従来多年にわたって、悪を造って来た者は、わずかな期間の念仏によっては往生できない〃というのである。

この疑いに対する曇鸞の答えの最終的結論は、「仏法最不可思議、而以百年之悪為重、疑十念念仏為軽、不得往生安楽入正定聚者、是事不然」というものであるが、これは〃「仏法最不可思議」の故に、「百年之悪」が重く「十念念仏」が軽いとは見ることができない〃という意味であろう。とすれば、ここで曇鸞が、〃〔念仏をすれば〕過去の造悪は往生の礙りにならない〃という意味での〃過去造悪無礙〃説を説いていることは、明らかである。

ただし注目すべきは、右の最終的結論に至るまでの曇鸞の議論の展開である。まず、「不思議智」という経文の語を把えて、「仏智」は不可思議であるから、「軽を以って重となす」こともあるという立場を示し、それを比喩によって示している。その比喩とは、(1)〃百人が百年かかって積み上げた薪も、豆粒ほどの火によってわずか半日で燃え尽きること〃、(2)〃「躃者」が「他船」に乗れば、一日に千里も行くことができること〃、(3)〃「下賤貧人」が「一瑞物」を得て王に献上したところ、褒美をもらって、わずかの間に金持になったこと〃、(4)〃「劣夫」が「己身力」によっては、驢馬に擲て、上らないけれども、転輪聖王の行幸に従えば、空中に上って自由自在に飛びまわることができること〃、(5)〃十回も巻かれた縛めは、千人の人でも断ちきれないけれども、一人の小児が刀を用れば一瞬にして切ることができること〃等である。このうち、(4)の「劣夫」の比喩が、『往生論註』の末尾に見られる次のような「他力」の比喩とほぼ同趣旨であることは、明らかであろう。

〔62〕当《シ》三復引《テ》レ例《ヲ》示《ス》二自力他力《ノ》相《ヲ》一。如《シ》下人畏《ルガ》二三塗《ヲ》一故《ニ》受二持《ス》禁戒《ヲ》一、受二持《スルガ》禁戒《ヲ》一故《ニ》能《ク》修《ス》二禅定《ヲ》一、以《テノ》二禅定《ヲ》一故《ニ》修二習《ス》神通《ヲ》一、以《テノ》二神通《ヲ》一故《ニ》能《ク》遊《ブガ》中四天下《ニ》上、如《キ》レ是《ノ》等《ヲ》名《テ》為《ス》二自力《ト》一。又如《シ》下劣夫跨《レドモ》レ驢《ニ》不レ上《ラ》、従《ヘバ》二転輪王《ノ》行《ニ》一、便《チ》乗《ジテ》二虚空《ニ》一遊《ブニ》二四天下《ニ》一無《キガ》上レ所二障礙《スル》一、如《キ》レ是《ノ》等《ヲ》名《テ》為《ス》二他力《ト》一。愚哉、後之学

者、聞《カバ》二他力《ノ》一可《キヲ》レ乗《ズ》、当《シ》レ生《ズ》二信心《ヲ》一、勿《レ》二自《ラ》局分《スルコト》一也。（『浄全』一、二五六頁上）

また、記述〈61〉の第二の比喩中、「他船」という語も、やはり「他力」を表しているであろう。それ故、曇鸞は、記述〈61〉で、すべての比喩を述べおわった後で、「一切万法皆有自力他力」と述べて、それを根拠に、「安得以有礙之識、疑無礙之法乎」という結論に至っているのである。しかるに、そこで「他力」と「無礙」は、論理的に結合している。しかも、同じ結合は、記述〈62〉第二段落の「無所障礙」と「他力」との間にも見られるのである。従って、曇鸞は〝造悪無礙〟説を〝他力〟説によって根拠づけたと見ることができる。この場合の〝造悪無礙〟説とは、〝過去造悪無礙〟説であって、〝過去の悪業は、往生の礙りとならない〟というものであるが、しかし、曇鸞は、この〝過去造悪無礙〟説を〝他力〟説によって根拠づけることによって、本来『無量寿経』の経文〈60〉が有していた〝造悪無礙〟的傾向を増幅し、〝未来造悪無礙〟説をも生み出す契機をつくったように思われる。

振り返って考えてみよう。まず、『無量寿経』の経文〈60〉は、「信罪福」と「信仏智」の対立を説いている。「信罪福」とは、具体的には、〝善を為すべし、悪を造るなかれ〟という立場を意味すると思われるが、これが経文〈60〉では、「仏智」に対する「不信」「疑惑」であるとして斥けられているのである。とすれば、ここでは、〝悪を造るなかれ〟という立場、「信罪福」という立場は、基本的に否定されてしまっているのであるから、〝未来造悪無礙〟説を否定する理論的根拠も、ここに失われていると考えざるを得ないであろう。

しかるに、曇鸞は、さらに「信罪福」の立場と「信仏智」の立場を「自力」と「他力」として区別した。これによって、〝悪を造るなかれ〟というのは、「自力」の立場にしかすぎないということになり、〝（過去に）いかに多くの悪を造ったとしても、それは「仏智」、または、「念仏」という少時の「他力」によって解消される〟という立場が明示されたのである。

曇鸞自身が〝未来造悪無礙〟説を肯定する意図は無かったとしても、右に見たような曇鸞の立場からすれば、〝未来造悪無礙〟説を否定する根拠、つまり、〝悪を造るなかれ〟と言い得る理論的根拠は、『無量寿経』の経文〔60〕以上に失われたと思われる。何故ならば、曇鸞によって「信罪福」の立場が「自力」だとされた以上、人は容易に、〝善を為すべし、悪を造るなかれ〟という立場を、〝自力にしかすぎない〟〝他力（仏智・本願）を疑うものである〟として斥けることができるようになったと思われるからである。

かくして、曇鸞以降、〝造悪無礙〟説は、「他力」という観念と密接に結合して発展してゆくことになると思われるが、それを端的に明示するのが、次に示す法然の『七箇条制誡』（一二〇四年）の第四条であろう。

〔63〕一、可《キ》レ停下止《ステ》於二念仏門《ニ》一、号《シテ》レ無《シト》二戒行一、専勧《ラメ》二婬酒食肉《ヲ》一、適守《ル》二律儀《ヲ》一者《ヲ》、名《ケテ》二雑行人《ノト》一、憑《ム》二弥陀《ノ》本願《ヲ》一者《ハ》、説《クコトヲ》上レ勿《レトルコト》レ恐《ルコト》二造悪《ヲ》一事。

右戒《ハ》是仏法《ノ》大地也。衆行雖《ドモ》レ区《ク》同専《ニス》レ之《ヲ》。是以《ヲテ》善導和尚《ハ》、挙《テ》レ目《ヲ》不レ見二女人《ヲ》一。此《ノ》行状之趣、過《タリ》二本律《ノ》制《ニモ》一。浄業之類《ヒ》不《ンバ》レ順《ハ》レ之《ニ》者、惣《ジテ》失《シ》二如来之遺教《ヲ》一、別《シテ》背《ケリ》二祖師之旧跡《ニ》一、旁無レ拠者歟。(102)（『昭法全』七八八頁）

ここで、法然が「停止」している主張は、「造悪ヲ恐ルルコト勿レ」と説くのであるから、その主張が〝未来造悪無礙〟説であることは、明らかである。つまり、すでに法然の在世時に、〝未来造悪無礙〟説が確かに存在し、それを奉じる人々が法然門下にいたことが、右の記述によって確認されるのである。

右の記述〔63〕で法然は「他力」という語を用いていないが、「弥陀ノ本願ヲ憑ム者」という表現は〝「他力」を憑む者〟を意味すると見てよいであろう。

なお、法然が『七箇条制誡』の結文で、

〔64〕而《ルニ》至《リテ》二近来《ニ》一、此十箇年以後、無智不善輩時々到来。非《ス》三啻《ズ》失《ダ》二弥陀《ノ》浄業《ヲ》一《スルノミニ》。又汚《ス》二穢釈迦《ノ》遺法《ヲ》一、何不《ソンヤ》レ加《ヘ》二炳誡《ヲ》一乎。此《ノ》七箇条之内《ノ》、不当之間、巨細事等多《シ》、具《ニ》難《シ》二注述《シ》一。惣《ジテ》如《キ》レ此等之無方《ノ》、慎《テ》不レ可《カラ》レ犯《ス》。此上《ノ》猶背《ク》二制法《ニ》一輩者《ハ》、是《レ》非《ズ》二予《ノ》門人《ニ》一、魔《ノ》眷属也。更《ニ》不レ可《カラ》レ来《ル》二草菴《ニ》一。（『昭法全』七八九頁）

とも述べているので、〝造悪無礙〟の徒の出現は、十年以来のこととされているようであるが、やはり一一九八年の『選択集』の成立以後における専修念仏の流行が、〝造悪無礙〟説出現の背景にあると考えるのが、自然であろう。

次に、一二〇五年、つまり、『七箇条制誡』の翌年に、専修念仏の停止を訴えて貞慶（一一五五―一二一三）によって著された『興福寺奏状』の次の記述によっても、〝造悪無礙〟説を奉じた人々の存在が知られる。

〔65〕第八《ニ》損《ズル》二釈衆《ヲ》一失。専修《ノ》云《ク》、「囲碁双六《ハ》不レ乖《カ》二専修《ニ》一。女犯肉食《ハ》不レ妨《ゲ》二往生《ヲ》一。末世持戒《ハ》市中《ノ》虎也。可《シ》レ恐《ル》可《シ》レ悪《ム》。若人《シ》怖《レ》レ罪《ヲ》憚《ラバ》レ悪《ヲ》、是《レ》不《ル》レ憑《マ》レ仏《ヲ》之人也。如《キ》レ此《ノ》麁言流《ス》二布国土《ニ》一。（『鎌倉旧仏教』三一五頁〔原文〕、四〇頁〔書き下し文〕）

ここでも、「罪ヲ怖レ、悪ヲ憚ラバ（怖罪憚悪）、是レ仏ヲ憑マザルノ人（不憑仏之人）ナリ」というのは、〝罪を怖るべからず〟〝悪を憚ることなかれ〟と言っているのと同義であるから、『七箇条制誡』記述〔63〕の「勿恐造悪」と全く同様に、〝未来造悪無礙〟説を説くものであろう。しかも、『七箇条制誡』記述〔63〕の「憑弥陀本願」と同様、ここにも、「憑仏」という〝他力〟を意味する語が見られるから、『七箇条制誡』記述〔63〕と『興福寺奏状』記述〔65〕がともに排斥しようとした〝造悪無礙〟説とは、「憑弥陀本願」「憑仏」という〝他力〟説と結合した〝未来造悪無礙〟説であったことが、理解される。[103]

次に、弁長の〝造悪無礙〟説批判について、見てみたい。彼は、『浄土宗名目問答』巻中で、〝造悪無礙〟説を批判するが、その批判は、大きく言えば、彼の〝一念義〟批判の中に組み込まれているので、その〝一念義〟批判とともに、考察しよう。

まず弁長は、『浄土宗名目問答』で、〝一念義〟批判を、次のような議論によって始めている。

〔66〕問。有人《ノ》云《ク》、「以《テ》二一念《ヲ》一為《シ》二易行道《ト》一、数遍並《ニ》助業《ハ》、併《ラ》是《レ》難行道《ナリ》。依《テ》レ之《ニ》申《ス》二数遍《ヲ》一之人、又修《スル》二助業《ヲ》一之輩、如《キ》レ是《ノ》之人《ハ》、行《ズ》二難行道《ヲ》一、故《ニ》不《ト》レ可《カラ》レ遂《グ》二往生《ヲ》一」云《フ》レ之《ヲ》。此《ノ》義如何。

答。此《ノ》条以《ノ》外《ノ》誤也。談《ズル》二法門之浅深《ヲ》一者、或《ハ》依《リ》二文証《ニ》一、或《ハ》依《ル》二道理《ニ》一。先《ヅ》依《テ》二文証《ニ》一尋《ヌレバ》レ之《ヲ》者、経論《ノ》中《ニ》何《ノ》処《ノ》経論《ニカ》以《テ》二一念《ヲ》一為《シ》二易行道《ト》一以《テ》二数遍《ヲ》一云《フ》二難行道《ト》一耶。……

又就《テ》二道理《ニ》一云《ハバ》レ之《ヲ》者、西方《ノ》行者、依《テ》二善導《ノ》教《ニ》一、抛《テ》二雑行《ヲ》一、入《テ》二専修《ニ》一、修《ス》二往生《ノ》之行業《ヲ》一。何《ソ》只唱《テ》二一念《ヲ》一之後、虚徒《ク》然《トシテ》明《シ》レ夜《ヲ》闇《ス》レ日《ヲ》耶。（『浄全』十、四〇九頁上）

ここで、「問」とは、〝「有人」が次のように言っているが、その主張をどう思うか〟という問いであって、基本的には『捨子問答』の問いの形式と一致している。積極的な証拠はないが、私は、『捨子問答』の問答形式は弁長の『浄土宗名目問答』の〝問答〟の形式より影響を受けているのではないかと考えており、もしかすると、そこには内容的な影響もあるかもしれないと思っている。

それはさておき、「問」に出る「有人」の主張とは、〝一念は易行道であるのに対し、数遍・助業は難行道であり、それによっては往生できない〟というものである。

ここで、「数遍」という語の意味が問題となるが、「一念」と対比されていることから考えても、〝念仏を多数繰り返すこと〟、つまり、〝多念〟を意味すると考えられる。「問」で「有人」は、「数遍」、つまり、〝多念〟によっては往生できず、「一念」は易行道であると言うのであるから、「有人」の主張が、〝一念〟による往生を認める立場、つまり、所謂〝一念義〟であることは明らかである。

これに対して、弁長は、〝一念義〟を批判して「数遍」を擁護しているのであるから、彼の主張は、その意味では、〝多念義〟と見なしうるであろう。実際、弁長は、『末代念仏授手印』（一二二八年）の次の記述において、「数遍」という語と「多念」という語を、同義語のように用いているのである。

〔67〕夫以《レバ》九品《ヲ》為《スニハ》レ宿《ト》、以《テ》二称名《ヲ》一為《シ》レ先《ト》、八池《ヲ》為《スニハ》レ棲《ト》、以《テ》二数遍《ヲ》一為《ス》レ基《ト》。……慥《ニ》以《テ》口《ニ》所《ハ》レ唱《ル》五万六万、誠《ニ》以《テ》心《ニ》所《ハ》レ持《ツ》四修三心《ナリ》。依《テ》レ之《ニ》専《トスル》二自行《ヲ》一之時《ハ》、以《テ》二口称《ノ》数遍《ヲ》一而為《シ》二正行《ト》一、勧《スル》二化他《ヲ》一之日《ハ》、以《テ》二称名《ノ》多念《ヲ》一而教《ユ》二浄業《ト》一。（『浄全』十、一頁上）

なお、浄土宗関係のテキストには、「数遍」、または「数返」の語が多く認められる。即ち、この語は、弁長の『徹選択本願念仏集』(104)や隆寛の『極楽浄土宗義』(105)にも見られ、さらに、『捨子問答』(106)、『閑亭後世物語』(107)、『明義進行集』(108)に用いられ、また、法然作とされるものでは、少なくとも『三部経大意』(109)と『東大寺十問答』(110)に用いられている。ただし、『選択集』には全く見られず、『三部経大意』と『東大寺十問答』も、法然の著作と見ることに問題があるかもしれないので、法然以後に多く使用されるようになった語と言えるかもしれないが、『選択集』以前の用例としては、この語が『往生拾因』(111)に用いられていることは、重要であろう。(112)

さて、記述〈66〉の「答」において、弁長は、「一念＝易行道」、「数遍（多念）＝難行道（不可遂往生）」という「有人」の主張は、「道理」にも「文証」にも依っていないので「以テノ外ノ誤リ」であると批判している。即ち、〝一念は易行道で、数遍は難行道である〟という説は、いかなる経論にも出ていないし、また、「道理」について言えば、〝一念で往生できるなら、その後はただ空しく日を送るだけでよいのか〟というのである。

このようにして、『浄土宗名目問答』における弁長の〝一念義〟批判は始まるが、さらに〝一念義〟側は、〝一念は他力であり、数遍（多念）は自力である〟という主張を、(113)次のように示している。

〈68〉問。有人《ノ》云《ク》、「数遍《ハ》是《レ》自力也。自力《ハ》難行道《ナリ》。難行道《ハ》陸路歩行《ナリ》。雖《ドモ》レ苦《シムト》二其《ノ》身《ヲ》一、於《テハ》二往生《ニ》一者、全《ク》以《テ》不レ可《カラ》レ遂《グ》也。一念《ハ》是《レ》他力也。他力《ハ》是《レ》易行道也。易行道《ハ》乗船水路《ナリ》。安二楽《ニシテ》其《ノ》身《ヲ》一、於《テ》二往生《ニ》一、速《ニ》得レ之《ヲ》」。此《ノ》義如何。（『浄全』十、四一〇頁上―下）

つまり、ここでの「有人」の主張も、やはり〝一念義〟であるが、これに対して、弁長の「答」は次の通りである。

〈69〉答。此事《ノ》極僻《タルヒガゴト》也。其《ノ》故《ハ》云《フ》下他力者《ト》、全《ク》憑《ミ》二他力《ヲ》一、一分《モ》無《シト》中自力上事、道理不レ可《カラ》レ然《ル》。云《ハバ》下雖《ドモ》レ無《シト》二自力善根《ノ》一、依《テ》二他力《ニ》一得《ト》中往生《ヲ》上者、一切凡夫之輩《ノ》、于レ今不レ可《カラ》レ留《ル》二穢土《ニ》一。皆悉《ク》可《シ》レ往《ク》二生浄土《ニ》一。又「一念他力《ハ》、数遍自力《ハ》」者《ト》、何《ナル》人師《ノゾ》釈耶。善導《ノ》釈中《ニ》、有《ルモ》二自力他力義《ノ》一、無《シ》二自力他力釈《ノ》一。「一念他力《ハ》、数遍自力《ハ》」釈《ノ》、難《シ》レ得レ意。（『浄全』十、四

一〇頁下）

即ち、「一念は他力であり、数遍は自力である」というのは、〝道理〟もなく、また〝文証〟もないというのである。つまり、「全憑他力、一分無自力」という〝全分他力〟で往生できると言うなら、一切の凡夫が今から穢土にとどまらずに、すべて往生できることになるであろうし、また、善導の釈にも、このような説はないというのである。

特に、「善導釈中、有自力他力義、無自力他力釈」ということは、弁長が『徹選択本願念仏集』巻下でも、強調していることであり、そこでは、

〔70〕善導和尚不《ハ》レ立《テ》ニ自力他力之名目《ヲ》一。（『浄全』七、一〇五頁下）

と説かれているのである。ここで、弁長が指摘しているように、善導の『観経疏』には、「自力」「他力」の語が一切使われていない。また、『選択集』にも、一回だけ、それも曇鸞の『往生論註』からの引用文において、一回だけしか用いられていない。この事実を、私自身は善導・法然が、曇鸞によって浄土教に導入された「他力」という語・考え方を意識的に避けたものだと考えている。(114)従って、浄土教といえば「他力」の教えだというような安易な理解は、厳しく批判されなければならないであろうが、この点でも、弁長の指摘は重要なものだと思われる。

さて、このような『浄土宗名目問答』巻中における弁長による〝一念義〟批判の一連の論述中において、〝造悪無礙〟説が、反論として次のように提出される。

〔71〕又重《テ》問《テ》曰《ク》。有人云《ク》、「畏《ルハ》ニ罪業《ヲ》一不《ル》レ信《ゼ》ニ念仏《ヲ》一也。申《スハ》ニ数遍《ヲ》一疑《フ》ニ本願《ヲ》一也。然《レバ》則《チ》不レ畏《レ》ニ造罪《ヲ》一、恣《ニ》造《ル》レ罪《ヲ》、是《レ》信《ズル》ニ念仏《ヲ》一之人也。其《ノ》故《ハ》善導《ノ》釈『観念法門』《ニ》、釈《ス》ニ「一切造罪凡夫」(115)等《ト》一、『疏《ノ》』第四《ニ》云《ク》、「釈迦能《ク》於《テ》ニ五濁悪時悪世界悪衆生悪見悪煩悩悪邪無信盛《ナル》時《ニ》一、指ニ讃《シ》弥陀《ノ》名号《ヲ》一、勧ニ励《シテ》衆生《ヲ》一、称念《スレバ》必《ズ》得《ト》ニ往生《ヲ》一」(116)云云。又『疏《ノ》』第四《ニ》云《ク》、「衆生貪瞋煩悩《ノ》中《ニ》能《ク》生《ズト》ニ清浄願往生《ノ》心《ヲ》一」(117)已上。又云《ク》、「不《ト》レ顧《リミ》ニ水火《ノ》二河《ヲ》一」(118)已上。是等《ノ》善導《ノ》釈、造罪《ヲ》令《ムル》ニ勧進《セ》一也。故《ニ》念仏能信之人《ハ》、不《ル》レ畏《レ》ニ造罪《ヲ》一也。又不《ル》レ疑《ハ》ニ本願《ヲ》一人、不《レバ》レ申《サ》ニ数遍《ヲ》一者、唯一念《ニ》早《ク》成《ズルガ》ニ決定往生《ノ》信《ヲ》一故《ニ》、不《ル》レ申《サ》ニ数遍《ヲ》一也。已《ニ》一念固《ク》往

生《ス》。有《テカ》二何不足《ノ》一、強《テ》煩《シク》申《サン》二数遍《ヲ》一耶」。（『浄全』十、四一一頁下―四一二頁上）

ここで「有人」の主張の内容を明示しているのは、「不畏造罪」、「恣造罪」、「造罪令勧進也」等という語であるが、これらの語によって、その内容が、〝未来造悪無礙〟説、つまり、一般に言われる〝造悪無礙〟説であることが、知られる。ただし、ここでの〝造悪無礙〟説を特徴づけているのは、その〝一念義〟との結合であり、それが「畏罪業、不信念仏也。申数遍、疑本願也」という冒頭にある語によって示されている。

しかるに、ここで注目すべきことは、ここでの〝一念〟とは、最早、記述〔66〕で「唱一念之後」と言われたような〝称名の一念〟ではなく、ここで「唯一念早成決定往生信」とあるように、〝信の一念〟を意味していることである。これは、おそらく、「一念は他力、数遍は自力」という記述〔68〕の「有人」の考え方が、ここでの「有人」の主張においても認められていることを示していると思われる。つまり、記述〔71〕には、「自力」「他力」の語は現れないが、しかしここで、「不疑本願」とか「信念仏」というのは、〝他力〟に対する〝信〟、つまり、〝一念の信〟を意味し、それに対して、「疑本願」とは、〝他力〟を疑うことであり、それが、「申数遍」、つまり、〝多念の称名〟となって現れるというのが、ここでの「有人」の基本的な考え方であろう。

しかるに、記述〔71〕の〝造悪無礙〟説に対する弁長の批判をここで扱うことは差し控えたい。というのも、『揢子問答』Ⓓに示される〝造悪無礙〟説を浄土教の思想史にいかに位置づけるかというのが、当面の課題だからである。以上の考察をまとめれば、〝造悪無礙〟説の成立には、『無量寿経』の〝胎生〟と〝化生〟の区別を説く経文〔60〕、特にその「信罪福」と「信仏智」の区別に関する教説が根底に存在していたと思われる。つまり、そこで、「信罪福」を「仏智」に対する「不信」と見なすことによって、「罪福」の立場、つまり、〝善を為すべし、悪を造るなかれ〟という立場が原理的に否定されたと思われるからである。

この経文〔60〕に強い影響を受けた曇鸞は、『略論安楽浄土義』記述〔61〕において、「一生或百年或十年或一月、無悪不造、但以十念相続、便得往生」と述べ、さらに、〝他力〟説によって〝造悪無礙〟説を基礎づけた。この場合の〝造悪無礙〟説とは、〝過去造悪無礙〟説、つまり、〝過去の造悪は往生の礙りにならない〟というものであったが、曇鸞が「信罪福」の立場を「自力」として斥けたことによって、彼においては、〝未来造悪無礙〟説、つまり、〝これからいかに悪を造っても、往生の礙りにならない〟という説を理論的に否定する根拠は、失なわれてしまったのである。それればかりか、「自力」と「他力」という極めて単純化された対比は、「信罪福」の立場に大きな打撃を与えることになったと思われる。かくして〝造悪無礙〟説は、「他力」という観念と密接に結合しつつ、発展していったと思われる。[119]

法然門下に〝造悪無礙〟説に従う人々が存在したことを明確に示しているのは、記述〔63〕の『七箇条制誡』第四条である。そこで法然は〝造悪無礙〟説に従う人々の具体的な行状を「無戒行」「専勧婬酒食肉」と把えているが、彼等の主張の特質を「憑弥陀本願」「勿恐造悪」と表現していることも、重要である。「勿恐造悪」が〝未来造悪無礙〟説を説くことは明らかであるが、「憑弥陀本願」は、〝他力に対する信〟を言うものであろう。つまり、やはりここでも、〝造悪無礙〟説は、〝他力〟説と結合したものとして説明されている。ただし、〝一念義〟との結合は、そこに明確には示されていない。[120]

この点は、『興福寺奏状』記述〔65〕も、同様である。即ち、そこに出る「罪ヲ怖レ、悪ヲ憚ラバ、是レ仏ヲ憑マザルノ人ナリ」の語は、〝造悪無礙〟説、つまり、〝未来造悪無礙〟説と、〝他力〟説との結合を示しているであろう。

次に、弁長の『浄土宗名目問答』巻中における〝造悪無礙〟説批判は、〝一念義〟批判の中に組み込まれているが、〝一念義〟批判の中には〝他力〟説批判もあり、従って、記述〔71〕に示される〝造悪無礙〟説は、〝一念義〟であるとともに、〝他力〟説でもあるという性格を有している。また、そこに見られる「不畏造罪」「恣造罪」「造罪令勧進也」の言葉から、そこに示される〝造悪無礙〟説が、〝未来造悪無礙〟説であることも、明らかであろう。

さらに、『興福寺奏状』記述〔65〕と『浄土宗名目問答』記述〔71〕によって、我々は、法然門下で〝造悪無礙〟説に従う人々が、これに従わない人々に対して、どのような非難の言葉を投じたのかを具体的に知ることができる。それは、即ち、次の通りである。

若人怖《シ》レ罪《ヲ》憚《ラバ》レ悪《ヲ》、是《レ》不《ル》レ憑《マ》レ仏《ヲ》之人也。（『興福寺奏状』〈65〉）

畏《ルハ》二罪業《ヲ》一、不《ル》レ信《ゼ》二念仏《ヲ》一也。申《スハ》二数遍《ヲ》一、疑《フ》二本願《ヲ》一也。（『浄土宗名目問答』〈71〉）

このような〝造悪無礙〟論者による非難の言葉を確認して、『捨子問答』第二問Ⓓの次の言葉を読めば、その意義が明瞭に理解されるであろう。

浄土ノ教門ニ入リ念仏ノ行ヲ修セン者ハ、罪悪ヲ恐ルベカラズ。若シ罪ヲイタム者アレバ、本願ヲ疑フ者ト云ヒ、他力ヲ信ゼヌ者ト申ス。

ここで「罪悪ヲ恐ルベカラズ」という主張が、〝造悪無礙〟説であることは明らかであるが、その後の実線を付した部分には、〝造悪無礙〟論者による非〝造悪無礙〟論者に対する非難の言葉が、前掲の『興福寺奏状』記述〈65〉と『浄土宗名目問答』記述〈71〉と全く同様に、示されているのである。特に、「本願ヲ疑フ」という言葉は、『浄土宗名目問答』と『捨子問答』に共通しているので、これは〝造悪無礙〟論者が、非〝造悪無礙〟論者を非難する際の常套句であったことが知られるのである。また、『捨子問答』が「他力ヲ信ゼヌ」という語を用いているのは、「本願」を「他力」と同一視したからであろう。(121)

さて、問題は、隆寛、及び親鸞が、〝造悪無礙〟説に対して、どのような態度をとったかということであるが、その点を考察するまえに、まず問題の所在を明確にするために、『歎異抄』と〝造悪無礙〟説の関係を確認しておきたい。『歎異抄』には、次のように説かれている。

〈72〉一、弥陀の誓願不思議にたすけられまひらせて往生をばとぐるなりと信じて、念仏まふさんとおもひたつこゝろのおこるとき、すなはち摂取不捨の利益にあづけしめたまふなり。弥陀の本願には、老少善悪のひとをえらばれず、たゞ信心を要とすとしるべし。そのゆへは、罪悪深重、煩悩熾盛の衆生をたすけんがための願にまします。しかれば本願を信ぜんには、他の善も要にあらず。念仏にまさるべき善なきゆへに。悪をもおそるべからず。弥陀の本願をさまたぐるほどの悪なきゆへにと云々。〔第一条〕(『定本』四(1)、三—四頁)

〔73〕一、弥陀の本願不思議におはしませばとて悪をおそれざるは、また本願ぼこりとて往生かなふべからずといふこと。この条、本願をうたがふ、善悪の宿業をこゝろえざるなり。よきこゝろのおこるも、宿善のもよほすゆゑなり。悪事のおもはれせらるゝも、悪業のはからふゆゑなり。〔第十三条〕(同右、二〇頁)

このうち、第一条に「悪をもおそるべからず」という語があることによって、『歎異抄』の基本的立場が、〝造悪無礙〟説、つまり、〝未来造悪無礙〟説であることが、知られる。[122] また、第十三条の「本願をうたがふ」は、すでに『浄土宗名目問答』記述〔71〕と『捨子問答』Ⓓで見たように、〝造悪無礙〟論者が非〝造悪無礙〟論者に対して投ずる非難の常套句であったが、この常套句が、第十三条で、「悪をおそれざるは……往生かなふべからず」と論じる非〝造悪無礙〟論者の主張に対して、投ぜられていることによっても、『歎異抄』の基本的立場が〝造悪無礙〟説であることが、理解されるであろう。

次に、隆寛と〝造悪無礙〟説の関係についていえば、隆寛は善導の『観経疏』「散善義」中の「三心釈」を解釈する『具三心義』(一二一六年)巻上において、次のように述べている。

〔74〕三正《ニ》明《ク》就《ステ》二真実《ニ》一有《ルコトヲ》二 自利々他《ノ》不同一。所謂「又真実有二種」已下是《レ》也。此《レ》便《チ》標《スルナリ》二 二種《ノ》真実《ヲ》一。先《ツ》立《ルコト》二 自利真実《ヲ》一者、明《ス》下改《テ》二外現精進内懐虚仮之行《ヲ》一欲《ルコトヲ》上レ令《メント》三 三業《ヲシテ》而帰《セ》二利他真実《ニ》一也。又若《シ》不《ズ》レ立《テ》二自利真実《ヲ》一者《バ》、恐《クハ》不レ励《ゲマ》二三業《ノ》修善《ヲ》一、不《ランコトヲ》レ 慎《マ》二三業《ノ》造悪《ヲ》一。(『隆寛集』七頁下)

ここで、「又真実有二種」とは、『観経疏』の

〔75〕又真実有《リ》二二種一。一者自利真実、二者利他真実《ナリ》。言《ハ》二自利真実《ト》一者、復有《リ》二二種一。一者真実心《ノ》中《ニ》、制《シテ》二捨 自他諸悪

及穢国等《ヲ》一、行住坐臥《ニ》、想《フ》下同《ジク》三一切《ノ》菩薩《ノ》制二捨《スルニ》諸悪《ヲ》一、我亦《モ》如《クナラント》上レ是《ノ》也。（『浄全』二、五五頁下—五六頁上）

という一節より引いたものであるが、まずここに「制捨諸悪」という立場、つまり、〝造悪無礙〟説と明確に矛盾する立場が説かれていることを、確認しておきたい。記述〔74〕の隆寛の説は、この善導の立場を継承したものであるが、特に末尾の「不立自利真実者恐……不慎三業造悪」という語は、法然門下に確実に存在した〝造悪無礙〟説を意識し、それを拒否したものであると思われる。

また、『具三心義』の記述〔74〕のやや後の個所には、

〔76〕縁《テ》二利他《ノ》願力《ニ》一、欲《ス》レ制二捨《セント》諸悪《ヲ》一。（『隆寛集』八頁上）

〔77〕縁《テ》二利他願《ニ》一、定《テ》捨《スコト》二諸悪《ヲ》一、其義《ノ》在《リ》レ斯《ニ》矣。（同右、八頁上）

という表現もあるが、ここで「利他願」とは、阿弥陀仏の本願、つまり、隆寛の用いる語で言えば、「他力願」「他力」ということになる。[123] すると、記述〔76〕の「縁利他願力、欲制捨諸悪」とは、〝他力に縁って、諸悪を制捨する〟という意味になり、従って、隆寛においては、〝他力〟の強調が〝造悪無礙〟説の肯定には結びつかず、むしろそれを否定する原理となっていることが、理解される。

法然門下で、隆寛が〝他力〟を強調したことはよく知られており、その〝他力〟の強調は『具三心義』に明瞭に現れているが、その彼が〝造悪無礙〟説を明確に否定しているのが、『具三心義』の四年後[124]に書かれた『極楽浄土宗義』（一二二〇年）の次の記述である。

〔78〕末代《ノ》愚者、寄《セテ》二事《ヲ》於他力《ニ》一、不《ルハ》レ恐《レ》二悪《ヲ》於自身《ニ》一、必《ズ》違《シ》二願意《ニ》一必《ズ》違《ス》二仏意《ニ》一。経論《ニモ》無《シ》二誠証一、和漢《ニモ》無《シ》二蹤跡一。如《キ》二下品《ノ》三生《ノ》一者《ハ》、皆是《レ》臨終《ニ》遇《ヒ》二善縁《ニ》一、忽《ニ》改悔《シ》廻心《スル》人也。不レ足《ラ》二造悪往生之証《ニ》一矣。（『隆寛集』三三頁上—下）

ここで、隆寛は、「末代ノ愚者」が「他力」に事寄せて、つまり、「他力」を口実にして、自ら「悪ヲ恐レザル」という状態であることを言っている。これが、法然門下に生じた〝造悪無礙〟論者を指していることは、明らかであろ

う。〝造悪無礙〟論者が〝他力〟を口実に〝造悪〟を肯定するという傾向は、すでに『七箇条制誡』第四条〔63〕の「憑弥陀本願」という語や、『興福寺奏状』記述〔65〕の「憑仏」という語において、指摘されていたことであろうが、自ら〝他力〟を強調する隆寛にとっては、「事ヲ他力ニ寄セテ自身ニ悪ヲ恐レザル」ことを主張する〝造悪無礙〟説ほど我慢できないものはなかったのであろう。また、末尾に出る「造悪往生」の語が、〝悪を造っても往生の礙りとならない〟という意味での〝造悪無礙〟説を明示していることは、言うまでもない。

以上考察したように、隆寛は、法然門下に確かに存在した〝造悪無礙〟説を厳しく批判している。従って、すでに見た『捨子問答』Ⓔにおける〝造悪無礙〟説批判は、基本的には、このような隆寛による〝造悪無礙〟説批判を承けたものと見なしうるであろう。

次に、親鸞と〝造悪無礙〟説の関係について考察しよう。予め言えば、〝造悪無礙〟説に対する親鸞の立場は、極めて微妙なものと思われる。即ち、私が本章で論証しようとしているように、もしも『後世物語』が親鸞の手によって『捨子問答』をベイスにして書かれたとすれば、『後世物語』には、『捨子問答』ⒹⒺに対応する部分が全く欠落しているのであるから、ⒹⒺにおける〝造悪無礙〟説批判を好ましく思わない親鸞が、『後世物語』を作成する際に、故意にそれを省略したとしか考えられないからである。つまり、『捨子問答』と『後世物語』の最も重要な相違は、前者に見られる〝造悪無礙〟説批判が、後者に全く見出されないという点にあるのである。

さて、親鸞が関東の弟子達に送った書簡には、様々な所に〝造悪無礙〟説の批判が見られることは、よく知られている。例えば、『末灯鈔』第十六通（『親鸞聖人御消息集』広本、第五通）には、次のように言われている。

〔79〕なによりも聖教のをしへをもしらず、また浄土宗のまことのそこをもしらずして、不可思議の放逸無慚のものどものなかに、悪はおもふさまにふるまふべしとおほせられさふらふなるこそ、かへすぐ〳〵あるべくもさふらはず。北の郡にありし善証房といひしものに、つゐにあひむつるゝことなくてやみにしをばみざりけるにや。凡夫

なればとて、なにごともおもふさまならば、ぬすみをもし、人をもころしなんどすべきかは。もとぬすみごゝろあらんひとも、極楽をねがひ念仏をまふすほどのことになりなば、もとひがうたるこゝろをもおもひなをしてこそあるべきに、そのしるしもなからんひとぐ〳〵に、悪くるしからずといふこと、ゆめ〳〵あるべからずさふらふ。煩悩にくるはされて、おもはざるほかに、すまじきことをもふるまひ、いふまじきことをもいひ、おもふまじきことをもおもふにてこそあれ。さはらぬことなればとて、ひとのためにもはらぐろく、すまじきことをもし、いふまじきことをもいはゞ、煩悩にくるはされたる儀にはあらで、わざとすまじきことをもせば、かへす〴〵あるまじきことなり。鹿嶋なめかたのひとぐ〳〵のあしからんことをばいひとゞめ、その辺の人々の、ことにひがふたることをば制したまはゞこそ、この辺よりいできたるしるしにてはさふらはめ。（『定本』三(2)、一〇〇—一〇一頁）

以上は、第十六通の前半三分の二程を示したものであるが、しかし『末灯鈔』第十六通が全体として、〝造悪無礙〟説批判をテーマとしていることは、明らかであり、記述〔79〕に出る「悪はおもふさまにふるまふべし」等の表現が、〝造悪無礙〟説、つまり、〝未来造悪無礙〟説を説いていることは、言うまでもないであろう。

しかも、注意すべきことは、この〝造悪無礙〟説が、親鸞の関東の弟子達の間に実際に生じたということであり、「鹿嶋なめかたのひとびと」とか、「北の郡にありし善証房」というのは、その〝造悪無礙〟説の支持者を指しているであろう。

さて、『末灯鈔』には、右の第十六通の他にも〝造悪無礙〟説批判が認められる。即ち、まず第十九通（『親鸞聖人御消息集』広本、第三通）には次のように説かれている。

〔80〕われ往生すべければとて、すまじきことをもし、おもふまじきことをもおもひ、いふまじきことをもいひなどすることは、あるべくもさふらはず。貪欲の煩悩にくるはされて欲もおこり、瞋恚の煩悩にくるはされてねたむべくもなき因果をやぶるこゝろもおこり、愚癡の煩悩にまどはされておもふまじきことなどもおこるにてこそさ

ふらへ。

めでたき仏の御ちかひのあればとて、わざとすまじきことどもをもし、おもふまじきことどもをもおもひなどせんは、よく〳〵この世のいとはしからず、身のわるきことをおもひしらぬにてさふらへば、念仏にこゝろざしもなく、仏の御ちかひにもこゝろざしのおはしまさぬにてさふらへば、念仏せさせたまふとも、その御こゝろざしにては順次の往生もかたくやさふらふべからん。よく〳〵このよしを、ひと〴〵にきかせまいらせたまふべくさふらふ。（『定本』三⑵、一〇八―一〇九頁）

また、『末灯鈔』第二十通（『親鸞聖人御消息集』広本、第一通）には、次のように示される。

〔81〕聖教のをしへをもみずしらぬ、をの〳〵のやうにおはしますひと〴〵は、「往生にさはりなし」とばかりいふをききて、あしざまに御こゝろえあること、おほくさふらひき。いまもさこそさふらふらめとおぼえさふらふ。浄土の教もしらぬ信見房などがまふすことによりて、ひがさまにいよ〳〵なりあはせたまひさふらふらんをききさふらふこそ、あさましくさふらへ。まづをの〳〵の、むかしは弥陀のちかひをもしらず、阿弥陀仏をもまふさずおはしましさふらひしが、釈迦・弥陀の御方便にもよをされて、いま弥陀のちかひをもきゝはじめておはします身にてさふらふなり。もとは無明の酒にゑひて、貪欲・瞋恚・愚癡の三毒をのみこのみめしあふてさふらひつるに、仏のちかひをききはじめしより、無明のゑひもやう〳〵すこしづゝさめ、三毒をもすこしづゝこのまずして、阿弥陀仏のくすりをつねにこのみめす身となりておはしましあふてさふらふぞかし。
しかるに、なをゑひもさめやらぬに、かさねてゑひをすゝめ、毒もきえやらぬに、なを毒をすゝめられさふらふらんこそ、あさましくさふらへ。煩悩具足の身なればとて、こころにまかせて、身にもすまじきことをもゆるし、くちにもいふまじきことをもゆるし、こゝろにもおもふまじきことをもゆるして、「いかにもこゝろのまゝにてあるべし」とまふしあふてさふらふらんこそ、かへす〴〵不便におぼえさふらへ。ゑひもさめぬさきになをさ

けをすゝめ、毒もきえやらぬに、いよ〳〵毒をすゝめんがごとし。くすりあり、毒をこのめとさふらふらんこと
は、あるべくもさふらはずとぞ、おぼえ候。(『定本』三(2)、一一五—一一七頁)

この二通(第十九通・第二十通)において、〃造悪無礙〃説が批判されていることは、明らかであるが、この親鸞による〃造悪無礙〃説批判は、法然による〃造悪無礙〃説批判を承けたものであることに、注意したい。つまり、『末灯鈔』第十六通〔79〕の「聖教のをしへをもしらず」という語、及び、第二十通〔81〕の「聖教のをしへをもみずしらぬ」「浄土の教もしらぬ」という語は、〃造悪無礙〃論者を、仏教一般、あるいは、浄土教の経論も読んだことのない〃無智愚鈍〃の輩と規定するものであるが、このような評価も、法然の『七箇条制誡』以来のものであることを知る必要がある。

つまり、法然は、所謂『一枚起請文』では、

〔82〕念仏を信ぜん人は、たとひ一代の御のりをよく〳〵学すとも、一文不知の愚鈍の身になして、尼入道の無智の
ともがらにおなじくして、智者のふるまひをせずして、たゞ一向に念仏すべし。[125](『昭法全』四一六頁)

と述べて、何か「無智」「愚鈍」を讃美しているかのようにも見受けられるが、『七箇条制誡』では、「無智」「愚鈍」を讃美するどころか、これを徹底的に攻撃し、むしろ「智者」の立場を擁護しているのである。

この点は、『七箇条制誡』における「学生」と「愚人」の対比(第一条)、「有智」「智者」と「無智」「愚人」の対比(第二条)、「智者」と「癡人」「愚人」の対比(第五条)を見れば、容易に知られることであるが、この点を明示する代表的文章として、次に『七箇条制誡』の第五条を挙げておこう。

〔83〕一、可《キ》レ停下止《スル》未レ弁《ヘ》二是非《ヲ》一癡人、離《レ》二聖教《ヲ》一非《ズシテ》二師説《ニ》一、恣《ニ》述《ベ》二私義《ヲ》一、妄《リニ》企《テ》二諍論《ヲ》一、被レ咲《ハ》二智者《ニ》一、迷中乱《スルコトヲ》愚人《ヲ》上事。
右無智大天《ノ》此朝《ニ》再誕《シテ》、猥《リニ》述《ブ》二邪義《ヲ》一、既《ニ》同《ズ》二九十六種《ノ》異道《ニ》一、尤可《シ》レ悲《ム》レ之《ヲ》。(『昭法全』七八八頁)

この第五条は、〃造悪無礙〃説批判をテーマとする第四条(記述〔63〕)に続くものであるから、法然が『七箇条制誡』

の結文〔記述〔64〕〕で、「コノ十箇年ヨリ以後、無智不善ノ輩時々到来ス」と言うとき、これは具体的には、〝造悪無礙〟論者を指したものと思われる。とすれば、〝造悪無礙〟論者を、〝聖教をも知らぬ〟「無智」の輩と見なすことは、法然の『七箇条制誡』における〝造悪無礙〟説批判以来の伝統であり、先の親鸞の『末灯鈔』記述〔79〕における「聖教のをしへをもしらず」、記述〔81〕の「聖教のをしへもみずしらぬ」という表現も、この法然以来の伝統を承けたものと見なしうるであろう。なお、隆寛の『極楽浄土宗義』記述〔78〕の「末代愚者」も、この点では、同様である。

さて、『末灯鈔』の中に、〝造悪無礙〟説批判が明確に説かれているものを求めると、以上の第十六通、第十九通、第二十通の三通に尽きると思われるが、この三通はすべて『親鸞聖人御消息集』にその内容が一致する書簡が見られ、その広本の第五通、第三通、第一通に相当するという事実は無視できない。つまり、『末灯鈔』の成立（一三三三年）が遅いことは明らかであるが、『末灯鈔』から、『親鸞聖人御消息集』広本の第一通、第三通、第五通に一致するものを省いてしまうと、『末灯鈔』の中に、〝造悪無礙〟説に対する批判を明確に認めることはできなくなるのである。

このように見れば、『親鸞聖人御消息集』が〝造悪無礙〟説批判を重要なテーマとして編集されていることは、明らかであろう。というのも、広本劈頭の第一通（『末灯鈔』第二十通）には、すでに示した記述〔81〕で見たように、明確に〝造悪無礙〟説批判が認められるのであり、さらに『末灯鈔』には含まれない広本の第九通（略本、第五通）にも、次のように、〝造悪無礙〟説批判が認められるからである。

〔84〕つぎに念仏せさせたまふひと〴〵のこと、弥陀の御ちかひは煩悩具足の人のためなりと信ぜられ候は、めでたきやうなり。たゞしわるきもの〻ためなりとて、ことさらにひがごとをこ〻ろにも思ひ、身にも口にもまふすべしとは、浄土宗にまふすことならねば、人々にもかたること候はず。おほかた、煩悩具足の身にて、こ〻ろをもとゞめがたくさふらひながら、往生をうたがはずせんとおぼしめすべしとこそ、師も善知識もまふすことにてさふらふに、か〻るわるき身なれば、ひがごとをことさらにこのみて、念仏のひと〴〵のさはりとなり、師のため

にも善知識のためにも、とがとなさせたまふべしとまふすことは、ゆめ〳〵なきことなり。(広本、第九通)(『定本』三(2)、一三七—一三八頁)

(85)信願坊がまふすやう、かへすぐ〳〵不便のことなり。わるき身なればとて、ことさらにひがごとをこのみて、師のため善知識のために、あしきことを沙汰し、念仏のひとぐ〳〵のために、とがとなるべきことをしらずば、仏恩をしらず、よく〳〵はからひたまふべし。……信願坊がまふすやうは、凡夫のならひなればわるきこそ本なればとて、おもふまじきことをこのみ、身にもすまじきことをし、口にもいふまじきことをまふすべきやうにまふされさふらふこそ、信願坊がまふしやうとはこゝろえずさふらふ。往生にさはりなければとて、ひがごとをこのむべしとはまふしたることさふらはず。かへすぐ〳〵こゝろえずおぼえさふらふ。(広本、第十通)(『定本』三(2)、一四〇—一四一頁)

かくして、『親鸞聖人御消息集』が〝造悪無礙〟説批判を最重要のテーマとし、これを繰り返し説いていることが知られたが、これと全く対照的なのが、横曾根門徒の手に成ったものとされる『親鸞聖人血脈文集』[126]と、高田門徒のあいだで行われたものとされる善性本『御消息集』なのである。つまり、両書簡集には、〝造悪無礙〟説批判が全く認められないのであるが、これはいかなる意味をもつのであろうか。

『親鸞聖人血脈文集』と善性本『御消息集』が、関東の門弟系統によって編集されたものであることは明らかであるが、そこに〝造悪無礙〟説批判は見られない。しかるに、『親鸞聖人御消息集』は、関東の親鸞門下に実際に〝造悪無礙〟説が生じたこと、そして親鸞がそれを批判したことを伝えているのである。すると、〝関東＝造悪無礙説〟対〝京都＝造悪無礙説批判〟という大まかな構図が、漠然と浮び上ってくるのである。

『親鸞聖人御消息集』の編者は明らかではない。宮崎円遵氏は、その編者として「恐らく常陸(または下野)の聖人の門弟あたり」[127]を想定されたが、根拠は有力とは思えない。それよりも、この書簡集と本願寺の関係の方が重要ではなかろうか。即ち、宮崎氏自身、「今集の編者については、古来覚如とする一説があるが、これは単なる想像説に過ぎない」[128]と言われているが、編者が覚如でありえないとしても、後論するように覚如は〝造悪無礙〟説に対する批判的視点を有しているから、この『親鸞聖人御消息集』と覚如、または、本願寺との関係は注意すべきものと思われる。つまり、この書簡集(広本)の室町時代の写本が本派本願寺に蔵せられていたのであるが、この事実は、この『親鸞聖人御消息集』の内容を、本願寺より見て、ある程度正統的なものとして認める意識が存在したことを示しているのではなかろうか。すると、ここに〝関東=造悪無礙説〟対〝京都=造悪無礙説批判〟という大まかな構図が浮び上るのである。

私が親鸞門下の〝造悪無礙〟説の動向について考えていることは、ほぼ次の通りである。即ち、親鸞が京都に帰って以後、関東の門弟達の間に確かに〝造悪無礙〟説が生じたことは、否定できないであろう。この〝造悪無礙〟説の発生を察知した親鸞は、書簡によって〝造悪無礙〟説を批判するとともに、〝造悪無礙〟説に対処するために、善鸞を派遣した。私には、これ以外に善鸞派遣の理由は考えられない。[129]関東に下った善鸞は、当然のことながら、関東の門弟達には歓迎されなかった。そこに不和が生じ、トラブルが起った。そこで善鸞側も、門弟側も、親鸞に対して、相手側を讒訴したと思われる。そのとき何かが起った。〝善鸞義絶〟は門弟側の虚構であり、事実としてはなかったと思われるが、しかしその後、善鸞が親鸞の信頼を失ったことも確実と思われる。問題は、関東において〝造悪無礙〟説がこのとき以後根絶されたか否かであるが、私はそのようなことは全くなかったと考える。その証拠に『親鸞聖人血脈文集』と善性本『御消息集』には、〝造悪無礙〟説批判が全く認められない。このことは、〝造悪無礙〟説を否定せず、むしろ容認するのが、関東門弟達の一般的傾向であったことを示している。

しかるに、この点を何よりも明確に示しているのが、関東の門弟唯円の著作とされる『歎異抄』の存在なのである。『歎異抄』の基本的立場が、〝造悪無礙〟説であったことは、すでに見た通りである。しかるに、第十三条の記述〔73〕は、そこに示されるのが単なる〝造悪無礙〟説以上のものであることを示している。つまり、そこには、悪をおそれざるは……往生かなふべからずといふこと。この条、本願をうたがふ、善悪の宿業をこゝろえざるなり。

とあるのである。ここで傍線を付した部分が、〝造悪無礙〟説批判であることは、明らかである。つまり、「往生かなふべからず」という表現は、趣旨としては、『末灯鈔』第十九通（『親鸞聖人御消息集』広本、第三通）記述〔80〕の「その御こころざしにては順次の往生もかたくやさふらふべからん」という文章と完全に一致している。そして、さらに、「この条、本願をうたがふ」とあるのは、『歎異抄』第十三条における〝造悪無礙〟説が、単なる素朴な〝造悪無礙〟説ではなく、むしろ〝造悪無礙〟説批判に明確に反対して定立されている、いわば確信犯的な〝造悪無礙〟説であることを示している。

ここには、〝造悪無礙〟説批判を論破して〝造悪無礙〟説を再び定立するという『歎異抄』作成の意図が認められるだけでなく、〝造悪無礙〟説批判が関東の門弟達に対して実際に為されたこと、そして、おそらくは親鸞自身によって為されたことが示されているであろう。言い換れば、『親鸞聖人御消息集』における親鸞による〝造悪無礙〟説批判は、決して虚構ではないのである。もしそれが虚構であったとすれば、唯円が、〝造悪無礙〟説批判を論破して〝造悪無礙〟説を再び定立するために、『歎異抄』を作成する必要はなかったからである。

この点は、『歎異抄』第十三条に、次のように説かれていることからも、確認される。

〔86〕そのかみ邪見におちたるひとあて、悪をつくりたるものをたすけんといふ願にてましませばとて、わざとこのみて悪をつくりて往生の業とすべきよしをいひて、やうやうにあしざまなることのきこへさふらひしとき、『御消息』に、「くすりあればとて毒をこのむべからず」とあそばされてさふらふは、かの邪執をやめんがためなり。まったく悪は往生のさはりたるべしとにはあらず。（『定本』四(1)、二二頁）

ここに、「『御消息』に」として、「くすりあればとて毒をこのむべからず」という語が、引用のように示されている

が、この語は、『親鸞聖人御消息集』広本、第一通(『末灯鈔』第二十通)の記述〔81〕の

くすりあり、毒をこのめとさふらふらんことは、あるべくもさふらはずとぞ、おぼえ候。

という文章に対応している。つまり、この文章を引用したものとも見なしうるのである。従って、『親鸞聖人御消息集』における〝造悪無礙〟説批判が決して後代の虚構ではないことは、『歎異抄』第十三条の記述〔86〕における『御消息』からの引用の存在によっても、確認できるのである。

しかも、『歎異抄』記述〔86〕は、『歎異抄』の〝造悪無礙〟説が、親鸞自身による〝造悪無礙〟説批判に対して、再び定立されたものであることを明示している。即ち、記述〔86〕は全体として、親鸞の〝造悪無礙〟説批判を端的に示す「くすりあればとて毒をこのむべからず」という語に対する解釈という形式をとっている。では、その解釈は、どのようなものかと言えば、それは、〝この語は、「わざとこのみて悪をつくりて往生の業とすべきよし」という「邪見」「邪執」を斥けるために発せられたものであって、しかしだからといって、悪は往生の礙りになるというのでは全くない〟というものであろう。つまり、『歎異抄』記述〔86〕全体の結論としては、「またく悪は往生のさはりたるべしとにはあらず」という〝造悪無礙〟説が、親鸞による〝造悪無礙〟説批判に対して、再び定立されているのである。

問題は、この記述〔86〕に結論として示される〝造悪無礙〟説が、〝過去に造られた悪は、往生の礙りにならない〟という意味での〝過去造悪無礙〟説であるか、それとも〝これからいくら悪を造っても、往生の礙りにはならない〟という意味での〝未来造悪無礙〟説であるかという点であるが、すでに見た『歎異抄』第一条〔72〕の「悪をもおそるべからず」という語との関係から考えてみても、〝未来造悪無礙〟説である可能性が高い。

かくして、『歎異抄』が関東の〝造悪無礙〟派による創作であることは、明らかであろう。[130] 存覚(一二九〇—一三七三)が『浄典目録』(一三六二年)にこれを収めなかったのも、彼がこの書を偽書と見ていたからだと思われる。[131]

以上示したことによって、親鸞が〝造悪無礙〟説を批判したことが、明らかになった。しかし繰り返すが、親鸞の

〝造悪無礙〟説に対する立場は微妙である。関東の〝造悪無礙〟説は、親鸞自身の教義の当然の帰結として生じたという見方[132]も、なされなかったわけではない。

例えば、晩年の著作とされる『一念多念文意』と『唯信鈔文意』を見ると、そこには、〝造悪無礙〟説批判は全く見られないばかりか、〝造悪無礙〟説を容認するような、あるいは、少なくとも、それに関係する論述が認められる。二つの文献のうち、まず、『一念多念文意』には、次のようにある。

〔87〕この要門・仮門より、もろ〳〵の衆生をすゝめこしらえて、本願一乗円融無礙真実功徳大宝海におしへすゝめいれたまふがゆへに、よろづの自力の善業おば、方便の門とまふすなり。いま一乗とまふすは、本願なり。円融とまふすは、よろづの功徳善根みち〳〵てかくることなし。自在なるこゝろなり。無礙とまふすは、煩悩悪業にさえられず、やぶられぬをいふなり。真実功徳とまふすは、名号なり。一実真如の妙理円満せるがゆへに、大宝海にたとえたまふなり。一実真如とまふすは、無上大涅槃なり。涅槃すなわち法性なり。法性すなわち如来なり。宝海とまふすは、よろづの衆生をきらはず、さわりなくへだてず、みちびきたまふを、大海のみづのへだてなきにたとへたまへるなり、この一如宝海よりかたちをあらわして、法蔵菩薩となのりたまひて、無礙のちかひをおこしたまふをたねとして、阿弥陀仏となりたまふがゆへに、報身如来とまふすなり。これを尽十方無礙光仏となづけたてまつれるなり。この如来を南無不可思議光仏ともまふすなり。(『定本』三(1)、一四五―一四六頁)

ここで実線を付した二つの文章は、明らかに〝造悪無礙〟説に関係する。ただし問題は、その説が〝過去造悪無礙〟説なのか、〝未来造悪無礙〟説なのかということであるが、このうち、「無礙とまふすは、煩悩悪業[133]にさえられず、やぶられぬをいふなり」という文章に、少なくとも私は〝未来造悪無礙〟説、つまり、一般に言われる〝造悪無礙〟説の語感をも感じるのである。この場合、私の理解が誤解であるとしても、そのような誤解を生じやすい表現であることは認めざるを得ないであろう。

なお、破線を付した「一実真如」「涅槃」「法性」「一如」という語は、記述〔87〕の全体の論旨が如来蔵思想に立脚していることを明示している。従って、〝造悪無礙〟説と如来蔵思想の関係についても、考察する必要があるであろう。(134)

次に、『唯信鈔文意』（専修寺正月二十七日本）には、次のようにある。

〔88〕自力のこゝろをすつといふは、やう〱さま〲の大小聖人・善悪凡夫の、みづからがみをよしとおもふこゝろをすて、みをたのまず、あしきこゝろをかへりみず、ひとすぢに具縛の凡愚屠沽の下類、無礙光仏の不可思議の本願、広大智慧の名号を信楽すれば、煩悩を具足しながら無上大涅槃にいたるなり。具縛はよろづの煩悩にしばられたるわれらなり。（『定本』三(1)、一六七—一六八頁）

ここでも、記述〔87〕と同様に、「悪」と「無礙」の結合が見られるが、「あしきこころをかへりみず」「煩悩を具足しながら」という表現が、〝造悪無礙〟説に関係することは、明らかであろう。

また、『尊号真像銘文』（略本）には、次のようにある。

〔89〕無礙といふは、さわることなしとなり。衆生の煩悩悪業にさえられざるなり。（『定本』三(1)、四八頁）

親鸞が「無礙」という語を好み、また、阿弥陀仏の名称として「無礙光仏」「無礙光如来」という呼称を好んだことは、『親鸞用語索引』を見れば一目瞭然であるが、(135) 親鸞によるこの「無礙」の強調は、曇鸞にもとづくと見ることができる。即ち、すでに引用した『往生論註』末尾の記述〔62〕における「他力」の比喩には、「無所障礙」という語が見られたが、その記述の少し前には、次のように説かれているのである。

〔90〕仏所得《ノ》法名《ヲ》為《テス》二阿耨多羅三藐三菩提《ト》一。以《テ》レ得《ルヲ》二此菩提《ヲ》一故《ニ》名《テ》為《ス》レ仏《ト》。今言《フハ》二「速得阿耨多羅三藐三菩提《ト》」一、是《レ》得《ル》二早《ク》作《ルヲ》一レ仏《ト》也。「阿」《ヲ》名《ケ》レ無《ト》、「耨多羅」《ヲ》名《ケ》レ上《ト》、「三藐」《ヲ》名《ケ》レ正《ト》、「三」《ヲ》名《ケ》レ遍《ト》、「菩提」《ヲ》名《ク》レ道《ト》。統《テ》而訳《テ》レ之《ヲ》名《テ》為《ス》二無上正遍道《ト》一。「無上」《ト》者、言《ロハ》此《ノ》道窮《メテ》レ理《ヲ》尽《シ》レ性《ヲ》更《ニ》無《シ》二過《ル》者《ノ》一。何《ヲ》以《テカ》言《フ》レ之《ヲ》、以《テノ》レ正《ヲ》故《ニ》、「正」《ト》者聖智也。如《ク》二法《ノ》相《ノ》一而知《ル》故《ニ》称《シテ》為《ス》二正智《ト》一。法性《ハ》無《ノ》相故《ニ》、聖智《ハ》無知也。「遍」《ニ》有《リ》二二種一。一者聖心、遍《ク》知《ル》二一切法《ヲ》一。二者法身、遍《ク》満《テ》二法界《ニ》一、若《ハ》身、若《ハ》心、

無《シ》レ不《ルコト》レ遍《セ》也。「道《ト》」者無礙道也。『経《ニ》』言《ク》、「十方無礙人、一道《ヨリ》出《ズト》二生死《ヲ》一」。「一道《ト》」者一無礙道也。「無礙《ト》」者、謂《ク》知《ル》二生死即《チ》是《レ》涅槃《ナリト》一。如《キ》レ是《ノ》等《ノ》入不二法門《ハ》無礙《ノ》相也。

問《テ》曰《ク》。有《テカ》二何因縁《ノ》一言《フヤ》二「速得成就阿耨多羅三藐三菩提《ト》」一。答《テ》曰《ク》。『論《ニ》』言《ク》、修《シテ》二五門行《ヲ》一以《テノ》二自利利他成就《スルヲ》一故《ナリ》。然《ルニ》覈《マコトニ》求《ルニ》二其本《ヲ》一阿弥陀如来為《ス》二増上縁《ト》一。他利之与《ト》二利他《ト》一、談《ズルニ》有《リ》二左右《リ》一。若自《リ》レ仏而言《ハバ》宜《シ》レ言《フ》二利他《ト》一、自《リ》二衆生《ハバ》一而言宜《シ》レ言《フ》二他利《ト》一。今将《ニ》レ談《ゼント》二仏力《ヲ》一、是《ノ》故《ニ》以《テ》二利他《ヲ》一言《フ》レ之《ヲ》。当《シ》レ知《ル》此《ノ》意也。凡《ソ》是《レ》生《ズルト》二彼《ノ》浄土《ニ》一及彼《ノ》菩薩人天《ノ》所起《ノ》諸行《ハ》皆縁《ルガ》二阿弥陀如来《ノ》本願力《ニ》一故《ナリ》。（『浄全』一、二五五頁上―下）

この記述の前半は、「阿耨多羅三藐三菩提」、つまり、「無上正遍道」という語の説明であるが、そのうち「道」という語を説明する所に、「無礙」という語が用いられている。そこで『経』とあるのは六十巻本『華厳経』であるが、その「菩薩明難品第六」に見られる次の偈の傍線部を引用したものが、記述〔90〕の「十方無礙人、一道出生死」である。

〔91〕文殊《ヨ》法《ハ》常《ニ》爾《リ》、　法王《ノ》唯一法《ナリ》。
一切無礙人《ハ》、　一道《ヨリ》出《ズ》二生死《ヲ》一。
一切諸仏《ノ》身《ハ》、　唯是《レ》一法身《ナリ》。
一心一智慧《ニシテ》、　力《ト》無畏《モ》亦然《リ》。(136)（大正九、四二九中）

この偈のチベット訳を和訳すれば、次の通りである。

〔92〕文殊よ、法王の法性（chos ñid, dharmatā）は常に一つである。無礙に見る者（bsgribs pa med pa gzigs pa）〔=仏〕の出離（niḥsaraṇa, ḥbyuṅ ba）も一つである。一切諸仏の身は一つ、即ち、如来の法身である。〔諸仏の〕智も心も一つであり、無畏も力も、同様である。（北京版西蔵大蔵経、Phal chen, Yi, 224b8-225a2）

従って、『往生論註』記述〔90〕の「無礙者、謂知生死即是涅槃」というのは、曇鸞自身の言葉であるが、この言葉が、〝造悪無礙〟説と全く無縁だとは思えない。というのも、〝生死即涅槃〟〝煩悩即菩提〟という現実肯定的な考え方から通常帰結するのは、〝悪を造るなかれ〟ではなく、むしろ〝悪〟をそのまま肯定する考え方、つまり、〝悪を造っても、碍りにならない〟という考え方の方であると思われるからである。(137)しかも、曇鸞は、記述〔90〕の後半に見られるように、この考え方を「阿弥陀如来本願力」、つまり、〝他力〟と結びつけている。このような「無礙」と「他力」の結合は、すでに彼の『略論安楽浄土義』記述〔61〕にも、示されていたのである。

かくして、〝造悪無礙〟説の起源としては、やはり「他力」を強調する曇鸞の説、そして如来蔵思想に立脚する曇鸞の説を重視すべきであろう。親鸞は『教行信証』「行巻」の〝他力釈〟の所で、記述〔90〕と記述〔62〕を含む『往生論註』下巻末尾の部分を引用しているが、(138)しかし『教行信証』全体を見ても、そこには明確な形では〝造悪無礙〟説批判は見られないと思われる。それ故、〝造悪無礙〟説に対する親鸞の立場は、微妙なものと考えざるを得ない。特に、すでに述べたように、私が本章で主張するように、〝『後世物語』が『捨子問答』をベイスにして親鸞によって書かれた〟とすれば、親鸞は『捨子問答』第二問答(Ⓓ Ⓔ)に見られる〝造悪無礙〟説批判を、『後世物語』では故意に欠落させたと考えられ、そこには、〝造悪無礙〟説批判に必ずしも好意的でない親鸞自身の立場が認められるであろう。

なお、『歎異抄』の立場が〝造悪無礙〟説であることは、すでに述べた通り、その第一条〔72〕と第十三条〔73〕とによって知られるであろうが、その『歎異抄』が、『往生論註』記述〔90〕、あるいは、その『教行信証』「行巻」における引用にもとづいて、「無礙の一道」について語ったものに、次のような第七条がある。

〔93〕一、念仏者は無礙の一道なり。そのいはれいかんとならば、信心の行者には天神地祇も敬伏し、魔界外道も障礙することなし。罪悪も業報を感ずることあたはず。諸善もおよぶことなきゆへなりと云々。(『定本』四(1)、一〇頁)

これは、高らかな〝造悪無礙〟宣言なのである。「罪悪も業報を感ずることあたはず」という語句は、「無礙」という語の意味を、〝造悪無礙〟として説明したものであるが、この語句を、第一条の「悪をもおそるべからず」という表現に代えた方が、全体の論旨は分り易くなるであろう。

冒頭の「念仏者」を、「念仏は」と読む解釈もあるが(139)、それは適切ではない。このことは、その後に、「信心の行者」という語が、「念仏者」を言い換えたものとして出ることからも、知られる。従って、ここには「念仏者」の全肯定、つまり、〝「念仏者」は、何をやっても、何が何でも「無礙」である〟という関東門弟達のやみくもな〝造悪無礙〟説が認められる。この点は、第三条の「他力をたのみたてまつる悪人、もとも往生の正因なり(140)」という表現においても、同様であり、そこにも、〝造悪無礙〟説にもとづく「悪人」の全面肯定が示されているのである(141)。

関東の〝造悪無礙〟論者は、「念仏者は、無礙の一道なり」とか、「悪人、もとも往生の正因なり」という表現が、文法的におかしいとか、仏教学的に不適切であるというような問題を気にするような人々ではなかった。彼等にとっては、仏教学など何の興味もなかったのである。彼等に必要だったのは、ただ「念仏者」は何が何でも絶対無条件的に「無礙」であるという確信だけであったが、この「無礙」には、「悪をもおそるべからず」という〝造悪無礙〟説が確かに含意されていたのである。

さて、〝造悪無礙〟説に関連して、かなり本論から議論が逸脱してしまったが、ここで再び、『捨子問答』と『後世物語』のテキストの対照にもどることにしよう。『捨子問答』の第三問と『後世物語』の第二問のテキストは、次の通りである。

Ⓕ捨子問テ云ク。無智罪悪ノ凡夫ノ為ニ念仏ヲ勧メ、利智精進ノ人ノ為ニ余行ヲ説クト云ハバ、諸教ハ勝レ念仏ハ劣《ヲト》リタリト心得侍ルニヤ。(『捨子』六頁上五行—七行)(上一二左)

ⓕ二また、ある人とふていはく。いみじき人のためには余教をとき、いやしき人のためには念仏をすゝめたらば、聖道門の諸教はめでたく浄土門の一教はおとれるか、とまふせば、(『後世』九五頁一行—三行)

この問いは、聖道門の諸教と浄土門の念仏との勝劣を問うたものと考えられるが、しかし、『捨子問答』Ⓕの方が、その前の第二問答ⒹⒺとの論旨の連絡が、明瞭である。というのも、Ⓕの冒頭に、「無智罪悪ノ凡夫ノ為ニ」という語があるが、第二問Ⓓには、「弥陀ノ本願ハ、本罪悪生死ノ凡夫ノ為ニ」という類似の語があったからである。しかるに、『後世物語』のⓕでは、念仏の対機を示すために、その直前の第一答Ⓒに見られた「破戒無智のもの」という語ではなく、「いやしき人」という言葉が用いられている。この「いやしき」という形容詞は、『後世物語』においては、ここが初出であるが、結論より言えば、ⓕに出る「いやしき」も「いみじき」も、親鸞が愛用した語である。即ち、「いみじき人」と「いやしき人」の用例は、『唯信鈔文意』(専修寺正月二十七日本)に、次のように出ている。

〔94〕かやうのさまぐの戒品をたもてるいみじきひとぐも、他力真実の信心をえてのちに、真実報土には往生をとぐるなり(『定本』三(1)、一六六頁)

〔95〕すべてよきひと、あしきひと、たふときひと、いやしきひとを、無礙光仏の御ちかひには、きらはず、えらばれず、これをみちびきたまふをさきとしむねとするなり。(同右、一六六―一六七頁)

従って、『後世物語』ⓕの「いみじき人」「いやしき人」は、『捨子問答』Ⓕの「利智精進ノ人」と「無智罪悪ノ凡夫」を、親鸞が自ら愛用する語に変更して示したものと思われる。このように見れば、『後世物語』ⓕの「めでたく」も、親鸞の愛用した語ではないかと疑われる。そこで、『親鸞用語索引』(142)を見ると、「めでたし」の用例が多数挙げられている。すでに掲げた『末灯鈔』の記述〔1〕にも、「往生もめでたくしておはしましさふらへ」という用例が見られ、さらに、記述〔80〕第二段落にも、「めでたき仏の御ちかひのあればとて」という用例があり、記述〔84〕にも、「めでたきやふなり」という用例が出ていたのである。

なお『捨子問答』Ⓕの「勝レ」と「劣リタリ」は明確に反対語となっているが、『後世物語』ⓕの「めでたく」と「おとれる」について、そのように言えるかどうかは疑問であろう。つまり、ここでも、『捨子問答』Ⓕの論旨の方が明快であることは、否定できないと思われる。

では、次に『捨子問答』第三答と『後世物語』第二答のテキストを示そう。

Ⓖ師答テ云ク。タトヒ念仏諸教ヨリモ劣《オト》リタリト云フトモ、我等ガ機ニ相叶ヒテ決定流転ノ苦ヲヌキ、不退ノ楽ヲダニモ可《ク》レ得バ、サテコソアラメ。イミジクト勝《スグ》レタル教ナリトモ、我等ガ機ニ不レ叶バ、其ノ詮ナカルベシ。

然ルニ『法華経』ノ已今当ノ三説ノ中ニ勝レタリト云フ事ハ、五逆ノ提婆達多ト八歳ノ龍女トノ仏ニ成ルト説ク故也。ゲニ五逆ヲ作リテン者ハ、タトヒ千仏其ノ身ヲ立廻リ給フトモ、五無間ノ罪業、其ノ身ニ重クシテ必ズ阿鼻獄ニ堕スベキ者也。

又女人ハ殊《コト》ニ罪ノ深キ事ニテ、聖教ニ多ク嫌ヘリ。或経ニハ「若シ人聖教ヲ開《ヒラ》キ見《ミ》、仏ヲ拝シ奉テ、眼ニ積ム所ノ功徳多クトモ、一度女人ヲ見バ速ニ其ノ功徳ヲ失フベシ」ト説ケリ。或ハ又三界ノ内ノ男子ノ煩悩ヲ取集メテ、女人一リノ煩悩トス。況ヤ女人ニハ五障アリ。仏ニ成ル事ヲ不レ得ト云フ其ノ一ナリ。又三従ト云ヒテ三ノ愁アリ。其ノ上ニ百悪ノ罪アリ。惣ジテ一度女人ノ形ヲ受ケヌル後ハ、永ク男子ト成ル事ヲ不レ得ト定メタリ。サレバ、『観念法門』ノ中ニハ、「千劫万劫恒沙等ノ劫ニモ、終ニ不レ可《カラ》レ得レ転《ズルコトヲ》二女人《ヲ》一応《シ》レ知《ル》」[143]ト釈セリ。

然ルヲ『観経』ニハ五逆ノ者念仏シテ浄土ニ生ルト説キ給フ。又阿弥陀如来ノ四十八願ノ中、第三十五ノ願ニハ、「女人ノ形ヲ厭シク思ハン者、一度我ガ名号ヲ聞バ、女人ノ身ト生ゼズ」[144]ト誓ヒ給ヘリ。サレバ在世ノ韋提希夫人ハ、依《リ》二此教《ニ》一生死ヲ離ル。五百ノ侍女、同ク三界ヲ出テ浄土ニ生レタリ。[145] 惣ジテ天竺震旦我朝ニモ、真心ニ御名ヲ唱ル女人、往生ヲトゲ阿毘跋致ノ菩薩ト成ル事、数ヲ不レ知トコソ侍レ。是レヲコソ諸教ニ勝ルトモ云フベケレ。此ノ故ニ『阿弥陀経』ニハ、名号ヲ大善トシ、[146]『大経』ニハ、名号ヲ無上ノ功徳トス。[147]『観経』ニハ、念仏申ス人ヲバ、芬陀利花ニ喩ヘタリ。[148] 諸教ニ勝レタル事、知ヌベシ。

又誰カ云ハン、念仏ヲ只常没ノ凡夫計リ申スベシトハ。天親龍樹等ノ菩薩モ是レヲ勤《ツト》ム。弥陀ノ本願ハ、正シク是レ凡夫ノ為、傍ラニハ聖人ニ蒙ラシメタリ。譬ヘバ余ノ薬ノ重病ヲイヤスモ、軽ヲイヤサヌ薬モアリ。軽ヲ除キ重ヲ平癒セザル薬モアリ。然ルヲ雪山ノ阿伽陀薬ハ、軽ヲモ重ヲモ惣テ万ノ病ヲ除キ平癒スル薬ナリ。(149)念仏無上ノ薬モ、又如レ此。五逆ノ凡夫、断悪ノ聖人マデ、皆蒙ラシメタリ。『西方要決』ニハ、「今明《スコト》二念仏《ヲ》一此辨《レズ》二惣修《ヲ》一。良《ニ》為《ニ》二群機《ノ》一受《ルコト》レ益《ヲ》不レ等《カラ》。諸仏《ノ》願行、成《ズ》二此《ノ》果名《ヲ》一。但能《ク》念《ズレバ》レ号《ヲ》、具《ニ》包《ジテ》二衆徳《ヲ》一、故《ニ》成《リ》二大善《ト》一、不レ癈《セ》二往生《ヲ》一」(150)ト判ゼリ。慈恩ハ此レ唐《モロコシ》ノ三蔵ノ弟子、豈謬センヤ。既ニ大善ナリ。又即チ機ヲ収《ヲサ》メタリ。知ルベシ。(『捨子』六頁上七行—七頁上一二行)〔上一二左—一五左〕

ⓖ師、こたえてのたまはく。たとひかれはふかくこれはあさく、かれはいみじくこれはいやしくとも、わがみの分にしたがひて、流転の苦をまぬがれて不退のくらゐをえては、さてこそあらめ。ふかきあさきを論じてなにゝかはせむ。いはむやかのいみじきひとびとの、めでたき教法をさとりて仏になるといふも、このあさましきみの念仏をまふして往生すといふも、しばらくいりかどはまちまちなれども、おちつくところはひとつなり。善導ののたまはく、「八万四千の門、門門不同にして、また別なるにあらず。別々の門はかへりておなじ」(151)といえり。しかればすなわち、みなこれおなじく釈迦一仏の説なれば、いづれをまされり、いづれをおとれりといふべからず。

あやまて法華の諸教にすぐれたりといふは、五逆の達多、八歳の龍女が仏になるとくゆへなり。この念仏もまたしかなり。諸教にきらわれ、諸仏にすてらるゝ悪人・女人、すみやかに浄土に往生してまよひをひるがへし、さとりをひらくは、いはゞまことに、これこそ諸教にすぐれたりともいひつべけれ。まさにしるべし。

震旦の曇鸞・道綽そら、なほ利智精進にたえざるみなればとて、顕密の法をなげすてゝ浄土をねがひ、日本の恵心・永観そら、なほ愚鈍懈怠のみなればとて、事理の業因をすてゝ願力の念仏に帰したまひき。(152)このごろもかのひとびとにまさりて、智慧もふかく戒行もいみじからむ人は、いづれの法門にいりても、生死を解脱せよかし。みな縁にしたがひて、こゝろのひくかたなれば、よしあしと人のことおばさだむべからず。たゞわがみの行をは

からふべきなりと。(『後世』九五頁四行―九七頁四行)

ここにも、『捨子問答』と『後世物語』との間に一致する文章や語句が多く見られ、一方が他方を参照して書かれていることは歴然としているが、すでに繰り返し述べているように、私は、『後世物語』ⓖが『捨子問答』Ⓖにもとづいて書かれていると見るのである。そこでまず、『捨子問答』Ⓖの趣旨を、次のようにまとめておきたい。

念仏が聖道門の諸教より劣っていると言っても、我々の機にかなっていて、往生して不退を得られるのだから、それでよいではないか。我々の機にかなわない教ならば、我々には役に立たないのである。

しかるに、念仏の教えは、実は勝れている。というのも、『法華経』が諸教中で勝れていると言われるのも、五逆の達多と龍女の成仏を説くからである。

念仏も同様であって、『観無量寿経』では、五逆のものの往生を説き、また、女人の往生も説いている。それ故に、念仏の教えは、実は勝れているのである。

また、念仏は〔劣った〕凡夫のためだけの教えでもない。というのも、弥陀の本願は、正しくは凡夫のため、傍らには聖人のためのものだからである。故に、念仏は、あらゆる人々のための勝れた教えなのである。

『捨子問答』Ⓖの論旨を、ほぼこのようにまとめることができると思われるが、最後の段落の趣旨は『捨子問答』Ⓖと『後世物語』ⓖで大きくくい違っており、それについては、後に詳論したい。まず、ここでは文章表現の問題から見ていこう。

まず『後世物語』ⓖで「かれはふかくこれはあさく」というのは、聖道門の諸教と浄土門の念仏を、〝深〟と〝浅〟として対比するものであろうが、この〝浅〟と〝深〟の対比は、『後世物語』ⓕからの議論の展開から見て、余りにも唐突である。やはり、『捨子問答』Ⓖのように、〝勝〟と〝劣〟の対比でなければ、論旨は一貫しないであろう。

しかるに、〝浅〟と〝深〟の対比は、実は親鸞が好んだものなのである。即ち、まず『教行信証』「行巻」では、次のように〝就教対論〟の四十八対の第十一番目に「深浅対」が説かれている。

〔96〕然《ニ》就《テ》レ教《ニ》念仏諸善比挍対論《スルニ》、有《リ》下難易対、……勝劣対、……深浅対、……報化対上。（『定本』一、八〇―八一頁）

つまり、ここでは「念仏」と「諸善」が、「勝」と「劣」だけではなく、「深」と「浅」としても、対比されている。(153)

また、『教行信証』「行巻」末尾の「正信念仏偈」には、

〔97〕源信広開《クテ》二一代《ノ》教《ヲ》一　偏帰《シテ》二安養《ニ》一勧《ム》二一切《ヲ》一
専雑《ノ》執心判《ジテ》二浅深《ヲ》一　報化二土正《ク》弁立《セリ》。（『定本』一、九〇頁）

と説かれている。ここでも、記述〔96〕と同様、「浅」「深」と「報」「化」の対比が示されているので、ここでも、〝「深」なる「念仏」は、「報〔土〕」に往生し、「浅」なる「諸善」は、「化〔土〕」に往生する〟ということが、言われているのであろう。

さらに、『教行信証』「化身土巻」には、次のような記述がある。

〔98〕然者《バ》濁世能化《ノ》釈迦善逝、宣二説《シタマフ》至心信楽之願心《ヲ》一、報土《ノ》真因《ハ》信楽《ヲ》為《スガ》レ正《ト》故也。是《ヲ》以《テ》『大経《ニハ》』言《ヘリ》二信楽《ト》一、如来《ノ》誓願疑蓋無《キガ》レ雑《ルコト》　故《ニ》、言《ル》レ信《ト》也。『観経《ニハ》』説《ケリ》二深心《ト》一、対《セルガ》二諸機《ノ》浅信《ニ》一故《ニ》、言《ル》レ深《ト》也。『小本《ニハ》』言《ヘリ》二一心《ト》一。二行無《キガ》レ雑《ルコト》　故《ニ》、言《ル》レ一《ト》也。復就《テ》二一心《ニ》一有《リ》レ深有《リ》レ浅。深者《ハ》、利他真実之心是《レ》也。浅者《ハ》、定散自利之心是《レ》也。（『定本』一、二八八頁）

ここには、「一心ニ就テ、深有リ、浅有リ」と説かれている。ここで「深」「浅」というのは、〝深義〟〝浅義〟を意味するのであろう。そして、「一心」、つまり、『阿弥陀経』の「一心」は、〝深義〟では、「利他真実之心」を指し、〝浅義〟では、「定散自利之心」を指し、その内の前者は『無量寿経』が説く「信楽」や『観無量寿経』の「深心」と同じである、というのが、記述〔98〕全体の趣旨であろう。

かくして、〝浅〟と〝深〟の対比を、親鸞が極めて重要な意味で用いていることが知られた。『後世物語』ⓖの「かれはふかくこれはあさく」という表現も、このように〝浅〟と〝深〟の対比を重視する親鸞の用法を反映していると

考えられる。

さて、再び『後世物語』ⓖの冒頭にもどれば、そこには「わがみの分にしたがひて」という語が出ている。この「わがみの分」は、『捨子問答』Ⓖの「我等ガ機」を言いかえたものであろうが、しかし、「分」という語と、「機」という語とでは、若干のニュアンスの相違があると思われる。しかるに、「分」は、やはり親鸞にとって大きな意味をもつ語なのである。即ち、『教行信証』「化身土巻」には、次のように言われている。

〔99〕爾者《バ》、穢悪濁世群生《ノ》、不レ知二末代《ノ》旨際《ヲ》一、毀《ソシル》二僧尼《ノ》威儀《ヲ》一。今時《ノ》道俗、思二量《セヨ》己《レガ》分《ヲ》一。（『定本』一、三一三頁）

ここで、「己レガ分ヲ思量セヨ」とは、穢悪濁世の末法の衆生が、そのような〝罪悪生死の凡夫〟あるいは、〝極重の悪人〟としての自らの「機」を理解することを勧めているのである。従って、ここの「己レガ分」と、『後世物語』ⓖの「わがみの分」は、意味としてピタリと合致するのである。

また、『唯信鈔文意』（専修寺正月二十七日本）には、法照の『五会法事讃』中の「如来尊号甚分明」[154]という語における「分」を解釈して、

〔100〕「分」はわかつといふ。よろづの衆生ごとにとわかつこゝろなり。（『定本』三⑴、一五七頁）

と説かれているが、この表現も、『後世物語』ⓖの「わがみの分にしたがひて」という表現に、趣旨として一致するものと思われる。

次に『捨子問答』Ⓖの「不退ノ楽」が『後世物語』ⓖでは「不退のくらゐ」になっているが、これも、親鸞が「不退のくらゐ」という語を愛用したからであって[155]、本来はⒼの「不退ノ楽」の方が、「流転ノ苦」との対比という点では、明快であったと言えるであろう。

「サテコソアラメ」は、難解な語であり、了祥は「ソノ儘ニシテ置ケト云フコト」[156]と説明するが、この語の後の論旨は、Ⓖとⓖでは異なるように思われる。即ち、『捨子問答』のⒼでは、〝聖道門の諸教は、我々の機にかなわないから、

役に立たない〟と言われているのに対し、『後世物語』の⒢では、「ふかきあさきを論じてなにゝかはせむ」とか、「みなこれおなじく釈迦一仏の説なれば、いづれをまされり、いづれをおとれりといふべからず」というように〝諸教と念仏との間に勝劣はつけられない〟という主張に変っているように思われる。いずれにせよ、〝念仏が「我等ガ機」にかない、諸教がかなわない〟という『捨子問答』の論点は、『後世物語』では失われている。

次に、『捨子問答』Ⓖの第三段落、第四段落では、「殊ニ罪ノ深キ」「女人」をテーマとして、その「女人」が往生をとげることが述べられているが、それに対応する『後世物語』⒢の第三段落では、

㋒悪人・女人、すみやかに浄土に往生してまよひをひるがへし、さとりをひらくは、いはゞまことに、これこそ諸教にすぐれたりともいひつべけれ。

という一節が見られる。

ここには、注意すべき点が二つあると思われる。その第一は、ここに「悪人」という語が用いられている点である。ここで「悪人」は、その前に出る「五逆の達多」という語を承けて用いられていることは言うまでもないが、しかし『捨子問答』Ⓖには「悪人」の語が全く見られないのに、『後世物語』⒢では用いられているというのは、やはり、これが、親鸞の愛用した語であったというより、むしろ親鸞の思想表現にとって不可欠の語であったからであろう。これについては、後に詳しく論じたい。

第二点は、右の一節㋒に「まよひをひるがへし、さとりをひらく」とあるのは、正に親鸞自身の言葉であるということである。何となれば、『唯信鈔文意』（専修寺正月二十七日本）には、

(101)涅槃界といふは、無明のまどひをひるがへして、無上涅槃のさとりをひらくなり。（『定本』三(1)、一七〇頁）

という表現があるからである。

しかも、『後世物語』⒢における「まよひをひるがへし、さとりをひらく」という表現は、実は議論の流れに合致し

ない不自然なものであることに、注意する必要がある。即ち、『後世物語』ⓖだけを見ても、念仏によって到達される位としては、第一段落に、往生後の「不退のくらゐ」が言われるだけであって、往生後の「さとり」は説かれていないのである。この点は、『捨子問答』Ⓖを見ると、より明らかになる。即ち、そこでは、往生後に得られる果としては、第一段落に「不退ノ楽」が示され、第四段落にも、

㈣真心ニ御名ヲ唱ル女人、往生ヲトゲ阿毘跋致ノ菩薩ト成ル事、数ヲ不レ知トコソ侍レ。是レヲコソ諸教ニ勝ルトモ云フベケレ。

とあって、「阿毘跋致」(avaivartikatā)[157]、つまり、〝不退〟が説かれるのであるが、この㈣と前掲の『後世物語』㈢とにおける表現の一致を考えれば、『捨子問答』㈣の「阿毘跋致」が『後世物語』㈢において、「さとり」に変更されたことは、明らかであろう。

では何故このような変更が必要だったのであろうか。言うまでもなく、㈢を含む『後世物語』の著者である親鸞にとっては、往生後の得果は、〝不退〟ではなく、「さとり」でなければならなかったからである。つまり、この変更は、〝往生即成仏〟といわれる親鸞独自の教説にもとづいているのである。

この親鸞の説について確認するため、まず『後世物語』ⓖ第一段落の「このあさましきみの念仏をまふして往生す」云々を註釈する部分に見られる了祥の説明を、次に示しておこう。

(102)往生トハ、吾祖ナラバ往生即成仏デ、此ノ世ガ不退、浄土ハ直ニ成仏トナル。サリナガラ隆寛ノ意ナドデハ、往生シテ一分真如ノ理ヲ証ル。ソコガ無生忍ノ不退転ナリ。(『後世講義』五四頁上)

ここで「浄土ハ直ニ成仏トナル」とあるのを、『後世録』では、「往生スレバ即直ニ成仏トナル」[158]と示しているが、いづれにせよ、了祥の言う「往生即成仏」とは、〝浄土に往生すれば、すぐに仏となる(さとりをひらく)〟という意味であり、親鸞はこの意味での「往生即成仏」を説いたと、了祥は言うのである。

この了祥の評価が誤まっているとは、考えられない。というのも、『唯信鈔文意』（専修寺正月二十七日本）には、次のように言われているからである。

〔103〕この一心は横超の信心なり。横はよこさまといふ。超はこえてといふ。よろづの法にすぐれて、すみやかにとく生死海をこえて仏果にいたるがゆへに、超とまふすなり。（『定本』三(1)、一七四頁）

ここでは、「生死海をこえて」という語が、一応〝往生〟の時点を指していると考えられるが、その後すぐに「仏果にいたる」という表現があり、ここでは〝往生後すぐに仏果（さとり、成仏）に至る〟という説が示されているように読めるのである。

この点は、次の『一念多念文意』の記述においても、同様であろう。

〔104〕無礙光仏のひかりの御こゝろにおさめとりたまふがゆへに、かならず安楽浄土へいたれば、弥陀如来とおなじく、かの正覚のはなに化生して大般涅槃のさとりをひらかしむるを、むねとせしむべしとなり。（『定本』三(1)、一五〇頁）

つまり、ここでも、浄土へ往生した後、すぐに「正覚」「さとり」があるかのように説かれている。また、〝さとりをひらく〟という表現は、親鸞が愛用したものであることにも、注意しておきたい。[159]

しかるに、このような親鸞の〝往生即成仏〟説は、浄土教の歴史においても、特異なものと考えられる。何となれば、『無量寿経』下巻の冒頭には、

〔105〕仏告《グ》二阿難《ニ》一、其《レ》有《リテ》二衆生一生《ズル》二彼《ノ》国《ニ》一者《ハ》、皆悉《ク》住《ス》二於正定之聚《ニ》一。所以者何《ハン》。彼《ノ》仏国《ノ》中《ニハ》無《シ》二諸《ノ》邪聚及《ビ》不定聚一。十方恒沙《ノ》諸仏如来、皆共《ニ》讃《ス》二歎無量寿仏《ノ》威神功徳《ノ》不可思議《ナルコトヲ》一。諸有《ル》衆生、聞《キテ》二其《ノ》名号《ヲ》一、信心歓喜《シ》、乃至一念、至心《ニ》迴向《シテ》願《ズレバ》レ生《ゼント》二彼《ノ》国《ニ》一、即得《チテ》二往生《ヲ》一、住《ス》二不退転《ニ》一。唯除《ク》二五逆《ト》誹謗正法《トヲ》一。（『浄全』一、一九頁）

とあり、往生後の得果としては、「不退転」、つまり、「不退」が示され、「さとり」が説かれるのではないからである。

「不退」とは、言うまでもなく、〝さとり（菩提）に至るコースから退転することなく、さとりを得ることが確定していること〟を意味する。従って、〝不退に住する〟というのと、〝正定聚に住する〟というのは、同義であることになる。記述（105）においても、「住不退転」と「住於正定之聚」は同義であると考えられる。しかし、この〝不退〟〝正定聚〟の位と、〝さとり〟とは、決して同じではない。つまり、〝念仏によって往生し、往生して「不退」に住し、その後さらに修行して「さとり」（成仏）に至る〟というのが、浄土教の基本線であると思われるが、このような説に対して親鸞は、「不退」が往生以前に、つまり、この現生で信心を獲得した時点で、得られると主張したのである。これが有名な親鸞の〝現生不退〟〝現生正定聚〟の説であり、それは、例えば『一念多念文意』には、次のように説かれている。

（106）「如」はごとしといふ。ごとしといふは、他力信楽のひとは、このよのうちにて不退のくらゐにのぼりて、かならず大般涅槃のさとりをひらかむこと、弥勒のごとしとなり。（『定本』三(1)、一三二頁）

なお、この記述で、「かならず……さとりをひらかむこと」と言われているのは、〝さとり〟そのものではなくて、〝さとりに至るコースから退かず、将来必ずさとりを得ることが確定したこと〟、つまり〝不退〟〝正定聚〟を意味するであろう。

また、この〝現生不退〟〝現生正定聚〟の説は、『末灯鈔』第十三通に相当する「真蹟書簡」第八通、即ち、所謂「摂取不捨事」にも、次のように示されている。

（107）浄土へ往生するまでは、不退のくらゐにておはしまし候へば、正定聚のくらゐとなづけて、おはしますことにて候なり。まことの信心をば、釈迦如来・弥陀如来二尊の御はからひにて、発起せしめ給候とみえて候へば、信心のさだまると申は摂取にあづかる時にて候なり。そのゝちは正定聚のくらゐにて、まことに浄土へむまるゝまでは候べしとみえ候なり。（『定本』三(2)、二九頁）

この記述でも、〝不退〟〝正定聚〟の「くらゐ」を得る時点が、極めて明確に〝往生〟以前の〝信心獲得〟の時点に位置づけられている。

また、このような〝現生不退〟〝現生正定聚〟の説は、『教行信証』「行巻」にも、次のように説かれている。

〔108〕言《フ》二「必得往生」一(161)《ト》者、彰《ス》レ獲《ルコトヲ》レ至《ルコトヲ》二不退《ノ》位《ニ》一也。『経』《ニハ》言《ヘリ》二「即得」一(162)《ト》。『釈』《ニハ》云《ヘリ》二「必定」一(163)《ト》。「即」《ノ》言《ハ》由《テ》レ聞《クニ》二願力《ヲ》一光二闡《セル》報土《ノ》真因決定《スル》時剋之極促《ヲ》一也。（『定本』一、四八―四九頁）

ここに、〝現生不退〟説、または〝現生正定聚〟説が説かれていることは、山辺習学・赤沼智善『教行信証講義』が、次のように説明する通りである。

親鸞聖人の御覚召からいふと、文面にも出でて居る通りに、必得といふ二字は、『大経』願成就文の即得往生の得と、龍樹菩薩『易行品』の即時入必定の必との二字から出来た文字で、この文字の上に明に現生不退の義が顕はれて居るといふのである。「願成就文」の即得往生住不退転は、聞信の一念に往生を得るに定まつて、現生に不退転位に入るといふことである。『易行品』の即時入必定も、同じく、聞名の一念に、たちどころに、往生を得るに定まつた正定聚に入るといふことで、いづれも、現生不退の明かな証文である。それで我祖聖人は、他流の人が浄土に往生してから、この不退の位に入ると主張せらるゝに反し、いつも、きびしく信心の一念に直に此の不退位に入ると断定せられるので、今もこの必得往生の語について、善導大師の微意をさぐつて現生不退と定められたものである。（『教行講義』一、五一六頁）〔傍線＝松本〕

つまり、記述〔108〕において、「報土ノ真因」とは、〝信心〟を言い、それが「決定」したとき、「不退ノ位」に至るというのである。

また、「行巻」末尾の「正信念仏偈」の次の記述も、〝信心〟を発した時点で〝不退〟に至るという〝現生正定聚〟の説を説くものであろう。

〔109〕往還《ノ》回向由《ハル》二他力《ニ》一、　正定之因唯《ハ》信心《ナリ》。

惑染《ノ》凡夫信心発《スレバ》、　証二知《セシム》　生死即涅槃《ナリト》一。
必至《レバ》二無量光明土《ニ》一、　諸有《ノ》衆生皆普化《クスト イヘリ》。　（『定本』一、八九頁）

つまり、「正定」は、〝正定聚〟、つまり、〝不退〟の位を指すのであり、その因は「信心」だけだというのである。

さらに、『教行信証』「信巻」にも、次のように言われている。

〔110〕言《フ》二一念《ト》一者《ハ》、信心無《キガ》二二心一故曰《フ》二一念《ト》一、是名《ヲク》二一心《ト》一。一心《ハ》則清浄報土《ノ》真因也。獲二得《スレ》　金剛真心《ヲ》一者《バ》、横超《ヘ》二五趣八難道《ヲ》一、必獲《ズ》二現生十種益《ヲ》一。何者為《カスト》レ十。一者冥衆護持益、二者至徳具足《ノ》益、三者転悪成善益、四者諸仏護念《ノ》益、五者諸仏称讃《ノ》益、六者心光常護《ノ》益、七者心多歓喜《ノ》益、八者知恩報徳《ノ》益、九者常行大悲《ノ》益、十者入《ル》二正定聚《ニ》一益也。（『定本』一、一三八―一三九頁）

つまり、「信心」という「報土ノ真因」を獲得したものには、「現生」において十種の益があるとされるのであるが、その第十に「入正定聚」が挙げられているのである。これ以上明確に〝現生正定聚〟説を説くものも無いであろう。

さて、私は、浄土教の基本的なラインは、『無量寿経』記述〔105〕に「即得往生、住不退転[164]」とあるように、〝不退〟を〝往生〟以後に認める立場にあると考えており、この立場は、『往生論註』巻上の

〔111〕易行道者謂《ク》但以《テ》二信仏《ノ》因縁《ヲ》一願《ズレバ》レ生《ゼント》二浄土《ニ》一、乗《ジテ》二仏願力《ニ》一便得《チ》レ往二生《スルコトヲ》　彼清浄土《ノニ》一。仏力住持《シテ》、即入《チル》二大乗正定之聚《ニ》一。正定即是阿毘跋致《ハチレナリ》。（『浄全』一、二一九頁上）

という記述[165]にも認められると思われるが、この一般的な立場、おそらく『無量寿経』記述〔105〕と『往生論註』記述〔111〕を『選択集』に引用した法然も認めたと思われる[166]立場に対して、〝不退〟を〝往生〟以前に、つまり、〝現生〟の〝信心〟獲得の時点に設定したことは、やはり親鸞独自の説と言うべきものであろう。これをまとめれば、次のようになる。

ⓐ念仏→往生・不退→成仏

ⓑ信心＝不退→往生＝成仏

つまり、親鸞は、右のⓐ説に対して、ⓑ説のように、〝不退〟と〝成仏〟の段階を一つずつ手前に、つまり信者の方に、ずらしたのである。あるいは、厳密に言えば、〝不退〟の段階を〝往生〟以後から、〝往生〟以前の〝信心〟獲得の時点にまでずらしたことによって、〝成仏〟の段階をも、〝往生〟の時点にまで引き寄せざるを得なかったのである。それ故、親鸞においても、〝往生〟と〝成仏〟の時点が完全に同一であるとは明確には主張されていないが、〝不退〟の段階を手前に引き寄せたことによって、〝成仏〟も〝往生〟後すぐに得られるというように主張せざるを得なかったのである。つまり、〝信心〟獲得によって、〝不退〟という決定的な転機を経た信者は、『末灯鈔』記述〔107〕に説かれたように、〝往生〟に至るまでは〝不退〟という位にとどまるが、〝往生〟という更なる転機において、何等かの新たな〝位〟を得ると説かざるを得ないであろう。しかるに、〝不退〟よりも後に残されているような新たな〝位〟としては、最早〝成仏〟しかないのである。かくして、〝成仏〟〝さとり〟という最高の境地が〝往生〟の段階に割り当てられ、記述〔102〕で了祥が述べるように、「往生即成仏」という説が成立することになったのである。

このようにして、親鸞思想においては、〝不退〟も〝成仏〟も、信者にとってより身近な、あるいは、到達しやすい理想となった。これに反して、かつては、〝不退〟でさえ、今生においては到達不可能とされていたため、〝往生〟によって、この〝不退〟を得るために、人々は必死で念仏に精進せざるを得なかったのである。しかるに、〝現生不退〟〝現生正定聚〟の説によれば、つまり、〝信心〟獲得によって人は〝不退〟になるとすれば、その後の精進というものが論理的には成立しえないことは自明であろう。というのも、彼は正に〝不退〟であるが故に、何があろうと、〝悟りに至るコース〟から退くことはないからである。そしてそのままの状態で〝往生〟を遂げれば、すぐに〝成仏〟するというのであるから、人が自らに対し〝信心を得た〟と認めた場合には、これ以上に安易な教説もないということになるであろう。

かつて家永三郎氏は、『日本思想史に於ける否定の論理の発達』において、親鸞思想に〝否定の論理〟の極限を見出されたが、(167) 私としてはむしろ親鸞思想に現実肯定的側面も強いことを指摘しておきたい。なお、この点で、『教行信証』記述〔109〕に、「生死即涅槃」という語が見られることは、見逃すことができない。即ち、そこでこの語は、「凡夫」が「信心」を発することによってすぐに「正定」、つまり、〝不退〟になることを可能ならしめる〝同一性〟の原理を説いているように思われるが、すでに述べたように、この〝同一性〟の原理とは、如来蔵思想の根本的立場そのものに他ならないのである。

また、親鸞は、〝信心〟獲得の時点で得られる〝不退〟を「如来とひとし」とする〝如来等同〟説を説いたことが、例えば、『末灯鈔』第十五通（『親鸞聖人御消息集』広本、第十五通）に相当する「真蹟書簡」第九通の

〔112〕たづねおほせられて候事、返々めでたく候。まことの信心をえたるひとは、すでに仏にならせ給べき御みとなりておはしますゆへに、如来とひとしき人と経にとかれ候なり。弥勒はいまだ仏になりたまはねども、このたびかならず〳〵仏になりたまふべきによりて、みろくをばすでに弥勒仏と申候なり。その定に、真実信心をえたる人をば、如来とひとしとおほせられて候也。（『定本』三⑵、三〇頁）

という記述によって知られるが、このような教説が、門弟達にとっては極めて聞き易い、耳に快いものであったことは、否定できないであろう。

かくして、『後世物語』ⓖの「〔往生して〕まよひをひるがへし、さとりをひらく」は、親鸞自身の言葉であり、親鸞自身の教説であることが明らかになった。その直前に出る「すみやかに」という語も、『唯信鈔文意』の記述〔103〕「すみやかにとく生死海をこえて仏果にいたる」という表現を見れば、親鸞自身の言葉と見なすことができる。それ故、親鸞は〝現生不退〟説、〝現生正定聚〟説にもとづき、『後世物語』ⓖで〝往生即成仏〟を説いたのであるが、それが、『捨子問答』Ⓖの論旨とも、また、『後世物語』ⓖ第一段落の「流転の苦をまぬがれて不退のくらゐをえては」という

表現とも、一致しないことは、すでに述べた通りである。従って、『後世物語』ⓖの「すみやかに浄土に往生してまよひをひるがへし、さとりをひらく」を含むこの一段は、親鸞が『捨子問答』の所説をベイスにして、それを自説に合致するように『後世物語』で書き改めたことを示す決定的な証拠の一つとも言えるであろう。

そこで再び本論の『捨子問答』Ⓖと『後世物語』ⓖの対比に戻れば、両者の最後の段落ほど、その趣旨がかけ離れたものはない。まず、『捨子問答』Ⓖの末尾の言葉に注目しよう。そこに「既ニ大善ナリ。又即チ機ヲ収メタリ」とあるのは、Ⓖ全体の論旨を、二点にまとめたものなのである。即ち、第五段落までには、念仏が「大善」であることが言われたのであり、それ故、第五段落には、

『阿弥陀経』ニハ、名号ヲ大善トシ……諸教ニ勝レタル事、知ヌベシ。

とあるのである。つまり、〝念仏は実は「諸教」よりも勝れている〟というのであるが、その理由は、〝五逆〟や〝女人〟のような〝劣った者〟でも、念仏によって往生し〝不退〟を得ることができるから、とされているのである。

しかるに、その後の第六段落（最終段落）では、その論旨がガラリと変っている。つまり、〝念仏は「常没ノ凡夫」の為だけの教えではない〟〝凡夫をも聖人をも含めた一切衆生の為の教えだ〟というのである。末尾の「機ヲ収メタリ」というのは、〝凡夫（劣機）も聖人（勝機）も、すべての機、すべての衆生を収めている〟という意味であろう。そこに見られる『西方要決』からの引用文中の「為群機」という語も、この意味で用いられているように思われる。

さて、この『捨子問答』Ⓖ最終段落の趣旨を最も明快に示しているのが、

(オ)弥陀ノ本願ハ、正シク是レ凡夫ノ為、傍ラニハ聖人ニ蒙ラシメタリ。

(カ)念仏無上ノ薬モ、又如レ此。五逆ノ凡夫、断悪ノ聖人マデ、皆蒙ラシメタリ。

という二つの文章であるが、とりわけ、(オ)は、極めて重要なものである。というのも、後に見るように、『後世物語』の第七答ⓠには、

(キ)いはゆる弥陀の本願は、すべてもとより罪悪の凡夫のためにして、聖人のためにあらず（とこゝろえつれば、わがみのわるきにつけても、さらにうたがふおもひのなきを、信心といふなり」。（『後世』一〇六頁八行—一〇七頁一行）

と述べられるからである。『後世物語』第七答は、形式としては、『捨子問答』第八答Ⓠに一致する筈であるが、内容的には全く一致しないので、(キ)に相当する文章を、『捨子問答』Ⓠの中に見出すことはできない。すると、相互に明らかに矛盾すると思われる(オ)の主張と(キ)の主張を、それぞれ『捨子問答』と『後世物語』の根本的立場を示すものと見なすことができるであろう。とすればこの二つの主張の意義を解明することによって、『捨子問答』と『後世物語』の思想的立場の相違を明らかにできると思われる。以下、そのために若干の考察を試みることにしたい。

ただし、その前に『後世物語』ⓖの最終段落、つまり、「震旦の……」について一言すれば、この段落の論旨[168]は、殆んど支離滅裂であるように思われる。例えば、了祥が言っているように「曇鸞・道綽ノ時代ニ密教ハマダ伝ハラヌ[169]」のであるから、彼等が「顕密の法」をなげすてることなどできない。また、「事理の業因」とは何を意味するのか明らかではないし、「願力の念仏」（「願力念仏[170]」）という語の意味も不明瞭である。従って、了祥も、この二つの語については、一切コメントを加えていない。

さらに、「智慧もふかく戒行もいみじからむ人は、いづれの法門にいりても、生死を解脱せよかし」という文章について、了祥は「コレラハ畢竟ナブリ言[171]」と述べているが、これは、〝これらは要するに皮肉だ〟という意味なのであろう。しかし、「いづれの法門にいりても、生死を解脱せよかし」と言うとすれば、その前の段落に出る「これ（＝念仏）こそ諸教にすぐれたりともいひつべけれ」という説と合致しないであろう。要するに、『後世物語』ⓖの最終段落の論旨は乱れている。それは、この段落が『捨子問答』Ⓖに含まれる(オ)と(カ)の主張を隠そうとして書かれたからであろう。そして、『後世物語』の著者は、(オ)と全く矛盾する主張(キ)を、ここと は全然別の個所である『後世物語』第七答ⓠにおいて、『捨子問答』第八答Ⓠとの不一致をも顧みず提示することによって、自らの思想的立場を示したのである。

では、『捨子問答』Ⓖの(オ)「弥陀ノ本願ハ、正シク是レ凡夫ノ為、傍ラニハ聖人ニ蒙ラシメタリ」という説と、『後世物語』ⓠの(キ)「いはゆる弥陀の本願は、すべてもとより罪悪の凡夫のためにして、聖人のためにあらず」という説の相違について、考えてみよう。

まず、この二つの説のうち、(オ)に基本的には一致すると思われる説が、迦才（七世紀ころ）の『浄土論』巻中に、次のように示されている。

〔113〕次《ニ》法蔵比丘《ノ》四十八大願《ハ》、初《ニ》先《ツ》為二一切《ノ》凡夫《ノ》一、後《ニ》始《テ》兼《テ》為《ナリ》二三乗《ノ》聖人《ノ》一。故《ニ》知《ル》、浄土宗意《ノ》、本《ハ》為《ニシテ》二凡夫《ノ》一、兼《テ》為二聖人《ノ》一也。

（『浄全』六、六四三頁上）

ここには、(オ)で「正シク是レ凡夫ノ為、傍ラニハ聖人ニ」とあったのが、「本為凡夫、兼為聖人」というように、「正」と「傍」の対比ではなく、「本」と「兼」の対比によって示されているが、基本的な意味の相違は無いであろう。

次に、元暁（六一七—六八六）に帰せられる『遊心安楽道』にも、

〔114〕又四十八大願《ハ》、初《ニ》先《ツ》為二一切《ノ》凡夫《ノ》一、後《ニ》兼《テ》為《ナリ》二三乗《ノ》聖人《ノ》一。故《ニ》知《ル》、浄土宗意《ノ》、本《ハ》為《ニシテ》二凡夫《ノ》一、兼《テ》為二聖人《ノ》一也。又十解以去《ハ》、不レ畏《レ》レ生《ルコトヲ》二悪道《ニ》一。故《ニ》可《シ》[172]不《ル》レ願《ハ》レ生《ルコトヲ》二浄土《ニ》一。故《ニ》知《ル》、浄土奥意《ノ》、本《ハ》為《ニシテ》二凡夫《ノ》一、非《ザル》レ為《ニ》二菩薩《ノ》一也。（『浄全』六、六二五頁下）

という記述が見られる。このうち前半は、殆んど迦才の記述〔113〕を繰り返しただけのように思われるが、この『遊心安楽道』が独自に言わんとするのは、後半の「本為凡夫、非為菩薩也[173]」という「浄土奥意」なのであろう。しかるに、法然は、『選択集』第一章に、

〔115〕然《ルニ》今号《スルコト》二浄土宗《ト》一、有《ルヤ》二何《ノ》証拠一也。答《テ》曰《ク》。浄土宗《ノ》名、其証非《ズ》レ一《ニ》。元暁《ノ》『遊心安楽道《ニ》』云《ク》、「浄土宗意《ノ》、本《ハ》為《ニシテ》二凡夫《ノ》一、兼《テ》為《ニスト》二聖人《ノ》一」。（『昭法全』三一一頁）

というように、『遊心安楽道』から、「浄土宗意、本為凡夫、兼為聖人」の語を引用しているのである。言うまでもな

く、これは本来『浄土論』記述〔113〕の言葉であったものである。

さて、浄土教の対機を誰と考えるか、弥陀の本願は誰の為に発されたのかということの問題について、善導（六一三—六八一）はどう答えたのであろうか。これに対する彼の『観経疏』における答えは、次のものだと思われる。

〔116〕言二弘願一者《ハ》、如《ト》二『大経』説《シ》一《ノ》。一切善悪凡夫《ノ》得《ルコト》レ生《ヲ》者、莫《シ》レ不《ルコト》下皆乗《ジテ》二阿弥陀仏《ノ》大願業力《ニ》一為《サ》中増上縁《ト》上也。（『浄全』二、二頁上）

〔117〕一切《ノ》凡夫、不《ハ》レ問《ハ》二罪福《ノ》多少、時節《ノ》久近《ヲ》一、但能《ク》上尽《シ》二百年《ヲ》一、下至《ルマデ》二一日七日《ニ》一、一心《ニ》専二念《スレバ》弥陀《ノ》名号《ヲ》一、定《テ》得《ルコト》二往生《ヲ》一、必《ズ》無《キ》レ疑也。（同右、五八頁上—下）

ここにはやはり、浄土教の対機として、一切の「凡夫」が考えられていると思われる。しかし、これは、「聖人」を対機から除外するという意味ではない。というのも『観経疏』「玄義分」には、

〔118〕若論《ゼバ》二衆生《ノ》垢障《ヲ》一実《ニ》難《シ》二欣趣《シ》一。正《ク》由《テ》下託《シテ》二仏願《ニ》一以《テ》作《スニ》中強縁《ト》上、致《ス》レ使《ムコトヲ》二五乗《ヲシテ》斉《ク》入《ラ》一。（『浄全』二、一二頁上）

という文章が見られ、ここで「五乗斉入」の「五乗」には、〝聖人〟も含まれると思われるからである。従って、善導の立場は、浄土教の対機としてはやはり〝凡夫〟を主として考えるものであり、この点では、迦才の「本為凡夫、兼為聖人」の説と一致するものと思われる。このような説を、一応、〝凡夫を正機とし、聖人を傍機とするもの〟という意味で、〝凡夫正機〟説と呼んでおきたい。私は基本的には、浄土教は、法然・隆寛に至るまでは、〝凡夫正機〟説であったと見るのである。

ただし『観経疏』「玄義分」には、その註釈の対象である『観無量寿経』に関して、

〔119〕但此《ノ》『観経』《ハ》、仏為《ニ》レ凡《ノ》説《キ》、不《ズ》レ于《タメニ》レ聖《ノ》也。（『浄全』二、七頁下）

という極めて特徴的な評価が見られるのである。これは、つまり、〝『観無量寿経』の所説は、凡夫の為のものであって、聖人の為のものではない〟という意味であろう。

また、『観経疏』「玄義分」には、同じ趣旨を述べたものに、次の諸記述がある。

(120)如来説《クハ》二此《ノ》十六観法《ヲ》一、但為《ダニシテ》二常没《ノ》衆生《ノ》一、不レ干《ニ》二大《ノ》小聖《ノ》一也。(『浄全』二、九頁上)

(121)出《シ》レ文《ヲ》来《テ》証《ス》下定《テ》為《ニシテ》一凡夫《ノ》一、不《ルコトヲ》上レ為《ニ》二聖人《ノ》一。(同右、五頁上)

(122)世尊定《テ》為《ニシテ》二凡夫《ノ》一、不レ為《ニセ》二聖人《ノ》一。(同右、八頁下)

これらが表現として、『後世物語』(キ)の「弥陀の本願はすべてもとより罪悪の凡夫のためにして、聖人のためにあらず」に類似しているのは確かであるが、しかしこれらの記述(119)―(122)は、すべて『観無量寿経』の所説の対機に関して言われたものと解すべきであり、それを『無量寿経』が説く本願や浄土教そのものの対機の問題として把えるのは、適切ではないであろう。

なお、善導は、〝『観無量寿経』の所説は、凡夫の為のものであって、聖人の為のものではない〟という自らの説の根拠を、『観経疏』「玄義分」で、次のように語っている。

(123)既《ニ》有《リ》二斯《ノ》功力一、更復《ニ》何《ヲ》憂《テカ》乃《チ》藉《テ》二韋提《ノ》請《ニ》一求《メンヤ》二生路《ヲ》一。然《ルニ》諸仏《ノ》大悲《ハ》於《テス》二苦者《ニ》一、心偏《ニ》愍二念《ス》常没《ノ》衆生《ヲ》一、是以《テ》勧《テ》帰《セシム》二浄土《ニ》一。亦如《キハ》二溺《タル》レ水《ニ》之人《ノ》一、急《ニ》須《シ》二偏《ニ》救《フ》一、岸上之者《ヲバ》、何《ゾ》用《テ》レ済《フコトヲ》為《ン》。(『浄全』二、六頁上)

ここで「苦者」「常没衆生」「溺水之人」が〝凡夫〟であり、「岸上之者」が〝聖人〟に対応する。〝「諸仏ノ大悲」は偏えに「苦者」において起り、浄土に帰することを勧める〟という文意を見ると、浄土教そのものが、〝凡夫の為のものであり、聖人の為のものではない〟と説いているように見えるが、「韋提請」とあるから、これも、あくまでも『観無量寿経』の所説について述べたものと、解すべきであろう。即ち、趣旨としては、『観経疏』「散善義」の

(124)今説《ハテ》二『観経《ノ》』定散二善《ヲ》一、唯為《ニ》二韋提及仏滅後《ノ》五濁五苦等《ノ》一切凡夫《ノ》一、証《シテ》言《ヘリ》レ得《ルト》レ生《ヲ》。(『浄全』二、五七頁上)

という記述と異なるものではないと思われる。

いずれにせよ、『選択集』第十六章で、「偏依善導一師也(174)」と述べた法然は、『選択集』で善導の「定為凡夫、不為聖

人」という説に触れることなく、既に記述(115)に示したように、『遊心安楽道』の「浄土宗意、本為凡夫、兼為聖人」という語を引いているのである。おそらく法然は、この語によって自らの立場を示したのであろう。というのも、彼にとって、〝念仏は、一切の機に通じなければならない〟というのが、根本的な確信だったからである。この確信は、『選択集』第三章における次の記述に示されている。

(125)故《ニ》知《ル》、念仏《ハ》易《キガ》故《ニ》、通《ズ》二於一切《ニ》一、諸行《ハ》難《キガ》故《ニ》、不レ通《ゼ》二諸機《ニ》一。然《レバ》則《チ》為《ニ》レ令《メンガ》二一切衆生《ヲシテ》平等《ニ》往生《セ》一、捨《テ》レ難《ヲ》取《テ》レ易《ヲ》為《セルカ》二本願《ト》一歟。(『昭法全』三二〇頁)

(126)然《レバ》則《チ》弥陀如来、法蔵比丘之昔、被レ催《サ》二平等《ノ》慈悲《ニ》一、普《ク》為《ニ》レ摂《センガ》二於一切《ヲ》一、不下以《テ》二造像起塔等《ノ》諸行《ヲ》一為《サ》中往生《ノ》本願《ト》上、唯以《テ》二称名念仏《ノ》一行《ヲ》一、為《セル》二其《ノ》本願《ト》一也。(同右、三二〇頁)

ここには、〝阿弥陀仏が、平等の慈悲によって、一切の機、つまり、一切衆生を摂するために、念仏を本願とした〟という法然の立場が、明確に認められる。

次に、隆寛の立場について確認しよう。まず、『具三心義』(一二一六年)巻上には、次のように述べられている。

(127)今案《ズルニ》二随《テ》レ機《ニ》顕《ス》レ益《ヲ》義《ヲ》一、言《フ》レ機《ト》者《ハ》、取《ル》下可《キ》レ発《ス》二三心《ヲ》一之人《ヲ》上、即《チ》可《キ》レ乗《ズ》二他力《ニ》一之機也。言《フ》レ益《ト》者《ハ》、取《ル》下必《ズ》生《ズル》二彼国《ニ》一之人《ヲ》上、即《チ》得《ル》下乗《ズル》二他力《ニ》一之益《ヲ》上也。応《ズル》二其《ノ》機《ニ》一者《ハ》、罪悪生死《ノ》凡夫《ヲ》為《シ》レ本《ト》、蒙《ル》二其《ノ》益《ヲ》一者《ハ》、十悪五逆《ノ》罪人《ヲ》為《ス》レ先《ト》。取機既違《シ》二聖道常途之教相《ニ》一。論益亦非《ズ》二修因感果之道理《ニ》一。此《レ》其《ノ》意密難《キ》レ知《リ》之義也。(『隆寛集』三頁上)

ここに、浄土教の対機が、「罪悪生死ノ凡夫ヲ本ト為シ」「十悪五逆ノ罪人ヲ先ト為ス」と説かれていると思われる。するとこれは、〝悪人正機〟説ではないかと考えられるかもしれないが、本論文では、〝凡夫正機〟説と〝悪人正機〟説という語を、特別な限定を付して用いたい。すでに述べたように、私は迦才の『浄土論』記述(113)に「本為凡夫、兼為聖人」と説かれたような考え方を、〝凡夫を正機とし、聖人を傍機とする〟という意味で、〝凡夫正機〟説と呼ぶことにする。これに対して、〝凡夫〟を〝善人〟(善凡夫)と〝悪人〟(悪凡夫)の二種に分け、そのうち〝悪人〟の方が

〝正機〟であるというような考え方を、〝悪人正機〟説と呼びたい。その代表として、私は後論する覚如『口伝鈔』の所説を考えている。

このような〝凡夫正機〟説と〝悪人正機〟説を区別する仮説が、実際の様々のテキストの解釈に際して、全面的に有効であるとは私は考えていないが、しかし両者を一応区別することによって、問題をある程度明確にできるのではないかと思っている。

さて、『具三心義』記述〔127〕の「罪悪生死凡夫為本」「十悪五逆罪人為先」についていえば、私はこれを〝凡夫正機〟説であると解するのである。つまり、ここには、〝凡夫〟を二種に分けて、〝善人〟よりも〝悪人〟の方が〝正機〟だという〝悪人正機〟説は見られないと思うのである。例えば、〔127〕の「罪悪生死凡夫」という語にしても、これは、〝「罪悪生死のもの」＝「凡夫」〟という表現であって、〝「凡夫」のうちの「罪悪生死のもの」〟という意味ではないであろう。この点でも注意すべきは、善導の表現なのである。

即ち、善導が前掲の記述〔120〕〔123〕で、「常没衆生」という語を用いるとき、この語は、一切の〝凡夫〟を意味しているのであって、〝凡夫〟のうちの「常没のもの」を指しているわけではない。つまり、善導には、〝凡夫〟を〝善〟と〝悪〟の二種に分けて〝悪凡夫〟や〝悪人〟の方が、〝正機〟であるという発想は無いのである。この点は、記述〔116〕の「一切善悪凡夫」という語、及び、記述〔117〕の「一切凡夫、不問罪福多少」という語によって、何よりも明瞭に示されているであろう。

従って、善導が、『観経疏』「散善義」で〝機の深信〟を語って、

〔128〕一者《ニハ》決定《シテ》深《ク》信《ズ》二自身《ハ》現《ニ》是《レ》罪悪生死凡夫《ニシテ》、曠劫《ヨリ》已来《タ》常《ニ》没《シ》常《ニ》流転《シテ》、無《シ》レ有《ルコト》二出離之《ノ》縁一。(『浄全』二、五六頁上)

と述べるとき、ここでも、「罪悪生死凡夫……常没」は、〝「罪悪生死」＝「凡夫」＝「常没」〟であって、〝凡夫〟を「罪悪生死」のものとそうでないものの二種に分ける発想は、ここにはないと思われる。

善導は、『往生礼讃』でも、〝機の深信〟を、

(129)信下知《ス》自身是《ハレ》具足煩悩凡夫《ノ》、善根薄少《ニシテ》流二転《シテ》三界一《ニ》、不上レ《ト》出《デ》二火宅一《ヲ》。(『浄全』四、三五四頁下)

と語っているが、この「具足煩悩凡夫」も、仏滅後の一切の〝凡夫〟を意味していることは、明らかであろう。その他、『観経疏』の「悪衆生」(175)という語、『観念法門』の「一切造罪凡夫」(176)や「一切罪悪凡夫」(177)が同義であることは、言うまでもない。繰り返すが、ここには、〝善凡夫〟よりも〝悪凡夫〟の方が〝正機〟であるという発想はないのである。

このように考えて、『具三心義』の「罪悪生死凡夫為本」と「十悪五逆罪人為先」を見ると、そこにも、〝凡夫〟を〝善〟と〝悪〟の二種に分ける考え方はないので、これは基本的には、〝凡夫＝正機〟〝聖人＝傍機〟という〝凡夫正機〟説を説いたものと考えられる。しかも、この解釈の妥当性は、『具三心義』の四年後に隆寛が著した『極楽浄土宗義』(一二二〇年)によっても、確認されるのである。

即ち、『極楽浄土宗義』巻中には、次のような記述がある。

(130)問《フ》。報土往生者《ノハ》、為《スヤ》レ限《ルト》二凡夫一《ニ》如何。答《フ》。不レ限《ラ》二凡夫一《ニ》。図大小乗聖人《ノ》皆得《ル》二往生一《ヲ》也。(『隆寛集』一三頁上)

ここには、〝報土往生の機には、凡夫だけではなく聖人も含まれる〟という立場が、明示されている。

また、『極楽浄土宗義』巻下では、往生の機を、「報土往生ノ機」と「辺地往生ノ機」に分け、そのうち前者をさらに、「凡夫」と「聖人」に分けて、次のように説明している。

(131)初言《ニフ》レ結《スト》二報土機《ノヲ》一者《ハ》、亦有《リ》レ二。一者凡夫、二者聖人《ナリ》。一者、凡夫往生機者《ト》、一切善悪凡夫《ノ》、逢二遇《ヒテ》善縁一《ニ》、帰《シ》二弥陀願一《ニ》、依《テ》二他力願一《ニ》、蒙《ル》二来迎一《ヲ》時、忽断《ジ》二無明一《ヲ》、得《テ》二無生忍一《ヲ》、登《ル》二初住位一《ニ》、是其凡夫往生機也《レノ》。……二者、聖人往生機者《ノト》、『大経』云《ク》「於《ニ》二此世界一有《リ》二六十七億不退菩薩一往《ス》二生彼国一《ニ》次如《デシ》二弥勒一《ノ》。諸小行菩薩及修《ビ》二習《スル》小功徳一《ヲ》者、不レ可《カラ》二称計一《ス》、皆当《シ》二往生一《ス》」(178)。此其大小乗聖人往生機也《レノ》。(『隆寛集』三二頁下―三三頁上)

ここの「凡夫往生機」の説明には、善導の記述(116)と同様、「一切善悪凡夫」という語が見られるので、隆寛には、

〝善凡夫〟より〝悪凡夫〟の方が〝正機〟であるという理解は存在しない。つまり、隆寛は、ここで迦才・善導・法然と同様に、〝凡夫＝正機〟〝聖人＝傍機〟という〝凡夫正機〟説を説いていると考えられる。

また〝凡夫正機〟説とは、浄土教の対機として、〝一切衆生〟〝一切の諸機〟を摂する立場であることは、『選択集』記述〔125〕〔126〕で見た通りであるが、『極楽浄土宗義』巻下にも、この立場が次のように説かれている。

〔132〕弥陀本願《ノ》、不《ハ》レ簡《バ》二大小乗《ヲ》一、不レ辨《ゼ》二善悪人《ノヲ》一。若《シ》遇《ヒ》二知識《ニ》一、帰《スレバ》二本願《ニ》一者、必得《ズル》レ生《ヲ》也。是《ヲ》以《テ》「玄義分《ニ》」云《ク》「若《シ》論《ゼバ》二衆生《ノ》垢障《ヲ》一実難《ニシ》二欣趣《シ》一、正由《クテ》下託《シテ》二仏願《ニ》一以作《テスニ》中強縁《ト》上、致《スト》レ使《ムコトヲ》二 五乗《ヲシテ》 斉入《クラ》一」。又「散善義《ニ》」云《ク》「欲《ス》レ使《メント》二 五趣《ヲシテ》 斉生《クゼ》一 是《ヲ》以《テ》勧《メテ》 聞《シム》二於後代《ニ》一」已上。是即以《チテ》二本願他力《ヲ》一、普摂《スル》二万機《ヲ》一而已。（『隆寛集』三五頁上）

ここで、引かれる『観経疏』の二つの文章のうち、「玄義分」からのものは、すでに記述〔118〕として提示し、その「五乗斉入」については、〝聖人〟も対機に含まれると解釈した。「散善義」からの引用は、『観無量寿経』一部の文義の解説が終了した直後に出る次の記述からのものである。

〔133〕竊《ニ》以《レバ》、真宗叵《ガタク》レ遇《ヒ》、浄土之要難《シ》レ逢《ヒ》。欲《ス》レ使《メント》二 五趣《ヲシテ》 斉生《クゼ》一、是《ヲ》以《テ》勧《メテ》 聞《シム》二於後代《ニ》一。（『浄全』二、七二頁上）

ここで「五趣」とは、一般には、地獄・餓鬼・畜生・人・天を意味するが、隆寛は、ここの「五趣斉生」を、「玄義分」の「五乗斉入」と同義と見て、そこから、「以本願他力、普摂万機」と結論づけるのであろう。この「普摂万機」の立場は、『選択集』記述〔125〕の「通於一切」、及び、〔126〕の「摂於一切」という表現と同様に、〝凡夫正機〟説を説くものなのである。

このように、隆寛が説くのは〝凡夫正機〟説であって、〝悪人正機〟説ではないとすれば、隆寛は「悪人」という語をどのような意味で用いているのであろうか。隆寛の著作『具三心義』と『極楽浄土宗義』において、「悪人」の用例を調べてみると、私が調べた限りでは、『具三心義』には「悪人」の用例は見られないが、『極楽浄土宗義』には、五回の用例がある。それらは、次の通りである。

〔134〕又、無善悪人《ノ》、遇《テ》二善知識《ニ》一始《テ》発《スル》二三心《ヲ》一等也。（『隆寛集』二三頁上）

〔135〕問。称名往生《ト》十三定善機《ノト》可《キャ》レ有《ル》二勝劣一乎。答。若約《シレバ》二本願《ニ》一者、以《テ》二称名《ヲ》一為《ス》レ勝《ト》。若約《シレバ》二行人《ニ》一者、以《チ》二観想《ヲ》一為《ス》レ勝《ト》。

問。彼此共《ニ》生《ズ》二報土《ニ》一、可《キャ》レ有《ル》二何異《ノ》一乎。答。念仏者《ハ》有智無智同《ク》修《シ》レ之《ヲ》、有罪無罪共《ニ》行《ズ》レ之《ヲ》。観想者《ハ》限《リ》二有智《ニ》一、限《ル》二善人《ニ》一、隔《テ》二無智《ヲ》一、隔《ツ》二悪人《ヲ》一。勝劣是《レ》分明《ナル》者《ヲ》乎《ヤ》。（同右、二七頁上）

〔136〕本願《ニ》有《ルガ》二難思《ノ》力一故《ニ》、善人悪人同《ク》生《ズ》二報土《ニ》一。（同右、三〇頁下）

〔137〕疑云。彼《ノ》一種往生者《ハ》、信《ジ》二罪福《ヲ》一修《シテ》二善本《ヲ》一願《フ》レ生《ゼント》二其国《ニ》一。此《ノ》九品《ノ》中下輩《ノ》三生者、無善《ノ》悪人也。何《ソ》以《テ》二此《ノ》無善人《ヲ》一得《ル》レ合《フコトヲ》二彼《ノ》修善《ノ》人《ニ》一乎。開合《ノ》異、其《ノ》義不レ成《ゼ》如何。

会云。此《ノ》悪人臨《ミ》二命終《ノ》時《ニ》一遇《ヒ》二善知識《ニ》一称《ス》二念仏名《ヲ》一。此《ノ》故《ニ》摂二入《ス》修善《ノ》機《ニ》一。敢《テ》無《キ》二其《ノ》失一乎。（同右、三四頁上）

しかし、これらの記述には、〝悪人〟を〝善人〟よりも〝正機〟とする考え方は、認められない。それどころか、記述〔134〕の少し前の個所には、次のような記述も見られるのである。

〔138〕是《ヲ》以《テ》願成就《ノ》文《ニ》云《ク》「諸有衆生聞其名号信心歓喜乃至一念至心廻向願生彼国即得往生住《ス》二不退転《ニ》一」已上。「諸有衆生」之言《ハ》、広《クシテ》無《キガ》レ所《ツル》レ隔故《ニ》、不レ捨《テ》二五逆《ヲ》一、不レ捨《テ》二十悪《ヲ》一、帰《スヲ》レ願《ニ》為《シ》レ先《ト》、所二来迎《スル》一也。況《ンヤ》於《テ》二善人《ノ》一念十念《ニ》一乎。何《ニ》況《ンヤ》於《テ》二信者《ノ》尽形《ノ》称名《ニ》一乎。（『隆寛集』二二頁下—二三頁上）

この記述は、『無量寿経』巻下冒頭の第十八願の成就文[179]に見られる「諸有衆生」という語について説明したものであるが、その趣旨は、〝「諸有衆生」という語は「広」であって、隔てるものがないから、「五逆」「十悪」の悪人をも捨てることなく、願に帰するならば、一切衆生の全てに来迎がある。まして、「一念十念」の称名をなす「善人」に来迎があることは、言うまでもない。まして「尽形ノ称名」をなす「信者」に来迎があることは、さらに一層言うまでもない〟というようなものであろう。ここには、〝悪人よりも「善人」の僅かな称名の方が〟、また、〝僅かな称名よりも、

「尽形ノ称名」、つまり、一生涯にわたる称名（多念）の方が〟、往生に関して、より確定的であるという考え方が認められる。特に「況ンヤ、善人ノ一念十念ニオイテヲヤ」という表現が、後論する『歎異抄』第三条〔148〕の「善人なをもて往生をとぐ、いはんや悪人をや」という〝悪人正機〟説とは、全く逆の考え方であることは、明らかであろう。従って、『極楽浄土宗義』に示される隆寛の立場は、〝悪人正機〟説ではなくて、〝凡夫正機〟説であり、『捨子問答』Ⓖ最終段落の(オ)「弥陀ノ本願ハ、正シク是レ凡夫ノ為、傍ラニハ聖人ニ蒙ラシメタリ」と「機ヲ収メタリ」という語によって示される〝凡夫＝正機〟〝聖人＝傍機〟という〝凡夫正機〟説も、『極楽浄土宗義』に明示されるこの隆寛の立場を忠実に受け継いだものと見ることができるであろう。

しかるに、これに対して、『後世物語』の著者、つまり、私見によれば親鸞は、この〝凡夫正機〟説を、その『後世物語』における対応個所たるⓖでは欠落させて、その対応個所ではない『後世物語』第七答ⓠにおいて、(キ)「いはゆる弥陀の本願はもとより罪悪の凡夫のためにして、聖人のためにあらず」と説いたのである。ここでは、「通於一切」「普摂万機」の立場が否定されている。では、ここには一体いかなる立場が説かれているのであろうか。そこで我々は、〝悪人正機〟説、つまり、〝善人（善凡夫）よりも、悪人（悪凡夫）の方が正機である〟という〝悪人正機〟説の成立について、考察してみなければならない。

一体、親鸞において、〝悪人正機〟説は成立しているのであろうか。

まず、『親鸞用語索引』(180)によれば、『教行信証』には「悪人」の用例が九つある。そのうち他の著作からの引用ではなく、親鸞自身の地の文における用例としては、まず「行巻」の次の記述に見られるものが注目される。

〔139〕明《ニ》知《ヌ》、是《レ》非《ズ》二凡聖自力之行《ニ》一、故《ニ》名《ル》二不回向之行《ト》一也。大小聖人・重軽悪人、皆同斉《ク》応《シ》下帰《シテ》二選択大宝海《ニ》一念仏成仏《ス》上。

（『定本』一、六七頁）

ここに「重軽悪人」とあるのが問題となるが、山辺・赤沼『教行信証講義』は、この語が『観経疏』記述〔116〕に

「一切善悪凡夫」とあるのと同じであると説明し、さらにここに見られる「皆」も記述〈116〉の「皆」と同義であり、「斉」は、『観経疏』記述〈118〉の「五乗斉入」の「斉」と同義であると説明している。[181] この説明は、基本的には、正しいであろう。つまり、ここでは、基本的には一切の凡夫・聖人が本願の対機とされていると考えられる。とすれば、この記述〈139〉には、〝万機を摂する〟という意味での〝凡夫正機〟説の基本的な枠組からの逸脱はないように見える。

ただし注意すべきは、やはり「重軽悪人」という表現である。つまり、善導が「一切善悪凡夫」と述べたところを親鸞が「重軽悪人」と言い換えたことによって、どのような変化がもたらされたであろうか。言うまでもなく「凡夫」が「悪人」に変えられたのである。つまり、「善悪凡夫」は、〝善凡夫〟と〝悪凡夫〟を意味するであろうが、「重軽悪人」は〝重悪人〟と〝軽悪人〟を意味するのである。しかるに、その「悪人」が、〝善凡夫〟ではない〝悪凡夫〟を意味するとすれば、善導の「凡夫」と親鸞の「悪人」との意味の相違は、明らかであろう。

もっとも、親鸞の言う「悪人」が善導の「悪衆生」と同じように、〝悪凡夫〟だけではなく、一切の「凡夫」を意味すると見るなら、以上の解釈も、不適切なものとなるであろう。しかし善導は、「悪衆生」について、〝重〟「悪衆生」と〝軽〟「悪衆生」というように、それを二種に分けることはしなかったのである。それ故、やはり、善導の「凡夫」が親鸞によって「悪人」という語に変えられたことの意義は大きいと思われる。つまり、記述〈139〉の「大小聖人・重軽悪人」は、基本的には、〝一切衆生〟を意図しようとしたものであろうが、そうであるとすれば、「重軽悪人」は、〝一切衆生〟から「大小聖人」を除いた〝凡夫〟を意味していなければならない。しかるに、その〝凡夫〟が「重軽悪人」と表現されているのである。従って、善導の「凡夫」が、親鸞によって「悪人」に変えられたことの意義は大きい。これはやはり、親鸞の〝悪人正機〟説との関わりを示すものであろう。

なお『教行信証』記述〈139〉には、末尾に「念仏成仏」という言葉がある。これが「念仏往生」ではなく「念仏成仏」となっているところに、親鸞独自の〝往生即成仏〟説が認められるが、これが、以上述べたような記述〈139〉に説かれる「悪人」説と如何に関るかを、考察すべきであろう。つまり、一般に〝深刻な罪業意識〟を表すものと考えられている親鸞の「悪人」説と安易な側面をもつ教説と思われる〝往生即成仏〟説との間には、不可離な論理的関係があるのではないかということが、推測されるのである。

次に、『教行信証』「化身土巻」には、「悪人」の用例が次のように示されている。

〔140〕『観経《ノ》』定散諸機者《ハ》、勧㆔励《シタマヘル》極重悪人唯称㆓弥陀《セヨト》㆒也。濁世道俗《ノ》、善自思《クラ》㆓量《セヨト》己《レガ》能《ヲ》㆒也。応《シ》㆑知《ル》。（『定本』一、二七五―二七六頁）

この記述を、『観経疏』の記述〔124〕と対比すれば、そこでは「一切凡夫」と言われた『観無量寿経』の定散二善の対機が、ここでは「極重悪人」と言われていることが知られる。つまり、ここでも、善導の「凡夫」は、親鸞によって、「悪人」という語に変えられているのである。もっとも、ここで「極重悪人」とあるのは、必ずしも親鸞自身の言葉というわけではなく、記述〔140〕の直前に出る「楞厳和尚解義《ノ》(182)」という語に示されるように、源信の『往生要集』巻下本の

〔141〕『観経《ニ》』云《ク》、極重悪人、無《シ》㆓他《ノ》方便㆒、唯称《スレバ》㆓弥陀《ヲ》㆒、得《ト》㆑生《ルコトヲ》㆓極楽《ニ》㆒。（『浄全』十五、一二九頁上）

という文章にもとづいている。ただし、この文章を親鸞が重視したのは事実であり、彼はこれを『教行信証』「行巻」で、

〔142〕『観経《ニハ》』、極重悪人、無《シ》㆓他《ノ》方便㆒、唯称《シテ》㆓弥陀《ヲ》㆒、得《ト》㆑生《ヲ》㆓極楽《ニ》㆒。（『定本』一、六五頁）

という形で引用するほか、「行巻」末尾の「正信念仏偈」でも、

〔143〕源信広開《クテ》㆓一代《ノ》教《ヲ》㆒、偏帰《ニシテ》㆓安養㆒勧《ム》㆓一切《ヲ》㆒、……
極重悪人《ノハ》唯称《スベシ》㆑仏《ヲ》。（『定本』一、九〇頁）

と述べているのである。かくして源信の「極重悪人」という表現を親鸞が愛好したことが、知られるのである。

また、記述〔140〕の後半の「濁世道俗、善自思量己能也」は、〝今日の濁世の人々は、自らそのような「極重悪人」であることをよく自覚せよ〟という意味であろうと思われるが、これは、「化身土巻」記述〔99〕の「今時道俗、思量

己分」と趣旨が一致し、従って、「己能」や「己分」は、「極重悪人」としての自己の能力、分際を言うのであろう。

さて、『観無量寿経』の定散二善の対機と『無量寿経』の本願の対機との相違ということは、親鸞においても、大きな問題となったものであるが、彼は記述〈140〉に続く次のような一節において、この問題を扱っている。

〈144〉問。『大本』《ノ》三心、与《ト》二『観経』《ノ》三心一、一異云何《ソヤ》。答。依《テ》二釈家之意《ニ》一、按《ズレ》二『無量寿仏観経』《ヲ》一者《バ》、有《リ》二顕彰隠密《ノ》義一。
言《フ》レ顕者《トハ》、即《チ》顕《シ》二定散諸善《ヲ》一、開《ク》二三輩三心《ヲ》一。然《ルニ》二善三福《ハ》、非《ズ》二報土《ノ》真因《ニ》一。諸機《ノ》三心《ハ》、自利各別《ニシテ》而非《ズ》二利他《ノ》一心《ニ》一。
如来《ノ》異方便《ノ》、忻慕浄土《ノ》善根《ナリ》。是《レハ》此《ノ》経之意《ナリ》、即《チ》是《レ》顕《ノ》義也。
言《フ》レ彰者《トハ》、彰《シ》二如来《ノ》弘願《ヲ》一、演《ス》二暢利他通入《ノ》一心《ヲ》一。縁《テ》二達多闍世《ノ》悪逆《ニ》一、彰《ス》二釈迦微咲《ノ》素懐《ヲ》一。因《テ》二韋提別選《ノ》正意《ニ》一、開《ス》二闡弥陀大悲《ノ》本願《ヲ》一。斯《レ》乃《チ》此経《ノ》隠彰《ノ》義也。（『定本』一、二七六頁）

親鸞はここで、『大本』、つまり、『無量寿経』の三心と『観無量寿経』の三心の一異という点から問いを起しているが、要するに問題は、『観無量寿経』の趣旨が『無量寿経』の趣旨に一致するか否かということなのである。これについて、記述〈144〉では、〝『観無量寿経』は、「顕」という表面的な意味においては、定散二善を顕らかにしているが、「隠彰」という隠された真義においては、『無量寿経』と同様に、「如来ノ弘願」「弥陀大悲ノ本願」を彰している〟と言われるのである。

この「顕彰隠密」の理論によって、親鸞は、『無量寿経』と『観無量寿経』という両経の趣旨の統一をはかったと考えられるが、この自説を論証するために、彼は記述〈144〉に続けて、『観無量寿経』の経文を、『無量寿経』の趣旨、つまり、端的に言えば、「本願」という趣旨にもとづいて、次のように解釈する。しかるに、その中にまた「悪人」の語が見られるのである。

〈145〉是《ヲ》以《テ》『経』《ニハ》言《ヘリ》二「教我観於清浄業処《ト》」一。言《フ》二「清浄業処《ト》」一者《ハ》、則《チ》是《レ》本願成就《ノ》報土也。言《フ》二「教我思惟《ト》」一者《ハ》、即《チ》方便也。言《フ》二「教我正受《ト》」一者《ハ》、即《チ》金剛真心也。言《ヘリ》二「諦観彼国浄業成者《ト》」一、応《シ》レ観《ト》二知《ス》本願成就《ノ》尽十方無礙光如来《ヲ》一也。言《ヘリ》二「広説衆譬《ト》」一、則《チ》十三観是《レ》也。言《ヘリ》二「汝是凡夫心想羸劣《ト》」一、則《チ》是《レ》彰《ス》レ為《タルコトヲ》二悪人往生機《ノ》一也。(a) 言《ヘリ》二「諸仏如来有異方便《ト》」一、則《チ》是《レ》定散諸善顕《ス》レ為《タルコトヲ》二方便之教一也。言《ヘリ》二「以仏力故見彼国土《ト》」一、斯《レ》乃《チ》顕《ス》二他力之意《ヲ》一也。言《ヘリ》二「若仏滅後諸衆生等《ト》」一、即《チ》是《レ》未来衆生《ノ》顕《ス》レ為《タルコトヲ》二往生正機《ノ》一也。(b) ……良《ニ》知《ヌ》、此《レ》乃《シ》此《ノ》経《ニ》有《ルコトヲ》二顕彰隠密之義一。二経《ノ》三心将《ニ》レ談《ゼント》二一異《ヲ》一、応《キ》二善《ク》思量《ス》一也。『大経』『観経』依《レバ》二顕《ノ》義《ニ》一異《ナリ》、依《レバ》二彰《ノ》義《ニ》一一也。可《シ》レ知《ル》。(『定本』一、二七六―二七八頁)

ここに、傍線を付した二つの文章(a)(b)をめぐって、古田武彦氏は、

此文は「未来の衆生が往生の正機たる事は悪人が往生の機たる事を象徴している。」というを宣明しているに外ならぬ。殊に親鸞の強調する「彰」と「顕」の字の特殊用法（顕彰隠蜜義が此文の直前に説かれている）からすれば、観経の文の表面に存する「未来の衆生が往生の正機」たる表明は、「悪人こそ往生の機」たる本質的真義を奥にひそめ、其を示さんとするを意図しているものに外ならぬと解している事は明らかである。(183)

と言われるが、私は基本的にこの解釈に賛同したい。つまり、記述〔145〕の文章は非常に読みにくいものであるが、古田氏が言われるように、親鸞が「顕義」と「彰義」の区別を力説していることからすれば、(a)の「彰為」と(b)の「顕為」との意味は異なると見るべきであろう。つまり、〝未来の衆生が往生の正機〟であるというのは、「顕義」であり、〝悪人が往生の〔正〕機である〟というのが、「彰義」であろう。ということは、〝仏滅後の未来の一切衆生は、悪人であり、それこそが本願の正機である〟というのが、親鸞の言わんとすることであろうと思われる。この意味では、古田氏が言われるように、ここに〝悪人正機〟説は確かに成立していると見るべきであろう。

善導は、『観経疏』「序分義」で、

〔146〕五従《リ》二「仏告韋提」一下至《ル》二「令汝得見」《ニ》一已来《ハ》、正《ク》明《ス》下夫人《ハ》是《レ》凡《ニシテ》非《ズ》レ聖《ニ》、由《ルガ》レ非《ザル》レ聖《ニ》故《ニ》、仰《デ》惟《フニ》二聖力冥加《ニ》一、彼《ルコトヲ》国《ノ》雖《ドモ》レ遙《ナリト》得《ルコトヲ》上レ観《ルコトヲ》。此《レ》明《ス》下如来恐《ル》三衆生置《シテ》レ惑《ヲ》謂《フコトヲ》二言《ク》夫人《ハ》是《レ》聖《ニシテ》非《ズト》レ凡《ニ》。由《ルガ》レ起《スニ》レ疑《ヲ》故、即《チ》自《ラ》生《ズ》二怯弱《ヲ》一。然《ルニ》韋提《ハ》現《ニ》是《レ》菩薩《ナリ》、仮《ニ》示《ス》二凡身《ヲ》一、我等罪人無《シトイハン》レ由《シ》二比及《スルニ》一。為《ノ》レ断《ズル》二此《ノ》疑《ヲ》一故《ニ》、言《フコトヲ》中「汝是《レ》凡夫《ト》」上也。言《フ》二「心想羸劣《ト》」一者《ハ》、由《ルガ》二

是《レ》凡《ナルニ》一故《ニ》、曾《テ》無《キ》二大志一也。（『浄全』二、三三頁上）

と述べて、韋提希の「凡夫」なることを力説したのであるが、親鸞は『教行信証』記述〔145〕で、その「凡夫」を、またしても「悪人」に置きかえたのである。ここには確かに親鸞思想の独自性、つまり、〝悪人正機〟説を認めざるを得ないであろう。

しかるに、これに対しては、次のような反論がありうると思われる。即ち、記述〔145〕には、確かに、「悪人往生機」なる語、及び、「往生正機」なる語があるので、これを「悪人正機説」と呼ぶことも可能であろうが、しかし本論文におけるように、〝悪人正機〟説が〝善人よりも、悪人が正機である〟と説く説であると規定されるならば、その意味では、記述〔145〕に〝悪人正機〟説を認めることはできない。というのも、そこでは、未来の一切衆生が「悪人」であるとされていて、〝善人〟との対比は説かれていないからである、と。

この反論は、もっともなものであり、確かにそこには、〝善人〟との対比は説かれていない。記述〔145〕が〝未来の一切衆生は悪人である〟というテーゼを主張する限り、未来の衆生、つまり、末代濁世の衆生に〝善人〟はいないことになるから、〝善人〟との対比が示されないのは、むしろ当然であり、従って、私の言う〝悪人正機〟説を記述〔145〕に認めるのは、不可能であるということになるであろう。

しかし、記述〔145〕の〝未来の一切衆生は悪人である〟というテーゼについて、「このテーゼを自覚しているもの、つまり、自らは悪人であることを自覚しているものは悪人であり、それを自覚せずに自らは善人であると見なしているものは、善人である」という解釈が施されるならば、〝悪人〟と〝善人〟との対比は可能になるであろう。

このような解釈を『教行信証』記述〔145〕に示される〝未来の一切衆生は悪人である〟というテーゼに施すのは不適切であると考えられるかもしれないが、しかし実際には、親鸞の説き方というのは、そのようなものであったと思われる。それは、次のような意味である。つまり、『教行信証』における「善人」の用例は、唯一つにしかすぎないが、

それは、「化身土巻」の所謂〝三願転入〟を説く部分の直前に、次のように示されている。(184)

〔147〕凡《ソ》大小聖人・一切善人、以《テ》二本願嘉号《ヲ》一為《ルガ》二己《レガ》善根《ト》一故《ニ》、不レ能《ハ》レ生《コトヲ》レ信、不レ了《ラ》二仏智《ヲ》一、不レ能《ル》レ了《ハ》三知《スルコト》建二立《セルコトヲ》彼因《ノ》一故《ニ》、無《キ》レ入《コト》二報土《ニ》一也。(『定本』一、三〇九頁)

まず、ここでは、「善人」の存在も認められていることに、注意したい。つまり、〝未来の一切衆生は悪人である〟という記述〔145〕に示されるテーゼにもかかわらず、「善人」の存在が認められているのは、彼等は「悪人」であるにもかかわらず、「善人」であると思いこんでいるという意味なのであり、「本願ノ嘉号ヲ以テ、己レガ善根ト為ル」という語、特にその「己レガ善根」という語は、〝自分を善人であると〔誤って〕考えている〔人〕〟ということを意味しているであろう。

同様の考え方は、『唯信鈔文意』の記述〔88〕にも、認められる。即ち、そこには、

〔88〕自力のこゝろをすつといふは、やうやうさまざまの大小聖人・善悪凡夫の、みづからがみをよしとおもふこゝろをすて、みをたのまず、あしきこゝろをかへりみず、ひとすぢに具縛の凡愚屠沽の下類、無礙光仏の不可思議の本願、広大智慧の名号を信楽すれば、煩悩を具足しながら無上大涅槃にいたるなり。具縛はよろづの煩悩にしばられたるわれらなり。

とあったのであるが、ここで「みづからがみをよしとおもふ」というのは、自分が「悪人」であるにもかかわらず、「善人」であると考えるという意味であろう。

また、「あしきこころをかへりみず」とか「煩悩を具足しながら」とか「煩悩にしばられたるわれら」というのは、いわば〝事実〟として〝仏滅後の一切衆生が悪人である〟ということを示しているのであろう。ただし、先に指摘したように、「あしきこころをかへりみず」と「煩悩を具足しながら」という表現は、〝造悪無礙〟説とも関っていることを無視できない。つまり私見によれば、「あしきこころをかへりみず」という表現は、〝自らが「悪人」である〟と

いう自覚を人々に促すものとしては、適切な表現とは思えない。というのも、ここには、〝自分が悪人であることにもかまわずに〟というような語感、つまり、〝造悪無礙〟説を容認するような語感が感じられるので、それを〝自らが悪人であることを自覚せよ、かえりみよ〟という意味に取ることは困難だと思われるからである。つまり、『唯信鈔文意』記述〔88〕の「あしきこころをかへりみず」と『教行信証』記述〔140〕の「善自思量己能（＝極重悪人）也」という表現との間には、やはり大きな径庭を認めざるを得ないであろう。

いずれにせよ、親鸞において、〝仏滅後の一切衆生は「悪人」である〟というテーゼと、自らを「善人」であると誤解するもの、つまり、「善人」が存在することとは、矛盾するものではない。しかるに、この自らを「善人」であると誤解するもの、つまり、「善人」は、『教行信証』記述〔147〕において、「無入報土」とされているのである。この意味において、古田氏の

其故此際注意すべきは「悪人正機」という事は前述の如き意義に於て一応言えるのであるが、其は何等「善人傍機」たるを意味しない事である。[185]

という評価は適切であろう。即ち、自ら「悪人」であるにもかかわらず、自らを「善人」であると誤解している「善人」を〝傍機〟であるとは、とても言うことができない。従って、親鸞の〝悪人正機〟説は、〝仏滅後の一切衆生は「悪人」であり、その「悪人」が正機である〟という説と〝自ら「善人」であると誤解している「善人」は非機である〟という説の結合したものと、一応は見なしうるのではないかと思われる。これを、〝悪人正機〟説Ⓐとして、次のように定式化しておきたい。

〝悪人正機〟説Ⓐ

(1)仏滅後の一切衆生＝悪人＝正機
(2)自らを善人と誤解するもの＝善人＝非機

しかし、よく考えてみれば、〝自らを「善人」と誤解するもの〟を「善人」と呼ぶときには、「善人」の語に二つの意味が与えられているとともに、「悪人」の語にも二義が付与されていることが知られる。つまり、〝悪人正機〟説Ⓐは、次のような〝悪人正機〟説Ⓑに当然移行する契機を、内にはらんでいると考えられる。

〝悪人正機〟説Ⓑ

⑴自らを悪人であると正しく理解するもの＝悪人＝正機

⑵自らを善人であると誤って理解するもの＝善人＝非機

これについて、〝『教行信証』には、自らを悪人であると正しく理解するものを「悪人」と呼ぶ例は見られない〟という反論が予想されるが、しかし、繰り返すが、親鸞が『教行信証』記述〔147〕で、自らを〝善人〟であると誤解するものを「善人」と呼んだとき、自らを悪人であると正しく理解するものを〝正機〟とする〝悪人正機〟説Ⓑも、すでに実質的には、成立したと考えられるのである。

ところで、この〝悪人正機〟説Ⓑが、極めて二元論的な、あるいは二項対立的な論法であることに、注意しなければならない。つまり、これは、〝傍機〟の存在などを認めない正に「鋭角的な」(186)論法と言うべきであろう。このような二項対立的な思考法をとる親鸞にとって、『捨子問答』Ⓖの㈭「弥陀ノ本願ハ正シク是レ凡夫ノ為、傍ラニハ聖人ニ蒙ラシメタリ」というような〝凡夫正機〟説は、到底容認のできないものであったと思われる。それ故、親鸞は、この㈭に対して、『後世物語』ⓠで、㈪「いはゆる弥陀の本願は、すべてもとより罪悪の凡夫のためにして、聖人のためにあらず」と述べたのである。つまり、ここで「罪悪の凡夫」と「聖人」とあるのを、「悪人」と「善人」とに書きかえれば、ここに親鸞自身の〝悪人正機〟説を認めることができるであろう。この〝悪人正機〟説を〝悪人正機〟説Ⓐと見ることもできるが、むしろ〝悪人正機〟説Ⓑと見た方が、適切であるように思われる。それは、〝悪人正機〟説Ⓑの二項対立的な思考法こそが、親鸞において「善人」批判の根拠となると思われるからである。

〝悪人正機〟説としては、他に『歎異抄』第三条と『醍醐本法然上人伝記』所収の『三心料簡事』末尾の「口伝」と覚如の『口伝鈔』に示される説を問題としなければならないであろうが、まず『歎異抄』第三条には、次のようにある。

(148)一、善人なをもて往生をとぐ、いはんや悪人をや。しかるを世のひとつねにいはく、悪人なを往生す、いかにいはんや善人をや。この条、一旦そのいはれあるににたれども、本願他力の意趣にそむけり。そのゆへは、自力作善のひとは、ひとへに他力をたのむこゝろかけたるあひだ、弥陀の本願にあらず。しかれども、自力のこゝろをひるがへして、他力をたのみたてまつれば、真実報土の往生をとぐるなり。煩悩具足のわれらは、いづれの行にても生死をはなるゝことあるべからざるを、あはれみたまひて願をおこしたまふ本意、悪人成仏のためなれば、他力をたのみたてまつる悪人、もとも往生の正因なり。よて善人だにこそ往生すれ、まして悪人はと、おほせさふらひき。(『定本』四(1)、六—七頁)

ここでは、「自力作善のひと」と「他力をたのみたてまつる悪人」とが鋭く対比されている以上、この所説が親鸞の〝悪人正機〟説Ⓑから強い影響を受けて成立していることは、明らかだと思われる。

ただし私は、すでに述べたように、『歎異抄』の基本的立場を〝造悪無礙〟説、つまり、〝未来造悪無礙〟説と把えており、この〝造悪無礙〟説が、ここでは「他力をたのみたてまつる悪人、もとも往生の正因なり」という〝悪人正因〟説、つまり、〝悪人〟を〝正機〟ではなく〝正因〟として全面的に肯定する説を生み出していると考える。また、ここには、「悪人成仏」という極端な表現まで認められるが、これも〝造悪無礙〟説にもとづく安易な教説を説くものであろう。

次に、覚如の『口伝鈔』(一三三一年)巻下には、次のように説かれている。

(149)一、如来の本願は、もと凡夫のためにして、聖人のためにあらざる事。

本願寺の聖人、黒谷の先徳より御相承とて、如信上人おほせられていはく。世の人つねにおもへらく、悪人なをもて往生す、いはむや善人をやと。この事とをくは弥陀の本願にそむき、ちかくは釈尊出世の金言に違せり。そのゆへは、五劫思惟の劬労、六度万行の堪忍、しかしながら凡夫出要のためなり。またく聖人のためにあらず。しかれば、凡夫、本願に乗じて報土に往生すべき正機なり。凡夫もし往生かたかるべくば、願虚設なるべし、力徒然なるべし。しかるに願力あひ加して、十方衆生のために大饒益を成ず。これによりて正覚をとなへて、いまに十劫也。これを証する恒沙諸仏の証誠、あに無虚妄の説にあらずや。しかれば、御釈にも「一切善悪凡夫得生者」と等のたまへり。

これも悪凡夫を本として、善凡夫をかたわらにかねたり。かるがゆへに、傍機たる善凡夫なを往生せば、もはら正機たる悪凡夫いかでか往生せざらん。しかれば、善人なをもて往生す、いかにいはむや悪人をやといふべし、とおほせごとありき。（『定本』四(1)、一一五―一一六頁）

この『口伝鈔』の所説が『歎異抄』から影響を受けていることは、すでに指摘されている通りである。あるいは、覚如がこの一節を書いたとき、『歎異抄』を参照して書いていることは明らかである。覚如は一二八八年に唯円が上京した時、唯円と会見したが、その後の覚如の著作に『歎異抄』からの影響が多く見られることは、すでに指摘されている通りである。(187)

しかし、『口伝鈔』記述〔149〕に示される所説は、親鸞の〝悪人正機〟説Ⓐ Ⓑでもなく、また『歎異抄』の〝悪人正因〟説でもなく、従来には見られなかった新しいタイプの〝悪人正機〟説なのであって、これを〝悪人正機〟説Ⓒと呼びたい。この説は、〝悪人（悪凡夫）は正機であり、善人（善凡夫）は傍機であり、聖人は非機である〟というものである。ただし、前半では、このうち、〝悪凡夫〟と〝善凡夫〟は合して〝凡夫〟とされ、それが〝正機〟とされているので、この〝悪人正機〟説Ⓒは、実際には、次のような構造を取るのである。

〝悪人正機〟説Ⓒ

(1)悪人（悪凡夫）＝正機 ┐
(2)善人（善凡夫）＝傍機 ┘─凡夫（正機）
(3)聖人　　　　　＝非機

この『口伝鈔』の〝悪人正機〟説Ⓒが、親鸞の〝悪人正機〟説ⒶⒷや、『歎異抄』の〝悪人正因〟説と異なっていることは、明らかであるが、その最大の相違は、親鸞や『歎異抄』の〝悪人〟〝善人〟の二機説が、『口伝鈔』では、〝悪人〟〝善人〟〝聖人〟の三機説になっていることである。

では何故にこのような構造が取られたのであろうか。ここには、親鸞以前の〝凡夫正機〟説への復帰という動機が認められるように思われる。私が本章で定義した〝凡夫正機〟説とは、迦才以来の「本為凡夫、兼為聖人」の立場、つまり、〝凡夫＝正機、聖人＝傍機〟というものであったが、しかし、覚如が記述〔149〕で『観経疏』の記述〔116〕から「一切善悪凡夫得生者」という語を引いていることからも示唆されるように、善導は『観経疏』の記述〔121〕〔122〕等で「定為凡夫、不為聖人」を力説していたのである。覚如がこれを本願の対機と非機を区別する立場と理解したことは、『口伝鈔』記述〔149〕の冒頭で、記述〔149〕全体の趣旨が、「如来の本願は、もと凡夫のためにして、聖人のためにあらざる事」としてまとめられていることによっても、明らかである。

このように覚如の立場が、いわば善導の「定為凡夫、不為聖人」という特殊な〝凡夫正機〟説への復帰という形をとらざるを得なかったのは、『歎異抄』の〝悪人正因〟説への反撥が、覚如に確かに存在したからであろう。記述〔149〕の後半は、その前半で説かれた特殊な〝凡夫正機〟説にもとづいて、『歎異抄』の〝悪人正因〟説を解体する作業を示すものに他ならない。

あるいは、『口伝鈔』記述〔149〕には、後論する『醍醐本法然上人伝記』の〝悪人正機〟説からの影響も見られるかもしれないが、記述〔149〕における〝悪人正機〟説Ⓒの形成において、何よりも重要な契機となったものが、関東門弟の立場を代表する『歎異抄』の〝悪人正因〟説に対する反撥だったと思われる。

例えば、後論する『醍醐本』においても、また、『歎異抄』第三条においても、「善人なをもて往生をとぐ、いはんや悪人をや」に相当する部分が、おそらくは法然の語として冒頭におかれ、以下のその趣旨を説明するという形式がとられている。しかるに、覚如は、『口伝鈔』記述〔149〕において、これに相当する語、つまり、「善人なをもて往生す、いかにいはむや悪人をや」という語を、この記述の最後におき、しかも、この語を語ったのが誰であるかを、読者にとって極めて分りにくいものとしている。のみならず、彼が『口伝鈔』記述〔149〕の冒頭で、この語の代りにおいたのは、「如来の本願は、もと凡夫のためにして、聖人のためにあらざる事」という特殊な〝凡夫正機〟説だったのである。それ故、覚如がここで『歎異抄』の〝悪人正因〟説を否定しようとしたことは、明らかなように思われる。

実際、覚如が『口伝鈔』以前に書いた『執持鈔』（一三二六年）の第三条には、『歎異抄』の〝悪人正因〟説に対する批判が認められるのである。その第三条とは、次の通りである。

〔150〕一、又のたまわく。

光明寺の和尚善導の御ことの『大無量寿経』の第十八の念仏往生の願のこゝろを釈したまふに、「善悪凡夫得生者、莫不皆乗阿弥陀仏大願業力為増上縁」といへり。

このこゝろは、善人なればとて、おのれがなすところの善をもて、かの阿弥陀仏の報土へむまるゝことかなふべからずとなり。悪人またいふにやおよぶ。おのれが悪業のちから、三悪四趣の生をひくよりほか、あに報土の生因たらんや。しかれば、善業も要にたゝず。悪業もさまたげとならず。善人の往生するも、弥陀如来の別願超世の大慈大悲にあらずば、かなひがたし。悪人の往生、またかけてもおもひよるべき。

報仏報土にあらざれども、仏智の不思議なる奇特をあらはさんがためなれば、五劫があひだこれを思惟し、永劫があひだこれを行じて、かゝるあさましきものが六趣四生よりほかはすみかもなく、うかぶべき期なきがために、とりわきむねとおこされたれば、悪業に卑下すべからずとすゝめたまふむねなり。

されば、おのれをわすれて、あふぎて仏智に帰するまことなくば、おのれがもつところの悪業なんぞ浄土の生因たらん。すみやかにかの十悪五逆四重謗法の悪因にひかれて、三途八難にこそしづむべけれ。なにの要にかたゝん。しかれば、善も極楽にむまるゝたねにならざれば、往生のためにはその要なし。悪もまたさきのごとし。しかれば、たゞ機生得の善悪なり。かの土ののぞみ、他力に帰せずば、おもひたへたり。

これによりて、「善悪凡夫のむまるゝは大願業力ぞ」と釈したまふなり。「増上縁とせざるはなし」といふは、弥陀の御ちかひのすぐれたまへるにまされるものなしとなり。（『定本』四(1)、四八—五〇頁）

まず、ここで「又のたまわく」とは、「本願寺聖人」「のたまわく」という意味で、つまり覚如は、親鸞の語ったこととして説明をなしているのであるが、勿論、これは覚如が自説を提示しているのである。

最初に『観経疏』記述〔116〕の言葉を引いて、自説の典拠としていることは、『口伝鈔』記述〔149〕と同様であるが、これによって、〝一切の善悪の凡夫が、弥陀の願力を増上縁として往生する〟という一種の〝凡夫正機〟説を説いているのである。「このこころは」以下は、『観経疏』の言葉の解釈を示すことによって、その〝凡夫正機〟説を説明するものであるが、そこでは、〝凡夫〟を〝善人〟と〝悪人〟とに分けること自体に、覚如は否定的であるように見える。つまり、末尾に「善悪凡夫のむまるるは大願業力ぞ」とあるように、〝善悪、つまり「機生得の善悪」は、往生の為にもならず、妨げにもならず、ただ人を往生させるのは、願力、即ち、本願他力である〟というのが、ここでの覚如の基本的立場であろう。

また、それぱかりではなく、「このこころは」以下に、

善人なればとて、おのれがなすところの善をもて、かの阿弥陀仏の報土へむまるゝことかなふべからずとなり。悪人またいふにやおよぶ。

と言われるのは、「悪人」を「往生の正因」とする『歎異抄』第三条とは全く逆の立場であろう。というのも、「悪人またいふにやおよぶ」というのは、〝〔善人であっても、自らの善によっては往生できないが〕、悪人が、自らの悪によって往生できないのは、言うまでもない〟という意味であり、これは〝善人よりも悪人の方が、はるかに往生の可能性から離れている〟という理解を、示しているからである。

また、その後に出る「悪人の往生、またかけてもおもひよるべき」も、「悪人またいふにやおよぶ」と同じ意味であり、〝悪人の往生など、全く思いもよらない〟という意味であろう。(188)

さらに、破線を付した「しかれば善業も要にたたず。悪業もさまたげとならず」という部分は、明らかに、次のような『歎異抄』第一条〔72〕の末尾を意識して書かれているのである。

しかれば本願を信ぜんには、他の善も要にあらず。念仏にまさるべき善なきゆへに。悪をもおそるべからず。弥陀の本願をさまたぐるほどの悪なきゆへにと云々。

しかし、ここには覚如によって重大な変更がなされている。つまり、「他の善も要にあらず」が「善業も要にたたず」に変えられ、「悪をもおそるべからず」が「悪業もさまたげとならず」に変えられたことによって、〝造悪無礙〟説、つまり、〝未来造悪無礙〟説が、ここで否定されているのである。

この否定の意義を確認するためには、まず「他の善も要にあらず」「悪をもおそるべからず」という語の意味を正確に理解しなければならない。つまり、前者は、「他の善も必要ではない」、後者は「悪をもおそれるべきではない」と訳しうるであろうが、この訳を見れば分る通り、これは、〝今後、他の善を為す必要もない〟、〝今後、悪をもおそれるべきではない〟という語感をもっている。つまり、「善」「悪」は、今後これからの「善」「悪」を意味するのである。

それに対して、『執持鈔』の記述〔150〕では、「善」「悪」が明確に「善業」「悪業」と言い換えられ、しかも、それは、第四段落では、「機生得の善悪」と述べられ、これまでの善悪業、過去の善悪業であることが明示されているのである。

従って、『歎異抄』第一条〔72〕の「悪をもおそるべからず」は、〃未来造悪無礙〃説、つまり一般に言われる〃造悪無礙〃説であるが、『執持鈔』第三条〔150〕の「悪業もさまたげとならず」は、〃これまでになされた過去の悪業は、往生のさわりとならない〃という意味で、〃過去造悪無礙〃説なのである。

しかも、『歎異抄』第一条〔72〕の前掲の部分の直前には、

そのゆへは罪悪深重、煩悩熾盛の衆生をたすけんがための願にまします。

という言葉があるのであるが、この言葉も覚如には気に入らなかった。というのも、この表現に、覚如は、〃造悪無礙〃説、つまり、〃未来造悪無礙〃説を嗅ぎとったからである。そこで彼は、『観経疏』の〃凡夫正機〃説を『執持鈔』第三条〔150〕の冒頭に置き、『歎異抄』の〃造悪無礙〃説、あるいは、〃悪人正因〃説を否定しようとしたのである。

覚如が『歎異抄』第三条の〃悪人正因〃説に〃造悪無礙〃説を読み取っていたことは間違いない。『執持鈔』第三条〔150〕には、「おのれが悪業のちから……あに報土の生因たらんや」「おのれがもつところの悪業なんぞ浄土の生因たらん」という文章があるが、これが『歎異抄』第三条〔148〕の「他力をたのみたてまつる悪人、もとも往生の正因なり」という文を意識し、その趣旨を否定しようとした表現であることは、明らかであろう。

かくして、覚如が『歎異抄』の基本的立場は〃造悪無礙〃説であることを見破っていたことは明白である。彼は、『執持鈔』の五年後の『口伝鈔』記述〔149〕では、すでに見たように、〃悪人＝正機〃を一応認める立場を取っているが、これは、『歎異抄』第三条の所説の影響力が、覚如の周囲においても増大し、それを無視できなくなったために、善導の〃凡夫正機〃説の立場から『歎異抄』の〃悪人正因〃説を説明して、その論理を解体しようとした努力を示すものに他ならない。従って、覚如自身の立場は、『口伝鈔』記述〔149〕においても、あくまでその前半部分に示される〃凡夫正機〃説にあったと考えるべきであろう。

覚如については、本願寺教団の確立者として、その政治的側面のみが強調されることが多いが、彼が関東の〃造悪

無礙〃説に対して明確に批判的視点をもっていたことは、評価しなければならないであろう。

では、次に、『醍醐本法然上人伝記』の〃悪人正機〃説について論じよう。その『三心料簡事』の末尾には、次のような記述がある。〔できる限り、写本の読み・送りガナ等を尊重して示す〕

〔151〕一、善人尚以往生況悪人乎事口伝有之

私云。弥陀本願《ハ》以二自力《ヲ》一可レ離二生死《ヲ》一有二方便一善人ノ為《ニ》ヲコシ給ハス。哀《テ》二極重悪人無他方便輩《ヲ》一ヲコシ給ヘリ。然ルヲ菩薩賢聖《モ》付《テ》レ之求二往生《ヲ》一、凡夫《ノ》善人《モ》帰《テ》二此願《ニ》一得二往生《ヲ》一、況罪悪《ノ》凡夫尤可《シト》レ憑《ム》二此他力《ヲ》一云也。悪《シク》領解《シテ》不レ可レ住二邪見一、譬《ハ》如レ云《カ》二為凡夫兼為聖人《ト》一。能々可レ得レ心々々々。（『浄典研（資）』二一三—二一四頁）

この説は、極めて難解であるが、基本的には〃悪人〃〃善人〃の二機説と、〃悪人〃〃善人〃〃賢聖〃の三機説との複合した形態と見るべきであろう。しかし、中心的な役割を果しているのが、〃悪人〃〃善人〃の二機説であることは、冒頭の「善人尚以…」という「口伝」と、「私云」以下の最初の文章、つまり、「弥陀本願ハ……善人ノ為ニヲコシ給ハズ……悪人……ヲ哀ミテヲコシ給ヘリ」とによって、明示されている。この最初の文章を見てみると、そこでは、「善人」は、「以自力可離生死有方便善人」と規定され、「悪人」は、「極重悪人無他方便輩」と規定されている。

このうち、「以自力可離生死」という表現は、『親鸞聖人御消息集』第四通（広本、第九通）に見られる

〔152〕まづ、よろづの仏菩薩をかろしめまひらせ、よろづの神祇冥道をあなづりすてたてまつるとまふすこと、このことゆめ〳〵なきことなり。世々生々に、無量無辺の諸仏菩薩の利益によりて、よろづの善を修行せしかども、自力にては生死をいでずありしゆへに、曠劫多生のあひだ、諸仏菩薩の御すゝめによりて、いままうあひがたき弥陀の御ちかひにあひまいらせてさふらふ御恩をしらずして、よろづの仏菩薩をあだにまふさんは、ふかき御恩をしらずさふらふべし。（『定本』三⑵、一三四—一三五頁）

という一節の傍線部に類似している。また、「極重悪人、無他方便」は、本来、『往生要集』記述〔141〕に見られる語

であり、親鸞が『教行信証』でこの語を重んじたことは、すでに記述〔140〕〔142〕〔143〕で見た通りである。しかるに、このように規定される「善人」「悪人」が「弥陀本願ハ……善人ノ為ニヲコシ給ハズ……悪人……ヲ哀ミテヲコシ給ヘリ」と述べられているということは、〝悪人＝正機〟〝善人＝非機〟という説が説かれていると考えられる。これは、すでに見た親鸞の〝悪人正機〟説Ⓑに構造的に合致する。

さて、その後、「然ルヲ」以下の文には、「菩薩賢聖」と「凡夫善人」と「罪悪凡夫」の三機が登場するが、その文の意味は、〝「菩薩賢聖」も本願に付いて往生を求め、「凡夫善人」も本願に帰して往生を得るから、もっともこの他力（＝本願）を憑むべき「罪悪凡夫」が、往生を得るのは言うまでもない〟[189]という意味であろう。

この文章の趣旨は、前掲の文章に示された〝悪人＝正機〟〝善人＝非機〟という説とは、一見すると異なっているように見えるが、実はそうではない。つまり、「凡夫善人」は、「帰此願」ということを条件として、「得往生」とされるのであり、「凡夫善人」が、〝この願に帰する〟ことがなければ、相変らず〝非機〟にとどまるとされているのである。それ故、やはり、『醍醐本法然上人伝記』記述〔151〕全体の趣旨は、〝悪人＝正機〟〝善人＝非機〟という親鸞の〝悪人正機〟説Ⓑに一致するであろう。

なお、「菩薩賢聖付之求往生、凡夫善人帰此願得往生」は、表現として、『後世物語』第二答ⓖの

(ク)震旦の曇鸞・道綽そら、なほ利智精進にたえざるみなればとて、顕密の法をなげすてゝ浄土をねがひ、日本の恵心・永観そら、なほ愚鈍懈怠のみなればとて、事理の業因をすてゝ願力の念仏に帰したまひき。

に類似していることに注意したい。ここに「願力〔の〕念仏に帰したまひき」とある表現に対応するものを、『捨子問答』Ⓖに求めると、そこには「〔天親龍樹等ノ菩薩モ〕是レヲ勤ム」とあるにすぎない。従って、「願力……に帰したまひき」は、『後世物語』ⓖ独自の表現と考えられるが、この表現が、『醍醐本』記述〔151〕の「帰此願」に一致しているのである。しかも『後世物語』ⓖの(ク)に「そら、なほ」とあるのが、『醍醐本』記述〔151〕の「況〔罪悪凡夫〕」

に趣旨としては一致している。すると、『後世物語』ⓖの右の一節(ク)と『醍醐本』記述〔151〕の一部が、意味的に一致していることは、明らかであるように思われる。

さて、『醍醐本』記述〔151〕の最後の文章に出る「邪見」とは、具体的には、何を指すであろうか。それは、「譬如云」以下の「為凡夫兼為聖人」という説を指すと思われる。つまり、そこで「邪見」と言われているのは、「本為凡夫、兼為聖人」と主張する迦才の『浄土論』記述〔113〕以来の〝凡夫正機〟説なのである。[190]

隆寛がこの〝凡夫正機〟説を説いていたことは、すでに見たように、『具三心義』『極楽浄土宗義』の所説によって明らかであり、『捨子問答』は、第三答Ⓖにおいて、この隆寛の立場を継承して、

(オ)弥陀ノ本願ハ正シク是レ凡夫ノ為、傍ラニハ聖人ニ蒙ラシメタリ。

と〝凡夫正機〟説を説いたのであるが、『後世物語』の著者、即ち、私見によれば親鸞は、Ⓖに対応する『後世物語』第二答ⓖにおいて、この〝凡夫正機〟説を欠落させ、Ⓖとは全く関係のない『後世物語』第七答ⓠにおいて、

(キ)いはゆる弥陀の本願は、すべてもとより罪悪の凡夫のためにして、聖人のためにあらず。

と述べたのである。

この(キ)の所説は、〝凡夫＝正機〟〝聖人＝非機〟と説いているように見えるが、これは、(オ)の〝凡夫＝正機〟〝聖人＝傍機〟という〝凡夫正機〟説を否定する為に、このような形式を取ったまでであって、『後世物語』の著者の真の意図が、〝悪人＝正機〟〝善人＝非機〟という〝悪人正機〟説Ⓑを説くことにあったことは、明らかである。何となれば、まず第一に『後世物語』(キ)の「罪悪の凡夫」という語は、『醍醐本』記述〔151〕において、「罪悪ノ凡夫」という全く同じ言葉で示され、それはそこにおいて「凡夫ノ善人」と区別されて、〝悪人〟という意味をもたされているからであり、第二に、(キ)の「聖人」という語が、親鸞において〝善人〟という意味をも表し得ることは、『教行信証』記述〔147〕の「大小聖人・一切善人、以本願嘉号、為己善根故」という文によって、明らかだからである。つまり、〝本願の嘉号

を己の善根となす〃のは〃善人〃であるから、ここでは「大小聖人」も〃善人〃を意味していると考えられる。従って、『醍醐本』記述〔151〕が、親鸞の〃悪人正機〃説Ⓑを説き、それによって迦才から隆寛、さらに『捨子問答』に至るまでの〃凡夫正機〃説、つまり、〃凡夫＝正機〃〃聖人＝傍機〃という説を否定していることは、明らかだと思われる。

『醍醐本』記述〔151〕の所謂〃悪人正機〃説の歴史的位置づけについては、梶村昇氏が、一二四二年の『醍醐本』成立の時点で成立したという説を力説され、(191)

『醍醐本』の原本に「善人尚以往生況悪人乎事」という言葉があったことは疑いないであろう。（『悪人正機説』九三頁）

と言われている。この梶村氏の説は、『醍醐本』記述〔151〕を「編者の加筆」と見る望月信亨博士の説(192)への批判として提示されたのであるが、(193)末木文美士氏が、

それればかりか、文献学的に見ても、必ずしも『醍醐本』のこの部分は信用できない面をもっている。(194)

と言われたように、『醍醐本』記述〔151〕の所謂〃悪人正機〃説を、法然に直接結びつけるのは、無理であろう。梶村氏は、「親鸞は、『醍醐本』を見ていなかったと言わざるを得ない(195)」と言われるが、『醍醐本』記述〔151〕について言えば、それを親鸞が「見ていなかった」のは、その時点でそれが成立していなかったからだと考えるのが、最も自然であろう。つまり、私の見解は、すでに述べた論説によっても若干示唆されたであろうが、『醍醐本』記述〔151〕の〃悪人正機〃説を、親鸞の〃悪人正機〃説Ⓑと基本的に一致し、それを継承したものと見なすものなのである。

すでに示したように、『醍醐本』の記述〔151〕は、〃悪人正機〃説Ⓑという内容から見ても、また表現の上からも、『後世物語』をも含めた親鸞の著作との一致が明らかであるが、この一致は、『醍醐本』記述〔151〕が親鸞の著作等にもとづいて、その影響下に成立していることに起因していると見るのが、最も自然であるように思われる。

また、『歎異抄』第三条〈148〉と、『醍醐本』記述〈151〉の関係について言えば、前者は後者にもとづいて成立しているように思われる。[196] この点を示すために、両記述を再び引けば、次の通りである。

〈151〉一、善人尚以往生況悪人乎事口伝有之

私云。弥陀本願《ハ》以二自力《ヲ》一可レ離二生死《ヲ》一有二方便一善人ノ為《ニ》ヲコシ給ハス。哀《テ》二極重悪人無他方便輩《ヲ》一ヲコシ給ヘリ。然ルヲ菩薩賢聖付《モテ》レ之求二往生《ヲ》一、凡夫善人《ノ》帰《モテ》二此願《ニ》一得二往生《ヲ》一、況罪悪凡夫《ノ》尤可《シト》レ憑《ム》二此他力《ヲ》一云也。悪《シク》領解《シテ》不レ可レ住二邪見一、譬如《ハ》レ云《カ》二為凡夫兼為聖人《ト》一。能々可レ得レ心々々々。

〈148〉一、善人なをもて往生をとぐ、いはんや悪人をや。しかるを世のひとつねにいはく、悪人なを往生す、いかにいはんや善人をや。この条、一旦そのいはれあるににたれども、本願他力の意趣にそむけり。そのゆへは、自力作善のひとは、ひとへに他力をたのむこゝろかけたるあひだ、弥陀の本願にあらず。しかれども、自力のこゝろをひるがへして、他力をたのみたてまつれば、真実報土の往生をとぐるなり。煩悩具足のわれらは、いづれの行にても生死をはなるゝことあるべからざるを、あはれみたまひて願をおこしたまふ本意、悪人成仏のためなれば、他力をたのみたてまつる悪人、もとも往生の正因なり。よて善人だにこそ往生すれ、まして悪人はと、おほせさふらひき。

『歎異抄』の著者、おそらく唯円は、『醍醐本』記述〈151〉の所説を知り、その所説が親鸞の教説に合致していることを理解したであろう。そこで、これを『歎異抄』第三条として編入したのであるが、その際に彼は、『醍醐本』記述〈151〉において明らかに法然の「口伝」とされていた「善人尚以往生、況悪人乎」を、『歎異抄』記述〈148〉では、法然の語とも親鸞の語ともとれる曖昧なものとして示したのが、末尾の「おほせさふらひき」という言葉なのである。『醍醐本』の発見によって、それと対照して、この「おほせさふらひき」という言葉を、〝法然がおっしゃった〟という意味であると力説されたのは増谷文雄博士[197]であるが、「善人尚以往生、況悪人乎」が法然の「口伝」であり得ない

ことは、唯円も感知していたであろう。何故なら、法然がこの語を語ったとすれば、親鸞がそれに言及したり引用したりしないことは考えられないからである。(198)しかも『醍醐本』記述〔151〕に説かれるのは、親鸞独自の〝悪人正機〟説Ⓑであることも、唯円は理解したであろう。それ故、彼は『歎異抄』第三条冒頭の所説を、親鸞のものと見えるように提示したのであるが、実際のところ、真宗教団ではこれを法然の説と見なす解釈は、伝統的には生じなかったのである。もっとも、唯円が『醍醐本』記述〔151〕を『歎異抄』第三条〔148〕に変更したとき、そこには「他力をたのみたてまつる悪人、もとも往生の正因なり」という〝悪人正因〟説が、〝造悪無礙〟説にもとづいて付加されたことは、すでに見た通りである。

ここで、『醍醐本』記述〔151〕と『歎異抄』記述〔148〕の表現上の一致を指摘すれば、『歎異抄』の「生死をはなる……べから」は、『醍醐本』の「可離生死」に一致しており、『歎異抄』の「あはれみたまひて願をおこしたまふ」は、『醍醐本』の「本願ハ……哀ミテ……ヲコシ給ヘリ」に合致している。さらに、「他力をたのみたてまつる悪人」が、「罪悪凡夫尤可憑此他力」に一致していることも、明らかであろう。また、「もとも往生の正因なり」の「もとも」は、『醍醐本』の「尤」に対応しているかもしれない。

ここで以上の〝凡夫正機〟説、〝悪人正機〟説についての考察を、次のようにまとめておきたい。即ち『捨子問答』Ⓖに説かれるのは、迦才から法然・隆寛までに見られる〝凡夫正機〟説、つまり、〝凡夫＝正機〟〝聖人＝傍機〟という説であるが、これに対して、親鸞は〝悪人＝正機〟〝善人＝非機〟という〝悪人正機〟説Ⓑを説いた。『後世物語』ⓖ㈭の〝悪人＝正機〟〝聖人＝非機〟という説も、この〝悪人正機〟説Ⓑのヴァリアントであり、親鸞自身によって説かれたものと思われる。『醍醐本』記述〔151〕の所説は、『後世物語』をも含む親鸞の著作の影響下に成立しており、その趣旨は、やはり〝悪人正機〟説Ⓑである。『歎異抄』第三条〔148〕は、『醍醐本』記述〔151〕を参照して成立したと思われ、その所説も基本的には、〝悪人正機〟説Ⓑであるが、ただし、そこには〝造悪無礙〟説にもとづく独自の説、つまり、〃悪人正因〃説が提示されている。[199] しかるに、これに対して、〃凡夫＝正機、聖人＝非機〃という特殊な〃凡夫正機〃説の立場から、この〃悪人正因〃説を論破しようとしたものが、覚如の『口伝鈔』記述〔149〕だったのである。

このように以上の論点をまとめて、再び『捨子問答』と『後世物語』のテキストの対照にもどりたい。『捨子問答』第四問と『後世物語』第三問のテキストは、次の通りである。

Ⓗ捨子問テ云ク。「縦ヒ念仏隙ナク申ストモ、三心ヲ知ラデハ、往生スベカラズ」ト申スヲバ、何ガ知リ侍ルベキ。

（『捨子』七頁上一三行―一四行）〔上一五左〕

ⓗ三また、ある人とふていはく。「念仏まふすとも、三心をしらでは、往生すべからず」と候なるは、いかゞし候べきと。（『後世』九七頁五行―六行）

ここで『捨子問答』Ⓗの意味は、〃ある人が「たとえ念仏を隙なく称えても、三心を知らなければ、往生できない」と言っているのを、どの様に理解すべきであろうか〃というものであろう。『後世物語』ⓗは、これを承けつつも、「申スヲバ」が「候なるは」に変えられ、「知リ侍ルベキ」が「し候べき」に変えられているため、〃ある人がこう言っているのを、どう理解したらよいか〃という全体の論旨が不明瞭なものとなっている。また、『捨子問答』Ⓗにはあった「隙ナク」という語が『後世物語』では省かれているが、これは「隙ナク」という語によって示される〃多念義〃的な語感、あるいは、〃無間修〃的な語感を、『後世物語』の著者、即ち、親鸞が嫌ったためであると思われる。

なお、これ以後、両文献において〃三心〃が中心的なテーマとなるので、了祥は、『後世物語』の第三問答から第七問答までのテーマを「必具三心」であると規定するが、[200] 特にその第三問ⓗについて、次のように説明している。

〔153〕先ヅ第三ノ問答ニ、「念仏ストモ、三心ヲシラデハ、往生スベカラズトサフラフ」トアルガ、是レ一念義ナリ。ソレヲワケテ、問ヲ立テタモノ。コノ「三心ヲシラデハ」ト云フ「シル」ト云フノガ字眼。「シル」トハ知ノ字。

知トハ智解学文シテ三心ヲ解知セネバナラヌ。光ニ非ズンバ闇ヲ照ラサズ、智解ニ非ズンバ生死ヲ出デズトテ、一念義ガ学文ヲス、メ、智慧ヲミガケト云フ。此ノ事聖光房ノ鎮西ノ名目等ニ出テオツテ、元祖ノ「学問シテ念ノコ、ロヲサトル」トアルハコノ事。（『後世講義』四一頁上―下）

つまり、ここで了祥は、「三心を知る」というときの「知る」という語に大きな意味があるとし、これは、「智解学文シテ三心ヲ解知セネバナラヌ」と説く〝一念義〟の主張を提示したものだと言うのである。

また、ここで、〝一念義〟の主張とされる「光ニ非ズンバ闇ヲ照ラサズ、智解ニ非ズンバ生死ヲ出デズ」が、『捨子問答』第一問Ⓑの「光ニ非ズバ、暗ヲ照スハカリ事ナシ。智慧ノ灯ニ非ズヨリ外ニ、生死ノ闇ヲバ何ニシテカ出ベキ」にもとづいて書かれていることは、明らかであろう。つまり、了祥は、『後世物語』第一問ⓑにおける反論者の主張（＝『捨子問答』第一問Ⓑ中の「或ル人」の主張）を〝一念義〟と把えていたことは、すでに記述〔49〕〔50〕で見た通りであるが、彼はこの『後世物語』第三問ⓗについても、反論者の主張を〝一念義〟と把えているのである。

なお記述〔153〕によれば、〝一念義〟が「学文ヲススメ、智慧ヲミガケ」と言うことは、「鎮西ノ名目等ニ出テオツテ」とあるが、ここで「名目」というのは、弁長の『浄土宗名目問答』を指しているのではなく、了祥の記述〔49〕の「名目」と同じ意味、つまり、〝論題〟という程の意味であり、具体的には、弁長の『念仏三心要集』記述〔48〕の「無智故疑」という〝論題〟を指しているのであろう。また「学問シテ念ノココロヲサトル」が、所謂『一枚起請文』の「学問をして念の心をさとりて申す念仏にもあらず[201]」を指していることは、言うまでもない。

私は、『後世物語』第三問ⓗにおける反論者の主張を〝一念義〟と把える了祥の理解は、適切だと思っている。それ故、『捨子問答』Ⓗにおける反論者の主張も〝一念義〟であると考えられるから、そこに「縦ヒ念仏隙ナク申ストモ」とあるのは、〝一念義〟から〝多念義〟に対して投ぜられた非難の言葉であろう。「隙ナク」は、すでに述べたように、〝多念義〟を含意する語と解されるからである。

次に、『捨子問答』第四答と『後世物語』第三答のテキストは、次の通りである。

Ⓘ師答テ云ク。故上人ノ仰ラレシハ、「三心ハコマカニ沙汰シテ知ラネドモ、念仏ダニモ懇《ネンゴロ》ニスレバ、自然ニ具足セラル、也。サレバコソ、三心ト云フ名ヲダニモ知ラザル在家ノ無智ノ人ニモ、念仏シテ神妙ニ往生スル事ナレ」ト云々。ゲニモ此ノ事目ノ前ノ証拠ナリ。不レ可レ疑。

如何様ニ思入テ勤《ツト》メ給ヘバ、加様ニハ尋ネ給フゾ。心ノ底ヲ顕シ給ヘ。其ノ心根《ココロネ》ハ三心ニ当リ不《ザル》レ当トヲ分別セント云々。（『捨子』七頁上一四行―下四行）〔上一五左―一六右〕

ⓘ三師のいはく。まことにしかなり。たゞし、故法然聖人のおほせごとありしは、「三心をしれりとも、念仏まふさずば、その詮なし。たとひ三心をしらずとも、念仏だにまふさば、そらに三心は具足して極楽にはむまるべし」とおほせられしを、まさしくうけたまはりしこと、このごろこゝろえあはすれば、まことにさもとおぼえたるなり。

たゞしおのおの存ぜられむところのこゝちをあらわしたまへ。それをきゝて三心にあたりあたらぬよしを分別せむと。（『後世』九七頁七行―九八頁三行）

まず、『捨子問答』Ⓘの趣旨は、

故法然上人が「三心をこまかに知らなくても、念仏さえ称えれば、三心は自然に具わるので、三心という名さえ知らない在家無智の人も、念仏すれば立派に往生する」と言われたことが、明らかな証拠で、疑うべきではない。どのように考えて〔念仏を〕勤めていれば、このように質問されるのか。心の底を明らかにして下さい。その心の底のお考えが、三心に合致しているかいないかを分別しましょう。

というものであろう。

例によって、『後世物語』ⓘは『捨子問答』Ⓘから多くの文言を採用しているが、しかしそこには重大な論旨の変更が認められる。即ち、まず、ⓘ冒頭の「まことにしかなり」は、『捨子問答』Ⓘには全く見られなかった言葉であるが、『後世物語』の著者、つまり、私見によれば親鸞が、直前の『後世物語』ⓗに反論者の主張として示される〝一念義〟を基本的には認める立場に立つことを、明示している。

了祥は、すでに記述〔153〕で見た通り、『後世物語』ⓗの第三問に示される反論者の主張を「一念義」と見ており、ⓗの「ある人とふていはく」について、「コレハ早ク見レバ一念ノ邪義ヲ或人ニシテ問ヲ挙ゲタモノナリ(202)」と述べているので、ⓘの「まことにしかなり」の解釈には苦慮していることが、次の註釈によって知られるのである。

〔154〕「マコトニシカナリ」トハ、一念義ガ「学問ヲシテ三心ヲ知ラネバ往生ナラヌ」ト云フ、其ノ三心ノ立テ方。念仏ヲ捨ル義ハ、実ニ恐シキ邪義ナレドモ、「信ガ無クテハナラヌ」ト云フハ、本願ニモ三信ト誓ヒ、『観経』ニモ三心ヲ説キ、善導モ「若少二一心一即不レ得二往生(203)一」ト判ジテ、捨テラレヌ事ヂヤニヨリテ、「三心ナクテ叶ハヌ」ト云フ言ノ上ハ、「実ニ然リ」ト許シタモノ。(『後世講義』六〇頁上―下)

つまり、了祥は、〝信がなくてはならぬ〟という意味で、反論者の主張に同意したのが「まことにしかなり」という語であると解するのであるが、これでは了祥が「知る」という語に注目し、ここでの反論者の主張を「一念ノ邪義」であると解説したことの意味がなくなろうというものである。実際、『後世物語』ⓘを見ると、そこには、『捨子問答』Ⓘには存在していた「無智ノ人ニモ、念仏シテ神妙ニ往生スル事ナレ」という語が落ちているので、『捨子問答』には明確に認められる「知」と「無智」の対比が、不明瞭なものとなっている。

次に、『捨子問答』Ⓘにおいて法然の言葉とされるものが、実際に何にもとづいているかは、明らかではない。了祥は、『後世物語』ⓘで法然の言葉とされるものについて、「『和灯録』等諸処ニ出デタ仰(204)」と述べているが、例えば、『和語灯録』巻三に収められた『大胡太郎実秀へつかはす御返事』には、次のようにある。

〔155〕マヅ三心具足シテ往生スト申ス事ハ、マコトニソノ名目バカリヲウチキクオリハ、イカナルココロヲ申スヤラ

ムト、コトゴトシクオボエ候ヌベケレドモ、善導ノ御ココロニテハ、ココロエヤスキ事ニテ候ナリ。モシナラヒサタセザラム無智ノ人、サトリナカラム女人ナドハ、エ具セヌホドノココロエニテハ候ハヌナリ。マメヤカニ往生セムトオモヒテ念仏申サム人ハ、自然ニ具足シヌベキココロニテ候モノヲ、（『昭法全』五一五頁）

〔156〕コレヲカヤウニココロエシラネバトテ、三心具セヌニテハ候ハヌナリ。ソノナヲダニモシラヌモノモ、コノココロオバソナエツベク、マタヨクヨクシリタラム人ノ中ニモ、ソノママニ具セヌモ候ヌベキココロニテ候ナリ。サレバコソイフカヒナキ人ノナカヨリモ、タダヒトヘニ念仏申スバカリニテ、往生シタリトイフコトハ、ムカシヨリ申シツタエタルコトニテ候ヘ。ソレハミナシラネドモ、三心ヲ具シタル人ニテアリケリト、ココロウル事ニテ候ナリ。（同右、五二〇頁）

ここには、〝念仏を称えれば、三心は自然に具わる。従って、無智の人も、三心を知らなくても、念仏すれば往生できる〟という立場[205]が明瞭に認められ、これは、『捨子問答』Ⓘで法然の語とされたものの趣旨と完全に一致しているであろう。

また、隆寛も『具三心義』巻上で、次のように言っている。

〔157〕其故《ノハ》、称《スルコトハ》二名号《ヲ》一、帰《スルガ》二本願《ニ》一故《ナリ》。称《スルコト》二名号《ヲ》一者《ハ》、不《ルガ》レ疑《ハ》二本願《ヲ》一故《ナリ》。称《スト》二名号《ヲ》一者、被《ルガ》レ催《サ》二欲生心《ノ》一故也。定《テ》知《ヌ》、一称名号之声《ノ》中《ニ》、三心具足《シテ》、無《シ》レ有《ル》二闕減一。（『隆寛集』二頁下―三頁上）

ここでも最後の傍線を付した部分に、〝称名念仏には、三心が自然に具わる〟という立場が認められる。この立場は、記述〔155〕〔156〕によれば、おそらくは、すでに法然自身に見られたものであり、隆寛の独自性は、むしろ記述〔157〕の前半における〝三心〟の解釈に認められるであろうが、しかし隆寛が法然の立場を基本的に継承していることは、明らかであろう。

さて、『後世物語』ⓘでは、法然の言葉とされるものについても、「ただし」という語が前置されることによって、法然の言葉とされるものが単なる〝ただし書き〟にされてしまっていることに、まず注意したい。しかるに、その法然の言葉とされるものにも、『捨子問答』Ⓘと比較すれば、

㈮三心をしれりとも、念仏まふさずば、その詮なし。

という文章が付加されていることに、注目しなければならない。これは、その相当文を『捨子問答』Ⓘにも、また『大胡太郎実秀へつかはす御返事』記述〔155〕〔156〕にも、見出しえないものである。

この文章㈮について、了祥は、

〔158〕「ソノ詮ナシ」トハ、往生ガナラヌト云フコト。念仏往生コソ本願ナレ。念仏セヌ者ノ往生スル謂レハナシ。

(『後世講義』六二頁上)

と述べて、「その詮なし」とは、〝往生ができない〟という意味だと解釈するのであるが、私はこの解釈に賛成できないのである。

まず、私見によれば、『後世物語』㈮の「三心をしれりとも、念仏まふさずば、その詮なし」という文章が親鸞自身のものであることは、次の『末灯鈔』第十二通の文言によって、明らかなのである。

〔159〕信心ありとも、名号をとなへざらんは、詮なく候。また一向名号をとなふとも、信心あさくば、往生しがたく候。

(『定本』三⑵、八八頁)

つまり、親鸞にとっては、〝三心〟の問題は結局〝信心〟の問題に帰着する(206)から、『後世物語』ⓘ㈮の「三心をしれりとも」と、この記述〔159〕の「信心ありとも」という表現は、同義になるのである。

記述〔159〕を見ると、そこで親鸞は、「名号をとなえざらんは、詮なく候」「信心あさくば、往生しがたく候」と述べているので、〝往生には「称名」も「信心」もどちらも必要だ〟という立場を採っているように見えるが、実はそうではない。「詮なく候」と「往生しがたく候」では、その重さが全く異なるのである。

即ち、「信心あさくば、往生しがたく候」というのは、親鸞が〝往生の正因は、信心か称名か〟という重要な問題を、故意に不明瞭なものとしているのであって、その真意は、〝信心がなければ、往生できない〟という〝信心正因〟説なのである。それ故、親鸞は、記述〔159〕の直後に、一つの文章を経て、次のように述べている。

〔160〕詮ずるところ、名号をとなふといふとも、他力本願を信ぜざらんは、辺地にむまるべし。本願他力をふかく信ぜんともがらは、なにごとにかは辺地の往生にてさふらふべき。（『定本』三⑵、八八頁）

ここに示されるのが〝信が無ければ、報土に往生できない〟〝信があれば、必ず報土に往生できる〟という立場、つまりは、〝信心正因〟説であることは、明らかであろう。

このような理解を踏まえて、『後世物語』ⓘの冒頭を読むと、その構造が次のようなものであることが理解されるのである。

(α)まことにしかなり。ただし……三心をしれりとも、念仏まふさずば、その詮なし。

この傍線を付した部分に、『末灯鈔』第十二通〔159〕の傍線部を代入すると、次のようになる。

(β)まことにしかなり。ただし……信心ありとも、名号をとなへざらんは、詮なく候。

つまり、親鸞は、『後世物語』第三問ⓗに示された「三心をしらでは、往生すべからず」という〝一念義〟の主張を、第三答ⓘの冒頭で「まことにしかなり」と、まず全面的に認めているのである。これは、『末灯鈔』第十二通で言えば、記述〔160〕の「詮ずるところ」以下の所説、つまり、〝信が無ければ、報土に往生できない〟という〝信心正因〟説の立場を認めていることに相当する。

次に、ⓘにおいて、親鸞は、「ただし」という語を置き、「三心をしれりとも、念仏まふさずば、その詮なし」と述べて、自らの〝一念信〟の立場とは異なる〝念仏〟〝称名〟の立場、つまり〝多念義〟の立場にも、ある程度の配慮を示すのである。このように、親鸞が実際には〝信心正因〟〝一念信〟の立場に立ちながらも、〝念仏〟〝称名〟〝多念義〟

の立場をも全面的には排除しなかったことは、親鸞思想の一つの特徴とも言えるであろう。

かくして親鸞は、『捨子問答』第四答Ⓘに明確に認められる〝一念義〟批判の立場を、『後世物語』第三答ⓘ冒頭の「まことにしかなり」という語によって、根本から否定していることが知られるが、それは、親鸞自身が、〝一念信によって往生が定まる〟という説、つまり、〝一念義〟と構造的には一致する説を唱えていたからに他ならない。

『捨子問答』Ⓘでは、その後、〝師〟が〝捨子〟に対して、その「心ノ底ヲ顕シ給へ」と述べている所が、『後世物語』ⓘでは、「おのおの存ぜられむところのここちをあらわしたまへ」に変っている。これは、『後世物語』が、『捨子問答』のように〝師〟と〝捨子〟の二人の対話ではなく、〝師〟と「十四五人ばかり」の「後世者」達との対話という形式をとろうとするからであるが、この形式が不合理であることは、すでに了祥が記述〔34〕で、指摘した通りである。

次に、『捨子問答』第五問と『後世物語』第四問のテキストは、次の通りである。

Ⓙ捨子申テ云ク。或人ノ物語ニ、「口ニ念仏ヲ申ストモ、心ニ妄念ヲオコサバ、虚仮ノ行ト成ル。外相ハ貴ク内心ハカルキ故ナリ。真実ニ非レバ、至誠心闕タリ」ト申シ侍ルナリ。此レ誠ニト思テ、心ヲ澄シテ妄念ヲ止テ申サント欲バ、大方我心ノ調へ難ク侍ルハ、往生モ疑レ侍ルナリト云々。(『捨子』七頁下五行—一〇行)〔上一六右—左〕

ⓙ㊃ある人いはく。「くちに念仏をまふせども、こゝろに妄念をおこせば、外相はたうとくみえ、内心はわるきゆへに、かゝるゆへに、虚仮の念仏となりて真実の念仏にあらず」とまふす。まことにとおぼえて、おもひしづめて、こゝろをすましてまふさむとすれども、おほかたわがこゝろのつや〳〵とゝのえがたく候おば、いかゞつかまつるべきと。(『後世』九八頁四行—八行)

ここで『捨子問答』Ⓙにおける〝捨子〟の問いの趣旨は、次のようなものであろう。

ある人が、「口に念仏を称えても、心に妄念が起るなら、虚仮の行となる。外相は貴く、内心はかるいので、真実ではないから、至誠心が欠けている」と言うのを聞いて、誠にその通りだと思って、心を澄まし妄念を止めて念仏をしようと思っても、大方は自分の心は調え難いので、往生できないのではないかと疑いが起ります。

『後世物語』ⓙでは、『捨子問答』Ⓙにあった「至誠心闕タリ」という語を欠いているので、ここでのテーマが〝三心〟中の〝至誠心〟であることが分りにくいが、しかし、〝至誠心〟の語は、『後世物語』でも、第四問ⓙに対する答である第四答ⓚの部分に見られるので、そこまで読めば、この問答のテーマが〝至誠心〟であることは明瞭になる。

例によって、『後世物語』は多くの文言を『捨子問答』から採用しているが、注目すべきは、『捨子問答』に、「内心ハカルキ故」とある所が、『後世物語』では、「内心はわるき故」となっていることである。これは、すでに見たように、〝悪人正機〟説を説いた親鸞、そして、『後世物語』ⓖで、「悪人」という語を用いた親鸞が、「わるし」の語を愛用したため、[208]「カルキ」を「わるき」に変えたとも考えられるが、しかし、「カルキ」とは意味のとりにくい語である。貞享二年の刊本に「カルキ」とあるのは確かであるが、[209]『捨子問答』第五問Ⓙに対する第五答ⓚに、後に見るように、「今時ノ凡夫ハ、三業ハ併ラ不善ナリ」とあることを考えれば、「カルキ」は「ワルキ」の誤りである可能性が高い。

さて、『捨子問答』Ⓙ及び『後世物語』ⓙにおいて示される〝念仏をしても、心に妄念が起るならば、その念仏は虚仮の念仏となる〟という主張の意義を理解するためには、了祥の説明を参照する必要があると思われる。即ち、了祥は、『後世物語』ⓙ、つまり、第四問について、次のように述べている。

(161)サテコノ第四問答。至誠心ナル事ハ文ノ上分明。此ノ問ニ挙ゲテ破スルトコロ、先ヅ其ノ体ヲ定ムベシ。此ノ第四ハ定心念仏即チ諸行本願ノ邪義ナルベシ。モトコレハ『拾因』ニヨリテ出雲路ノ住心ガ募ルトコロ。ソレヲ受ケタガ九品寺ノ覚明。此ノ立テ方ハ、粗ボ開宗説ニ辯ズル如シ。[210]此ノ住心ガ跡ハ今京ノ盧山寺。九品寺ハ跡タエテ無シ。鎌倉ニハ浄光明寺ト云フヲ立テ、昔ハ盛デ有ツタ流義。其ノ寺ハ天台真言律浄土ノ四宗兼学シテ持戒ヲ本トシ、「念仏モ心ヲ乱シナガラ称ヘテハ往生ナラヌ。妄念ヲ沈メテ定心ニナリテ称ヘテ往生スル」ト云フ。其ノ立テ前ハ、『決答疑問鈔』上六十二具サ也。（『後世講義』六四頁上―下）

ここで了祥は、『後世物語』第四問ⓙに提示される主張を「定心念仏」と呼び、「諸行本願ノ邪義」であるとも規定している。「定心念仏」という主張の内容は、「念仏モ心ヲ乱シナガラ称ヘテハ往生ナラヌ。妄念ヲ沈メテ定心ニナリテ称ヘテ往生スル」と説明されており、その意味が理解しやすいが、この「定心念仏」と「諸行本願」義が何故結びつくのか、ここでの説明では分りにくい。

しかるに、了祥は、『後世講義』の記述〈161〉よりも以前の個所で、弁長の『念仏三心要集』記述〈47〉に出る「四疑」に関連して、この問題をすでに詳しく論じている。その説明は、かなり長文なものであるが、重要なため、その全文を次に示したい。

〈162〉二者、定心ノ故ニ疑。此レハコレ諸行本願義ガ本デ、此ノ諸行本願ヲ立テタハ、出雲路ノ住心房ガ初。其ノ次ニ二種有ツテ、一ニハ九品寺ノ覚明ハ、全体ガ元祖ノ御弟子ヂヤデ、元祖ノ義ヲ会通シテ諸行本願義ヲ立テ、又木幡ノ廻心ハ、元祖ヲ離レテ諸行本願ヲ立テル。其ノ外ニモ生駒ノ良遍ナド、諸行本願ヲ立テタ人。又諸行本願亦非本願義トテ東大寺ノ悟阿ナドハ、別ニ一流ヲ立テタモノ。此等ハ少々ヅ、変リハアレドモ皆『往生拾因』ヲ珍重シテ「心ヲシヅメテ浄土ヲ思ヒ弥陀ヲ思ウテ称ヘル念仏デナケレバ往生ガナラヌ」ト云フ。

此ノ中殊ニ覚明ハ元祖ノ下カラ出テ、此ノ邪義ヲ立テルデ、諸流共コレヲ破ス。其ノ覚明ノ説ガ具ニ出テオルハ良忠ノ『決答疑問鈔』上十六以下也。

其ノ意ハ「先ヅ第十八願ニ『乃至十念』ト誓ウタ其ノ念ト云フハ、心デ思フ観念ノ事デ、行者ノ機ノ浅深ニ従ツテ広略イロ〳〵ノ観ノ仕方ハアレドモ、何レ観念ヲ離レタ称名デハナイ。西方浄土ヲ観ジ弥陀ヲ念ジ、煩悩ヲ止メ余念ヲ止メ、想ヲ凝ラシテ称名スルヲ十念ト云フ。ヨリテ善導ノ『一心専念弥陀名号』(211)ト云フモ、心ニ念ジテ称ヘル事ナリ。何レ念ト云ヘバ観念ヲ離レタコトデハナイ。唯称名ト思フハ誤ナリ。散心何ゾ浄土ニ往生セン。必ズ定心ヲ起シテ浄土ニ生ズル」ト立テル。「然ラバ称名ハイラヌモノデナイカ」[212]ト云フニ、「口ニ称ヘ、称ヘルト心ガシヅマリテ来テ、浄土ヤ弥陀ガ想ヒツメラレルデ、口称ヲ縁トセネバ観念ガ得ラレヌ。直キニ観念成就スルト思ウテハナラヌガ、口称念仏デ助ケテ観念成就スル」ト立テル也。

諸行本願義ノ意ハ、其ノ根本ハ『群疑論』ナドカラ出タモノ。此ノ観念ノ称名ガ元祖一代ノ敵デ、善導ノ「称我名号」[213]ノ文ヲ依拠ニシテ「選択本願ノ念仏ハタヾ口ニ称ヘルバカリ」ト云フガ元祖ノ所立ヂヤデ、臨末ノ遺訓マデ「観念ノ念ニアラズ」[214]ト御誡メナサレタ。ヨツテ西山・鎮西・多念、皆諸行本願ノ定心念仏ヲ破サヌハナイ。「其ノ心ヲシヅメテ称ヘネバ往生ナラヌ」ト云フガ、即チ吾祖ノ「定散ノ自心ニ迷フ」[215]トアル。定心ノ自力ニコダハル安心ノコト。此ノ『後世物語』ニモ此レヲ破スル意シバ〳〵アリ。[216]「口ニ称名ヲトナヘテ、心ニ妄念ヲオコセバ、往生ハナラヌ」ト云フガ此ノコト。(『後世講義』二二頁上―二三頁上)

まずここで、末尾の傍線部に、『後世物語』ⓙの「……こころに妄念をおこせば……」という文章が引かれているので、右の記述はその文章の意味を解説したものと見ることができる。冒頭に「定心ノ故ニ疑」と言われるのは、弁長の『念仏三心要集』記述〈47〉で「四疑」と言われたものの第二を出したもので、その第二の疑とは、『念仏三心要集』では、次のように示されるものである。

〈163〉第二散心故疑《ト》者、或人云《ク》「念仏三昧《ト》申《スハ》入定《ト》云《フ》事也。道場《ニ》籠居《シテ》人《ニモ》交ラズ、一切世間《ノ》事《ヲ》抛《テ》、心《ヲ》澄《シ》返《テ》極楽《ノ》依報正報《ニ》心カケ、口《ニ》南無阿弥陀仏《ト》申《シテ》コソ念仏三昧《ト》申《セ》。妄想顛倒《ノ》悪業煩悩《ヲ》起《シ》身《ニ》振舞《テ》、口計《リニ》南無阿弥陀仏《ト》申サンニ、全《ク》往生スベカラズ」ト云フ。如何。(『浄全』十、三九〇頁上)

ここには、確かに、了祥が「定心念仏」と呼ぶ主張が、「或人」の説として示されているようである。というのも、この「或人」は、〝入定し心を澄すことなしに、ただ口だけで念仏をしても、往生できない〟という説を述べているからである。了祥が、この記述〔163〕冒頭の「散心故疑」を、記述〔162〕で「定心ノ故ニ疑」として示すのは、誤りと言ってもよいであろうが、とにかく記述〔162〕冒頭で了祥は、『念仏三心要集』記述〔163〕に示された「或人」の主張は、「諸行本願義」だと言うのである。

記述〔162〕を見ると、了祥は、その「定心念仏」＝「諸行本願義」の主張者として、住心（一一六八―一二三三）、長西（覚明）、廻心、良遍（一一八四―一二五二）、悟阿（―一二八三）などを挙げているが、中でも、特に法然門下の長西（一一六四―一二六六）の「諸行本願義」こそが、他の法然門下、つまり、「西山・鎮西・多念」によって批判されたとしている。ということは、了祥は、『念仏三心要集』記述〔163〕の「或人」の主張も、長西の「諸行本願義」であると見なしていることになるであろう。ただし、法然が所謂『一枚起請文』で、「観念の念にもあらず」と説いたとき[217]、法然の弟子たる長西の主張を念頭においていたとは考えにくいであろう。従って、「定心念仏」、あるいは「観念ノ念」を、了祥のように「諸行本願義」と全同と見なすのは、問題があるかもしれない。〝諸行本願義〟とは、〝称名念仏以外の諸行も、弥陀の本願である〟という説であるが、この説と〝念仏〟を「観念ノ念」、あるいは「定心念仏」と見る解釈とは、必ずしも同じではないと思われるからである。

了祥は記述〔162〕で、長西の「諸行本願義」、または「定心念仏」の説を、良忠の『決答疑問鈔』、つまり『決答授手印疑問鈔』の巻上にもとづいて、「善導ノ『一心専念弥陀名号』ト云フモ、心ニ念ジテ称ヘル事ナリ。何レ念ト云ヘバ観念ヲ離レタコトデハナイ。唯称名ト思フハ誤ナリ。散心何ゾ浄土ニ往生セン。必ズ定心ヲ起シテ浄土ニ生ズル」とか、「口称念仏デ助ケテ観念成就スル」と説明しているが、確かに、『決答授手印疑問鈔』巻上には、「定心念仏」を説くと思われる「問」[218]と、それを著者である良忠が批判する「答」[219]が存在する。

その内の「問」は、次のような一節によって始まっている。

〔164〕問。或《ル》人《ノ》云《ク》、善導《ノ》所釈中《ニ》或《ハ》云《ヒ》二念名号一《ト》、或《ハ》云《ヒ》二専念一《ト》、或《ハ》云《フ》二念仏一《ト》、皆是《レ》本願中《ノ》「乃至十念」《ノ》之念也。其《ノ》「念」《ト》者、

意念所作也《ノ》。随《テ》二機《ノ》浅深《ニ》一、用《ベシ》二広略《ノ》観《ヲ》一。此《レ》意地観《ノ》之上《ニ》口《ニ》称《ルヲ》二名号《ヲ》一、名《ク》二本願《ノ》称名念仏《ト》一也。是《ヲ》以《テ》諸師多《クハ》釈《セリ》下本願《ノ》「乃至十念《ヲバ》」者観念《ト》上。（『浄全』十、三三頁上）

つまり、ここで「或人」は、〝念仏の「念」とは、第十八願で「乃至十念」というときの「念」であり、それは「意念ノ所作」「観」「意地観」であり、「観念」である〟と主張しているのである。

では、この「観念」と「口称」の関係はどうかと言えば、次のように、その「或人」は、「口称」が「観念」、または、「定心」を〝助ける〟と主張するのである。

〔165〕本願《ノ》称名意地《ノ》観念《ト》者、随《フ》二機根《ノ》不同《ニ》一也。是《レ》則《チ》立《テ》レ声《ヲ》、称《スレバ》二名号《ヲ》一、即《チ》意地《ノ》念被《レテ》レ助《ケ》レ声《ニ》、引二起《スルノ》定心《ヲ》一之方便《ナルガ》故《ニ》、以《テ》二称名《ヲ》一為《ス》レ要《ト》。……故《ニ》知《ヌ》、散心《ノ》機《ハ》直《ニ》観《ジテ》二色相《ヲ》一、不レ能《ハ》レ発《スコト》二定心《ヲ》一、口《ニ》称《スレバ》二名号《ヲ》一、易《シ》レ発《シ》二定心《ヲ》一。（『浄全』十、三三頁下）

従って、勿論、「口称」は〝助〟であり、「定心」「観念」が〝所助〟たる目的であるということになるのである。

ここで、良忠は、「或人」を長西であると言っているわけではないし、長西が実際にこのような説をなしたかどうかも、明らかではない。長西の言う〝諸行本願義〟とは、〝念仏以外の諸行も、弥陀によって本願とされた〟という意味であり、例えば、長西の『念仏本願義』には、次のように説かれている。

〔166〕験知《ニヌ》、第十九二十願是《レ》以《テ》二諸行《ヲ》一為《ス》二本願《ト》一。（『浄全』八、四五五頁上）

このように言えば、法然が、『選択集』で第三章の章名を、

〔167〕弥陀如来不下以《テ》二余行《ヲ》一為《サ》中往生《ノ》本願《ト》上、唯以《テ》二念仏《ヲ》一為《ス》二往生《ノ》本願《ト》一之文。（『昭法全』三一七頁）

として示したことに矛盾するのではないかと考えられるかもしれないが、これについて長西は、ここで法然が「本願」というのは、四十八願中の第十八願のみを指すという見解を、『念仏本願義』で次のように述べている。

〔168〕唯限《ルガ》二第十八願《ニ》一故《ニ》、云《フ》レ不下以《テ》二余行《ヲ》一為《サ》中本願《ト》上也。（『浄全』八、四五〇頁上）

しかし、長西が明確に「定心念仏」を説いたかどうかといえば、これについては疑問がある。長西の念仏観を簡潔に説明することは容易ではないが、まず彼が『選択本願念仏集名体決』で、次のように説明していることに注目したい。

(169)問。観称二念《ノ》中《ニハ》、当《ル》二何《ノ》念願《ニ》一乎。答。料簡、雖《ドモ》二其義不《ト》レ同《カラ》、依《ラバ》二此集意《ニ》一者、限《ル》二称念《ニ》一歟。(『浄全』八、四四七頁下)

(170)問。遠公源信二師《ノ》念仏三昧観称二念、通局如何。答。二師所立《ノ》念仏三昧《ハ》、可《シ》レ通《ズ》二三業《ニ》一。此集《ノ》意者、且《ク》局《リ》二称念《ニ》一、不《ル》レ通《ゼ》二観念等《ニ》一歟。(同右、四四八頁下)

ここで、長西は、「此ノ集」、つまり『選択集』の意図を、「観念」と「称念」のうちの「称念」に限るとして、「三業」や「観念等」に通じないものと解釈している。これは、「称念」、つまり、称名念仏を「正定之業」とした法然の立場を正しく継承しているように見えるが、必ずしもそうではない。ここで「通」と「局」(または「限」)という言葉が使われたことの意味について、考えてみよう。つまり、「称念ニ局《カギ》ル」という言い方は、〝「観念」か「称念」か〟という二者択一を設定して、〝観念ではなく、称念である〟と言っているのではない。つまり、〝称念に局るか、観念等(三業)に通じるか〟という問題の立て方自体がすでに〝「称念」は、「観念等」(三業)の限定された特殊な形である〟ということを含意しているのである。従って、『選択集』の意を「称念ニ局ル」と見るとしても、ここには〝本来念仏とは、観念等(三業)に通じる〟という理解が認められるのである。それ故にこそ、記述(170)には、「此集《ノ》意《ノ》者、且《ク》局《リ》二称念《ニ》一」というように「且ク」、〝暫定的に〟という語が、用いられているのである。従って、長西が〝念仏〟を本来は「観念等」に通じるものと見ていたことは、明らかだと思われる。

実際、長西は、『選択本願念仏集名体決』で、〝念仏〟を次のように説明している。

(171)「念《ト》」者能念《ノ》心也。「仏《ト》」者所念《ノ》境也。所《ノ》レ言《フ》「念《ト》」者、依《レバ》二小乗意《ニ》一、大地法《ノ》心所、依《レバ》二大乗意《ノニ》一、別境《ノ》心所也。(『浄

全』八、四四六頁上）

ここで、長西が〝念仏〟の「念」を「能念ノ心」とか、「心所」と解していることは、〝念仏〟の本質を、称名、つまり、口業ではなく、意業と見なしていることを示しており、良忠が、『決答授手印疑問鈔』記述〔164〕で「或人」の説を「其ノ念トハ、意念ノ所作ナリ」と述べているのは、このような長西の説を意図しているとも考えられる。

また、長西は記述〔171〕に続けて、次のように述べている。

〔172〕又付《テ》二念仏《ニ》一、惣《ジテ》有《リ》二四種一。一《ニハ》無相念仏、二《ニハ》有相念仏、三《ニハ》定心念仏、四《ニハ》散心念仏也。問。今所《ノ》レ言《フ》念仏《ト》者、有相無相《ノ》中《ニハ》何《レゾ》乎。答。有相《ノ》摂也。『観経』等《ノ》意、惣《ジテ》不レ明《カサ》二無相離念《ヲ》一。（『浄全』八、四四六頁上—下）

ここに正に「定心念仏」という語が出るが、ここで長西はこの「定心念仏」を主張しているのであろうか。まず、長西は、ここで言う〝念仏〟とは、「有相念仏」「無相念仏」の内では、「有相ノ摂」であるとし、その理由を、「『観経』等」が「無相離念」を明らかにしないからだと述べている。[220] 従って、長西が「無相念仏」よりも「有相念仏」を説いたことは明らかだと思われるが、このことは、彼が「定心念仏」よりも、「散心念仏」を主張したという意味にはならない。それは、長西が記述〔172〕に続けて、自説を根拠づけるために、善導『観経疏』における定善第八観〝像観〟に対する註釈文に見られる所謂〝指方立相〟説を[221]、次のように引用していることによっても、明らかである。

〔173〕故《ニ》『疏《ノ》』三《ニ》云《ク》、「或有《リ》二行者一、将《テ》二持此一門之義《ヲ》一、作《シ》二唯識法身《ノ》之観《ヲ》一、或作《ス》二自性清浄仏性《ノ》観《ヲ》一者、其《ノ》意甚《ダ》錯《レリ》。絶《テ》無《キ》二少分《ノ》相似《モ》一也。既言《ヒテ》レ想《ヘト》レ像《ヲ》、仮二立《セル》三十二相《ヲ》一者、真如法界身《ノ》、豈有《リテ》レ相而可《ク》レ縁《ズ》、有《リテ》レ身而可《ケンヤ》レ取《ル》也。然《ルニ》法身《ハ》無色《ニシテ》、絶《ス》二於眼対《ヲ》一。更《ニ》無《シ》二類《トシテ》可《キ》レ方《ブ》。故取《リテ》二虚空《ヲ》一、以《テ》喩《フル》二法身《ノ》体《ニ》一也。又今此《ノ》観門等《ハ》、唯指《シ》レ方《ヲ》立《テテ》レ相《ヲ》、住《メテ》レ心《ヲ》而取《ラシム》レ境《ヲ》、惣《ジテ》不《ル》レ明《サ》二無相離念《ヲ》一也。如来《ハ》懸《ニ》知《ル》、末代罪濁《ノ》凡夫、立《テテ》レ相《ヲ》住《ムトモ》レ心《ヲ》、不レ能《ハ》レ得《ルコト》。何況《ニヤ》離《レテ》レ相《ヲ》而求《ムル》レ事《ヲ》者、如下似《シト》無《キ》二術通一人《ノ》居《テ》レ空《ニ》立《ルガ》上レ舎《ヲ》也」文。（『浄全』八、四四六頁下）

つまり、ここで「今此観門等……惣不明無相離念」という『観経疏』の文章が、長西によって典拠とされるのであるが、「此観門等」とは、定善十三観を指すと考えられるのであるから、ここでの「立相」を「有相念仏」に対応するものと見るならば、その「有相念仏」とは、「立相、住心」とあることからも知られるように、決して散善ではなく、定善なのであり、言い換えれば、「散心念仏」ではなくて、「定心念仏」であることになるのである。従って、明確な形においてではないが、長西は「定心念仏」を説いていると見ることができるであろう。

しかも、長西のいわば〝本音〟が「定心念仏」にあったことは、長西の著作中の様々な文言によって示されている。例えば、長西は、『選択本願念仏集名体決』において、次のように述べている。

(174)問。定散中《ノニハ》何《ソ》乎。答。可《シ》レ通《ズ》二定散《ノ》二義《ニ》一。或《ハ》云《ヒ》二念仏三昧《ト》一、或《ハ》云《フ》二口称等《ト》一、知《ヌ》通《ズル》二定散《ニ》一也。

問。定散中《ノニハ》何《ヲ》為《スヤ》レ正《ト》。答。約《レバ》二法《ノ》浅深《ニ》一、以《テ》レ定《ヲ》為《ス》レ正《ト》。約《レバ》二機《ノ》利鈍《ニ》一以《テ》レ散《ヲ》為《ス》レ正《ト》。(『浄全』八、四四七頁上)

ここに二つの問答が見られるが、そのうち第一問に対する答は、〝念仏〟が定散二善に通ずるという趣旨である。すると、当然、その定散二善のうちのどちらが、〝念仏〟の正意なのかということが問題となるが、これに対して、長西は、「法ノ浅深ニ約スレバ、定ヲモツテ正トナシ、機ノ利鈍ニ約スレバ、散ヲモツテ正トナス」と答えている。この答は、意味深長なものであるが、しかし「以定為正」という所に、長西の〝念仏〟観の本質は認められるであろう。長西は、『選択本願念仏集名体決』で、

(175)十六観外《ノニ》非《ズ》レ有《ルニ》二念仏一。(『浄全』八、四四四頁下)

とも述べているが、ここにも、〝念仏〟を定散二善から独立させず、〝念仏〟の本質を「観念」と見る長西の立場が、認められるであろう。

従って、石田充之氏が、長西の念仏観について、

長西の念仏観は、以上のように称名念仏の実践を基調としつつも、極めて観念的色彩を多くし、定散二善位中のものと理解される如き見解を示しているのである。(222)

と述べられたのは、適切な評価だと思われる。

以上の所説をまとめれば、長西は、明確な形で「定心念仏」を主張したとは思えない。また、了祥が言うように、〝称名が観念（定心念仏）を助ける〟という主張も、長西には明確な表現としては見られないように思われる。さらに、長西は、『選択集』の言う〝念仏〟が称名念仏に限られることも、力説した。しかしながら、彼が〝念仏〟の本質を、「観念」、「定心念仏」に認めたことも、また確実だと思われる。その意味では、了祥が記述(161)で、『後世物語』ⓙに示される「定心念仏」の主張を、長西等の「諸行本願ノ邪義」と解したことは、全く不適切ではないということになるであろう。従って、『捨子問答』Ⓙの「或人」、つまり、「口ニ念仏ヲ申ストモ、心ニ妄念ヲオコサバ、虚仮ノ行ト成ル……至誠心闕タリ」という主張をなす人を、長西と見なすことができるかどうかと言えば、その可能性も皆無ではないと言えるであろう。

では『捨子問答』第五問と『後世物語』第四問に関する考察は以上で終り、次に『捨子問答』第五答と『後世物語』第四答のテキストを示すことにしよう。

Ⓚ師ノ云ク。其ノ人ハ自力ニ拘《カカ》ヘラレテ他力ニ乗ゼザルナリ。(223)「念仏申ストモ、妄念ヲ留メザレバ、虚仮ノ行」ト云ヒケルガ、軈《ヤガ》テ至誠心闕タル虚仮ノ念仏ニテハ有ケリト聞エタリ。知ベシ。今時ノ凡夫ハ、三業ハ併ラ不善ナリ。六根ハ悉ク貪瞋ナリ。鎮《トコシナヘ》ニ煩悩ノ賊ニナヤマサレテ、妄念暫クモ停メガタシ。然ルヲ阿弥陀仏、法蔵比丘トシテ、カヽル衆生ノ程ヲ鑑《カンガミ》テ、兼テ是レガ為ニ他力ノ名号ノ願ヲ発シ給ヘリ。三業イミジク調ヘ、心ニ妄念ヲ停メテ、内外相応シテ勤《ツト》ムベクバ、今マデ生死ニ廻《メグ》リナンヤ。何レノ教門ニテモ、早ク自力ニテ火宅ヲ出デナマシ。是レニ叶ハヌ鈍根無智ノ者ナレバコソ、弥陀ノ他力ニスガリテ、浄土往生セントハ打憑ミ奉レ。

只心ノ澄《スミ》不《ル》レ澄《スマ》ヲバ沙汰セズ、カヽル罪悪生死ノ凡夫ノ為ニ、大願ヲ発シテ、無量阿僧祇劫難行苦行シテ、其ノ功徳ヲ名号ノ中ニ納メテ、我等ガ出離生死ノ正業ニアテガヒ給ヘル利他真実ノ功徳ゾト心得テ、懇《ネンゴロ》ニ唱ヘ居《イ》レバ、仏ノ本願謬《アヤマリ》ナケレバ、濁水ナレドモ、珠ノ力ニヨリ清ク成ルガ如ク、貪瞋煩悩ノ盛ナル身ナレドモ、衆徳具足無上大善ノ名号ノ浄摩尼珠(224)ノ力ニテ、清浄真実ノ業ト成リテ、疑ナク本願所成ノ浄土ニ往生スベキ事ヲ思ヒ定ムベシ。此レヲ真実心ヲ具足シ、他力ニ乗ジタル行者ト申スナリ。サレバ煩悩ハ冬ノ雪ヨリモ深ク積リ、妄念ハ春ノ雨ヨリモシゲク発ルトモ、心ノ濁リ妄念ノ発ランニ付テモ、カヽルウタテシキ凡夫ヲ助ケンガ為ニ、他力本願ヲ発シ給ヘル仏ノ御哀ミ(225)コソ、哀ニ貴ク悦シケレト打憑《タノ》ミ奉テ、憚ナク励ミ懇《ネンゴロ》ニ念仏スベキ事也。（『捨子』七頁下一〇行―八頁下一行）〔上一六左―一八右〕

ⓚ四師のいはく。そのこゝちすなわち自力にかゝえられて他力をしらず、すでに至誠心のかけたりけるなり。くだんの「くちに念仏をとなふれども、こゝろに妄念のとゞまらねば、虚仮の念仏」といひて、「こゝろをすましてまふすべし」とすゝめけるも、やがて至誠心かけたる虚仮の念仏者にてありけりときこえたり。その「こゝろに妄念をとどめて、くちに名号をとなえて、内外相応するを、虚仮はなれたる至誠心の念仏なり」とまふすらむは、この至誠心をしらぬものなり。凡夫の心地(226)にして行ずる念仏は、ひとへに自力にして弥陀の本願にたがへるこゝろなり。すでに「みづからそのこゝろをきよむ(227)」といふならば、聖道門のこゝろなり。浄土門のこゝろにあらず。難行道のこゝろにして、易行道のこゝろにあらず。自力修行のこゝろにして、他力修行のこゝろにあらず。

これをこゝろうべきやうは、いまの凡夫みづから煩悩を断ずることのかたければ、妄念またとゞめがたし。しかるを、弥陀仏はこれをかゞみて、かねてかゝる衆生のために他力本願をたてゝ、名号のちからにて衆生のつみをのぞかむとちかひたまへり。さればこそ、他力ともなづけたれ。このことわりをこゝろえつれば、わがこゝろにてものうるさく、妄念妄想をとゞめむともたしなまず、しづめがたきあしきこゝろ、みだれたるこゝろをしづめむともたしなまず、こらしがたき観念観法おもこらさむともはげまず、たゞ仏の名号をくちにとなふれば、本願かぎりあるゆへに、貪・瞋・癡の煩悩をたゝえたるみなれども、かならず往生すと信じたればこそ、こゝろやすけれ。こゝろやすければこそ、易行道とはなづけたれ。もしみをいましめ、こゝろをとゝのへて修すべきならば、なむぞ行住坐臥を論ぜず、時処諸縁をきらはざれとすゝめむや。またもしみづからみをとゝのへ、こゝろをすましおほせてつとめば、かならずしも仏の御ちからをたのまずとも生死をはなれむと。（『後世』九八頁九行―一〇一頁二行）

ここで、まず『捨子問答』第五答Ⓚの趣旨とは、ほぼ次のようなものであろう。

「妄念をとどめて、念仏するのでなければ、虚仮の行となり、至誠心を欠くことになる」と考える人こそ、至誠心の欠けた虚仮の念仏となっているのであって、自力に把えられていて、他力に乗じていない。というのも、自力で妄念や煩悩をとどめることのできない末代の凡夫のために、弥陀はかつて他力の名号の願をおこしたのであるから、その他力にすがって浄土に往生しようと憑んで、念仏に励むべきなのである。

ここで、『捨子問答』第五答Ⓚと『後世物語』第四答ⓚの趣旨が大きく異なっているとは思えない。両者はいずれも、〝妄念をとどめること〟を「自力」の行であると見なし、末代の凡夫、つまり、「今時ノ凡夫」「いまの凡夫」には、このような「自力」の行は不可能であるとして、「他力」による往生を説いているのである。

しかし、〝では至誠心とは何なのか〟ということが、問題とならざるを得ないであろうが、この問いに対する答えは、『捨子問答』Ⓚには示されているものの、『後世物語』ⓚの方には明確な形で説かれていないように思われる。即ち、『捨子問答』Ⓚには、

(コ)カヽル罪悪生死ノ凡夫ノ為ニ、大願ヲ発シテ、無量阿僧祇劫難行苦行シテ、其ノ功徳ヲ名号ノ中ニ納メテ、我等ガ出離生死ノ正業ニアテガヒ給ヘル利他真実ノ功徳ゾト心得テ、慇《ネンゴロ》ニ唱ヘ居レバ、仏ノ本願謬ナケレバ、濁水ナレドモ、珠ノ力ニヨリ清ク成ルガ如ク、貪瞋煩悩ノ盛ナル身ナレドモ、衆徳具足無上大善ノ名号ノ浄摩尼珠ノ力ニテ、清浄真実ノ業ト成リテ、疑ナク本願所成ノ浄土ニ往生スベキ事ヲ思ヒ定ムベシ。此レヲ真実心ヲ具足シ、

他力ニ乗ジタル行者ト申スナリ。

という個所に、〝至誠心〟とは何かが、一応説明されていると考えられる。というのも、ここに示されている「利他真実」「真実心」という語は、善導『観経疏』「散善義」中の「至誠心」の説明[228]中に用いられる語であり、言うまでもなく、そこで善導は、『観無量寿経』の「至誠心」を「真実心」であると説明し、また、

(176)又真実有《ニリ》二種一。一者自利真実、二者利他真実《ナリ》。（『浄全』二、五五頁下）〔記述〔75〕の一部〕

というように、「真実」を「自利真実」と「利他真実」に分けているからである。

このうち、「利他真実」について、『観経疏』は説明していないのであるが、[229]『観経疏』の

(177)何《ヲ》以《テノ》故《ニ》、正《ク》由《リテナリ》下彼《ノ》阿弥陀仏因中《ニ》行《ゼシ》二菩薩《ノ》行《ヲ》一時、乃至一念一刹那《モ》三業《ニ》所レ修《スル》皆是《レ》真実心中《ニ》作《シ》、凡《ソ》所二施為趣求《スル》一亦皆真実《ナルニ》上。（『浄全』二、五五頁下）

という記述において、「真実心」「真実」と言われるものが「利他真実」に当るのであろう。つまり、この「利他真実」とは、阿弥陀の有する「真実心」であり、これに対して、『観経疏』で次のように説明される「自利真実」は、衆生の有する「真実心」を意味すると思われる。[230]

(178)言《フ》二自利真実《ト》一者《ハ》、復有《リ》二二種一。一者《ニハ》真実心中《ニ》制二捨《シテ》自他諸悪及穢国等《ヲ》一、行住坐臥《ニ》想《フ》下同《ジク》三一切菩薩《ノ》制二捨《スルニ》諸悪《ヲ》一、我《モ》亦如《ナラント》上レ是《ノ》也。二者《ニハ》真実心中《ニ》勤二修《ス》自他凡聖等善《ヲ》一。真実心中《ノ》口業《ニ》讃二歎《シ》彼《ノ》阿弥陀仏及依正二報《ヲ》一、又真実心中《ノ》口業《ニ》毀二厭《シ》三界・六道等《ノ》自他依正二報《ノ》苦悪之事《ヲ》一、亦讃二歎《ス》一切衆生《ノ》三業所為《ノ》善《ヲ》一。若《シ》非《ルヲバ》二善業《ニ》一者、敬《シテ》而遠《ケ》レ之《ヲ》、亦不《レ》二随喜《セ》一也。又真実心中《ノ》身業《ニ》合掌礼敬《シテ》四事等《ヲモテ》供二養《ス》彼《ノ》阿弥陀仏及依正二報《ヲ》一。又真実心中《ノ》身業《ニ》軽二慢《シ》厭三捨《ス》此《ノ》生死三界等《ノ》自他《ノ》依正二報《ヲ》一。又真実心中《ノ》意業《ニ》思二想観三察憶四念《シテ》彼《ノ》阿弥陀仏及依正二報《ヲ》一、如《クス》レ現《ズルガ》二目前《ニ》一。又真実心中《ノ》意業《ニ》軽二賤厭《シ》三捨《ス》此《ノ》生死三界等《ノ》自他《ノ》依正二報《ヲ》一。不善《ノ》三業《ヲバ》、必《ズ》須《シ》二真実心中《ニ》捨《ツ》一。又若《シ》起《サバ》二善《ノ》三業《ヲ》一者、必《ズ》須《シ》二真実心中《ニ》作《ス》一、不レ簡《バ》二内外明闇《ヲ》一、皆須《シ》二真実《ナル》一。故《ニ》名《ク》二至誠心《ト》一。（『浄全』二、五五頁下―五六頁上）

隆寛は、『具三心義』巻上で、阿弥陀の「利他真実」を、「利他真実名号」[231]とか「利他真実名願」[232]とか「利他真実願力」[233]とか呼んでいるので、阿弥陀の名号や本願を「利他真実」と見ていることは、明らかであるが、『捨子問答』Ⓚで、「利他真実ノ功徳」とか「衆徳具足無上大善ノ名号」と言われるのは、「名号」を「利他真実」と見る隆寛の説を承けているのであろう。[234]

では、『捨子問答』Ⓚには、「至誠心」＝「真実心」中の「自利真実」については、説かれていないのかと言えば、そのようなことはないであろう。まず、『観経疏』記述〔178〕による限り、「自利真実」とは、「制捨諸悪」「勤修……善」という性格をもっている。つまり、〝悪を造るなかれ〟〝善を修すべし〟という〝捨悪修善〟の立場こそが、「自利真実」という考え方の本質なのである。それ故にこそ、『観経疏』における「至誠心」の説明は、次のように始まっていたのである。

〔179〕『経』《ニ》云《ク》、「一者至誠心《ト》」。「至《ト》」者真《ハナリ》。「誠《ト》」者実《ハナリ》。欲《ス》レ明《サント》三一切衆生《ノ》身口意業所《ニノ》レ修《スル》解行、必《ズ》須《キコトヲ》二真実心中《ノニ》作《ス》一。不《レ》レ得下外現《ニシ》二賢善精進之相《ヲ》一、内懐《ニクコトヲ》中虚仮《ヲ》上。貪瞋邪偽奸詐百端《ニシテ》、悪性難《クヤメ》レ侵、事同《キハ》二蛇蝎《ニ》一、雖《ドモ》レ起《スト》二三業《ヲ》一名為《テシ》二雑毒之善《ト》一、亦名《ク》二虚仮之行《ト》一。不《ル》レ名《ケ》二真実業《ノト》一也。若《シ》作《ス》二如《ノ》レ此安心起行《ヲ》一者《ノハ》、縦使苦《ヒ》二励《シテ》身心《ヲ》一日夜十二時、急《ニ》走《リ》急《ニ》作《スコト》、如《ナル》レ炙《スクフ》二頭燃《ヲ》一者《ノモ》、衆《テ》名《ク》二雑毒之善《ト》一。欲《セバ》下迴《シテ》二此《ノ》雑毒之行《ヲ》一求《メント》上レ生《ズルコトヲ》二彼仏《ノ》浄《ノ》土《ニ》一者、此必不可《レズ》也。（『浄全』二、五五頁下）

では、『捨子問答』Ⓚに、このような〝捨悪修善〟の立場は説かれているかと言えば、それは、不明確な形ながらも、前掲の(コ)の中の、

我等ガ出離生死ノ正業ニアテガヒ給ヘル利他真実ノ功徳ゾト心得テ、慇《ネンゴロ》ニ唱ヘ居レバ、仏ノ本願謬《アヤマリ》ナケレバ、濁水ナレドモ、珠ノ力ニヨリ清ク成ルガ如ク、貪瞋煩悩ノ盛ナル身ナレドモ、衆徳具足無上大善ノ名号ノ浄摩尼珠ノ力ニテ、清浄真実ノ業ト成リテ、

という部分に説かれていると思われる。つまり、ここには、「珠」の力によって「濁水」が清められるように、〝「利他

真実」の「名号」、または、「本願」によって、衆生の悪が捨てられる〟という立場、つまり、〝「利他真実」によって、「自利真実」が成立する〟という立場が認められる。しかるに、この立場は、すでに見たように、(235)隆寛のものでもあったのである。というのも『具三心義』巻上で、隆寛は、『観経疏』記述〔178〕冒頭に出る「真実心中、制捨自他諸悪」という語を、次のように註釈しているからである。

〔180〕二明《ス》三真実心中《ニ》制二捨《スルコトヲ》 自他《ノ》諸悪《ヲ》一。所謂「一者真実心中制捨」已下是《レ》也。此《レ》明《ス》下非《ルガ》二自力《ノ》所《ニ》一レ堪《ル》故《ニ》、必《ズ》縁《リテ》二利他願《ノ》一《ニ》、可《キコトヲ》上レ成《ズ》二自利捨悪《ヲ》一。(『隆寛集』七頁下)

つまり、「必縁利他願、可成自利捨悪」の語によって示されるように、〝「自利真実」たる「捨悪」は、必ず「利他真実」たる「願」に縁りて成立する〟というのが、隆寛の基本的立場であったのである。この立場は隆寛によって、すでに見た『具三心義』記述〔76〕において、

〔76〕縁《リテ》二利他願《ノ》力《ニ》一、欲《ス》レ制二捨《セント》 諸悪《ヲ》一。

とも表現されていたのである。また、次の記述に見るように、隆寛が、〝捨悪だけでなく、修善も「利他真実願力」に縁る〟と考えたことは、言うまでもないであろう。

〔181〕三明《ス》三真実心中《ニ》修二《スコトヲ》 自他凡聖《ノ》善《ヲ》一。所謂「三者真実心中勤修」已下是《レ》也。此《レハ》明《ス》下縁《リテ》二利他真実願力《ニ》一、如《ク》レ制二捨《スルガ》 貪瞋等諸悪《ヲ》一、縁《リテ》二利他真実願力《ニ》一修《スコトヲ》中 自他凡聖《ノ》善《ヲ》上也。(『隆寛集』八頁上)

かくして、『捨子問答』Ⓚには、〝「利他真実」たる「本願」や「名号」によって、「自利真実」たる捨悪が成立する〟という隆寛的な立場が認められることが知られたが、これに対して『後世物語』ⓚには、まず〝至誠心とは何か〟ということが明確に説明されておらず、さらに、「自利真実」たる〝捨悪〟については、全く述べられていないことに、注意すべきである。

『後世物語』ⓚに、〝至誠心とは何か〟ということが説明されていないことは、いわばその著者の論構成上の失敗で

あり、この点からも、『後世物語』ⓚが、『捨子問答』Ⓚに先行して存在するものではあり得ないことが知られるであろう。しかるに、『捨子問答』Ⓚが有している「自利真実」たる〝捨悪〟の説明を、『後世物語』ⓚが欠落させていることは、『後世物語』の思想的性格を示すものなのである。即ち、すでに述べたように、『後世物語』には、『捨子問答』ⒹⒺ、つまり、第二問答に見られる〝造悪無礙〟説批判に相当するものが全く欠落しているのであるが、この『後世物語』ⓚでも、『捨子問答』Ⓚに見られる〝捨悪〟についての説明は、完全に削除されているのである。

それどころか、『後世物語』ⓚには、

㈹すでに「みづからそのこゝろをきよむ」といふならば、聖道門のこゝろなり。浄土門のこゝろにあらず。難行道のこゝろにして、易行道のこゝろにあらず。自力修行のこゝろにして、他力修行のこゝろにあらず。

という一節、つまり、『捨子問答』Ⓚには相当するもののない一節が認められる。了祥が解説しているように、(236)ここで「みづからそのこころをきよむ」というのは、所謂〝七仏通誡偈〟といわれる「諸悪莫作、衆善奉行、自浄其意、是諸仏教」という偈の「自浄其意」という第三句を示したものに他ならない。『後世物語』の著者、即ち、私見によれば親鸞は、この第三句の所説を「聖道門のこころなり。浄土門のこころにあらず」として斥けているのであるが、実は問題は、その第三句ではなく、第一句、第二句にあるのである。つまり、第一句、第二句が説こうとするのは、〝捨悪〟〝修善〟が仏教の根本的立場であるということであるが、『後世物語』ⓚの㈹において親鸞が意図したことは、実はこの〝捨悪〟〝修善〟の立場を「聖道門」、あるいは、「自力」の立場にしかすぎないとして否定することだったのである。

親鸞が〝捨悪〟〝修善〟の立場を〝自力にしかすぎない〟と説いたことは、『正像末和讃』（文明本）「愚禿述懐」の次の記述によっても、知られるであろう。

(182)不了仏智のしるしには
如来の諸智を疑惑して

罪福信じ善本を
たのめば辺地にとまるなり。
仏智の不思議をうたがひて
自力の称念このむゆへ
辺地懈慢にとゞまりて
仏恩報ずるこゝろなし。
罪福信ずる行者は
仏智の不思議をうたがひて
疑城胎宮にとゞまれば
三宝にはなれたてまつる。（『定本』二⑴、一八八―一八九頁（下））

ここに「罪福」とあるのを、〝善悪〟という語に置き換えて理解しても問題はない。つまり、親鸞は、〝捨悪〟〝修善〟を、「仏智」を信じない「自力」の立場として斥けているのである。言うまでもなく、親鸞は、自説の根拠を、〝造悪無礙〟説の展開において根源的な役割を果したものとして、すでに考察した『無量寿経』の経文〔60〕に求めている。というのも、そこでは、「信罪福、修習善本」という〝捨悪〟〝修善〟の立場が、「不了仏智」「疑惑不信」の立場として斥けられているからである。

親鸞は、『後世物語』ⓚの㋚において、所謂〝七仏通誡偈〟から〝捨悪〟〝修善〟の立場を明示する第一句、第二句を示すことなく、「みづからそのこころをきよむ」（自浄其意）という第三句を示すことによって、問題の本質が〝捨悪〟〝修善〟をいかに評価するかにあることを、若干は隠している。勿論、すでに、『捨子問答』第五問Ⓙに、「心ヲ澄シテ」という語があり、『後世物語』第四問ⓙにも、「こころをすまして」という語があったのであるから、『後世物語』第四答ⓚに、「みづからそのこころをきよむ」とあるのは、その語と意味的に一致しているので、不自然ではないと見ることもできる。それ故にこそ、了祥は記述〔161〕で、この『後世物語』第四問答を、「定心念仏」の説を否定したものと解したのである。

しかし、すでに述べたように、『捨子問答』第五答Ⓚには、〃七仏通誡偈〃の第三句に相当するものは、全く説かれていないのである。では、何故、親鸞は、『後世物語』ⓚに、〃七仏通誡偈〃の第三句などを持ち出す必要があったのであろうか。それは、親鸞が、〃七仏通誡偈〃の第三句によって、「定心念仏」を否定すると見せかけながら、実は、〃捨悪〃〃修善〃の立場を「自力」として否定したいと意図したからであろう。その場合、第三句の「みづから」(自)という語に、親鸞が「自力」という意味を含ませていることは、ほぼ間違いないと思われる。

翻って考えてみよう。本来、善導の「至誠心」釈とは、一体、何を意図したものだったのであろうか。記述〔179〕〔177〕〔176〕〔178〕に、その全文を示した善導の「至誠心」釈で中心テーマとされていたのは、他ならぬ〃善悪〃の問題、あるいは、端的にいえば、〃悪〃の問題であって、そこには「定心念仏」の問題など全く扱われてはいなかったのである。その点は、記述〔179〕中に、

不得外現賢善精進之相、内懐虚仮。貪瞋邪偽奸詐百端、悪性難侵事同蛇蝎、雖起三業名為雑毒之善、亦名虚仮之行、不名真実業也。

という一節があることによって、明らかであろう。つまり、善導の「至誠心」釈の本質は、〃善悪〃の問題を扱うことにあったのであり、言うまでもなく、そこで善導は、〃善悪〃の意義を否定したのではなく、肯定したのである。つまり、〃捨悪〃〃修善〃の立場を肯定したのである。これは、明らかに「信罪福」を「不了仏智」「疑惑不信」と規定する『無量寿経』の経文〔60〕に示される立場、あるいは、それを承けて、『略論安楽浄土義』記述〔61〕で「信罪福」を「自力」と規定した曇鸞の立場、さらに、それらを継承する親鸞の立場とは、異質なものである。

それ故、善導の「至誠心」釈と親鸞との関係について、了祥は極めて興味深いコメントを、次のように述べている。

(183)実ニ此ノ至誠心ノ釈、年来苦ニナリテ、如何シテ見テモ吾祖ノ御意ガ善導ニ合ハヌ。至誠心ノ文点ナド無理ノ無理。何程祖師デモ無理ヲ云フテハ、承知ガ出来ヌ。然シコレニハ訳アリト思フテ考ヘタトコロ、今辯ズル如ク、此ノ至誠心ノ釈デハ無理ヲ云ハネバナラヌト云フ理ガ合点ガイツタ。サレバ吾祖ノ御無理ハ御尤ナリ。

其ノ御無理御尤ノ御釈、コレヲ名月ノ句ニ、「ヒトトセノ月ヲコモラス今宵カナ」ト云フコト。又仲秋無月ノ句ニ同ク、「ヒトトセノ月ヲコモラス今宵カナ」ト云フタ。コレガ名句デ、名月ハ一年中ノ月ガコモルトホムル意。又無月ノ歌ハ一年中ノ月サヘモクモラスルモ同然ト云フ事。コレ一文両義。（『後世講義』六六頁下―六七頁上）

即ち、ここで了祥は、善導の「至誠心」釈が、親鸞の立場に合致しないことを、明確に認めている。ではなぜ合致しないのか。その理由を、了祥は、『後世物語』第四問答、つまり、ⓘⓚを素材として、次のように説明している。

(184)「師ノイハクソノコヽチ」等。今此ノ第四問答ニ挙ゲタハ定心念仏ガモト。答ニ示スハ至誠心ノ意。時ニ此ノ三心釈ガ六箇敷ト云フモ、此ノ至誠心ノ釈デ、先ヅ善導ノ釈ノ表面ハ、「外相ニ賢善精進ヲ現ジテ心ガ五悪懈怠デハ内外不相応ノ不至誠心。ヨリテ三毒煩悩ヲ押シ伏セテ真実清浄ニナレ。弥陀因位ノ修行モ真実清浄ヂヤニヨリテ、不実不浄デ往生ノナル筈ハ無イ。ソレニ就テ自利真実、利他真実ガアリテ、先ヅ自利ノ我身ノ上モ煩悩悪業ヲ押シ伏セテ、此ノ世ヲ厭ヒ浄土参リヲシキリニ願ヘ」ト、文ノ上ハ斯クノ如クニ見ネバ如何ニシテモスマヌ。

ヨリテ善導ノ至誠心ノ文ノ上デハ、此ノ問ニ挙ゲタ処ガ正義デ、答ニ挙ゲタ処ハ善導ノ意ニ合ハヌト見ルベシ。今ソレヲヒツクリカヘシニスルヂヤニヨリテ、実ニ疑ヘテナラヌ。此ノ義ハ大論ヂヤニヨリテ、別ニ辯ゼネバ細ニハ分ラヌ。

ソレヲ略シテ云ハヾ、先ヅ善導ノ釈スル三心ハ、定散二善ニ亙リ正行雑行ニ通ジ、自力他力兼ネ持チノ釈[237]ト云フコトハ、善導ノ三心釈ノ上ニモ出テオル。ヨリテタヾ弘願他力ノ真実ニ取ルニハ無理ヲ云ハネバナラヌト心ヲ

据エルガヨイ。(『後世講義』六四頁下—六五頁上)

ここに、「三毒煩悩ヲ押シ伏セテ真実清浄ニナレ」とか、「我身ノ上モ煩悩悪業ヲ押シ伏セテ」という語があることによって知られるように、ここでまず了祥は、善導の「至誠心」釈が、〝捨悪〟を説くことを、基本的に認めている。さらに、最後の段落で了祥は、善導の三心釈が「自力他力兼ネ持チノ釈」であり、それを「タダ弘願他力ノ真実ニ取ルニハ無理ヲ云ハネバナラヌ」と論じている。これは何を意味するかと言えば、了祥が、善導の「至誠心」釈には、〝自力〟的要素があることを認め、それを全面的に〝他力〟的立場から解釈することには無理があることを承認していることを意味している。

つまり、「我身ノ上モ悪業煩悩ヲ押シ伏セテ」の「我身ノ上モ」とは、この「押シ伏セテ」という行為が〝自力〟によってなされることを、明示する語なのである。それ故、了祥によれば、善導の「至誠心」釈中の「自利真実」の説明は、〝自力による捨悪・修善〟を説いているということになるのである。この了祥の善導理解は、基本的には、正しいであろう。しかるに、〝自力による捨悪・修善〟の立場が、親鸞によって斥けられることは言うまでもない。それ故、了祥は記述〔183〕で、「実ニ此ノ至誠心ノ釈、年来苦ニナリテ、如何シテ見テモ吾祖ノ御意ガ善導ニ合ハヌ」と述べたのである。

了祥は『後世物語』の著者を親鸞と見なしている訳ではないことは、すでに見た通りである。しかし、記述〔184〕の第二段落に、

ヨリテ善導ノ至誠心ノ文ノ上デハ、此ノ問ニ挙ゲタ処ガ正義デ、答ニ挙ゲタ処ハ善導ノ意ニ合ハヌト見ルベシ。

とあるのは、実に興味深いコメントなのである。「答」、つまり、『後世物語』第四答ⓚには、「そのここちすなわち自力にかかえられて他力をしらず」と述べられるのであるが、この解釈は、記述〔184〕の了祥の言葉を用いれば、「タダ弘願他力ノ真実ニ取ル」もの、つまり、「至誠心」を専ら〝他力〟の立場から解釈するものであるから、「善導ノ意ニ

合ハヌ」というのが、了祥が記述〔184〕の第二段落で主張しようとしたことであろう。すると、了祥は、『後世物語』第四答の所説を、親鸞の「無理」な解釈と一致するものと見なしていることになる。つまり、了祥は、善導の「至誠心」釈の解釈においては、善導説と一致しない点において、つまり、全面的に〝他力〟として解釈する点において、『後世物語』の著者の立場と親鸞の立場を同一視するに至っていると思われる。この点は、記述〔183〕の後に続く次の記述にも示されているであろう。

〔185〕今此ノ至誠心ノ釈、取リヤウデ自力ニモ他力ニモナル。他力ニ仕方ハ、深心ノ釈ヲ此ノ至誠心へ持チ込ンデ来テ、深心ノ意デ至誠心ヲ見テシマフ。コレガスハリ。其処デ此ノ『後世物語』ナドモ、先ヅ其ノ心デ一心一向ニ弥陀ヲタノムヲ至誠心トスル。(『後世講義』六七頁上)

即ち、「今此ノ至誠心ノ釈、取リヤウデ自力ニモ他力ニモナル」というのは、了祥が記述〔184〕で善導の三心釈を「自力他力兼ネ持チノ釈」と呼んだのと同様の理解を示しているであろう。では、「至誠心」を専ら〝他力〟で解釈するにはどうしたらよいかと言えば、それを了祥は、「他力ニ仕方ハ、深心ノ釈ヲ此ノ至誠心へ持チ込ンデ来テ、深心ノ意デ至誠心ヲ見テシマフ。コレガスハリ」と述べている。「見テシマフ」の「シマフ」には、〝そのように見ることは、本来は誤りである〟、つまり、〝善導の意に合致しない〟という了祥の理解を、示しているであろう。つまり、この点を了祥は、記述〔183〕で「無理」という語によって表現していると考えられる。記述〔185〕の「コレガスハリ」という了祥の言葉は、〝これが「至誠心」を他力で解釈する方法のすわりである〟という意味であるとともに、〝これが善導の「至誠心」釈に関する親鸞の解釈のすわりである〟という意味をも表しているであろう。

しかるに、了祥は、さらに続けて、「其処デ此ノ『後世物語』ナドモ」と述べるのである。この「モ」という語が、了祥が『後世物語』における「至誠心」釈の解釈を、〝他力〟的解釈、前述の「他力ニ仕方」の一種と見ていることを示していることは、明らかであろう。従って、ここで了祥は、親鸞の立場と『後世物語』の著者の立場を区別する視点を、すでに基本的には失っているように思われる。

しかるに、『後世物語』が親鸞の手に成る著作であることは、その第四答ⓚにおける様々の表現からも傍証される。即ち、まず、『捨子問答』第五答Ⓚと『後世物語』第四答ⓚの冒頭部分に注目すると、前者に「自力ニ拘ヘラレテ他力ニ乗ゼザルナリ」とあったところが、後者では「自力にかかえられて他力をしらず」と変更されている。「しらず」という語が用いられた点は、極めて重要である。というのも、『後世物語』ⓚには、「この至誠心をしらぬものなり」という表現も見られ、この「しらず」と「しらぬ」に対応する表現は、『捨子問答』Ⓚには全く見られないからである。「他力をしらず」と「至誠心をしらぬ」という表現は、『後世物語』の著者、すなわち、私見によれば親鸞が「他力」や「至誠心」を〝知る〟ことを重視したことを示している。言うまでもなく、これはすでに『後世物語』第三答ⓘにも示されていた親鸞自身の立場と一致している。つまり、親鸞はすでに見たように、『後世物語』第三問ⓗで提起された「三心をしらでは、往生すべからず」という〝一念義〟の主張を、第三答ⓘ冒頭で「まことにしかなり」と述べて、まず全面的に認めていたのである。これは、すでに論じたように、親鸞が、〝一念義〟と構造的には一致する〝一念信によって往生が確定する〟という説を主張していたからであるが、『後世物語』第四答ⓚの「他力をしらず」「至誠心をしらぬ」という表現にも、〝知〟を重視する〝一念義〟に好意的な親鸞の立場が示されているであろう。

また、このことと関連して、『後世物語』ⓚ第二段落の、
(シ)たゞ仏の名号をくちにとなふれば、本願かぎりあるゆへに、貪・瞋・癡の煩悩をたゝえるみなれども、かならず往生すと信じたればこそ、こゝろやすけれ。
という一節に、「信」という語が見られる。この「信じたればこそ」は、〝ただ信じさえすればよい〟という〝唯信〟説、つまり、〝信心正因〟説を説く親鸞自身の立場を示しているであろう。というのも、『捨子問答』Ⓚに「信」という語は一切現れないからである。しかるに、『捨子問答』Ⓚに「信」の語が現れないのは、そこで解説されているのが、

〝三心〟中の「至誠心」であって、「深心」ではないことを考えれば、ある意味では当然である。しかるに、親鸞が「至誠心」の解説をなすべき『後世物語』ⓚにおいても、「信」という語を用い、「信じたればこそ」と述べているのは、記述(185)で了祥によって、「他力ニ仕方ハ、深心ノ釈ヲ此ノ至誠心ヘ持チ込ンデ来テ、深心ノ意デ至誠心ヲ見テシマフ」と説明された「他力ニ仕方」を、親鸞がここで適用したためであろう。つまり、親鸞は『後世物語』ⓚで、「信」という原理を「至誠心」釈の解釈に導入することによって、「自力」的な〝捨悪〟という性格を有する善導の「至誠心」釈の内容を解体し、「他力」化することに成功したのである。

勿論、『捨子問答』Ⓚに「他力」的性格が全く見られないというわけではない。それどころか、Ⓚ冒頭に、「自力ニ拘ヘラレテ他力ニ乗ゼザルナリ」とあるのは、明らかに「他力」的な「至誠心」の解釈を示している。これは言うまでもなく、『捨子問答』が「他力」をとりわけ強調した隆寛の系統に成立した文献だからである。しかし、すでに述べたように、『捨子問答』Ⓚには、「信」という語は全く用いられていない。また、「自利真実」たる〝捨悪〟についても、明確に述べられている。この点は、『後世物語』ⓚの内容とは全く異なるのである。

次に、『捨子問答』Ⓚ後半には、「他力ニ乗ジタル行者」という表現が用いられているが、『後世物語』ⓚの方には、「行者」という語が見られない。これは親鸞が「行者」という語を嫌ったためだと思われる。例えば、『正像末和讃』「三時讃」(四九)には、次のように説かれている。

(186)報土の信者はおほからず
　化土の行者はかずおほし
　　自力の菩提かなはねば
　　久遠劫より流転せり。(『定本』二(1)、一八三頁上)

ここで、「行者」は「信者」と対比され、「報土」ではなく「化土」に生じるものとされている。しかも、その後に

「自力の菩提かなはねば」と続くことを見れば、「行者」は「自力」と結びつけられているのであろう。つまり、「行者」とは、〝「自力」によって修行をなす人〟を意味するのである。

親鸞における「行者」と「信者」の対立は、根本的には「行」と「信」の対立にもとづいており、言うまでもなく、それは〝「行」（称名）か「信」か〟という根本的問題と関っている。すでに論じたように、[238] 親鸞はこの問題に対して、〝「行」ではなくて「信」が、往生の正因である〟というような明確な形では答えようとしなかった。しかし、親鸞思想の根本が、〝「信」によって、往生が定まる〟とする〝信心正因〟説であることは、否定することができないであろう。故に、親鸞の著作においては、「行」は殆んどの場合、否定的な負の価値を荷わされ、「自力」という観念と結びつけられることが多いのである。

例えば、『正像末和讃』を見てみると、そこには、「罪福信ずる行者」（記述〔182〕）、「疑心自力の行者」[239]、「本願疑惑の行者」[240]という表現が見られ、[241] このような「行者」が、すでに記述〔186〕でも見たように、「報土の信者」とか、あるいは「信心のひと」[242]と対比されているのである。

また、『末灯鈔』第五通「自然法爾事」の冒頭には、

〔187〕自然といふは、自はをのづからといふ。行者のはからひにあらず。然といふはしからしむといふことばなり。しからしむといふは、行者のはからひにあらず。如来のちかひにてあるがゆへに法爾といふ。（『定本』三(2)、七二頁）

という有名な一節があるが、ここでも「行者のはからひにあらず」とは、「行者」を〝すでに「はからい」を有する者〟として否定的に把えていると思われる。従って、親鸞の著作において「行者」という語は、殆んどの場合、マイナスの価値をもつ存在として否定的に把えられているので、『捨子問答』Ⓚに存した「行者」という語が『後世物語』ⓚにおいて削られたのも、このような「行者」に対する親鸞の否定的評価にもとづくであろう。あるいは、親鸞より見れ

ば、『捨子問答』Ⓚの「他力ニ乗ジタル行者」という表現は、むしろ「他力ニ乗ジタル信者」というものに変更したいようなものであったかもしれない。[243]

さて、『後世物語』ⓚには、他にも、親鸞に特徴的な表現が見られる。それは、「こころ」という語の多用である。[244]例えば、

(ス)凡夫の心地にして行ずる念仏は、ひとへに自力にして弥陀の本願にたがへるこゝろなり。すでに「みづからそのこゝろをきよむ」といふならば、聖道門のこゝろなり。浄土門のこゝろにあらず。難行道のこゝろにして、易行道のこゝろにあらず。自力修行のこゝろにして、他力のこゝろにあらず。これをこゝろうべきやうは、

という個所には、「こころ」という名詞が八回も用いられており、さらに「心地」や「こころう」という表現もある。この「こころ」の多用は、異常にも思われるが、これは親鸞の〝書き癖〟とも言えるものなのである。例えば、『唯信鈔文意』（専修寺正月二十七日本）には、次のようにある。

(188)「乃至十念若不生者不取正覚」といふは、選択本願の文なり。この文のこゝろは、「乃至十念」のみなをとなえむもの、もしわがくににむまれずば仏にならじと、ちかひたまへる本願なり。「乃至」はかみしもと、おほきすくなき、ちかきとおき、ひさしきおも、みなおさむることばなり。多念にとゞまるこゝろをやめ、一念にとゞまるこゝろをとどめむがために、法蔵菩薩の願じまします御ちかひなり。

「非権非実」といふは、法華宗のおしえなり。浄土真宗のこゝろにあらず。聖道家のこゝろなり。（『定本』三(1)、一八〇―一八一頁）

ここにも、様々の意味をもつ「こころ」の語が多用されているか、特に末尾の「浄土真宗のこころにあらず、聖道家のこころなり」という文章は、前掲『後世物語』ⓚ(ス)の「聖道門のこころなり。浄土門のこころにあらず」という文章に、表現が酷似している。

かくして、『後世物語』ⓚが親鸞の手に成る著作であることは、最早明らかだと言えるであろう。では次に、『捨子問答』第六問と『後世物語』第五問のテキストを示し、それについて考察しよう。

Ⓛ捨子問テ云ク。修行ノ次《ツイデ》ニ、或ル山寺ニ登テ侍シカバ、「此ノ修行者ハ念仏者ニテ御座サヌニヤ。抑モ念仏申セバ、一念ニ無量ノ罪ヲ滅スト云フ事モ、更ニ信ヲ取ラズト覚ユル。其ノ故ハ一念ニダニモ、多ノ罪ノ消《キユル》ナルニ、念仏者ニ成リテ年月久キ人々ヲ見ルニ、只本ト見シ様ニテ別ニ昔ニカハル事ナシ。剰《アマツサ》ヘ後サマニハ心根《ネ》ナンドハ弥ヨヒガミ悪クナル類ヒ多シ。此レヲ見ルニ罪滅スト云フ(245)其ノ義ナシ。サレバ往生スト云フ事モ、何カ有ルベカラン。信ゼラレズ」ト難ジ侍ル也。其ノ時知《シラ》ヌ事ニテ侍リキ。加様ニ諸教ノ才学ヲ以テ人々ノゲニ〴〵シク疑ヒ難ズル時ハ、迷ヒ侍ベルナリト。云々（『捨子』八頁下二行―一二行）（上一八右―一九右）

ⓛ㊄また、ある人いはく。念仏すれば、こゑごゑに無量生死のつみきえ、ひかりにてらされて、こゝろ柔燸になるととかれたるとかや。しかるに、念仏してとしひさしくなりゆけども、三毒煩悩もすこしもきえず、こゝろもいよいよわるくなる。善心日日にすゝむこともなし。さるときに、仏の本願をうたがうにはあらねども、わがみのわるきこゝろねにては、たやすく往生ほどの大事おばとげがたくこそ候へと。（『後世』一〇一頁三行―八行）

まず、『捨子問答』Ⓛにおける〝捨子〟の問いの趣旨は、次のようなものであろう。

修行のついでにある山寺に登ったところ、〔ある人から〕「あなたは念仏者ではないのか。しかし『念仏をすれば、一念に無量の罪が滅する』ということは信じられない。何となれば、一念だけでも多くの罪が消える筈なのに、念仏者になってから多くの年月が経過した人々を見ても、別に昔と変らないし、却って心が悪くなっている人々も多い。それ故、『〔念仏によって〕罪が滅す』というのは不当であり、従って〔念仏によって罪が滅しないのであるから〕、『〔念仏によって〕往生する』ということも、信じられない」と非難された。このように、諸教の才学によって人々がもっともらしく〔念仏による往生を〕疑い非難するときは、私も迷ってしまうのである。

この『捨子問答』第六問Ⓛ及び後出の第六答Ⓜは、〝三心〟中の〝深心〟をテーマとしていることは、後出の第六答で、「深心ヲ具足セザル上ノ尋ト聞ヘタリ」という評価が第六問Ⓛに対して下されていることからも明らかであろう。すると、第六問の内容は、〝深心〟(深信)に対立するものとしての〝不信〟〝疑惑〟の立場として規定されている筈である。しかし、第六問Ⓛにおいては、一体何が〝不信〟〝疑惑〟の対象とされているのであろうか。山寺で〝捨子〟を非難した者の言葉においては、〝念仏によって罪が滅する〟ということ、及び、〝念仏によって往生する〟ということが、〝不信〟の対象となっているようである。それ故に、後出の『捨子問答』第六答Ⓜの冒頭部分には、「念仏往生ヲウラ思ハン事ハ」という語が示されるのである。即ち、〝ウラ思フ〟とは、〝疑う〟という意味であろう。

しかるに、『後世物語』第五問①では、例によって、『捨子問答』Ⓛから多くの文言を取り入れているにもかかわらず、そこで〝不信〟の対象とされているものが何であるのか、必ずしも明確ではない。ただし、①の末尾の

(セ)仏の本願をうたがうにはあらねども、わがみのわるきこゝろねにては、たやすく往生ほどの大事おぼとげがたくこそ候へ。

という所を読むと、「本願」が〝不信〟の対象とされているようである。しかし、「本願」という語は、『捨子問答』Ⓛには、一度も用いられていないのである。

「本願」を〝疑惑〟〝不信〟の対象とすることは、言うまでもなく、親鸞にとっては、ごく普通の表現であって、例えば、『浄土和讃』(文明本)には、次のように言われている。

(189) 誓願不思議をうたがひて
御名を称する往生は
宮殿のうちに五百歳
むなしくすぐとぞときたまふ。(『定本』二(1)、三頁下)

「本願」を「うたがう」という表現が親鸞だけに特徴的な表現でないことは、言うまでもないが、しかし、『捨子問答』Ⓛと『後世物語』①を比較すると、〝疑惑〟〝不信〟の対象が、「念仏」から「本願」に変更されているように思われる。

ただし、『後世物語』第五問①の内容を、何よりも特徴づけているのは、(セ)に見られる「わがみのわるきこゝろねにては、たやすく往生ほどの大事おばとげがたくこそ候へ」という表現ではないかと思われる。しかるに、その趣旨は、〝悪人では往生できないのではないか〟というものであろう。すると、それに対する答えとしては、当然、〝悪人であっても往生できる〟とか、〝悪人こそが往生できる〟という〝悪人正機〟説的な説明が期待されるが、そのような期待を生じさせるものという意味でも、『捨子問答』Ⓛには全く対応するもののない(セ)の「わがみのわるきこころねにては……」という表現は、親鸞に相応しいものだと思われる。

では次に、『捨子問答』第六答と『後世物語』第五答のテキストを示してみよう。

Ⓜ師答テ云ク。「罪ノキヘ障《サハリ》ノ除《ノゾ》コル際《キハ》ノ見ヘズ」ト、又人ノ疑ヒ難ズレバトテ、念仏往生ヲウラ思ハン事ハ、浄土ノ教門ニ違ヒ、又深心ヲ具足セザル上ノ尋ト聞ヘタリ。縦ヒ勤ル所ノ名号ニ依テ罪キヘ障リ除クト云フトモ、生死ノ大海ハ辺ナク、煩悩ノ浪ハ底深シ。争カ忽ニ其ノ際ノ見ユベキ。阿弥陀仏ノ来迎ニ預テ、流転生死ノ道ヲ助ケ出シ給ヒナン後、無生忍ノ菩薩ト成リテ後コソ、罪ノ滅スル際ヲモ知ベキ事ナレ。況ヤ此ノ身ハ現ニ是レ罪悪生死ノ凡夫トシテ常ニ沈メリト知リ、又此ノ身ハ煩悩ニツナガレテ、三界ニ廻リ、火宅ヲ出デ難シト思ヒ知リテ、弥陀ノ誓ヲ頼ミテ念仏シテ往生ス。病ノ床ニ息キノ留ル時マデハ、貪瞋具足ノ凡夫ニテ、観音ノ蓮台ニ趺《アナウラ》ヲ結ブ時、坐時即得無生忍ノ菩薩トナル。此ノ臨終ノ一念、百年ノ業ニモ勝タリ。(246)最後ノ念仏ノ功ニ依リテ、無始生死ノ昔ヨリ離レガタキ生死ノ古郷ヲ離ル。知ルベシ、草ノ庵リニ眼ヲ閉ル時、名号ノ不思議ノ力ニヨリ、三界ニ我等

ヲ繋グ煩悩ノ鏁《クサリ》ヨハク成リテ、弥陀大降魔力ノ風、一度吹バ、第六天ノ魔王モヒカフル事ナシ。此ニ魂ヒ飛ビテ彼ノ国ニ生レテ、六通三明自在ヲ得、三十二相ヲ具足ス。是レヲ浄土ノ教へ、[247]罪滅スル際トスル也。

若シ此ノ娑婆世界ニ有リナガラ罪消テ清浄ニ成ルト云ハバ、サテハ此ノ界ニ有リナガラ覚《サトリ》ヲ開キ候べキニヤ。是レハ聖道門ノ義也。浄土宗ノ義ニ非ズ。故ニ『選択集』ニハ、「凡ソ聖道門ノ大意ハ、大乗及ビ小乗ヲ論ゼズ、此ノ娑婆世界ノ内ニシテ、四乗ノ道ヲ修シテ、四乗ノ果ヲ得ル也[248]」。迷ヲ断ジテ悟ヲ開クト云ハバ、雲晴レヌレバ月明カナリ。灯来リテハ闇去ルガ如シ。然ルヲ若シコヽニシテ罪消エバ、則チ悟ヲ開キナン。悟ヲ開カバ罪消エナン。若シ然ラバ此土ノ断道ノ義ナリ。剰ヘ即身成仏トモ云ヒツベシ。是レハ三論法相華厳天台等ノ八宗ノ心也。故ニ聖道門ノ断惑証理ノ宗ニテ、曾テ浄土門ノ義ニ非ズ。

善導ノ『観経ノ疏』ニモ、深心ノ下ニ二ツノ釈アリ。「一ニハ深ク自身ハ現ニ是レ罪悪生死ノ凡夫ナリ。曠劫ヨリ以来、常ニ没シ常ニ流転シテ出離ノ縁有ル事ナシト信知スベシ」ト勧メタリ。「二ニハ彼ノ阿弥陀仏ノ四十八ノ誓願深重ニシテ、カヽル造悪流転ノ凡夫ヲ度シ給フト信知シテ、一念モ疑ヒウラ思フ心ナカレ」ト釈シ給ヘリ。善導和尚ハ已ニ是レ三昧発得ノ人師ナリ。其ノ勧メ豈ニ違ハンヤ。

ゲニモ我等罪業深重ニシテ生死ヲ出べキ縁ノ露計《ツユバカリ》モ無キ身ナリ。カヽルツタナキ器ナレバ、三世ノ諸仏ノ化導ニモ漏レ、十方浄土ニ門ヲサヽレテ、出離其ノ期ヲ知ラズ。悲哉。適人身ヲ得タリ。今度弥陀超世ノ願ニ値ヒ奉ラザリセバ、又其ノ三悪道ニ帰ラマジト思ヒツヾケテ、往生ノ行ヲ励《ハゲマ》スべシ。罪ノ滅スル其ノシルシノ見へ見へザルヲバ、事新ク沙汰シ論ズべキ事ハ、此ノ信心ヲ打固メテン後ニ、何ナル証ヲ得、悟ヲ開キテ、世ニ難レ有上人智者ト云トモ、「我等程ノ愚鈍ノ者ヲ、弥陀ノ他力ニ乗ゼズ」、又「専ラ称名ヲハゲマザレドモ、生死ハ離レナン」ト教ン人ヲバ、同ク仏ノ御弟子ナレバ、其ノ人ヲバ重ク敬フトモ、其ノ詞ヲバ信用スべカラズ。縦ヒ賤キシヅノ男、シヅノ妻《メ》、アヤシノ少キ者ナリトモ、「隙ナク称名ヲ励シテゾ、我ラガ如キノ拙キ器《ウツハモノ》ハ娑婆三界ノ苦ヲ離レテ、不退ノ楽ニハ預ルベキ」ト勧メバ、是レヲ誠ノ善知識ト可《キ》レ思《フ》ナリ。又此等ハヲク。タトヒ化仏報仏、光ヲ放チテ三千世界ノ内ニ充満シテ、言ヲ吐キ、「汝等阿弥陀仏ノ名号ヲ唱ヘテ、極楽ニ生ルト釈迦仏ノ説キ給ヘルハ空《ソラ》事ナリ。用ユベカラズ。汝等罪深シ。一期ノ念仏其ノ功少シ。生死ヲ不レ可《カラ》レ出《ズ》」ト宣フトモ、其ノ詞ヲ不レ信《ゼ》シテ、釈迦弥陀并ニ六万恒沙ノ諸仏ノ御勧メヲ憑ミテ、一念モ不レ疑、露計リモウラ思ハズシテ、慇ニ勤ムベシ。況ヤ別解別行ノ人々ノ疑ヒ難ズル事ヲ聞テ、往生極楽ノ教行ヲ疑ンハ、口惜キ事ナリ。其レヲ深心カケタル人ト云フ也。

（『捨子』八頁下一二行―一〇頁下六行）〔上一九右―二三左〕

ⓜ師のいはく。このこと人ごとになげく(249)こゝろねなり、まことにまよえるこゝろなり。わがみのつみによりて往生をうたがふは、仏の本願をかろしむるにあらずや。これすなわち信心のかけたるこゝろなり。これをいえばさきの至誠心をいまだこゝろえざるゆへなり。

なんぢこゝろをしづめて、よくよくきくべし。このみにおいてつみきえてこゝろよくなるべしといふことは、ゆめゆめあるまじきことなり。さあらむにとりては、即身成仏にこそあむなれ。なん条の穢土をいとひて浄土にむまれむといふみちならむや。すべてつみ滅すといふは、最後の一念にこそみをすてゝかの土に往生するをいふなり。さればこそ浄土宗とはなづけたれ。もしこのみにおいてつみきえはてなばさとりひらけなむ。さとりひらけなば、すなわち仏ならむ。仏ならば、いはゆる聖道門の真言仏心天台華厳等の断惑証理門のこゝろなるべし。

善導の御釈によりてこれをこゝろうるに、信心ふたつの釈あり。「ひとつにはふかくみづからがみは現にこれ罪悪生死の凡夫、煩悩具足して善根薄少にして、つねに三界に流転して、曠劫よりこのかた出離の縁なきみと信知すべし」とすゝめて、つぎに「弥陀誓願の深重なるをもて、かゝる衆生をみちびきたまふと信知して、一念もうたがふこゝろなかれ」とすゝめたまへり。

このこゝろをえつれば、わがこゝろのわるきにつけても、(250)弥陀の大悲のちかひこそ、あはれにめでたくたのもしけれとあおぐべきなり。もとより、わがちからにてまいらばこそ、わがこゝろのわるからむによりて、うたがふおもひをおこさめ。ひとへに仏の御ちからにてすくひたまへば、なにのうたがひかあらむとこゝろうるを、深信といふなり。よくよくこれをこゝろうべし。(『後世』一〇一頁九行―一〇三頁一〇行)

ここで、『捨子問答』Ⓜは、非常に長文であるが、それが『後世物語』ⓜにおいては、まず量的には半分以下に縮少され、さらにそれに加えて、多くの重要な変更がなされている。

そこでまず、『捨子問答』Ⓜにおける〝師〟の答えの趣旨を簡略にまとめてみよう。特に最終段落については、私には意味の取れない個所が多いが、〝師〟の答えの全体の趣旨は、ほぼ次のようなものと思われる。

「念仏しても罪が滅する際限は見えない」と人から非難されて念仏往生(念仏によって往生できるということ)を疑うことは、浄土の教に反し、また、深心を具えていないことにもとづく問いである。たとえ称えた名号によって罪が滅するといっても、生死や煩悩は際限がない。阿弥陀仏の来迎に預って生死を脱し、無生法忍を得た菩薩と成った後で、罪が滅する際限も知ることができる。まして、この身は現に罪悪生死の凡夫であって、死に際して息がとまる時までは、貪瞋具足の凡夫であるが、来迎を蒙り、観音の蓮台に坐った時に、無生法忍を得た菩薩となる。このときの臨終の一念は、百年の業より勝れている。最後の念仏の力、名号の不思議の力によって、極楽に往生し、三明六通自在を得、三十二相を具足する。これが浄土の教で、罪の滅する際限とするものである。もし娑婆世界にいる間に、罪が滅して清浄となるというなら、この世界で悟りをひらくことになるから、それは聖道門の断惑証理の立場であって、浄土宗の立場ではない。

善導の『観経疏』にも、深心について二つの解釈が見られる。一つは、深く自身は罪悪生死の凡夫であり、常に輪廻に流転して出離の縁はないと信知せよと勧めている。二つには、阿弥陀仏の四十八願は深重であって、このような造悪流転の凡夫を済度すると信知して一念も疑う心があってはならないと勧めている。

実際、我々は罪悪深重で生死から出離する縁のないものであるから、三世の諸仏の教化からも漏れ、十方の浄土への門もとざされて、いつ出離できるかも分らない状態である。しかるに、たまたま人身を得て、今度阿弥陀の願に値わなかったとしたら、また三悪道に帰らなくてはならないであろうが、その三悪道には帰るまい(251)と考えて、往生の行である念仏に励むべきである。世の中でどんなに有難い智者であろうとも、「我々のような愚鈍なものは、阿弥陀の他力に乗れない」とか、「専ら称名に励まなくても、生死を離れることができる」とか教える人の言葉を信用すべきではない。どんな賤しい男女であろうとも、「隙なく称名に励めば、我々のような拙い器の者でも、娑婆三界の苦を離れて、不退の楽に預ることができる」と勧めるならば、その人こそ真の善知識であると思うべきである。たとえ多数の化仏報仏が、「阿弥陀仏の名号を称えることによって極楽に往生できると釈迦仏が説いたのは、嘘である。汝等は罪が深いのだから、功徳の少い僅か一生涯の念仏で往生することはできない」と言ったとしても、その言葉を信じないで、釈迦・弥陀・諸仏の勧めを信じて、一念も疑わずに称名に励むべきである。まして況んや、念仏者ではない別解別行の人が非難するのを聞いて、極楽に往生する教行を疑うのは、口惜しいことである。そのような人は、深心が欠けた人と言うのである。

まず、ここには隆寛に特有の理論と思われるものが、ほぼ正確に示されていることに注意しておきたい。それは、〝臨終来迎の時点で、蓮台に坐すとき、無生法忍を獲得し、罪が滅する〟という説である。このような説が隆寛によって説かれたことは、すでに平井正戒氏の研究によって明らかにされているが(252)、氏によって示されたように、例えば、前掲の『極楽浄土宗義』記述(131)には、

一者、凡夫往生機ト者、一切ノ善悪ノ凡夫、逢二遇ヒテ善縁ニ一、帰シ二弥陀ノ願ニ一、依テ二他力ノ願ニ一、蒙ル二来迎ヲ一時、忽ニ断ジ二無明ヲ一、得テ二無生忍ヲ一、登ル二初住ノ位ニ一、是レ其ノ凡夫往生ノ機也。

と説かれていたのである。従って、『捨子問答』は、隆寛の説をかなり忠実に継承していることが知られ、この点から

見ても、『捨子問答』が隆寛の弟子系統の者によって著作されたことが、確認されるであろう。

さて、『後世物語』の著者、即ち、私見によれば親鸞は、『捨子問答』Ⓜの内容に様々な点で修正を加えて、『後世物語』ⓜのテキストを作成していると考えられる。そこで、それらについて以下に述べたいが、まず、『後世物語』ⓜには〝三心〟の一つである「深心」という語が全く用いられていないことが注目される。即ち、『捨子問答』Ⓜには、その第一段落と第三段落と最終段落末尾に、三回にわたって「深心」の語が認められる。つまり、「深心ヲ具足セザル上ノ……」「深心ノ下ニ二ツノ釈アリ」「深心カケタル人ト云フ也」という表現に含まれるものである。しかるに、『後世物語』ⓜでは、これらの表現に対応するものは、「信心のかけたるこころなり」「信心ふたつの釈あり」「深信といふなり」である。つまり、三つの「深心」の語が、「信心」「信心」「深信」に変えられているのである。勿論、善導の『観経疏』では、

(190)言《フハ》二深心《ト》一者、即《チ》是《レ》深信之心也。(『浄全』二、五六頁上)

という解釈が示されたのであるから、「深心」が「深信」や「信心」に置き換えられても何の不都合もないと考えられるかもしれない。しかし、問題になるのは、論の構成上、「深心」という語を示さなくてもよいのかという点である。つまり、『捨子問答』第六問答、『後世物語』第五問答では、〝三心〟中の「深心」が扱われなければならない筈である。その点は、『捨子問答』第四答Ⓘに、「心ノ底ヲ顕シ給へ。其ノ心根ハ三心ニ当リ不レ当トヲ分別セン」とあり、『後世物語』第三答ⓘに、「おのおの存ぜられむところのここちをあらわしたまへ。それをききて三心にあたりあたらぬよしを分別せむ」とあり、この「三心」に関する問答提起を受けて、『捨子問答』第五問答、『後世物語』第四問答では、「三心」中の「至誠心」が扱われたことによっても、理解される。

従って、『後世物語』第五答ⓜでは、「三心」中の「深心」についての解釈が示されなければならず、当然そこには、本来『観無量寿経』の経文で用いられていた[253]「深心」という語がなければならない筈なのであるが、この語がそのま

まの形ではそこに一度も用いられず、「深信」や「信心」という語に置き換えられて示されていることは、何といっても、形式的な面から見た論構成上の著者の失敗と見なされるべきものであろう。おそらく「信心」を何よりも強調する親鸞は、自らの主張を明確に示そうとして、「深心」という語を出すべきところに、形式的な不整合をも無視して、「深信」や「信心」という語を用いてしまったのであろう。

次に、『後世物語』ⓜには、親鸞特有の表現と思われるものが、いくつか見られる。まず、ⓜ冒頭に、「このこと人ごとになげくこころねなり」とあるが、「人ごとに」という表現を、親鸞はその著作において、少なくとも一回は用いている。即ち、『正像末和讃』「愚禿悲歎述懐」(二)には、次のようにあるのである。

〔191〕外儀のすがたはひとごとに
　　賢善精進現ぜしむ
　　貪瞋邪偽おほきゆへ
　　奸詐もゝはし身にみてり。(『定本』二(1)、二〇八頁上)

このように、「ひとごとに」の語が親鸞の著作に一回用いられているだけでは、これを親鸞特有の表現と見ることはできないと思われるかもしれないが、しかし驚くべきことに、一遍(一二三九―八九)の語録である『一遍上人語録』巻下には、次のような記述が見られるのである。

〔192〕決定往生の信たらずとて人ごとに歎くは、いはれなき事なり。凡夫のこゝろには決定なし。決定は名号なり。しかれば決定往生の信たらずとも、口にまかせて称せば往生すべし。是故に往生は心によらず、名号によりて往生するなり。決定の信をたてゝ往生すべしといはゞ、猶心品にかへるなり。わがこゝろを打すてゝ一向に名号によりて往生すと意得れば、をのづから又決定の心はおこるなり。(『仮名法語集』一二九頁)

ここに、「人ごとに歎く」という『後世物語』ⓜ冒頭の「人ごとになげく」と全く一致する表現が認められる。これをどのように考えるべきであろうか。「人ごとになげく」などというのは、当時の誰でもが用いたごく一般的な表現であり、両者に特別な関係を認める必要はないのであろうか。それともやはり何等かの関係があるのであろうか。

『一遍上人語録』記述〔192〕の内容を見ると、それは「決定の信をたてて往生すべし」という主張を批判したものであるから、これは論理的には、親鸞の〝信心正因〟説に対する批判になり得ているというのが、私の理解である。(254)すると、『後世物語』が親鸞の著作であるとすれば、「人ごとになげく」という語を有する『後世物語』ⓜと『一遍上人語録』記述〔192〕とには、何等かの関係、後者が前者を踏まえて成立しているという可能性も想像されるのである。

では、『後世物語』ⓜで「人ごとになげく」というのは、何を歎いているのであろうか。ⓜの直前には、つまり、『後世物語』①の末尾には、「仏の本願をうたがうにはあらねども、わがみのわるきこころねにては、たやすく往生ほどの大事おばとげがたくこそ候へと」とあったのである。ここで〝歎く〟という行為の対象、または内容は、直接的には、〝わが身が悪いので、往生はできない〟ということであるようにも思われるが、しかし、これはまた同時に、「本願をうたがう」ことでもあるから、ここでは、「信」がないこと、つまり、『一遍上人語録』記述〔192〕の言葉を用いれば、「決定往生の信」がないことを歎いているとも考えられるのである。とすれば、「人ごとになげく」の対象、または内容は、〝不信〟であるという点で一致しているから、『後世物語』ⓜと『一遍上人語録』記述〔192〕との間に何等かの関係があったと想定することは、左程不合理であるとも思えないのである。

次に、『後世物語』ⓜ第二段落には、「よくよくきくべし」という語が見られるが、すでに論じたように、(255)「よくよく……〔べし〕」は、親鸞が多用した表現であって、「よくよくきくべし」に類似したものとしては、真仏宛の「真蹟書簡」に、

〔193〕この御ばう、よく〳〵たずね候て候なり。こゝろざしありがたきやうに候ぞ。さだめてこのやうは申され候はんずらん。よく〳〵きかせ給べく候。(『定本』三(2)、一〇頁)

とあるのである。

なお、『後世物語』ⓜの末尾には、「よくよく……こころうべし」という表現があり、これも親鸞愛用の表現であるように思われる。

次に、『後世物語』ⓜ第二段落には、「ゆめゆめあるまじきことなり」という表現が見られるが、これについては、全くの同文が、『親鸞聖人御消息集』第三通（広本、第八通）に、次のように出ている。

⒇そのやうは『唯信鈔』にくわしくさふらふ。よく〳〵御覧さふらふべし。一念のほかにあまるところの念仏は、十方の衆生に回向すべしとさふらふも、さるべきことにてさふらふべし。十方の衆生に回向すればとて、二念三念せんは往生にあしきことゝおぼしめされさふらはゞ、ひがごとにてさふらふべし。念仏往生の本願とこそおほせられてさふらへば、おほくまふさんも、一念・一称も、往生すべしとこそうけたまはりてさふらへ。かならず一念ばかりにて往生すといひて、多念をせんは往生すまじきとまふすことは、ゆめ〳〵あるまじきことなり。『唯信鈔』をよく〳〵御覧さふらふべし。（『定本』三⑵、一三一―一三二頁）

しかも、ここには、「よくよく……べし」の表現までもが、見られるのである。『後世物語』が親鸞の著作であることは、最早明らかであろう。なお、「ゆめゆめ」という表現を親鸞が多用し、特に「ゆめゆめあるべからずさふらふ」という表現を親鸞がその著作（書簡）において、五回も用いていることは、『親鸞用語索引』[256]によって明らかである。

次に、『後世物語』ⓜにおいて、思想的な意味で重要な文章に注目したい。それは、

⒯わがみのつみによりて往生をうたがふは、仏の本願をかろしむるにあらずや。

というものである。これは、結論より言えば、『捨子問答』と『後世物語』の思想的立場の相違を示す最大の問題、つまり、〝造悪無礙〟説に関係する文章である。

まず、この文章⒯に関する了祥の説明を見てみよう。それは、次の通りである。

〈195〉「我身ノ罪ニヨリテ」等。機法ノ深心ガ本願ノ意ヂヤデ、「如何ナル悪機デモタスケル」ト云フ本願ヂヤモノヲ、「コノ悪心デハ往生如何」ト思フハ、「如何ナル悪デモ助ケル」ト云フ仏願ヲ「合点ガユカヌ」ト思フ理ニ当ルデ、「弥陀ノ仏願ヲカロシムル」ト責メタモノ。

時ニ此処ニ一寸シタ言ヂヤガ、『和灯』ノ『七箇条』二ノ十三左ニ「罪ヲ造ラジト身ヲ慎ンデヨカラントスルハ、阿弥陀仏ノ願ヲカロシムルニテコソアレ」トシテ御破シナサレテアル。全体コノ『仮名七箇条』ハ疑ハシイモノ。サリナガラ其レデ見ルト、「罪ヲオソレルハ、仏願ヲカロシメルノヂヤ」ト云フ事ハ、一念義ガ口癖ヂヤトミエル。然ルニ今此ノ文ガ其ノ一念義ノ言ト同ジテオル。一寸見ルト不審ガ立ツガ、全体隆寛ノ正意ハ『一多分別事』ナドデ見ルト、一念トテサノミ破スルデナイ。ヨリテ「本願ヲ軽シメル」ト云フガ一念義ノ言デモ、理ニアタレバ、サノミ取ルニ子細ナシ。(『後世講義』七三頁下―七四頁上)

ここで了祥は、『後世物語』ⓜの「仏の本願をかろしむる」という表現が、『七箇条の起請文』の「阿弥陀ほとけの願をかろしむる」という表現と一致することを指摘している。即ち、法然に帰せられる『七箇条の起請文』の第二条(257)には、

〈196〉一、「つみをつくらじと身をつゝしんでよからんとするは、阿弥陀ほとけの願をかろしむるにてこそあれ。又念仏をおほく申さんとて、日々に六万遍なんどをくりゐたるは、他力をうたがふにてこそあれ」といふ事のおほくきこゆる。かやうのひが事ゆめゆめもちふべからず。まづいづれのところにか、阿弥陀はつみつくれとすゝめ給ひける。ひとへにわが身に悪をもとゞめえず、つみのつくりゐたるまゝに、かゝるゆくゐほとりもなき虚言をにくみいだして、物もしらぬ男女のともがらを、すかしほらかして罪業をすゝめ煩悩をおこさしむる事、返々天魔のたぐひなり。外道のしわざ也。往生極楽のあだかたきなりとおもふべし。又念仏のかずをおほく申すものを、自力をはげむといふ事、これ又ものもおぼえず、あさましきひが事也。(『昭法全』八一〇―八一一頁)

と述べられているのである。この『七箇条の起請文』は、了祥が「全体コノ『仮名七箇条』ハ疑ハシイモノ」と言うように、真偽の程は疑わしいが、右の記述〈196〉で提示され、そして「ひが事」として否定されているのは、〝多念〟を〝自力〟として非難し〝一念〟＝〝他力〟を主張する〝一念義〟であることは、明らかである。しかも、その〝一念義〟は、「つみをつくらじと身をつつしんでよからんとするは、阿弥陀ほとけの願をかろしむるにてこそあれ」と説く点において、〝造悪無礙〟説と結合している。これは丁度、弁長の『浄土宗名目問答』記述〈71〉において反論として提示される

畏《ルハ》二罪業《ヲ》一不レ信《ゼ》二念仏《ヲ》一也。申《スハ》二数遍《ヲ》一疑《フ》二本願《ヲ》一也。然《レバ》則《チ》不レ畏《レ》二造罪《ヲ》一、恣《ニ》造《ル》レ罪《ヲ》、是信《ズル》二念仏《ヲ》一之人也。

という「有人」の主張において、〝造悪無礙〟説と〝一念義〟が結合していたことに、一致している。[258] しかも、両者においては、つまり、『浄土宗名目問答』記述〈71〉と『七箇条の起請文』記述〈196〉とにおいては、まず〝造悪無礙〟説が提示され、次に〝一念義〟が提示されるという順序までが一致している。これはおそらく後者が前者の影響下に成立していることを示しているであろう。いずれにせよ、以上の考察によって、「〝罪ヲオソレルハ、仏願ヲカロシメルノヂヤ〟ト云フ事ハ、一念義ガ口癖ヂヤトミエル」という了祥の評価が全く適切なものであることが、知られたであろう。

しかるに了祥は、「然ルニ今此ノ文ガ其ノ一念義ノ言ト同ジテオル」と述べて、『後世物語』ⓜ㋞の「わがみのつみによりて往生をうたがふは、仏の本願をかろしむるにあらずや」という〝師〟の答えに、「一念義ノ言」との一致を指摘しているのである。確かにこれは了祥にしてのみ始めて可能な鋭い指摘であったと思われる。私自身も了祥の説明がなければ、この「一寸シタ言」を読みすごし、『七箇条の起請文』との表現の一致を見落していたであろう。要するに、『後世物語』の著者、即ち、親鸞は、『後世物語』第三答ⓘの「まことにしかなり」という文によって〝一念義〟を全面的に認めていたのと同様に、ここでも、「仏の本願をかろしむるにあらずや」と述べることによって、〝一念義〟

を承認しているのである。

了祥自身は、『後世物語』の著者を隆寛系統の人物と見なしているので、〝多念義〟の祖と言われる隆寛が何故ここで〝一念義〟を認めているのかという疑問に答えるために、〝『一念多念分別事』等を見ると、隆寛の説は必ずしも多念義ではなく、一念義を否定していない〟という自説[259]を展開しているが、後に論じるように、確かに〝一念義〟を否定してはいない『一念多念分別事』も、実は親鸞の著作なのである。[260]

しかるに、

(ソ)わがみのつみによりて往生をうたがふは、仏の本願をかろしむるにあらずや。

という『後世物語』ⓜの文章において、親鸞が認めているのは、単なる〝一念義〟ではない。それは〝造悪無礙〟説と結合した〝一念義〟、あるいは、端的には、〝造悪無礙〟説そのものであって、〝一念〟〝多念〟の問題は、この文章の表面には現れていない。つまり、『浄土宗名目問答』記述〔71〕の前掲の文章に見られる二要素、つまり、「畏罪業、不信念仏也」と「申数遍、疑本願也」という語によってそれぞれ示される〝造悪無礙〟説と〝一念義〟という二要素のうち、前者の〝造悪無礙〟説に相当するものだけが、(ソ)に説かれているのである。おそらくこれは、『後世物語』の著者たる親鸞の根本的立場にもとづくものであろう。というのも、すでに論じたように、『捨子問答』と『後世物語』の内容上の最大の相違を言えば、それは前者のⒹⒺに見られる〝造悪無礙〟説批判を後者が欠落させていることだからである。しかも、この『後世物語』ⓜの(ソ)で、今度はその著者は、〝造悪無礙〟説を説く〝一念義〟論者と同様の論述をなすことにより、〝造悪無礙〟説を容認しているのである。

これについて、『後世物語』の著者、即ち、私見によれば親鸞によって認められる〝造悪無礙〟説とは、〝未来造悪無礙〟説（〝これから悪をなしても往生の礙りにはならない〟という説）ではなくて、〝過去造悪無礙〟説（〝これまで過去になした悪は往生の礙りにはならない〟という説）であるという見方も可能であるかもしれない。しかし、『浄土宗名目問答』

記述〔71〕と『七箇条の起請文』記述〔196〕で提示された〝造悪無礙〟説とは、前者に「造罪令勧進也」という語があり、後者に「罪業をすすめ」という語があることによっても知られる通り、〝未来造悪無礙〟説なのである。そしてその〝未来造悪無礙〟説と同様の表現、つまり、了祥の言う「一念義ガ口癖」が、『後世物語』ⓜにおいて、その著者の立場を示すものとして用いられているということは、その著者、即ち、私見によれば親鸞は、〝未来造悪無礙〟説に対する批判的視点を欠き、むしろそれに対して好意的な立場、あるいはそれを容認するような立場をとっていたのではないかと推測されるのである。

なお、〝一念義〟や〝造悪無礙〟説の容認という内容と関連して、『後世物語』ⓜには、〝多念義の排除〟という性格が強く認められる。この点でまず、ⓜには、「念仏」という語が一回も用いられていないことに注意したい。『捨子問答』Ⓜの冒頭部分に、「念仏往生ヲウラ思ハン事ハ」という語があるが、これが、『後世物語』ⓜでは、「念仏」を削除して「往生をうたがふは」に変られているのである。この削除は、〝「念仏」〔称名〕〔多念〕よりも「信心」〔一念〕が往生の正因である〟という『後世物語』の著者、即ち、親鸞の根本的立場にもとづいてなされたものであろう。

さらに、『捨子問答』Ⓜの第一段落の「念仏シテ往生ス」や最終段落の「一期ノ念仏」などという語も、『後世物語』ⓜには欠落しているのである。特に「一期ノ念仏」という語は、〝一生涯の念仏〟という意味で明確に〝多念〟を意味しており、『捨子問答』では、ここを含めて三回用いられるが、[261]『後世物語』では全て削除されている。[262]これも、親鸞が〝多念義〟を嫌ったからであろう。

なお、「一期ノ念仏」という語は、隆寛の『具三心義』巻下の

〔197〕以《テ》二曠劫具造之悪《ヲ》一為《シ》レ重《ト》、以《テ》二一期《ノ》念仏業《ヲ》一為《スハ》レ軽《ト》、偏《ニ》拘《カカハレテ》二自力之道理《ニ》一、不《ル》レ顧二他力之勝用《ヲ》一也。可《シ》レ悲《ム》々々。（『隆寛集』一六頁上―下）

という記述に認められる。『捨子問答』に、この語が用いられるのも、このような隆寛の表現にもとづくであろう。

さらに言えば、『後世物語』ⓜには、「念仏」という語が単に見られないばかりか、「念仏」、つまり、″称名″を意味する表現自体が欠けているのである。この点を示すために、ⓜの最終段落を次に挙げてみよう。

(タ)このこゝろをえつれば、わがこゝろのわるきにつけても、弥陀の大悲のちかひこそ、あはれにめでたくたのもしけれとあおぐべきなり。もとより、わがちからにてまいらばこそ、わがこゝろのわるからむによりて、うたがふおもひをおこさめ。ひとへに仏の御ちからにてすくひたまへば、なにのうたがひかあらむとこゝろうるを、深信といふなり。よくよくこれをこゝろふべし。(263)

ここに、「弥陀の大悲のちかひこそ、あはれにめでたくたのもしけれとあおぐべきなり」とある。この「めでたくたのもしけれ」は親鸞愛用の表現であると思われるが、(264)ここには「ちかひ」を「あおぐ」ことのみが言われ、″称名″については、全く述べられていない。「ひとへに仏の御ちからにてすくひたまへば」という語にも、″他力″による″救済″のみが説かれていて、″称名″のことは、言われていない。つまり、この一節(タ)には、″称名″については一切言及がなされていないのである。しかるにこれに対して、『捨子問答』Ⓜの最終段落には、

(チ)釈迦弥陀并ニ六方恒沙ノ諸仏ノ御勧メヲ憑ミテ、一念モ不レ疑、露計リモウラ思ハズシテ、慇ニ勤ムベシ。

と述べられているのである。ここで「慇ニ勤ムベシ」は、正に慇懃なる″称名″、精進としての″多念″を意味するであろう。

また、隆寛の″多念義″を特徴づけているのは、″臨終来迎″説、″臨終業成″説であるが、『捨子問答』Ⓜには、「阿弥陀仏ノ来迎ニ預テ」とか、「観音ノ蓮台ニ趺ヲ結ブ時」という語によって″来迎″が説かれているのにかかわらず、『後世物語』ⓜには、″来迎″について、全く言及がないのである。これは『後世物語』の著者たる親鸞が、基本的には″来迎″説を否定したからであろう。(265)

また、″来迎″に関連して、「臨終ノ一念」の問題がある。隆寛が「臨終ノ一念」を重視し″臨終業成″の立場をと

ったことは、平井正戒氏の研究によって明らかにされている。即ち、隆寛の著作とされる『散善義問答』には、
〔198〕正《ク》乗《ズル》二本願《ニ》一事《ハ》、最後《ノ》一念《ナリ》。正《ク》乗《ズル》二蓮台《ニ》一事《ハ》、臨終《ノ》一念《ナリ》。以《テ》二尋常《ノ》一念《ヲ》一有《リ》レ乗《ズルコト》二本願《ニ》一、善導懐感等人是《レ》也。其《ノ》余《ノ》行人《ハ》以《テ》二尋常念仏《ノ》力《ヲ》一成二就《シテ》最後《ノ》正念《ヲ》一乗《ズル》二本願《ニ》一也。（『隆寛集』六三頁下）
と説かれている。[266] つまり、善導・懐感等の人を除き、[267] その他の一般の人々は、「尋常ノ念仏」の力で「最後ノ正念」を成就して本願に乗じるというのである。この「最後ノ正念」が、ここで「最後ノ一念」とも「臨終ノ一念」とも言われていることは、明らかであろう。

『捨子問答』Ⓜ第一段落の
㋡此ノ臨終ノ一念、百年ノ業ニモ勝タリ。最後ノ念仏ノ功ニ依リテ、無始生死ノ昔ヨリ離レガタキ生死ノ古郷ヲ離ル。
という一節が、右に示した『散善義問答』記述〔198〕に示されるような隆寛の考え方にもとづいて成立していることは、確実だと思われる。あるいは、直接『散善義問答』記述〔198〕を踏えて、この一節が成立している可能性も否定できないであろう。なお、㋡前半の「此ノ臨終ノ一念、百年ノ業ニモ勝タリ」というのは、本来『往生要集』巻中末の
〔199〕臨終《ノ》一念勝《ハレタリ》二百年《ノ》業《ニ》一。（『浄全』十五、一一六頁上）
という語[268]にもとづくものであるが、隆寛の〝多念義〟〝臨終業成〟説を明示する言葉であるとも言えるであろう。

しかるに、この『捨子問答』の一節㋡は、『後世物語』では、次のように変更されて示されているのである。

㋢すべてつみ滅すといふは、最後の一念にこそみをすてゝかの土に往生するをいふなり。

この両者㋡と㋢を比較すれば分るように、『後世物語』の「最後の一念」は、確かに、『捨子問答』の「臨終ノ一念」と「最後ノ念仏」という二つの語にもとづいて形成された表現であろう。しかし、『後世物語』の文章㋢の方には、隆寛の〝多念義〟〝臨終業成〟説を明示する「此ノ臨終ノ一念、百年ノ業ニモ勝タリ」という語に相当するものが欠落しているのである。

さらに言えば、『捨子問答』㋡の方には「最後ノ念仏ノ功ニ依リテ」とあり、〃最後の念仏の功徳によって、往生が成立する〃という〃臨終業成〃説、〃臨終正念〃説が見られるのに対して、『後世物語』㋢の方には「功」という語も、「依リテ」という語もなく、単に「最後の一念にこそみをすてゝかの土に往生する」と言われているだけなのである。しかし、「最後の一念にこそみをすてゝかの土に往生する」というのは、ある意味では当然のことであろう。というのも、「最後の一念」とは、この娑婆での人生の最後の瞬間を言うからである。〃信の一念義〃を説くと思われる親鸞の立場においても、〃平生に信の一念を獲得した時点で、不退になる〃とは言うものの、その時点で、「みをすてゝかの土に往生する」とは説く筈もないのである。つまり、いかに親鸞であろうとも、「みをすてゝかの土に往生する」のは、「最後の一念」、つまり、臨終の時点であることは、否定しようがないであろう。従って、『後世物語』ⓜの㋢すべてつみ滅すといふは、最後の一念にこそみをすてゝかの土に往生するをいふなり。

という文章は、親鸞の〃一念義〃の立場と何等矛盾するものではなく、そこには隆寛の〃多念義〃に特徴的な〃臨終正念〃説、〃臨終業成〃説は削除され、全く示されていないと考えられる。

なお、このことに関連して、ここで、『閑亭後世物語』巻下の

〔200〕問。「臨終の一念は、百年の業に勝れたり」と云ふ事の候なるは、何《いか》に平生のも臨終のも、念仏の功力は同事とは候ぞ。答。同事と云ふは、三心具足の念仏は始も終も差別なし。おとりまさりを論ずる事は、信心のありなしに依るべし。(『閑亭』五〇頁上)

という記述について、若干述べておきたい。というのも、ここには『捨子問答』とは異なる『閑亭後世物語』の思想的立場がよく示されていると思われるからである。即ち、記述〔200〕の「問」の中に示される「臨終の一念は、百年の業に勝れたり」というのは、〃平生の念仏〃より〃臨終の念仏〃の方が功徳が大きいという考え方であるが、これは、直接的には、『往生要集』記述〔199〕というよりも、『捨子問答』Ⓜ㋡の「此ノ臨終ノ一念、百年ノ業ニモ勝タリ」を

承けて言われたのであろう。しかるに、記述〔200〕の「答」の中に示される

三心具足の念仏は始も終も差別なし。おとりまさりを論ずる事は、信心のありなしに依るべし。

というのは、〝平生の念仏〟と〝臨終の念仏〟には、それが「三心具足の念仏」である限りは、優劣はないというのである(269)。

では、その場合、「三心」とは具体的には何を指すかと言えば、その答えは、「おとりまさりを論ずることは、信心のありなしに依るべし」という文章に示されている。つまり、「三心」とは、具体的には「信心」をさしており、その「信心」の有無が念仏の優劣を決定するというのである。これは、正に親鸞の〝信心正因〟説と同じ考え方を説くものに他ならない。また、「三心」を「深心」、つまり、「信心」の一心に帰着させ、「信心」の一心に〝つめる〟(270)のも親鸞独特の理論である。従って、『閑亭後世物語』は、すでに論じたように(271)、親鸞に連なる真宗系統の人物が『捨子問答』を論破するために作成したのではないかと想像される。また、このように考えれば、親鸞の著作と思われる(272)『唯信鈔』の引用と見られるものが、『閑亭後世物語』に存在することについても(273)、納得がいくであろう。

では、ここで再び『捨子問答』Ⓜと『後世物語』ⓜに戻って、その第二段落の内容について考察してみよう。その第二段落とは、次のようなものであった。

(ト)若シ此ノ娑婆世界ニ有リナガラ罪消テ清浄ニ成ルト云ハバ、サテハ此ノ界ニ有リナガラ覚《サトリ》ヲ開キ候ベキニヤ。是レハ聖道門ノ義也。浄土宗ノ義ニ非ズ。故ニ『選択集』ニハ、「凡ソ聖道門ノ大意ハ、大乗及ビ小乗ヲ論ゼズ、此ノ娑婆世界ノ内ニシテ、四乗ノ道ヲ修シテ、四乗ノ果ヲ得ル也」。迷ヲ断ジテ悟ヲ開クト云ハバ、雲晴レヌレバ月明カナリ。灯来リテハ闇去ルガ如シ。然ルヲ若シコヽニシテ罪消エバ、則チ悟ヲ開キナン。悟ヲ開カバ罪消ナン。若シ然ラバ此土ノ断道ノ義ナリ。剰ヘ即身成仏トモ云ヒツベシ。是レハ三論法相華厳天台等ノ八宗ノ心也。故ニ聖道門ノ断惑証理ノ宗ニテ、曾テ浄土門ノ義ニ非ズ。

(ナ)なんぢこゝろをしづめてよくよくきくべし。このみにおいてつみきえてこゝろよくなるべしといふことは、ゆめゆめあるまじきことなり。さあらむにとりては、即身成仏にこそあむなれ。なん条の穢土をいとひて浄土にむまれむといふみちならむや。すべてつみ滅すといふは、最後の一念にこそみをすてゝかの土に往生するをいふなり。さればこそ浄土宗とはなづけたれ。もしこのみにおいてつみきえはてなばさとりひらけなむ。さとりひらけなば、すなわち仏ならむ。仏ならば、いはゆる聖道門の真言仏心天台華厳等の断惑証理門のこゝろなるべし。

この二つの記述には、「浄土門」と「聖道門」の区別が説明されていると考えられる。しかし、結論より先に言えば、『後世物語』(ナ)の説明は、『捨子問答』(ト)の説明に比べて、整理されたものとなっており、従って、(ナ)が(ト)にもとづいて作成されたことが、知られるであろう。即ち、まず、「聖道門」と「浄土門」の区別については、『選択集』第一章の次の説明こそが、その後の法然系統の人々にとって基準とも言えるものとなったことは、確実であろう。

(201)且就《クテ》二浄土宗《ニ》一略《シテ》明《サバ》二二門《ヲ》一者、一者《ニハ》聖道門、二者《ニハ》浄土門《ナリ》。初《ニ》聖道門者《トハ》就《テ》レ之有《リ》レ二《ニ》。一者《ニハ》大乗、二者《ニハ》小乗《ナリ》。就《テ》二大乗中《ニ》一雖《ドモ》レ有《リト》二顕密権実等不同《ノ》一、今此集意《ノ》唯存《ス》二顕大及以《ビ》権大《ヲ》一。故当《ニ》二歴《ル》劫迂廻之行《ニ》一。准《ジテ》レ之思《フニ》レ之応《シ》レ存《ス》二密大及以実大《ヲ》一。然則《レバチ》今真言仏心天台華厳三論法相地論摂論此等八家之意正在《リ》レ此《ニ》也。応《シ》レ知《ル》。次小乗者《トハ》、総是《レ》小乗経律論之中所《ノ》レ明《ス》声聞縁覚断惑証理入聖得果之道也。准《ジテ》レ上思《フニ》レ之亦可《キ》レ摂《ス》二倶舎成実諸部律宗《ヲ》一而已《ノミ》。凡此聖道門《ノ》大意者《ハ》、不レ論《ゼ》二大乗及以《ビ》小乗《ヲ》一。於《テ》二此娑婆世界之中《ニ》一修《シ》二四乗道《ヲ》一得《ル》二四乗果《ヲ》一也。四乗者《トハ》、三乗之外加《フ》二仏乗《ヲ》一也。次往生浄土門者《トハ》、就《テ》レ此有《リ》レ二《ニ》。一者《ニ》正明《スノ》二往生浄土《ヲ》一之教。二者《ニ》傍明《スノ》二往生浄土《ヲ》一之教《ナリ》。(『昭法全』三一一—三一二頁)

この説明によるならば、「聖道門」は、「於此娑婆世界之中」、つまり、〝この娑婆世界で〟、「断惑証理」し、「入聖得果」する教えであると規定されている。ということは、「浄土門」とは、〝極楽浄土〟に〝往生〟してから、〝極楽浄土〟で、「断惑証理」「入聖得果」する教えであると規定されていることになるであろう。つまり、「断惑証理」「入聖得果」、あるいは、〝得道〟が、この〝娑婆世界〟でなされるのか、〝極楽浄土〟でなされるのかが、「聖道門」と「浄土門」を分つ基本的なポイントとされているのである。

従って、親鸞が『教行信証』「化身土巻」で、「聖道門」と「浄土門」の違いを、次のように説明するとき、その説明は、基本的には『選択集』記述〔201〕の説明と合致していると考えられる。

〔202〕凡就《ソテ》二一代教《ノニ》一於《テ》二此界《ノ》中《ニ》一入聖得果《スルヲ》　名《ク》二聖道門《ト》一云《ヘリ》二難行道《ト》一。就《テ》二此門《ノ》中《ニ》一有《リ》下大小漸頓一乗二乗三乗権実顕密竪出竪超上、則是自力利他教化地方便権門之道路也。於《テ》二安養浄刹《ニ》一入聖証果《スルヲ》　名《ク》二浄土門《ト》一云《ヘリ》二易行道《ト》一。（『定本』一、二八九―二九〇頁）

しかし、前掲の『捨子問答』(ト)においても、『後世物語』(ナ)においても、「聖道門」と「浄土門」は、「入聖得果」が〝娑婆〟でなされるか、〝極楽〟でなされるかということによって単純に区別されているのではない。

確かに『捨子問答』(ト)においては、『選択集』記述〔201〕の後半が引用されており、「此ノ娑婆世界ニ有リナガラ」「此ノ界ニ有リナガラ」「ココニシテ」「此土ノ」という語によって「聖道門」の「断惑証理」が規定されているので、基本的に『選択集』記述〔201〕の趣旨が継承されていることは、明らかである。しかし、『選択集』記述〔201〕と『捨子問答』(ト)の大きな違いは、後者に、「即身成仏」とか「悟」「覚」という語が見られることなのである。つまり、『捨子問答』(ト)の趣旨は、〝もしこの娑婆世界に生存している間に、罪が消えて清浄になるというなら、この娑婆世界で悟りを開くということにもなるであろうが、それは、「聖道門」の教えであり、その上さらに、「即身成仏」の教えということにもなってしまい、「浄土門」の教えとは言えない〟というものであろう。

しかし、『選択集』記述〔201〕の内容を見れば分るように、そこで法然は、「即身成仏」の教えだけを「聖道門」としているのではない。つまり、「聖道門」には、「大乗」も「小乗」もあり、また「大乗」には「顕密権実等」の区別があると言うのである。「小乗」の教えにとっての「得果」が、〝悟り〟、つまり、〝成仏〟を意味しないことは言うまでもないであろう。

また、法然が『選択集』記述〔201〕で、「歴劫迂廻之行」と呼んでいるのは、「大乗」の中の「顕大」と「権大」を指しているのであって、「大乗」中の「密大」と「実大」を、一応は〝速疾の行〟と見なしていることが知られる。つまり、記述〔201〕に「大乗」の「八家」として挙げられる「真言・仏心・天台・華厳・三論・法相・地論・摂論」の内のあるものを、法然は、〝速疾の行〟と見なしているのであろう。

しかるに、「真言」は、「即身成仏」を主張するのであるから、〝速疾の行〟であることは明らかであり、〝即心是仏〟〝頓悟〟を主張する「仏心」、つまり禅宗も、〝円頓止観〟を説く「天台」も、〝小・始・終・頓・円〟という五教判で〝頓教〟の上に〝円教〟を立てる「華厳」も、すべて〝速疾の行〟と見なされているのであろう。

従って、『選択集』記述〔201〕に出される「真言・仏心・天台・華厳・三論・法相・地論・摂論」という「大乗」の「八家」は、〝頓〟か〝漸〟か、〝速疾の行〟か三大阿僧祇劫を要すると言われる「歴劫迂廻之行」かによって、おそらく二分されているのであって、最初の四家、つまり、「真言・仏心・天台・華厳」のみが、そこでは、〝速疾の行〟たる「密大」「実大」と考えられているのであろう。

この点で、『選択集』記述〔201〕に関する存覚『選択註解鈔』巻一の次の説明は、極めて適切なものと思われる。

〔203〕大乗に付て顕大乗あり、密大乗あり、権大乗あり、実大乗あり。顕大と密大とを対する時、顕大はあさく密大はふかし。顕大の中に権大と実大とを対する時、権大はあさく実大はふかし。而に今此『安楽集』に立る所の二門の中に、聖道門と云るは、一往は先、顕大乗と権大乗となり。是等の教の意は、歴劫迂廻の行なるが故なり。密大乗と実大乗とは速疾直往の義を明すがゆへに。其の意異なれば、彼此を等じて一門とはせずと也。今此の集の意「唯存二顕大及以権大一、故当二歴劫迂廻之行一」と云へる、此意也。然るに再往是を云ふ時は、迂廻の行も直往の道も、共に自力の行、此土の得道なれば、皆惣じて聖道門の言に摂すべしと也。「准レ之思レ之応レ存二密大及以実

大ニ」と云へる、此意なり。

今挙ぐるところの八家の中に、真言は密大なり。余の七家は顕大なり。其の七家の中に、仏心・天台・華厳は実大なり。三論・法相・地論・摂論は権大なり。（『真聖全』五、一三八—一三九頁）

つまり、「一往は」、「密大乗」たる「真言」と「実大乗」たる「仏心・天台・華厳」は、「速疾直往の義」を明かすものと考えられるのである。

このように、「真言・仏心・天台・華厳・三論・法相・地論・摂論」という「大乗」の「八家」に対する法然の評価は、前半の四家と後半の四家とに対して、〝頓〟（「速疾直往」）と〝漸〟（「歴劫迂廻」）という点で、異なっていると思われるにもかかわらず、『捨子問答』(ト)には、「剰ヘ即身成仏トモ云ヒツベシ。是レハ三論法相華厳天台等ノ八宗ノ心也」という不正確とも思われる表現が見られるのである。即ち、この「八宗」が、『選択集』記述〈201〉の「八家」を意味していることは明らかであるが、すでに述べた所から明らかなように、法然より見て「大乗」の中でも、「三論」「法相」は、「歴劫迂廻之行」であって、決して〝速疾の行〟とは把えられていないのである。従って、「三論」「法相」は、「即身成仏」と結びつけられるべきではないのである。

『捨子問答』(ト)の説明は、ある意味では、「即身成仏」の問題と「聖道門」と「浄土門」の問題を、明確に区別していない点で、混乱したものとなっている。これに対して、『後世物語』(ナ)では、単純に言えば、「即身成仏」を「聖道門」、「往生」を「浄土宗」と規定することによって、『捨子問答』(ト)に見られる議論の混乱を解消し、明快な説明を提示しているように思われる。つまり、「聖道門」としては、『選択集』記述〈201〉の「大乗」の「八家」のうち、『選択註解鈔』記述〈203〉の言葉を用いれば、「速疾直往の義」を明かす「真言・仏心・天台・華厳」の名しか出さないのである。つまり、これら四宗のみが、「即身成仏」、あるいは、「即身成仏」的なものを説くと考えられるからである。

なお、親鸞が、「真言・仏心・天台・華厳」の四宗を、「頓教」と把えたことは、『愚禿鈔』巻上の次の記述によっても、明らかである。

〔204〕就《テ》二大乗教《ニ》一、有《リ》二二教一

一《ニハ》頓教

二《ニハ》漸教《ナリ》

就《テ》二頓教《ニ》一復有《リ》二二教

二超一

二教者《ハ》

一《ニハ》難行聖道之実教《ナリ》。所《ユル》レ謂《イハ》仏心・真言・法華・華厳等之教也

二《ニハ》易行浄土、本願真実之《ノ》教。『大無量寿経』等也。（『定本』二(2)、三―四頁）

従って、『後世物語』(ナ)における「聖道門」の規定は、『選択集』記述〔201〕におけるものから、すでにかけ離れている。『後世物語』の著者、即ち、親鸞は、(ナ)においては、『選択集』記述〔201〕の「於此娑婆世界之中」、及び『捨子問答』(ト)の「此ノ娑婆世界ニ有リナガラ」等の表現を、「このみにおいて」という表現に代えているが、言うまでもなく、これは、「即身成仏」を「聖道門」に結びつけるためになされたのである。つまり、単に〝此の娑婆世界において悟りをひらく〟というのでは、「即身成仏」ということにはならないが、これを〝この現身において悟りをひらく〟とすれば、「即身成仏」ということになるからである。

また、『後世物語』(ナ)においては、「浄土宗」は、専ら「往生」の教えとされ、そこに「さとり」や「成仏」のことは、一切言われていないことに注意したい。すでに論じたように、私は、〝「極楽浄土」に「往生」してから「さとり」「成仏」に至る〟というのが、浄土教の基本的な立場だと考えているが、[274] その「さとり」や「成仏」について、『後世物語』(ナ)の「浄土宗」の説明では一切述べられず、「聖道門」の説明についてのみ、それが言われているということは、

そこでは、「聖道門」と「浄土宗」が、『醍醐本』所収の『一期物語』の

〔205〕彼《ハ》成仏《ノ》教也。此《ハ》往生《ノ》教也。（『浄典研（資）』一六一頁）

という記述に見られるように、「成仏ノ教」と「往生ノ教」として対比されているのではないかとさえ感じられる。私自身は、『醍醐本』の成立に重大な疑問をもっており、右の記述〔205〕も、おそらくは親鸞以後の成立であろうと考えているが、(275) しかし、『後世物語』(ケ)の特に、

さとりひらけなば、すなわち仏ならむ。仏ならば、いはゆる聖道門の……こゝろなるべし。

という文章を読むと、ここには「聖道門」を「成仏ノ教」とし、「浄土門」を「往生ノ教」として区別するような考え方を生み出す理解が示されているように思われる。いずれにしても、「仏ならば……聖道門の……こころなるべし」というのは、異常な表現だと思われる。

では、次に『捨子問答』Ⓜ第三段落と『後世物語』ⓜの第三段落について、考察しよう。そこでは、善導『観経疏』「散善義」の〝二種深信〟説が扱われている。そこでまず、〝二種深信〟の内の〝機の深信〟、つまり、〝信機の深信〟を説く部分までの『観経疏』のテキストを示すことにしよう。

〔206〕言《フハ》二「深心《ト》」一者、即《チ》是《レ》深信之心也。亦有《リ》二二種一。一者《ニハ》決定《シテ》深《ク》信《ズ》二自身《ハ》現《ニ》是《レ》罪悪生死《ノ》凡夫《ニシテ》曠劫已来常《ニ》没《シ》常《ニ》流転《シテ》無《シト》レ有《ルコト》二出離之縁一。（『浄全』二、五六頁上）（一部は、記述〔128〕と重複）

この『観経疏』の記述〔206〕に対応する部分は、『捨子問答』Ⓜでは、

(ニ)善導ノ『観経ノ疏』ニモ、深心ノ下ニ二ツノ釈アリ。「一ニハ深ク自身ハ現ニ是レ罪悪生死ノ凡夫ナリ。曠劫ヨリ以来、常ニ没シ常ニ流転シテ出離ノ縁有ル事ナシト信知スベシ」ト勧メタリ。

となっており、『後世物語』ⓜでは、

(ヌ)善導の御釈によりてこれをこゝろうるに、信心ふたつの釈あり。「ひとつにはふかくみづからがみは現にこれ罪悪

生死の凡夫、煩悩具足して善根薄少にして、つねに三界に流転して、曠劫よりこのかた出離の縁なきみと信知すべし」とすゝめて、

となっている。しかし、この両者を仮りに『観経疏』記述〔206〕からの〝引用〟と見なした場合、いずれの〝引用〟の方がより正確であろうか。㈡と(ヌ)という二つのテキストにおける〝引用〟は、かなりの相違を示している。即ち、『捨子問答』㈡の「曠劫ヨリ以来、常ニ没シ常ニ流転シテ出離ノ縁有ル事ナシ」は、『観経疏』記述〔206〕の「曠劫已来常没常流転無有出離之縁」という語に一致しているのに対し、『後世物語』(ヌ)の「煩悩具足して善根薄少にして、つねに三界に流転して、曠劫よりこのかた出離の縁なきみ」は、この語に一致していない。「常没」に相当する表現を欠き、また「三界に」の語が加わり、さらに「煩悩具足して善根薄少にして」という句が付加されているからである。

これについて、了祥は次のように説明している。

〔207〕「煩悩具足シ善根薄少ニシテ」、コレハ『礼讃』ノカタヲ取リ込ンデ云フナリ。八万四千ノ煩悩一ツモ消サズ皆持チテオルガ具足煩悩。(『後世講義』七六頁上)

〔208〕「ツネニ三界ニ流転シテ」トハ「散善義」ノ「常没常流転」ト『礼讃』ノ「流転三界」トヲ合セタモノ。(同右、七六頁下)

つまり、『後世物語』(ヌ)における〝機の深信〟の説明には、『観経疏』「散善義」記述〔206〕の説明だけではなく、善導の『往生礼讃』における〝機の深信〟の説明も取り込まれているというのである。確かに、すでに示したように、『往生礼讃』には、〝機の深信〟が、

〔129〕信下知自身是具足煩悩凡夫、善根薄少、流二転三界一、不上レ出二火宅一。

と説かれている。つまり、「信知」「具足煩悩」「善根薄少」「三界」は、『観経疏』記述〔206〕にはない語なのである。しかも、それらは、『捨子問答』㈡にも見られない。従って、『後世物語』(ヌ)が、『往生礼讃』記述〔129〕に大きく依存

していることは、明らかであろう。しかし、『後世物語』(ヌ)には、「善導の御釈によりて」とあり、典拠としては、「善導の御釈」、つまり、『観経疏』が指示されているように見える。『往生礼讃』は、註釈ではないから、普通「御釈」とは言えないであろう。従って、『後世物語』の著者、即ち、私見によれば親鸞は、「善導の御釈によりて」と言いながら「御釈」ではない『往生礼讃』の文言をも引用に取り込んでいる点において、[276]混乱を示しているように見える。[277]では、何故親鸞は、このような表現を敢えて用いたのであろうか。それは、第一に『往生礼讃』記述〔129〕の「具足煩悩凡夫」という語を、親鸞がとり分け愛好したために、この語に相当するものを、『後世物語』(ヌ)における〝機の深信〟の説明の中に取り入れたかったからであろう。この「具足煩悩凡夫」という語に相当するのが、(ヌ)において、「……凡夫、煩悩具足して」であることは言うまでもない。

親鸞が「煩悩具足」という語をいかに愛好し多用したかは、『親鸞用語索引』[278]を見れば、一目瞭然であるが、親鸞が「煩悩具足」という語を用いた例としては、例えば『高僧和讃』「善導讃」〔一一二〕に、次のようなものがある。

〔209〕煩悩具足と信知して

本願力に乗ずれば

すなはち穢身すてはてゝ

法性常楽証せしむ。(『定本』二(1)、一一三頁上)

この詩は、「善導讃」に含まれるものであり、『往生礼讃』記述〔129〕に「具足煩悩」と「信知」という語が出ることを考えれば、第一行目は、親鸞が『往生礼讃』記述〔129〕の文言を用いて作成したものと考えられる。なお、第二行目の「本願力に乗ずれば」という表現は、後出の『観経疏』記述〔220〕の「乗彼願力」にもとづいていると思われる。

また、『親鸞聖人御消息集』第十通(広本、第十八通)にも、

〔210〕また他力とまふすは、仏智不思議にさふらふなるときに、煩悩具足の凡夫の無上覚のさとりをえさふらふなる

ことをば、仏と仏とのみ御はからひなり。さらに行者のはからひにあらずさふらふ。しかれば義なきを義とすとさふらふなり。（『定本』三⑵、一五六頁）

と示されている。さらに、『親鸞聖人御消息集』第四通（広本、第九通）にも、

(211)弥陀の御ちかひは煩悩具足の人のためなりと信ぜられ候は、めでたきやうなり。（『定本』三⑵、一三七頁）

とあるのである。

では何故、親鸞は「煩悩具足」という語を、このように愛用したのであろうか。その答えは、既に示した『唯信鈔文意』記述(88)中の

煩悩を具足しながら無上大涅槃にいたるなり。

という表現によって示唆されていると思われる。即ち、親鸞は『教行信証』「行巻」末尾の「正信念仏偈」で、

(212)能発《クスレバ》二一念喜愛心《ノヲ》一、不《シテ》レ断《ゼ》二煩悩《ヲ》一得《ルナリ》二涅槃《ヲ》一。（『定本』一、八六頁）

と述べるように、「不断煩悩」、つまり、〝煩悩を断じないこと〟を、非常に強調するのである。しかるに、もしも、ある人が〝煩悩を断じない〟とすれば、その人は「煩悩を具足しながら」ということになるであろう。

また、「不断煩悩」と「煩悩具足」が親鸞にとって同義であることは、親鸞が、右の「正信念仏偈」の「不断煩悩、得涅槃」という語を、『尊号真像銘文』（略本）で、次のように説明していることによっても、知られる。

(213)「不断煩悩、得涅槃」といふは、煩悩具足せるわれら、無上大涅槃にいたるなりとしるべし。（『定本』三⑴、六七頁）

この〝煩悩を断ぜずして涅槃を得る〟という親鸞の主張については、〝この主張は、無限定に「煩悩即涅槃」を説くものではなく、あくまで「能発一念喜愛心」、つまり、「一念の信心を凡夫が発するならば」という限定を有するときにのみ成立する〟という見方もあり得るかもしれない。しかし、私見によれば、「不断煩悩、得涅槃」という親鸞の主

張の根底には、「煩悩即菩提」「生死即涅槃」という如来蔵思想的観念、つまり〝同一性〟の哲学が確固として横たわっていると思われる。

この点は、親鸞の曇鸞評価を確認することによっても、知られるであろう。即ち、「正信念仏偈」の「不断煩悩、得涅槃」という表現は、本来、曇鸞の『往生論註』巻下の

〔214〕　荘厳清浄功徳成就者、偈《ニ》言《ヘルガ》二「観彼世界相勝過三界道《ト》」一故《ニ》。此《レ》云何《ガ》不思議《ナル》、有《レドモ》二凡夫人《ノ》煩悩成就《セル》一亦得《レバ》レ生《ズルコトヲ》二彼《ノ》浄土《ニ》一、三界《ノ》繋業畢竟《シテ》不レ牽、則《チ》是《レ》不《シテ》レ断《ゼ》二煩悩《ヲ》一得《ル》二涅槃《ノ》分《ヲ》一、焉《ンゾ》可《ケン》二思議《ス》一。（『浄全』一、二四一頁上）

という記述における「不断煩悩、得涅槃分」という表現にもとづいていることは、この記述が『教行信証』「証巻」[279]と「真仏土巻」[280]に引用され、また、親鸞の『入出二門偈頌』「曇鸞章」に、

〔215〕煩悩成就《セル》凡夫人、不《シテ》レ断《ゼ》二煩悩《ヲ》一得《シム》二涅槃《ヲ》一。（『定本』二(2)、一二一頁上）

という記述が存在することによっても、明らかなのである。

従って、親鸞の「煩悩具足」という表現は、『往生礼讃』記述〔129〕の「具足煩悩」にもとづくだけではなく、『往生論註』記述〔214〕の「煩悩成就」という語を置き換えたものとも解し得るのであり、実際、親鸞は「煩悩成就」という表現をも多用している。[281]

しかるに、親鸞の「煩悩具足」という表現の思想的淵源としては、善導よりも曇鸞の方が遙かに重要である。曇鸞は、中国における如来蔵思想の展開に極めて重要な影響を与えた思想家であり、[282]すでに『往生論註』記述〔90〕で見たように、智顗（五三八—五九七）や吉蔵（五四九—六二三）に先立って、「生死即是涅槃」という表現を用いている。曇鸞が「煩悩即菩提」という表現そのものを用いたかどうか明らかでないが、しかし親鸞は、『高僧和讃』「曇鸞讃」〔一二〕に、

(216)本願円頓一乗は
逆悪摂すと信知して(283)
煩悩菩提体無二と
すみやかにとくさとらしむ。(『定本』二(1)、九二頁上)
と述べているのである。さらに、同じ「曇鸞讃」(一五)と(一七)には、それぞれ次のようにあるのである。
(217)往相の廻向ととくことは
弥陀の方便ときいたり
悲願の信行えしむれば
生死すなわち涅槃なり。(『定本』二(1)、九三頁上)
(218)論主の一心ととけるおば
曇鸞大師のみことには
煩悩成就のわれらが
他力の信とのべたまふ。(同右、九四頁上)
以上見た所によって、親鸞が、曇鸞を、〝煩悩即菩提〟〝生死即涅槃〟と説く思想家と見なしていることが、明らかになったであろう。もっとも、『高僧和讃』記述(217)に、「悲願の信行えしむれば」と説かれ、「正信念仏偈」記述(212)に「能発一念喜愛心」と述べられたように、この〝煩悩即菩提〟〝生死即涅槃〟という〝同一性〟の哲学は〝信の一念が生じるならば〟という限定のもとに語られていることも事実である。しかるに、その〝信〟の内容とは一体何かと言えば、『高僧和讃』記述(216)に「本願円頓一乗は、逆悪摂すと信知して」と説かれ、同じく記述(209)に「煩悩具足と信知して」と示され、同じく記述(218)に「煩悩成就のわれらが、他力の信とのべたまふ」と述べられたことからも知られるように、〝他力たる本願が煩悩具足（不断煩悩）の凡夫（悪人）をすくう〟ということが〝信〟の内容とされているのであるから、その〝信〟の内容は、〝煩悩即菩提〟というテーゼと完全に異なるものではないのである。つまり、親鸞にとっての〝信〟が、〝煩悩即菩提〟という如来蔵思想的な〝同一性〟の哲学を内容としているという側面をもつことは、否定できないであろう。しかも、親鸞においては、〝悪人正機〟説や〝造悪無礙〟説も、この〝同一性〟の哲学、如来蔵思想的一元論を根拠として定立されているのである。

従って、親鸞思想の研究において、何よりも避けるべきことは、親鸞の宗教意識に深刻な罪業意識が認められることは自明の事実であると考えて、その所謂〝否定〟的側面を強調することであろう。即ち、私見によれば、親鸞思想の根底には、如来蔵思想的一元論、つまり、極めて楽天的肯定的な〝同一性〟の哲学があるのではないかと絶えず疑いつづけることによってのみ、親鸞思想に対する批判的視点が獲得されるであろう。つまり、『唯信鈔文意』（専修寺正月二十七日本）で、

〔219〕法身はいろもなし。かたちもましまさず。（『定本』三(1)、一七一頁）

と述べて、無色無形なる常住の「法身」の存在を認める如来蔵思想を説くことと、同書の記述〔88〕で、「煩悩を具足しながら（不断煩悩）、無上大涅槃にいたるなり」と説くことには、論理的一貫性があると考えられるのである。

結論として言えば、『後世物語』ⓜ第三段落(ヌ)で、親鸞が『捨子問答』Ⓜ第三段落(ニ)には無かった「煩悩具足して」という語を付加したことは、親鸞の思想的本質が如来蔵思想にあることを示していると思われる。

次に、『捨子問答』Ⓜ第三段落と『後世物語』ⓜ第三段落とにおいて、〝二種深信〟のうち、〝法の深信〟についての説明がいかに異なるかを見てみよう。それらは、次の通りである。

(ネ)「二ニハ彼ノ阿弥陀仏ノ四十八ノ誓願深重(284)ニシテ、カヽル造悪流転ノ凡夫ヲ度シ給フト信知シテ、一念モ疑ヒウラ思フ心ナカレ」ト釈シ給ヘリ。

(ノ)つぎに「弥陀誓願の深重なるをもて、かゝる衆生をみちびきたまふと信知して、一念もうたがふこゝろなかれ」とすゝめたまへり。

さらに、ここで〝法の深信〟を説くために典拠とされていると思われる『観経疏』の記述と、『往生礼讃』の記述を、次に列挙することにしよう。

〔220〕二者《ニハ》決定《シテ》深《ク》信《ズ》下彼《ノ》阿弥陀仏四十八願《ハ》摂二受《シテ》衆生《ヲ》一、無レ疑《ク》無《ケレバ》レ慮《ヒ》、乗《ジテ》二彼《ノ》願力《ニ》一、定《テ》得《ウト》中往生《ヲ》上又決定《シテ》深《ク》信《ズ》下釈迦仏、説《テ》二此《ノ》『観経』《ノ》三福九品定散二善《ヲ》一、証二讃《シテ》彼《ノ》仏依正二報《ヲ》一、使《ムト》中人《ヲシテ》欣慕《セ》上。又決定《シテ》深《ク》信《ズ》三『弥陀経』《ノ》中《ニ》、十方恒沙諸仏《ノ》、証二勧《スルコトヲ》一切凡夫《ノ》決定《シテ》得《ルコトヲ》レ生《ヲ》。(『浄全』二、五六上)(『観経疏』)

〔221〕今信丙知《シテ》弥陀《ノ》本弘誓願《ハ》及《ブマデ》下称《スルコト》二名号《ヲ》一下至《ルニ》中十声一声等《ニ》上定《テ》得《シムト》乙往生《ヲ》甲、乃至一念、無《シ》レ有《ルコト》二疑心一、故名《ク》二深心《ト》一。(『浄全』四、三五四頁下)(『往生礼讃』)

これらの記述を比較してみると、まず『捨子問答』(ネ)、『後世物語』(ノ)は、いずれも、『観経疏』記述〔220〕からの忠実な引用になっていないことが知られる。即ち、『観経疏』記述〔220〕と『往生礼讃』記述〔221〕を比較すると、前者における〝法の深信〟の説明は、『無量寿経』『観無量寿経』『阿弥陀経』の三経によって、阿弥陀仏・釈迦仏・十方恒沙諸仏という三仏の所説を信じるという構造になっているが、後者における〝法の深信〟の説明には、『無量寿経』における阿弥陀仏の本願についてしか述べられていないのである。つまり、この点では、『捨子問答』(ネ)も、『後世物語』(ノ)も、『観経疏』を典拠としているように見えながらも、実際には、『往生礼讃』記述〔221〕にもとづいて、〝法の深信〟を説いていることが知られる。このことは『捨子問答』(ネ)と『後世物語』(ノ)に出る「一念」という語が、『観経疏』記述〔220〕には見られず、『往生礼讃』記述〔221〕に用いられていることからも、理解されるであろう。

ただし、『捨子問答』(ネ)と『後世物語』(ノ)における〝法の深信〟の説明には、重大な相違があるのである。それは、『捨子問答』(ネ)の「阿弥陀ノ四十八ノ誓願」が、『後世物語』(ノ)では、「弥陀誓願」に変えられていることなのである。

勿論、『捨子問答』(ネ)の「阿弥陀仏ノ四十八ノ誓願」という語が『観経疏』記述〈220〉の「阿弥陀仏四十八願」という表現にもとづき、『後世物語』(ノ)の「弥陀誓願」という語が『往生礼讃』記述〈221〉の「弥陀本弘誓願」という表現にもとづいていることは、言うまでもないが、問題は、何故『後世物語』の著者、即ち、親鸞が「阿弥陀仏ノ四十八ノ誓願」を、『往生礼讃』記述〈221〉にもとづいて、「弥陀誓願」に変えたのかということなのである。

この問題に対する解答は、明らかであろう。即ち、親鸞は『捨子問答』(ネ)の「四十八ノ」という語を削除し、単に「弥陀誓願」と述べることによって、阿弥陀仏の願としては第十八願のみを意図したかったのである。即ち、親鸞にとっては、阿弥陀仏の四十八の願は等視されるべきものではなく、そこには「真」「仮」が分けられるのであるが、とりわけ第十八願が重要性をもつことは、親鸞の〝三願転入〟説によっても、知られるであろう。

しかるに、『往生礼讃』記述〈221〉の「弥陀本弘誓願」という語が、第十八願を意味していることは、真宗大谷派の義譲(一七九六—一八五八)が『往生礼讃聞記』巻上で、

〈222〉コトニ今ノ文ハ、次ニ「及称名号下至十声等」トアリテ、第十八願ノ「乃至十念」ヲ挙ゲテアレバ、「本弘誓願」トハ、マガフ所ナキ第十八願ノコトナリ。(『真宗全書』十五、一八九頁下)

と註釈しているように、記述〈221〉に「称名号下至十声等」という語があることによっても、明らかなのである。

また、義譲は、『往生礼讃』記述〈221〉の「乃至一念」について、次のように註釈している。

〈223〉先ヅ『礼讃』ニ「乃至一念、無有疑心」ト云フハ、疑フ心ノ一念モナキコトニテ、此ノ一念ハ疑心ノ一念ナリ。一念ノ疑心モアルコトナキコトヲ、「乃至一念」等ト云フ。今祖師聖人御引用[285]ハ、「及至一念」ノ本ニヨリ玉ヒテ、「一念ニ至ルニ及ブマデ」トヨミ玉ヒテ、「信巻」デハ、コレヲ信一念ノ証文ニ具ヘ玉フ。[286](『真宗全書』十五、一九五頁上—下)

これは、「乃至一念」の「一念」が『往生礼讃』記述〈221〉では、「疑心ノ一念」を指し、「乃至一念」を「及至一念」

として引用する親鸞の『教行信証』「信巻」では「信一念」を意味するというものであろうが、私見によれば、『往生礼讃』記述〈221〉の「乃至一念」は、『無量寿経』第十八願成就文の[287]「乃至一念」という語を採用したものであり、義譲は、この点を理解していないと思われる。従って、この『往生礼讃』記述〈221〉の「一念」を「疑心ノ一念」と解するのは不適切であり、親鸞のように「信一念」と解する方が妥当であるということになるであろう。しかし、いずれにせよ、『往生礼讃』記述〈221〉の「弥陀本弘誓願」が、第十八願のみを指していることは、記述〈221〉に出る「乃至一念」が、第十八願成就文の「乃至一念」を承けていることからも、知られるのである。

従って、『観経疏』記述〈220〉と『往生礼讃』記述〈221〉における〝法の深信〟の説明には、重大な趣旨の相違があると考えられるが、この相違を、例えば浄土宗鎮西派の懐音は、『往生礼讃纂釈』巻上で、次のように説明している。

〈224〉問。『疏』《ニ》云《フ》㆓「四十八願摂受衆生」《ト》㆒。今何《ソ》唯云《フヤ》㆓第十八願《ト》㆒。答。『疏』《ハ》談《ズ》㆓教相《ヲ》㆒。故《ニ》通《ジテ》明《シ》㆓諸行《ノ》三心《ヲ》㆒、広論《ズ》㆓四十八願《ヲ》㆒。『礼讃』《ハ》述《ブ》㆓行儀《ヲ》㆒。故《ニ》局《リテ》釈《シ》㆓念仏《ノ》三心《ヲ》㆒。略《シテ》挙《グル》㆓第十八願《ヲ》㆒也。（『浄全』続六、三一〇頁上）

これに対して、真宗大谷派の宝景（一七四六―一八二三）は『往生礼讃甲戌記』巻一で、右の『纂釈』の解釈を否定し、

〈225〉コノ釈非ナリ。『疏』モ『今釈』モ同ジナリ。総ジテイヘバ四十八、別シテハ第十八願ナリ。……余ノ四十七ハ欣慕ノタメナリ。皆第十八ノ念仏往生ヲ勧ムルタメナリ。（『真宗大系』十一、四八頁下）

と述べているが、「『疏』モ『今釈』モ同ジナリ」として、『観経疏』記述〈220〉と『往生礼讃』記述〈221〉に、趣旨の相違を認めないのは、テキストの適切な読み方ではないであろう。

また義譲も、『往生礼讃聞記』巻上で、宝景と同様に、

〈226〉此ノ『礼讃』ト彼ノ「散善義」ト、言異意全一致ニ帰スルナリ。サレバ「散善義」ノ四十八願ノ文、コレヲバ先輩ハ「四十八願ヲ全シタル第十八願ノコトナリ」トモ辨ジ、又「言総意別ナリ」トモ辨ゼラレタリ。言ハ総ジテ四十八願トノ玉ヘドモ、取ル所ハ只第十八ノ一願ナリ。（『真宗全書』十五、一九五頁下）

と述べて、「四十八願」を言う『観経疏』記述〈220〉と第十八願のみを意図する『往生礼讃』記述〈221〉の趣旨が一致することを主張している。

しかし、『観無量寿経』の「深心」を、『観経疏』記述〈206〉が、「深信之心」と説明したのに対し、『往生礼讃』が、記述〈129〉の直前で、

〈227〉深心即《チ》是《レ》真実《ノ》信心《ナリ》。（『浄全』四、三五四頁下）

と述べて、「信心」と解釈したことについて、義譲は『往生礼讃聞記』巻上で、

〈228〉今此ノ『礼讃』ハ、『観経』ノ「深心」ニ『大経』成就ノ文ノ他力信心ノ面ヲカブセテ、「深」ノ字ノオモカゲ迄モカクレタリ。全ク弘願他力真実取切ニシテ釈顕シ玉フ。夫故、「深心」ノ「深」ノオモカゲモカクレテ、打テカハリテ、明ニ他力信心ノウツクシキ深心トナリ終リタリ。爾レバ「散善義」モ『礼讃』モ、共ニ第十八ノ因願成就ニ照シテ釈シ玉ヒ、其ノ旨一致ニ帰スレドモ、「深」ノ字ノマギラハシキ文字ニハ信心ノ面ヲカブセテ、明ニ弘願他力ノ深信ヲ釈顕シ玉フハ、此ノ『往生礼讃』ニ過ギタルコトナシ。（『真宗全書』十五、一八四頁上―下）

と論じている。即ち、『観無量寿経』の「深心」を専ら「弘願他力」の「信心」として解釈する点では、『往生礼讃』の方が優れているというのである。

では、「弘願他力」の「信心」の主張者である親鸞の著作においては、『観経疏』の〝二種深信〟説と、『往生礼讃』の〝二種深信〟説とでは、後者の方が重視されていると言えるのであろうか。『教行信証』についていえば、「行巻」では、『往生礼讃』の〝二種深信〟説、つまり、記述〈129〉〈221〉のみが引用され、[288]「信巻」では、『観経疏』の〝二種深信〟説、つまり、記述〈206〉〈220〉と、『往生礼讃』の〝二種深信〟説との両者が引用されている。[289]このような引用の事実のみでは、前述の問いに対し、いかなる答えも導出できないかもしれない。

しかるに、『一念多念文意』には、次のような記述があることに注目したい。

〈229〉諸仏出世の直説、如来成道の素懐は、凡夫は弥陀の本願を念ぜしめて、即生するをむねとすべしとなり。「今信知、弥陀本弘誓願、及称名号」といふは、如来のちかひを信知すとまふすこゝろなり。「信」といふは金剛心なり。「知」といふはしるといふ。(290) 煩悩悪業の衆生をみちびきたまふとしるなり。また「知」といふは観なり。こゝろにうかべおもふを観といふ。こゝろにうかべしるを「知」といふなり。「及称名号」といふは、及はおよぶといふは、かねたるこゝろなり。「称」は御なをとなふるとなり。また「称」ははかりといふこゝろなり。はかりといふはものほどをさだむることなり。名号を称すること、とこゑひとこゑ、きくひと、うたがふこゝろ一念もなければ、実報土へむまるとまふすこゝろなり。(『定本』三(1)、一五〇―一五一頁)

ここに、『往生礼讃』における〝法の深信〟の説明、つまり、記述〈221〉の一部「今信知……」が引用され、それが説明されていることは、言うまでもないが、末尾には、「実報土へむまる」とあるから、ここで、「弥陀の本願」、「弥陀本弘誓願」が第十八願を指していることも、明らかであろう。

さらに、『浄土文類聚鈔』では、「三心即一心」を説明する個所に、

〈230〉言《ノタマフ》二三心《ト》一者《ハ》、一者《ニハ》至心、二者《ニハ》信楽、三者《ニハ》欲生《ナリ》。私以《ニテ》二字訓《ヲ》一闚《ウニ》二論意《ノヲ》一、合《シテ》レ三《ヲ》応《シ》レ一《トス》。其《ノ》意何者《トナレバ》、一者至心、至者《ハ》真《ナリ》、誠《ナリ》。心者《ハ》種《ナリ》、実《ナリ》。二者信楽、信者《ハ》真《ナリ》、実《ナリ》、誠《ナリ》、満《ナリ》、極《ナリ》、成《ナリ》、用《ナリ》、重《ナリ》、審《ナリ》、験《ナリ》。楽者《ハ》欲《ナリ》、願《ナリ》、慶《ナリ》、喜《ナリ》、楽《ナリ》。三者欲生、欲者《ハ》願《ナリ》、楽《ナリ》、覚《ナリ》、知《ナリ》。生者《ハ》成《ナリ》、興也《ナリ》。爾者《シカラバ》至心即《チ》是《レ》誠種真実之《ノ》心《ナリ》。故《ニ》無《シ》レ有《ルコト》二疑心一。信楽即《チ》是《レ》真実誠満之《ノ》心《ナリ》、極成用重之《ノ》心《ナリ》、欲願審験之《ノ》心《ナリ》、慶喜楽之《ノ》心《ナリ》。故《ニ》無《シ》レ有《ルコト》二疑心一。欲生即《チ》是《レ》願楽之《ノ》心、覚知成興之《ノ》心《ナリ》。故《ニ》三心皆共《ニ》真実而《ニシテ》無《シ》二疑心一、無《キガ》二疑心一故《ニ》、三心即《チ》一心《ナリ》。字訓如《シ》レ斯《ノ》、可《シ》レ思《フ》二択之《スヲ》一。(『定本』二(2)、一四五―一四六頁)

という記述があるが、ここに見られる「無有疑心」という語は、『往生礼讃』記述〈221〉の「無有疑心」という語を採用したものと思われる。

また、『教行信証』「信巻」では、第十八願成就文の「聞其名号、信心歓喜、乃至一念」について、親鸞は、次のよ

うに説明している。

〈231〉然《ニ》『経《ニ》』言《フ》レ「聞《ト》」者《ハ》、衆生聞《テ》二仏願《ノ》生起本末《ヲ》一無《シ》レ有《ルコト》二疑心一、是曰《フ》レ「聞《ト》」也。言《フ》二「信心《ト》」一者《ハ》、則《チ》本願力廻向之信心也。言《フ》二「歓喜《ト》」一者《ハ》、形《ハス》二身心《ノ》悦豫之皃《カホバセヲ》一也。言《フ》二「乃至《ト》」一者《ハ》、摂《スル》二多少之言《ヲ》一也。言《フ》二「一念《ト》」一者《ハ》、信心無《キガ》二二心一故《ニ》曰《フ》二「一念《ト》」一、是名《ク》二一心《ト》一。一心《ハ》則《チ》清浄報土《ノ》真因也。（『定本』一、一三八頁）

この記述は、「本願力廻向之信心」たる「信心」の「一念」が「清浄報土ノ真因」であるという親鸞の〝他力廻向〟説、〝信心正因〟説、〝信の一念義〟を端的に語る極めて重要な一節であるが、ここに見られる「無有疑心」という表現も、義譲が、『往生礼讃聞記』巻上で、

〈232〉「信巻」末初丁「然経言聞者」等トアリテ、アノ「無有疑心」ハ、即チ此ノ『礼讃』ノ文ガ拠ナリ。本願名号ヲ聞開イテ、疑ノナキ信ノ一念ナリ。（『真宗全書』十五、一九五頁下）

と述べるように、『往生礼讃』記述〈221〉の「無有疑心」を用いたものであろう。

すると、『往生礼讃』の〝二種深信〟説は、親鸞にとって『観経疏』「散善義」の〝二種深信〟説以上の重要性、即ち、親鸞思想の根本に関るような根源的な重要性をもっていたことが理解されるであろう。

しかるに、『捨子問答』Ⓜ第三段落と『後世物語』ⓜ第三段落における〝二種深信〟説について言えば、後者における〝二種深信〟説は、ほぼ全面的に『往生礼讃』に依存しているので、そこには、親鸞思想の独自性が認められると思われる。

最後に、『後世物語』ⓜに見られる親鸞特有の表現について、考えてみよう。そこには、「わがみ」（第一段落）と「みづからがみ」（第三段落）という語が用いられているが、これも、親鸞愛用の表現であろうと思われる。このうち、「わがみ」という語は、『後世物語』の第二答ⓖの「わがみの分にしたがひて」、第五問①の「わがみのわるきこころねにては」に用いられていたが、第七答ⓠにも「わがみの分をはかりて」「わがみのわるきにつけても」という表現が見ら

れ、また、第八答ⓢにも、「わがみはもとより煩悩具足の凡夫なれば」という用例が見られるのである。

親鸞が「わがみ」という語を多用したことは、『親鸞用語索引』(291)によって明らかであるが、以下に若干の例を挙げておきたい。まず、『高僧和讃』「曇鸞讃」〔四〕には、次のようにある。

〔233〕鸞師こたへてのたまわく
　わがみは智慧あさくして
　いまだ地位にいらざれば
　念力ひとしくおよばれず。（『定本』二(1)、八八頁上）

また、『正像末和讃』（文明本）「愚禿悲歎述懐」〔一〕には、次のように言われる。

〔234〕浄土真宗に帰すれども
　真実の心はありがたし
　虚仮不実のわが身にて(292)
　清浄の心もさらになし。（『定本』二(1)、二〇八頁下）

さらに、『末灯鈔』第二十通（『親鸞聖人御消息集』広本、第一通）には、次のような記述がある。

〔235〕はじめて仏のちかひをきゝはじむるひと〴〵の、わが身のわるくこゝろのわるきをおもひしりて、「この身のやうにてはなんぞ往生せんずる」といふひとにこそ、「煩悩具足したる身なれば、わがこゝろの善悪をばさたせず、むかへたまふぞ」とはまふしさふらへ。（『定本』三(2)、一一七頁）

これらの「わがみ」の用例は、すべて〝機の深信〟に関わるものであって、記述〔235〕に示されるように「わがみ」は、「わるし」という形容詞と結びついたり、「煩悩具足したる身」という表現と置き換えられたりするのである。従って、「わがみ」という表現は、親鸞思想にとって、極めて重要な意義をもっていたことが知られるであろう。(293)

以上で、『捨子問答』第六答Ⓜと『後世物語』第五答ⓜについての考察を終り、次に『捨子問答』第七問と『後世物語』第六問のテキストを示そう。

Ⓝ捨子問テ云ク。有所ニテ承ル。「誰カハ衆生、曠劫ヨリ以来乃至今日マデ、常ニ十悪・五逆・謗人・謗三宝・不孝父母等ノ衆罪ヲ造レリ。此ノ罪三界六道二十五有ノ衢《チマタゴト》毎ニ満チフサガリタリ。是レニ纏レテ出離其ノ期ヲ知ラヌ生死ノスモリタリ。然ルヲ今纔《ワヅカ》ニ弥陀ノ教門ニ値ヒ奉テ、自ラ往生ノ行ヲ励ムト云フトモ、愛欲ノ浪鎮《トコシナヘ》ニ立チテ善心ヲケガシ、瞋恚ノ炎頻《シキリ》ニモヱテ功徳ヲ焼ク。サレバ積ム所ノ悪業煩悩、十方ノ土ヨリモ多ク、一期ノ念仏ハ喩ルニ爪ノ上ノ土ヨリモ少シ。其ノ力ヲ論ズルニ、悪ハ多クシテ、繫ク鉄《クロガネ》ノ鏁《クサリ》ノゴトシ。善ハ少クシテ、引糸《ヒクイト》筋ノ如シ。サル時ニ此ノ念仏ノ物ニ成《ナリ》立ツベシトモ覚エズ。仏ノ願ヲバ疑ハズトモ、我等ガ罪障ノ多ク、又重キヲ思ヒ解クニ、往生アヤウキ也」ト申シ侍リシ。此レハゲニト覚ヘ侍ル也ト云。[294]（『捨子』一〇頁下七行―一一頁上二行）

〔上二三左―二四右〕

ⓝ六また、ある人いはく。曠劫よりこのかた乃至今日まで、十悪・五逆・四重・謗法等のもろもろのつみをつくるゆへに、三界に流転して、いまに生死のすもりたり。かゝるみのわづかに念仏をまふせども、愛欲のなみとこしなえにおこりて善心をけがし、瞋恚のほむらしきりにもえて功徳をやく。よきこゝろにてまふす念仏は万が一なり。そのよはみなけがれたる念仏なり。されば、切《せち》にねがふといえども、この念仏ものになるべしともおぼえず。[295] ひとびともまたさるこゝろをなほさずばかなふまじくまふすときに、げにもとおぼえて、[296] まよひ候おばいかゞし候べきと。（『後世』一〇四頁一行―九行）

ここで、まず『捨子問答』Ⓝにおける〝捨子〟の問いの趣旨は、ほぼ、ある所で、「衆生は、曠劫以外、様々な罪を造り、三界に流転して煩悩にまとわれているので、そのような罪障が多い衆生が、わずかに一期の念仏で往生することは難しい」という意見が述べられたのを聞いたが、その意見は全くその通り（「ゲニ」）だと思われるが、どうであろうか。

というものであろう。

これに対して、『後世物語』ⓝの構成は分りにくい。これは『捨子問答』Ⓝのように、〝捨子〟がある所で聞いた意見を〝師〟に尋ねるというのではなく、〝ある人〟が、ある疑問を抱き、それを直接〝師〟に尋ねるという構成になっているためであるが、これは『後世物語』が〝捨子〟を唯一人の質問者として登場させることをしないために生じたかなり無理な設定なのである。ただし、ⓝの末尾に出る「まふす」という動詞の主語は、「ひとびと」であろう。それ故、『後世物語』ⓝの質問者である「ある人」も、「ひとびと」の意見を「げにも」と考えて気にしているのである。

しかるに、この『捨子問答』第七問Ⓝと『後世物語』第六問ⓝが、『観経疏』「散善義」の廻向発願心釈を踏まえて成立していることは、確実である。即ち、そこで「廻向発願心」は、まず、

〔236〕「三者廻向発願心」。言《フハ》二「廻向発願心」一者《ト》、過去及以《ビ》今生《ノ》身口意業《ニ》所《ノ》レ修《スル》世出世《ノ》善根《ト》及随二喜《セルト》他《ノ》一切《ノ》凡聖《ノ》身口意業《ニ》所《ノ》レ修《スル》世出世善根《トヲ》一、以《テ》二此自他《ノ》所修善根《ヲ》一、悉皆《ク》真実深信《ノ》心中《ニ》廻向《シテ》願《ズ》レ生《ゼント》二彼《ノ》国《ニ》一。故《ニ》名《ク》二「廻向発願心」《ト》一也。又廻向発願《シテ》願《ズル》レ生《ゼント》者《ハ》、必《ズ》須《シ》下決定真実心中《ニ》廻向《シ》願《ジテ》作《ス》中得生《ノ》想《ヲ》上。此心《ノ》深信《スルコト》由《テ》レ若《クナルニ》二金剛《ノ》一、不《ラ》レ為《ラ》三一切《ノ》異見異学別解別行人等之所《ノ》二動《ト》乱破壊《スル》一。唯是《レ》決定《シテ》一心《ニ》投《ジ》正直《ニ》進《テ》、不《レ》レ得レ聞《クヲ》二彼《ノ》人《ノ》語《ヲ》一。即《チ》有《リ》二進退一心《ニ》生《ジ》二怯弱《ヲ》一廻顧《シテ》落《レバ》レ道《ニ》、即《チ》失《ス》二往生之大益《ヲ》一也。（『浄全』二、五八頁下―五九頁上）

という記述によって説明されるのであるが、『捨子問答』第七問Ⓝ、『後世物語』第六問ⓝに内容的に関連するのは、この記述〔236〕に続く次の部分である。

〔237〕問《テ》曰《ク》。若《シ》有《リテ》二解行不同《ノ》邪雑人等一来《リ》相惑乱《シ》或《ハ》説《テ》二種種《ノ》疑難《ヲ》一道《イハン》レ不《ト》レ得二往生《ヲ》一、或云《ハク》、汝等衆生曠劫已来及以《ビ》今生《ノ》身口意業《ニ》於二一切凡聖《ノ》身上《ニ》一具《ニ》造《リテ》二十悪・五逆・四重・謗法・闡提・破戒・破見等《ノ》罪《ヲ》一未レ能《ハ》二除尽《スルコト》一。然《ルニ》此等之罪《ハ》繋二属《ス》三界《ノ》悪道《ニ》一。云何《ゾ》一生《ノ》修福念仏《ヲモテ》即《チ》入《リテ》二彼《ノ》無漏無生之国《ニ》一永《ク》得《ンヤト》レ証二悟《スルコトヲ》不退《ノ》位《ヲ》一也。（『浄全』二、五九頁上）

つまり、ここで、ある「解行不同邪雑人」がやって来て、念仏者を惑乱し非難して述べた「汝等曠劫已来……具造十悪・五逆……云何一生修福念仏、即入無漏無生之国、永得証悟不退位也」という言葉の内容が、『捨子問答』第七問Ⓝの「有所ニテ承ル」と言われた主張の内容に一致しているのである。従って、『捨子問答』Ⓝ、及び『後世物語』ⓝは、『観経疏』記述〔237〕から、多くの文言を取り入れている。例えば、『捨子問答』Ⓝの「衆生、曠劫ヨリ以来……今日マデ……十悪・五逆……罪ヲ造レリ。……三界」という表現は、『観経疏』記述〔237〕の「衆生曠劫已来……今……造十悪・五逆〔四重謗法〕……等罪……三界」という文章を承けたものであることは、明らかであろう。

また、『後世物語』ⓝの「曠劫よりこのかた乃至今日まで、十悪・五逆・四重・謗法等のもろもろのつみをつくるゆへに、三界に流転して」という部分も、『捨子問答』Ⓝから多くの文言を取り入れているので、『観経疏』記述〔237〕の前掲の文章に一致する部分が多いのは、当然であるが、しかし、『後世物語』ⓝの「十悪・五逆・四重・謗法」という表現は、『捨子問答』Ⓝには一致しないで、むしろ『観経疏』記述〔237〕に一致している。これは、『後世物語』の著者、即ち親鸞が、『捨子問答』Ⓝの一部分が『観経疏』記述〔237〕にもとづいて形成されていることを理解し、直接『観経疏』記述〔237〕の「十悪・五逆・四重・謗法」という表現を用いたものであろう。

『後世物語』ⓝは、例によって『捨子問答』Ⓝから多くの文言を取り入れているだけではなく、そこに若干の変更を加えている。中でも興味深いのは、『捨子問答』Ⓝの「一期ノ念仏ハ喩ルニ爪ノ上ノ土ヨリモ少シ」という一文である。ここにも、『捨子問答』Ⓜにおけると同様、「一期ノ念仏」という語が見られるが、ここで、「一期ノ念仏」とは、曠劫以来の輪廻と比べれば〝ごく僅かな期間である一生涯の念仏〟という意味であろう。つまり、〝曠劫以来、罪を造り続けて来た衆生が、ごく僅かな期間である一生涯の念仏によって往生できる筈はない〟というのであり、これは、『観経疏』記述〔237〕の「云何一生修福念仏、即入彼無漏無生之国」という文章に対応している。従って、「一期ノ念仏」は、「一生修福念仏」を言い換えた表現と考えられる。しかるに、「一期ノ念仏」〝一生涯の念仏〟とは、言うまでもなく、臨終まで繰返し続けられる念仏、つまり、〝多念〟ということを含意している。従って、〝一念義〟論者である親鸞は、『捨子問答』Ⓜの「一期ノ念仏」という語を『後世物語』ⓜに受け容れられなかったのと同様に、この語を『後世物語』ⓝの中にも受け容れることはできなかった。それ故、この語を欠落させ、単に「わづかに念仏をまふせども」という表現に変更したのである。

では、次に『捨子問答』第七答と『後世物語』第六答のテキストを示すことにしよう。

Ⓞ師答テ云ク。此ノ尋ハ上ニ申シツル至誠心深心ヲ能《ヨ》クモ不二心得一。廻向発願心ヲ不《ル》二具足《セ》一ナリ。廻向発願心トハ、心ヲメグラシテ、向テ彼ノ国ニ生ント欣フ也。然ルヲ我身ノ罪ノ積テ多キニヨリ、貪瞋煩悩ニサヘギラレテ、往生叶ヒ難シト思ヒ侍ベランハ、「我ガ名号ヲ唱ヘン者、罪障ノ軽重ヲバ云ハズ、穢土ヨリ運《ハコ》ンデ浄土ニ引接セン」ト誓ヒ給ヘル(297)阿弥陀仏ノ来迎ノ本願ヲ忘レタルニ似タリ。抑モ罪ノ多キ事ヲノミ信ジテ、功徳ノツム事ヲバ可《キ》レ疑《フ》ヤ。

譬ヘバ、千歳マデ闇シテ夜昼ノ境ナク、偏ニ闇《ヤミ》ナル岩屋ニ、タヾシバシノ火ヲトモサンニ、其ノ闇晴ルレバ、年来此ニ有ツレバ、只シバシノ灯ニハ、サアツシトテ、ナヲ闇《クラ》カルベキヤ。流転三界ノ岩屋ニ悪業煩悩ノ岩戸ヲ閉テ、生死ノ長夜、偏ニクラキ闇ナリトモ、他力ノ灯、念仏ノ衆生ヲ照シ、弥陀ノ光明、称名行者ヲオサメ給ハン時、其ノ闇猶晴ザルベケンヤ。思フベシ。百年劫ヨリ積ル薪ニ、少ノ火ヲ以テ一日一時ニ付ルニ、残ナク燃ユルガ如ク、無始ヨリ久シク作リ積ル所ノ悪業煩悩ノ薪、名号ノ火ニ値ヒヌレバ、上一形ヲ尽スヨリ下臨終ノ一念十念ニ至ルマデ、其ノ罪ヲホロボス事速カナリ。知ルベシ。又鳳凰ニツキタル蝿ノ一時ニ千里ノ空ヲカケル。蝿ノ弱キ事ヲ信ジテ、鳳凰ノ空ヲ飛《トブ》事ヲ可《キ》レ疑《フ》ヤ。船ヲ浮ブル人ノ一日ニ万里ノ浪ヲ渡ル。乗レル人ノ身ノ重キ事ヲ信ジテ、船ノ浪ニウカマン事ヲ疑フベキヤ。本願ノ船、他力ノ鳳凰ハ、ヨハキヲモ不レ嫌《ハ》、重キヲモ渡ス者也。

又善導ハ「釈迦ノ教ニ随ヒ、弥陀ノ願力ニ乗ジテ、愛欲瞋恚ノ水火ノ波ヲカヘリミズ、一筋ニ欣ヘ」トコソ勧メ給ヒタレ。ゲニモ本願ノ白道、豈ニ貪瞋ノ浪ニケガサレンヤ。他力ノ法財、寧ロ煩悩ノ盗人ニヲカサレンヤ。既ニ仏ニ摂取不捨ノ光御座ス。我ガ他力不思議ノ名号ヲ唱フル称名オコタラズバ、光リ時トシテ捨テ給ハジ。西ニ傾ケル木ハ、遂ニ西ニ倒レズト云フ事ナシ。極楽ヲ欣ヒ、弥陀ヲ頼ミ、本願ニ乗ジ、名号ヲ唱ヘテ、一期志ヲ西ニ運ブ人、往生ナンゾ疑ハン。『往生要集』ノ聖衆来迎ノ所ニ云ク「念仏ノ功徳積リ、運心年久シキ者ハ、臨命終ノ時ニ大喜自ラ生ズ」[298]云々。思ヤレ、相続念仏ノ行者、最後ニ仏ノ来迎ニ預ラン事ヲ。眼蓋ヲ上テ仏像ヲ守リ奉リ、端坐合掌シテ五色ノ糸ヲ手ニカケテ、一筋ニ仏ノ誓ヲ頼ミテ、余念ナク口ニハ名号ヲ唱ヘテ、乱ル、事ナカラン。爰ニ本願所成ノ仏身、無数ノ化仏菩薩ヲ友ナヒテ、紫雲光明ハ山ノ如クニヲコリ、海会ノ聖衆ハ星ノ如クニ連リ、苦《クルシミ》ノ庭ニ立チ、床ノ前ニ顕レ給ヒ、勢至ハ手裏ヲ挙ゲテ御手ヲ授ケ、観音ハ臂ヲ舒《ノベ》テ台ヲ寄ス。弥陀ハ則チ他力本願ノ威徳ヲフルイ、横《ワウ》ニ来迎引接ノ政ヲハリ行ヒ給ハン。此ノ時ニ当リテ三界六道ニ我等ヲ留ル煩悩罪業、一トシテ勢《イキヲヒ》ヲ並ブル者ナシ。魔王ノ十軍ハ、謀ヲ忘テ去リ、炎王倶生神ハ、筆モ及バズシテアキレタリ。夜叉獄卒ノ武《タケ》キ質《スガタ》、腰ヲカヾメテ形ヲカクシ、羅刹牛頭ノハゲシキ眼、杖ヲ捨テ跡ヲケヅリ、三毒ノ邪業ノ炎《ホムラ》シメリ、百八ノ煩悩烟ヲヤム。行者始テ此ノ事ヲ見ル。身ノ楽ミ心ノ喜ビ、喩ヘヲ取ルニ物ナシ。愛瞋ノ繋《キツナ》忽チニユヒメヨハリ、牢獄ノトザシ速カニタテヲ破ル。遂ニ仏ノ後ヘニ随ヒテ、永ク火宅ノ悲ヲ捨テハテヽ、極楽無為ノ境ニ入リヌ。自ラ膚ヲ見レバ、金色ト成リ、心ヲ廻《メグラ》セバ三世了然ナリ。坐セントスレバ、宝ノ台身ヲウケ、歩マントスレバ、金ノ蓮足ノ下ニアリ。出デントスレバ、帝釈前ニ跪キ、入ラントスレバ、梵王後ニ随ヘリ。昔娑婆ニシテ苦ヲウケシ時ハ、我身一ツ猶助ケントスル方便ヲ知ラズ。今浄土ニ生レテ、世々生々ノ父母恩所ヨリ始メテ、万ノ苦ノ衆生ヲ引導シテ、共ニ不退ノ楽ニホコル。

此等ハ皆彼ノ国ニ生レント欣ヒテ、他力ノ名号ヲ唱ヘツル称名念仏ノ力也。如何様ニ心ヲ廻ラシテ、思ヒヲ極

楽ニカケテ、専ラ御名ヲ唱フルヲ、廻向発願心具足シタル人ト云フナリ。（『捨子』一一頁上二行―一二頁下一四行）

〔上二四右―二八左〕

⓪師のいはく。これはさきの信心をいまだこゝろえず。かるがゆへに、おもひわづらひてねがふこゝろもゆるになるといふは、廻向発願心のかけたるなり。

善導の御こゝろによるに、「釈迦のおしえにしたがひて、弥陀の願力をたのみなば、愛欲瞋恚のおこりまじわるといふとも、さらにかへりみることなかれ」といへり。まことに、本願の白道、あに愛欲のなみにけがされむや。他力の功徳、むしろ瞋恚のほむらにやくべけむや。

たとひ欲もおこり、はらもたつとも、しづめがたくしのびがたくば、たゞ仏たすけたまへとおもへば、かならず弥陀の大慈悲にてたすけたまふこと、本願かぎりあるゆへに摂取決定なり。摂取決定なれば来迎決定なりとおもひかためて、いかなる人きたりていひさまたぐとも、すこしもやぶられざるこゝろを、金剛心といふなり。(299)

これを廻向発願心といふなり。これをよくよくこゝろうべし。（『後世』一〇四頁一〇行―一〇六頁一行）

ここでまず、『捨子問答』⓪の全体を五段に分け、その内容を考えてみよう。まず第一段落は、直前の『捨子問答』第七問Ⓝに対する直接の解答となっている。第七問Ⓝとは、要するに、〝曠劫以来罪を造り続けて来た衆生が、僅かに一生涯の念仏でいかにして往生できようか〟という疑問であり、その内容を、第七答⓪の第一段落では、「我身ノ罪ノ積テ多キニヨリ、貪瞋煩悩ニサヘギラレテ、往生叶ヒ難シ」と表現しているが、この疑問は「本願ヲ忘レタルニ似タリ」であり、「功徳ノツム事ヲバ疑フ」ことであるというのが、答えの趣旨である。つまり、如何に衆生の罪障が重くても、「名号ヲ唱ヘン者、罪障ノ軽重ヲバ云ハズ、穢土ヨリ運ンデ浄土ニ引接セン」というのが、弥陀の本願であるから、この本願を忘れていることに等しいというのである。第一段落では、これを「本願ヲ忘レタルニ似タリ」と表現しているが、直前の第七問Ⓝに「仏ノ願ヲバ疑ハズトモ」とあったことを考慮すれば、ここは、「本願ヲ疑フニ似タリ」

という表現であってもよかった筈である。しかし、そのように表現していないことに、重要な意味があるのである。即ち、もし「本願ヲ疑フ」という表現が用いられたとすれば、〃造悪無礙〃説、つまり、〃未来造悪無礙〃説を説くことになると考えて、そのような表現は避けられたのであろう。(300)

一方、『後世物語』ⓞが、まず「これはさきの信心をいまだこころえず」と述べているのは、極めて明確な表現である。即ち、『捨子問答』Ⓞの「上ニ申シツル至誠心深心ヲ能クモ心得ズ」という表現は、形式的には整ったものといえるが、〃三心〃の本質を〃深心〃→〃深信〃→〃信心〃と把える親鸞よりすれば、「信心をいまだこころえず」と表現した方が、記述〔228〕の義譲の言葉を用いれば、「弘願他力」の意味が、より明確になると考えられたのであろう。

また、『捨子問答』第七問Ⓝの「願ヲバ疑ハズトモ」という表現、及び第七答Ⓞの「本願ヲ忘レタルニ似タリ」という表現からも示唆されるように、(301)この『捨子問答』第七答の第一段落には、〃造悪無礙〃説が説かれていると考えられる。しかしそれは、〃過去に造った悪は往生の礙りにならない〃という意味での〃過去造悪無礙〃説であることは、「我身ノ罪ノ積テ多キニヨリ、貪瞋煩悩ニサヘギラレテ、往生叶ヒ難シト思ヒ侍ベランハ」という言葉によって知られるであろう。「罪ノ積テ多キ」とは、〃過去に造った罪〃の多さを言うものだからである。従って、「罪ノ多キ事ヲノミ信ジテ、功徳ノツム事ヲバ疑フベキヤ」とは、〃どうして過去の罪の多いことだけを信じて、これから（未来において）（念仏して）功徳を積むことを疑うべきであろうか〃という意味になる。これは、〃これから、いくら悪を造っても往生の礙りにならない〃という〃未来造悪無礙〃説ではなく、明らかに〃過去造悪無礙〃説を説くものであろう。

次に、『捨子問答』Ⓞの第二段落には、四つの比喩が示されている。その比喩の意味する所は、その比喩の意味を説明する次の語句によって知られるであろう。

(i)流転三界ノ岩屋ニ悪業煩悩ノ岩戸ヲ閉テ、生死ノ長夜、偏ニクラキ闇ナリトモ、他力ノ灯、念仏ノ衆生ヲ照シ、弥陀ノ光明、称名行者ヲオサメ給ハン時、其ノ闇猶晴ザルベケンヤ。

(ii)無始ヨリ久シク作リ積ル所ノ悪業煩悩ノ薪、名号ノ火ニ値ヒヌレバ、上一形ヲ尽スヨリ下臨終ノ一念十念ニ至ルマデ、其ノ罪ヲホロボス事速カナリ。

(iv)(iii)本願ノ船、他力ノ鳳凰ハ、ヨハキヲモ不レ嫌、重キヲモ渡ス者也。

即ち、〝衆生の「悪業煩悩」がいかに長期間にわたって積重された多量なものであろうとも、弥陀の「他力」「本願」「名号」は、僅かの間に速かにその罪を滅すことができる〟というのである。

しかるに、ここで「他力」という観念が非常に強調されていることを、見落すことはできない。即ち、『観経疏』の中で、「自力」「他力」という語を一回も用いることのなかった善導は、『観経疏』記述〔237〕で提起された反論、つまり、〝曠劫以来、十悪五逆等の罪を造ってきた衆生が何故、僅かに一生涯の念仏によって往生することができるのか〟という反論に対して、「他力」という語を用いて答えてはいないのである。即ち、この反論に対する善導の答えとは、

〔238〕答曰《テク》。諸仏《ノ》教行、数越《ヘ》二塵沙《ニ》一、稟識《ノ》機縁、随《テ》レ情《ニ》非《ズ》レ一《ニ》。譬《バ》如《キハ》二世間《ノ》人、眼《ニ》可《ク》レ見《ル》可《キガ》レ信《ズ》者、如《シ》二明能《ク》破《シ》レ闇《ヲ》、空能《ク》含《ミ》レ有《ヲ》、地能《ク》載養《シ》、水能《ク》生潤《シ》、火能《ク》成壊《スルガ》一。如《キ》レ此《ノ》等《ノ》事《ヲ》悉《ク》名《ク》二待対之法《ト》一。即《シテ》レ目《ニ》可《シ》レ見《ル》、千差万別《ナリ》。何況《ニヤ》仏法不思議之力、豈《ニ》無《カランヤ》二種種《ノ》益一也。随出《テズルハ》二一門《ヲ》一者、即出《チズル》二一煩悩門《ヲ》一也。随入《テルハ》二一門《ニ》一者、即入《チルナリ》二一解脱智慧門《ニ》一也。為《モテ》レ此《ヲ》随《テ》レ縁《ニ》起《シテ》レ行《ヲ》、各求《メヨ》二解脱《ヲ》一。汝何以《テカ》乃将《テ》レ非《ザル》二有縁之要行《ヲ》一、障二惑《スルヤ》於我《ヲ》一。然《ルニ》我之所愛《ハ》、即是《チレガ》我有縁之行《ナリ》、即非《チズ》二汝《ノ》所求《ニ》一。汝之所愛、即是《チレガ》汝有縁之行《ナリ》、亦非《ズ》二我《ガ》所求《ニ》一。是故各随《ノニ》二所楽《ニ》一而修《スル》二其行《ヲ》一者《ハ》、必《ズ》疾《ク》得《ル》二解脱《ヲ》一也。行者当《シ》レ知《ル》。若欲《シセバ》レ学《バント》レ解《ヲ》、従《リ》レ凡至《リ》レ聖《ニ》乃至仏果《マデ》、一切無礙《ニ》皆得《ヨ》レ学《ブコトヲ》也。若欲《シセバ》レ学《バント》行者《ヲ》、必《ズ》藉《レ》二有縁之法《ニ》一。少《ク》用《ルニ》二功労《ヲ》一多《ク》得《ル》レ益《ヲ》也。(『浄全』二、五九頁上—下)

というものであり、ここでも、善導は「他力」という語を用いてはいない。この記述は私にとって、極めて難解であるが、「随縁起行各求解脱。汝何以乃将非有縁之要行、障惑於我」という所に善導の真意が見られるのであろう。つまり、これは、〝人はそれぞれの縁に随って、行を起すべきであって、人それぞれに「有縁之要行」というものがある。

我々にとっては念仏がそうである。それなのになぜ、あなた（反論者）は、我々にとって「有縁之要行」ではないものをもって、我々、念仏の行者を惑すのか〟という意味であろうと思われる。

この解釈の妥当性は、良忠が『観経散善義伝通記』の中で、記述〔238〕の「汝何以乃将非有縁之要行……」について、次のように註釈していることによっても、確認されるであろう。

〔239〕「汝何」等者《ト》、明《ス》下各行《ジテ》二有縁《ノ》一行《ヲ》一、不《ルコトヲ》上レ妨《ゲ》二他有縁《ノ》行《ヲ》一。（『浄全』二、三九三頁下）

従って、善導は〝我々にとっては念仏が「有縁之要行」である〟と答えているだけで、〝曠劫以来、罪を造ってきた衆生が、何故僅かに一生涯の念仏で往生できるか〟という反論に、正面きっては答えていないようにも思われる。ただし、注意すべきは、記述〔238〕で「待対之法」と呼ばれた第一の「明能破闇」という語であって、これについて、良忠は『観経散善義伝通記』で、

〔240〕明闇《ノ》一対《ハ》、顕《ス》三念仏《ノ》法《ニ》有《ルコトヲ》二 滅罪《ノ》力一。（『浄全』二、三九三頁上）

と述べて、〝念仏に滅罪の力があること〟を示す語だと見なしている。すると『捨子問答』◎第二段落の第一の比喩(i)は、『観経疏』記述〔238〕の「明能破闇」という表現を踏まえ、その意味を敷衍したものであると考えられる。

しかし、その他の比喩(ii)(iii)(iv)は、むしろ曇鸞の〝他力〟説と関るように思われる。即ち、すでに見たように、曇鸞の『略論安楽浄土義』記述〔61〕では、『無量寿経』記述〔60〕に説かれる〝「仏智」に対する「疑惑不信」〟についての説明がなされるのであるが、その第一段落には、

云何一生、或百年、或十年、或一月、無二悪不一レ造、但以二十念相続一便得二往生一、即入二正定聚一畢竟不レ退、与二三塗諸苦一永隔耶。……曠劫已来備造二諸行一、有漏之法繫二属三界一、云何不レ断二三界結惑一、直以三少時念二阿弥陀仏一、便出二三界一耶。

という問いが提出されていたのである。言うまでもなく、これは『観経疏』記述〔237〕で提出されたのと同じ趣旨の

問いであり、〝「曠劫已来」の造悪〟と〝「少時」の念仏〟が対比され、何故〝「曠劫已来」の造悪〟を有する者が〝「少時」の念仏〟によって往生できるかという疑問が提起されているのである。

この疑問に対して、曇鸞は『略論安楽浄土義』記述〈61〉で、すでに見たように、五つの比喩によって答えているが、そのうちの⑴⑵⑷が、『捨子問答』Ⓞ第二段落の四つの比喩の内の(ii)(iv)(iii)に、それぞれ対応するように思われる。今、その⑴⑵⑷の比喩の原文を、記述〈61〉より示せば、次の通りである。

⑴譬如下百夫百年聚レ薪積高千仭、豆許火焚、半日便尽上耶。（『捨子』(ii)に対応）

⑵如下躄者寄二載他船一因二風帆勢一一日至中千里上、豈可レ得レ言三躄者云何一日至二千里一耶。（『捨子』(iv)に対応）

⑷如下劣夫以二己身力一擲レ驢不レ上、従二転輪王行一便乗二虚空一飛騰自在上、復可レ得下以二擲驢之劣夫一言中必不上レ能レ乗レ空耶。（『捨子』(iii)に対応）

これらの対応についていえば、『捨子問答』Ⓞ第二段落の比喩(ii)は、『略論安楽浄土義』記述〈61〉の比喩⑴に、殆んど一致している。即ち、用いられる言葉についても、「百年」「薪」「積」が一致している。また『捨子問答』Ⓞ第二段落の比喩(iii)は、「鳳凰ニツキタル蝿ノ一時ニ千里ノ空ヲカケル」ことを言うものであるが、これは、『略論安楽浄土義』記述〈61〉の〝「劣夫」が「転輪王行」に従って「虚空」に乗ずる〟という比喩⑷に対応するであろう。さらに、『捨子問答』Ⓞ第二段落の比喩(iv)は、「船」に「乗」れば、人は「一日ニ万里ノ浪ヲ渡ル」というものであるが、これは、『略論安楽浄土義』記述〈61〉の「他船」に乗る比喩⑵に対応している。『捨子問答』の「一日ニ万里」という表現は、「一日ニ千里」とした方が、『略論安楽浄土義』記述〈61〉の比喩⑵の「一日至千里」により合致するであろう。

かくして、『捨子問答』Ⓞ第二段落の四つの比喩は、善導の『観経疏』「廻向発願心釈」記述〈238〉にもとづく部分も有しているが、それ以上に曇鸞の『略論安楽浄土義』記述〈61〉に依存している。しかも、『略論安楽浄土義』記述〈61〉に示される五つの比喩の内、少なくとも⑵と⑷は、明確に〝他力〟という観念と結合しており、その二つの比喩に対応するものが、『捨子問答』⓪第二段落に見出されるのである。この事実は、『捨子問答』⓪のテキストが、曇鸞の影響を受けて〝他力〟を強調した隆寛の系統に成立したことを示しているであろう。即ち、隆寛の『具三心義』巻上には、十一回にも及ぶ『往生論註』からの引用と言えるものが見られるが、[302] その内、〝他力〟に関するものとして、次のような記述が『具三心義』巻上にあることを、指摘しておきたい。

〔241〕問。何以《ソテ》㆓来迎引摂《ヲ》㆒、為《スヤ》㆓他力証拠《ト》㆒乎。答。蒙《リ》㆓弥陀《ノ》来迎《ヲ》㆒、乗《ジテ》㆓観音《ノ》蓮台《ニ》㆒、須臾《ニ》超《ヘ》㆓十万億土《ヲ》㆒、刹那《ニ》到《ル》㆓勝過三界《ノ》国《ニ》㆒。譬如《シ》㆘劣夫《ノ》従《テ》㆓輪王《ノ》行《ニ》㆒飛《テ》㆓虚空《ヲ》㆒而遊《ブガ》㆗四天下《ニ》㆖。是《レ》豈《ニ》非《ズ》㆓他力《ニ》㆒哉。（『隆寛集』三頁下）

ここで傍線を付した「劣夫」の比喩は、平井正戒氏が指示するように、[303]『往生論註』記述〔62〕に示される〝他力〟の比喩であるとともに、『略論安楽浄土義』記述〔61〕第二段落の比喩(4)に相当するものである。

かくして、隆寛が、曇鸞の〝他力〟説から強い影響を受け、その影響は、隆寛の著作を通じて、『捨子問答』にまで及んでいることが、知られたであろう。

なお、『捨子問答』⓪の第二段落に相当するものは、『後世物語』⓪では欠落しているが、これは、おそらくは、煩雑な説明を嫌った『後世物語』の著者、即ち、親鸞が省いたためであろう。

次に、『捨子問答』⓪第三段落には、善導の教えとされるものが示され、それにもとづいて議論が展開されている。そこで善導の教えとされる

(ハ)釈迦ノ教ニ随ヒ、弥陀ノ願力ニ乗ジテ、愛欲瞋恚ノ水火ノ波ヲカヘリミズ、一筋ニ欣へ。

という文章は、『後世物語』⓪第二段落では、

(ヒ)釈迦のおしえにしたがひて、弥陀の願力をたのみなば、愛欲瞋恚のおこりまじわるといふとも、さらにかへりみることなかれ。

という形で示されているが、いずれの文章も、このままの形では『観経疏』には見られない。ただし、(ヒ)について、

了祥が説明しているように、(304) これらの文章の典拠としては、『観経疏』「散善義」廻向発願心釈の

〔242〕仰蒙《デリ》三釈迦発遣《シテ》 指二向《セシムルヲ》西方《ニ》一、又藉《テ》二弥陀悲心《モテ》 招喚《スルニ》一、今信二順《シテ》 二尊之意《ニ》一、不レ顧《ミ》二水火二《ノ》河《ヲ》一、念念無《ク》レ遺《ルコト》、乗《ジテ》二彼《ノ》願力之《ノ》道《ニ》一、捨《テテ》レ命《ヲ》已後、得レ生《ルコトヲ》二彼《ノ》国《ニ》一、与レ仏相見《セバ》、慶喜何《ソ》極《ラン》也。(『浄全』二、六〇頁下)

という記述が考えられる。

しかるに、前掲の『捨子問答』(ハ)と『後世物語』(ヒ)とでは、その趣旨は等しいであろうか。私にはそうは思えないのである。問題は、〝造悪無礙〟説との関係をどう見るかという点である。すでに見たように、『捨子問答』の基本的立場は〝過去造悪無礙〟説であって、(ハ)の「愛欲瞋恚ノ水火ノ波ヲカヘリミズ、一筋ニ欣へ」という表現も、この基本的立場と抵触するものではないと思われる。これに対して、『後世物語』(ヒ)の「弥陀の願力をたのみなば、愛欲瞋恚のおこりまじわるといふとも、さらにかへりみることなかれ」、つまり、〝弥陀の願力をたのんだならば、愛欲瞋恚が起りまじわっても、全く顧るべきではない〟という言明に、私自身は、〝未来造悪無礙〟説的な語感を感じざるを得ないのである。もしも、『後世物語』(ヒ)が、〝一旦、弥陀の願力をたのんだ上は、その後、愛欲瞋恚がいくら生じようとも、顧る必要はない〟という意味だとすれば、これは〝未来造悪無礙〟説を意味することになるであろう。

『後世物語』◎第二段落の(ヒ)は、『捨子問答』◎第三段落の(ハ)の「願力ニ乗ジテ」を「願力をたのみなば」に変えているが、「願力ニ乗ジテ」が、『観経疏』記述〔242〕の「乗彼願力之道」という語にもとづく表現であるのに対して、「願力をたのみなば」は、『観経疏』記述〔242〕に、その直接の典拠を見出し得ない表現である。また、「たのみなば」という未来に関する仮定・条件を示す語形が取られていることも、〝未来造悪無礙〟説と関係するであろう。

また、『後世物語』(ヒ)に関して、そこに〝未来造悪無礙〟説的な語感を感じとったのは、了祥も同様であろうと思われる。というのも、了祥は『後世物語』を親鸞自身の著作と見ている訳ではないが、しかし、了祥の『後世物語講義』を読むと、『後世物語』(ヒ)の所説を〝未来造悪無礙〟説から切り離そうと躍起になっている様が、(ヒ)に対する了祥の註

釈から伺われるのである。敢えて言えば、『後世物語』(ヒ)に対する了祥の註釈態度は、極めて神経質なものである。即ち、彼はまず、「願力をたのみなば」について、

〔243〕「弥陀ノ願力ヲタノム」トハ、願力ニ乗ジ煩悩悪業ヲ皆弥陀ニマカセル事。(『後世講義』八二頁下)

と述べている。「願力ニ乗ジ煩悩悪業ヲ皆弥陀ニマカセル」というのが、〝願力に乗じた後は、いくら煩悩悪業が生じようとも構わない。それらは全て弥陀にまかせるのである〟というニュアンスをもつとすれば、これは〝未来造悪無礙〟説を説くものと言えるのではなかろうか。

さらに了祥は、記述〔243〕に続けて、次のような長文の註釈を示している。

〔244〕「愛欲瞋恚ノヲコリマジハルトイフモ」トハ、モト弥陀招喚ノ声ニ「我能護レ汝、衆不レ畏レ堕ニ於水火之難一」[305]ト呼ビ給フ。其ノ招喚ノ勅ヲ聞キ得タデ、貪欲ノ波ハ立チテ瞋恚ノ炎ハモユレドモ、往生ハ如何ト恐レ顧ミハセヌナリ。但シ此処ガ大事デ、『論註』上右初ニモ「無顧ノ悪人」[306]トアリテ、悪イコトシテモ、ソレヲ悪イト思フ心ノ無イヤツガ、無顧ノ悪人。『論語』ニハ日ニ三度我身ヲ顧ミルトアツテ、日日ニ気ヲツケテ我身ニ仕落ハナイカト思フ心、此レガ無キ者ハ実ニ悪人。サリナガラ今ハ「往生ニ就テハ弥陀ガ光明摂取シ給フユヱニ、我ガ貪瞋ヲ顧ミテ往生ヲバアヤブムナ」ト云フコト。

ソレヲ一念義ハ、「貪瞋ヲ顧ミルナ」[307]トアルデ、「貪瞋ヲオコシタイ儘」ト取リ、又多念ノ異義ヤ鎮西ハ、「随分ニ貪瞋ヲ顧ミテタシナマネバ、往生サヘナラヌ」ト云フ。元祖門下ノ異義ハ皆コレヨリ生ズル。正見ヨリハ共ニ過不及ナリ。一念義ガ如キ「此ノ世ノコトニサヘ貪瞋カマヒナシ」ト云フ。コレ過ナリ。多念義ガ如ク「往生ニサヘ貪瞋ハ障ル」ト云フ。コレ不及ナリ。「往生ニハ障ラネドモ、随分タシナメ」ト云フ。コレ正見ナリ。(『後世講義』八二頁下―八三頁上)

確かに末尾に見られる「往生ニハ障ラネドモ、随分タシナメ」という了祥の言う「正見」は、〝未来造悪無礙〟説で

はなく、〝過去の造悪は往生の礙りにならないが、今後は悪を慎め〟という意味での〝過去造悪無礙〟説であろう。(308) しかし、問題なのは、

ソレヲ一念義ハ、「貪瞋ヲ顧ミルナ」トアルデ、「貪瞋ヲオコシタイ儘」ト取リ、

という文章なのである。「貪瞋ヲ顧ミルナ」という表現は、『後世物語』(ヒ)の「愛欲瞋恚のおこりまじわるといふとも、さらにかへりみることなかれ」という表現に類似している。即ち、『捨子問答』(ハ)の「愛欲瞋恚ノ水火ノ波ヲカヘリミズ、一筋ニ欣へ」という表現と、『後世物語』(ヒ)の表現の大きな相違は、(ヒ)では、「かへりみることなかれ」という命令形が文章の最後に置かれていることなのである。これに対して、『捨子問答』(ハ)では、「一筋ニ欣へ」という命令形が文末に置かれている。これはやはり大きな相違であろう。つまり、「かへりみることなかれ」とか、「貪瞋ヲ顧ミルナ」という命令形が最後に結論として示されるならば、そこから「貪瞋ヲオコシタイ儘」「貪瞋カマヒナシ」という「一念義」の主張、つまり、〝未来造悪無礙〟説が帰結するのは、極めて自然なことに思われる。

了祥が、記述(244)で、『後世物語』(ヒ)の「愛欲瞋恚のおこりまじわるといふとも、さらにかへりみることなかれ」という文章の趣旨を、「貪瞋ヲオコシタイ儘」とか「此ノ世ノコトニサヘ貪瞋カマヒナシ」と論じる「一念義」の主張、つまり、〝未来造悪無礙〟説から区別しようと努めていることは理解できるが、しかし論理的に考えれば、「愛欲瞋恚のおこりまじわるといふとも、さらにかへりみることなかれ」という表現から帰結するのは、「貪瞋ヲオコシタイ儘」とか「貪瞋カマヒナシ」という〝未来造悪無礙〟説の方であって、了祥のいう「正見」、つまり、「往生ニハ障ラネドモ、随分タシナメ」という〝過去造悪無礙〟説の方ではないであろう。

結論として言えば、『後世物語』⓪第二段落の(ヒ)は、『捨子問答』⓪第三段落の(ハ)を承けたものではあるが、その思想的立場は、後者の〝過去造悪無礙〟説から変更されて、〝未来造悪無礙〟説に極めて接近しているように思われる。

次に『捨子問答』⓪第三段落の後半には、

(フ)ゲニモ本願ノ白道、豈ニ貪瞋ノ浪ニケガサレンヤ。

という文章があり、『後世物語』◎第二段落にも、ほぼ同文が見られるが、このうちの「本願ノ白道」という表現は、隆寛の説にもとづくものと言えるであろう。即ち、本来『観経疏』「散善義」廻向発願心釈に説かれる〝二河白道〟の比喩における「白道」は、「本願ノ白道」と解釈されにくい性格をもっていたと思われる。というのも、「白道」は、そこでまず、次のように説明されるからである。

〔245〕言《フハ》二中間白道《ノ》四五寸《ト》一者、即《チ》喩《フル》二衆生貪瞋煩悩《ノ》中《ニ》能《ク》生《ズル》清浄《ナル》願往生心《ノニ》一也。乃《チ》由《ルガ》二貪瞋強《キ》一故《ニ》、即《チ》喩《フルニ》如《シ》二水火《ノ》一。善心微《ナルガ》故、喩《フルニ》如《シ》二白道《ノ》一。(『浄全』二、六〇頁上―下)

ここで、「白道」は、衆生の「願往生心」、または、「善心」の喩えとされていることは、明らかであろう。従って、隆寛も、この『観経疏』の記述〔245〕に関して、『具三心義』巻下で、

〔246〕六、正明《クス》下以《テ》二白道《ヲ》一喩《フルコトヲ》中願往生心《ノニ》上、所謂「言中間白道」已下是《レ》也。(『隆寛集』一七頁下)

と述べて、ここでは「願往生心」が「白道」に喩えられていることを認めている。

しかるに、『観経疏』「散善義」廻向発願心釈の記述〔242〕には、「乗彼願力之道」という語が見られることも、見落すことはできない。この語の直前には、「不顧水火二河……」とあるのであるから、ここで、「彼願力之道」が「白道」を意味していることは、明らかであろう。しかも、この「白道」は、「願力之道」と明言されているのであるから、ここに「願往生心」たる「白道」とは別に、〝「願力」の白道〟〝本願の白道〟が説かれているという解釈が生じたとしても、不自然ではないであろう。

良忠は『観経散善義伝通記』において、二種の「白道」を認めない立場から、『観経疏』記述〔242〕の「乗彼願力之道」について、

〔247〕「乗彼願力之道」者《トハ》、行者《ノ》願心《ヲ》、名《ク》二願力《ノ》道《ト》一。(『浄全』二、三九六頁下)

と述べているが、「願力之道」を「行者ノ願心」と見なすことは、「乗彼願力之道」とほぼ一致する「乗彼願力」という表現が『観経疏』記述〔220〕において、「四十八願」を意味していることを考えれば、不適切であろう。

かくして、『観経疏』記述〔245〕の「願往生心」と『観経疏』記述〔242〕の「乗彼願力之道」という言葉にもとづいて、「白道」を、衆生の「願往生心」と弥陀の「願力」、つまり、「本願」として区別する〝二種白道〟の説が成立する可能性が生じるのであるが、それを実際に明確に説いたのが隆寛であった。即ち、隆寛の『具三心義』巻下には、次のように述べられているのである。

〔248〕問。合喩中第六者《ハ》、以《テ》二白道《ヲ》一喩《フ》二衆生《ノ》願往生心《ニ》一。今此第十一《ノ》合喩中《ニハ》以《テ》二白道《ヲ》一喩《フ》二弥陀《ノ》願《ニ》一。以《テ》二一《ノ》白道《ヲ》一或《ハ》喩《ヘ》二衆生心《ニ》一或喩《フルハ》二弥陀願《ニ》一有《リヤ》二何《ノ》意一也。

答。此《ノ》事有《リ》二深意一。今案《ズルニ》二合喩《ノ》文《ノ》前後《ヲ》一夫合喩《ノ》第七《ノ》文中《ニ》「始《メテ》廻《テ》二諸《ノ》行業《ヲ》一直《ニ》向《フコト》二西方《ニ》一」(309)云云。料《リ》知《ヌ》。其前《ノハ》、未レ発《サ》下帰《スル》二他力《ノ》願《ニ》一之心《ヲ》上也。只以《テ》二自力《ノ》行《ヲ》一願《フ》二往生《ヲ》一之故《ニ》、以《テ》二願生《ノ》心《ヲ》一喩《フル》二白道《ニ》一也。是以《テ》或《ハ》云「由二貪瞋《ガ》強《キニ》一故、喩《ヘバ》如《シ》二水火《ノ》一、善心微《ルガ》故《ニ》、喩《ヘバ》如二白道一」(310)、或《ハ》云「水波常《ニ》湿《ストハ》レ道《ヲ》者、即喩《フル》三愛心常《ニ》起《リ》能《ク》染二汚《スルニ》善心《ヲ》一也」(311)、或《ハ》云「火焔常《ニ》焼《クト》レ道《ヲ》者、即喩《フル》三瞋嫌之心能《ク》焼《ク》二功徳之法財《ヲ》一也」(312)云云。瞋火豈《ニ》焼《カン》二本願《ノ》之道《ヲ》一乎。愛水豈《ニ》染《ンヤ》二本願《ノ》道《ヲ》一乎。皆是《レ》未《ル》レ帰《セ》二他力《ニ》一之故也。明《ニ》知《ヌ》。未《ル》レ帰《セ》二本願《ニ》一之時《ハ》、以《テ》二願生之心《ヲ》一為《ス》二白道《ト》一。帰二入《シヌル》他力《ニ》一之後《ニハ》、以《テ》二弥陀之願《ヲ》一為《ス》二白道《ト》一。文相惟《レ》明《ナリ》。学者思《テ》而可《シ》レ知《ル》。(『隆寛集』一八頁下―一九頁上)

ここでまず、「合喩ノ中ノ第六者ハ白道ヲ以テ衆生ノ願往生心ニ喩フ」というのは、『観経疏』〔245〕で「願往生心」が「白道」に喩えられたことを言うのであり、これに関する隆寛自身の解釈は、記述〔246〕に示した通りであり、そこに「六」とあったのが、この記述〔248〕冒頭の「第六」に対応している。

次に、記述〔248〕で「今此ノ第十一ノ合喩ノ中ニハ白道ヲ以テ弥陀ノ願ニ喩フ」というのは、記述〔248〕の直前に、

〔249〕十一、正明《クス》下以《テ》二「到西岸善友相見」《ヲ》一喩《フルコトヲ》中 乗《ジ》二願力《ノ》道《ニ》一生《ジ》二彼《ノ》国《ニ》一与《ト》レ仏相《ヒ》見《ルニ》上。所謂「言須臾到西岸」已下是《レ》也。(『隆

寛集』一八頁下）

と述べられる記述の傍線を付した部分に言及していると考えられる。つまり、これは、『観経疏』記述〔242〕の「乗彼願力之道」に言及したものであって、隆寛がこの「願力之道」という語を「弥陀願」と解したことが知られる。

これに対し、〃それでは、「二ノ白道」が「衆生心」と「弥陀願」の二つに喩えられることになるのではないか〃というのが、記述〔248〕の「問」の意味であるが、それに対する隆寛の答えの結論は、「未ダ本願ニ帰セザルノ時ハ、願生之心ヲ以テ白道ト為ス。他力ニ帰入シヌルノ後ニハ、弥陀之願ヲ以テ白道ト為ス」と述べられている。即ち、「本願」「他力」に「帰」する以前は、衆生の「願生之心」が「白道」であり、「帰」した後は、「弥陀之願」、つまり、〃本願〃が「白道」であるというのである。ここに、〃本願の白道〃という考え方が、明確に成立することになったのである。

隆寛は、『具三心義』巻下で、

〔250〕既捨《ニテ》二自力願生之白道《ヲ》一、直向《ニフ》二他力本願之白道《ニ》一。（『隆寛集』一八頁上）

とも述べ、〃二種白道〃を「自力願生之白道」と「他力本願之白道」という表現によっても、区別している。従って、『捨子問答』⓪第三段落後半の

㈦ゲニモ本願ノ白道、豈ニ貪瞋ノ浪ニケガサレンヤ。

という表現は、『具三心義』記述〔248〕の

瞋火豈焼《ニカン》二本願之道《ノヲ》一乎。愛水豈染《ニメン》二本願道《ノヲ》一乎。

という語にもとづいて形成されたものであろうと思われる。

また、『捨子問答』㈦は、『後世物語』⓪第二段落では、

㈧まことに、本願の白道、あに愛欲のなみにけがされむや。

として示されているが、親鸞もまた、〃本願の白道〃という考え方を受け入れていることが、その著作から知られる。

即ち、親鸞は『教行信証』「信巻」では、「白道」を解釈して、

（251）「白」者即是《チレ》選択摂取之白業、往相回向之浄業也。……「道」者則是《チレ》本願一実之真道、大般涅槃無上之大道也。

（『定本』一、一三〇頁）

と述べ、また、『愚禿鈔』巻下では、

（252）「念道」《ノ》(313)言《ハ》、念《ゼヨト》二他力白道《ヲ》一也。（『定本』二(2)、四七頁）

と説き、さらに『一念多念文意』では、すでに見た記述（54）において、

（54）かゝるあさましきわれら、願力の白道を一分二分やう〳〵づゝあゆみゆけば、

と言っているのである。

さらに、『醍醐本法然上人伝記』所収の『三心料簡事』の第二条「白道事」には、隆寛の『具三心義』巻下に示される〝二種白道〟説と基本的に一致する説が見られることが、坪井俊映氏によって指摘されている。(314) つまり、そこには、

（253）専修正行人《ノハ》不レ可《カラ》レ恐《ル》二貪瞋煩悩《ヲ》一也。乗《ゼリ》二本願力白道《ノ》一、豈容《ケン》レ被《ル》レ損《セ》二火焔水波《ニ》一哉云々。（『浄典研（資）』一九二頁）

という記述が見られる。このうち、「乗本願力白道、豈容被損火焔水波哉」という表現が、『具三心義』記述（248）の「瞋火豈焼本願之道乎。愛水豈染本願道乎」という語、『捨子問答』(フ)、『後世物語』(ヘ)という三つに対応しているのは、明らかである。ただし、記述（253）のテキストの著者が、『具三心義』記述（248）によってこれを書いたのか、それとも、『捨子問答』(フ)や『後世物語』(ヘ)にもとづいているのか、明らかではない。

ただし、ここで述べておきたいことは、私としては、『醍醐本』記述（253）に〝未来造悪無礙〟説を感じざるを得ないということである。つまり、「貪瞋煩悩ヲ恐ルベカラズ」というのは、『七箇条制誡』記述（63）に「憑弥陀本願者……勿恐造悪」と示され、『興福寺奏状』記述（65）に「罪ヲ怖レ、悪ヲ憚ラバ、是レ仏ヲ憑マザルノ人ナリ」と言われ、『浄土宗名目問答』記述（71）で「不畏造罪、恣造罪」とされ、『捨子問答』Ⓓで「罪悪ヲ恐ルベカラズ」と説かれ、『歎

異抄』記述〔72〕で「悪をもおそるべからず」と述べられた〝造悪無礙〟説、即ち、〝未来造悪無礙〟説と異なるものではないと思われる。従って、この〝未来造悪無礙〟説を『極楽浄土宗義』記述〔78〕で批判している隆寛の著作である『具三心義』記述〔248〕の「瞋火豈焼本願之道乎。愛水豈染本願道乎」という表現や、『捨子問答』Ⓞの(フ)が、『醍醐本』記述〔253〕の直接の典拠となったとは、考えにくいであろう。つまり、繰返して言えば、私は、『醍醐本』記述〔253〕に示される立場を、〝未来造悪無礙〟説と把えるのに対し、『具三心義』や『極楽浄土宗義』という隆寛の著作、及び、『捨子問答』には、〝過去造悪無礙〟説しか説かれていないと考えるのである。[315]

しかるにすでに述べたように、『後世物語』Ⓞ第二段落の

(ヒ)釈迦のおしえにしたがひて、弥陀の願力をたのみなば、愛欲瞋恚のおこりまじわるといふとも、さらにかへりみることなかれ。

という文章に、私は〝未来造悪無礙〟説に近似するものを認めざるを得ない。とすれば、『醍醐本』所収の『三心料簡事』記述〔253〕の直接の典拠は、『後世物語』Ⓞの第二段落、及び、『後世物語』の著者と考えられる親鸞の他の著作であると考えるのが、適切であるかもしれない。[316]

では、次に、『捨子問答』Ⓞの第四段落について見てみよう。この非常に長い一段では、〝臨終〟時の〝来迎〟が最大のテーマとされており、そのありさまが詳細に説明されている。ここに示される〝臨終来迎〟説は、そこに『往生要集』も引かれていることからも知られるように、極めて伝統的な〝来迎〟説と言えるものであって、特に新奇な説は、そこには見られないであろう。しかるに、この〝臨終来迎〟説が、『後世物語』Ⓞでは、全く削除されているのである。即ち、『捨子問答』Ⓞ第四段落に対応すべき『後世物語』Ⓞの第三段落には、「来迎」という語は一回用いられるものの、『捨子問答』Ⓞで〝臨終来迎〟説を特徴づけている「臨命終」「聖衆」「紫雲」「勢至」「観音」等の語が全く省かれているのである。さらに、〝来迎〟以後の〝往生〟についても、全く述べられていない。従って、『後世物語』

⓪第三段落に説かれるのは、一般の伝統的な〝臨終来迎〟説とは異なる全く特異な〝来迎〟説であると考えられる。

では、『後世物語』⓪第三段落に説かれている〝来迎〟説とは、どのようなものであろうか。そのポイントは、

㈭摂取決定なれば来迎決定なり

という表現にある。後論するように、[317]了祥はここに示される考え方を「摂取来迎ノ義」[318]と呼んでいるが、これは〝平生〟のときに〝信心〟獲得の時点で〝摂取〟があるが、その〝摂取〟こそが〝来迎〟に他ならないとして〝臨終来迎〟説を否定するものなのである。従って、これは、〝平生来迎〟説とも呼ぶことができる。了祥は、このような「摂取来迎ノ義」が『自力他力事』と『唯信鈔文意』にも説かれているとしているが、[319]後論するように、[320]『自力他力事』も親鸞の著作と考えられるから、了祥が「摂取来迎ノ義」と呼ぶ『後世物語』⓪第三段落の〝来迎〟説は、親鸞独自のものと見なすことができるであろう。

親鸞の「摂取来迎ノ義」、即ち〝平生来迎〟説は、〝来迎とは摂取に他ならない〟というように、〝来迎〟を〝摂取〟の時点にまでもたらし、〝摂取〟に帰着させ、解消することによって、伝統的な〝臨終来迎〟説を解体する理論であるが、それはまた、〝信心正因〟説、〝信の一念義〟にもとづいていることも、無視できない。即ち、〝信の一念〟を獲得した時点で、信者は〝現生不退〟となり、〝摂取〟が決定するというのである。従って、親鸞は、『末灯鈔』第十三通に相当する「真蹟書簡」第八通、即ち、所謂「摂取不捨事」で、次のように述べている。

(254)まことの信心のさだまる事は、釈迦・弥陀の御はからいとみえて候。往生の心うたがいなくなり候は、摂取せられまいらするゆへとみえて候。摂取のうへには、ともかくも行者のはからいあるべからず候。浄土へ往生するまでは、不退のくらゐにておはしまし候へば、正定聚のくらゐとなづけて、おはします事にて候なり。まことの信心をば、釈迦如来・弥陀如来二尊の御はからいにて、発起せしめ給候とみえて候へば、信心のさだまると申は摂取にあづかる時にて候なり。そのゝちは正定聚のくらゐにて、まことに浄土へむまるゝまでは候べしとみえ候

なり。(『定本』三(2)、二八―二九頁)〔一部は記述〔107〕に既出〕

このようにすべてを〝信心〟に帰着させる親鸞は、〝称名(念仏)か信心か〟という問いを突きつけられれば、どうしても〝信心の方である〟〝信心の方が往生の正因である〟と答えざるを得なかったであろう。従って、『捨子問答』第七答Ⓞと『後世物語』第六答ⓞの内容を比較してみると、『後世物語』ⓞの冒頭には、「これはさきの信心をいまだこころえず」と「信心」のことが言われていたのに対し、そのⓞには、〝称名〟(念仏)を意味する語が一度たりとも用いられてはいないことが注目される。これは〝称名〟を力説する『捨子問答』Ⓞとの大きな違いであろう。

即ち、『捨子問答』Ⓞには、〝称名〟(念仏)を意味する語が、破線を付した部分に見られる。即ち、それらは、「名号ヲ唱ヘン者」「称名行者」「名号」「上一形ヲ尽スヨリ下臨終ノ一念十念ニ至ルマデ」「他力不思議ノ名号ヲ唱ヘル称名オコタラズバ」「名号ヲ唱ヘテ」「相続念仏ノ行者」「口ニハ名号ヲ唱ヘテ」「他力ノ名号ヲ唱ヘツル称名念仏ノ力也」「専ラ御名ヲ唱フルヲ」である。

しかし、これら〝称名〟(念仏)を意味する語は、すべて親鸞によって削除され、『後世物語』ⓞに取り入れられることはなかったのである。また、右の諸表現のうち、「上一形ヲ尽スヨリ下臨終ノ一念十念ニ至ルマデ」とか「称名オコタラズバ」とか「相続念仏ノ行者」等という表現が、〝多念義〟を明示するものであることは言うまでもないであろう。

なお、『後世物語』ⓞ第五段落末尾の「よくよくこころうべし」という表現は、『捨子問答』第十三答の記述〔311〕にも用いられているが、すでに『後世物語』ⓐⓜに関連して論じたように、親鸞が多用する表現である。

では、次に、『捨子問答』第八問と『後世物語』第七問のテキストを示すことにしよう。

Ⓟ捨子問テ云ク。抑モ此ノ三心ハ何レノ経ニカ出タル。念仏ノ行者必ズ三心ヲ具足シテ往生スベシト云フ事、何ナル文釈ニカ侍ル。(『捨子』一二頁下一五行―一七行)〔上二八左〕

ⓟ七また、ある人いはく。簡要を略して、三心の本意をうけたまはり候はむと。（『後世』一〇六頁二行—三行）

この二つのテキストは殆んど一致していないかのように見受けられる。確かに、『捨子問答』第八問答と『後世物語』第七問答とでは、一致しない部分が多い。ただし、『後世物語』ⓟで「簡要を略して」と言われているように、両問答における答の部分においては、「三心」の個々について簡略化した説明が見られるという点は、一致している。それ故、『捨子問答』第八問答と『後世物語』第七問答は、内容的に対応していると見ておきたい。

なお、『捨子問答』Ⓟにおける〝捨子〟の質問の要点は二つであって、それらは、〝三心はいかなる経に説かれているか〟ということと、〝「必ず三心を具足して往生すべきである」とは、いかなる文釈にあるか〟ということである。ここで「文釈」とは、「経」に対して、その註釈、あるいは、論書というようなものを指すのであろう。

では、次に『捨子問答』第八答と『後世物語』第七答のテキストを示そう。

Ⓠ師答テ云ク。『観無量寿経《ニ》』云《ク》「若《シ》有《リテ》二衆生一願《ゼバ》レ生《ント》二彼国《ニ》一者、発《スベシ》二三種《ノ》心《ヲ》一即《チ》便往生《ス》。何等《ヲカ》為《ス》レ三《ト》。一者至誠心。二者深心。三者廻向発願心。具二三心一者、必《ズ》生《ズ》二彼国《ニ》一」文。[321]『大経』ニハ念仏往生ノ本願ヲ説テ云《ク》「設《モシ》我得《ンニ》レ仏《ヲ》、十方《ノ》衆生、至心《ニ》信楽《シテ》欲《シテント》レ生二我国《ニ》一、乃至十念《センニ》、若《シ》不レ生《ゼ》者、不レ取二正覚《ヲ》一」文。[322]

此ノ「至心」ト云フハ至誠心也。「信楽」ト云フハ深心ナリ。「欲生我国」ト云フハ廻向発願心也。既ニ此ノ三心ハ弥陀ノ本願ナリ。釈迦ノ所説也。両経ノ文証如《シ》レ此《ノ》。

善導ノ『往生礼讃』ニ云ク、「具二此三心一者必得レ生也。若少《カケヌレバ》二一心《モ》一即不レ得レ生」云々。[323]『選択集』ニハ「三心トハ是レ行者ノ至要ナリ」[324]。必ズ三心ヲ具足シテ往生スベキ事、此レニテ可レ知。努力《ユメ〱》疑フ事ナカレト云々。（『捨子』一二頁下一七行—一三頁上一一行）〔上二八左—二九左〕

ⓠ七師のいはく。まことにしかるべし。まづ一心一向なる、これ至誠心の大意なり。わがみの分をはかりて、自力を

すてゝ他力につくこゝろの、たゞひとすぢなるを、真実心といふなり。他力をたのまぬこゝろを、虚仮のこゝろといふなり。つぎに、他力をたのみたるこゝろのふかくなりて、うたがひなきを信心の本意とす。いはゆる弥陀の本願は、すべてもとより罪悪の凡夫のためにして、聖人のためにあらずとこゝろえつれば、わがみのわるきにつけても、さらにうたがふおもひのなきを、信心といふなり。つぎに、本願他力の真実なるにいりぬるみなれば、往生決定なりとおもひかためてねがひゐたるこゝろを、廻向発願心といふなり。（『後世』一〇六頁四行―一〇七頁二行）

まず『捨子問答』Ⓠは、三段より成っている。第一段落は、『観無量寿経』の「三心」を説く経文と『無量寿経』の第十八願を説く経文（ただし末尾の「唯除五逆誹謗正法」は欠く(325)）を引用したものであり、第二段落は、その第十八願の「至心」「信楽」「欲生我国」が、『観無量寿経』の「三心」の「至誠心」「深心」「廻向発願心」に相当するという説明をなした後、「三心ハ弥陀ノ本願ナリ。釈迦ノ所説ナリ」と結んでいる。

「三心ハ弥陀ノ本願ナリ」ということは、『観無量寿経』の「三心」と『無量寿経』第十八願の「至心」「信楽」「欲生我国」を同一視したときに初めて言えることであり、この同一視それ自体は、すでに法然によってもなされていると考えられる。即ち、法然作とされる『観無量寿経釈』には、次のように説かれている。

〔255〕今此《ノ》経《ノ》三心《ハ》、即《チ》開《ク》㆓(326)本願《ノ》三心《ヲ》㆒。爾《ル》故《ハ》「至心」者至誠心也、「信楽」者深心、「欲生我国」者廻向発願心也。（『昭法全』一二六頁）

このうち、傍線を付した部分は、『捨子問答』Ⓠの「至心ト云フハ……」に一致している。従って、Ⓠの第二段落、及び、第一段落、第三段落にも、特に隆寛特有の教義というものは、認められないであろう。

次に『捨子問答』Ⓠ第三段落は、前掲Ⓟの第二の質問に答えたものであって、『往生礼讃』と『選択集』という「文釈」の引用を示して、「必ズ三心ヲ具足シテ往生スベキ事」を説いている。

要するに、この『捨子問答』第八問答ⓅⓆは、「三心」に関する「経」と「文釈」による総説であって、『捨子問答』

の第五問答、第六問答、第七問答が、「三心」の各説であったことに対応している。

しかるに、『後世物語』ⓠの内容は、『捨子問答』Ⓠのそれとは、大きく異なるのである。まず、「三心」が論題にされているにもかかわらず、ⓠには、「深心」の語が見られず、「信心」の語に置き換えられている。これは、『後世物語』第五答ⓜにも見られたことであるが、『捨子問答』Ⓠの説明に比べれば、議論の構成上、やはり欠点であると言わざるを得ないであろう。ただし、勿論そこには、「信心」(327)を何よりも強調したいという『後世物語』の著者、即ち、親鸞の意図が認められるのである。

さらに、注目すべきこととして、『後世物語』ⓠは、『捨子問答』Ⓠの第二段落に対応していると考えられるが、その第二段落、さらには、『捨子問答』Ⓠ全体にも見られない「他力」という語が四回、「自力」の語が一回、『後世物語』ⓠには、用いられている。従って、ⓠでは、「三心」の説明が、「自力」と「他力」の区別、あるいは、「他力」の強調という理論にもとづいてなされていることが知られる。しかるに、「他力」は、隆寛が特に強調したことであるから、『後世物語』ⓠの「他力」説にもとづく「三心」の説明は、『捨子問答』Ⓠではなく、隆寛の『具三心義』の所説に直接もとづいている面があるように思われる。即ち、『後世物語』ⓠの

(マ)自力をすてゝ他力につくこゝろの、たゞひとすぢなるを、真実心といふなり。他力をたのまぬこゝろを、虚仮のこゝろといふなり。つぎに、他力をたのみたるこゝろのふかくなりて、うたがひなきを信心の本意とす。……さらにうたがふおもひのなきを、信心といふなり。つぎに、本願他力の真実なるにいりぬるみなれば、往生決定なりとおもひかためてねがひゐたるこゝろを、廻向発願心といふなり。

という説明は、『具三心義』の

(256)真実心者《ト》、帰《スル》二本願《ニ》一之心也。帰《スルト》二本願《ニ》一者、即《チ》称《スル》二仏名《ヲ》一也。(『隆寛集』一〇頁下)

(257)不《ル》レ発《サ》二真実心《ヲ》一之時《ノ》称名念仏《ハ》属《ス》二虚仮《ノ》行《ニ》一。(同右、六頁下)

〔258〕可《シ》レ知《ル》。心帰《シ》二本願《ニ》一無疑無慮《ナルハ》、由《ル》二信心之深《キニ》一。信心之深《キハ》、由《ル》二願之真実《ナルニ》一。又弥陀《ノ》願海深《クシテ》而無《シ》レ底。信《ズル》二此《ノ》願《ヲ》一故《ニ》、約《シテ》二所信《ノ》願《ニ》一、名《テ》為《ス》二深心《ト》一矣。当《シ》レ知《ル》。誠心深心、唯《シ》於二一体《ニ》一、仮二立《スル》二《ノ》名《ヲ》一也。（同右、一二頁上）

〔259〕帰《シ》二真実《ノ》願《ニ》一無疑無慮《ナル》、指《テ》レ之《ヲ》名《ク》二深心《ト》一。於二此《ノ》深信《ノ》中《ニ》一、起《ス》二決定得生之想《ヲ》一、称《シテ》レ之《ヲ》曰《フ》二廻向発願心《ト》一也。（同右、一六頁上）

という諸記述にもとづいているように思われるが、どうであろうか。特に「廻向発願心」の説明において、『後世物語』㋮の「往生決定なりとおもひ」は、『具三心義』記述〔259〕の「決定得生之想」を承けているように思われる。

かくして、『後世物語』第七答ⓠは、『捨子問答』だけではなく、隆寛の著作である『具三心義』をも参照して書かれていると思われるが、しかし『具三心義』における〝他力〟説による〝三心〟の説明と、『後世物語』ⓠにおける〝他力〟説による〝三心〟の説明には、重大な相違があることも、見逃してはならない。その相違は、『具三心義』記述〔256〕に「称仏名」という語があり、記述〔257〕に「称名念仏」という語があることによって、端的に示されている。即ち、『具三心義』の〝他力〟説は、〝称名〟を中心としているのに対し、『後世物語』ⓠの〝他力〟説は、〝称名〟という契機を欠いているのである。この両文献の〝他力〟説の相違は、そのまま隆寛と親鸞の立場の相違を示しているであろう。即ち、隆寛の〝他力〟説は、あくまで〝称名念仏〟を〝他力に帰すること〟（「帰本願」）と把えるものであるに対し、親鸞の〝他力〟説は、〝称名〟ではなく〝信心〟を往生の正因と見なす〝信心正因〟説にもとづくものなのである。従って、〝他力〟の強調という点で、親鸞が隆寛から強い影響を受けたことは明らかであるが、〝称名か信心か〟という問題に関しては、両者の立場は明確に異なっていたと考えられる。

さらに『後世物語』ⓠには、隆寛の説とは明らかに異なる説が説かれている。それは、前掲の㋮において、省略した部分、つまり、点線で示した部分に見られる

㋖いはゆる弥陀の本願は、すべてもとより罪悪の凡夫のためにして、聖人のためにあらず。

という語によって示される考え方である。すでに論じたように、(328)これは、「聖人」を「弥陀の本願」の〝非機〟とする点で、『捨子問答』第三答Ⓖに見られる

(オ)弥陀ノ本願ハ、正シク是レ凡夫ノ為、傍ラニハ聖人ニ蒙ラシメタリ。

という考え方や、隆寛『極楽浄土宗義』記述(132)の

以《テ》二本願他力《ヲ》一、普《ク》摂《スル》二万機《ヲ》一而已。

という考え方とは、明確に異なるものである。即ち、『捨子問答』(オ)と『極楽浄土宗義』記述(132)に説かれるのは、迦才から法然・隆寛に至るまでの浄土教の思想家達に見られる〝凡夫正機〟説、つまり、〝凡夫＝正機〟〝聖人＝傍機〟という説であるのに対し、『後世物語』(キ)に示されるのは、〝悪人＝正機〟〝聖人＝非機〟という〝悪人正機〟説であって、これは親鸞が『教行信証』記述(145)(147)等で説く〝悪人＝正機〟〝善人＝非機〟という〝悪人正機〟説のヴァリアントであるから、親鸞その人によって説かれたものと考えられる。これについては、『捨子問答』Ⓖについての考察の中で、すでに論じた通りである。

また、『後世物語』ⓠには、すでに『後世物語』ⓜに関する考察において論じたように、親鸞が多用する「わがみ」を用いた表現が、「わがみの分をはかりて」と「わがみのわるきにつけても」というように、二つ見られる。まず、第一の用例について言えば、「わがみの分をはかりて」に類似する表現は、すでに『後世物語』ⓖに「わがみの分にしたがひて」と出ていたのであるが、そこでも論じたように、「わがみの分」とは、『教行信証』記述(99)の

今時《ノ》道俗、思二量《セヨ》己《レガ》分《ヲ》一。

の「己分」と同義であろう。しかるに、特に『後世物語』ⓠの「わがみの分をはかりて」という表現は、記述(99)の「思量己分」という表現に酷似している。即ち、「はかりて」と「量」は、同義であろう。〝わがみの分をはかる〟とか、「思量己分」というのが、『後世物語』ⓠの言葉を用いれば、「罪悪の凡夫」、あるいは、端的に言えば、「悪人」

として自らの「機」を理解すること、つまり、〝機の深信〟に相当するものであることは、言うまでもないであろう。

また、『後世物語』ⓠにおける「わがみ」の第二の用例である「わがみのわるきにつけても」は、『後世物語』ⓜ第三段落の「わがこころのわるきにつけても」と同義であって、やはり、〝機の深信〟に関るものである。なお、後論するように、親鸞作と考えられる『自力他力事』にも、

(260)他力の念仏とは、わが身のをろかにわるきにつけても、かゝる身にてたやすくこの娑婆世界をいかゞはなるべき。(『定本』六(2)、八四頁)

というように、「わが身の……わるきにつけても」という表現があることに、注意したい。[329]

最後に、『後世物語』ⓠでは、「廻向発願心」の説明に、「本願他力の真実なるにいりぬるみなれば、往生決定なり」という語があるが、これは、〝信心を獲得した時点で、往生が決定する〟という〝信心正因〟説を説くものであろう。

さて、『捨子問答』は、第八答Ⓠで巻上が終り、以下は巻下に入るが、では次に、『捨子問答』第九問と『後世物語』第八問のテキストを示そう。

Ⓡ捨子問テ云ク。念仏タシカニ申セバ、何《イカ》ナル無智ノ者モ、其ノ名ヲダニモ不《ザレ》レ知ドモ、空ニ三心ハ具セラルトハ、何ナル義ニテ侍ルニヤ。略シテ詮ヲ取リテ承リ侍ラバヤ。(『捨子』一三頁下三行—五行)(下一右)

ⓡ八また、ある人たづねてまふさく。念仏をまふせば、しらざれども、三心はそらに具足せらるゝと候は、そのやうはいかに候ぞと。(『後世』一〇七頁三行—四行)

まず、『捨子問答』Ⓡにおける〝捨子〟の問いの趣旨は、

「念仏(称名)をすれば、どのような無知な者も、三心の名さえ知らなくても、念仏に三心は自然に具わる」というのは、いかなる意味か。

というものであろう。『後世物語』ⓡでは、〝捨子〟ではなく、「ある人」が、〝「念仏をまふせば、しらざれども、三心はそらに具足せらるる」というのは、いかなる意味か〟と尋ねているが、質問の内容は、殆んど同じであり、また、例によって、『後世物語』ⓡは『捨子問答』Ⓡから、多くの文言を取り入れている。

しかるに、この『捨子問答』第九問Ⓡで問題とされる〝三心を知らない無知な者の念仏にも、三心は自然に具わる〟というテーマは、すでに、『捨子問答』第四問答ⒽⒾと『後世物語』第三問答ⓗⓘで扱われたものなのである。つまり、「三心ヲ知ラデハ、往生スベカラズ」という語が、『捨子問答』第四問Ⓗの〝捨子〟の問いの中にあったが、記述〔153〕で了祥が述べていたことからも知られるように、これは、〝三心を知る〟ことに重大な意義を見出す〝一念義〟の立場を示すものだったのである。

それに対して『捨子問答』第四答Ⓘでは、「故上人ノ仰ラレシハ、三心ハコマカニ沙汰シテ知ラネドモ、念仏ダニモ慇ニスレバ、自然ニ具足セラルル也」と述べて、〝三心を知らなくても、念仏さえすれば、三心は自然に具わる〟という主張を法然の立場として示していたのである。ただし、『捨子問答』第四答Ⓘに対応する筈の『後世物語』第三答ⓘの内容は、『捨子問答』第四答Ⓘとはかなり異なっていて、その冒頭に「まことにしかなり」という語が置かれていて、〝三心を知る〟ことの必要性を説く〝一念義〟の主張に対して、まず全面的な承認が与えられていたことについては、すでに論じた通りである。

では、何故、この『捨子問答』第九問で、〝三心を知らなくても、三心は念仏に自然に具わる〟という法然の立場とされるものが再び問題にされるのかといえば、それは後出の『捨子問答』第九答〔前半〕Ⓢで述べられるように、〝三心〟の一つ一つがいかにして念仏に具わるかを個別的に説明するためであろう。即ち、『捨子問答』第九答〔前半〕Ⓢ、及び、それと対応する『後世物語』第八答ⓢでは、〝称名〟に、至誠心、深心、廻向発願心のそれぞれが具わることが、個々別々に説明されることになるのである。

ただし、〃念仏には三心が自然に具わる〃ということは、〃三心を知らなければ、往生できない〃と説く〃一念義〃の主張に対して、『後世物語』第三答ⓘ冒頭で、「まことにしかなり」と述べて、まず全面的承認を与えた『後世物語』の著者、即ち、親鸞の〃信心正因〃説の立場[330]からは、そのまま承認できるものではない筈である。従って、了祥は、『捨子問答』第九問Ⓡと趣旨がほぼ一致している『後世物語』第八問ⓡについて、次のような極めて興味深いコメントを述べている。

〈261〉ソレニ就テ、「念仏ニ三心具足ス」ト云フ其ノ念仏ト云フノヲ、タヾノ称名ノコトヂヤト、オホゾラニ心得テハ、知レヌ。此ノ念仏ト云フハ、一向専修ノ他力ノ念仏ト云フコト。タヾヤタラノ念仏ニ三心具足スルト云フデハ無イ。ヨリテ元祖モ、「自力ノ念仏ハ往生セズ。他力ノ念仏ハ往生スル」ト仰セラレ、「三心不具ノ称名ハ往生セズ。三心具足ノ念仏ハ往生スル」トモ仰セラレタ。一向専修ノ他力念仏ニ自ラ三心具足スルト云フコトナリ[331]。
　コレニ依リテ当流デハ、「信ニ念仏ガ具シテ、念仏ニハ信ガ具セヌ」ト一概ニ心得ルト誤リニナル。吾祖ハ何事モ、元祖ノ教ヲ誤リテ惑フ者ノ惑ヲ解クガ吾祖ノ御本意。ヨリテ元祖ノ「念仏ニ三心ガ具足スル」ト仰セラレタデ、ヤタラニ「念仏ニハ三心アリ」ト心得テ、「自力念仏ニモ三心アリ」ト誤ル者ヲサトシテ、「信心ニコソ念仏ヲ具スレ。念仏ニハ三信ノ具セヌモアル」トノタマフ[332]。ソレヲ誤リテ又当流ノ者ガ一概ニ「念仏ニハ信ヲ具セヌ」ト云フモ亦誤。吾祖ハ雑行雑修専修ト分ケテ、其ノ専修ニ又二ヲ分ケテ、自力ノ専修ト他力ノ専修トアル。本願ヲ憶念シテ自力ノ心ヲ離レタノガ他力横超ノ専修ト御立テナサルヽ。其ノ他力横超ノ専修ノ念仏ニ信ノ具セヌ筈ハ無イ。自力ヲ捨テヽ他力ヲタノミ、疑ハズ念仏スレバ、即チ三信具足スル也。元祖ノ「念仏ニ三心具足」トアルハ、此ノ事ナリ。（『後世講義』八九頁上—九〇頁上）

この了祥のコメントの趣旨は、〃「念仏に三心は自然に具わる」といっても、それは、すべての念仏に具わるわけではなく、他力の念仏には具わるが、自力の念仏には具わらないという意味である〃というものであろう。即ち、〃念仏〃

を〝自力〟と〝他力〟の二つに分け、〝「自力念仏」によっては往生できないが、「他力念仏」によっては往生できる〟というのである。

親鸞は、『正像末和讃』「愚禿述懐」〔五〕で、

〔262〕自力称名のひとはみな
　如来の本願信ぜねば
　うたがふつみのふかきゆへ
　七宝の獄にぞいましむる。（『定本』二(1)、一九一頁上）

と述べるのであるから、〝自力念仏（不信）→不可得往生〟〝他力念仏（信）→必得往生〟という考え方を有していたことは明らかであるが、問題は、この考え方が法然にもすでに見られたかどうかという点である。記述〔261〕で了祥は、法然が、

自力ノ念仏ハ往生セズ。他力ノ念仏ハ往生スル。

と述べたとしている。言うまでもなく、『選択集』の中には、このような言葉も、考え方も存在しない。元来、『選択集』には、「自力」「他力」の語が、曇鸞『往生論註』からの引用文の中に一回ずつしか用いられず、それも「聖道門」と「浄土門」の区別を示すために引用されているのである。(333) つまり、『選択集』において、「自力」と言えば、「聖道門」を指し、「他力」と言えば「浄土門」を指すが、その「浄土門」の「念仏」を「自力」と「他力」とに分ける考え方は、『選択集』には、見られないのである。では、〝「自力ノ念仏ハ往生セズ、他力ノ念仏ハ往生スル」と法然が述べた〟という了祥の説明は、如何なるテキストにもとづくのかと言えば、おそらく、法然に帰せられる『念仏往生要義抄』に、

〔263〕他力の念仏は往生すべし。自力の念仏はまたく往生すべからず。（『昭法全』六八二頁）

と説かれること等にもとづいているのであろう。しかし、すでに詳論したように、(334) この『念仏往生要義抄』は法然の

真撰であるとは考えられない。従って、〝自力念仏→不可得往生〟〝他力念仏→必得往生〟という考え方が、法然にもすでに存在したと見なす了祥の理解は、不適切であろう。

では何故、了祥は記述〔261〕でこのような考え方を法然に帰する必要があったのかと言えば、記述〔261〕第二段落の説明からも伺われるように、それは、〝称名念仏に三心は自然に具わる〟という法然の説を、親鸞の〝信心正因〟説の立場から、解釈するためだったのである。つまり、記述〔261〕第二段落で、親鸞の言葉とされる

信心ニコソ念仏ヲ具スレ。念仏ニハ三信ノ具セヌモアル。

という語[335]によっても知られるように、親鸞にとっては、〝三心〟は、「三信」であり、「信心」に他ならないのであるが、もしも、〝念仏には三心が自然に具わる〟という法然のものとされるテーゼをそのまま認めるとすれば、それは親鸞にとっては、〝すべての念仏は、信心を具えている〟という意味になってしまう。

しかるに、『正像末和讃』記述〔262〕にも示したように、親鸞にとっては、〝信心を具えていない念仏〟〝不信の念仏〟なるものも存在していなければならない。これは、親鸞思想の本質をなす考え方の一つであると言うことができる。従って、了祥は〝念仏には三心が自然に具わる〟というテーゼの中の「念仏」を、強いて「他力ノ念仏」と規定し、そこに〝信心を具えた念仏〟という意味を含ませ、「タヾヤタラノ念仏ニ三心具足スルト云フデハ無イ」と述べることによって、法然のものとされる〝念仏には三心が自然に具わる〟というテーゼと、親鸞の〝信心正因〟説との矛盾を解消しようとしたのである。

では、『捨子問答』第九問Ⓡと『後世物語』第八問ⓡに対する答えのテキストを示すことにしよう。『捨子問答』の第九答は、前半と後半に分けることができ、それらは、『後世物語』の第八答と第九答に対応すると見ることができるので、以下にはまず、『捨子問答』第九答〔前半〕と『後世物語』第八答のテキストを示すことにしよう。

Ⓢ師答テ云ク。専ラ名号ヲ唱ヘテ、悪道ノ苦ヲ脱ル事ハ、偏ニ仏ノ御力ラナリト頼ミ奉ル心ノ起ル故ナリ。是レ至誠心ナリ。専ラ名号ヲ唱フル事ハ、深ク弥陀ノ誓ヲ信ジテ疑ナキ故ナリ。是レ深心ニ当レリ。専ラ名号ヲ唱フル事ハ、彼ノ国ニ往生セント思フ故也。是レ廻向発願心ニ当レリ。（『捨子』一三頁下六行—一一行）（下一右—左）

ⓢ師、こたえてのたまはく。余行をすてゝ念仏をまふすは、阿弥陀仏をたのむこゝろのひとすぢなるゆへなり。これ至誠心なり。名号をとなふるは、うたがひなきゆへなり。これ信心なり。名号をとなふるは、往生をねがふこゝろのおこるゆへなり。これ廻向発願心なり。

　これらほどのこゝろえは、[336]いかなるものも念仏まふして極楽に往生せむとおもふほどの人は具したるゆへに、無智のものも、念仏だにまふせば、三心具足して往生するなり。

たゞ詮ずるところは、わがみはもとより煩悩具足の凡夫なれば、はじめてこゝろのあしともよしともさたすべからず。ひとすぢに弥陀をたのみまいらせてすこしもうたがはず、往生を決定とねがふてまふす念仏は、すなわち、三心具足の行者とするなり。「しらねども、となふれば、自然に具せらるゝ」と、聖人のおほせごとありしは、このいわれのありけるゆへなり。（『後世』一〇七頁五行—一〇八頁六行）

まず、『捨子問答』Ⓢと『後世物語』ⓢの第一段落は、殆んど一致している。即ち、ⓢの第一段落は、『捨子問答』Ⓢから殆んどの文言を取り入れているので、そこに『後世物語』の思想的独自性を認めることは、困難であるように思われる。例えばそこに、「名号をとなふる」という明確に〝称名〟を意味する語が見られるのも、『捨子問答』の同じ言葉をそのまま取り入れたからであろう。ただし、ⓢでも、「深心」は「信心」に変更されていることに注意したい。これは、すでに述べたように、「信心」を何よりも強調する『後世物語』の著者、即ち、親鸞の姿勢を示すものであろう。『後世物語』では、「三心」を何度語っても、『後世物語』の全体を通じて、「深心」という語は、一度たりとも用いられないのである。

さて、『捨子問答』Ⓢの説明について言えば、これは、すでに示した隆寛の『具三心義』の記述〔157〕、つまり、

〔157〕其《ノ》故《ハ》、称《スルコトハ》二名号《ヲ》一、帰《スルガ》二本願《ニ》一故《ナリ》。称《スルコト》二名号《ヲ》一者《ハ》、不レ疑《ルガ》二本願《ヲ》一故《ナリ》。称《スト》二名号《ヲ》一者、被《ルガ》レ催《サ》二欲生《ノ》心《ニ》一故也。定《メテ》知《ヌ》、一称名号之声《ノ》中《ニ》、三心具足《シテ》、無《シ》レ有《ル》二闕減一。

という記述にもとづいて形成されているように思われる。ここで、「帰本願」は〝至誠心〟、「不疑本願」が〝深心〟、「欲生心」が〝廻向発願心〟に相当し、それが「一称名号之声」の中に自然に「具足」しているというのが、右の『具三心義』記述〔157〕の趣旨であるが、『捨子問答』Ⓢの説明は、この趣旨をよく踏襲していると思われる。

さて、『後世物語』Ⓢ第二段落と第三段落は、『捨子問答』Ⓢに直接対応しない部分であるが、Ⓢ第二段落は、『捨子問答』Ⓡと『後世物語』ⓡで法然の説とされるもの、あるいは、『後世物語』Ⓢ第三段落で法然の説とされるもの、つまり、『後世物語』ⓡの言葉を用いるならば、「念仏をまふせば、しらざれども、三心はそらに具足せらるる」という説を、言葉をかえて表現したものと考えられる。従って、その『後世物語』Ⓢ第二段落は、『具三心義』記述〔157〕の「定知、一称名号之声中、三心具足、無有闕減」という語に対応していると見られる。それ故、『後世物語』Ⓢ第二段落の説明の中にも、『後世物語』の思想的独自性は、あまり認められないように思われる。

ただし、『具三心義』記述〔157〕の説明では、「一称名号之声中」に「三心」は具足しているとされ、〝三心は称名の声の中に具足している〟という立場が極めて明確に示されているのに対して、『後世物語』Ⓢ第二段落の(ミ)これらほどのこゝろえは、いかなるものも念仏まふして極楽に往生せむとおもふほどの人は具したるゆへに、という表現は、極めて曖昧であると思われる。「ほど」という語がここに二回用いられているのも、この表現に曖昧さをもたらすために使用されているのであろう。

次に、『後世物語』Ⓢ第三段落について言えば、ここには、正に親鸞独自の思想、親鸞でなければ書くことのできないと思われる表現が認められる。

まず、「ただ詮ずるところは」と言われているが、これは決して、それまでの説明をまとめるための表現ではなく、親鸞が自らの独自の説を、以下に展開するために、その議論の冒頭に置いた言葉なのである。「詮ずるところ」という表現を親鸞がいかに愛用したかは、『親鸞用語索引』によって明らかであるが、[337] Ⓢ第三段落に見られる「ただ詮ずるところは」という表現それ自体が、すでに示した『親鸞聖人御消息集』第一通（広本、第六通）記述〔3〕冒頭にも見られることは、『後世物語』の著者が親鸞であることを明確に指示するであろう。

さて、「ただ詮ずるところは」から始まる『後世物語』Ⓢ第三段落をもう一度示してみよう。

㈪たゞ詮ずるところは、わがみはもとより煩悩具足の凡夫なれば、はじめてこゝろのあしともよしともさたすべからず。ひとすぢに弥陀をたのみまいらせてすこしもうたがはず、往生を決定とねがふてまふす念仏は、すなわち、三心具足の行者とするなり。「しらねども、となふれば、自然に具せらるゝ」と、聖人のおほせごとありしは、このいわれのありけるゆへなり。

ここには、すでに論じたように、「わがみ」と「煩悩具足」という親鸞が愛用した表現がセットになって認められる。「煩悩具足の凡夫」という表現も、すでに示した『親鸞聖人御消息集』第十通の記述〔210〕に見られ、また、親鸞の著作ではないが、『歎異抄』にも二回用いられている。[338] しかし、『後世物語』㈪において、何よりも重要なのは、

わがみはもとより煩悩具足の凡夫なれば、はじめてこゝろのあしともよしともさたすべからず。〔ひとすぢに弥陀をたのみまいらせて……〕

という表現である。このうち、「わがみはもとより煩悩具足の凡夫なれば」とは、〝二種深信〟のうちの〝機の深信〟に相当することは、容易に理解されるが、後半の

はじめてこゝろのあしともよしともさたすべからず。

とは、いかなる意味であろうか。この語の意味を理解するためには、『末灯鈔』第五通、つまり所謂「自然法爾事」の

次の記述を参照する必要がある。

〔264〕自然といふは、自はをのづからといふ。行者のはからひにあらず。然といふはしからしむといふことばなり。しからしむといふは行者のはからひにあらず。如来のちかひにてあるがゆへに法爾といふ。法爾といふは、この如来の御ちかひなるがゆへにしからしむるを法爾といふなり。法爾はこの御ちかひなりけるゆへに、おほよす行者のはからひのなきをもて、この法の徳のゆへにしからしむといふなり。

すべてひとのはじめてはからはざるなり。このゆへに義なきを義とすとしるべしとなり。自然といふは、もとよりしからしむるといふことばなり。弥陀仏の御ちかひの、もとより行者のはからひにあらずして、南無阿弥陀仏とたのませたまひてむかへんと、はからはせたまひたるによりて、行者のよからんとも、あしからんともおもはぬを、自然とはまふすぞ、とききてさふらふ。……この道理をこゝろえつるのちには、この自然のことは、つねにさたすべきにあらざるなり。(『定本』三(2)、七二―七三頁)

ここには、『後世物語』Ⓢ第三段落㈮に出ていた「もとより」「はじめて」「さたす」という三つの語が出ている。さらに、Ⓢ第三段落㈮の「あしともよしとも」は、記述〔264〕の「よからんとも、あしからんとも」と同義であろう。すると、「自然法爾事」記述〔264〕の趣旨を理解すれば、『後世物語』Ⓢ第三段落㈮の

わがみはもとより煩悩具足の凡夫なれば、はじめてこゝろのあしともよしともさたすべからず。

という表現の意味が知られるであろう。

しかるに、「自然法爾事」記述〔264〕の趣旨は、ほぼ、

自然というのは、弥陀の誓願によって、もとから(「もとより」)そうなっているという意味であるから、もとから(「もとより」)そうなっているその自然なるものを、行者が改めて(「はじめて」)善くしようとも悪くしようとも(「よからんとも、あしからんとも」)取り沙汰す(「さたす」)べきではない。

というものであろう。つまり、ここで「もとより」と「はじめて」は対立しており、〝「もとより」そうなっている自然なるものを、「ひと」、または「行者」が、「はじめて」（改めて）「よからんとも、あしからんとも」「さたす」べきではない〟というのが、言わんとする所であろう。その場合、「さたす」とは、もとからあったものを〝変えようとする〟という意味を含んでいると思われる。

石田瑞麿氏は、「自然法爾事」記述（264）の「すべてひとのはじめてはからはざるなり」という文章を、

　これがわかってはじめて、すべての人[339]ははからわなくなるのであります。（『親鸞（石田）』一〇九頁上）

と訳されているが、ここで氏は、「はじめて」の語義を理解されていないように思う。「はじめて」は、「もとより」と対立して、〝改めて〟を意味するであろう。つまり、「はじめて」は、「もとより」や「自然」と対立する概念なのである。このことは、『尊号真像銘文』（略本）の

（265）自然は、はじめてはからはずとなり。（『定本』三(1)、五四頁）

という記述、及び『唯信鈔文意』（専修寺正月二十七日本）の

（266）また自はおのづからといふ。おのづからといふは自然といふ。自然といふはしからしむといふ。しからしむといふは行者のはじめてともかくもはからはざるに、過去・今生・未来の一切のつみを転ず。転ずといふは善とかへなすをいふなり。もとめざるに一切の功徳善根を仏のちかひを信ずる人にえしむるがゆへにしからしむといふ。はじめてはからはざれば、自然といふなり。（『定本』三(1)、一五九頁）

という記述によって知られるであろう。即ち、「自然法爾事」記述（264）の「はじめてはからはざるなり」、及び『尊号真像銘文』の記述（265）「自然は、はじめてはからはずとなり」、『唯信鈔文意』記述（266）の「はじめてはからはざれば、自然といふなり」という表現は、〝「自然」というのは、「はじめて」、つまり、改めて、人が「はからふ」ことがないことである〟と説いていると思われる。

このようにして、「はじめて」が、親鸞の著作において、「はからふ」という動詞としばしば結合することが知られ、また、『唯信鈔文意』記述〔266〕では、その「はからふ」に「ともかくも」という表現が結合する場合があることも、理解されたのである。

しかるに、「はじめて」は、「はからふ」という動詞だけではなく、「さたす」という動詞とも結合するのである。「さたす」という動詞は、「自然法爾事」記述〔264〕末尾にも出ているが、そこの「この自然のことは、つねにさたすべきにあらざるなり」という末尾の文章の「つねに」を「はじめて」に代えても、文意が大きく変ることはないであろう。ただし、「はからふ」と「さたす」とでは、若干の意味の相違があるであろう。即ち、「さたす」には、「はからふ」のように単に〝分別する〟とか〝企てる〟というだけでなく、特に〝善〟〝悪〟に関して〝変えようとする〟という意味があると思われるのである。その点を示す用例が、前掲の『末灯鈔』第二十通（『親鸞聖人御消息集』広本、第一通）記述〔235〕に、次のように見られる。

〔235〕はじめて仏のちかひをきゝはじむるひと〴〵の、わが身のわるくこゝろのわるきをおもひしりて、「この身のやうにてはなんぞ往生せんずる」といふひとにこそ、「煩悩具足したる身なれば、わがこゝろの善悪をばさたせず、むかへたまふぞ」とはまふしさふらへ。

即ち、ここには、「善悪をばさたせず」とあるのである。では、その意味とは何であろうか。おそらくそれは、「自然法爾事」記述〔264〕の「〔行者の〕よからんとも、あしからんともおもはぬ」という語の意味にほぼ一致するであろう。つまり、〝行者が、善くなろうとも、悪くなろうとも考えることなく、自らの善悪の状態を変えようとしない〟というのが、「わがこころの善悪をばさたせず」の意味であろうと思われる。[340] すると、『末灯鈔』記述〔235〕の

煩悩具足したる身なれば、わがこゝろの善悪をばさたせず、

という文章と、『後世物語』Ⓢ第三段落㈧の

わがみはもとより煩悩具足の凡夫なれば、はじめてこゝろのあしともよしともさたすべからず。

という文章が全く同義であることが、理解されるのである。つまり、㊀の右の文章は、〝わが身は「もとより」煩悩具足の凡夫であるというのが「自然」の事実であるから、それを「はじめて」（改めて）心が悪くなるようにとか善くなるようにとか考えて変えようとすべきではない〟と説くものであろう。換言すれば、〝「煩悩具足の凡夫」は、煩悩をなくさなくても、煩悩を具足したままで、弥陀によって救済される〟というのが、ここで親鸞が主張しようとしていることであろう。従ってこれは、『唯信鈔文意』記述〔88〕で、親鸞が、

あしきこゝろをかへりみず、……煩悩を具足しながら無上大涅槃にいたるなり。

と述べたこととも、趣旨は全く一致するのである。

しかるに、このような考え方、つまり、〝「もとより」「煩悩具足の凡夫」であるのが「自然」であるのだから、それを「はじめて」（改めて）善くなろうとか悪くなろうとか思って変えようとすべきではない〟という考え方は、当然、〝造悪無礙〟説と関係する。即ち、〝悪〟を捨てて〝善〟であろうとする人間の意志・努力を「自力の修善」[341]として斥けるならば、現実の〝悪〟をそのまま「自然」として肯定する〝造悪無礙〟説が帰結することは、避けられないであろう。

ただし、記述〔235〕を含む『末灯鈔』第二十通と㊀を含む『後世物語』ⓢ第三段落との内容的な重大な相違は、すでに記述〔81〕で示したように、『末灯鈔』第二十通には、「くすりあり、毒をこのめとさふらふらんことは、あるべくもさふらはずとこそ、おぼえ候」という形で、〝未来造悪無礙〟説批判が見られるが、これに対して、『後世物語』には、ⓢだけではなく、その全体を見ても、そこには、その批判が全く欠落していることなのである。

この相違は、『末灯鈔』第二十通の記述〔235〕に続く部分と、『後世物語』ⓢ第三段落㊀において、問題の一文に続く記述とを比較すれば、理解されるであろう。即ち、それらは、順次に、次の通りである。

〔267〕かくきてのち、仏を信ぜんとおもふこゝろふかくなりぬるには、まことにこの身をもいとひ、流転せんこと

をもかなしみて、ふかくちかひをも信じ、阿弥陀仏をもこのみまふしなんどするひとは、「もとこそこゝろのまゝにてあしきことをもおもひ、あしきことをもふるまひなむとせしかども、いまはさようのこゝろをすてむ」と、おぼしめしあはせたまはゞこそ、世をいとふしるしにてもさふらはめ。〔『定本』三(2)、一一七―一一八頁〕〔『末灯鈔』第二十通〕（括弧内は、『親鸞聖人御消息集』による）

ひとすぢに弥陀をたのみまいらせてすこしもうたがはず、往生を決定とねがふてまふす念仏は、すなわち、三心具足の行者とするなり。「しらねども、となふれば、自然に具せらるゝ」と、聖人のおほせごとありしは、このいわれのありけるゆへなり。〔『後世』(ム)の一部〕

即ち、『末灯鈔』第二十通の記述〈267〉には、「いまはさようのこころをすてむ」という未来に向って自らの〝造悪〟を否定する意志が明確に述べられているが、『後世物語』(ム)の右の一節の方には、〝造悪〟の否定や、〝善〟に対する意志というものは、全く説かれていないのである。

さらに、『末灯鈔』第二十通、即ち、『親鸞聖人御消息集』広本、第一通には、記述〈235〉に示したように、確かに、「煩悩具足したる身なれば、わがこころの善悪をばさたせず」とは、述べられているが、この文章を含む第二十通の全体に、「もとより」という語も、「自然」という語も、一度も用いられてはいないことに、注意しなければならない。それ故、この書簡、即ち、『末灯鈔』第二十通には、〝衆生がすべて「もとより」煩悩具足の凡夫であるということは、「自然」の事実である〟というような「自然」の理論は説かれていないのである。

これに対して、『後世物語』ⓢ第三段落の(ム)には、「しらねども、となふれば、自然に具せらるる」という所に、「自然」という語が用いられている。しかも、これが、『後世物語』全体における唯一の「自然」の用例なのである。これは、無視できないであろう。

『後世物語』ⓢ第三段落の(ム)で「聖人のおほせごと」と言われた「しらねども、となふれば、自然に具せらるる」に対応するものは、『後世物語』第八問ⓡでは、「念仏をまふせば、しらざれども、三心はそらに具足せらるる」となっていたのである。そこで「そらに」という語は、本来『捨子問答』第九問Ⓡの「空ニ三心ハ具セラル」という文章の「空ニ」を取り入れたものであるが、この「そらに」を、親鸞は、『後世物語』第八答ⓢの㈤では、「自然に」に変更したのである。それは、おそらく、「自然法爾事」の記述〔264〕に、

行者のよからんとも、あしからんともおもはぬを、自然とはまふすぞ、とききてさふらふ。

と説かれるような親鸞自らの「自然」の理論、つまり、〃造悪無礙〃説と不可離に結合した「自然」説を説くためであったと思われる。(342)

なお、了祥は、『後世物語』第八答ⓢ冒頭の「余行をすてて」という語について、

〔268〕「余行ヲステヽ」トハ念仏ノ行ニ対スルデ余行トハ云ヘド、行体バカリデハ無イ。ツトメル心ノ定散マデ捨テル。『法華経』ヲ読ムニ及バズ。戒ヲ持ツニモ及バズト、余行ハ勿論、心ヲシヅメルニモ及バヌ。悪ヲヤメルニモ及バヌト、能修ノ心ノ色マデモハガイテシマフ。(『後世講義』九一頁上)

と註釈しているが、この「悪ヲヤメルニモ及バヌ」という了祥の言葉以上に、『後世物語』第八答ⓢの思想的な本質が〃造悪無礙〃説にあることを明瞭に示しているものはないであろう。

では次に、『捨子問答』第九答〔後半〕と、それに対応すると思われる『後世物語』第九問答のテキストを示すことにしよう。

Ⓣ凡ソ三心ト云ヘバトテ、別々ニ三度起スベキ心ニテハ無キナリ。タヾ慇《ネンゴロ》ニ仏ヲ頼ミ奉テ、深ク極楽ヲ願ヒ、一心ニ名号ヲ唱フル人ノ心ヲ、三品ニ分ケテ三心トハ説ク也。火ヲ焼ク時ハ必ズ烟アルガ如ク、名号ヲダニモ唱ヘバ、定メテ三心ハ具足セラル、ナリト思フベシト云々。(『捨子』一三頁下一一行—一六行)〔下一左〕

ⓣ九また、ある人のいはく。名号をとなふるときに、念念ごとにこの三心の義を存じてまふすべきにや候覧と。
　九師のいはく。その義またくあるまじ。ひとたびこゝ(343)ろをえつるのちには、たゞくちに南無阿弥陀仏ととなふるばかりなり。三心すなわち称名のこえにあらわれぬるのちには、三心の義をこゝろのそこにもとむべからずと。
（『後世』一〇八頁七行―一〇九頁二行）

ここで、Ⓣとⓣの趣旨は、かなり相違している。まず、『捨子問答』Ⓣの趣旨は〝三心といっても、三度起すべき心ではなく、名号を唱えさえすれば、そこに必ず三心は具わる〟というものであろう。これは、〝三心〟を〝称名〟に帰着させる考え方を示すものであり、すでに見た『具三心義』記述〔157〕にも、このような考え方が明示されていたのである。

これに対して、『後世物語』第九問答ⓣの趣旨は、難解である。まず、『捨子問答』には対応する表現をもたない『後世物語』ⓣ第九問の「名号をとなふるときに、念念ごとにこの三心の義を存じてまふす」とは、いかなる意味であろうか。これは、〝念仏を一回称える度ごとに、三心の意味を理解してから、称える〟という意味だと思われる。すると、これは、『捨子問答』第四問Ⓗ、『後世物語』第三問ⓗで問題とされた「三心ヲ知ラデハ、往生スベカラズ」という主張、つまり、〝三心〟を〝知ること〟を重視する〝一念義〟の主張に若干類似するように思われる。

では、『後世物語』ⓣの第九答は、何を説くものであろうか。冒頭に「その義またくあるまじ」とあるので、問いで提起された「念念ごとにこの三心の義を存じてまふす」という主張が、答えではまず否定されていることが知られる。しかし、その後の

(メ)ひとたびこゝろをえつるのちには、たゞくちに南無阿弥陀仏ととなふるばかりなり。

という文章は難解である。冒頭の「ひとたび」は、おそらく問いの「念念ごとに」に対比され、「念念ごとに」という語によって示される立場とは、逆の立場を説くものであろう。即ち、〝多念〟に対する〝一念〟を意味するのである。

しかし、「こころをえつる」とは何のことか。これには、一応二つの解釈がありうるであろう。第一は、〝こころをう〟という語を、「三心の義を存じ」る、つまり、〝三心を知る〟と見る解釈である。この解釈によれば、「三心ヲ知ラデハ、往生スベカラズ」という〝一念義〟の主張は、全く否定されていない。それどころか、〝知るのは一回でよい〟、そして〝一回三心を知った後は、称名を繰り返せばよい〟という〝一念義〟の立場が、ここで主張されていると考えられる。

第二の解釈は、「こころをえつる」の「こころ」は〝信心〟を意味すると見る解釈である。この解釈によるならば、「ひとたびこころをえつるのちには」とは、〝一度、信心を得た後では〟〝信の一念を得た後では〟という意味になり、〝信の一念を獲得した時点で往生は決定し、その後の念仏は仏恩報謝のためになされる〟という親鸞独自の説、(344) つまり、〝信の一念義〟を意味することになるのである。

右の第一の解釈も、第二の解釈も、ともに〝一念義〟が『後世物語』ⓣの(メ)に説かれていると見るものであって、両者の相違はそれほど大きくないであろう。つまり、〝一度に三心を知る〟ということと、〝一度に信心を得る〟ということは、「三心」が「信心」に読み換えられれば、容易に同一視されうるのである。

『後世物語』第九答後半の「三心すなわち称名のこえにあらわれぬる」というのも、そこで「三心」は〝信心〟を意味しており、〝信心〟獲得後には、〝信心〟が〝称名〟に現れるということを言っているのであろう。

このように見れば、『後世物語』第九答に説かれるのは、全く親鸞その人の〝信の一念義〟に他ならないということになるが、このような解釈の妥当性は、『後世物語』ⓣの第九答に対する了祥の註釈によって、ある程度示されていると思われる。即ち、彼は、次のように述べるのである。

(269)「ヒトタビ」等。イツカ知ラネドモ、一度マコト心ニナリテ如来ニスガリ(345)疑ハズ願フヤウニナリタレバ、其ノ上ハイカニモアレ称フルバカリヂヤト云フ意。コヽラハ当流ト全ク同ジ事。

「三心スナハチ称名ノコヱニアラハレ」等。此ノ言少シ解シ難シ。良忠ノ『散善義略鈔』二二十九ニ隆寛ノ弟子ノ昇蓮房ノ説ヲ出シテ、「タヾ称ヘルガ乃至十念デハ無イ。仏ニ帰命シテ信ヲ得タ上ニ称ヘルガ乃至十念ヂヤ(346)」ト有ル。又『閑亭』ニモ処々ニ、「往生ノ正因ハ信心。其ノ信ヲ相続サセルタメノ称名ヂヤ(347)」トアル。又『滅罪義』ニモ、「信心ハ因、称名ハ縁(348)」トアリ。然レバ隆寛ノ据ハリハ、成程多念ノ称名ハ勧ムレドモ、信ガ大事ト云フコトハ決定ト見エル。元祖ノ銘文尊号銘文本十三右以下ニモ「信珠在心、疑雲永晴、仏光円頂(349)」ト云フコトガアル。

今コノ据ハリデ此ノ文ヲ見ルニ、「三心スナハチ称名ノ声ニアラハル」トハ、往生ノ信心得テ、其ノ信心ガ念仏ト顕ルル。信ハ根ナリ。称名ハ葉ナリ。（『後世講義』九二頁上―下）

ここで了祥が、『後世物語』第九答の趣旨を、〝信の一念義〟、または、〝信心正因〟説として把えていることは、明らかだと思われる。即ち、記述〔269〕の第一段落には、「当流ト全ク同ジ事」とあるが、では、どこが親鸞の説と同じなのかと言えば、「一度マコト心ニナリテ如来ニスガリ疑ハズ願フヤウニナリタレバ、其ノ上ハイカニモアレ称フルバカリ」という点が一致しているというのである。すると、ここで「一度……ナリタレバ」とは、〝一念〟に〝信心〟を獲得することを言い、「其ノ上ハ……称フルバカリ」とは、〝信心〟獲得後の〝称名〟（多念）を意味しているであろう。なお、ここで「マコト心」「疑ハズ」「願フ」が、〝至誠心〟〝深心〟〝廻向発願心〟の〝三心〟を指していることは確実であるが、それら〝三心〟は〝信心〟という〝一心〟に帰着せしめられているからこそ、〝「一度」生ずればよい〟と言われているのであろう。

また、記述〔269〕第二段落の「三心すなはち称名のこえにあらわれ」以下に対する註釈においても、了祥は、〝信心正因〟説、〝信の一念義〟の立場から解釈を示している。この点を何よりも明瞭に示すのが、良忠の『散善義略鈔』に引かれる隆寛の弟子昇蓮房の説を了祥が説明した「信ヲ得タ上ニ称ヘル」という語と、『閑亭後世物語』の説を了祥が説明した「往生ノ正因ハ信心。其ノ信心ヲ相続サセルタメノ称名」という語、及び隆寛に帰せられる(350)『滅罪劫数義』の説を了祥が説明した「信心ハ因、称名ハ縁」という語であろう。

さらに、了祥は、記述〔269〕第三段落においても、『後世物語』ⓣ第九答の「三心すなはち称名のこえにあらわれぬる」という文章について、「往生ノ信心得テ、其ノ信心ガ念仏ト顕ルル」と説明しているが、この説明も、この文章の趣旨を、〝信の一念獲得後の称名〟という〝信の一念義〟〝信心正因〟説の立場から、解釈するものであろう。

このように、了祥が『後世物語』ⓣ第九答の趣旨を、親鸞の〝信の一念義〟〝信心正因〟説、〝信心獲得後の称名（多念）〟という説に合致するものと解釈していることは明らかであるが、私はこの了祥の解釈を完全に妥当なものと考えるのである。言うまでもなく、『後世物語』の著者が親鸞その人であることは、確実だと思われるからである。

三　『捨子問答』第十問答以下の内容

さて、『後世物語』は、以上の第九問答で終了し、『捨子問答』の第十問答から第十六問答までに対応する部分は、『後世物語』には欠落している。おそらくは親鸞が、『捨子問答』第十問答—第十六問答に対応する記述を『後世物語』に取り入れなかったことには何等かの理由があったと想像されるが、その理由について探求するためにも、『捨子問答』第十問答—第十六問答の内容がほぼどのようなものであるかを、以下に簡単に紹介しておきたい。

『捨子問答』第十問答（『捨子』一四頁上一行—一五頁上一二行）（下一左—五右）

ここでは、「聖道門」と「浄土門」の違い、あるいは「浄土宗」の人々が、「聖道門」の修行を「雑行」として非難することの可否が、問題とされている。即ち、第十問とは、次のようなものである。

〔270〕捨子問テ云ク。コノ頃、浄土宗ノ人々、余宗ノ行人ヲバ、悉ク自力ト名ケ、経巻ヲ読ミ、真言ヲ誦シ[351]、堂塔ヲ立テ、仏像ヲ造リ、橋ヲカケ、船ヲ渡シ、花ヲツミ、水ヲ結ブ人ヲ見テハ、皆雑行ト下《クダ》スト承リ候ハ、実ニテ侍

ルニヤ。一切ノ教門ハ、皆同ク仏ノ教ヘナリ。我ガ念仏ノ行ヲ信ジタレバトテ、人ノ余ノ教行ヲ勤ルヲ、猜《ソネ》ミ下サン事ハ、誤リニ覚ヘ侍ルハ、何ガ心得ベキ。（『捨子』一四頁上一行―七行）〔下一左―二右〕

というものであるが、これに対して、〝師〟はまず、「余宗ノ行人」の諸行、つまり、「余ノ教行」を「雑行」として非難するのは、「雑行」という語の意味を理解しないことによる誤りであるとして、次のように述べるのである。

〔271〕世間ニ此ノ人々ノ聞キソコナヒテ迷フ事ナリ。雑行ト云フ其ノ名バカリヲ聞キテ、其ノ正シキ旨ヲバ心得ザル尋ニテ侍ルナリ。（『捨子』一四頁上七行―九行）〔下二右―左〕

では、「聖道門」とは何であり、その「聖道門」に対して、いかに対処すべきかと言えば、〝師〟は、記述〔271〕に続けて、次のように説明する。

〔272〕先ヅ一代ノ聖教ヲ二ニ分テ、大乗小乗ヲバ不レ論《ゼ》、此ノ娑婆世界ノ内ニテ、煩悩ヲ断ジ悟ヲ開クト説ク経教ヲバ、皆束《ツカネ》テ聖道門トシテ、是レヲ利智精進ノ人ノ修行シテ道ヲ得ベキ教門トスルナリ。此ノ聖道門ノ内ニ、情《ココロ》ニ随テ八万四千ノ色々ノ修行アリ。何レモ〳〵心ノヒキ縁ノ催ヲスニ随テ取々ニ是レヲ勤《ツトム》べシ。更ニ是レヲ雑行ト下《クダ》シ謗ズル事ナシ。其ノ人已ニ外道闡提ノ家ヲ出テ、心ヲ仏世尊ニ帰シ、望ミヲ無上菩提ニ係《カケ》タリ。深ク随喜スベシ。相向ハヾ敬ウベシ。争デカ雑行ノ名ヲ立テ、謗ズル事アルベキ。（『捨子』一四頁上九行―下二行）〔下二左―三右〕

即ち、「此ノ娑婆世界ノ内」で、〝煩悩を断じ悟りをひらく〟と説く教えが「聖道門」であり、それはまた、「利智精進ノ人」のための教えであるから、彼等の「修行」を「雑行」として謗るどころか、彼等に「相向ハバ敬ウベシ」というのである。

では、「浄土門」とは何かと言えば、それを〝師〟は、記述〔272〕に続けて、次のように説明する。

〔273〕此ノ娑婆世界ニシテ、断惑証理スル事不レ叶《ル》(352)鈍根無智ノ類ヒヲバ、信心ノ因縁ヲ以テ、浄土ニ往生シテ、彼《カシコ》ニシテ煩悩ヲ断ゼヨト教ヘタリ。如《ク》レ此《ノ》説ケル経論ヲバ、束テ浄土門トシテ、鈍根下智ノ凡夫ノ出離生死ノ要法トシテ、

今ノ弥陀ノ教門此ノ内ナリ。既ニ鈍根無智難開悟ニシテ、聖道門ノ修行ハ我ガ身ノ分ニ叶フマジカリケリト思ヒ知リテ閣《サシヲキ》ヌ。又浄土門ノ他力ノ行者ト成リテ、偏ニ其ノ心ヲ極楽世界ニカク。（『捨子』一四頁下二行―九行）（下三右―左）

即ち、「浄土門」とは、「此ノ娑婆世界」で「断惑証理」することのできない「鈍根無智」の者、つまり、「聖道門ノ修行」は、我が身の分では不可能な「鈍根無智」の者が、「浄土門ノ他力ノ行者」となり、「極楽」「浄土」に「往生」してから「断惑」することを説く教えだと言うのである。すでに示したように、『選択集』記述〈201〉においても、「聖道門」と「浄土門」は、「娑婆」で悟るか「極楽」で悟るかによって区別されていたように思われるので、ここでも、その区別が基本的に踏襲されているのであろう。

では、「雑行」とは何なのか。これについて〝師〟は、記述〈273〉に続けて、次のように説明する。

〈274〉然ルニ彼ノ国ニ生レント欲スル行ニヲキテ、其ノ国ノ教主阿弥陀如来ノ本願ニ、「我ガ国ニ生レント思ハン者ハ、専ラ我ガ名号ヲ称念セヨ。必ズ迎ヘン[353]」ト誓ヒ給ヘリ。是レハ本願ニ勧メ給ヘル行ナレバ、此ノ念仏ヲ以テ正行トシテ、必ズ彼ノ国ニ可《キ》レ生《ル》勤メト定ムルナリ。弥陀ヲ頼ミ極楽ヲ望ミナガラ、其ノ仏ノ本願ニ勧メ給ハザル色々ノ行ヲ勤メ品々ノ善ヲ修シテ往生ヲ望ムヲ、雑行トハ云フナリ。何レモ浄土門ノ内ニ入リテ云フ事ナリ。往生極楽ノ勤メヲ二ニ分テ、正行雑行ト名ケテ、「雑行ヲ捨テ正行ヲ修セヨ。同ジク阿弥陀仏ヲ頼ミ奉ル程ナラバ、本願相応ノ念仏ヲ勤メヨ」ト誡ムルナリ。更ニ聖道門ノ諸行ヲ取リカケテ是レヲ嫌フ事ハ思ヒ寄リ侍ラズ。（『捨子』一四頁下九行―一五頁上四行）（下三左―四左）

しかるに、この説明は、『選択集』の趣旨にも合致した極めて優れたものと思われる。というのも、ここで、「正行」と「雑行」とは、「彼ノ国ニ生レント欲スル行」、つまり、「往生極楽ノ勤メ」を二分して言ったものであって、両者は、「何レモ浄土門ノ内ニ入リテ云フ事ナリ」と述べられているのは、『選択集』第二章の

〔275〕依《ルニ》二善導和尚意《ノニ》一、往生行《ノ》雖《ドモ》レ多《シト》、大《ニ》分《テ》為《ス》レ二《ト》。一《ニハ》正行、二《ニハ》雑行《ナリ》。（『昭法全』三一四頁）

という記述の趣旨と一致していると思われるからである。即ち、「雑行」とは、「往生行」の一種であって、あくまで「浄土門」の中で、「本願相応」の「念仏」以外の諸行を指す語なのである。従って、「浄土門」に入った者が、「聖道門」の修行をしている者の諸行を「雑行」と呼ぶことは不適切であるということになるであろう。

『選択集』第二章には、「雑行」を説明して、

〔276〕此《ノ》外《ニ》亦有《リ》二布施持戒等《ノ》無量之行一。皆可《シ》レ摂《ス》二尽雑行之言《ニ》一。（『昭法全』三一五頁）

とも言われている。ここで「布施持戒等」の諸行が「雑行」と言われているのは、「浄土門」に入った者がこれを行ずるならば、それは「本願相応」の行ではないから、「雑行」となるという意味であろう。

しかし、「聖道門」の修行をなしているものが、「布施持戒等」を行じても、それは「雑行」とはならない。何故ならば、彼等は、「極楽」への「往生」を期して修行しているのではなく、「娑婆」における悟りを目指して修行しているのであるから、彼等にとって、〝「本願相応」の行ではないから、「正行」ではなくて「雑行」である〟ということは、成立しないからである。以上が、「雑行」に関する『選択集』の基本的理解であろう。

従って、「雑行」については、『捨子問答』記述〔274〕における、

弥陀ヲ頼ミ極楽ヲ望ミナガラ、其ノ仏ノ本願ニ勧メ給ハザル色々ノ行ヲ勤メ品々ノ善ヲ修シテ往生ヲ望ムヲ、雑行トハ云フナリ。

という説明が、『選択集』の理解に合致している点で、最も適切であろう。それ故、その理解に従えば、「浄土門」に入った者が、「聖道門」の修行をしているものの諸行、つまり、「念仏」ではない行を、「雑行」と呼んで非難することは、全く不適切であることになるのである。

では、親鸞は、「聖道門」に対してどのような評価をなしたであろうか。『捨子問答』の立場と同様に、「聖道門」に

は「聖道門」としての意義を認めたのであろうか。そのようなことはないであろう。というのも、親鸞は、『高僧和讃』「道綽讃」〔三〕で、

〈277〉末法五濁の衆生は
　聖道の修行せしむとも
　ひとりも証をえじとこそ
　教主世尊はときたまへ。（『定本』二(1)、一〇五頁上）

と述べて、「末法五濁の衆生」の「聖道の修行」による得道を否定しているからである。

また、同様の考え方は、『教行信証』「化身土巻」で、所謂〝三願転入〟を説く記述(354)に続けて、

〈278〉信《ニ》知《ヌ》、聖道《ノ》諸教《ハ》、為《ニシテ》㆓在世正法《ノ》㆒、而全《ク》非《ズ》㆓像末法滅之時機《ニ》㆒、已《ニ》失《シ》㆑時《ヲ》乖《ケル》㆑機《ニ》也。浄土真宗者《ハ》、在世正法像末法滅、濁悪群萌《ノ》、斉《ク》悲引《シタマフヲ》也。（『定本』一、三〇九―三一〇頁）

とも述べられている。即ち、〝「聖道諸教」は仏の「在世」時、及びその後の「正法」の時期のためのものであって、さらにその後の「像法」と「末法」と「法滅」の時代、及びその時代の衆生のためのものではない〟というのである。では、その時代の衆生の機根とはどのようなものかと言えば、それは記述〈278〉では「濁悪」と表現されている。この「濁悪」は、『高僧和讃』記述〈277〉の「五濁」ともほぼ同義であり、従って、記述〈277〉の「末法五濁の衆生は……」とは、「末法五濁の衆生は、〝時〟は末法であり、〝機〟は濁悪であるが故に、聖道門の修行をしても、一人も悟ることはできない」という意味であろう。

ここには、『教行信証』「化身土巻」記述〈145〉に述べられたように、〝仏滅後の一切衆生は「悪人」である〟という考え方が認められる。

結論としていえば、『捨子問答』第十問答に見られる〝「聖道門」による得道の承認〟という考え方は、親鸞にとっ

ては決して受け容れられるものではなかった。それ故、親鸞は、この第十問答に相当するものを、『後世物語』に取り入れることはできなかったのであろう。

『捨子問答』第十一問答（『捨子』一五頁上一三行―一六頁下一四行）（下五右―八左）

ここでは、〝何故「念仏」だけが、四十八願の中で、弥陀によって選択されたか〟、また、〝「雑行」によって往生を願う人の過失は何か〟という問題が扱われる。即ち、〝捨子〟の第十一問とは、次のようなものである。

（279）捨子問テ曰ク。何《イカ》ナレバ弥陀仏ノ四十八願ノ中ニ、只念仏バカリヲ顕シテ、余行ヲバ除キ給フ。又雑行ヲ勤メテ彼ノ国ヲ欣ハンハ、何ナル咎侍ルベキヤラン。（『捨子』一五頁上一三行―一五行）（下五右）

これに対して、〝師〟は、基本的には『選択集』第三章に説かれる〝勝劣義〟と〝難易義〟にもとづいて答えている。つまり、〝師〟は、『捨子問答』第十一答の前半で、次のように述べるのである。

（280）我等十悪ノ悩ミ深ク、五逆ノ病ヒ重キ故ニ、三世十方ノ諸仏ノ世ニ出テ、無上ノ医師トシテ、一切衆生ノ煩悩ノ病平癒シ御座スニ、皆叶フマジトテ捨ハテ給ヒタル罪業深重ノ病者ナリ。此レヲ助ケント思食シテ、五劫マデ思惟シテ、アテガヒ給ヘル衆徳具足ノ名号ノ薬ナレバ、ヲボロゲノ功徳ニハ非ズ。

我等ハ鈍根ナリ。無智ナリ。愚癡ナリ。頑魯ナリ。万行万善ノ中ニ何レノ修行ナリトモ、易カラズバ叶フマジト思食シ計《ハカラ》ヒテ発シ給ヒシ所ノ念仏往生ノ本願ナリ。

我等ガ身ノ程ヲ思解《ヲモヒトク》ニ、設ヒ勝《スグ》レタル善根也ト云フトモ、易カラズバ叶フベカラズ。設ヒ又易《ヤス》シトモ勝レタル功徳ニ非ズバ、重罪ノ凡夫ノ生死ヲ離ル、事、不レ可レ有。已ニ易クシテ勝レタリ。知ルベシ、罪業生死ノ輩ノ出離生死ノ要法ナリト云フ事ヲ。（『捨子』一五頁下三行―一六行）（下五左―六左）

ここで〝師〟は、〝勝劣義〟と〝難易義〟を、それぞれ衆生の「悪」と「無智」とに対応させて説明している。即ち、

〝衆生は「十悪」「五逆」をそなえ、「罪悪深重ノ病者」「重罪ノ凡夫」であるが故に、これを救済するために、弥陀は「勝レタル功徳」を有する「衆徳具足ノ名号ノ薬」を、衆生にあてがった〟というのが、〝勝劣義〟による説明であり、〝衆生は「鈍根」「無智」「愚癡」「頑魯」なるが故に、弥陀が「易カラズバ叶フマジ」と考えて発したのが、「念仏往生ノ本願」である〟というのが、〝難易義〟による説明である。

しかるに、これは、『選択集』第三章に示される

(281)名号者《ハ》是《レ》万徳之所レ帰《スル》也。……故《ニ》名号《ノ》功徳最《モ》為レ勝《スト》也。余行《ハ》不レ然《ラ》。……念仏《ハ》易故《ガニ》、通《ズ》二於一切《ニ》一。諸行《ハ》難故《ガニ》、不レ通《ゼ》二諸機《ニ》一。然《レバ》則《チ》為《ニ》レ令《ンガ》二一切衆生《ヲシテ》平等《ニ》往生《セ》一捨《テ》レ難《ヲ》取《テ》レ易《ヲ》為《セルカ》二本願《ト》一歟。(『昭法全』三一九—三二〇頁)

という〝勝劣義〟と〝難易義〟の説明とは、若干異なっていると思われる。『捨子問答』記述(280)は、特に〝勝劣義〟の説明において、衆生の「罪悪深重」なることをしきりに強調し、その「罪悪深重ノ病者」を救済するために、「衆徳具足ノ名号ノ薬」をあてがったと述べているが、これに対して、『選択集』第三章の〝勝劣義〟の説明の中心をなすのは、〝名号の一字一字に万徳が含まれる〟というような〝一字含万徳〟の密教的論理(355)なのである。

ただし、『選択集』第十一章には、第三章のそれとは異なった〝勝劣義〟の説明、つまり、〝念仏勝行〟説が、次のように説かれていることが、注目される。

(282)加之下品下生《ハ》是《レ》五逆重罪之人也。而《ルニ》能《ク》除二滅《スルコト》逆罪《ヲ》一所《ナリ》レ不《ル》レ堪《ヘ》二余行《ノ》一。唯有《テ》二念仏之力《ノミ》一能《ク》堪《ヘタリ》レ滅《スルニ》二於重罪《ヲ》一。故《ニ》為《ニ》二極悪最下之人《ノ》一所《ナリ》レ説《ク》二極善最上之法《ヲ》一。例《セバ》如《シ》下彼《ノ》無明淵源之病《ハ》非《レバ》二中道府蔵之薬《ニ》一即《チ》不《ルガ》上レ能レ治《スルコト》。今此《ノ》五逆重病《ハ》淵源《ナリ》。亦此《ノ》念仏《ハ》霊薬府蔵《ナリ》。非《レバ》二此《ノ》薬《ニ》一者何《ゾ》治《セン》二此《ノ》病《ヲ》一。……此中《ノ》五無間罪者《トハ》、是《レ》五逆罪也。即《チ》非《レバ》二醍醐之妙薬《ニ》一者、五無間《ノ》病、甚為《ス》レ難《シト》レ療《シ》。念仏亦《モ》然《ナリ》。往生教《ノ》中《ニハ》、念仏三昧《ハ》是《レ》如《ク》二総持《ノ》一、亦如《シ》二醍醐《ノ》一。若《シ》非《レバ》二念仏三昧《ノ》醍醐之薬《ニ》一者、五逆深重《ノ》病、甚為《ス》レ難《シト》レ治《シ》。応《シ》レ知《ル》。(『昭法全』三三七—三三八頁)

ここに、「病」と「薬」の比喩が見られることから考えても、『捨子問答』記述(280)における〝勝劣義〟の説は、

この『選択集』記述〔282〕に依ったものであることが、知られるであろう。

「念仏」を「五逆ノ病」「罪悪深重ノ病者」に対する「薬」に喩える〝勝劣義〟の説明を有する『捨子問答』第十一答前半の記述〔280〕の趣旨に、親鸞としては殆んど異論はなかったと思われるが、親鸞にとって許容できなかったのは、その『捨子問答』第十一答の後半部分であったと思われる。即ち、そこで〝師〟は、「雑行」を修して往生を願う人の過失の一つを、次のように述べているのである。

〔283〕阿弥陀仏ニ八万四千ノ相御座ス。其ノ一々ノ相ニ七百五倶胝《クテイ》六百万ノ光アリ。其ノ一々ノ光リ、遍ク十方世界ヲ照シテ、南無阿弥陀仏ト唱フル衆生ヲ光ノ中ニ摂シ給フ。余ノ雑行ノ者ヲバ照サザルナリ。可レ仰。身ハ五道ノ霧ニ咽《ムセ》ビナガラ、忝ク弥陀報仏ノ無上涅槃ノ光明ニ照サレ奉ン事、只他力本願ノ名号ヲ唱ヘ奉ル無上ノ功徳ノ故ナリ。常ニ此ノ光明ノ中ニ摂ラレテ鎮《トコシナ》ヘニ照サレ奉ント思ハヾ、間《ヒマ》モナク称名ノ行ヲ励ムベキ者也。（『捨子』一六頁上五行―一三行）〔下七右―左〕

これは、『選択集』第七章「弥陀の光明、余行の者を照らさず、ただ念仏行者を摂取するの文[356]」の内容に対応する記述であるとともに、元来は記述〔283〕の直前に引用されている善導『観念法門』の次の記述にもとづいている。[357]

〔284〕如《キノ》レ前身《ノ》相等光、一一偏《ニ》照《クスニ》二十方世界《ヲ》一、但有《レバ》下専《ラ》念《ズル》二阿弥陀仏《ヲ》一衆生上、彼《ノ》仏《ノ》心光、常《ニ》照《シテ》二是《ノ》人《ヲ》一、摂護《シテ》不レ捨《テ》。総《ジテ》不レ論《ゼ》レ照《スルヲバ》二摂《ノ》 余雑《ノ》業行者《ヲ》一。（『浄全』四、二二八頁下）

従って、「念仏行者」以外の「雑行ノ者」の過失として、〝弥陀の光明に照らされないこと〟が、『捨子問答』記述〔283〕には、述べられているのであるが、その末尾の、

常ニ此ノ光明ノ中ニ摂ラレテ鎮ヘニ照サレ奉ント思ハヾ、間《ヒマ》モナク称名ノ行ヲ励ムベキ者也。

という表現は、明らかに〝多念義〟を意味するものであろう。

すでに親鸞は、「隙《ヒマ》ナク」という語の〝多念義〟的語感を嫌って、『捨子問答』第四問Ⓗの「念仏隙ナク申ストモ」

という表現を、『後世物語』第三問ⓑでは、「隙ナク」を削除して、「念仏まふすとも」に変更していたのである。記述〔283〕の「間《ヒマ》モナク」は、『捨子問答』の著者としては、〝四修〟の一つとしての〝無間修[358]〟を意味しようとしたものであろうが、いずれにせよ、「間モナク称名ノ行ヲ励ムベキ者也」が、完全に〝多念義〟的表現であることは、否定できない。従って、親鸞にとっては、この表現を許容することは不可能であったと思われる。

〝摂取不捨〟に関する親鸞の考え方は、〝弥陀の光明に摂取されるには、常に称名の行を励んでいなければならない〟というような〝多念義〟の考え方とは全く対照的なものであって、〝信心を一回得たならば、その時点で往生は定まり、その後は常に弥陀の光明に照らされ摂取される〟というものであった。この点は、『尊号真像銘文』（略本）に、次のように説かれることからも、知られるであろう。[359]

〔285〕如来より御ちかひをたまはりぬるには、尋常の時節をとりて臨終の称念をまつべからず。ただ如来の至心信楽をふかくたのむべし。この真実信心をえむとき、摂取不捨の心光にいりぬれば、正定聚のくらゐにさだまるとみえたり。（『定本』三(1)、四二頁）

〔286〕「彼仏心光常照是人[360]」といふは、「彼」はかのといふ。「仏心光」は無礙光仏の御こゝろとまふすなり。「常照」はつねにてらすとまふす。つねにといふは、ときをきらはず、日をへだてず、ところをわかず、まことの信心ある人おばつねにてらしたまふとなり。てらすといふは、かの仏心光におさめとりたまふとなり。仏心光はすなわち阿弥陀仏の御こゝろにおさめたまふとしるべし、「是人」は信心をえたる人なり。つねにまもりたまふとまふすは、天魔波旬にやぶられず、悪鬼悪神にみだられず、摂護不捨したまふゆへなり。（同右、五七―五八頁）

さて、『捨子問答』にもどれば、その第十一答後半で、〝師〟は、「雑行ノ者」の別の過失を、次のように説明している。

〔287〕真心ニ隙モナク念仏スル者ヲバ、六方恒沙ノ諸仏、阿弥陀仏、無数ノ化仏、観音勢至等ノ二十五ノ菩薩、又無数

ノ化菩薩、及ビ界会ノ聖衆等、常ニ其ノ人ヲ離レ給ハズシテ、形ニ随ヘル影ノ如クシテ、百重千重ニ立廻テ守リ喜ビ給フ。雑行ノ者ニハ更ニ此ノ義ナシ。専ラ念仏ノ行ヲ修シテ、聖衆ニ隙ナク守ラレ奉ンヲ。然ラズシテ雑行ニ疲レ居タラント、心ニ計ヒテ知ルベシ。（『捨子』一六頁上一六行―下六行）〔下七左―八右〕

これは、『選択集』第十五章「六方の諸仏、念仏の行者を護念したまふの文」[361]の内容に対応する記述である。つまり、〝「雑行ノ者」には、「六方恒沙ノ諸仏」等の護念はない〟として、「雑行ノ者」の過失を指摘しているのである。しかるに、ここにも親鸞が『後世物語』ⓗで削除した「隙モナク」と「隙ナク」という語が認められるが、前者は、「隙モナク念仏スル者」という用法であり、ここで「隙モナク」とは、念仏の〝無間修〟、あるいは、〝多念義〟を含意する語であろう。[362]従って、『捨子問答』記述〔287〕は、「隙モナク念仏スル者」、つまり、〝多念〟を〝無間〟に修する者に、〝諸仏の護念〟があると説くものであろう。

では、これに対して、親鸞は、いかなる者に〝諸仏の護念〟があると説いたのであろうか。『唯信鈔文意』（専修寺正月二十七日本）には、

〔288〕十方諸仏の証誠、恒沙如来の護念、ひとへに真実信心のひとのためなり。（『定本』三(1)、一七六頁）

と説かれており、〝諸仏の護念〟の対象は、〝多念〟称名の行者ではなく、「真実信心のひと」であるとされている。[363]言うまでもなく、親鸞の〝信の一念義〟の立場よりすれば、〝信の一念〟を獲得した時点だけが、決定的なターニング・ポイントであり、その時点で往生も確定し、〝不退〟にも入り、以後、〝弥陀の摂取〟も、〝諸仏の護念〟も、常に蒙ることになるというのである。従って、このような〝信の一念義〟をその基本的立場とする親鸞にとって、〝諸仏の護念〟の対象を「真心ニ隙モナク念仏スル者」とする『捨子問答』記述〔287〕の内容は、許容できないものであったと思われる。

さらに、『捨子問答』第十一答の後半で、〝師〟は、「雑行」の過失を、次のようにも説明している。

〔289〕又善導『往生礼讃』ニ云、「念念相続シテ畢命ヲ期トスル者ハ、十ハ即チ十ナガラ生ジ、百ハ即チ百ナガラ生ズ」ト云ヘリ。念仏ノ行者、少シモ疑ハザレ。必ズ往生スベキ正業ナリ。

同ジク『礼讃』ニ云ク、「若欲下捨《スルテ》レ専修《ヲセント》中雑業《ヲ》上者《ハ》、百時《ガナカニ》希得《ニ》二一二一《ヲ》、千時《ガナカニ》希得《ニ》二五三一《ヲ》」。雑行ヲ勤ル人ハ、百千ノ中ニモ生ル、者マレナル不定ノ行ナリ。「何ゾ百即百生ノ本願ノ念仏ヲ閣テ、千時希得五三ノ本願ニ非ザル雑行ヲ励マシ、此等ノ失ヲ得ン」ト思ヒ解キテ、雑行ヲ抛チテ、専ラ念仏ヲ勤《ツト》メヨト勧ムルナリ。（『捨子』一六頁下六行—一四行）〔下八右—左〕

ここで、〝師〟は、『往生礼讃』の二つの記述にもとづいて、「正業」と「雑業」、または「雑行」を区別しているが、その『往生礼讃』の二つの記述とは、実は連続した次のような一つの記述を二つに分けて示したものとも見ることができる。

〔290〕若《シ》能《ク》如《ク》レ上《ノ》念念相続《シテ》、畢命《ヲ》為《ルト》レ期者《ハ》、十即《ハチ》十生《ジ》、百即《ハチ》百生《ズ》。何以《ヲ》故《ノニ》。無《ク》二外雑縁《ノ》一、得《ルガ》二正念《ヲ》一故《ニ》、与《ト》二仏本願《ノ》一、得《ルガ》二相応《スルコトヲ》一故《ニ》、不《ルガ》レ違《セ》レ教故《ニ》、随《ニ》二順《スルガ》仏語《ニ》一故《ニ》。若欲《シ》三捨《スルテ》レ専修《ヲセント》二雑業《ヲ》一者《ハ》、百時《ノニ》希得《ニ》二一二《ヲ》一、千時《ノニ》希得《ニ》二五三《ヲ》一。（『浄全』四、三五六頁下）

この記述の前半は「正行」を、後半は「雑行」を説明していると考えられる。従って、この記述は、『選択集』第二章「善導和尚、正雑二行を立てて、雑行を捨てて正行に帰するの文」に引用されるのである。[364]

しかるに、この『往生礼讃』記述〔290〕は、二つの点から見て、親鸞にとっては、好ましくないものであったと思われる。その第一点は、記述〔290〕前半の「正行」の説明が〝多念義〟を含意している点である。つまり、「念念相続」や「畢命為期」という表現は、臨終まで繰り返し相続される念仏、つまり、〝多念〟を意味していることは、否定できないであろう。それ故、『捨子問答』記述〔289〕では、『往生礼讃』記述〔290〕の「念念相続シテ畢命ヲ期トスル者」という語が、「念仏ノ行者」に置き換えられているが、ここで「念仏ノ行者」が、〝多念〟称名の行者を意味していることは、明らかである。さらに、『往生礼讃』記述〔290〕前半の「正行」の説明には、親鸞にとっては何よりも重要な〝信心〟を意味する語が含まれてはいない。

また親鸞より見て、『往生礼讃』記述〔290〕の好ましくない第二点は、その後半に見られる「雑業」の説明の中に、「百時希得一二、千時希得五三」と述べられることだと思われる。即ち、この表現は、〝往生〟という結果が、「雑業」を「修」することによっても、「希得」であること、つまり、〝希れには得られること〟を示している。それ故、『捨子問答』記述〔289〕は、この点を踏えて、「雑行」は「不定ノ行ナリ」と言うのである。「不定」とは、〝往生をもたらすこともあり、往生をもたらさないこともあるので、不確定（anaikāntika, aniyata）である〟という意味であろう。(365)

『選択集』第十一章には、

〔291〕念仏《スル》者《ハ》、捨《テテ》レ命《ヲ》已後、決定《シテ》往二生《ス》極楽世界《ニ》一。余行《ハ》不定《ナリ》。（『昭法全』三三八頁）

という記述が見られるが、ここで「余行ハ不定ナリ」と言われるのも、『捨子問答』記述〔289〕で〝「雑行」は「不定ノ行」である〟と述べられるのも、趣旨は同じであろう。

しかるに、親鸞が、〝「余行」＝「雑行」は「不定」である〟というような解釈を認めることがありうるであろうか。つまり、〝「雑行」によっても、往生することはできる〟という考え方、あるいは〝諸行往生〟の可能性を、少しでも認めることがありうるであろうか。そのようなことはないと思われる。というのも、親鸞は、『高僧和讃』（文明本）「善導讃」〔八〕で、

〔292〕こゝろはひとつにあらねども
雑行雑修これにたり
浄土の行にあらぬをば
ひとへに雑行となづけたり。(366)（『定本』二(1)、一一一頁下）

と述べ、〃「雑行」は「浄土の行」ではない〃と述べているからである。

親鸞が、『往生礼讃』記述〔290〕をどのように扱ったかということは興味深い問題であるが、彼はまず、『教行信証』以外の著作では『往生礼讃』記述〔290〕を引用していないことに注意したい。次に、『教行信証』「行巻」では、記述〔290〕前半、つまり、「正行」を説く部分を引用し、(367)「化身土巻」では、記述〔290〕後半、つまり、「雑業」を説く部分を引用している。(368)しかし、親鸞が、「化身土巻」において、「雑行」、または「雑業」による〃往生〃の可能性を認めていたとは思えない。即ち、「化身土巻」には、後出の記述〔294〕以下の部分で、「雑行」と「雑修」について、親鸞の極めて特殊で複雑な理論が展開されることが知られているが、しかし、この巻の

〔293〕於《シテ》二安養浄刹《ニ》一入聖証果《スルヲ》 名《ケ》二浄土門《ト》一云《ヘリ》二易行道《ト》一。就《テ》二此《ノ》門中《ニ》一有《ル》二横出・横超・仮真・漸頓・助正・雑行・雑修・専修一也。

正者《ハ》五種《ノ》正行也。助者《ハ》除《テ》二名号《ヲ》一已外《ノ》五種是也。雑行者《ハ》除《テ》二正助《ヲ》一已外悉《ク》名《ク》二雑行《ト》一。此《レ》乃《チ》横出漸教定散三福三輩九品自力仮門也。（『定本』一、二八九—二九〇頁）

という記述で、「雑行」を「自力仮門」と呼んでいることは、明らかであろう。「自力仮門」とは、親鸞よりすれば、〃三願〃中の第十九願に相応するであろうが、何れにせよ、親鸞が〃「自力」による往生〃の可能性を認めることはないであろう。

また、右の記述〔293〕のやや後に出る

〔294〕夫《レ》雑行・雑修、其《ノ》言《ハ》一《ニシテ》而其《ノ》意惟《レ》異《ナリ》。於《テ》二雑之言《ニ》一、摂《ス》二入万行《ヲ》一。対《シテ》二五正行《ニ》一、有《リ》二五種《ノ》雑行一。雑《ノ》言《ハ》、人・天・菩薩等《ノ》解行雑《セルガ》故《ニ》曰《ヘリ》レ雑《ト》。自レ本非《ズ》二往生《ノ》因種《ニ》一。（『定本』一、二九〇頁）

という記述でも、〃「雑行」は「往生因種」でないこと〃が、述べられていると思われる。

さらに、「化身土巻」の次の記述を見てみよう。

〔295〕凡於《ソテ》二浄土《ノ》一切諸行《ニ》一、綽和尚云《ハヒ》二万行《ト》一、導和尚称《ハス》二雑行《ト》一、感禅師云《ハヘリ》二諸行《ト》一、信和尚依《ハレリ》二感師《ニ》一、空聖人依《ハリタマフ》二導和尚《ニ》一也。拠《テ》二経家《ニ》一披《クニ》二師釈《ヲ》一、雑行之中《ノ》雑行雑心、雑行専心、専行雑心《ナリ》。亦正行之中《ノ》専修専心、専修雑心、雑修雑心此《ハ》皆《レナ》辺地胎宮懈慢界業因《ノ》《ナリ》。故《ニ》雖《ドモ》レ生《ズト》二極楽《ニ》一、不レ見二三宝《ヲ》一、仏《ノ》心光明不《ル》レ照《セ》二摂《ノ》余雑業行者《ヲ》一也。仮令之誓願、良《ニ》有《ル》レ由哉《カナ》。仮門之教、忻慕之釈、是弥《レイヨイヨ》明《カ》也。（『定本』一、二九一―二九二頁）

ここでも、「雑行」は、「仮門之教」と言われているが、「辺地胎宮懈慢ノ業因」であるとされている。つまり、極楽に往生するとはいっても、真実報土ではなく方便化土に生まれ、三宝を見ることもないというのである。確かにこれは極楽への〝往生〟を認めるものであるが、しかし化土への往生であるから、真の往生とは言えないであろう[369]。つまり、親鸞の考え方は、『尊号真像銘文』（略本）に、

〔296〕「以信為能入[370]」といふは、真実の信心をえたる人のみ本願の実報土によくいるとしるべしとなり。（『定本』三(1)、六二頁）

と説かれるように、〝「真実の信心をえたる人」だけが「実報土」に往生できる〟というものであるから、『選択集』記述〔291〕や、『捨子問答』記述〔289〕に見られるような「不定」の考え方、つまり、〝「雑行」や「余行」を修す人でも、希れには往生することもできる〟というような考え方を、親鸞が許容できる筈もなかったであろう。それ故、『捨子問答』記述〔289〕の内容は、親鸞にとって望ましいものではなかったのである。

なお、『教行信証』記述〔295〕の「仏心光明不照摂余雑業行者」が、『観念法門』記述〔284〕の「彼仏心光、常照是人」以下の文章を言い換えたものであることは、明らかであろう。

『捨子問答』第十二問答（『捨子』一六頁下一四行―一八頁上一二行）（下八左―一二右）

ここでは、「助業」を修することが認められ、さらにその他の諸行を修することも承認される。即ち、〝捨子〟の第

十二問とは、次の通りである。

(297)余行ハ失多ク、念仏ハ正シキ本願ノ行ナレバ、一筋ニ名号ヲ勤《ツト》メヨト云フハ、実ニ可《キ》レ然《ル》道理必然ナリ。但シ濁世ノ我等散動ヲ以テ体トス。故ニ心十方ニ走リ、野ニ放タル馬ノ如ク、思ヒハ四方ニ移ル。林ニ遊ブ猿ニ似タリ。然ルヲ偏ニ名号ヲ唱ヘテ怠ラズ、専ラ念仏ヲ勤メテ相続セントスレド、大方替《カハリ》目ナキ事ハ物ウクテ、行相続シガタシ。一向称名ノ行者ノ念仏ニ、タクラベテ修スベキ余行ナンドハ侍ラヌニヤ。(『捨子』一六頁下一四行―一七頁上五行)(下八左―九右)

即ち、〝「念仏」は「本願ノ行」であるから、これを専ら勤めよと言うのは道理であるが、「濁世ノ我等」は「散動」を本質としているので、変りばえのしない退屈な念仏を相続しようとしても、難しい。何か、念仏に比べて修すべき余行などはないのか〟というのである。ここに、「相続」という語が二度出るが、これが「念念相続」、つまり、〝多念〟を意味することは、明らかであろう。

この〝捨子〟の問いに対して、第十二答において、〝師〟は、次のように、「助業」を修することを勧めるのである。

(298)然ルヲ尋ネノ如ク、ヒタスラニ念仏バカリヲ相続シテ勤メン事ノ倦《モノウ》クテ叶ヒ難カラン人ハ、助業ヲ以テ身心ヲ助ケテ、行ヲ相続スベシ。

所詮余行ヲアナガチニ誡ムル事ハ、我ガ心常ニ西方ニカヨヘバ、阿弥陀仏ノ慈心常ニ行者ト相離レ給ハヌ「人能念仏、仏還念」[371]ノ謂《イハレ》ニテ、其ノ光常ニ行者ヲ照シテ暫クモ捨テ給ハズ。心西方ヲ隔テタリ、思ヒ弥陀ニ怠レバ、仏ノ悲心、行者ト相離レテ、光明中絶シテ照シ給ハズ。是ノ故ニ雑行ヲ嫌フナリ。

但シ善導ハ四種ノ助業ヲ以テ、「念仏ノ倦《ウ》カラン時ハ、助ケヨ」ト釈シタマヘリ。一ニハ経ヲ読ミ奉ラント思ハヾ、浄土ノ三部経ヲ読ムベシ。併ラ弥陀ノ功徳ヲ説ク経ナレバ、是レヲ読ミ奉ルニ、心西方ニ相離レズ。二ニハ心ヲ静メテ観ント思ハン時ハ、極楽ノ依正ノ功徳ヲ心ヲ閑メテ観ズベシ。三ニハ身ヲ挙テ礼拝セント思ハン時ハ、阿弥陀観音勢至諸菩薩清浄大海衆等ヲ礼スベシ。四ニハ讃嘆供養セント思ハン時ハ、専ラ彼ノ阿弥陀仏ノ依正二報ヲ讃嘆供養セヨト勧《スス》メタマヘリ。此ノ四ノ行ハ、心彼ノ界ニ相離レネバ、雑行ト云ハズ。此ノ四ノ行ニ念仏ヲ加ヘテ五種ノ正行ト釈セリ。コマカニハ『観経』ノ『疏』ヲ見ルベシ。猶シ此ノ中ニ称名ヲ正業トシテ、余ノ四ヲバ助業トシタルナリ。(『捨子』一七頁上一〇行―下一三行)(下九左―一一右)

ここでの「助業」の説明、及び「助業」と「雑行」(「余行」)の区別の説明は、ほぼ『観経疏』「散善義」の次の記述にもとづいている。

〔299〕次就《テ》レ行立《ツトヲ》レ信者、然《ルニ》行有《リ》二二種一。一者《ハ》正行、二者《ハ》雑行《ナリ》。言《フハ》二正行《ト》一者、専依《ラテ》二往生経《ノ》行《ニ》一行《ズル》者《ハ》、是《ヲ》名《ク》二正行《ト》一。何者《カ》是《レナル》也。一心《ニ》専《ラ》読二誦《シ》此《ノ》『観経』・『弥陀経』・『無量寿経』等《ヲ》一、一心《ニ》専二注思三想観四察憶五念《シ》彼《ノ》国《ノ》二報荘厳《ヲ》一、若《シ》礼《セバ》 即《チ》一心《ニ》専《ラ》礼《シ》二彼仏《ヲ》一、若《シ》口《ニ》称《セバ》 即《チ》一心《ニ》専《ラ》称《シ》二彼仏《ヲ》一、若《シ》讃歎供養《セバ》 即《チ》一心《ニ》専《ラ》讃歎供養《ス》、是《レヲ》 名《テ》為《ス》レ正《ト》。

又就《テ》二此《ノ》正《ノ》中《ニ》一、復有《リ》二二種一。一者《ハ》一心《ニ》専《ラ》念《ジテ》二弥陀《ノ》名号《ヲ》一、行住坐臥《ニ》、不レ問《ハ》二時節《ノ》久近《ヲ》一、念念《ニ》不《ル》レ捨《テ》者、是《ヲ》名《ク》二正定之業《ト》一。順《ズルガ》二 彼《ノ》仏《ノ》願《ニ》一故《ニ》。若《シ》依《ラバ》二礼誦等《ニ》一、即《チ》名《テ》為《ス》二助業《ト》一。除《テ》二此《ノ》正助二行《ヲ》一已外《ノ》自余《ノ》諸善《ヲ》悉《ク》名《ク》二雑行《ト》一。若《シ》修《スレバ》二 前《ノ》正助二行《ヲ》一、心常親近《ニシテ》、憶念不《レバ》レ断《ゼ》、名《テ》為《ス》二無間《ト》一也。若《シ》行《ズレバ》二 後《ノ》雑行《ヲ》一、即《チ》心常間断《ス》。雖《ドモ》レ可《シト》二廻向《シテ》 得《ル》一レ生《コトヲ》、衆《テ》名《ク》二疎雑之行《ト》一也。(『浄全』二、五八頁下)

即ち、ここには、次のような区別がなされているのである。

- 正行(正助二行)―「心常親近」「憶念不断」
  - 正業(正定之業)―「専念弥陀名号」
  - 助業―「専読誦」「専観察」「専礼」「専讃歎供養」
- 雑行―「心常間断」「可廻向得生」

言うまでもなく、『観経疏』記述〔299〕は、『選択集』第二章に引用され[372]、さらに法然による詳しい説明がなされている。

では、隆寛は「助業」の意義をどのように考えたのであろうか。『具三心義』巻下には、次のように説かれている。

〔300〕問。但修助行、有往生者乎。答。有生不生二義。往生者、依観想得生、『観経』十三定善、天親『往生論』観察行等是也。又依礼拝行得生、如同論礼拝門。不往生者、称名行順本願故、名為正定業。当知、其助行只為扶口称之行所勤修也。観察者、即観名願所成極楽依正二報也。礼拝者、即帰名願故、投五体敬礼彼仏也。読誦行、讃嘆供養行、准之可知。

一々行皆以帰名願為本。若不帰本願、不信名号、修助行者、無有是処。以此義故、但以助行不可得往生也。応知。(『隆寛集』一四頁上)

ここで、隆寛は、「助行」を行ずることの意義を認めている。ただし、それは、「其助行、只為扶口称之行、所勤修也」と言われるように、「口称之行」、つまり、「正定之業」たる「口称之行」を助けるために修されるものとしてのみ認めるのであって、「但以助行、不可得往生」というように、〝「助行」だけを行じても、往生はできない〟というのが、隆寛の立場である。これは、善導・法然の〝助業〟説と基本的に一致するものと思われる。

ただし、『捨子問答』記述〔298〕には、「光明中絶」という理論が示されていることが注目される。即ち、『捨子問答』記述〔298〕の

所詮余行ヲアナガチニ誡ムル事ハ、我ガ心常ニ西方ニカヨヘバ、阿弥陀仏ノ慈心常ニ行者ト相離レ給ハヌ「人能念仏、仏還念」ノ謂ニテ、其ノ光常ニ行者ヲ照シテ暫クモ捨テ給ハズ。心西方ヲ隔テタリ、思ヒ弥陀ニ怠レバ、仏ノ悲心、行者ト相離レテ、光明中絶シテ照シ給ハズ。是ノ故ニ雑行ヲ嫌フナリ。

という第二段落には、〝「正行」を中断して「雑行」を行じるならば、『観念法門』記述〔284〕で、「摂護不捨」と言われた弥陀の「心光」が「中絶」して行者を照らさなくなる〟という考え方が示されているように思われる。右の一節の「心常ニ西方ニカヨヘバ」と「心西方ヲ隔テタリ」というのは、おそらく『観経疏』記述〔299〕で「正行」と「雑行」の区別を説明した「心常親近、憶念不断」と「心常間断」という語に意味的に対応しているのであろうから、「光明」が「中絶」するかしないかは、「正行」を行じるか「雑行」を行じるかという点にかかっている筈である。

しかし、おそらく、その場合の「正行」とは、『捨子問答』記述〔298〕では、「正定之業」、つまり〝称名念仏〟のみを意味していると思われる。というのも、〝称名念仏〟を継続しないものに〝光明中絶〟があるという説は、後論する『捨子問答』第十五答でも述べられ、そこでは、

〔301〕又道綽禅師、善導和尚ハ、毎日ノ所作ニ七万十万遍ナリ。又故上人ハ七万遍、其ノ後ノ明匠達ハ八万四千遍、十万遍、十二万ナンド勤メ給ヘリ。此等皆日々所作ノ程ハ、我身ニ少シ強《コハ》キ程ニ計ヒテ勤メラルベシ。何ニモ相続シテ勤メラレヌベクバ、仏ノ光明我身ヲ照シ給フ事中絶シテ、数キザミエヌ程ニ、アテ、励ムベキ事ナリ。(『捨子』二二頁上一六行—下五行)〔下二一左—二二右〕

と言われているからである。

〝光明中絶〟という『捨子問答』の理論は、念仏の「相続」、つまり、〝多念〟という考え方とセットになっていることが、この記述〔301〕からも知られる。つまり、〝弥陀からの「光明」が「中絶」しないよう、絶えず懸命に称名を繰り返せ〟〝多念に励め〟という考え方が、ここには明確に認められる。その意味では、この〝光明中絶〟という理論は、正に隆寛系の〝多念義〟に相応しいものと言えるであろう。ただし、この理論は、隆寛の著作と考えられる『具三心義』、及び『極楽浄土宗義』巻中下には見出されないようであるから、隆寛以後に、その弟子達の系統において形成されたものであるかもしれない。

もっとも、凝然の『浄土法門源流章』における隆寛説の説明には、

〔302〕弥陀光明《ノ》照《ハシ》二念仏人《ヲ》一、不レ念《ゼル》之《ノ》時《ハ》、不レ蒙《ラ》二光照《ヲ》一。如《キ》レ是《ノ》等《ノ》義、非《ズ》レ一衆多《ナリ》。此《レ》即《チ》隆寛律師《ノ》所立《ナリ》。（『浄全』十五、五九五頁上）

と述べられていて、〃光明中絶〃の理論と思われるものが「隆寛律師ノ所立」の一つとして説明されている。

また、西山派の堯慧（―一三九五）も、その『選択集私集鈔』巻三において、

〔303〕上人在世《ニ》、念仏《スル》時《ハ》摂取《シ》、不《ルニハ》二念仏《セ》一有《リケルヲバ》二不照《ト》云《フ》義一、可《キ》レ云《フ》二曳《キ》入《リ》光明《トゾ》一可《キト》レ云《フ》二蝸光明《トゾ》一被《レケリ》レ仰《セ》而《ルヲ》長楽寺、不《シテ》レ受《ケ》二上人《ノ》口伝《ヲ》一、念仏《ノ》時斗《リ》、建下立《スリト》有二摂取《ノ》益一悞《リヲ》上。仍《テ》世間《ノ》利口《ニ》、西山《ノ》定張《リ》光明、長楽寺《ノ》引入《リ》光明《ト》云《ヘリ》。（『選択（仏教大系）』二、一八〇頁）

と述べて、[374]〃光明中絶〃の理論は、長楽寺、つまり、隆寛系の〃多念義〃の特徴的な説であると把えている。

さて、『捨子問答』第十二答において、〃師〃は、単に「助業」を行じることを認めるだけではなく、次のように、その他の諸行を行じることをも、認めている。

〔304〕又『大経』ノ三輩念仏ノ文ノ如キハ、一向専念ノ行者ニ許ス余行アマタ見ヘタリ。一向ニ専ラ念仏ヲ勤メンガ為ニ、出家シ慾ヲ捨テ沙門ト成リ、菩提心ヲ発シ、戒ヲ持ツ。同ジク世ヲ厭ヒ、浄土ヲ今少シヨカリナント思ヒ、如《ク》レ此《ノ》スルナリ。又堂塔ヲ立テ、仏像ヲ造リ、幡ヲ懸ケ灯ヲ燃シ花ヲ奉リ香ヲ焼ク。是レモ同ジク仏ヲ頼ミ名号ヲ唱フル程ニテハ、只空《ソラ》ニ勤メ居タランヨリハ、道場ヲ造リ荘厳シテ、本尊ニ向ヒ奉テ申サンハ、今少シ心モスミ、行モ調リナント思ヒテ、一向専念ノ為ニスレバ、此等ノ功徳ニテ雑行ト不レ成《ラ》シテ、本願ノ報土ニ往生ス。何ニモ念仏ノ為ニ障ト成リテ、別々ニコロ幡ヲサシ、又心ヲ西ニ運ブニ間断アル程ノ行ヲ嫌フナリ。称名ノ行ヲ家主トシテ、弥陀ニ心ヲ係ケ奉ンニ妨ゲト成ラザラン程ノ余行ハ、苦シカラザルナリ。余ハ是レニテ心得ベキナリ。（『捨子』一七頁下一五行―一八頁上一二行）〔下一一右―一二右〕

ここに説かれる〝出家〟〝捨欲〟〝沙門となる〟〝発菩提心〟〝持戒〟〝起塔〟〝造像〟「幡ヲ懸ケ灯ヲ燃シ花ヲ奉リ香ヲ焼ク」等の諸行は、記述〔304〕冒頭に言われるように、元来は、次のような『無量寿経』巻下の〝三輩往生〟の一段に説かれるものである。

〔305〕仏告《ハク》二阿難《ニ》一。十方世界《ノ》諸天人民、其有《レラン》二至《シテ》レ心願《ヲズル》レ生《ゼント》二彼国《ノニ》一。凡有《ソリ》二三輩一。其上輩《ノ》者《ハ》、捨《テ》レ家《ヲ》棄《テ》レ欲《ヲ》、而作《リ》二沙門《ト》一、発《シ》二菩提心《ヲ》一、一向専《ニラ》念《ジ》二無量寿仏《ヲ》一、修《シテ》二諸功徳《ノヲ》一、願《ズ》レ生《ゼント》二彼国《ノニ》一。此等衆生《レノ》、臨《ミテ》二寿終時《ノニ》一、無量寿仏、与《ニ》二諸大衆一、現《ズ》二其人前《ノニ》一。即随《チテ》二彼仏《ニ》一、往《シテ》二生其国《ノニ》一、便於《チ》二七宝華中《ノノニ》一、自然化生《シ》、住《ス》二不退転《ニ》一。智慧勇猛《ニシテ》、神通自在《ナリ》。是故阿難《ノニ》、其有《レリテ》二衆生一、欲《セバ》下於二今世《ニ》一、見《ント》中無量寿仏《ヲ》上、応《シ》下発《シ》二無上菩提之心《ヲ》一、修二行《シテ》功徳《ヲ》一、願《ズ》上レ生《ゼント》二彼国《ノニ》一。

仏語《ハク》二阿難《ニ》一。其中輩《ノ》者《ハ》、十方世界《ノ》諸天人民、其有《レラン》二至《シテ》レ心願《ヲズル》レ生《ゼント》二彼国《ノニ》一。雖《ドモ》レ不《ト》レ能《ハ》下行《テ》作《リ》二沙門《ト》一大修《ニ》中功徳《スルコトヲ》上、当《シ》下発《シ》二無上菩提之心《ヲ》一、一向専《ニラ》念《ズ》中無量寿仏《ヲ》上。多少修《ニ》レ善《シテヲ》、奉《シ》二持斎戒《ヲ》一、起《シ》二立塔像《ヲ》一、飲《セシメ》二食沙門《ニ》一、懸《ケ》レ繒《ヲ》然《シ》レ灯《ヲ》、散《ジ》レ華《ヲ》焼《キ》レ香《ヲ》、以《テ》レ此《ヲ》迴向《シテ》、願《ズ》レ生《ゼント》二彼国《ノニ》一。其人臨終《ニ》、無量寿仏、化《ス》二現其身《ノヲ》一、光明相好、具如《ニシ》二真仏《ノ》一。与《ニ》二諸大衆《ノト》一、現《ズ》二其人前《ノノニ》一。即随《チテ》二化仏《ニ》一、往《シテ》二生其国《ノニ》一、住《ス》二不退転《ニ》一。功徳智慧、次如《デシ》二上輩者《ノノ》一也。

仏告《ハク》二阿難《ニ》一。其下輩《ノ》者《ハ》、十方世界《ノ》諸天人民、其有《レリ》二至《シテ》レ心欲《ヲスル》レ生《ゼント》二彼国《ノニ》一。仮使《ヒ》不《トモ》レ能《ハ》レ作《ス》二諸功徳《ノヲ》一、当《シ》下発《シ》二無上菩提之心《ヲ》一、一向専《ニラニシ》レ意《ヲ》、乃至十念、念《ジ》二無量寿仏《ヲ》一、願《ズ》上レ生《ゼント》二其国《ノニ》一。若聞《シテ》二深法《ヲ》一、歓喜信楽《シテ》、不レ生《ゼ》二疑惑《ヲ》一、乃至一念、念《ジテ》二於彼仏《ノヲ》一、以《テ》二至誠心《ヲ》一、願《ズ》レ生《ゼント》二其国《ノニ》一。此人《ノ》臨終《ニ》、夢見《ニテ》二彼仏《ノヲ》一、亦得二往生《ヲ》一。功徳智慧、次如《デシ》二中輩者《ノノ》一也。（『浄全』一、一九―二〇頁）

また、ここに説かれる「発菩提心」等の諸行と念仏との関係については、『選択集』第四章「三輩念仏往生の文」の中で、『無量寿経』記述〔305〕が引用された後で、法然自身によって詳しい説明がなされている。[375] その説明で法然は、「念仏」と「余行」の関係を、〝廃立〟〝助正〟〝傍正〟の三義によって説明するのであるが、『捨子問答』第十二問答と関るのは、その中、〝助正〟義による説明である。即ち、法然は、次のように説明している。

〔306〕二《ニハ》為《ニ》レ助二成《セシメンガ》念仏《ヲ》一説《クト》二此《ノ》諸行《ヲ》一者《ハ》、此《レニ》亦有《タリ》二二意一。一《ニハ》以《テ》二同類《ノ》善根《ヲ》一助二成《シ》念仏《ヲ》一。二《ニハ》以《テ》二異類《ノ》善根《ヲ》一助二成《ス》念仏《ヲ》一。初《ニ》同類《ノ》助成者《トハ》、善導和尚《ノ》『観経疏』《ノ》中《ニ》、挙《ゲテ》二五種《ノ》助行《ヲ》一、助二成《ス》念仏《ノ》一行《ヲ》一是《レ》也。具《ニハ》如《シ》二上《ノ》正雑二行之中《ニ》説《クガ》一。先就《ツテ》二上輩《ニ》一而論《ゼバ》二正助《ヲ》一者、「一向専念無量寿仏」者《トハ》、是《レ》正行也。亦是《レ》所助也。「捨家棄欲而作沙門発菩提心」等者《トハ》是《レ》助行也。亦《タ》是《レ》能助也。謂《ク》往生之業《ニハ》念仏《ヲ》為《ス》レ本《ト》。故《ニ》為《ニ》三一向《ニ》修《センガ》二念仏《ヲ》一捨レ家《ヲ》棄《テ》レ欲《ヲ》而作《リ》二沙門《ト》一、又発《ス》二菩提心《ヲ》一等也。就《テ》レ中《ニ》出家発心等者《トハ》且《ク》指《ス》二初出及《ビ》以初発《ヲ》一。念仏《ハ》是《レ》長時不退之行也。寧容《ロンヤ》レ妨二礙《ス》念仏《ヲ》一也。中輩之中《ニ》亦有《リ》二起立塔像懸繒燃灯散華焼香等《ノ》諸行一。是《レ》則《チ》念仏《ノ》助成也。其《ノ》旨見《タリ》二『往生要集』《ニ》一。謂《ク》助念方法《ノ》中《ノ》方処供具等是《レ》也。下輩之中《ニ》亦有《リ》二発心一。亦有《リ》二念仏一。助正之義、准《ジテ》レ前《ニ》可《シ》レ知《ル》。(『昭法全』三二三頁)

即ち、「念仏」を「助成」するための「諸行」の存在を認め、それには「同類善根」、つまり「五種助行」と、「異類善根」、つまり『無量寿経』記述〔305〕に説かれるような念仏以外の諸行とがあるというのである。この内、「同類善根」といわれる「五種助行」とは、『観経疏』記述〔299〕に説かれた五種の「正行」中の「助業」、つまり〝称名〟を除いた〝前三後一〟と言われる〝読誦〟〝観察〟〝礼拝〟〝讃歎供養〟を指していると考えられている。[376] この「同類善根」については、すでに『捨子問答』第十二答前半、つまり、記述〔298〕で、それを行ずることが認められていたのである。

そこで、『捨子問答』第十二答の記述〔304〕では、『選択集』記述〔306〕で「異類善根」と言われた諸行について論じ、これを行じることも、認めていることになる。ただし、『捨子問答』記述〔304〕にも、「一向ニ専ラ念仏ヲ勤メンガ為ニ」「一向専念ノ為ニスレバ」と説かれているので、「異類善根」を行ずるのも、あくまで、「念仏」を「助成」するためであるとする『選択集』記述〔306〕の立場が守られているように思われる。

しかるに、了祥は、『捨子問答』第十二答に説かれる「同類」「異類」による「念仏」の「助成」について、次のように述べるのである。

〔307〕『捨子問答』下（八左以下第十二問答）ニモ三経ヲヨミ弥陀ヲ観念シ弥陀ヲ拝ミ弥陀ヲ供養讃歎スル前三後一ノ助業ハ同類助業トテコレヲ許シ、又出家シタリ戒ヲ持ツタリ余行ヲツトメルモ、念仏ノタスケニナル方デハ助業ト云フ。コレハ弥陀法ニカハリタニヨリテ、コレハ異類ト名クル。同類異類ノ助業ガ許シテアルニヨリテ、『捨子問答』ハ雑行許シタ書ナリ。尤モ同類助業ハ善導ノ説。異類助業ハ慧心ノ説。サリナガラ元祖ハ諸行往生、助念往生、但念往生ト三ニ立テ、、但念専修ノ処デハ異類助業ハ払ヒ給フ。ヨリテ『捨子』ノ如ク云フハ、元祖ノ正意ニ非ズ。（『後世講義』二九頁上―下）

ここで、了祥は、〝『捨子問答』は、「同類異類ノ助業」を認めているから、「雑行許シタ書」であり、従って、その説は、「元祖」、つまり、法然の「正意」と合致していない〟と論じている。

了祥が、ここで「異類助業ハ慧心ノ説」というのは、源信の『往生要集』大文第五「助念の方法」[377]に説かれる「七事」等の所説を指すのであろうが、しかし、すでに『選択集』記述〔306〕で見たように、法然も「以異類善根、助成念仏」という〝異類助成〟を認めているのである。

了祥が、「元祖ハ……但念専修ノ処デハ異類助業ハ払ヒ給フ」と言うのは、『無量寿経釈』の

〔308〕此《レ》已《ニ》如《シ》レ此《ノ》、今経亦《タ》如《シ》レ此《ノ》。上《ニハ》逗《シテ》二機縁《ニ》一、且《ク》雖《ドモ》レ説《クト》二助念仏往生及《ビ》諸行往生之旨《ヲ》一、准《ルガ》二仏本願《ニ》一故《ニ》、至《テ》二于流通《ノ》初《ニ》一、廃《シテ》二諸行《ヲ》一帰《スル》二但念仏《ニ》一也。助行猶《ヲ》廃《ス》レ之《ヲ》、況《ヤ》但諸行《ヲ》哉。（『昭法全』九一頁）

というような記述[378]にもとづくのかもしれないが、この「廃諸行、帰但念仏也」ということは、『選択集』第四章で言えば、〝廃立〟の義によって「念仏」と「諸行」の関係を述べたものに相当する。確かに、法然は『選択集』第四章の

〔309〕凡《ソ》如《キノ》レ此《ノ》三義、雖《ドモ》レ有《リト》二不同一、共《ニ》是《レ》所《ナリ》三以為《ニスル》二一向念仏《ノ》一也。初義即《チ》是《レ》為《ニ》二廃立《ノ》一而説《ク》。謂《ク》諸行《ハ》為《ニ》レ廃而説《キ》、念仏《ハ》為《ニ》レ立而説《ク》。次義即《チ》是《レ》為《ニ》二助正《ノ》一而説《ク》。謂《ク》為《ニ》レ助《ケンガ》二念仏之正業《ヲ》一而説《ク》二諸行之助業《ヲ》一。後義即《チ》是《レ》為《ニ》二傍正《ノ》一而説《ク》。謂《ク》雖《ドモ》レ説《クト》二念仏諸行《ノ》二門《ヲ》一、以《テ》二念仏《ヲ》一而為《シ》レ正《ト》、以《テ》二諸行《ヲ》一而為《ス》レ傍《ト》。故《ニ》云《フ》二三輩通《ジテ》皆念仏《ト》一也。

但此等《ノ》三義、殿最難《シ》レ知《リ》。請《フ》諸《ノ》学者、取捨在《ルベシ》レ心《ニ》。今若《シ》依《ラバ》二善導《ニ》一以《テ》レ初《ヲ》為《ス》レ正《ト》耳《ノミ》。（『昭法全』三二四頁）

という一節の末尾で、「以初為正耳」と述べて、〝廃立〟〝助正〟〝傍正〟の三義の中では、〝廃立〟義を「善導」の〝正義〟とすると説いている。しかし、〝廃立〟義を「正」とすることによっても、〝助正〟義は必ずしも否定されないというのが、私の理解である。(379) 従って、〝『捨子問答』が「同類異類ノ助業」を認めることは、法然の説に合致しない〟という了祥の見解には、私としては、同意できないのである。

『捨子問答』第十三問答（『捨子』一八頁上一三行―一九頁下三行）（下一二右―一五左）

ここでは、〝「他力念仏ノ行者」となる以前に修してきた「余行」の「功徳」をいかにすべきか〟という問題が扱われる。即ち、『捨子問答』の第十三問のテキストとは、次のようなものである。

(310)捨子問テ云ク。聖道門ノ万行ハ、余行ト下《クダ》シ、又難行トシテ(380)閣《サシヲ》キツ。然ルニ今日コソ他力念仏ノ行者トハ成リヌレ。上古ヨリ自ラ縁ニ随テ勤メタラン所ノ諸ノ功徳ノ有ランヲバ、何トカ心得ベキ。皆用ナキ事ニテ消エ失セヌト知リ侍ルベキヤ。（『捨子』一八頁上一三行―一七行）（下一二右）

これに対する、〝師〟の答えの後半部分を示せば、次の通りである。

(311)今生ノ作善、一モナシト見ユル人ナレドモ、無始生死ノ古ヨリ、諸仏世々番々ニ世ニ出テ、カハル〳〵ニ衆生ヲ教化シ給ヘリ。設ヒ仏ノ在世ニコソ生レ遇ハズトモ、正法像法ノ間ニモ有リケン。サレバ知識経巻ニモ値ヒ、功徳ヲ作ル事多カリケン。此等ノ善根ヲバ皆不レ捨《テ》、極楽浄土ニ廻向スルナリ。

諸行ヲ嫌フ事ハ、「念仏ニ帰シテ、彼ノ仏ニ殊ニ親キ称名ノ行ヲ懈《オコタ》ラズ修セヨ」ト云フ也。「先ニ修シテ値タル善マデモ捨テヨ」トニハ非ラズ。何《イカ》ニモ(381)往生ハ念仏ノ功、本願力ニテ有ルベシト云フ信心ヲ(382)打固《カタメテン》上ハ、思ベシ。海ハ深キ事ヲ厭ハズ。山ハ高キヲ厭ハズ。功徳ハ厚キコトヲ厭ハヌ事ナレバ、始テ「余ヲ勤メソエヨ」ト云バコソ、心移ズシテ、[383]念仏ノ信心モユルガヌ[384]本ノ功徳ヲ同ジク極楽ニ廻シ向エバ、イミジキ事ニテコソアラメ。如レ此思ハヾ、三心ノ中ノ第三ノ廻向発願心ニ、本善ノ廻向、本願ノ廻向、往想ノ廻向、還想ノ廻向ト云フ替目見ヘタリ。是レハ本善ノ廻向ニアタレリ。

サレバ本ヨリ修シタリシ余行ハ嫌ハズシテ、往生ノ行ニ廻シ、今ニ修スル余行ヲバ誡メテ、一向ニ専ラ名号ヲ唱ヘヨト勧ムルナリ。能々可《シ》二心得一。（『捨子』一九頁上一行—下三行）〔下一三左—一五右〕

ここで、〃師〃の答えの結論は、最終段落の「本ヨリ修シタリシ余行ハ嫌ハズシテ、往生ノ行ニ廻シ」という語と、第一段落末尾の「此等ノ善根ヲバ皆捨テズ、極楽浄土ニ廻向スルナリ」という語によって示されているであろう。即ち、過去世以来修してきた「念仏」以外の「諸行」の「功徳」は、極楽往生に「廻向」すべきであるというのであり、これを「本善ノ廻向」と呼んでいる。

第三段落には、「廻向発願心」に「本善ノ廻向」「本願ノ廻向」「往想ノ廻向」「還想ノ廻向」という四種があるという説を示しているが、「往想」「還想」は、「往相」「還相」の誤字であり、言うまでもなく、『往生論註』巻下の

〔312〕廻向有《リ》二二種相《ノ》一。一者往相《ニハ》、二者還相《ナリ》。往相者《トハ》、以《テ》二己《ガ》功徳《ヲ》一廻《シテ》二施一切衆生《ニ》一、作三願《スルナリ》共《ニ》往二生《セント》彼《ノ》阿弥陀如来《ノ》安楽浄土《ニ》一。還相者《トハ》、生《ジテ》二彼土《ニ》一已《テ》、得《テ》二奢摩他毘婆舎那《ヲ》一方便力成就《シ》、廻二入《シテ》生死《ノ》稠林《ニ》一、教二化《シテ》一切衆生《ヲ》一、共《ニ》向《フ》二仏道《ニ》一。若《ハ》往若《ハ》還、皆為《メナリ》下抜《テ》二衆生《ヲ》一渡《サンガ》中生死海《ヲ》上。（『浄全』一、二三九頁下—二四〇頁上）

という〃二種廻向〃の説にもとづくであろう。

また、「三心」中の「廻向発願心」に前述の四種の「廻向」があるという『捨子問答』記述〔311〕最終段落の説は、おそらく『観経疏』「散善義」の「廻向発願心」の説明の中にこの四種の「廻向」を読み取ろうとするものであろうが、確かに前掲の『観経疏』記述〔236〕の

言二「廻向発願心」一者、過去及以今生身口意業所修世出世善根及随二喜他一切凡聖身口意業所修世出世善根一、以二此

自他所修善根一、悉皆真実深信心中廻向願レ生二彼国一。故名二「廻向発願心」一也。

という文章の傍線を付した部分には、「本善ノ廻向」が説かれていると見てよいであろう。

なお、『捨子問答』第十三答の結論は、記述(311)最終段落に、「本善ノ廻向」説とともに、現在より以後は、「余行」を「誡メテ」、「一向ニ専ラ名号ヲ唱ヘヨト勧ムルナリ」と示されている。この「誡メテ」が、今後は「余行」を全く禁ずるという意味かと言えば、そうではないであろう。もしそうであれば、『捨子問答』第十二答で、「同類」と「異類」の「助業」の意義を認めたことと矛盾してしまうからである。それ故、『捨子問答』記述(311)第二段落は読解が難しいが、そこで「信心ヲ打固上ハ」「始テ余ヲ勤メソエヨ」と述べているのは、おそらくは、〝「念仏ノ信心」を獲得した後は、「余行」を修してもよい〟という意味であろうと思われる[385]。

なお、『捨子問答』記述(311)末尾には、「能々可二心得一」という表現が出ている[386]。「よくよくこころえたまふべし」というのは、親鸞がその著作で三回も使用している表現であることは、すでに述べたが、親鸞が『捨子問答』を読んでいることは確実だと思われるので、このような親鸞の表現も『捨子問答』に由来していると見ることも不可能ではないかもしれない。

『捨子問答』第十四問答(『捨子』一九頁下四行―二一頁下五行)(下一五右―一九左)

ここでは、〝一念義〟が否定され、「称名相続」を説く〝多念義〟が強調されている。従って、その内容は、親鸞にとっては決して容認できないものであり、それ故、親鸞はこの問答の内容を、『後世物語』に取り入れることができなかったと思われる。

この第十四問答の内容、即ち、〝多念義〟の強調は、極めて重要であるから、以下にはその第十四問答全体のテキストを示すことにしよう。

まず、第十四問は、次の通りである。

〔313〕捨子問テ云ク。「弥陀ノ本願ハ、一念十念ヲ捨テ給ハズ。本願ノ文ニハ、『乃至十念』ト説キ、願成就ノ文ニハ、『信心歓喜シ乃至一念シテ心ヲ至シ廻向シテ彼ノ国ニ生ゼント願ズレバ、即チ往生スル事ヲ得テ、不退転ニ住ス』ト云ヘリ。サレバ、強《アナガ》チニ数遍セズトモ、深ク信ジタテマツラバ、往生ハ決定ナリ」ト申ス人モ侍リ。「相構《アヒカマヘテ》々間《ヒマ》ナク念仏ヲ修シ、数遍ヲ嗜《タシナ》メ」ト勧ムル人モアリ。何レノ義ニ付テカ、往生ヲバ思ヒ定メ侍ルベキト云々。(『捨子』一九頁下四行―一一行)〔下一五右―左〕

ここでは、〃一念義〃の主張と〃多念義〃の主張が対比され、いずれに依るべきかが問われているのである。つまり、ここで〃一念義〃と〃多念義〃の対立の問題が扱われているが、この『捨子問答』第十四問答に関する私見を予め言えば、親鸞が「隆寛律師作」として『一念多念分別事』を書いたとき、さらには、「安居院法印聖覚作」として『唯信鈔』を書いたときにも、(387) この『捨子問答』第十四問答を参照し、その文言を利用しているであろうと思われる。

では、まず『捨子問答』記述〔313〕で言及される『無量寿経』第十八願の願文と願成就文を次に示すことにしよう。

〔314〕設シ我レ得ンニレ仏ヲ、十方衆生、至心ニ信楽シテ欲シテレ生ゼント二我ガ国ニ一、乃至十念セン、若シ不ンバレ生ゼ者、不レ取ラ二正覚ヲ一。唯除ク二五逆ト誹謗正法ヲ一。(『浄全』一、七頁)

〔315〕諸有ル衆生、聞テ二其ノ名号ヲ一、信心歓喜シテ、乃至一念、至心ニ廻向シテ、願ズレバレ生ゼント二彼ノ国ニ一、即チ得テ二往生ヲ一、住ス二不退転ニ一。唯除ク二五逆ト誹謗正法ヲ一。(同右、一九頁)〔記述〔105〕の一部〕

この二つの経文の「乃至十念」と「信心……乃至一念」という語を根拠として、『捨子問答』記述〔313〕で、

強《アナガ》チニ数遍セズトモ、深ク信ジタテマツラバ、往生ハ決定ナリ。

と主張するのが、〃一念義〃論者なのである。これについて、〃「乃至十念」と言って、「十念」を認めているから、この主張は一念義とは言えない〃と考えるならば、それは適切ではない。つまり、この主張で対比させられているのは、

実は「数遍」と「深く信ジタテマツラバ」という語なのである。つまり、〝称名の多念〟と〝深信〟とが対比されているのである。「深く信ジタテマツラバ、往生ハ決定ナリ」とは、〝信心獲得の時点で、往生は定まる〟という〝信心正因〟説であり、〝信の一念義〟であって、それと「数遍」、つまり、〝称名の多念〟という立場を説く〝多念義〟が、ここで対比されているのである。

「深く信ジタテマツラバ、往生ハ決定ナリ」という〝信心正因〟説、〝信の一念義〟は、『末灯鈔』第一通で、

(316)信心のさだまるとき往生またさだまるなり。(『定本』三(2)、六〇頁)

と述べられる親鸞の立場と全く同じものであるが、ここで『捨子問答』が親鸞その人の主張を意識しているかどうか明らかではない。しかし、可能性が皆無であるとも言えないであろう。すでに、一二三七年に弁長によって著された『徹選択本願念仏集』巻下の記述〔51〕にも、〝一念義〟の主張が、

設不ㇾ唱二仏名一、依二此信心一、得二往生一也。

具二此信心一者、雖ㇾ不二称名一、決定往生。

と示され、さらに、同じ巻下には、

(317)我身無行《ニシテ》、不ㇾ唱《ヘ》二称名《ヲ》一、偏取《ニテ》二信心《ヲ》一、以《テ》ㇾ之《ヲ》為《ス》二他力《ト》一。(『浄全』七、一〇五頁下)

という記述もあったのである。これは明らかに、〝信の一念義〟に対する批判であり、少なくとも、鎮西派の妙瑞(—一七七八)は、ここでは親鸞の主張も批判の対象として意図されていると見ているのである。[388]

『徹選択本願念仏集』が書かれた一二三七年の時点で、親鸞の思想形成がどの程度完了し、また、その説が一般にどの程度知られていたかは、明らかではない。『教行信証』成立の時期についても、未だに定説を見ていないが、しかし、一二三七年といえば、親鸞は、すでに六十五歳であり、京都にもどっていたと考えられている。『教行信証』の原型が「化身土巻」に言われる「元仁元年」[389](一二二四年)に成立していたとすれば、一二三七年著作の『徹選択本願念仏集』

が親鸞独自の説を、その批判の対象とすることも可能であった筈である。とすれば、一二四〇年代頃成立したと思われる『捨子問答』が、親鸞の説を直接知っていて、その批判の対象としたという可能性も、皆無であるとは言えないであろう。あるいは、『捨子問答』の著者は、弁長の著作等を通じて、[390] 親鸞系統の〝信の一念義〟の主張を知り、親鸞その人を意識することもなく、その主張を批判したという可能性も考えられる。

しかるに、『捨子問答』第十四問、つまり、記述〔313〕で示された〝一念義〟の主張について、注目すべきことがある。それは、その主張が、『唯信鈔』の結論部分に示される次のような〝一念義〟の主張に、表現として類似していることである。

〔318〕往生浄土のみちは、信心をさきとす。信心決定しぬるには、あながちに称念を要とせず。『経』にすでに「乃至一念」ととけり。このゆえに、一念にてたれりとす。偏数をかさねむとするは、かへりて仏の願を信ぜざるなり。
(『定本』六(2)、六七―六八頁)

本書の第四章で論じるように、私は『唯信鈔』を親鸞の著作と考えているが、その『唯信鈔』には、『捨子問答』第七問Ⓝの文言を参照して書かれていると思われる部分がある。[391] しかるに、この『唯信鈔』の記述〔318〕においても、〝一念義〟の主張を提示する際に、『捨子問答』記述〔313〕が参照され、その表現が用いられているように感じられる。即ち、『唯信鈔』記述〔318〕の「あながちに」は、『捨子問答』記述〔313〕の

サレバ、強《アナガ》チニ数遍セズトモ、深ク信ジタテマツラバ、往生ハ決定ナリ。

という文章の「強《アナガ》チニ」という語を用いたものではないかと思われる。また、『唯信鈔』記述〔318〕で示される「乃至一念」という経文も、『捨子問答』記述〔313〕に示される〝一念義〟の主張の中に見られる「願成就ノ文」の「乃至一念」と同じであることは、言うまでもないであろう。

なお、『捨子問答』記述〔313〕に示される〝多念義〟の主張には、すでに述べたように、〝多念義〟的語感をもつが

故に、親鸞によって嫌われ、『後世物語』には取り入れられなかった「間《ヒマ》ナク」という語が用いられていることにも、注意しておきたい。

では、次に『捨子問答』第十四答のテキストを段落を区切って示すことにしよう。まず第一段落は、次の通りである。

〔319〕師答テ云ク。「一念十念ヲ以テ往生ス」ト云フ事ハ、昨日マデ無善造悪ノ凡夫タルガ、今日又病ノ床ニ臥テ命既ニ促《セマル》時ニ、積ム所ノ罪業、地獄ノ苦因ト定リテ、火車首《カウベ》ノ辺リニ近付テ、ウズマク烟ノ病者ノ眼惑《マドヒ》遮《サヘ》ギル。此ノ人忽ニ善知識ノ勧メニ値ヒテ、苦ヲ恐ル。仏ノ誓ヲ頼ミテ、南無阿弥陀仏ト称念シ奉ル。然ルニ其ノ人命既ニ極リ、一念二念ニ畢ル者モアリ。乃至五念十念ニ生ル、人モアリ。是レヲコソ一念十念ニテ生ル、義トハスレ。本願ノ文即チ是レニ当レリ。故ニ『安楽集』ニ云、「是故大経《ニ》云《ニ》、若有《シ》二衆生《リテ》一、縦令一生造《ルトモ》レ悪《ヲ》、臨《テ》二命終《ノ》時《ニ》一、十念相続《シテ》称《スルニ》二我《ガ》名号《ヲ》一、若不《バ》レ生《セ》者不レ取二正覚《ヲ》一」ト云ヘリ。〔392〕若シ此ノ人猶命延ビバ一形励ムベカリツル者也。「誰カ兼テ平生ニタヾシキ時、此ノ本願ニ帰シテ、彼ノ国ニ生ゼント望ム人ノ、一念十念唱ヘテ置キタリツルガ、信心ヒルガヘラネバ、臨終ノ時、仏来迎シテ摂シ給フ」トハ、何《イッ》レノ経論ニカ出タル。何レノ人師先徳ノ釈義ニカ見ヘタル。又何レノ往生人ヲカ証拠トスルヤ。（『捨子』一九頁下一一行―二〇頁上一〇行）〔下一五左―一六左〕

この第一段落は、『無量寿経』の第十八願・願成就文の「乃至十念」「乃至一念」という語句に関する『捨子問答』の解釈を示すものである。つまり、「一念十念ヲ以テ往生ス」とは如何なる意味かを説明しているのであるが、その説明とは、〝昨日まで「無善造悪ノ凡夫」であった者が、臨終時に善知識の勧めにあって、弥陀の本願を頼み、その名号を称える場合に、「一念二念」、つまり、一声二声を称えて亡くなる人もあり、また「十念」を称えて亡くなる人もある。「一念十念ヲ以テ往生ス」とは、そのことを言っているのであり、もしも、その人がさらに延命したならば、一生称名に励むべきである〟というものである。

以上が、〝多念義〟による「乃至十念」「乃至一念」の解釈を示した部分であるが、その後には、〝一念義〟による解釈に対する批判が見られる。即ち、その趣旨は、

「臨終ではなく、平生のときに、本願に帰し往生を望む人が、一念十念を称えておいて、本願に対する信心がひるがえらなければ、臨終の時に弥陀の来迎を受け往生できる」というような説は、いかなる経論にも、註釈にも出ておらず、それを証拠だてるような往生人もいない。

というのである。ここで批判されている主張においては、「信心」が往生の正因とされており、その意味で、その主張は〝信心正因〟説であると言えるであろう。

かくして、『捨子問答』第十四答の第一段落〔319〕において、「乃至十念」「乃至一念」という『無量寿経』の経文に対する〝一念義〟による解釈が斥けられ、〝多念義〟による解釈が正当なものとして主張されたのであるが、この『捨子問答』記述〔319〕の議論は、親鸞が『一念多念分別事』において、〝一念義〟を主張する際に利用されたように思われる。即ち、本書の第四章で論じるように、私は、『一念多念分別事』をも親鸞の著作であると見なすのであるが、その『一念多念分別事』の次の記述は、『捨子問答』記述〔319〕を踏まえて著されているように思われる。

〔320〕多念はすなはち一念のつもりなり。そのゆへは、人のいのちは日々にけふやかぎりとおもひ、時々にたゞいまやをはりとおもふべし。無常のさかいは、むまれてあだなるかりのすみかなれば、かぜのまへのともしひをみても、くさのうへのつゆによそへても、いきのとゞまり命のたえむことは、かしこきもをろかなるも、一人としてのがるべきかたなし。このゆへに、たゞいまにても、まなことぢはつるものならば、(393)弥陀の本願にすくはれて、極楽浄土へむかへられたてまつらむとおもひて、南無阿弥陀仏ととなふることは、一念無上の功徳をたのみ、一念広大の利益をあふぐゆへなり、しかるに、いのちのびゆくまゝには、この一念が二念・三念となりゆく。この一念かやうにかさなりつもれば、一時にもなり二時にもなり、一日にも二日にも一月にもなり、一年にも二年に

もなり、十年・二十年にも八十年にもなりゆくことにてあれば、いかにしてけふまでいきたるやらむ。たゞいまやこのよのをはりにてもあらむとおもふべきことはりが、一定したるみのありさまなるによりて、善導は「恒願一切臨終時、勝縁勝境悉現前(394)」とねがはしめて、念念にわすれず、念念におこたらず、まさしく往生せむずるときまで念仏すべきよしを、ねむごろにすゝめさせたまひたるなり。（『定本』六(2)、七五―七七頁）

ここに示されるのは、「多念はすなはち一念のつもりなり」という独創的な理論であり、これを私は〝一念のつもり＝多念〟説と呼んでいる。(395) しかるに、ここに見られる「いのちのびゆくままには」という表現は、『捨子問答』記述〔319〕の「若シ此ノ人猶命延ビバ」という語を踏まえて、書かれたものだと思われる。しかし、『捨子問答』記述〔319〕の

若シ此ノ人猶命延ビバ一形励ムベカリツル者也。

という文章と『一念多念分別事』記述〔320〕の

しかるに、いのちのびゆくまゝには、この一念が二念・三念となりゆく。

という文章とでは、表現こそ類似しているが、その趣旨は全く異なるのである。というのも、前者は〝多念義〟を説き、後者は〝一念義〟を説いているからである。『一念多念分別事』記述〔320〕が〝一念義〟を説いていることについては、後論するが、(396) そこに見られる、

たゞいまやをはりとおもふべし。

たゞいまやこのよのをはりにてもあらむとおもふべきことはり

という表現に注目したい。ここには、「をはり」とあるが、これは『捨子問答』記述〔319〕のように、〝臨終〟の時について述べているのではない。即ち、『捨子問答』記述〔319〕で「乃至十念」「乃至一念」という経文に関する正しい解釈とされるものにおいては、「十念」「一念」とは、〝臨終〟時に「十念」や「一念」しか称えられないことを言っているのであり、つまり、〝一念〟は〝臨終〟の〝一念〟を指しているのである。しかるに、『一念多念分別事』記述

〈320〉の「をはり」とは、「ただいま」、つまり、〃平生〃の〃一念〃なのである。即ち、「ただいまやをはりとおもふべし」とは、〃平生〃の〃一念〃を〃臨終〃の〃一念〃と思え、というのである。そして、この〃平生〃の〃一念〃が、延命するならば、つもり重なって〃多念〃になる、というのである。従って、了祥は、この〃一念のつもり＝多念〃説を、

〈321〉一念ノツモリタガ多念。多念ヲクダイテミレバ皆一念。一切万法皆極微。(397)（『後世講義』一三頁上）

と説明している。この「一切万法皆極微」という表現が何よりも明瞭に示しているように、ここには、〃実在するのは、「極微」だけ、「一念」だけ〃という考え方が認められる。しかも、その「一念」というのは、すでに述べたように、〃平生〃の〃一念〃なのである。

従って、『捨子問答』記述〈319〉と『一念多念分別事』記述〈320〉は、同じく〃一念〃〃多念〃の問題を扱いつつも、また同じく〃命が延びること〃について言及しつつも、その趣旨は全く逆であって、前者は〃多念義〃を説き、後者は〃一念義〃を説いているのである。親鸞は『一念多念分別事』を「隆寛律師作」として著し、〃一念のつもり＝多念〃説をそこで主張しているが、その際、種本として利用されたのが、『捨子問答』、とりわけ、記述〈319〉を含むその第十四問答であったと思われる。

では、次に『捨子問答』第十四答の第二段落のテキストを示そう。

〈322〉『大経』ニモ、「憍慢弊《ト》懈《ト》怠 難《トハシ》三以《テ》信《ジ》二此法《ヲ》一」(398)ト云ヘリ。勧メ怠ラン人ヲバ、此ノ法ヲ信ゼザル者トスト説クナリ。都テ信心ヲ離テ成就スル仏法ナシ。殊ニ往生極楽ノ教門ニハ、称名ノ行オコタル人ヲバ、信心ナキ者ト定ムル也。故ニ曇鸞法師ハ、「信心不レ淳《アツカラ》ユヘニ、存ゼザルガ如ク、亡セルガ如クナル故ニ」(399)ト判ジ給ヘリ。天台大師ハ、是レニ同ジク釈シ給ヘリ。(400)此ノ釈ノ意、上ニ引ク所ノ『大経』ノ文ニヲナジ。又『般舟三昧経』ニハ、跋陀和菩薩ニ告テ、阿弥陀仏自ラ言《ハク》、「欲《スル》レ来《セント》二生我国《ガニ》一者《ハ》、常《ニ》念《ジテ》二我名《ヲ》一莫《ケレバ》レ有《ルコト》二休息《スルコト》一即《チ》得《ト》二来生《ヲ》一」(401)宣ヘリ。常ニ名

ヲ念ジテ休時ナクンバ、即チ我ガ国ニ来生セント説ケリ。釈迦弥陀二尊ノ勧メ如《シ》レ此《ノ》。

慈恩大師ハ、「人、遠国ニ行キテ其ノ身賤ク成リテ、他人ニ仕ハレンニ、父母ハ富栄テ有ランニ、何ニシテモ親ノ国ヘ行カント朝夕思フ如ク、間ナク勤メヨ(402)」ト教ヘ給ヘリ。道綽禅師ノ『安楽集』ニハ、「敵ノ剣ヲ抜キテ我ヲ追ハンニ、逃テ一ノ河ニ向テ、此ノ河ヲ逃渡リナバ助カリナント思テ、力ヲ出シ気ヲ発シテ走ランガ如クニ思テ、一心ニ隙ナク勤メヨ(403)」ト立テリ。善導和尚ハ、『観念法門』ノ中ニ「念念住心、声声相続(404)」ト宣ヒ、同キ『観経疏《ノ》』ニハ、「一心《ニ》専《ラ》念《ジテ》二弥陀名号《ヲ》一、行住坐臥、不レ問《ハ》二時節《ノ》久近《ヲ》一。念念《ニ》不《ル》レ捨《テ》者是《レ》名《ク》二正定之業《ト》一(405)」ト云ヘリ。又同疏ニ、「水火ノ二河ヲ不レ顧、念念ニ忘ル、事ナカレ(406)」ト判ジ給ヘリ。摠ジテ和尚ノ五部九巻(407)ノ釈義ノ中ニ、名号ヲ相続シテ間ナク勤メヨト勧メ給ヘル所ハ、部ニ満チ巻ニ余レリ。「但シ一念十念シテ、其ノ後怠リテ勤メズトモ、往生スベシ」ト云フ事、カツテ一所モナキナリ。(『捨子』二〇頁上一一行—二一頁上二行)(下一六左—一八左)

この第二段落は、〝多念義〟に関する教証を示したものと考えられる。即ち、前半は、『無量寿経』『般舟三昧経』の経文を示し、後半は、基に帰せられる『西方要決』、道綽の『安楽集』、善導の『観念法門』と『観経疏』の文章を示して、〝多念義〟の典拠としたものであろう。ただし、『無量寿経』の経文に見られる「信」という語について、曇鸞『往生論註』の解釈、及び同趣旨の解釈をなすとされる智顗の名を出したために、この〝前半＝経、後半＝釈〟という構成は、読者にとって見えにくいものになっていると思われる。

次に、その内容について言えば、ここで、『捨子問答』の著者が、引用経論中の「懈怠」とか、「常念」「莫有休息」「念念住心」「声声相続」「行住坐臥、不問時節久近、念念不捨」「念念ニ忘ルル事ナカレ」等の語を示して、〝多念義〟、つまり、称名の〝多念〟〝相続〟を説こうとしていることは、明らかである。この『捨子問答』の著者の意図は、地の文に見られる「勤メ怠ラン人ヲバ、此ノ法ヲ信ゼザル者トスト説クナリ」「称名ノ行オコタル人ヲバ、信心ナキ者ト定ムル也」「常ニ名ヲ念ジテ休時ナクンバ、即チ我ガ国ニ来生セント説ケリ」「総ジテ和尚ノ五部九巻ノ釈義ノ中ニ、名号ヲ相続シテ間ナク勤メヨト勧メ給ヘル所ハ、部ニ満チ巻ニ余レリ」等の文章によっても、明瞭に知られるであろう。

また、『捨子問答』記述〔322〕末尾には、〝一念十念で往生できる〟という〝一念義〟に対する批判が、〝「但シ一念十念シテ、其ノ後怠リテ勤メズトモ、往生スベシ」という説は、善導の釈義中には、全く見られない(408)〟と述べることによって、示されている。

しかし、このような〝一念義〟批判では、〝信の一念義〟、つまり、〝信心の一念によって往生が決定する〟という『捨子問答』第十四問の記述〔313〕で提示された〝一念義〟に対する批判とはなりえていない。そこで、〝信心〟についての〝多念義〟からの解釈を示したものが、『捨子問答』記述〔322〕冒頭の一節、特に、「称名ノ行オコタル人ヲバ、信心ナキ者ト定ムル也」という文章なのである。この文章に示される〝称名（多念）を行じない人は、信心を欠いている〟という考え方は、〝称名（多念）を行じる人には、信心は具っている〟ということをも意味し、〝信心〟を〝称名〟に帰着させて、往生の正因を〝称名〟と見なす〝称名正因〟説を説くものであろう。従って、それは、〝信心によって往生は定まる〟という〝信心正因〟説、〝信の一念義〟とは、決定的に異なるものであり、論理的には、〝信心正因〟説や〝信の一念義〟に対する批判となりえているのである。

なお、『観経疏』の「一心専念弥陀名号……」という著名な文章は、『一念多念分別事』の〝多念義の擁護〟の個所(409)にも引かれるが、そこでは引用文が、「正定之業」までで終ることなく、次の「順彼仏願故」という語まで引用されている。『選択集』第二章においても、引用は「順彼仏願故」を付してなされているから(410)、『一念多念分別事』のみの特徴として言うべきことではないかもしれないが、〝称名正因〟説の立場を説く『捨子問答』が「順彼仏願故」の語を省き、〝信心正因〟説の立場に立つ親鸞が、『捨子問答』を参照しながらも、「順彼仏願故」という語までを含めた引用を示したことには、あるいは、意味があると見るべきかもしれない。言うまでもなく、〝信心〟は、「仏願」を対象とするものだからである。

また、『捨子問答』記述〔322〕には、「間ナク」という語が二回、「隙ナク」という語が一回用いられている。『西方要決』で「無間修」を説明する記述からの引用と思われるものの中に見られる「間ナク」という語の第一の用例も、『西方要決』自身には文字通り対応する表現(411)は見られない。故に、これらはすべて〝多念義〟を意図するために、『捨子問答』の著者によって敢て用いられたものであろう。

次に、『捨子問答』第十四答の第三段落、つまり、最終段落のテキストを示そう。

〔323〕加之、『往生要集』ノ喩ニハ、「火ノ坑ニ落入タラン者ヲ、人有リテ岸ノ上ニ引上ントテ縄ヲオロシタランニ、其ノ縄ニ取付ンヨリシテ、岸ノ上ニ登ラント云フ思ヒ隙モナクシテ、更ニ余ノ心雑《マジワ》ラザランガ如ク思ヒテ、称名ヲ励メ(412)」ト云ヘリ。或ハ又「飢ヘテ食ヲ思フガ如ク、渇シテ水ヲ覔《モトム》ルガ如ク思ヒテ、心ニ念ジ常ニ存シテ念念相続シ、寐テモ寤テモ怠ラザレ(413)」ト云ヘリ。又云、「一世ノ勤修ハ是レ須臾ノ間ナリ。何ゾ衆事ヲ棄テ浄土ヲ求メザランヤ。願クハ行者努力《ユメユメ》怠ル事ナカレ(414)」ト釈セリ。『往生十因』ニ云、「夫レ三有ノ火宅ヲ出デザル事ハ、朝暮ノ悲歎ナリト云フトモ、今大善ノ名号ニ値ヘルハ、是レ一生ノ大慶ナリ。豈ニ衆事ヲ捨テ仏ノ名ヲ念ゼザランヤ。若シ今生空シク過ギナバ、出離何レノ時ゾヤ(415)。此ノ故ニ寐テモ寤テモ称念シテ片時モ懈ル事ナカレ(416)」ト云ヘリ。諸師ノ解釈(417)如シレ此ノ。

誰カ此ノ文釈ヲ背テ私ノ義ヲ巧マン。サレバ天竺ヨリ我ガ朝ニ及ブマデ、実ニ世ヲ憂物《ウキモノ》ト思ヒテ、マゴヽロニ極楽ヲ願フ人ヲ尋ヌルニ、数遍ヲオロカニシ、行ヲ緩ク励マシケル三国相承ノ伝記、ミナ或ハ小豆ヲ以テ数フトモ、或ハ日々ニ数遍ヲ定メタリ。何ニシテモ不信懈怠ノ者ハ往生スベカラザルナリ。称名相続ノ人ハ出離必定ナリト思フベシト云々。（『捨子』二二頁上二行―下五行）（下一八左―一九左）

まずこの『捨子問答』第十四答の第三段落〔323〕前半の末尾に「諸師ノ解釈如此」とある。この語は、第二段落〔322〕前半末尾の「釈迦弥陀二尊ノ勧メ如此」という語と対照しているのであって、従って、その後の「慈恩大師ハ」から、この第三段落前半末尾の「ト云ヘリ」までが、「諸師ノ解釈」に相当することが、知られる。ただし、この第三段落における「諸師」とは、第二段落〔322〕のように、基・道綽・善導という中国浄土教の諸師ではなく、源信・永観という日本浄土教の諸師を指している。それ故、この点で、ここで第二段落と第三段落を分けて示したのである。

その引用文の内容について言えば、「隙モナクシテ……称名ヲ励メ」「念念相続シ、寐テモ寤テモ怠ラザレ」「一世ノ勤修ハ是レ須臾ノ間ナリ。……行者努力怠ル事ナカレ」「寐テモ寤テモ称念シテ片時モ懈ル事ナカレ」という文章が、〝称名〟の〝多念〟〝相続〟を勧める〝多念義〟を説いていることは、明らかであろう。特に『往生拾因』からの引用文は、〝四修〟中の〝無間修〟を説明したものであることに注意しておきたい。(418) 〝間断のない念仏〟を説く〝無間修〟こそ、常に〝多念義〟の最も重要な根拠とされることは、当然であろう。

さて、『捨子問答』記述〔323〕には、『往生要集』から二つの引用文が見られるが、その内の前者は、私が検索した限りでは、『往生要集』の原文からは大きく懸け離れていると思われる。即ち、その原文とは、次の通りである。

〔324〕譬《ヘバ》若《シ》下癡人《ノ》堕《チテ》二於火坑《ニ》一不レ能《ハ》二自出《ラルコト》一、知識救《フニ》レ之以《テセバ》二一《ノ》方便《ヲ》一、癡人得《テ》レ力《ヲ》、応《キガ》中務《テ》速《ニ》出《ツ》上。何《ンノ》暇《アッテカ》縦横《ニ》論《ゼン》二余術《ノ》計《ヲ》一。
行者亦《モ》爾《リ》。勿《レ》レ生《ズルコト》二他念《ヲ》一。（『浄全』十五、六五頁下）

これに対して、『捨子問答』記述〔323〕における引用文は、

㈲火ノ坑ニ落入タラン者ヲ、人有リテ岸ノ上ニ引上ントテ縄ヲオロシタランニ、其ノ縄ニ取付ンヨリシテ、岸ノ上ニ登ラント云フ思ヒ隙モナクシテ、更ニ余ノ心雑《マジワ》ラザランガ如ク思ヒテ、称名ヲ励メ。

となっているのである。この引用文は、『往生要集』の記述〔324〕から大きく異なっているが、しかし、「火坑」等の語の一致から考えて、記述〔324〕にもとづいていると思われる。なお、「隙モナクシテ」という語は、すでに述べたように、『捨子問答』に繰り返し用いられる〝無間修〟、従って〝多念〟を意味する語である。

しかるに、何よりも注目すべきことは、後論するように親鸞自身の著作であると思われる『唯信鈔』に、

〔325〕たとへば人ありて、たかきしのしもにありてのぼることあたはざらむに、ちからつよき人きしのうえにありて、つなをおろして、このつなにとりつかせて、「われきしのうえにひきのぼせむ」といはむに、ひく人のちからをうたがひ、つなのよはからむことをあやぶみて、てをおさめてこれをとらずば、さらにきしのうえにのぼることをうべからず。ひとへにそのことばにしたがふて、たなごゝろをのべて、これをとらむには、すなわちのぼることをうべし。

仏力をうたがひ、願力をたのまざる人は菩提のきしにのぼることかたし。たゞ信心のてをのべて誓願のつなをとるべし。仏力無窮なり。罪障深重のみをおもしとせず。仏智無辺なり。散乱放逸のものおもすつることなし。信心を要とす[419]。そのほかおばかへりみざるなり。(『定本』六(2)、五八—五九頁)

という記述が見られることなのである。この『唯信鈔』記述〔325〕の前半部分は、『捨子問答』記述〔323〕の前掲の引用文(モ)に、その表現があまりにも一致しているように思われる。つまり、私はすでに『唯信鈔』記述〔318〕についても述べたように、親鸞は『唯信鈔』の著作時点で、すでに『捨子問答』を読んでおり、『唯信鈔』の著作においても、『捨子問答』の文言を利用していると考えているのであるが、この『唯信鈔』記述〔325〕の前半も、『捨子問答』記述〔323〕に引用文として示される(モ)を素材として書かれているように思われるのである。即ち、傍線を付した『捨子問答』(モ)の「岸ノ上ニ[420]」「縄ヲオロシ」「其ノ縄ニ取付ン」「登ラ」「云フ」という表現と、『唯信鈔』記述〔325〕の「きしのうえに」「つなをおろし」「このつなにとりつかせて」「のぼせ」「いはむ」という表現が一致しているのは、『唯信鈔』の著者、即ち、親鸞が、自らの著作に『捨子問答』記述〔323〕の一節(モ)の諸表現を取り入れたからであろう。

勿論、『捨子問答』記述〔323〕を利用して書かれた『唯信鈔』記述〔325〕の思想的立場は、『捨子問答』の〝多念義〟とは全く異なっており、それは、記述〔325〕の「信心を要とす」という語によって明示されるように、〝信心正因〟説、〝信の一念義〟なのである。言うまでもなく、これは親鸞自身の立場に他ならない。

さて、『捨子問答』第十四答第三段落〔323〕の後半、つまり、「誰カ此ノ文釈ヲ……」は、第十四答の結論部をなしている。その趣旨は、要するに、〝インドから日本に至るまでの浄土教においては、「数遍」、つまり、多念を説くのが正統説である〞という意味であろう。

また、末尾に示される

何ニシテモ不信懈怠ノ者ハ往生スベカラザルナリ。称名相続ノ人ハ出離必定ナリト思フベシ。

という結論は、『捨子問答』の立場をよく表していると思われる。つまり、「不信懈怠ノ者」＝〝一念義〞論者＝〝不可得往生〞、「称名相続ノ人」＝〝多念義〞論者＝〝必得往生〞と述べているのであるが、何故「信心」を強調する〝一念義〞論者が、「不信」の人と言われるのかといえば、すでに『捨子問答』第十四答の第二段落である記述〔322〕の冒頭で言われたように、「称名ノ行オコタル人ヲバ、信心ナキ者ト定ムル」からなのである。

以上、『捨子問答』第十四問答は、〝一念〞〝多念〞の問題を扱い、〝多念義〞の立場から、〝信の一念義〞を批判していることが知られた。しかるに、それにもかかわらず、〝信の一念義〞の立場に立つ親鸞は、この『捨子問答』第十四問答の文言・表現等を利用して、『一念多念分別事』や『唯信鈔』のある部分を書いたものと思われる。

『捨子問答』第十五問答（『捨子』二一頁下六行—二二頁下五行）〔下一九左—二二右〕

ここでは、「数遍」、つまり、〝多念〞を毎日いかに勤めるべきかという問題が扱われる。即ち、第十五問のテキストは、次の通りである。

〔326〕捨子問テ云ク。抑モ日々ノ所作ニハ、数遍幾計《イクラバカ》リカスベク侍ル。又何様ニカ勤メ侍ルベキ。（『捨子』二一頁下六行—七行）〔下一九左—二〇右〕

即ち、これは、毎日の〝称名〞の数と方法について尋ねているのである。

この問いに対する〝師〟の答えの重要と思われる部分を以下に示そう。

〔327〕毎日ノ所作ハ自行ニテ自ラ勤ムル事ナレバ、人々我心々ニ計ヒテ、機分ニ随テ堪ユベカラン程ヲ宛《アテ》ガフベキ也。

善導ハ、一万遍以上ハ相続ニ取リ給ヘリ。三万以上ヲバ上品ノ業トスト釈シ給ヘリ。又五万六万乃至十万遍ト判ジ給ヘリ。此等ハ皆日々ノ所作ナリ。

設ヒ所作ノ数多ク懸タリト云フトモ、急ギ念珠ヲクリテ早ク其ノ数ヲタシテモ、其ノ後ハ念珠ヲ閣《サシヲ》キテ名号ハ打忘レ、仏ノ御事、更々心ニ不レ係《カケ》、一日一夜十二時ノ間ニ、念珠ヲ取リ数遍スル事ハ、但ダ一時二時、其ノ余ハ空シク過シテ、人ニ催サレテ、六時ナンドヲ勤メテ過シタル様ニセンハ、咎ナリ。

値ヒ難キ弥陀ノ本願ニ値ヒ奉リテ、無上念仏ノ行者ト成リナガラ、我ガ三業仏ノ三業相離レズシテ親シキ時ヲ尋ヌレバ、但ダ一時二時、其ノ余ハ仏ノ光ニモ摂《ヲサ》マラズシテ徒ラニ過ナン事、口惜カルベキ事也。サレバ、タトヒ一万遍ナリトモ、昼夜ニ念珠ヲ手ニ捨テズ、名号ヲ唱ヘテ、口ニ常ニ不《ル》レ懈《ラ》様ニ勤ムベキナリ。(『捨子』二一頁下一〇行―二二頁上九行)(下二〇右―二一右)

まず、冒頭に〝「毎日ノ所作」は、自分で勤める自行であるから、自己の能力に従い堪えられる程の回数の念仏をすべきだ〟という基本的な立場が示される。しかし、実際には、それは、毎日相当の回数を称えることを意味しているのであり、〝善導は一万遍以上を「相続」と把え、三万遍以上を、「上品ノ業」とすると解釈した〟と述べている。この説明は、おそらく『選択集』第五章「念仏利益の文」における次の記述にもとづくものであろう。

〔328〕『観念法門』云、「日別念仏一万遍、亦須《ク》三依《シテ》レ時礼《ニ》二讃《ス》浄土荘厳《ヲ》一、大須《ニ》二精進《ス》一。或得《ル》二三万六万十万《ヲ》一者《ハ》、皆是《レ》上品上生人〔421〕」。当《シ》レ知《ル》、三万已上是《レ》上品上生《ノ》業、三万已去是《レ》上品已下《ノ》業《ナリ》。既随《テ》二念数多少《ニ》一分《ツ》二別《スルコトヲ》品位《ヲ》一是明《ケシ》矣。(『昭法全』三二五頁)

また、『捨子問答』記述〔327〕の第二段落には、〝念仏を多数称えはするが、それを非常に速く称えて、その後は念仏を称えずに空しく過す人〟のあり方が批判されている。しかるに、ほぼ同趣旨の批判が、『西方指南抄』（一二五七年）下本の『或人念仏之不審、聖人に奉二問一次第』に、次のように出ていることに注意したい。

〔329〕問。日別の念仏の数返は、相続にいるほどは、いかゞはからひ候べき。
答。善導の釈によらば、一万已上は相続にてあるべし。たゞし一万返をいそぎ申して、さてその日をすごさむ事はあるべからず。一万返なりとも、一日一夜の所作とすべし。捻じては一食のあひだに三度ばかりとなえむは、よき相続にてあるべし。それは衆生の根性不同なれば、一准なるべからず。こゝろざしだにもふかければ、自然に相続はせらるゝ事なり。（『定本』五、二八三—二八四頁）

また、この記述〔329〕と同趣旨の問答として、『醍醐本』所収『禅勝房との十一箇条問答』中の次のような第七問答がある。

〔330〕七問云日別《ノ》念仏《ノ》数返、入《ル》二相続《ニ》一之程《ノ》事《ハ》可レ定レ幾候。答云依《ラバ》二善導《ノ》釈《ニ》一者、万已上《ハ》可《シ》レ為《ス》二相続《ノ》分《ト》一出観経法門中。但雖《ドモ》二一万反《ト》一急《ギ》申《シテ》、虚《ク》不レ可《カラ》レ過《ス》二時節《ヲ》一。設《ヒ》雖《ドモ》二一万反《ト》一可《シ》レ為《ス》二一日一夜之所作《ト》一。惣《ジテ》一食之間《ニ》三度許《リ》唱レ之《ヲ》者、能相続者也。但衆生《ノ》機根不同《ナレ》者、一准《ニ》不レ可《カラ》レ定《ム》レ之《ヲ》。若志《シ》深《ケレ》者、自然《ニ》相続《スル》事也。（『浄典研（資）』一七七—一七八頁）

さらに、記述〔329〕〔330〕の問答の答の部分と一致するものが、良忠の『浄土宗行者用意問答』（一二五八年）において、「故上人ノ云ク」として、次のように引用されることが、藤堂恭俊博士によって指摘されている。[422]

〔331〕又云、「善導ノ御釈ニ依ルニ、一万已上ハ相続ニテ候ベシ。但一万遍ヲモ急ギ申シテ、サテソノ日ヲ徒ラニ暮サンコトハ有ルベカラズ。一万遍ナリトモ、一日一夜ノ所作トスベキナリ。総ジテハ一食ノ間ニ三度バカリ思ヒ出サンハ能《ヨキ》相続ニテアルベシ。ソレハ衆生ノ根性不同ナレバ、一準ナルベカラズ。志ダニ深ケレバ、自然ニ相続ハセラル丶ナリ」云云。（『浄全』十、七〇八頁下）

これら三つの記述〔329〕〔330〕〔331〕相互の関係は、容易に確定できないように思われるが、いずれにせよ、これら三つの記述に見られる問答と、『捨子問答』第十五問答が、その趣旨においてほぼ一致していることは、明らかであろう。ただし、記述〔329〕〔330〕〔331〕では、「善導の釈によらば、一万已上は相続にてあるべし……」を、法然による答えとして示しているのに対し、『捨子問答』第十五答の記述〔327〕では、これを法然による答えとはしていない。つまり、「善導ハ、一万遍以上ハ相続ニ取リ給ヘリ」という語は、そこでは、〝捨子〟の質問相手である〝師〟の答えの言葉として出されるのである。では、何故『捨子問答』の著者は、この語以下を、『捨子問答』第四答①でしたように、「故上人ノ仰ラレシハ」などとして示さなかったのであろうか。「故上人」、つまり、法然を権威として持ち出した方が、その議論には説得力が増した筈である。しかるに、そうしなかったのは、『捨子問答』の著者が、「善導ハ、一万遍以上ハ相続ニ取リ給ヘリ」という語や、〝多数の念仏を速く称えて、その後は無為に過すのは過失である〟という説を、法然に帰する伝承を知らなかったことを意味するのではなかろうか。また、その伝承を知らなかったのは、その伝承がまだ成立していなかったからではなかろうか。

即ち、私は『醍醐本』の成立には、基本的に、重大な疑問を有している。つまり、現在見られるままの『醍醐本』そのものが、一二四二年に成立したとは考えていない。『醍醐本』記述〔330〕に一致するもの、または、その答えの部分に一致するものが、『西方指南抄』(一二五七年)と『浄土宗行者用意問答』(一二五八年)に見られることは確かであるが、このような問答、あるいは、答えが、一二四〇年代に法然のものとして伝承されていたかどうかは、確定できないであろう。私は、『捨子問答』の成立時期を、一二五二年以前に成立した『後世物語』より以前であると把え、それをほぼ一二四〇年代と見なしているが、記述〔329〕〔330〕〔331〕の答えの部分に趣旨として一致するものを、〝法然による答え〟として『捨子問答』記述〔327〕が示していないことは、その三記述における答えを〝法然による答え〟とする伝承が成立する以前に、記述〔327〕のテキストが著されたことを示していると考える。あるいは、また『捨子問答』第十五問答にもとづいて、親鸞がその成立に関与している『西方指南抄』の記述〔329〕、『醍醐本』記述〔330〕等が成立したと見ることも、不可能ではないかもしれない。

さて、『捨子問答』第十五答の記述〔327〕にもどれば、その第三段落の「仏ノ光ニモ摂マラズシテ」とあるのが、すでに『捨子問答』第十二答の記述〔298〕に示された〝光明中絶〟の理論を意味していることは、明らかであろう。

なお、この〝光明中絶〟の理論は、すでに示したように、この第十五答の末尾の記述〔301〕にも、次のように示されている。

〔301〕又道綽禅師、善導和尚ハ、毎日ノ所作ニ七万十万遍ナリ。又故上人ハ七万遍、其ノ後ノ明匠達ハ八万四千遍、十万遍、十二万遍ナンド勤メ給ヘリ。此等皆日々所作ノ程ハ、我身ニ少シ強キ程ニ計ヒテ勤メラルベシ。何ニモ相続シテ勤メラレヌベクバ、仏ノ光明我身ヲ照シ給フ事中絶シテ、数キザミエヌ程ニ、アテ、励ムベキ事ナリ。

ここで「数キザミエヌ程ニ、アテテ」という語の意味は、私には理解できないのであるが、「日々所作ノ程ハ、我身ニ少シ強キ程ニ計ヒテ勤メラルベシ」という文章は、第十五答の記述〔327〕冒頭に「機分ニ随テ堪ユベカラン程ヲ宛ガフベキ也」と言われたのとは、若干趣旨を異にしているであろう。即ち、〝自分の能力に従うべし〟というのではなくて、〝自分の能力では少し困難であると思われる程の回数を設定して、日々念仏に励め〟というのが、この文章の趣旨であろう。このような説示は、私には、極めて懇切な、また真面目なものと感じられる。ここには、僅かばかりの期間、念仏を怠ることも、〝光明中絶〟の原因となるので、日夜寝てもさめても、常に怠ることなく念仏に精進すべきであるという真剣な心情が認められる。

なお、記述〔301〕の「其ノ後ノ明匠達ハ八万四千遍」という言葉について、了祥が『後世物語講義』記述〔21〕で、「八万四千遍ヲ称ヘタハ隆寛ナリ」と述べて、『捨子問答』は隆寛の作ではないと論じていたことは、すでに見た通りである。

『捨子問答』第十六問答（『捨子』二二頁下六行―二五頁下七行）（下二二右―二九左）

この『捨子問答』最後の問答、そして、最大の問答は、序段と内容的に一致する点が多く、〝無常〟や「厭離穢土」「欣求浄土」をテーマとして説き、また、〝難行道〟と〝易行道〟の違いについても説明している。この第十六問答には、『捨子問答』全体の性格、あるいは、中世浄土教の基盤をなすような切実な無常感というものが良く示されていると思われる。従って、この問答については、その全テキストを示して解説を加えたい。

まず、第十六問のテキストは、次の通りである。

(332)捨子問テ云ク。抑モ此ノ数遍ノ勧メ様コソ、強《コハ》ク聞ヘ侍レ。聖道門ノ行ハ難行道ニテ、其ノ勤メ強ケレバ、利智精進ノ人ノ修スベキ行ナリトテ閣《サシヲ》キヌ。又易《ヤス》キニ付テ浄土他力ノ念仏ノ行者トナル。然ルニ我等ハ障重クシテ、怠ル時ノミ多シ。如《クノ》レ此勧メナラバ、難《キ》レ叶《ヒ》人多カルベシ。易キ故ヲ立モ甲斐ナク、易行道トモ難《シ》レ云《ヒ》。此ノ義何トカ心得侍ルベキ。（『捨子』二二頁下六行―一二行）（下二二右―左）

この問いの趣旨は、

第十五答で述べられたような「数遍」、つまり、〝多念〟の勧めは、厳しく困難である。我々は、困難な聖道門の行を、難行道として、「利智精進ノ人ノ修スベキ行」として閣《さしお》き、易きについて、「浄土他力ノ念仏ノ行者」となったのである。しかるに、怠ることのみ多い我々に困難な「数遍」を勧めるならば、それは易行道とは言えないのではないか。

というものであろう。つまり、〝多念は、易行道ではなく、難行道になってしまうのではないか〟というのである。

これに対して〝師〟は、〝難行道〟と〝易行道〟との違い、〝聖道門〟と〝浄土門〟との違いを説明しようとするのであるが、その前に、〝念仏を怠ること〟が何故生じるかを説こうとして、〝無常〟について述べるのである。即ち、第十六答の第一段落は、次の通りである。

〔333〕師答テ云ク。「カヽル尋ネハ、道心ナキ者ノ致ス処也」ト『往生要集』ニハ釈セリ。法然上人ノ勧メニハ「念仏ノ倦《モノウ》キ事ハ、往生ノ志ナキ人」ト云々。私ニ此ノ理ヲ思ヒ合スルニ、マメヤカニ生死ヲ厭フ心ナキニ依リテ、行ハ進マザルナリ。出離生死ノ急ガレヌ事ハ、未ダ憂世ノ境ヲ思ヒ知ラズ。娑婆世界ノ無常ノ理ノ心ノ浅ケレバ、彼レヲ願フ思ヒモ緩《ユル》キナリ。往生極楽ノ志シ薄ケレバ、念仏ノ行モ怠タラレ侍ル也。サレバ一切ノ聖教ノ大旨ニテ、「心発シテ火宅ノ悲ヲ免レヨ」ト勧ムルコト、[423]先ヅ無常ノ理ヲ先トシテ教ヘ給ヘリ。又人師先徳ノ筆ニモ多ク此ノ旨ノミ見ヘタリ。設ヒ聖教ニ説カズトモ、世ノハカナサハ、目ノ前ノ事ニテ、易ク知リヌベキヲ、ツレナキ我等ガ心ノ馬ハ、法ノ鞭ノ影ナラデハ驚カレズシテ、止悪修善ノ歩ミノ励マレネバ、我等ガ身ニ近キ眼ニ遮ル無常ノ道理ヲ、事新シク経論聖教ニハ説キ給ヘル也。其ノ旨、始ニアラ〳〵申シ侍リツルガゴトシ。(『捨子』二二頁下一二行—二三頁上一〇行)〔下二二左—二三左〕

まず〝師〟は、『往生要集』の解釈として、「カヽル尋ネハ、道心ナキ者ノ致ス処也」という語を示しているが、これは、『往生要集』巻下末の次の問答にもとづくものであろう。

〔334〕問。凡夫《ハ》不二必《シモ》三業相応《セ》一。若《シ》有《ラバ》二欠漏《スルコト》一、応《シ》レ無《ル》二依估一。

答。如《キ》レ是《ノ》問難《ハ》是《レ》則《チ》懈怠《ニシテ》、無《キ》二道心《ノ》一者之所レ致《ス》也。若《シ》誠《ニ》求《メ》二菩提《ヲ》一誠《ニ》欣《フ》二浄土《ヲ》一者《ハ》、寧《ロ》捨《ツルモ》二身命《ヲ》一、豈《ニ》破《ランヤ》二禁戒《ヲ》一。応《シ》下以《テ》二一世《ノ》勤労《ヲ》一期《ス》中永劫《ノ》妙果《ヲ》上也。(『浄全』十五、一五二頁上)

この記述〔334〕の答えの趣旨は、〝「懈怠」は「無道心」の結果である〟というものと解することもできるであろう。しかるに、その場合の「道心」とは、〝「誠求菩提」の心〟であり、〝「誠欣浄土」の心〟であると、記述〔334〕では、説明されているように思われる。つまり、ここで「道心」とは、必ずしも聖道門でいう〝菩提心〟〝菩提〟を求める心というのではなく、〝浄土に往生して、そこで菩提を得ようと求める心〟という意味であろう。従って、その後に出る「一世ノ勤労」とは、『捨子問答』第十四答の記述〔323〕で引用された『往生要集』の文章中に見られる「一世ノ勤修」

と同義であり、〝一生涯にわたる念仏〟〝多念〟を意味するであろう。

『捨子問答』記述〔333〕それ自身においても、「道心ナキ者」の「道心」が聖道門の〝道心〟ではなく、〝往生して菩提を得ようと求める心〟という意味でのいわば浄土門の〝道心〟を意味していることは、その後に「法然上人ノ勧メとして、「念仏ノ倦キ事ハ、往生ノ志ナキ人」という語が出ることによって、知られるであろう。つまり、「道心」は、ここの「往生ノ志」と同義なのである。法然の言葉とされる右の語の出典が何であるかは、明らかにできないが、(424)その言わんとすることは、〝念仏を怠ることは、「往生ノ志」が無いことを原因として生じる〟ということであろうと思われる。

では、その「往生ノ志」とは、具体的には何を意味するのであろうか。それは、『往生要集』の有名な言葉を用いれば、〝「厭離穢土」「欣求浄土」の志〟と言えるであろう。つまり、〝人が念仏の行を怠るのは、娑婆世界を真剣に厭わず、極楽浄土を真剣に願わないためである〟というのが、『捨子問答』記述〔333〕における『捨子問答』の著者の意図であろう。それ故、そこでは、

マメヤカニ生死ヲ厭フ心ナキニ依リテ、行ハ進マザルナリ。
往生極楽ノ志シ薄ケレバ、念仏ノ行モ怠タラレ侍ル也。

と言われるのである。

では、〝「厭離穢土」「欣求浄土」の志〟を獲得するには、いかにすればよいかと言えば、〝「娑婆世界ノ無常ノ理」を深く理解すれば、自ずから「厭離穢土」「欣求浄土」の志、つまり「往生ノ志」は生じる〟というのが、『捨子問答』の著者の意図であろう。

それ故、『捨子問答』では、以下に多数の経論から引用文を示して、「娑婆世界ノ無常ノ理」を説こうとするのであるが、記述〔333〕末尾に、「其ノ旨、始ニアラアラ申シ侍リツルガゴトシ」と言われるように、「娑婆世界」の〝無常〟

なることは、すでに『捨子問答』序段Ⓐでも、力説されていたのである。

さて、『捨子問答』第十六答の第二段落は、大変長い部分であるが、次の通りである。

〔335〕『大経』ノ下巻ニ云ク、「生死ノ常ノ道、父母兄弟夫婦、カハル〳〵相ヒ顛倒上下シテ、無常ノ根本也。皆当ニ過ギ去リヌベシト教ヘラルレドモ、此レヲ信ズル者ハ少シ。是レヲ以テ生死ニ流転ス」(425)ト説ケリ。此ノ事誠ナル哉ヤ。信ジ驚キテ世ヲ厭フ人ハ多ク生死ヲ離レタリ。我等ハ是レヲ信ゼズシテ、今ニ常没ノ凡夫タリ。『涅槃経』云ク、「人ノ命《ノ》不レ停《マラ》過《タリ》於《ヨリモ》二山水一。今日雖《ドモ》レ存《スト》、明ルマデハ亦難《シ》レ保《チ》」(426)ト云ヘリ。『宝積経』云ク、「父母兄弟及妻子朋友僮僕並ビニ珍財、死去レバ無《シ》二一《モ》来《リ》相《ヒ》親《シムコト》一。唯有《テ》二黒業《ニ》一常ニ随逐《ス》」(427)文。『金剛般若経』云ク、「一切有為ノ法ハ、如《ク》二夢幻泡影《ノ》一、如《ク》レ露《ノ》亦如《シ》レ電《ノ》。応《シ》レ作《ス》二如《ク》レ是観《ヲ》一」(428)ト云々。馬鳴菩薩ノ云ク、「有為ノ諸法ハ、如レ幻如レ化。三界ノ獄ニ縛レテ、無《シ》二一《モ》可《キ》レ楽《ム》。王位高顕《クレ》、勢力自在《ナルモ》、無常既《ニ》至《ヌレバ》、誰《レカ》得《ン》レ存《コトヲ》。如《シ》二空中《ノ》雲《ノ》須臾《ニ》散滅《スルガ》一」(429)文。『止観』云ク、「無常殺鬼ハ不レ撰二豪賢一」(430)。『観経ノ疏』ニ云ク、「人天之楽《ハ》猶《シ》如《ノ》二電光一。須臾《ニ》即《チテ》捨《テテ》、還入《ニ》二三悪一長時《ニ》受《ク》レ苦《ヲ》」(431)文。『往生要集』ニ云、「刀山火湯漸ク将《ト》レ至。誰ノ智者カ有リテ、誠ニ此ノ身ヲ翫バンヤ」(432)ト云ヘリ。『十因』ニ云ク、「心ヲ少水ノ魚ニ澄シテ、露命ノ日々ニ滅ズル事ヲ歎キ、思ヲ屠所ノ羊ニ懸ケテ、無常ノ歩々ニ近付ク事ヲ悲シムベシ。誠ニ一生ハ仮ノ栖《スミカ》、豈永《ニ》代ヲ期《ゴ》センヤ。倩《ツラツラ》思フニ何ナル病ヲ受ケテ、何ナル死ヲカ招カン」(433)ト云々。

明賢阿闍梨ノ云、「設ヒ八十ノ齢ヲ持ツトモ、其ノ日ヲ稽《カンガ》フルニ、纔ニ二万八千八百七十余日也。況ヤ齢ヒ半《ナカバ》スギナンモノ、残ノ命 幾《イクバク》ナラズ。況ヤ老少不定ニシテ、朝暮難《シ》レ知《リ》。悲哉ヤ。何ナル山ノ麓、何レノ野中ニカ捨ラレテ、身分処々ニ散在シテ、交《マジハリ》テ塵ト成ラントスル」ト云ヘリ。此等ヲ思ヒテ『華厳経』ニハ「無常念々ニ至リテ恒ニ死王ト居セリ」(434)ト説ケリ。善導ハ「恒ニ願クハ一切ノ臨終ノ時」(435)ト勧メ給ヘリ。肝ニ染《ソミ》テ悲シクコソ侍レ。然ルヲ何事ニ愛著シテ念仏倦《モノウ》カルベキ。解脱上人ハ、「恨《ウラメシキ》 哉、釈迦大師ノ慇懃ノ教ヲ忘レテ、悲哉、炎魔法王ノ呵責ノ詞ヲ聞ン事ヨ。名利身ヲ助レドモ、未ダ北芒ノ骸ヲバ養ハズ。恩愛心ヲ悩セドモ、誰カ黄泉ノ魂ニ随フ」ト悲シミ給ヘリ。サレバ、「カヽル迷ヒ深クシテ、三悪ノ火坑暗クシテ、人ノ足ノ下ニ有ル事ヲ思ハズ」ト耻シメ給ヘリ。（『捨子』二三頁上一〇行―二四頁上一一行）（下二三左―二六右）

以上、多数の引用文が示されたが、それらはほぼ例外なく、『捨子問答』記述〔333〕の語を用いれば、「娑婆世界ノ無常ノ理」を説いていると思われる。引用文にはさまれた地の文章には、

此ノ事誠ナル哉ヤ。信ジ驚キテ世ヲ厭フ人ハ多ク生死ヲ離レタリ。我等ハ是レヲ信ゼズシテ、今ニ常没ノ凡夫タリ。

という一節と、

肝ニ染テ悲シクコソ侍レ。然ルヲ何事ニ愛著シテ念仏倦カルベキ。

という一節があるが、ここに『捨子問答』の著者の意図がよく示されているであろう。即ち、前者の一節は、〝娑婆世界の無常を信じて、その世界を厭う人は生死を離れ、それを信じない我々は、生死に常に没している凡夫である〟と説き、後者の一節は、〝この娑婆世界は無常であるのに、一体何に愛着して、極楽浄土を欣求して念仏しないのか〟と説くものであろう。要するに〝この娑婆の無常なることを充分に理解すれば、穢土たる娑婆を厭うて極楽往生を願う心が生じるので、念仏が自然となされるようになるが、その念仏が怠られるのは、娑婆の無常なることをよく理解していないからである〟というのである。

なお、後半には、明賢阿闍梨と解脱上人貞慶（一一五五―一二一三）の言葉とされるものが示されているが、すでに前掲の記述〔24〕に関する考察で述べたように、ここで明賢阿闍梨とは、一二四〇年に高野検校に任ぜられた明賢ではないかと推測される。しかし、いかなる著作からの引用であるかは明らかではない。また、解脱上人貞慶の言葉の引用は、すでに『捨子問答』序段Ⓐにも別のものが示されていたが、そこでも、またこの第十六答の記述〔335〕においても、出典は確認できなかった。

次に、『捨子問答』第十六答の第三段落は、次の通りである。

〔336〕恥ヅベシ悲シムベシ。何セン〳〵。無常ノ虎ハ今日ヤ此ノ身ヲ亡サントスラン。有待《ウタイ》ノ鬼ハ今夜ヤ近付テ我ガ命ヲ奪ントスル。昨日ハ有色ノ窓ノ前ニナマメク質《スガタ》、今日ハ東岱《タイ》ノ雲ニカクレ、朝ニハ紅顔ヲ戸張ノ内ニ惜ム形、夕ニハ路頭ノ叢ニ捨テラル。知ルベシ。奈落ノ炎ヲバ足ノ下ニウズマク。勤メズシテ徒ラニ過ギナバ、入ラン事決定ナリ。如来ノ光明ハ頂ノ上ヲ隔テタリ。唱フレバ必ズ照シ給フ。何様ニ思ヒ知レバ、何事ニ付テモ娑婆世界ハ厭ハシク、極楽浄土ハ欣ハシク侍ルナリ。夜々月ヲ詠《ナガ》ムレバ、月ハ古ニカワラネドモ、月ト共ニ入リニシ人ハ帰ラズ。年々花ヲ翫ブ人、花ハ昔ニ似タレドモ、花ト共ニ散リニシ人ハ見ヘズ。月ヤアラヌ、春ヤ昔ノ春ナラヌト思ヒツヾクレバ、不定ノ夕メシヲ知ル便リナリ。宮モ藁屋モハテシナキ世ゾト悟リヌレバ、玉楼金閣ニモ心留マラズ。有為ノ暴キ風ハ貴賤ヲモ不レ辨《ヘ》ト知リヌレバ、転輪聖王ノ果報モ浦山布カラズ。況ヤ貧賤孤独ノ我等、何事ニ著シテカ、厭ハシカラヌ時ノ有ルベキ。

又軒端ノ荻ヲ渡ル風、池ノ水際ニ寄ル波。此レニ付テモ彼ノ七重宝樹ノ風、八功徳池ノ浪、常楽我浄トナグサミ、苦空無我トヨスラン。目出度サ思ヒ合セラル。戯レ遊ブ筵《ムシロ》ニハ菩薩聖衆ノ粧《ヨソヲ》ヒヲ思ヒ、鴬郭公ヲマヂヱテハ、孔雀鸚鵡ノ囀リヲ思ヘ。如《ク》レ此《ノ》心得テ苦シキ事ヲ見テモ、悪キ事ヲ聞テモ、此レヲ厭ヒ彼レヲ忻《ネガ》フテ、誠ニ浮世ヲ忻ハン人トハスベキ也。サレバ後世ヲゲニ〴〵シク思ハン人ハ、誰カ兼テ励マザラン。称名ノ倦ク侍ルベキ。何ニモ〳〵勤メテ、早ク娑婆世界ノ苦ヲ離レテ、極楽不退ノ楽ニ可《キ》レ預《ル》者也。此ノ不退ノ楽ヲマメヤカニ心ニカケツル人ハ、自然ニ行相続セラルヽ也。誠ニ人ヲ恋シク思ヒ入タル人ハ、マギラハシク語ラヒ笑フ人ノ中ニアレドモ、イカニ心ノ底ニ物ノカヽル気色ノシルシ見ヘ侍ル也。サレバ上人ノ常ノ勧メニハ、「極楽ヲマメヤカニ思ヒ入タル人ノ気色ハ、世間ヲ一クネリ恨ミタル気色ニテ常ニ有ル也」(436)トゾ仰セラレケル。但シ行ノ倦カラン人ハ、我ガ身ハ道心ノナキト可《キ》レ知《ル》也。(『捨子』二四頁上一一行―二五頁上一〇行)(下二六左―二八左)

この記述の趣旨は、前半に見える

何事ニ付テモ娑婆世界ハ厭ハシク、極楽浄土ハ欣ハシク待ルナリ。

という一文によく示されているであろう。つまり、「厭離穢土」「欣求浄土」がここでもテーマとされているのである。ただし、この記述の前半と後半を比べてみると、前半では「厭離穢土」の側面、つまり、娑婆世界の〝無常なること〟が説かれ、後半では、「欣求浄土」の側面、つまり、極楽浄土の〝楽なること〟が強調されているように思われる。特に、後半に見られる

サレバ後世ヲゲニ〳〵シク思ハン人ハ、誰カ兼テ励マザラン。称名ノ倦ク侍ルベキ。何ニモ〳〵勤メテ、早ク娑婆世界ノ苦ヲ離レテ、極楽不退ノ楽ニ可レ預者也。此ノ不退ノ楽ヲマメヤカニ心ニカケツル人ハ、自然ニ行相続セラル丶也。

という一節は、〝娑婆世界の「無常」や「苦」を観じることだけではなく、極楽浄土の「楽」を観じることが、念仏という「行」の「相続」の原因となる〟という理解を示している。つまり、〝念仏が「相続」されず、怠られるのは、単に娑婆の「無常」や「苦」を充分に理解していないことだけから起るのではなく、極楽の「楽」を充分に認識していないことからも生じる〟と述べているのである。

従って、記述〔336〕末尾に出る

但シ行ノ倦カラン人ハ、我ガ身ハ道心ノナキト可レ知也。

という一文における「道心」とは、記述〔333〕で、法然の言葉とされた「念仏ノ倦キ事ハ、往生ノ志ナキ人」という語の「往生ノ志」と同義であり、その「往生ノ志」をより厳密に解すれば、〝「厭離穢土」「欣求浄土」の意志〟、つまり、〝「無常」「苦」なる娑婆世界を厭い、「楽」なる極楽浄土を願って、そこに往生しようという意志〟ということになるであろう。〝この「往生ノ志」さえあれば、念仏が「相続」されない筈はない。念仏が「相続」されず怠られるの

は、この「往生ノ志」がないからである〟と『捨子問答』の著者はいうのである。

なお、記述〔336〕前半に見られる「唱フレバ必ズ照シ給フ」という語は、すでに述べた〝光明中絶〟の理論を説いているであろう。〝唱えれば必ず照されるが、唱えなければ、光明は中絶して照されない。従って、照されるためには、絶えず必死に唱えなければならない〟というのが、『捨子問答』の〝多念義〟の基本的立場なのである。

さて、『捨子問答』第十六答の第四段落、つまり、最後の段落とは、次の通りである。

〔337〕次ニ難行道易行道ノ尋ネハ、更ニ当ラヌ聞ヘ侍レリ。聖道門ノ修行ハ、利根勇猛ノ人ノ勤メテ自力ヲ以テ煩悩ヲ断ジ悟ヲ開ク道ナレバ、半偈ノ為ニ身ヲ捨テ、飢タル虎ニ身ヲ投ゲ、鴿《ハト》ノ秤《ハカリ》ニ肉ヲカケ、乞フ人ニ不レ惜《マ》、或ハ国城ヲ布施ニシ、或ハ妻子ヲ布施トス。又望ム者アレバ、脳ヲ与へ、首ヲ不レ惜《マ》。如《ク》レ此《ノ》シテ一万劫相続シテ、貪瞋煩悩ヲ起サズシテ、始メテ菩薩ノ不退ノ位ヲ得ルナリ。是レヲ難行道ト云フナリ。

然ルヲ、纔カニ一期ノ念仏ノ功ニヨリ、弥陀ノ他力ハ行者ヲ助ケテ、易ク不退ヲ証シ、阿鞞跋致ノ菩薩ト成ル行ナレバ、易行トハ云フ也。日々ノ所作モセズ、相続シテ心ヲモカケ奉ラズ、名号ヲモ怠リテ、生ズベシト云フ事ニハ非ザルナリ。此等ヲ能々心得給フベシ。又コマカニ知ラント思ハン人ハ、三経一論ヨリ始メテ、善導ノ御釈ヲ能々尋ヌベシ。(『捨子』二五頁上一〇行—下七行)〔下二八左—二九左〕

この一段は、『捨子問答』第十六問〔332〕の〝「数遍ノ勧メ」〟、つまり、多念の勧めは、「易行道」ではなくて、「難行道」になってしまうのではないか〟という問いに対して、「難行道」と「易行道」の区別を示したものである。つまり、「聖道門」の修行が何故「難行道」と言われ、「浄土門」の修行が何故「易行道」と言われるかについて、『捨子問答』の解釈を示したものである。

その解釈によると、「聖道門」も「浄土門」も、ともに「不退」の位を得ることを直接の目的にしているが、「聖道門」の修行の「難行」性の根拠は、その「自力」性と〝長時〟性に求められ、「浄土門」の修行の「易行」性は、その

「他力」性と〃速時〃性に求められているように見える。

「難行道」と「易行道」を「自力」と「他力」によって区別することは、言うまでもなく『往生論註』冒頭の

〔338〕謹《テ》案《ズルニ》　龍樹菩薩《ノ》『十住毘婆沙《ニ》』云《ク》。菩薩求《ムルニ》二阿毘跋致《ヲ》一有《リ》二二種道《ノ》一。一者《ニハ》難行道、二者《ニハ》易行道《ナリ》。難行道者《ハ》、謂《ク》於《テ》二五濁之世於無仏《ノ》時《ニ》一求《ルヲ》二阿毘跋致《ヲ》一為《ス》レ難《ト》。此難《ノ》乃有《リ》二多途一、粗言《テ》二五三《ヲ》一以示《サン》二義意《ヲ》一。一者《ニハ》外道《ノ》相善乱《ル》二菩薩《ノ》法《ヲ》一、二者《ニハ》声聞《ノ》自利鄣《フ》二大慈悲《ヲ》一、三者《ニハ》無顧《ノ》悪人破《ス》二他《ノ》勝徳《ヲ》一、四者《ニハ》顛倒《ノ》善果能壊《ス》二梵行《ヲ》一、五者《ニハ》唯是自力《ニシテ》無《シ》二他力《ノ》持《ツ》一。如《キ》レ斯《ノ》等《ノ》事触《テ》レ目《ニ》皆是《ナリ》。譬《バ》如《シ》二陸路《ノ》歩行《ハ》則《チ》苦《シキガ》一。易行道者《ハ》、謂《ク》但以《テ》二信仏《ノ》因縁《ヲ》一願《ズレバ》レ生《ゼント》二浄土《ニ》一、乗《ジテ》二仏願力《ニ》一便《チ》得《テ》三往《ヲ》二生《ノ》彼《ノ》清浄土《ニ》一。仏力住持《シテ》即入《ル》二大乗正定之聚《ニ》一。正定即是阿毘跋致《ナリ》。譬《バ》如《シ》二水路《ノ》乗船《ハ》則《チ》楽《シキガ》一。（『浄全』一、二一九頁上）

という記述によって述べられたことであり、この記述は、「聖道門」とは「難行道」であり、「浄土門」とは「易行道」であることを示すために、『選択集』第一章にも引用されている。(437) ただし、ここで「難行道」、つまり「聖道門」について、「唯是自力、無他力持」と言われているのは、「聖道門」を〃全面的に自力である〃と規定するものではあるが、「易行道」、つまり、「浄土門」を〃全面的に他力である〃と規定するものではないであろう。これは、記述〔338〕で「易行道」が、

但以信仏因縁、願生浄土、乗仏願力、便得往生彼清浄土。仏力住持、即入大乗正定之聚。

という文章によって説明されていることの解釈にも関ることであるが、私には、「但以信仏因縁」という語の中の「信仏」が、ここで「他力」であると言われているとは思えないのである。即ち、「信仏」ではなくて、「乗仏願力」という語における「仏願力」や「仏力住持」という語における「仏力」が「他力」であると言われているのであろう。

同様に、『捨子問答』記述〔337〕においても、「易行道」たる「浄土門」は、

纔カニ一期ノ念仏ノ功ニヨリ、弥陀ノ他力ハ行者ヲ助ケテ、

と言われているが、ここでも、「助ケテ」というのは、「自力」である「一期ノ念仏ノ功」をなす「行者」を「弥陀ノ

他力」が〝助ける〟という意味であろう。つまり、〝「易行道」＝「浄土門」は、全面的に他力である〟という理解は、ここには見られないと思われる。

しかるに、この『捨子問答』の立場と〝他力に帰すること〟を何よりも強調した隆寛の立場が同一であるかどうかは、大きな問題であろう。というのも、隆寛ならば、「一期ノ念仏」についても、これを「他力」であると主張しようとしたと思われるからである。即ち、『極楽浄土宗義』巻下には、次のように言われている。

〔339〕第七簡二異《シテ》自力《ヲ》一名為《テス》二他力《ト》一者《ハ》、疑云《テク》。自力他力諸教所《ハ》二通用《スル》一也。浄土《ノ》一門何限《ソル》二他力《ニ》一乎。是以《ヲテ》或云《ハク》、「三万已上十万已下為《ヲ》二往生業?二」。或云《ハク》、「励《ム》二七日別時精勤《ノヲ》二」。此等文理敢不《テ》レ離《レ》二自力《ヲ》一哉。或云《ハク》、「一心専念行住坐臥念念不《ニ》レ捨者是名《ノヲ》二正定之業二」。或云「修二一斯六《（ママ）》時《ノ》礼讃二」。

会云《テク》。一期精勤《ノ》、一形勇猛《ノハ》一向信《ニジ》二称名功力《ノヲ》一一向憑《ニミ》二最後迎接《ノヲ》一厭《フ》二南浮《ヲ》一之志、依《テ》二他力《ニ》一欲《ヒ》レ成《ズト》、望《ム》二西土《ヲ》一之思、依《テ》二他力《ニ》一欲《ス》レ遂《ント》。皆是《レ》真実心中《ノ》三業行《ノナルガ》故《ニ》、名為《テス》二他力行《ノト》一。是以《ヲテ》善導立《テ》二自利真実《ヲ》一歴《テ》二三業《ヲ》一勧《ム》二止悪修善《ヲ》一蓋《シ》此義《ノ》也。名雖《ハドモ》レ似《ルト》レ同《キニ》二聖道浄土《ト》一、趣《ト》異義別《キニナリ》。猥《リニ》不《レ》可《カラ》二混合《ス》一。凡《ソ》真実心中《ノ》自利之行《ノ》一々《ハ》帰《ニシテ》二他力《ニ》一而所《レ》修《スル》也。疑惑心中《ノノ》自利之行《ノ》一々《ハ》励《ニミテ》二自力《ヲ》一而所《レ》修《スル》也。帰《シテ》二他力《ニ》一求《ムル》二自利《ヲ》一者《ハ》、譬《バシ》如下飛《シテ》二風帆《ヲ》一而遂《ンガ》中前途《ニ》上甚《ク》易甚《シ》疾。励《ミテ》二自力《ヲ》一求《ムル》二自利《ヲ》一者、譬《バシ》如下向《ヒテ》二雲嶺《ニ》一而疲《ルルガ》中行歩《ニ》上。極《テ》難《ク》極《テ》遅《シ》。非《ノ》二同日論《ニ》一矣。（『隆寛集』三六頁上―下）

ここで「疑」は、〝「浄土一門」が説く多念の「精勤」は、「他力」でなくて、「自力」ではないのか〟と問うているのであるが、これに対して隆寛は、「会云」以下において、基本的には、〝「一期ノ精勤」も、「一形ノ勇猛」も、「他力」である〟と答えている。つまり、一般には〝自力〟と考えられる〝一生涯続けられる称名念仏〟も、他力に帰することによってなされるから、他力であるというのである。ここには、「他力」と〝「他力」に帰すること〟を区別しない隆寛特有の考え方が認められるであろう。

しかるに、おそらく、このような考え方の基礎には、『具三心義』巻上に、

(340)以《テ》二凡夫心《ノヲ》一不レ為《サ》二真実《ト》一以《テ》二弥陀願《ノヲ》一為《ス》二真実《ト》一。帰《スル》二真実《ノ》願《ニ》一之心《ナルガ》故《ニ》、約《シテ》二所帰之願《ニ》一、名《ク》二真実心《ト》一。(『隆寛集』四頁下)

と説かれるような「真実心」に関する隆寛独自の理解があるであろう。つまり、〝「凡夫ノ心」は本来「真実」ではないが、「弥陀ノ願」「真実ノ願」(他力)に帰する「心」は、「真実」に帰するが故に「真実」である〟というのである。

それ故、『具三心義』巻上で、〝称名〟について、

(341)真実心者《トハ》、帰《スル》二本願《ニ》一之心也。帰《スル》二本願《ニ》一者、即《チ》称《スル》二仏名《ヲ》一也。(『隆寛集』一〇頁下)

と説明する隆寛にとって、「称仏名」も「帰本願」なるが故に、「他力」と把えられていたであろう。

従って、このような考え方をとる隆寛よりすれば、『捨子問答』記述(337)の「弥陀ノ他力ハ行者ヲ助ケテ」というような表現は、おそらく認められないものであったであろう。何故なら、「助ケテ」とは、〝半分自力〟という語感をもつからである。それ故、隆寛の立場と『捨子問答』の立場との間にも、微妙な思想的差異があると考えられる。

また、このように〝称名〟をも〝他力〟と見る隆寛の立場、つまり、『極楽浄土宗義』記述(339)の表現を用いれば、「一期ノ精勤」「一形ノ勇猛」をも「他力ノ行」と見なす隆寛の立場の延長線上に、〝行〟も〝信〟も〝他力廻向〟であると説く親鸞の〝他力廻向〟〝願力廻向〟の説[438]が成立することは、明らかであろう。

次に、『捨子問答』記述(337)に戻れば、そこでは、「聖道門」の修行と「浄土門」の修行は、その〝長時〟性と〝速時〟性によって、区別されている。即ち、「不退」を得るまでの前者の修行期間は、「一万劫」とされ、後者のそれは、「一期」とされているのである。それ故、

然ルヲ、纔カニ一期ノ念仏ノ功ニヨリ、弥陀ノ他力ハ行者ヲ助ケテ、易ク不退ヲ証シ。阿鞞跋致ノ菩薩ト成ル行ナレバ、易行トハ云フ也。

という一節には、〝一万劫の難行に比べれば、僅かに一生涯の念仏が、どうして難行などと言えようか〟という語感が感じられる。

「聖道門」の修行の〝長時〟性と「浄土門」の修行の〝速時〟性という考え方は、『極楽浄土宗義』記述〔339〕において、「極遅」と「甚疾」という語によっても示されていたが、『選択集』第一章の記述〔201〕にも説かれていることは、すでに論じた通りである。

さらに、『選択集』第十六章の所謂〝略選択〟の冒頭には、

〔342〕夫《レ》速《カニ》欲《ハバ》レ離《レント》二生死《ヲ》一、二種《ノ》勝法《ノ》中《ニ》、且《ラク》閣《キテ》二聖道門《ヲ》一、選《ンデ》入《レ》二浄土門《ニ》一。(『昭法全』三四七頁)

と述べられるが、ここでは、〝「聖道門」の修行によるよりも「浄土門」の修行によった方が、速く生死を離れることができる〟という考え方が予め認められているので、「ソレ速カニ生死ヲ離レント欲ハバ……シバラク聖道門ヲ閣《サシオ》キテ、選ンデ浄土門ニ入レ」ということが言われ得るのである。つまり、「浄土門」の修行の〝速時〟性がここにも説かれているのである。

なお、『捨子問答』第十六答の最終段落たる記述〔337〕について、最後に一つ私見を述べておきたい。それは、記述〔337〕における「聖道門ノ修行」についての説明が、私には極めて好意的なものと思われることなのである。例えば、そこで、どのような修行が「聖道門ノ修行」として述べられているかと言えば、

半偈ノ為ニ身ヲ捨テ、飢タル虎ニ身ヲ投ゲ、鴿ノ秤ニ肉ヲカケ、乞フ人ニ不レ惜、或ハ国城ヲ布施ニシ、或ハ妻子ヲ布施トス。又望ム者アレバ、脳ヲ与へ、首ヲ不レ惜。

というような利他的、自己犠牲的行為なのである。このような行為を「一万劫相続」するのが、「聖道門ノ修行」とされるのであるが、では誰がこのような修行をなすのかと言えば、それは、「利智勇猛ノ人」であると言われている。これは、『捨子問答』第三問Ⓕの「利智精進ノ人」、第十三答に見られる「利智精進ノ人々」(439)、及び第十答の記述〔272〕や第十六問〔332〕に見られる「利智精進ノ人」と同義であろう。それ故、「勇猛」は「精進」を意味するのである。

しかるに、『捨子問答』、特にその第十四答、第十五答、第十六答は、例えば、第十四答の記述〔323〕で「寐テモ寤

テモ称念シテ片時モ懈ル事ナカレ」という『往生拾因』の言葉が引かれることからも知られるように、僅かの間でも〝称名〟を怠ることを戒しめ、多念の相続に必死で励むべきことを繰り返し説いているのである。従って、「精進ノ人」に対する『捨子問答』の評価は、必然的に高くならざるを得ないであろう。

「勇猛」という語は、隆寛の『極楽浄土宗義』記述(339)にも、「一期ノ精勤、一形ノ勇猛」として用いられている。ここで「精勤」と「勇猛」が同義であり、それはまた〝精進〟を意味することは、明らかであろう。つまり、〝称名〟の〝多念〟〝相続〟を勧める〝多念義〟は、隆寛においても、『捨子問答』においても、〝精進〟を高く評価しているのである。それ故、「聖道門」の機を、「利智精進ノ人」と規定するならば、〝精進〟を高く評価する〝多念義〟の立場よりすれば、「聖道門ノ修行」に対する評価も、また当然高くならざるを得ないであろう。それ故、『捨子問答』第十答の記述(272)では、「聖道門」の「修行」をなしている「利智精進ノ人」について、「相向ハバ敬ウベシ」と言われたのである。このような「聖道門」に対する『捨子問答』の高い評価は、法然の思想の解明においても、極めて重大な意義を有していると思われる。(440)

では、最後に、『捨子問答』の結文のテキストを示すことにしよう。

(343)何様ニ承リテ侍シ趣ヲ、尋ネ給フニ随ヒテ、申シ居テ侍レバ、仏ノ知見ニハ何トカ思召サルラン。憚リ不ㇾ少《カラ》。乍ㇾ去加様ニ勧メ申ツル契《チギリ》クチセズシテ、一仏浄土ノ縁トナルベシ。南無他力本願来迎引摂阿弥陀仏、観音勢至諸菩薩清浄大海衆。マナジリヲ並《ナラ》ベテ哀《アワレ》ミヲ垂レ給ヘ」トテ、西ニ向ヒテ良久《ヤヤ》シク首ヲ低《ウナタ》レテ、泪ヲ落ス。爰ニ捨子ト我ト等シカラン。初心ノ人々ノ為ニ、即時是レヲ書付テ侍リ。深ク心得タラン人マデハ可《シ》ㇾ有《ル》ㇾ憚ト云々。(『捨子』二五頁下七行—一五行)(下二九左—三〇右)

この部分の構造は複雑であり難解であるが、「哀ミヲ垂レ給ヘ」までが、〝師〟の言葉であろう。しかし、その内容は、第十六答の一部をなしているとは考えられない。そうではなくて、〝捨子〟の全ての問いに対する〝師〟の答えの結びと見るべきものであろう。その前半部分の趣旨は、ほぼ次のようになると思われる。

自分の理解している趣旨を、あなた（捨子）がお尋ねになるのに従って、お答え申し上げてきたが、仏の知見より見れば、どのようにお考えになるであろうか。憚られてならない。しかし、このように、あなたにお勧め申し上げた契りは枯ちることなく、浄土に往生する縁となるであろう。

ここで注目されることは、『唯信鈔』の結文に、次のように説かれることなのである。

〈344〉念仏の要義おほしといゑども、略してのぶることかくのごとし。

これをみむひと、さだめてあざけりをなさむか。しかれども、信・謗ともに因として、みなまさに浄土にむまるべし。今生ゆめのうちのちぎりをしるべとして、来世のさとりのまへの縁をむすばむとなり。（『定本』六(2)、六九―七〇頁）

ここに、「ちぎり」と「縁」という語があるが、この二つの語は、『捨子問答』の結文と考えられる記述〈343〉の〝師〟の言葉にも見られたものである。すでに論じたように、親鸞は『唯信鈔』著作の時点で、すでに『捨子問答』を参照しており、その文言を『唯信鈔』の中に取り入れていると思われるが、この『唯信鈔』記述〈344〉の「ちぎり」と「縁」という語が、『捨子問答』記述〈343〉の「契」と「縁」にもとづいている可能性も、否定できないであろう。

さて、『捨子問答』記述〈343〉に戻れば、そこで「西ニ向ヒテ良久シク首ヲ低レテ泪ヲ落ス」というのは、〝師〟の動作を描写したのであろうが、その後に出される次の一節をいかに解するかが問題である。

爰ニ捨子ト我ト等シカラン。初心ノ人々ノ為ニ、即時是レヲ書付テ侍リ。深ク心得タラン人マデハ可レ有レ憚ト云々。

一体、「爰ニ捨子ト我ト等シカラン」とは、いかなる意味であろうか。「我」とは誰を指すのであろうか。この点について、了祥は興味深い解釈を、次のように述べている。

〔345〕時ニ此ノ『捨子問答』ハ何時頃ノ作ナラント云フニ、全体ガ作リ物語ノ相デ、捨子ト僧坊ノ主トノ問答デ、初ニハ僧坊ノ主ノコトヲホメキツテアル。サウカト思ヘバ終下二十九左ニハ「捨子ト我」トモノ云ハヌヤウニナツテシマヒ、「即時ニ一座ノ問答ヲ書キ付ケタ」ト云フ処カラハ、僧坊ノ主ノ作トシテアル。[441] コレガ前後合ハヌ文体ナレド、夫レガ作リ物語ノ相ナリ。（『後世講義』一五頁上—下）

ここで、了祥は、『捨子問答』の全体が「作リ物語」であると述べている。『捨子問答』でなされる全十六の問答が実際になされたものではなく、全体が「作リ物語」であることについては、すでに述べたように、[442] 私も了祥と同意見であるが、『後世物語』と比べれば、同じ「作リ物語」でも、はるかに論理的一貫性をもった「作リ物語」、つまり、良く作られた「作リ物語」であるというのが、私の理解である。

了祥は、記述〔345〕で『捨子問答』結文たる記述〔343〕の一節を示すことによって、『捨子問答』が「作リ物語」であることを論証し得たと考えているようであるが、そこに「即時是レヲ書付テ侍リ」という語が存在することにもとづいて、〝『捨子問答』の著者は、『捨子問答』を「僧坊ノ主ノ作トシテアル」〟と把える了祥の解釈は正しいであろうか。この解釈が正当なものとして成立するためには、「爰ニ捨子ト我ト等シカラン」の「我」が「僧坊ノ主」を意味していなければならないのではなかろうか。しかし「僧坊ノ主」については、その直前で、「西ニ向ヒテ……泪ヲ落ス」と第三人称で書かれていたのである。

従って、「我」は、「僧坊ノ主」ではなく、『捨子問答』の著者を指しているであろう。つまり、ここに、「初心ノ人々ノ為ニ」、この『捨子問答』を〝書き付けた〟著者が「我」として突然顔を出しているのである。その『捨子問答』の著者は、〝捨子と私は等しいであろう〟と述べるのであるが、これはおそらくは、〝師〟、つまり、「僧坊ノ主」を隆寛とし、その教えを聴く「捨子」を隆寛の弟子たる自分と規定するものであろう。つまり、『捨子問答』の全十六答が、隆寛の教義にもとづいていることが明らかである以上、その〝答え〟を語る〝師〟は隆寛をイメージして書かれている筈である。しかるに、弟子たる〝捨子〟と自分（「我」）は等しく、〝その自分が『捨子問答』を書いた〟と述べているということは、〝『捨子問答』は隆寛ではなく、隆寛の弟子たる自分が、隆寛の教義を示すために著した著作である〟ということを意味しようとしたものであろう。

結語

以上、『後世物語』と対応個所のない『捨子問答』第十問答から第十六問答、及び結文の内容について概観してきたが、『後世物語』が『捨子問答』第十問答から第十六問答までに対応する個所を欠くのは、何故であろうか。あるいは、親鸞は、『後世物語』に、何故『捨子問答』第十問答から第十六問答までの内容を取り入れようとしなかったのであろうか。その理由を考えるためにも、以下に『捨子問答』全十六答の趣旨を簡単にまとめておこう。

①第一答＝無智の者も、念仏すれば、往生できる（対応する『後世物語』第一答では、「念仏往生は破戒無智のもののため」とされる）。
②第二答＝〝造悪無礙〟説批判（『後世物語』には、対応する部分を欠く）。
③第三答＝念仏が諸教より勝れていることの説明。〝凡夫正機・聖人傍機〟説（対応する『後世物語』第二答では、〝凡夫正機・聖人傍機〟説を欠く）。
④第四答＝三心は知らなくても、念仏すれば、三心は自然に具わる。
⑤第五答＝至誠心の説明。
⑥第六答＝深心の説明。〝臨終正念〟説。

⑦第七答＝廻向発願心の説明。〝臨終来迎〟説〔対応する『後世物語』第六答では、〝摂取来迎〟説〕。
⑧第八答＝〝三心〟説の典拠の説明〔対応する『後世物語』第七答では、〝悪人正機〟説、〝聖人非機〟説あり〕。
⑨第九答＝念仏すれば、三心が自然に具わることの説明。
〔以下は『後世物語』には欠く〕
⑩第十答＝聖道門の修行を「雑行」として非難することに対する批判。「雑行」の意味の説明。
⑪第十一答＝「雑行」を行じる者には「摂取」や「護念」は無く、「雑行」は往生不定の行であるという過失の説明。
⑫第十二答＝同類・異類の「助業」を行じることの承認。
⑬第十三答＝本善の廻向〔過去の聖道門の諸行の功徳を往生に廻向すること〕の説明。
⑭第十四答＝「一念十念」の語義説明。〝信の一念義〟を批判し、「称名相続」の〝多念義〟を説く。
⑮第十五答＝日々の多念の数をどのように決めるかの説明。〝光明中絶〟の理論。
⑯第十六答＝念仏が相続せず怠られるのは、厭離穢土・欣求浄土という「道心」「往生ノ志」がないためであるという説明。〝多念〟は難行道ではないという説明。

このように、『捨子問答』の内容を簡単に見てみると、親鸞が『後世物語』に取り込むことを拒否した『捨子問答』第十問答から第十六問答までの内容には、第一に「称名相続」を力説する〝多念義〟的傾向が顕著であることが知られる。第二に、そこでは、聖道門の諸行、雑行、助業に対して必ずしも否定的な評価は示されていない。つまり、聖道門の諸行を「雑行」として非難すべきではないこと、雑行は往生不定の行であること、助業を行じることは認められること等が説かれている。

これらの考え方は、おそらく親鸞にとっては容認できないものであったであろう。特に、『捨子問答』第十四問答では、親鸞の立場と同じ〝信の一念義〟が、明確に批判されているのである。

また、『後世物語』との対応が見られる『捨子問答』第九問答以前の内容を見ると、何と言っても〝三心〟の説明がその中心をなしている。従って、親鸞は、〝三心〟に関する分り易い説明を「ゐなかの在家無智の人々」に示すために、『捨子問答』の〝三心〟の説明を基本的な枠組みとして、『後世物語』を作成しようとしたのであろう。しかるにその際、親鸞は、『捨子問答』にはあった〝造悪無礙〟説批判を欠落させ、『捨子問答』の〝凡夫正機・聖人傍機〟説を、自らの〝悪人正機・聖人（善人）非機〟説に変更して示したのであるが、ここに、親鸞思想の独自性が認められる。

『捨子問答』と『後世物語』の所説に関する以上の考察は、テキスト読解の面、また思想理解の面において、多くの誤解を含んでいるであろう。しかし、少なくとも、〝『後世物語』は『捨子問答』をベイスにして親鸞によって著作されたものである〟という私見の妥当性だけは、本論文によって論証されたのではないかと考える。

註

（1）『親鸞書誌』一六五頁参照。

（2）『定本』三⑵、一〇七頁註⑤、『真聖全』二、六八六頁註㊀参照。

（3）梅原真隆『末灯鈔の研究』親鸞聖人研究発行所、一九三〇年（再版）、一七頁。

（4）『真宗大系』本では、書名は、『後世物語聞書講義』となっているが、以下に論じるように、了祥は、この書物によって註釈される文献を『後世物語』と見なしていたと思われるので、以下『後世物語講義』という名称を書名として用いる。

（5）テキストには、「『自力他力の文』のこゝろども」とあるが、記述〔3〕と対照してみれば、ここは、「『自力他力』の文のこゝろども」とすべきであろう。なお、『真聖全』（二、七〇六頁）も、『定本』のテキストと同様の読み方を示している。

（6）石田瑞麿『親鸞とその弟子』毎日新聞社、一九七二年、一四八頁参照。

（7）同右、一四九頁参照。

(8) 了祥の『異義集』巻四に、『浄土真宗聞書』なるもの(『続真宗大系』一九、一一六―一二六頁)があるが、了祥はこれについて、「古来性信の作とする説あれども……性信とはいい難かるべし」(一一六頁)とか、「又案ずるに『誓願名号同異問答』『浄土真宗聞書』『末讃見聞』等、みな性信作と伝へたり。思ふに是れ性信同所の善性をあやまるなるべし。……又案ずるに、『浄土真宗聞書』『浄土法門見聞集』『真宗鈔』『真宗徳号義』『真宗亀鑑』等の真宗の名をうる者みなあやし」(一一四頁)と述べている。『血脈文集』第二通で言われる『真宗ノキキガキ』が、『異義集』巻四所収の『浄土真宗聞書』と同じであるとは思えないが、いずれにせよ、記述〔6〕で親鸞が自分の弟子の著作を自分の著作以上に推賞しているということは、異常であろう。
なお、了祥は、『歎異抄聞記』(法蔵館、一九七二年〔第二版〕)では、「是れも『浄土真宗聞書』などは、正応年中の作と見へるで、吾祖の御眼にかかりたこともあるが、何れ吾祖御在世に遠からぬ書ぢやで」(一三二頁)と言っている。
(9) 『血脈研究』二六頁参照。
(10) 同右、三八頁。
(11) 「善鸞義絶状」の真偽については、梅原隆章「慈信房義絶状について」『真宗研究』六、一九六一年、一一一―一九頁、平松令三『親鸞真蹟の研究』(略号『真蹟研究』)、「親鸞の慈信房義絶状について」六九―八一頁参照。
梅原氏は、「どうしてこれが高田の顕智上人の手に入ったかということが疑問となる」(一四頁)、「当時の敵対関係にあるものに、どうしてこのような義絶状が入手されたか」(一五頁)という当然の疑問にもとづいて、教理的な面と表現の面等から、偽作説を提起されたが、平松論文はそれに対する反論という形で、真撰を論証しようとしている。尤も、前述の当然の疑問については、「まことにごもっともと言わざるを得ない」という理解が、〔補記〕では示されている(『真蹟研究』八〇頁)。ただし平松氏は、『血脈文集』第二通の「このふみを人々にもみせさせたまふべし」(『血脈研究』一二頁)という語を根拠に「義絶状」に公開性があったと主張して、これによって、例の疑問が氷解するのではないかと論じられた(『真蹟研究』八一頁)。しかし、この『血脈文集』第二通、つまり、「慈信房義絶宣誓状」そのものが、すでに述べたように、私見によれば偽作なのである。従って、平松氏のこの論拠も崩れることになる。なお、梅原論文でも、『血脈文集』第二通の信憑性については、問題とされておらず、むしろ『血脈文集』第二通と「義絶状」の内容的相違を指摘すること(一六頁)によって、「義絶状」の偽作説を提起されている。
(12) 『親鸞聖人御消息集』に対する宮崎円遵氏の解説(『定本』三(2)、二四四頁)参照。
(13) 重松明久『中世真宗思想の研究』吉川弘文館、一九七三年、三七頁。
(14) 以下に論じるように、明白に関東系である『血脈文集』と善性本『御消息集』には、〝造悪無礙〟説に対する批判が全く認められない点は、重要である。

(15)『定本』四(1)、三頁。

(16)覚如の『口伝鈔』における〝口伝〟の意義については、石田瑞麿『歎異抄・執持鈔』(東洋文庫33)、平凡社、一九六四年、二五六―二五九頁参照。

(17)山内舜雄『正法眼蔵聞書抄の研究』大蔵出版、一九八八年、一五頁参照。

(18)同右、七頁。

(19)同右、一八頁。

(20)『道元思想論』四四―五二頁参照。

(21)山内舜雄、前掲書、四五頁。

(22)存覚の『存覚袖日記』〔五八〕(『真宗史料集成』第一巻、一九七四年、九〇四頁)に、「後世物語」として書名が出されていることにも、注意したい。『親鸞書誌』二二〇頁参照。

(23)『後世講義』四三頁上―四四頁下、『後世録』三八頁下―四〇頁上参照。

(24)龍谷大学図書館所蔵本を、同大学の入沢崇氏の御尽力により参照することができた。記して謝意を表したい。

(25)『後世物語抄』上又二左参照。

(26)『仮名聖教』一〇六〇頁、『真宗聖教大全』一九〇三年、上巻、九四七頁参照。

(27)『後世物語抄』下一九左参照。

(28)『後世講義』一頁下―八頁上。

(29)同右、七頁下―八頁上。

(30)例えば、了祥は次のように論じている。

又『捨子問答』ト校合シテミルニ、吾祖ガ御取意ナサル、ナラバ取リテヨイ処モアルニ、ソレガ捨テテアル。抜イテモヨイ処ガアルニ、ソレガ入レテアル。一ツ云ハヾ、『捨子問答』ニ名号願成就ヲ述ベテ、利他真実ノ功徳ト云フコトガアル。此ノ利他真実、甚ダ大事ノコト、ソレガ此ノ『物語』ニ抜ケテアレバ、吾祖ノ御取意ニアラズ。(『後世講義』七頁下―八頁上)

しかし、『捨子問答』の重要な論点が『後世物語』に取り入れられていないから、後者は前者の「御取意」ではないというのは、現代の研究者を納得させる論理ではないであろう。ここには、〝取意とは、取意された文献の重要な論点をすべて取り込んだものでなければならない〟という暗黙の前提が認められる。〝取意〟をこのように解すれば、了祥の議論は成立するが、私が主張しているのは、『後世物語』が『捨子問答』をベイスにして書かれたということであって、その際、『捨子問答』のすべての論点が『後世物語』に取り入れられたなどということは、考えられない。それどころか、むしろその際に重大な変更が加えられたのであって、そこに、『後世物語』著作の意義もあれば、親鸞思想の独自性も認められるのである。

(31)「人」は『後世録』では「後人」(七頁上)となっているが、その読みには従わなかった。

(32) 生桑完明『親鸞聖人撰述の研究』法蔵館、一九七〇年、三一九頁。

(33) なお、家永三郎氏は、一九四〇年の『日本思想史に於ける否定の論理の発達』では、次のような実に鋭い指摘をされている。

後世物語聞書は親鸞自身の著作ではないけれど、彼が其の門徒に向って熟読を奨めてゐる事実から見て、其の内容は殆ど親鸞の信仰と同一と見なして差支ないであろう。(『日本思想史に於ける否定の論理の発達』覆刻版、新泉社、一九六九年、一〇〇頁、註〔33〕)

しかるに、私が本論文で論証しようとするのは、家永氏の見解を更に一歩進めて、『後世物語』が親鸞自身の著作であるということなのである。

(34) 小野玄妙編『仏書解説大辞典』大東出版社、一九六四年(改訂版)、第六巻、二八二―二八三頁。

(35) ここに「捨子下二十一左」とあるが、この「下巻の二十一左」というのは、後論する貞享二年の二巻本の紙数と合致している。

(36) 後出の『捨子問答』記述〔301〕を参照。

(37) 後出の『捨子問答』Ⓑを参照。

(38) 後出の『捨子問答』記述〔335〕の一部。

(39) 鷲尾順教『日本仏家人名辞書』東京美術、一九七一年、一〇七九―一〇八〇頁。

(40)『大日本仏教全書』六三、三一八頁中。

(41)『大日本仏教全書』八七、一七四頁上―下。

(42) 同右、一七六頁下。

(43)『捨子問答』を参照していない浄土真宗の学者達に対する了祥の否定的評価は、次の一節によく示されている。

『捨子問答』トイフ書ガアル。此ノ書ノコト具ニハ次ニ辯ズベシ。何レ其ノ義カラ推察シテミルニ、隆寛ノ末流多念義ノ書ナルコトハ分明ナリ。「権律師隆寛記」トハアレドモ、是レ亦恐ラク隆寛ノ作ニアラズ。隆寛末弟ノ作ナルベシ。……兎ニ角ニ物事ト学文ハ広ク書ヲミネバ、誤リガ多イ。然ルニ古来ノ輩『捨子問答』ヲ多クハ見ヌ。ヨシヤ見テモ多念義ノ書トソヾロニ見ナガスニヨリテ、『後世物語』ヘ対映シテ如何ヤト分別モセヌ故ニ、気ガツカズニ居ルガ、『捨子問答』ト合セテミレバ、此ノ書多念義ノ書ニ違ヒナシ。(『後世講義』二頁上)

ここで傍線を付した部分の文章に私は全く同感なのであるが、ただし浄土真宗の「古来ノ輩」が『捨子問答』を多く見たとしたら、どうだったであろうか。そのときには、本章で私が主張するように〝『後世物語』は『捨子問答』にもとづいて親鸞によって書かれた〟という理解が、浄土真宗の中に生じていたかもしれない。

しかるに、『捨子問答』は浄土宗の系統においてもよく読まれてきたとは思えない。それは一つには、隆寛の〝多念義〟の系統がほぼ断絶したからであり、第二には、今度は『後世物語』の方が浄土宗では参照されなかったからであろう。その証拠にとでも言うべきか、前掲の『仏書解説大辞典』における森本真順氏による『捨子問答』の説明には、『後世物語』の名前すら言及されていないのである。

(44) 戸松啓真氏は、『浄土宗全書』続九巻（旧四巻）の解説において、『捨子問答』について解説され、この書が「『長西録』には出ていないが、『蓮門経籍録』下巻には長楽寺隆寛作となっている」（「解説」四頁）と指摘されている。確かに『蓮門経籍録』、つまり、『蓮門類聚経籍録』巻下には、「捨子問答二巻　長楽寺隆寛」（『大日本仏教全書』九六、一八〇頁下）と出ている。しかし、この目録が成ったのは、寛保年間（一七四一－一七四四）であって、貞享二年（一六八五年）の刊本の出版よりも、遙かに後のことなのである。貞享二年まで『捨子問答』がどのように伝わり、また読まれていたか全く明らかではない。

なお、右の戸松氏の解説で、『後世物語』は『後世物語聞書』として言及されるが、氏の『捨子問答』評価は、「本書は『聞書』を潤色して作られたものであろう」（「解説」五頁）というものであるから、これは了祥の見解に従ったものであろう。

(45) 参照に際して、東京大学の末木文美士氏の御尽力を頂いた。ここに深く感謝申し上げたい。

(46) 『浄全』十五、五九四頁上－五九五頁下。

(47) 『後世講義』四頁上参照。

(48) 同右、一六頁上参照。

(49) 『閑亭』三六頁下＝『浄全』九、六〇二頁上、『昭法全』四六七頁。

(50) 『親鸞書誌』二一九－二二〇頁参照。

(51) 『仮名聖教』一〇五〇－一〇五九頁参照。

(52) 「来迎」に対する親鸞の評価が否定的であることについては、後論する。それ故、この「来迎」の語は、勿論『後世物語』の序段ⓐには見られない。

(53) 『観無量寿経』の〝真身観文〟（後出の記述〔43〕）からの引用。

(54) 『宝積経』（大正一一、五四二上）からの引用。ただし、『宝積経』では、「眷属」が「親識」となっている。なお、この経文は、『往生要集』巻上本（『浄全』十五、五〇頁下）にも引用されている。

(55) これは、『往生要集』巻上本の次の文章の取意であろう。
独《リ》入《ル》二黄泉《ノ》底《ニ》一之時、堕《ス》二多百踰繕那《ノ》洞然猛火《ノ》中《ニ》一。(『浄全』十五、五一頁上)

(56) これは、永観の『往生拾因』の次の一節の取意かと思われる。
然《レバ》則《チ》形《ニシ》無二常《ノ》主一、只《ダ》有《リ》二守《ル》レ屍《ヲ》之鬼《ノミ》一。神《イニシ》無二常《ノ》家一、独《リ》跰《サマヨフ》二中有之《ノ》旅《ニ》一。悲哉、冥冥《トシテ》独《リ》逝《クニ》一人《トシテ》不レ従《ハ》、重重《タル》被《レドモ》レ嘖《メヲ》、誰訪《カン》二是非《ヲ》一。何況《ニヤ》一《タビ》堕《スレバ》二悪趣《ニ》一、受苦無窮《ナルヲヤ》乎。(『浄全』十五、三七一頁上―下)

(57) これは、『心地観経』巻三の次の偈を、若干表現を変えて示したものであろう。
世人《ハ》為《ニ》レ子《ノ》造《リ》二諸罪《ヲ》一、堕二在《シテ》三塗《ニ》一長《ク》受《ク》レ苦《ヲ》。(大正三、三〇二中)
なお、この偈は、『往生要集』巻上末(『浄全』十五、五九頁下)にも引用されている。

(58) 『瑜伽論』のどこの所説を指すか不明。ただし巻四の地獄の描写(大正三〇、二九四下―二九七上)は、『往生要集』巻上にしばしば引用されている。

(59) 引用不明。ただし『興福寺奏状』の起草者たる解脱上人貞慶(一一五五―一二一三)の語がここに権威あるものとして引かれていることは、『捨子問答』の性格と著者を考えるとき重要であろう。貞慶の言葉とされるものは、『捨子問答』巻下(後出の第十六答の記述〔335〕)にも引用されるのである。ただし、もしもこの事実から〝『捨子問答』の所説は、専修念仏の迫害者に迎合したものである〟という結論を導こうとするなら、それは余りにも短絡的な政治的評価というべきであろう。私がこの貞慶の言葉の引用という事実から帰結したいのは、『捨子問答』の著者が、南都の仏教と何等かの接点をもっていたであろうということである。また、貞慶のものとして引かれる二つの言葉を見ると、そこには、所謂中世の詠嘆的な無常観とか、地獄の苦しみとかいうような言わば〝浄土教的気分〟というものが満ちている。しかもこの詠嘆的な〝浄土教的気分〟というものは、貞慶の『愚迷発心集』にも『捨子問答』にも、共通している。従って、『愚迷発心集』が『捨子問答』とともに『蓮門経籍録』巻下に挙げられている(『大日本仏教全書』九六、一八〇頁上)ことも、不思議ではない。『愚迷発心集』に「常没之凡夫」(『鎌倉旧仏教』三〇七頁下、三一〇頁下)や、「流転常没凡夫」(同、三〇九頁上)という語が用いられていることにも、注意しておきたい。本論の記述〔120〕〔123〕〔128〕に見るように、「常没」や「流転」は善導が愛用した語だからである。また、『愚迷発心集』には、「具縛凡夫」「底下異生」(同、三一〇頁下)という表現も見られる。おな、『愚迷発心集』の詠嘆的な無常観を述べる言葉は、『存覚法語』(一三五六年)にも引かれていることが報告されている(『鎌倉旧仏教』〔解説〕五〇六頁)。この点も、『愚迷発心集』が、その後の浄土教に広く受け容れられていたことを示しているであろう。

(60) この説明は、『観経疏』「散善義」における〝廻向発願心〟の解説に用いられる〝二河白道〟の喩における
此人既《ニ》至《ルニ》二空曠《ノ》迥《ナル》処《ニ》一、更《ニ》無《シ》二人物一。(『浄全』二、五九頁下)

という記述にもとづくものであろう。

(61)『般舟讃』(『浄全』四、五三四頁下)からの引用。

なお、『般舟讃』は、建保五年(一二一七年)に仁和寺で発見され用いられるようになったものであるから、了祥も言うように(『後世講義』一五頁下)、『捨子問答』はそれ以後の作と考えられる。また、『般舟讃』の意義については、『親鸞(松野)』四六七頁参照。

(62)『定本』のテキスト、つまり、定専写本には、「後世語聞書」とあるが、すでに述べたように、本文献の本来のタイトルは『後世物語』であると考えられるので、訂正して示した。

(63)テキストの「一行」を、『真聖全』(二、七五七頁)の「一京」に訂正する。

(64)『後世講義』に「……明師ト云フ。人体ヲ指サバ隆寛ナルベシ」(四五頁上)とある。

(65)『後世講義』四五頁上―四六頁上参照。

(66)『後世録』四二頁上。

(67)『定本』四(1)、二三頁参照。そこでは、「後世者ぶり」という表現が用いられている。

(68)『定本』四(1)、一三三頁、一三四頁。そこでは、「後世者気色」という表現が用いられている。

(69)『改邪鈔』第三条冒頭には、次のように言われている。

一。遁世のかたちをことゝし、異形をこのみ、裳無し衣を著し、黒袈裟をもちゐる、しかるべからざる事。(『定本』四(1)、一三二頁)

また『正像末和讃』「愚禿悲歎述懐」〔一〇〕にも、次のように述べられている。

外道・梵士・尼乾子に
こゝろはかわらぬものとして
如来の法衣をつねにきて
一切鬼神をあがむめり。(『定本』二(1)、二一二頁上)

(70)『親鸞用語索引』和漢撰述の部、四〇五―四〇六頁参照。

(71)『浄土三経往生文類』(略本)(『定本』三(1)、一三頁)、『親鸞聖人御消息集』略本、第五通(『定本』三(2)、一四三頁)、同、第六通(『定本』三(2)、一四六頁)。ただし、後論するように、『捨子問答』第十三答の記述〔311〕にも「能々可㆓心得㆒」という表現があり、第十六答の記述〔337〕にも「能々心得給フベシ」という表現がある。

(72)『浄土宗大辞典』二、一九七六年、山喜房仏書林、三九一頁中の「真身観文」の項参照。

(73) 後論するように、『捨子問答』第十二答の記述〔298〕では、〝助業〟を行じることが認められている。

(74) 『浄全』二、四八頁下参照。

(75) 同右、一〇頁下—一二頁上参照。

(76) 『教行講義』三、二二五—二二六頁参照。

(77) 親鸞の『観無量寿経』評価に関連して、中野正明氏は、次のように言われていることに、注意したい。

このように、『指南抄』に所収する多くの遺文に、原本や『語灯録』に比べてとくに善導についての記述に削除されている箇所が見られる。親鸞にとっては観想の方法を説く『観経』、およびその注釈書である『観経疏』やその著者善導について、定散二善の諸行往生に否定的であったがために記述の削除を生ぜしめたのであろうと考えられる。(『法然遺文』一〇七頁)

(78) 『弥陀如来名号徳』は、大正七年になって発見されて以来、親鸞真撰と見なされているが、すでに指摘されているように(『定本』三(1)、「解説」二七七頁)、『西方指南抄』所収の『法然聖人御説法事』の所説を承けている所がある。次註(79)参照。

(79) 『弥陀如来名号徳』の冒頭には、次のようにある。

無量光といふは、『経』にのたまはく、「無量寿仏に八万四千の相まします。一一の相におの〳〵八万四千の随形好まします。一一の好にまた八万四千の光明まします。一一の光明偏照㆓十方世界㆒、念仏衆生摂取不㆑捨」といへり。(『定本』三(1)、二二五頁)

しかるに、ほぼ同文が『西方指南抄』所収『法然聖人御説法事』に、次のように見られるのである。

まづ光明の功徳をあかさば、はじめに無量光は、『経』にのたまはく、「無量寿仏に八万四千の相あり。一一の相におの〳〵八万四千の随形好あり。一一の好にまた八万四千の光明あり。一一の光明あまねく十方世界をてらす。念仏の衆生を摂取してすてたまはず」といへり。(『定本』五、三四—三五頁)

(80) 引用は未確認である。

(81) 弁長が〝一念義〟をいわば〝学文念仏〟と把えていることは、『念仏名義集』巻下の次の一節によく示されている。

或ル人ハ一念義ヲ立テテ、安心門起行門トテ立テ㆓二門ヲ㆒、「安心門ノ往生コソ目出タケレ。安心門コソ知ラズシテ知ラント思ハバ、我ガ流ニ入リテ、我ガ流ノ学文ヲセヨ。安心門ヲ不㆑知シテ申サンズル念仏ハ、往生スマジ。徒ラ事也」トテ念仏申ス者ヲ留ム。(『浄全』十、三八二頁上)

ここで、「念仏申ス者」とは、〝称名〟を行ずる〝多念義〟論者を指す。なお、この一節については、『略述』三〇七頁参照。

(82) ここで「相応仏心」は、本来『観経疏』「玄義分」冒頭の帰三宝偈に、

我依テ㆓菩薩蔵頓教一乗海ニ㆒、説テ㆑偈ヲ帰シ㆓三宝ニ㆒、与㆓仏心ト㆒相応セン。(『浄全』二、一頁上—下)

とあるのにもとづいているが、これはまた同時に、幸西の〝一念義〟を特徴づける言葉でもあることに注意しておく必要がある。即ち、後に出る『浄土法門源流章』記述〔52〕にも「行者信念、与仏心相応」とあり、また『浄土法門源流章』に引かれる幸西の『略料簡』にも、

仏心相《ト》応《スル》時《ニ》業成《ス》。無《シ》レ問《フコト》二時節之早晩《ヲ》一。(『浄全』十五、五九三頁下—五九四頁上)

と説かれているのである。

また、幸西の『玄義分抄』(一二一八年)では、前掲の『観経疏』「玄義分」の「与仏心相応」を次のように説明している。

仏心と相応すと云は、此の観経の要義を出て霊験請求する時、諸仏照知して造心を印可したまふ、故に与仏心相応と云也となり。

(安井広度『法然門下の教学』法蔵館、一九六八年、「付録」四四頁)

私は、『徹選択本願念仏集』記述〔51〕で、弁長が自説を説く際に幸西の〝一念義〟を特徴づける「相応仏心」という語を用いたのは、「冥会仏智」というような幸西独自の「与仏心相応」の解釈を否定するためであったと考える。なお、「冥会仏智」という「与仏心相応」の解釈には、極めて楽天的な一元論的、唯心論的傾向が認められるが、幸西の〝一念義〟を「天台本覚法門の単純な一元論、唯心論から大きな径庭は無い」と見る私見については、『禅批判』二二二頁参照。

また、幸西が〝称名〟を軽視したことは、『玄義分抄』の「口称を捨て心念を行ぜしむる事は大経に依る」(前掲、安井本「付録」七七頁)という文章によっても、知られる。ただし、ここで幸西は「心念」を「信心」とは表現していないことにも、注意したい。

(83) 望月信亨博士は、『略述浄土教理史』(略号『略述』)における親鸞思想の解説において、親鸞を幸西門下と明言はされていないが、親鸞の教義が幸西の説にもとづいて成立したことを繰り返し指摘し(『略述』三六九頁、三九三頁、四一五頁)、「さすれば親鸞の根本教義は、幸西の一念義から脱化したものと断定せねばならぬ」(同、四二〇頁)と述べられている。

(84) 少なくとも、鎮西派の妙瑞(—一七七八)は、弁長の批判は親鸞にも向けられたと理解している。即ち、その『徹選択集私志記』巻下において、『徹選択本願念仏集』の記述〔51〕の直後に出る

問曰。有人《ノ》云《ク》、「他力往生者《ハ》、是《レ》往生《ノ》正行也。自力往生者《ハ》、全《ク》非《ズ》二其《ノ》正行《ニ》一也」。是義《ノ》如何。(『浄全』七、一〇五頁下)

という記述について、

「有人云」等 或云就《テ》二自力他力《ニ》一、略《シテ》有《リ》二二類《ノ》人一、一《ニ》念仏《ハ》他力、雑行《ハ》自力、二《ニ》一念《ハ》他力、数遍《ハ》自力《ナリ》。(『浄全』八、二二七頁下)

と述べ、さらに、

正合《クスル》二此《ノ》二類《ヲ》一者《ハ》、一念義《ノ》三人、成覚《ト》、法本《ト》、親鸞《トノ》義是《レ》也。今師鎮西上人挙《ゲ》二此等《ノ》邪義《ヲ》一、具《ニ》所二破斥《セ》一者、(『浄全』八、二二七頁下)

と論じているのである。

『徹選択本願念仏集』の前掲の記述における「有人」の主張に対する弁長の批判は、

我身《カ》無行《ニシテ》、不レ唱《ヘ》二称名《ヲ》一、偏取《ニテ》二信心《ヲ》一、以《テ》レ之《ヲ》為《スコト》二他力《ト》一、全無《クシ》二其本文《ノ》一。小智之輩立《テ》二此邪義《ヲ》一自迷迷他《スルコトモ》、尤罪業之至《リ》也。早早起《ニシ》二改悔之心《ヲ》一、急急《ニシテ》翻《ヲ》レ邪而帰《スベシ》レ正《ニ》。（『浄全』七、一〇五頁下―一〇六頁上）

という記述で締め括られるから、記述〔51〕で「雖不唱仏名、依此信心、得往生也」と述べた「有人」と、ここで「偏取信心」と説く「有人」とは、基本的には同じ主張をなしていると考えられる。従って、少なくとも妙瑞によれば、弁長の『徹選択本願念仏集』記述〔51〕における批判は、親鸞にも向けられていることになるであろう。

(85) 『定本』四(1)、二二頁。

(86) 『親鸞用語索引』和漢選述の部、四頁参照。

(87) これは、『阿弥陀経』の次の経文の引用と考えられる。
我見《レルガ》二是利《ノヲ》一故《ニ》、説《クノ》二此言《ヲ》一。（『浄全』一、五四頁）

(88) この文章は、『阿弥陀経』の〝六方段〟（『浄全』一、五四―五五頁）を要約したものと思われる。

(89) 「本願限リアル事ナレバ」の意味がとりにくいが、了祥は『後世物語』の第六答⓪に見られる「本願かぎりあるゆへに〔摂取決定なり〕」という語について、次のように説明している。

カギリトハ制限ノ義。十方諸有イカナル者モタスケント誓ヒ給フ仏願ナルガ故ニ、摂取ト収メ給フコト決定ト云フコト。（『後世講義』八四頁上）

これでも、私にはまだ語義は充分に理解できないのであるが、要するに「限リ」とは、梵語の“niyama”のように、〝限定〟〝決定〟をもたらすものなのであろう。

(90) これは、『観経疏』「玄義分」の所説（『浄全』二、八頁下―九頁上）を指すであろう。

(91) 『無量寿経』巻下（『浄全』一、三六頁）より引用。

(92) 『西方要決』（『浄全』六、六〇三頁下―六〇四頁上）より引用。

(93) 『浄土十疑論』（『浄全』六、五七三頁上）より引用。ただし、「末法」は、『浄土十疑論』では、「末世」となっている。なお、『浄土十疑論』は、偽撰であると見なされている。この点は、『浄全』六、「解説」（藤堂博士執筆）、三頁参照。

(94) これは、『往生礼讃』の次の記述の前半を引用したものである。
万年三宝滅《ニ》、此経住《スルモノ》《スルコト》百年、爾時聞《ナランノニテ》一念《セバ》、皆当レ得《シ》レ生《ヲ》レ彼《ニ》。（『浄全』四、三六二頁下）
なお、この記述は、『選択集』第六章（『昭法全』三二六頁）にも引用されている。

(95) 記述〔59〕の冒頭から、「必無疑也」までは、『選択集』第十四章（『昭法全』三四五頁）に引用されている。

(96) 本章、一四二頁参照。

(97) 類似した表現として、『観経疏』「定善義」の「末代罪濁凡夫」（『浄全』二、四七頁下）という語がある。本書、第二章、記述〔11〕参照。

(98) 『往生礼讃』（『浄全』四、三五五頁下）からの引用。

(99) 『浄全』のテキストでは、「給へリ阿弥陀仏」となっており、貞享二年本でも、「給へリ。阿弥陀仏」となっている。しかし文意を考えて、敢えてテキストを「給ヘル阿弥陀仏」と訂正した。

(100) 私は、浄土教研究、特に親鸞思想の研究において、学者によって多用される「造悪無礙」という語の典拠を確認することができなかった。つまり、この言葉の最初の使用例はいかなる文献に見られるのかを、知り得なかったのである。各種の仏教辞典といわれるものを見ても、意外にもこの語が採録されていることは少ない。この点で識者の御教示を待ちたいと思う。

(101) 親鸞は、『教行信証』「化身土巻」で、『無量寿経』記述〔60〕からの引用を二回示している。『定本』一、二七二頁、二九六頁参照。

(102) 安達俊英「『七箇条制誡』諸本対照・訳註――『西方指南抄』と『黒谷上人語灯録』――」『法然上人研究』四、一九九五年、五―六頁〔三本対照表〕、二六頁〔二尊院本の現代語訳〕参照。

(103) 貞慶は、『愚迷発心集』の次の記述においても、〝他力〟説と結合した〝造悪無礙〟説を批判しているように思われる。
恣《ニ》捨《テ》二世間《ヲ》一、僅《ニ》雖《ドモ》レ移《ルト》二深山之洞《ニ》一、隠遁只有《ハリ》レ名《ノミ》、洞殆無《シ》レ守《ルコト》二一行《モ》一。猥《リニ》雖《ドモ》レ称《スト》レ頼《ムト》レ仏《ヲ》、不レ致《サ》二聖《ノ》可《キ》レ通《ズ》之誠《ヲ》一。設《ヒ》有《ルモ》レ向《フコト》二教文《ニ》一、都《テ》無《シ》レ欣《フコト》二如法之心《ヲ》一。性罪《ノ》闇深《ク》、戒珠永《ク》隠《ス》レ光《ヲ》。遮罪《ノ》塵積《リ》、法水不レ通《ゼ》レ流《ヲ》。善嬾《ハク》悪好《ハシク》、求《メ》レ名《ヲ》貪《ル》レ利《ヲ》。（『鎌倉旧仏教』三〇九頁上―下〔原文〕、二三頁〔書き下し文〕）〔原文のテキストには、鎌田茂雄博士の書き下し文に従って、若干の修正を施してある〕

(104) 『浄全』七、九七頁上。

(105) 『隆寛集』二二頁下。

(106) 『捨子問答』第十四問（後出の記述〔313〕）、第十四答（後出の記述〔323〕）、第十五問（後出の記述〔326〕）、第十五答（後出の記述〔327〕）、第十六問（後出の記述〔332〕）参照。

(107) 『閑亭』三八頁下、四〇頁上。

(108) 『明義進行集』中外出版、一九二四年、一八頁、二五頁参照。

(109) 『昭法全』四五頁。

(110) 同右、六四六頁。

(111)『浄全』十五、三八三頁下、三八四頁上。

(112)「数遍」という表現は、『往生論註』巻上末尾の次の一節に見られる「頭数」という語と関係があるかもしれない。

問《テ》曰《ク》。心若《シ》他縁《セバ》摂《シテ》レ之《ヲ》令《メテ》レ還《ラシ》可《ル》レ知二念之多少《ヲ》一。但知《ラバ》二多少《ヲ》一復非《ズ》二無間《ニ》一。若《シ》凝心注想《セバ》、復依《テカ》レ何《ニ》可《ンヤ》レ得レ記《スルコトヲ》二念之多少《ヲ》一。

答《テ》曰《ク》。『経』言《フ》二十念《ト》一者、明《ス》二業事成辨《ヲ》一耳。不《ズ》二必《シモ》須《ヒ》レ知《ルコトヲ》二頭数《ヲ》一也。如《シ》レ言《フガ》二蟪蛄不《ラ》レ識二春秋《ヲ》一。伊虫豈知《ランヤ》二朱陽之節《ヲ》一乎。知《ル》者言《フ》レ之《ヲ》耳。十念業成《ト》者、是《レ》亦通《ズル》レ神《ニ》者《ノ》言《フ》レ之《ヲ》耳。但積念相続《シテ》不《レバ》レ縁《ゼ》二他事《ヲ》一便《チ》罷《ヌ》。復何暇《ノアリテカ》須《ン》レ知《ルコトヲ》二念之頭数《ヲ》一也。若《シ》必《ズ》須《クバ》レ知《ル》、亦有《リ》二方便一。必《ズ》須《シ》二口授《ス》一。不《レ》レ得レ題《スルコトヲ》二之筆点《ニ》一。(『浄全』一、二三七頁上)

また、善導は、『観経疏』「散善義」で、「念数多少」(『浄全』二、六九頁下)という語を用いている。後出の『選択集』記述〔328〕参照。

なお、親鸞は「数遍」という語を、自らの著作では用いていないようであるが、おそらく、これは〝多念義〟に対する親鸞の否定的評価にもとづくであろう。

(113)この主張については、前註(84)参照。

(114)この点については、本書、第二章、七三頁参照。

(115)『観念法門』(『浄全』四、二三五頁下)からの引用。

(116)『観経疏』「散善義」(『浄全』二、五八頁上)からの引用。

(117)『観経疏』「散善義」(『浄全』二、六〇頁上―下)からの引用。

(118)『観経疏』「散善義」(『浄全』二、六〇頁下)からの引用。

(119)弁長は、『浄土宗名目問答』巻中で、〝一念義〟と〝造悪無礙〟説の結合は、すでに中国浄土教にも見られ、懐感がこれを否定したという説を、次のように述べている。

昔《シ》唐土之人、立《テ》二一念義《ヲ》一、造罪《ヲ》令《ムル》二勧進《セ》一時、懐感禅師破《スル》レ之《ヲ》釈《ニ》云《ク》、「是汝《レガ》煩悩無慚無愧《ノ》言也。魔語鬼語《ナリ》。壊二乱《シテ》仏法《ヲ》一無《シト》二一念《ノ》願生之心一」釈《ス》也。(『浄全』十、四一三頁上)

ここで懐感の「破」とされるものは、『群疑論』巻五(『浄全』六、六九頁上)に出るもので、「是汝……願生之心」は、そこからの引用である〔ただし「無一念……」は、『群疑論』では、「実無有一念……」とある〕。

では、そこで懐感によって批判される側の主張、つまり、弁長が〝一念義〟とか〝造悪無礙〟説と評価する主張は、どのようなものかと言えば、それは次のように示されている。

問曰。若《シ》念《ジテ》二阿弥陀仏《ヲ》一得《バ》レ生《ズルコトヲ》二西方《ニ》一、要《ズ》仮《テ》二多日多年《ヲ》一生《ズベシ》二浄土《ニ》一。亦須《シ》三懃誠《ニ》勉励《シ》、長時《ニ》称《ス》二念仏名《ヲ》一。如《シ》其《レ》臨《ミテ》レ死《ニ》至誠《ニ》念仏《スルモ》、亦生《ゼバ》二浄土《ニ》一者、且人《ク》生百歳、楽少《ク》憂多《ク》、別易《レク》会難《ヒク》、歓娯時促《レリ》。但須《シ》下馳《シ》二騁五欲《ニ》一放《シ》二縦六情《ヲ》一、秉《テ》レ燭《ヲ》夜遊《ビ》、連宵聚《メテ》レ興《ヲ》、臨《ム》レ終《ニ》之日、念仏一声《シテ》、即《チ》得《テ》二往生《ヲ》一、永《ク》超《ユ》中衆苦《ヲ》上。何《ゾ》須《ヒンヤ》二長時《ノ》苦行勲懇《ヲ》一。四修不レ倦、三業靡《キモ》レ空《キコト》、同《ク》是《レ》得レ越《ルコトヲ》二娑婆《ヲ》一。何《ゾ》労《センヤ》二長時《ノ》苦行《ヲ》一也。(『浄全』六、六八頁上)

即ち、ここでの〝一念義〟とは、ここに見られる「臨終之日、念仏一声、即得往生」という語、または、この〝一念義〟に対する懐感の批判の中に見られる「終《ル》日《ノ》一念《ニ》即生《ス》」(『浄全』六、六九頁上)という語によっても示されるように、〝臨終のときの一念の称名によって、すぐに往生できる〟という〝称名〟の〝一念義〟であって、それが「長時称念仏名」や「長時苦行」を不要とし、五欲に耽ることを肯定する一種の〝造悪無礙〟説を生み出す思想的基盤になっているのである。

このように見れば、この〝造悪無礙〟説は、〝他力〟の観念を欠いているので、法然門下や親鸞門下に生じた〝造悪無礙〟説とは大いに異なっていると思われるかもしれないが、実はそうではない。即ち、〝一念〟とは、常に〝宗教的時間性の否定〟なのである。従って、〝一念〟〝一声〟によって往生できるという主張からは、〝善を為すべし、悪を造る勿れ〟という考え方は導きようもないのである。また、〝一念往生〟〝一声往生〟という主張の意味をよく考えてみると、この主張が〝他力〟の観念なくしてはやはり成立しえないものであることが、理解される。即ち、〝一念〟〝一声〟が我々人間の自力の行為にしかすぎないとすれば、そこからどうして「即得往生」という超人間的な結果が生じるであろうか。それが〝他力〟であると考えられるか、あるいは、そこに〝他力〟が働くと考えられるからこそ、「即得往生」が可能になるとされるのであろう。このように見れば、やはり、懐感によって批判された主張において、〝一念義〟と〝造悪無礙〟説は結合していたという弁長の評価は正しいと思われる。

(120) 法然に帰せられる『一念義停止起請文』(『昭法全』八〇〇—八〇七頁)と『七箇条の起請文』(同、八〇八—八一五頁)という文献には、〝一念義〟と結合した〝造悪無礙〟説に対する批判が見られるが、この両文献の真撰については疑問があるので、そこでの批判を、ここでは法然の〝造悪無礙〟説批判としては扱わない。ただし、『七箇条の起請文』第二条に見られる次のような〝造悪無礙〟説批判(後出の記述(196))が、『浄土宗名目問答』や『捨子問答』のそれと極めて類似するものであることは、注目すべきであろう。

一、「つみをつくらじと身をつゝしんでよからんとするは、阿弥陀ほとけの願をかろしむるにてこそあれ。又念仏をおほく申さんとて、日々に六万遍なんどをくりゐたるは、他力をうたがふにてこそあれ」といふ事のおほくきこゆる。かやうのひが事ゆめ〳〵もちふべからず。まづいづれのところにか、阿弥陀はつみつくれとすゝめ給ひける。ひとへにわが身に悪をもとゞめえず、つみのつくりゐたるまゝに、かゝるゆくゐほとりもなき虚言をにくみいだして、物もしらぬ男女のともがらを、すかしほらかして罪業をすゝめ煩悩をおこさしむる事、返々天魔のたぐひなり。外道のしわざ也。往生極楽のあだかたきなりとおもふべし。又念仏のかずをおほく申すものを、自力をはげむといふ事、これ又ものもおぼえず、あさましきひが事也。(『昭法全』八一〇—八一一頁)

ここで否定される主張には〝一念＝他力〟〝多念＝自力〟という『浄土宗名目問答』記述〔68〕〔69〕で批判された図式が見出されるとともに、その〝一念義〟は、〝多念を称え、身を慎むものは、本願・他力を疑うものだ〟と主張することによって、〝造悪無礙〟説と見事に結合している。また、この〝造悪無礙〟説を批判する語の冒頭には、「まづいづれのところにか、阿弥陀はつみをつくれとすすめ給ひける」とあるが、これなど、『捨子問答』Ⓔ冒頭の「何ナル仏カ、悪ヲススメテ善ヲ止メヨト教ヘ給ヘル」に語気まで類似している。従って、『七箇条の起請文』が仮りに偽作であるにせよ、法然門下における〝一念義〟＝〝他力〟説＝〝造悪無礙〟説に対する批判の貴重な資料を提供していることは、確実であろう。なお、『七箇条の起請文』の真偽、及び、第二条については、後出の了祥の見解（記述〔195〕）を参照。

また、『念仏名義集』巻中において弁長によって批判される〝一念義〟論者も、

数遍ヲ申スハ一念ヲ不《ル》レ信《セ》也。罪ヲ怖ルルハ本願ヲ疑フ也。（『浄全』十、三七五頁下）

と〝造悪無礙〟説を説いている。

(121) 前註(120)の『七箇条の起請文』第二条前半における「願をかろしむる」「他力をうたがふ」という表現も、〝造悪無礙〟論者が非〝造悪無礙〟論者に投じる非難の語として注目されるが、そこでも実質的には「願」と「他力」は同一視されているであろう。

(122) 『歎異抄』に対する私の基本的理解は、この書を関東の〝造悪無礙〟派による創作と見るものである。『歎異抄』全体に関する私見は、別に明らかにするつもりである。

(123) 『具三心義』巻上（『隆寛集』四頁上）参照。

(124) 『具三心義』の成立と『極楽浄土宗義』の成立との間の一二一八年には、幸西の『玄義分抄』が書かれているが、奇妙なことに、この『玄義分抄』に〝他力〟の強調は見られないのである。少なくとも、「他力」という語は用いられていない。すると、法然門下に確かに生じた〝造悪無礙〟説、つまり、〝他力〟説と結合した〝造悪無礙〟説と、幸西の思想を直接に結びつけることは困難であるように思われる。

(125) この記述については、本書、第一章、記述〔44〕参照。なお、この記述は、対応する『善導寺御消息』（徳富本）では、次のようになっている。

念仏ヲ信シタマハム人ハ、一代ノミノリヲヨク学シナラヒタル人ナリトモ、文字一モシラヌクチ・トムコムノフカクノ身トナシテ、尼入道無智ノトモカラニワカミヲナシテ、智者フルマイナカクセスシテ、タヽ一向ニナモアミタ仏トマウシテソカナハム。（『法然遺文』四九三頁）

(126) 『血脈文集』を、唯善事件の解決（一三〇九年）以後の成立と見る宮崎円遵氏の説（『定本』三(2)、「解説」二五二頁）が妥当でない

ことは、古田武彦氏の蓮光寺本の研究による論証（古田『親鸞思想――その史料批判――』冨山房、一九七五年、第二篇第一章第二節）によって示されたと思われる。ただし、それ以外の古田氏の論点については、現在の所、判断を保留したい。

(127)『定本』三(2)、「解説」二四五頁。

(128)『親鸞書誌』一七五頁。

(129) 前註(127)に指示した宮崎氏の「解説」にも、「彼が下向した常陸方面には建長四年頃から造悪無碍の邪義が流行していたこと――恐らく善鸞は聖人の使者として下向したのは、それを糺正するためであったであろう、と考えられること」（二四四頁）とある。この見方の妥当性は、建長七年（一二五五年）九月二日付の書簡とされる善鸞宛ての『親鸞聖人御消息集』広本、第十通（『定本』三(2)、一三九―一四二頁）が〝造悪無礙〟説批判をテーマとしていることによって、根拠づけられるであろう。

(130)『歎異抄』及び唯円の評価については、重松明久氏が、『中世真宗思想の研究』の第一編第三章「『歎異抄』の著者について」において重要な視点を示されているので、そのポイントとなる論述を以下に引用しておきたい。

『歎異抄』の作者は常陸鳥喰の唯円であり、その師は、真仏の弟子で常陸国府在住の信願であることが、ほぼ明らかになった。しかもこの信願は、造悪無礙流異義の抱懐者として、善鸞により親鸞に訴えられた人物らしい。信願の念仏思想の詳細な検討のよすがは、今日からはもとより望むべくもない。しかし信願が幾分かそういう傾向をもった念仏者であったらしいということは、その弟子の作と考えられる『歎異抄』の評価をめぐっても、決して軽視するをえないであろう。（一〇四―一〇五頁）

(131)『真宗全書』七四、二―三頁、佐藤正英『歎異抄論註』青土社、一九九二年、二六―二八頁参照。

(132) 本論文の原論文（『駒沢大学仏教学部論集』二九）において、私はこの個所に、

私は実際にこのような見方があるのを読んだように思うが、現在、それが如何なる論文においてであったかを指摘することができない。

という註（一九五頁、註(109)）を付したのであるが、この註の内容について、松野純孝博士から、「このような見方」というのは、重松明久氏の見解を指すのではないかという御教示を頂いた。そこで重松氏の『日本浄土教成立過程の研究』（平楽寺書店、一九六四年）を見ると、そこには、確かに、

つぎに書状の後半、造悪無礙について考えよう。同じく九月二日附で慈信坊善鸞にあてた書状によってもわかるように、関東真宗教団のなかには、造悪無礙の異義を唱える者があり、それが鎌倉政権からの弾圧のための口実の一半ともなっていたことを、善鸞からの報告によって知った親鸞が、全念仏者に向ってその非を通告したものである。書状の前半部に言及したところ、すなわち弥陀以外の神仏軽視は、親鸞の教義そのものから導き出される必然の帰結であり、それが支配者側から弾圧の口実として利用されて

も止むをえないことでもあり、いわば身から出た錆でもあった。従って親鸞としては、念仏者に念仏廻向をもってかれら弾圧者の廻心を祈れととく他はなかったが、こと造悪無礙に関しては、親鸞教義の本質にかかわる問題であった。（五九九頁）〔傍線＝松本〕

という論述が見られるのであるが、この論述を再読してみて、私がその趣旨を誤読していたことが判明した。つまり、この論述中の「親鸞の教義そのものから導き出される必然の帰結」と「身から出た錆」という語を、私は重松氏の意図に反して、「弥陀以外の神仏軽視」ではなく「造悪無礙」という語に結びつけて理解していたのである。これが誤解であることは、同書における重松氏の

親鸞教義を徹底的に理解すれば、造悪無礙という帰結が出てくるはずはなかった。（六〇二頁）

という論述によって、明らかなのである。ただし、何分にも、氏の論述が誤解を与えやすい微妙なものであることは、

従って親鸞教義の紙一重の誤解が、造悪無礙に堕せしめる危険を包蔵していたといわなければならない。（六〇三頁）〔傍線＝松本〕

という氏の論述における「紙一重の」とか「包蔵していた」という語の使用によっても、示されているであろう。

いずれにせよ、松野純孝博士より御教示を頂いたことに、深く感謝申し上げたい。

(133) 「悪業」という語に、過去の行為、つまり現在までの行為という意味を読み取るならば、ここには、〝過去造悪無礙〟説が説かれていることになる。実際、後論するように覚如は『執持鈔』記述〔150〕で、〝未来造悪無礙〟説を避けるために、「悪業」という語を、この意味で使用している。しかし、それはあくまで覚如の理解であって、少なくとも『一念多念文意』には、〝未来造悪無礙〟説の批判は見られないのである。

(134) 如来蔵思想は、“dhātu-vāda”（基体説）であり、一元論である。従って、それは、一元論なるが故に、〝煩悩即菩提〟〝生死即涅槃〟という〝同一性〟の哲学を説く。この〝同一性〟の哲学が、〝造悪無礙〟説と無縁であるとは思えない。何となれば、〝全ては同一であり、一つである〟とすれば、〝善〟〝悪〟の区別は成立せず、〝善を為すべし〟〝悪を造るなかれ〟ということも、成り立たないであろうと思われるからである。

(135) 『親鸞用語索引』教行信証の部、三九三―三九四頁、和漢撰述の部、三七七―三七八頁参照。

(136) この偈は、『教行信証』「行巻」（『定本』一、七八頁）に引用されている。

(137) 『往生論註』記述〔90〕は、後論するように、『教行信証』「行巻」（『定本』一、七二―七三頁）に引用されるが、山辺習学・赤沼智善『教行信証講義』（略号『教行講義』）では、記述〔90〕前半の趣旨を解説して、次のような説明が見られることに注意しておきたい。

然らば「無礙」とは何んであるかと云へば、礙はる所なく融通するといふ意味で、氷は即ち水といふやうに、煩悩そのまゝが菩提、生死そのまゝが涅槃と、凡夫に取っては同じに見ることの出来ないものを、そのまゝ何の礙る所もなく融通自在に知ることを無礙

智といふのである。かやうに煩悩菩提、生死涅槃等は決して別々なるものでない、不二である、一体であるといふことを知り証って居る人の不二法門が、その無礙の相である。(『教行講義』一、六七三頁)〔傍線＝松本〕前註(134)で述べたように、正に〝煩悩即菩提〟〝生死即涅槃〟という〝同一性〟の哲学が、ここでは「無礙」と呼ばれているのである。

(138) 『定本』一、七一—七五頁。

(139) 多屋頼俊『歎異抄新註』法蔵館、一九四四年(増訂)、六八—七四頁、佐藤正英『歎異抄論註』六一九—六二一頁参照。しかし、私は多屋説に対する石田瑞麿氏の批判に従いたい。石田瑞麿『歎異抄その批判的考察』春秋社、一九八四年(新装本)、一二〇—一三一頁参照。

また、親鸞においては、「無礙」が「ほぼ悪業・煩悩との関りの上で説かれている」という鋭利な理解が、石田氏の考察には認められる。石田、前掲書、一二七—一三一頁参照。

(140) 後出の記述〔148〕参照。

(141) 「悪人」が「正機」ではなく「正因」と言われているところに「悪人」を全面肯定する〝造悪無礙〟説が認められる。これについては、本書、第一章(五〇頁)でも論じた。

(142) 『親鸞用語索引』和漢選述の部、三八四頁。

(143) 『観念法門』(『浄全』四、二三四頁上)からの引用。

(144) 『無量寿経』では、第三十五願は、次のように示されている。

設《シ》我得《レンニ》レ仏、十方無量不可思議《ノ》諸仏世界《ニ》、其有《レテ》二女人一、聞《テ》二我《ガ》名字《ヲ》一歓喜信楽《シテ》発《シ》二菩提心《ヲ》一厭《センニ》二悪　女身《ヲ》一、寿終《ノ》之後、復為《タラバ》二女像《ト》一者、不レ取《ラ》二正覚《ヲ》一。(『浄全』一、九頁)

(145) この説明は、『観無量寿経』の〝得益分〟(『浄全』一、五〇頁)の取意であろう。

(146) 『阿弥陀経』に「名号」を「大善」と呼ぶ経文があるわけではない。しかし、同経には、

不レ可下以《テ》二少善根福徳因縁《ヲ》一得《ルコトヲ》上レ生《ズ》二　彼国《ニ》一。

舎利弗、若有《テ》二善男子善女人一、聞《テ》レ説《クヲ》二阿弥陀仏《ヲ》一執《スルコト》二持　名号《ヲ》一、若《シハ》一日若《シハ》二日若《シハ》三日若《シハ》四日若《シハ》五日若《シハ》六日若《シハ》七日、一心不乱《ナレバ》、其人《ノ》臨《ンデ》二命終時《ニ》一阿弥陀仏与《ト》二諸聖衆一現《ズ》二在其前《ニ》一。是人《ノ》終時《ルニ》、心不《セ》二顛倒一、即得《チ》レ往《スルコトヲ》二生　阿弥陀仏《ノ》極楽国土《ニ》一。(『浄全』一、五三—五四頁)

という経文があり、この経文を『選択集』第十三章の冒頭で引用した法然は、同章で、

念仏《ハレ》是多善根也。……念仏《ハレ》是大善根《ナリ》。……念仏《ハレ》是勝善根也。(『昭法全』三四四頁)

と述べている。『捨子問答』は、おそらくこの「大善」の語を用いたのであろう。

(147) この説明は、『無量寿経』巻下の次の経文にもとづくであろう。

仏語《ハク》二弥勒《ニ》一、其有《レテ》レ得《ルコト》レ聞《クコトヲ》二彼《ノ》仏《ノ》名号《ヲ》一、歓喜踊躍《シテ》乃至一念《センニ》、当《シ》レ知《ル》、此人《ノ》為《ス》レ得《タリト》二大利《ヲ》一、則《チ》是《レ》具二足《ス》無上《ノ》功徳《ヲ》一。（『浄全』一、三五頁）

(148) この説明は、『観無量寿経』〃流通分〃の次の経文にもとづくであろう。

若《シ》念仏《セン》者《ハ》、当《シ》レ知《ル》、此《ノ》人《ハ》是《レ》人中《ノ》分陀利華《ナリ》。（『浄全』一、五一頁）

(149) この説明は、『選択集』第十一章の次の一節にもとづくと思われる。

念仏三昧《ハ》重罪尚《ホ》滅《ス》。何《ニ》況《ヤ》軽罪《ヲ》哉《ヤ》。余行《ハ》不レ然《ラ》。或有《ハリ》二滅《シテ》レ軽《ヲ》而不《ル》レ滅《セ》レ重《ヲ》。或有《ハリ》二消《シテ》レ一《ヲ》而不《ル》レ消《サ》レ二《ヲ》。念仏《ハ》不レ然《ラ》、軽重兼《ネ》滅《シ》、一切遍《ク》治《ス》。譬《バ》如《シ》三阿伽陀薬《ノ》遍《ク》治《スルガ》二一切病《ヲ》一。（『昭法全』三三八頁）

(150) 『西方要決』（『浄全』六、六〇〇頁上）からの引用。

(151) 『法事讃』（『浄全』四、一五頁上―下）からの引用。

(152) テキストには、「願力念仏をしたまひき」とあるが、『真聖全』（二、七五九頁）の「願力の念仏に帰したまひき」に訂正する。訂正の理由は、ここにやはり「帰」という文字があるべきだと考えたからである。この点で、後註(168)の『選択集』の記述を参照。ただし、「願力の念仏」ではなく「願力念仏」の方が良いのかもしれない。

(153) なお『愚禿鈔』の四十二の「教対」（『定本』二(2)、一一―一三頁）には、「深浅対」は欠けている。『教行講義』一、七三四頁参照。

(154) 『浄全』六、六七七頁下。

(155) 後出の記述〔106〕〔107〕〔108〕参照。また、『親鸞用語索引』和漢撰述の部、三三三頁参照。

(156) 『後世講義』五三頁上。

(157) "avaivartikatā" という原語は『無量寿経』の梵本（荻原本『浄全』二三）、p. 96, *l*. 4 による。なお、この個所のテキスト、翻訳は、袴谷憲昭「成仏と往生」『駒沢短期大学仏教論集』三、一九九七年、九六―九七頁にも示されている。

(158) 『後世録』四八頁上。

(159) 『親鸞用語索引』和漢撰述の部、「ひらく」の項（三二六頁）参照。なお、道元は親鸞ほど〃さとりをひらく〃という表現を用いてはいない。即ち、道元は所謂『正法眼蔵』の中では、『弁道語』で二回この表現を用いるだけのように見える。『修訂　正法眼蔵要語索引』（名著普及会、一九八七年）下巻、「ひらく」の項（二四二六―二四二七頁）参照。

(160) 親鸞にとってこの〃現生不退〃説の最も重要な典拠は、彼が『教行信証』「行巻」（『定本』一、二九―三二頁）に引く『十住毘婆沙論』「易行品」の所説（『真聖全』一、二五四―二六一頁）であろう。そこには、例えば、次のような文章が見られる。

若《シ》菩薩欲《セバ》下於《テ》二此《ノ》身《ニ》一得《テ》レ至《ルコトヲ》二阿惟越致地《ニ》一成《ゼント》中阿耨多羅三藐三菩提《ヲ》上者、応三当《シ》念《ズ》二是《ノ》十方諸仏《ヲ》一（『真聖全』一、二五五頁）（『定本』一、二九頁）

若《シ》人念《ジ》レ我《ヲ》称《シテ》レ名《ヲ》自《ラ》帰《スレバ》、即《チ》入《リテ》二必定《ニ》一得《ン》二阿耨多羅三藐三菩提《ヲ》一。是《ノ》故《ニ》常《ニ》応《シ》二憶念《ス》一。（『真聖全』一、二五九頁）（『定本』一、三〇頁）

人能《ク》念《ズレバ》二是《ノ》仏《ノ》無量力功徳《ヲ》一即時《ニ》入《ル》二必定《ニ》一。（『真聖全』一、二六〇頁）（『定本』一、三一頁）

このうち後二者の「必定」は〃不退〃〃正定聚〃を意味するので、確かにこれらの文章では、この〃不退〃がこの身において、つまり、現生に得られるように説かれていると思われる。

なお、〃現生不退〃は幸西によっても説かれていたと思われる。『玄義分抄』（安井『法然門下の教学』付録）に、「現身得不退の益、捨身他世の往生、唯此の一念の大乗に乗じて無二無三也」（七四頁）とあるからである。しかも、幸西においても、この〃現生不退〃説が、〃一念義〃と結合していたことは、『玄義分抄』の「入正定聚といは一念を指す也」（七五頁）という語によって、明らかである。

(161)「必得往生」は『観経疏』「玄義分」の語（『浄全』二、一〇頁下）である。

(162)「即得」は、『無量寿経』記述〔105〕の「即得往生、住不退転」の「即得」の引用である。

(163)「必定」は、前註(160)に示した「易行品」の「即時入必定」の「必定」の引用である。

(164)『無量寿経』記述〔105〕のうち「即得往生、住不退転」を含む〃第十八願成就文〃の部分は、「唯除五逆誹謗正法」を除いて、『選択集』第三章（『昭法全』三二一頁）に引用されている。

(165)『選択集』第一章（『昭法全』三一二―三一三頁）に引用されている。

(166) 前註(164)(165)参照。

(167) 家永三郎『日本思想史に於ける否定の論理の発達』新泉社、九一―九八頁参照。

(168) この段落の論旨は、一応『選択集』第一章の次の一節にもとづいていると見ることができる。

設《ヒ》雖《ドモ》下先《ニ》学《ベル》二聖道門《ヲ》一人《ト》上、若《シ》於《ニ》二浄土門《ニ》一有《ラバ》二其《ノ》志一者、須《シ》下棄《テ》二聖道《ヲ》一帰《ス》中於浄土《ニ》上。例《バ》如《シ》下彼《ノ》曇鸞法師捨《テ》二四論講説《ヲ》一一向《ニ》帰《シ》二浄土《ニ》一、道綽禅師閣《テ》二涅槃広業《ヲ》一偏《ニ》弘《メシガ》中西方行《ヲ》上。上古賢哲《ノ》、猶《ヲ》以《テ》如《シ》レ此《ノ》。末代愚魯《ノ》、寧《ロ》不《ンヤ》レ遵《ガハ》レ之《ニ》哉。（『昭法全』三一三頁）

(169)『後世講義』五七頁上。

(170) 前註(152)参照。

(171)『後世録』五一頁上。『後世講義』では「コレラ」が「此処等」（五七頁下）とある。

(172) この個所、『浄全』と大正蔵経（大正四七、一一九中）のテキストは、「可願生」とあるが、大正蔵経の脚註⑨に示される異読として、甲本、つまり大谷大学蔵金陵刻本によれば、「可不願生」とあるとのことであり、この読みに従った。

(173) この表現は、後出の『観経疏』記述〔121〕〔122〕の「定為凡夫、不為聖人」という表現から影響を受けているかもしれない。
(174) 『昭法全』三四八頁。
(175) 『浄全』二、五八頁上。前出の『浄土宗名目問答』記述〔71〕に引用されている。
(176) 『浄全』四、二三五頁下。
(177) 同右、二三五頁下。
(178) 『無量寿経』(『浄全』一、三四―三五頁)。『往生礼讃』(『浄全』四、三六一頁上)参照。
(179) 後出の記述〔315〕。また、これを含む経文は、前出の記述〔105〕。
(180) 『親鸞用語索引』教行信証の部、四頁。
(181) 『教行講義』一、六一五―六一六頁参照。
(182) 『定本』一、二七五頁。
(183) 古田武彦「親鸞に於ける悪人正機説について」『日本歴史』九五、一九五六年、三一二頁上―下。
(184) 同右、三一三頁上参照。
(185) 同右、三一三頁下。
(186) 古田氏は、「悪人正機説に基く「善人」に対する鋭角的な批判という親鸞独自の論理」(前掲論文、三一四頁上)と述べられている。
(187) 佐藤正英『歎異抄論註』六八―七八頁参照。
(188) 石田瑞麿『歎異抄・執持鈔』(東洋文庫33、平凡社、一九六四年)では、「悪人の往生、またかけてもおもひよるべき」が、「悪人が浄土に生れることも、これと関連して推察できよう」(八七頁)と訳されているが、「かけても」は「少しも」「決して」「全く」「夢にも」という意味であり、「かけてもおもひよるべき」は、〝全く思いもよらない〟という意味であろう。なお、『自力他力事』にも、「かけてもおもひよらぬこと」(『定本』六(2)、八六頁、本書、第四章、記述〔226〕)という用例が見られる。
(189) 私は、「況罪悪凡夫尤可憑此他力」という語に関する一般的な理解に疑問をもっている。例えば、梶村昇氏は、この語を、ましてや罪悪の凡夫は、もっともこの阿弥陀仏のお力をたのむべきであるというのである。(『悪人正機説』五五頁)と訳されている。これは、原テキストに付せられている送り仮名に従って、「尤も此の他力を憑むべし」(同、五四頁)という読みを採用したことの結果であろうが、しかしこれでは、「況」の語義が明確に訳文に示されていないと思われる。つまり、この「況」が、記述〔151〕冒頭に置かれる「口伝」の「〔尚……〕況」という表現に意味的に対応していることは、明らかであって、従って、「凡夫善人……得往生、況罪悪凡夫尤可憑此他力」という文章は、基本的には〝凡夫善人すら尚往生できるのであるから、況んや〔尤も他力を憑むべき〕

罪悪凡夫が〔往生できることは〕言うまでもない〟と読むべきものと思われる。

(190) 従って、この「邪見」に関する末木文美士氏の理解に、私は賛同できない。というのも、氏は、『日本仏教思想史論考』（略号『日仏論考』）で、この「邪見」を「造悪無礙の動向、あるいはその立場からかえって善行者を誹謗するような行為以外に考えられない」（四三七頁）と解され、さらに『醍醐本』記述〔151〕と『歎異抄』第三条〔148〕の所説の関係について、次のように言われるからである。

『醍醐本』においては、一応、「菩薩賢聖」や「凡夫善人」を上に、「罪悪凡夫」を下に置く常識的な価値観に立っている。ところが、『歎異抄』においては、その価値観が逆転し、「善人」は「自力作善ノヒト」「他力ヲタノムココロカケタル」人と批判的に見られ、それに対し、「悪人」こそ「他力ヲタノミタテマツル」人として肯定されている。このような『歎異抄』の言、従って親鸞の解釈も、やはり『醍醐本』から見れば、「悪しく領解して邪見に住する」ものの中に含まれるであろう。（『日仏論考』四三七―四三八頁）

(191) 『悪人正機説』六〇―一五五頁。

(192) 『醍醐本』記述〔151〕に関する望月信亨博士の見解は、博士の『浄土教之研究』（金尾文淵堂、一九二二年〔再版〕）に、次のように述べられる。

此の文は最後の第二十七条に在り。思ふに編者の加筆なるが如し。又善人尚以往生、況悪人乎の語は、和語灯録等に曾て載せざる所なり。（九五二頁）〔傍線＝松本〕

(193) 梶村氏は、前註(192)に示した望月博士の見解を、『悪人正機説』（五三頁、八七頁）に引用し、これを批判すべく論証を示されたのである。

(194) 『日仏論考』四三四頁。

(195) 『悪人正機説』一二二頁。

(196) この両テキストの前後関係について、逆の可能性、即ち、『歎異抄』第三条にもとづいて『醍醐本』記述〔151〕が成立した可能性も、全く否定はできないであろう。本章の原論文執筆後、このように私が考えるようになったきっかけは、永井隆正氏・真柄和人氏、曾田俊弘氏の『醍醐本』研究（「永井(二)」「真柄(一)」「曾田」参照）によって与えられた。即ち、その研究によって、『醍醐本』の特に『三心料簡事』の第五・六・七・十・十一・十二・二十一・二十二・二十三・二十四条が、真宗文献、特に顕智（一二二六―一三一〇）の『見聞』等の高田派の文献に見られることが、明らかにされたのである。しかるに、永井氏が、

この表現とかかわって、第二十七条の「善人尚以往生況悪人乎口伝有レ之」の文が『見聞』になぜ引かれなかったのであろうか疑問が残る。顕智の書写した原本にはこの条がなかった可能性が考えられる。（「永井(二)」一六頁）〔傍線＝松本〕

と言われたように、第二十七条、つまり、『醍醐本』記述〔151〕が何故、『見聞』等の真宗文献に見出されないのかという疑問をいかに

解決すべきかという問題が残っているのである。この疑問に対しては、顕智の時代に、『醍醐本』記述〔151〕はまだ成立していなかったと想定することも、不可能ではないであろう。そうだとすれば、『醍醐本』記述〔151〕は、『歎異抄』第三条にもとづいて成立したと見るのが自然であろう。その場合、『醍醐本』記述〔151〕は、現在までの所、その存在が十七世紀に至るまで確認されていないことを考えれば、極端に言えば、例えば、それは十六世紀に成立したものであると主張することさえ不可能ではないと思われる。

しかし、別の想定も可能である。即ち、『見聞』の著者たる顕智、及び曾田氏がその中に『三心料簡事』第二十一条・第二十二条を発見された『興御書抄』（一六六〇年）の著者たる恵雲（一六一三—一六九一）は、高田派に属するのである。しかるに、高田派は、『歎異抄』を認めないと言われている。とすれば、顕智や恵雲が見たであろう『醍醐本』の原本に、仮りに、第二十七条、つまり、記述〔151〕が存在していたとしても、それは『歎異抄』第三条に趣旨が一致するものとして、引用することは控えられたということも考えられるかもしれない。しかし、前者の想定の方が、私にとっては遙かに魅力的であり、また、より自然であるようにも思われる。

いずれにせよ、両テキストの前後関係について、私は最早全面的な確信を有している訳ではないが、ここでは一応、本章の原論文で示した私見を、そのまま提示しておくことにしたい。

(197) 増谷文雄『親鸞・道元・日蓮』至文堂、一九五六年、三七頁、四四頁参照。

(198) さらに、法然の直弟子とされる人々、つまり、弁長、証空、隆寛、幸西等の信頼すべき著作のどこにも、この「善人尚以往生、況悪人乎」という語が言及されていないということは、この語の成立が、法然の直弟子の世代より後であることを示している。

(199) 最近、末木文美士氏は、『歎異抄』について、「悪人」たることが単純に謳歌されている。（『解体する言葉と世界——仏教からの挑戦——』岩波書店、一九九八年、一〇三頁）という批判的見解を示された。この見解は、『歎異抄』に〝造悪無礙〟説が説かれているとする私見と近似するものと思われる。

(200) 『後世講義』四一頁上参照。

(201) 本書、第一章、記述〔44〕参照。

(202) 『後世講義』六〇頁上。

(203) 『往生礼讃』（『浄全』四、三五四頁下）からの引用。

(204) 『後世講義』六〇頁下。

(205) この〝称名念仏には、三心が自然に具わる〟という立場については、本書、第一章、一二五頁参照。この立場は、本書、第一章、六三頁、註(33)に引いた『末代念仏授手印』の記述にも示されているが、同書の次の記述は、この立場をさらに明確に説いている。

故上人云ク、浄土宗善導教ノ訓シテ念仏者ヲ一初メテ令レ入ラ二専修ニ一称スル二南無阿弥陀仏ト一時、具ス二三心ヲ一。此心之中ニ納ル二廻向発願心ヲ一也。依テレ之ニ善導釈シテ

云、「南無者帰命亦是発願廻向之義《ト》」文。（『浄全』十、五頁下―六頁上）

(206) なお、「南無……」は、『観経疏』「玄義分」（『浄全』二、一〇頁上―下）からの引用である。

『教行信証』「信巻」の〝三心一心問答〟には、この問題が次のように説かれている。

愚鈍衆生《ノ》解了為《ニ》レ令《ムガ》レ易《カラ》、弥陀如来雖《ドモ》レ発《シタマフト》二三心《ヲ》一、涅槃《ノ》真因《ハ》唯以《テス》二信心《ヲ》一。是故論主合《シテ》二三《ヲ》為《セル》レ一《ト》歟《カ》。（『定本』一、一一五頁）

(207) 『定本』『真聖全』（二、七六〇頁）とも、「くちに」という語を欠くが、了祥は、ⓙの冒頭を「アルヒトイハク、クチニ念仏」（『後世講義』六四頁上、『後世録』五七頁上）として引用しており、『捨子問答』Ⓙの「口ニ念仏ヲ申ストモ」との関係から見ても、『後世物語』の本来のテキストは、「くちに念仏……」となっていたと思われる。なお、『真聖全』のテキスト（二、七六〇頁）にも、註㊁に、㋚本、つまり、真宗法要所収本が、「くちに……」という読み方をしていることが示されている。

(208) 『親鸞用語索引』和漢撰述の部、「わるし」（「わろし」）の項（四一八―四二〇頁）参照。なお、本書では、親鸞の著述と考えられる文献については、テキストに「わろし」という形容詞が用いられていても、すべて「わるし」に変えて示してある。

(209) 上一六右七行。

(210) この部分、『後世講義』では、「粗ボ元祖開宗説ニ弁ズル如シ」（六四頁上）とあるが、『後世録』では、「開宗ニ説弁スルゴトシ」（五七頁下）となっている。しかし、別の個所に、「開宗説デ弁ジタ如ク」（『後世講義』六五頁上、『後世録』五八頁下）とあるので、「開宗説」という読みは、正しいであろう。しかし、「元祖開宗説」という語の意味が把握できない。「元祖」は法然を指す語であるが、その法然の「開宗説」とは何か、理解できないからである。おそらく、「元祖」は誤りで、「開宗説」は、『後世物語講義』の始めの方の部分を指すのではないかと思われる。というのも、そこには、後出の記述(162)において、「諸行本願義」の説明がなされていたからである。従って、「元祖」の語は、『後世講義』のテキストから省くことにした。

(211) 後出の『観経疏』「散善義」記述(299)の次の一節からの引用。

一心専《ラ》二念《ジテ》弥陀名《ノ》号《ヲ》一、行住坐臥《ニ》、不レ問《ハ》二時節久近《ヲ》一、念念不《ル》レ捨《テ》者、是《ヲ》名《ク》二正定之業《ト》一、順《ズルガ》二彼仏願《ニ》一故《ニ》。

(212) 『後世講義』では「入ラヌ」（二二頁下）とあるが、『後世録』の「イラヌ」（二〇頁上）に訂正する。

(213) これは、『観経疏』「玄義分」の次の記述の傍線を付した部分の引用である。

無量寿経云《ク》、法蔵比丘在《テ》二世饒王仏所《ニ》一行《ジシ》二菩薩道《ヲ》一時、発《シ》二四十八願《ヲ》一一一願《ニ》言《ク》、若我得《タランニ》レ仏《ヲ》、十方衆生《ノ》称《シテ》二我《ガ》名号《ヲ》一願《ジテ》レ生《ゼント》二我《ガ》国《ニ》一下至《ルマデ》二十念《ニ》一、若不《ンバ》レ生《ゼ》者、不《ト》レ取《ラ》二正覚《ヲ》一。今既成仏《ス》、即是酬因《ノ》之身《ナリ》也。（『浄全』二、一〇頁下）

(214) 所謂『一枚起請文』からの引用。本書、第一章、記述(44)参照。

(215) 『教行信証』「信巻」の次の記述からの引用。

然《ニ》末代《ノ》道俗近世《ノ》宗師、沈《ミテ》二自性唯心《ニ》一貶《ヘンス》二浄土《ノ》真証《ヲ》一迷《テ》二定散《ノ》自心《ニ》一昏《クラシ》二金剛《ノ》真信《ニ》一。(『定本』一、九五頁)

(216) ここでも、了祥は、『後世物語』ⓙ冒頭のテキストを「くちに……」と読んでいる。前註(207)参照。

(217) 本書、第一章、記述〔44〕参照。ただし、『善導寺御消息』と『一枚起請文』との密接な関係に関する近年の研究(本書、第一章、六二―六三頁、註(33)参照)は、『一枚起請文』の真撰性に重大な疑問を提起していると思われる。

(218) 『浄全』十、三三頁下一七行―三五頁下一五行。

(219) 同右、三三頁上七行―下一七行。

(220) 勿論、この議論の背景には、『観経疏』「定善義」に説かれる〝指方立相〟説がある。この説を述べる記述(本書、第二章、記述〔11〕)には、「総不明無相離念」という語が用いられているからである。なお、その記述は、本章の記述〔173〕に全文が引用される。

(221) 〝指方立相〟説については、本書、第二章、七九―八四頁参照。

(222) 石田充之『浄土教教理史』(サーラ叢書15)平楽寺書店、一九六二年、二九九頁。

(223) この「自力ニ拘《カカ》ヘラレテ他力ニ乗ゼザルナリ」という『捨子問答』の表現は、後出の『具三心義』記述〔197〕の「偏拘《ニカカハレテ》二自力之道理《ニ》一、不《ル》レ顧二他力之勝用《ヲ》一也」という表現にもとづくように思われる。なお、「カカハレテ」は、テキストに付されているフリガナをそのまま示した。

(224) この「濁水」と「浄摩尼珠」の比喩は、『往生論註』巻下の次のような記述にもとづくものであろう。

譬《バ》如《シ》下浄摩尼珠《ヲ》置《ケバ》二之《ヲ》濁水《ニ》一水即《チ》清浄《ナルガ》上。若人雖《ドモ》レ有《リト》二無量生死《ノ》之罪濁一、聞《テ》二彼《ノ》阿弥陀如来《ノ》至極無生《ノ》清浄宝珠《ノ》名号《ヲ》一、投《ズレバ》二之《ヲ》濁心《ニ》一念念之《ノ》中《ニ》罪滅《シ》心浄《クシテ》、即《チ》得二往生《ヲ》一。(『浄全』一、二四五頁下―二四六頁上)

なお、隆寛は、『具三心義』巻上に、右の記述を引用した後で、

所発之願已《ニ》真実《ナルガ》故《ニ》、所施之他力亦真実也。(『隆寛集』五頁上)

と説明している。ここで、「所施之他力」とは、「名号」を意味するのであろう。とすれば、『捨子問答』Ⓚの「我等ガ出離生死ノ正業ニアテガヒ給ヘル利他真実ノ功徳」とは、『具三心義』の「所施之他力」、つまり、「名号」を意味すると思われる。即ち、『捨子問答』Ⓚの「アテガヒ給ヘル」という表現は、『具三心義』の右の一文中の「施」という語を言い換えたものだと考えられる。

(225) 貞享二年本では「御哀モ」(上一八右六行)となっており、『浄全』では、「御哀ニ」(八頁上一七行)となっている。しかし、文意を考え、「御哀ミ」と読んだ。

(226) 『真聖全』(二、七六〇頁)では、「心地」が「真実」となっているが、『定本』の「心地」の読みがよいであろう。了祥は、〝いずれの読みでも、意味は異ならない〟という説明を、次のように行っている。

(227) 「凡夫心地ニシテ」等。一本ニ「凡夫真実ニシテ」ニ作ル。コレヲバ凡夫ノ心ヲ真実ニシテト云フ事。今「凡夫ノ心地」トアルモ意ハ違ハズ。何程真実清浄ニナリテモ鉛ハ鉛。凡夫自力ノ手搭ヘノ真実デ、弥陀本願他力デ参レルト云フ利他ノ真実ニハ大ニ違フト云フコト。全体報身ノ報土ヘハ無明煩悩ガアリテハ行カレル処デハ無イ。無明煩悩ガアレバコソ凡夫ト云ハレルデ、凡夫ノ心ノ信心デハトテモ行カレヌ。弥陀ノ利他真実ヲモラハネバナラヌ。(『後世講義』六八頁下)

了祥が、『後世講義』(六八頁下)で解説しているように、これは所謂〝七仏通誡偈〟の第三句、即ち、「自浄其意」である。

(228) 『浄全』二、五五頁下―五六頁上。

(229) これについて、良忠は、『選択伝弘決疑鈔』巻三で、

文ノ中ニ雖ドモレ標スト二二種ノ真実ヲ一、唯釈シテ二自利ヲ一令ムレ知ラ二利他ヲ一。(『浄全』七、二七四頁下)

と述べている。『選択集全講』三五五頁参照。

(230) この解釈は、西山派の証空の作とされる『選択密要決』巻三に示される次のような解釈とほぼ一致していると思われる。

自利真実者ト、上ニ明ス二「必須真実心中作ト」一、是レ衆生ノ三業ノ願心也。利他真実者ト、上ニ明ス二「亦皆真実ト」一。(『浄全』八、二八五頁下)

(231) 『隆寛集』七頁上。

(232) 同右、七頁上。

(233) 同右、八頁上。

(234) 前註(224)参照。

(235) 前出の記述〔76〕〔77〕、及び、それに関する考察を参照。

(236) 前註(227)参照。

(237) この個所、『後世録』では、「兼持チテ釈スト」(五八頁下)となっている。

(238) 前出の『末灯鈔』記述〔159〕についての考察を参照。

(239) 『正像末和讃』「愚禿述懐」(二二)(『定本』二(1)、二〇〇頁上)。

(240) 『正像末和讃』「愚禿述懐」(七)(『定本』二(1)、一九三頁上)。

(241) 『高僧和讃』「善導讃」(六)には、「現世をいのる行者」(『定本』二(1)、一一〇頁上)という表現がある。

(242) 『正像末和讃』「愚禿述懐」(二二)(『定本』二(1)、二〇〇頁上)。前註(239)参照。さらに、『正像末和讃』「三時讃」(三二)(『定本』二(1)、一七四頁上)にも、「信心の人」という表現がある。

(243) ただし、『後世物語』に「行者」という語が全く用いられていないというのではない。即ち、後出の『後世物語』第八答ⓢに「三心

具足の行者」という表現がある。しかし、この表現においても、「行者」には「三心具足の」という限定語が付されており、その「三心」の中心をなすのは、親鸞にとっては、言うまでもなく「深心」、つまり、「信心」なのである。

(244) 本書、第四章、五二七―五三〇頁参照。

(245) 貞享二年本（上一八左七行）には、「云フ」を欠く。

(246) 『浄全』のテキストには、「勝タル。最後ノ」とあり、貞享二年本にも、「勝タル。最後ノ」（上二〇右三行）とある（ただし、この二つのテキストにおいて。印は、必ずしも句点を意味しない）。しかし、貞享二年本の「勝タル」は、「勝タリ」の誤りであると考え、そのようにテキストを訂正した。すでに、本書、第一章、六〇頁、註(18)の㋨に示したように、『往生要集』には、

臨終《ノ》一念《ハ》、勝《レタリ》二百年《ノ》業《ニ》一。

という文章が見られ、また、同じ註の㋪に示したように、それが『十二問答』では、

臨終の一念は、百年の業にすぐれたり。

と示されている。また、その註(18)で示したように、『隆寛律師略伝』にも、

臨終ノ一念ハ、百年ノ業ニ勝レタリ。

という語があり、同じ註の㋫に示したように、『閑亭後世物語』巻下にも、

「臨終の一念は、百年の業に勝れたり」と云ふ事の候なるは、

とあるのである。

さらに、了祥も、

先ヅ初ニ『捨子問答』。コノ捨子ト云フハ先ニ辯ジオハル。又『後世物語』ニ合スルコトハ校合シテミルベシ。サリナガラ此ノ書ハ或ハ多念ヲ募リ、或ハ厭欣ヲ厳ク勧メ、或ハ「臨終ノ一念百年ノ業ニ勝サル」ト云フ。コレガ世間ニ云フ多念義ノ説ニヨク合スル書ナリ。（『後世講義』一四頁下―一五頁上）

と述べているのである。従って、『捨子問答』Ⓜの問題の部分を、「勝タリ。最後ノ」と訂正して読むことは、ある程度認められるのではないかと思う。

なお、平井正戒氏は、『浄全』のテキストにそのまま従ったためであろうか、「……勝タル。最後ノ念仏ノ功ニ依テ、」という読み方を示されている（『隆寛浄土教』二〇四頁）。

(247) 『浄全』のテキストには「へ」とあるが、貞享二年本（上二〇左一行）では、この文字が、右下に薄く示されていて、読みにくい。他の文字である可能性もあるであろう。

(248) 後出の『選択集』記述〔201〕からの引用。
(249) 『定本』のテキストには「かるしむる」とあるが、『仮名聖教』(一〇五五頁)に「カロシムル」とあるのに従う。
(250) 後出の『後世物語』第七答ⓠに、「わがみのわるきにつけても」という類似の表現があることに注意。
(251) 原文の「値ヒ奉ラザリセバ、又其ノ三悪道ニ帰ラマジト思ヒツヾケテ」の文意がよく把握できないが、一応このように解したい。
(252) 『隆寛浄土教』二二九―二三三頁参照。
(253) 『浄全』一、四六頁一四行。
(254) 拙著『仏教への道』(東書選書134)東京書籍、一九九三年、一七六頁参照。
(255) 本章、一六〇頁参照。また、前註(70)参照。
(256) 『親鸞用語索引』和漢撰述の部、「ゆめゆめ」の項(四〇一―四〇二頁)参照。
(257) この第二条については、前註(120)参照。
(258) この点については、前註(120)参照。
(259) 本書、第四章、記述〔240〕、及び、それに対する考察を参照。
(260) 本書、第四章、第一〇節参照。
(261) この個所以外に、『捨子問答』第七問Ⓝと、第十六答の記述〔337〕に用いられる。
(262) 『後世物語』には、『捨子問答』第十六答に対応する部分はない。しかし、『捨子問答』第七問Ⓝの「一期ノ念仏」が、Ⓝに対応する『後世物語』第六問ⓝに存在しないことは、この語が『後世物語』では削除されたことを、示しているであろう。
(263) ここにも、前述の『後世物語』ⓚの(ス)と同様に、「こころ」の多用という親鸞特有の書き癖と思われるものが認められる。
(264) 『尊号真像銘文』(略本)に「わが大師聖人とあおぎたのみたまふ」とあり、『自力他力事』にも「弥陀のちかひたのみあおぎて」とある。これについては、本書、第四章、記述〔222〕〔216〕参照。特に、『自力他力事』の「弥陀のちかひをたのみあおぎて」と、『後世物語』(タ)の「弥陀の大悲のちかひこそ、あはれにめでたくたのもしけれとあおぐべきなり」が、同じ著者の手に成るものであることは明らかであろう。言うまでもなく、それは親鸞その人である。
(265) 『後世物語』の〝来迎〟説、及び、〝来迎〟に関する親鸞の評価については、『後世物語』第六答ⓞに関連して、後論する。
(266) 『隆寛浄土教』二二九―二三三頁参照。
(267) 本書、第四章、第九節で述べるように、『散善義問答』の隆寛真撰を疑っている私より見れば、「尋常ノ一念ヲ以テ本願ニ乗ズルコト有リ」という「善導懐感等人」が存在するという考え方がここに示されていることについても、疑問を感じる。即ち、これらの人々は、なるほど〝除外例〟ではあるが、しかし、これらの特殊な人々には、〝平生業成〟が確かに認められている。だとすれば、そこには、隆寛の基本的立場と矛盾する〝一念義〟の立場が認められているのではなかろうか。

(268) この語については、前註(246)参照。

(269) この点については、本書、第一章、註(18)㋪についての考察（六〇—六一頁）を参照。

(270) 前註(206)、及び、本書、第四章、五二一—五二三頁参照。

(271) 本章、一四九頁参照。

(272) 『唯信鈔』の親鸞撰述を論証することが、本書、第四章の主要なテーマである。

(273) 本書、第四章、記述〔41〕（『閑亭後世物語』）は、第四章、記述〔20〕（『唯信鈔』）の取意、ないし、引用とも見られるものである。第四章、四九九—五〇〇頁参照。

(274) 本書、第二章、九〇頁、九四頁、一〇四頁、記述〔45〕、本章、二一六頁参照。

(275) 本書、第二章、一〇一—一〇三頁参照。

(276) 「善導の御釈」は『観経疏』のみを指すと見る私見には、問題があるかもしれない。というのも、『捨子問答』第一答Ⓒに、『往生礼讃』の語を引用する際に、「善導、経ヲ引キテ、……ト釈セリ」と言われ、また第三答Ⓖには、『観念法門』を引用する際に、「『観念法門』ノ中ニハ……ト釈セリ」と言われている。これらによれば、『往生礼讃』や『観念法門』も「御釈」と呼ばれ得るのかもしれない。『捨子問答』Ⓒには、前掲の「善導、経ヲ引キテ……ト釈セリ」の後に、「経釈ニ定ル処如レ此」とある。この「経釈」の用法によれば、「経」以外の浄土教文献を「釈」と呼んでいるようである。とすれば、善導の著作はすべて「釈」であるということになるかもしれない。

(277) ただし、『捨子問答』㈡にも、『往生礼讃』記述〔129〕の「信知」という語が用いられている。

(278) 『親鸞用語索引』和漢撰述の部、「煩悩具足」の項（三五九頁）参照。

(279) 『定本』一、一九八—一九九頁参照。

(280) 同右、二五〇頁参照。

(281) 『親鸞用語索引』和漢撰述の部、「煩悩成就」の項（三五九頁）参照。

(282) 『道元思想論』六〇七—六〇八頁、註(18)参照。

(283) 「信知」という語は、『往生礼讃』記述〔129〕の「信知」にもとづくのであろう。

(284) 「誓願深重」という語は、『後世物語』(ノ)では「誓願の深重なるをもて」となっているが、これについて了祥は、「コレガ一寸ト見ラレヌ言遣デ」（『後世講義』七六頁下）と述べているので、「誓願」について「深重」と言うのは、注目すべき表現なのであろう。

ただし、『往生礼讃』には、「深重誓願」(『浄全』四、三五六頁下)、「本誓重願」(同、三七六頁上)という表現があり、また、「誓願」について述べるものではないが、「罪障深重」(同、三七五頁下)という表現もある。

また、『具三心義』巻下には、次のように言われている。

弥陀願海、深《クシテ》而無《シ》レ底。信《ズルガ》二此願《ノヲ》一故《ニ》、約《シテ》二所信願《ノニ》一、名《ケテ》為《ス》二深心《ト》一矣。(『隆寛集』一二頁上)

ここには、〝「深」なる「願」を「信」じるので、「深心」と言われる〟という理解が認められるであろう。

なお、『唯信鈔』には、「深重の信心」(『定本』六(2)、六四頁)という表現がある。

(285)『定本』一、六九頁(「行巻」)、一一三頁(「信巻」)。

(286)「信巻」では、『往生礼讃』記述〔221〕を、智昇の『集諸経礼懺儀』から引用した後で、前註(206)にも、その一部を引用した〝三心一心問答〟があり、そこには、次のような一節も見られる。

今按《ズルニ》二三心字訓《ノヲ》一、真実心《ノニシテ》而虚仮無《シ》レ雑《ルコト》、正直心《ノニシテ》而邪偽無《シ》レ雑《ルコト》、真《トニ》知《ヌ》疑蓋無《キガ》二間雑一故《ニ》、是《ヲ》名《ク》二信楽《ト》一。信楽即是一心《ナリ》。一心即是真実信心《ナリ》。是故《ノニ》論主建《ハジメニ》言《ル》二一心《ト》一也、応《シ》レ知《ル》。(『定本』一、一一六頁)

義譲が、「信巻デハ、コレヲ信一念ノ証文ニ具ヘ玉フ」というのは、このような親鸞の論法を指すのであろう。また、後出の記述〔231〕と〔232〕参照。

(287)後出の記述〔315〕。

(288)『定本』一、六九頁。

(289)『定本』一、一〇三頁(『観経疏』〔206〕〔220〕)、一一三頁(『往生礼讃』〔129〕〔221〕)。ただし、前者は『観経疏』の「三心」の説明をすべて引用したもの(『定本』一、一〇一—一〇三頁)の一部であることに注意したい。

(290)ここには〝一念義〟特有の〝知の重視〟という説が認められるであろう。この説については、すでに本章、記述〔48〕—〔51〕に関する考察で論じたが、親鸞が『正像末和讃』「三時讃」〔三三〕〔三四〕で「信心の智慧」、〔三一〕〔三四〕で「智慧の念仏」という語を用いていること(『定本』二(1)、一七四—一七五頁上)にも、この説が認められるであろう。

(291)『親鸞用語索引』和漢撰述の部、「わが」の項(四一六—四一七頁)参照。

(292)ただし、顕智書写本では、「わが身」は「このみ」(『定本』二(1)、二〇八頁上)となっている。

(293)『末灯鈔』記述〔235〕を見ると、そこでは〝わるし〟という形容詞は、「わが身」にも、「〔わが〕こころ」にも結びつけられている。この点は、『後世物語』ⓜに、「わが身のつみ」「わがこころのわるきにつけても」と言われるのと、同様である。しかし、親鸞の表現においては、「こころ」よりも、「身」の方が、より頻繁に〝悪〟と結びつけられているように思われる。この点は、記述〔235〕の「わが身のわるく」「この身のやうにては」「煩悩具足したる身なれば」という三つの表現が、論理的一貫性をもって理解されうるということによっても、示されているであろう。もっとも、親鸞の「わがみ」「わが身」の用法が、〃機の深信〃を説く『観経疏』記述〔206〕と『往生礼讃』記述〔129〕で用いられた「自身」という語にもとづいていることも、明らかであろう。

(294) この『捨子問答』第七問Ⓝを素材とし、その文言を利用して、親鸞は、『唯信鈔』のある部分（本書、第四章、記述〔42〕）を書いていると思われる。これについては、本書、第四章、五一六頁参照。

(295) 『定本』のテキストには、「おぼえずと」とあるが、『真聖全』（二、七六三頁）と『仮名聖教』（一〇五六頁）に従い、「と」を省いた。

(296) 『定本』のテキストでは、「まことに」とあるが、『捨子問答』Ⓝの「ゲニト」との一致を考えて、『真聖全』（二、七六三頁）の「げにもと」に訂正した。

(297) 『浄全』のテキストでは、「給ヘル」とあるが、貞享二年本では、「給ヘリ」（上二四左五行）となっている。前者に従う。

(298) 『往生要集』巻上本（『浄全』十六、五四頁下）からの引用。

(299) 「といふなり」が、『真聖全』（二、七六三—七六四頁）のテキストでは、「といふ。しかるゆへは、如来に摂取せられたてまつればなり」となっている。しかし、「といふなり」という『定本』の読み方の方が古形であると考えて、これを採用した。この点については、本書、第四章、六一八頁の(イ)、六七〇頁、註(138)(139)参照。

(300) 「本願ヲ疑フ」という表現は、すでに『捨子問答』第二問Ⓓに、「若シ罪ヲイタム者アレバ、本願ヲ疑フ者ト云ヒ」と用いられ、また『浄土宗名目問答』記述〔71〕において、「申《スハ》二数遍《ヲ》一、疑《フ》二本願《ヲ》一也」と述べられ、さらに『歎異抄』第十三条の記述〔73〕に、「この条、本願をうたがふ、善悪の宿業をこころえざるなり」と言われたことからも知られるように、〃未来造悪無礙〃説を指示する語である。

(301) 前註(300)参照。

(302) 『隆寛集』二頁上、三頁下、四頁下、五頁上、六頁上、七頁上、七頁上—下、八頁上、九頁上、九頁下、一〇頁上参照。

(303) 『隆寛集』三頁、脚註③参照。

(304) 『後世講義』八二頁下参照。

(305) 『観経疏』「散善義」廻向発願心釈（『浄全』二、六〇頁上）からの引用。

(306) 『往生論註』巻上、冒頭部分（『浄全』一、二一九頁上）からの引用。

(307) 「貪瞋ヲ顧ミルナ」が、『後世録』（七四頁下）では、「不レ顧二水火二河一」となっている。言うまでもなく、この語は、前出の『観経疏』記述〔242〕に用いられる語であるが、論旨の明確さを考えれば、『後世講義』の読みの方が良いと考えて、それを採用した。

(308) しかし、私が疑問に思うのは、親鸞が果して明確に、「往生ニハ障ラネドモ、随分タシナメ」という「正見」を説いたであろうかということなのである。この疑問に対して、すでに示した『親鸞聖人御消息集』広本、第五通、第三通、第一通に見られる〝造悪無礙〟説批判（記述〔79〕〔80〕〔81〕参照）には、この「正見」が説かれているのではないかという見方もあるであろう。確かにそこでは、親鸞は、〝未来造悪無礙〟説を批判しているように見える。しかし、その批判の内容を、〝悪〟について、「随分タシナメ」と説くものであると見なしうるであろうか。この点は、疑問であろう。あるいは、また、「随分タシナメ」という了祥の語自体が、「決して為してはならない」という明確な〝悪の禁止〟を意味してはいないのかもしれない。

(309) 『観経疏』「散善義」廻向発願心釈（『浄全』二、六〇頁下）からの引用。なお、『浄全』のテキストに、「始」という語は存在しない。隆寛による付加であろう。

(310) 『観経疏』記述〔245〕からの引用。

(311) 『観経疏』「散善義」廻向発願心釈（『浄全』二、六〇頁下）からの引用。

(312) 『観経疏』「散善義」廻向発願心釈（『浄全』二、六〇頁下）からの引用。

(313) 『観経疏』「散善義」廻向発願心釈（『浄全』二、六〇頁上）からの引用。

(314) 「坪井(一)」五二三—五二四頁参照。

(315) 従って、私は、坪井氏の「この『三心料簡事』以下の二十七法語は長楽寺隆寛の説を集録したものと考えるのである」（「坪井(一)」四五八頁）という見解を認めることはできない。これについては、本書、第一章、五三—五四頁、註(4)参照。

(316) すでに繰返し述べているように（本書、第一章、三二頁）、近年の永井隆正氏、真柄和人氏、曾田俊弘氏の研究（「永井(一)」「真柄(一)」「真柄(二)」「曾田」参照）は、『醍醐本』の成立・伝承と真宗との密接な関係を示している点で、極めて重要であろう。

(317) 本書、第四章、六一二—六一九頁参照。

(318) 「摂取来迎ノ義」という言葉自体は、『後世講義』（八四頁上）に用いられている。

(319) 本書、第四章、記述〔180〕参照。

(320) 本書、第四章、第九節参照。

(321) 『観無量寿経』（『浄全』一、四六頁）からの引用。

(322) 『無量寿経』の第十八願の願文（後出の記述〔314〕）からの引用。ただし、願文末尾の「唯除五逆誹謗正法」という語は、引用されていない。この語が引用されないのは、『選択集』第三章の冒頭（『昭法全』三一七頁）でも、同様である。これに対し、『教行信証』「信巻」（『定本』一、九七頁）では、この「唯除五逆誹謗正法」という語をも含めた引用が示されている。

では、隆寛は、この第十八願の願文をどのように引用するのであろうか。『極楽浄土宗義』巻中における引用（『隆寛集』二一頁上）は、「唯除五逆誹謗正法」という語を欠いている。従って、『捨子問答』におけるこの願文の引用の仕方は、この語を欠く点において、法然・隆寛の伝統に従っていると考えられる。

(323)『往生礼讃』（『浄全』四、三五四頁下）からの引用。ただし、「者」の字は『往生礼讃』に欠く。

(324)『選択集』第八章（『昭法全』三三三頁）からの引用。

(325)前註(322)参照。

(326)「開」は、正徳版では「同」となっている。『浄全』九、三五五頁下七行参照。

(327)「信心」とは、言うまでもなく、『無量寿経』第十八願の願成就文である記述（315）に用いられる語である。

(328)本章、二二三—二五二頁参照。

(329)本書、第四章、記述（216）頁参照。

(330)本章、二五六—二六〇頁参照。

(331)『後世録』（八一頁上）によって「ナリ」を補った。

(332)この「信心ニコソ念仏ヲ具スレ、念仏ニハ三信ノ具セヌモアル」という主張、及び、記述（261）第二段落の冒頭に示される「信ニ念仏ガ具シテ、念仏ニハ信ガ具セヌ」という主張は、おそらくは、『教行信証』「信巻」の信《ニ》知《ヌ》、至心信楽欲生、其言《ノハ》雖《ドモ》レ異《ナリト》、其意《ノ》惟《コレ》一《ナリ》。何《ヲ》以《ノ》故《ニ》、三心已《ニ》疑蓋無《シ》レ雑《ルコト》。故《ニ》真実《ノ》一心《ナリ》。是《ヲ》名《ク》二金剛《ノ》真心《ト》一、金剛《ノ》真心是《ヲ》名《ク》二真実《ノ》信心《ト》一。真実《ノ》信心《ハ》必《ズ》具《ス》二名号《ヲ》一、名号《ハ》必《ズシモ》不《ル》レ具《セ》二願力《ノ》信心《ヲ》一也。是《ノ》故《ニ》論主建《ハジメニ》言《ヘリ》二「我一心《ト》」一。（『定本』一、一三二頁）という記述の傍線を付した部分の所説を意図したものではないかと思われる。

(333)本書、第一章、一四—一五頁、第二章、七四—七五頁参照。

(334)本書、第一章、五五—六一頁、註(18)参照。

(335)前註(332)参照。

(336)『定本』のテキストは、「これらほとけのこころばえは」となっているが、『真聖全』（二、七六四頁）の読みに従った。了祥もまた、この読みを採用している。『後世講義』九一頁下参照。

(337)『親鸞用語索引』和漢撰述の部、「せんず」の項（二三〇頁）、本書、第四章、記述（21）（163）、五九七頁参照。

(338)『歎異抄』第九条（『定本』四(1)、一二頁）、結文（同上、三八頁）。

(339)「すべてひと」を、「すべての人」と訳すのは、不適切であろう。

(340)「わがこころの善悪をばさたせず」を、石田氏は「仏はわたしたちの心の善《よ》し悪《あ》しをとやかく沙汰しないで」(『親鸞(石田)』一二九頁)と訳されるが、〝さたす〟という動詞の主語を「仏」と見なすことは、「自然法爾事」記述〔264〕末尾の〝さたす〟の用法、及び、『後世物語』㈤の〝さたす〟の用法から考えて、適切ではないであろう。
(341)『正像末和讃』「愚禿悲歎述懐」〔六〕の言葉(『定本』二⑴、二一〇頁上)。
(342) ただし、『捨子問答』第四答Ⓘには、法然の言葉が、
故上人ノ仰ラレシハ、「三心ハコマカニ沙汰シテ知ラネドモ、念仏ダニモ慇ニスレバ、自然ニ具足セラル、也。……」。
として示され、それが、『後世物語』第三答ⓘでは、
たゞし、故法然聖人のおほせごとありしは、「……たとひ三心をしらずとも、念仏だにまふさば、そらに三心は具足して極楽にはむまるべし」とおほせられしを、
として示されている。つまり、ここでは、『捨子問答』の「自然ニ」が、『後世物語』では、「そらに」に変えられているのである。従って、『後世物語』ⓢ㈤の「自然に」という語に、親鸞独自の「自然」の理論を読み取るのは不適切であるという見方もあり得るかもしれない。しかし、『後世物語』㈤の
わがみはもとより煩悩具足の凡夫なれば、はじめてこゝろのあしともよしともさたすべからず。
という一文に、親鸞独自の「自然」の理論が説かれていることは、すでに論じた所から明らかであるから、『後世物語』㈤の「自然に」という語は、少なくとも親鸞独自の「自然」説を背景とし、それを意図しようとして用いられているという解釈を採用しておきたい。
(343)『真聖全』(二、七六五頁)のテキストでは、「こころえつる」となっている。
(344)〝仏恩報謝の念仏〟については、本書、第四章、五三三—五三四頁参照。
(345)「スガリ」が、『後世講義』(九二頁上)では「スガラレ」となっているが、『後世録』(八三頁上—下)の「スガリ」を採用した。
(346) 良忠の『観経散善義略鈔』巻二には、
有人云。憶念《ヲバ》釈《セリ》二正念帰依願《ト》一。是《レ》念仏《ノ》体也。口唱《ハ》念仏《ノ》相也。仏《ノ》本願《モ》我《ニ》帰依《セン》者《ヲ》令《メント》レ生《ゼ》願《ジ》給《フ》也。故《ニ》本願《ノ》十念《モ》正念帰依也。直以《テ》二口称《ヲ》一為《ス》二本願《ノ》行《ト》一事、無《シ》二其《ノ》理一。正念帰依《ノ》人《ノ》口唱《ハ》念仏《ノ》相也。(『浄全』二、六一七頁上)
という「有人」の説が示され、この「有人」が昇蓮房であるとされている。しかし、ここに示されるのは、「正念帰依願」を「念仏ノ体」と把え、「口称」「口唱」を「念仏ノ相」と見なす説であって、了祥が記述〔269〕で紹介する説とは、かなり異なっているように思われる。
(347)『閑亭後世物語』に、「往生ノ正因ハ信心。其ノ信ヲ相続サセルタメノ称名」というような説が、そのままの形で明確に説かれてい

るとは思えない。しかし、すでに論じたように、『閑亭後世物語』記述〔200〕には、〝信心正因〟説が説かれていると考えられる。

また、『閑亭後世物語』の次の文章も、〝信心正因〟説を説いているように思われる。

信心決定の念仏者は、全く其の障あるべからず。（『閑亭』五一頁下）

なお、この一文は、『歎異抄』記述〔93〕の「念仏者は無碍の一道なり」に、趣旨も表現も、驚くほど類似している。

(348) 隆寛に帰せられる『滅罪劫数義』が、「信心ハ因、称名ハ縁」という説を説いているとする了祥の理解は、適切だと思われる。これについては、本書、第四章、記述〔212〕〔213〕参照。

(349) 『尊号真像銘文』（広本）（『定本』三(1)、一〇三―一〇四頁）からの引用。

(350) 私見によれば、『滅罪劫数義』は、隆寛の真撰ではないと思われる。これについては、本書、第四章、六三〇―六三六頁参照。

(351) 『浄全』のテキストには、「誦シ」とある所が、貞享二年本では「シテ」（下二右二行）となっている。

(352) 『浄全』のテキストには「不レ叶バ」とあり、貞享二年本には「不レ叶ハ」（下三右六行）とあるが、「叶ハザル」と読むべきだと解した。

(353) これは、『無量寿経』第十八願を意味していると思われるが、その願文である記述〔314〕とは、表現としては、かなり異なっている。

(354) 『定本』一、三〇九頁。本書、第四章、記述〔77〕。

(355) 『道元思想論』一一四―一二〇頁参照。

(356) 『昭法全』三二七―三二八頁。

(357) 勿論、この記述自体、前出の『観無量寿経』の〝真身観文〟〔43〕の「一一光明偏照十方世界、念仏衆生摂取不捨」にもとづいている。

(358) 〝四修〟と〝無間修〟については、本書、第二章、一一二―一一三頁、一一五頁、註(57)参照。

(359) さらに、『高僧和讃』「善導讃」〔一六〕にも、次のように言われている。

金剛堅固の信心の
　さだまるときをまちえてぞ
弥陀の心光摂護して
　ながく生死をへだてける。（『定本』二(1)、一一五頁上）

(360) 『観念法門』記述〔284〕の言葉。

(361) 『昭法全』三四五―三四六頁。

(362) 親鸞も「ひまなく」という語を用いない訳ではない。この点は、『親鸞用語索引』和漢撰述の部、「ひま」の項（三二五頁）によって、知られる。しかし、そこに示される全七例の「ひまなく」の用例において、「ひまなく」が〝称名〟〝念仏〟について用いられる例は一つもなく、〝摂取不捨〟について、この語が用いられるケースが多い。例えば、『一念多念文意』には、次のような用例がある。

また現生護念の利益をおしへたまふには、「但有専念、阿弥陀仏衆生、彼仏心光、常照是人、摂護不捨、捴不論照摂、余雑業行者、此亦是、現生護念、増上縁」とのたまへり。この文のこゝろは、「但有専念阿弥陀仏衆生」といふは、ひとすぢに弥陀仏を信じたてまつるとまふす御ことなり。「彼仏心光」とまふすは、「彼」はかれとまふす。「仏心光」とまふすは無礙光仏の御こゝろとまふすなり。「常照是人」といふは、「常」はつねなること、ひまなくたえずといふなり。「照」はてらすといふ。ときをきらはず、ところをへだてず、ひまなく真実信心のひとおば、つねにてらしまもりたまふなり。かの仏心につねにひまなくまもりたまへば、弥陀仏おば不断光仏とまふすなり。「是人」といふは、「是」は非に対することばなり。真実信楽のひとおば、是人とまふす。虚仮疑惑のものおば、非人といふ。非人といふは、ひとにあらずときらひ、わるきものといふなり。是人はよきひととまふす。「摂護不捨」とまふすは、「摂」はおさめとるといふ。「護」はところをへだてず、ときをわかず、ひとをきらわず、信心ある人おばひまなくまもりたまふとなり。（『定本』三(1)、一三三―一三四頁）

ここで親鸞は、『観念法門』記述〔284〕の解釈を示しているのであるが、ここに「ひまなく」が、四回用いられている。ここで、この副詞は、四例とも〝まもる〟という動詞にかかっているのであり、その全てが、弥陀の「心光」が「信心ある人」を〝ひまなく〟〝まもる〟ことを表現している。しかも、ここでは、「専念阿弥陀仏」という『観念法門』の言葉が「弥陀仏を信じたてまつる」という意味に解釈されているが、これは〝信心正因〟説にもとづく親鸞独自の解釈であろう。何となれば、『観念法門』の「専念阿弥陀仏衆生」は、『観無量寿経』〝真身観文〟〔43〕の「念仏衆生」という語を言い換えたものであり、従って、親鸞は右の『一念多念文意』の記述において、この「念仏」を〝称名〟ではなく、「信じたてまつる」こと、つまり、「信心」であるとする解釈を示していると思われるからである。

(363) この点は、前註(362)に示した『一念多念文意』の記述において、〝摂取不捨〟の対象が、〝称名念仏〟の〝行者〟でなく、「真実信心のひと」「真実信楽のひと」「信心ある人」であるとされるのと軌を一にしている。

(364) 『昭法全』三一六頁参照。

(365) 本書、第一章、一七―一八頁参照。

(366) 専修寺蔵国宝本では、「雑行」が「雑修」（『定本』二(1)、一一一頁上、『真蹟集成』三、二一八頁）となっている。

(367) 『定本』一、四三―四四頁。

(368) 『定本』一、二八四頁。

(369) 『一念多念文意』には、「雑行」のひとが「報土」に生じないことが、次のように説かれている。

「邪聚」といふは、雑行雑修万善諸行のひと、報土にはなければなりといふなり。(『定本』三(1)、一三八頁)

(370) 『選択集』第八章の次の記述からの引用。

次《ニ》深心者《トハ》謂《ク》深信《ズル》之心也。当レ知《シル》、生死之家《ニハ》以《テ》レ疑《ヲ》為《シ》二所止《ト》一、涅槃之城《ニハ》以《テ》レ信《ヲ》為《ス》二能人《ト》一。故今《ニ》建二立《シテ》二種《ノ》信心《ヲ》一決二定《スル》九品《ノ》往生《ヲ》一也。

(『昭法全』三三四頁)

(371) この「人能念仏、仏還念」という語は、『観経疏』「定善義」の次の文章の取意であろうと思われる。

衆生憶二念《スレバ》仏《ヲ》一者、仏亦憶二念《ス》衆生《ヲ》一。(『浄全』二、四九頁上)

(372) 『昭法全』三一三―三一四頁。

(373) テキストでは、「不帰本願」の語が、二回繰り返されるが、平井正戒氏の註に示されるように(『隆寛集』一四頁、註④)、重複は誤りであろうと考えて、削除した。

(374) 『選択集全講』三〇七頁参照。

(375) 『昭法全』三二二―三二四頁参照。

(376) 〝前三後一〟の四行が、「五種助行」と呼ばれるのは、「讃歎供養」を「讃歎」と「供養」に二分して考えるからであるという解釈が、良忠の『選択伝弘決疑鈔』巻三に、次のように示されている。

五種助行者《ト》、謂《ク》讃歎供養開《ヲシテ》為《ス》二二行《ト》一意也《ナリ》。(『浄全』七、二五〇頁下)

これについては、『選択集全講』(二四一頁)に指摘がある。

(377) 『浄全』十五、八八頁上―一〇八頁上。

(378) この記述は、義山本に欠いている。『浄全』九、三三二頁下九行参照。おそらく、義山は、記述(308)の内容を、〝諸行往生〟をも認める鎮西義に合致しないと判断して削除し、その代りに、

是《レ》則《チ》彼《ノ》此両経、其《ノ》意全同、豈《ニ》可《ンヤ》レ不《ル》レ信《ゼ》哉。(『浄全』九、三三二頁下九―一〇行)

という語を置いたのであろう。

(379) 本書、第一章、七一―一六頁参照。

(380) 貞享二年本では、この部分が、「余行ト下シ、又聖道門ノ万行ハ」(下一二右四行)というように、『浄全』のテキストと語順が逆になっているが、『浄全』のテキストの読みを正しいと考えた。

(381)「何《イカ》ニモ」が、貞享二年本では「何《ナニ》モノ」(下一四右六行)となっているが、『浄全』のテキストを訂正せずに示した。
(382)「云フ信心」は、『浄全』のテキストでは、「云。信心」となっており、貞享二年本(下一四右七行)も同じである。しかし、この「云」は、次の「信心」という語にかかると考え、敢てテキストを訂正して示した。
(383)「心移ズシテ」は、貞享二年本では「心移《ウツラ》シテ」(下一四左二行)となっているが、『浄全』の「心移ズシテ」を正しい読みと考えた。
(384)この部分、私には、やや文意が取れないように思われる。何か語句が欠落しているのであろうか。
(385)ほぼ同趣旨と思われる記述が、『醍醐本』所収『禅勝房との十一箇条問答』の第三条に、次のように示されている。

三、問云。付テ二余仏余経ニ一結縁助成セム事ハ、可クレ成ルレ雑ニ候歟。

答。我身乗ジテ二仏本願ニ一之後、決定往生ノ信起ラム之上ハ、結二縁セム 他善ニ一事、全クレ不レ可カラ為ル二雑行ト一、可シレ成ル二往生ノ助業トハ一也。(『浄典研(資)』一七三—一七四頁)

なお、この記述の第一行の「可」は、原資料では、「可可」とあるが、誤って重複したものと考え、「可」を一字のみ示した。また、この記述については、「藤堂(一)」二一七—二一八頁参照。
(386)『捨子問答』第十六答の記述〔337〕にも、「能々心得給フベシ」という表現がある。
(387)『唯信鈔』と『一念多念分別事』を親鸞の作と見る私見については、本書、第四章で詳論する。
(388)前註(84)参照。
(389)『定本』一、三一四頁。
(390)『捨子問答』の著者が、弁長の『念仏三心要集』記述〔48〕や、記述〔66〕等に見られる『浄土宗名目問答』の問答の形式から影響を受けていると思われることについては、すでに述べた。
(391)前註(294)参照。
(392)『安楽集』巻上(『浄全』一、六九三頁上)からの引用。ただし、「名号」は、『安楽集』では「名字」となっている。
(393)「まなことぢはつる」は、『捨子問答』記述〔319〕の「眼惑遮ギル」という表現に対応しているように思われる。
(394)『往生礼讃』(『浄全』四、三五九頁下)からの引用。
(395)本書、第四章、六五一—六五六頁参照。
(396)本書、第四章、第一〇節参照。
(397)本書、第四章、記述〔240〕の一部。

(398)『無量寿経』巻下（『浄全』一、二一頁）からの引用。

(399)『往生論註』巻下（『浄全』一、二三八頁下）からの引用。

(400) 智顗の如何なる所説を指すか不明。ただし、『捨子問答』第一答Ⓒで、「天台大師ハ……ト判ゼリ」として引用されたのは、智顗に帰せられる『浄土十疑論』であったから、ここでも、『浄土十疑論』の何等かの所説を指すのかもしれない。仮りにそうであるとしても、「是レニ同ジク釈シ給ヘリ」というのが、如何なる所説を指しているのか、明らかではない。ただし『浄土十疑論』には、『往生論註』の所説が多く取り入れられていることは、確かである。

(401)『般舟三昧経』（大正、四一七番、大正一三、八九九上—中）からの引用。ただし、「常念」は、大正蔵経のテキストでは、「当念」となっている。しかるに、この経文の『往生要集』巻中末における引用（『浄全』十五、一〇八頁下）では、「常念」となっている。

(402)『西方要決』における「無間修」の説明とは、次のようなものである。

三者、無間修。謂《ルニ》常念仏《シ》、作《シ》二往生《ノ》心《ヲ》一、於二一切時《ニ》一心恒想巧《ナリ》。譬《バ》若《シ》下有《テ》レ人被二他《ニ》抄掠《サ》一身為《リ》二下賤《ト》一備《ニ》受《ク》二艱辛《ヲ》一。忽《ニ》思《ヒ》二父母《ヲ》一欲《スルモ》二走《テ》帰《ラント》レ国《ニ》、行装未レ辨《ゼ》、由《テ》在《リ》二他郷《ニ》一日夜思惟《シ》、苦不レ堪《ヘ》レ忍《ニ》。無《シ》二時暫《クモ》捨《テ》不《ル》一レ念《ゼ》二爺嬢《ヲ》一。為レ計既《ニ》成《ジ》便《チ》帰《リ》、得《テ》レ達《ヲ》親二近《スルヲ》父母《ニ》一縦任《ニ》歓娯《スルガ》上。行者《モ》亦然《リ》。往《テ》因二煩悩《ニ》一壊《ス》二乱善心《ヲ》一、福智《ノ》珍財並《ニ》皆散失《シ》、久《ク》流《レ》二生死《ニ》一制《テ》不二自由《ナラ》一、恒《ニ》与《ニ》二魔王《ノ》一而作《リ》二僕使《ト》一、駈《シ》二馳六道《ニ》一苦二切《ス》身心《ヲ》一。今遇《ヒ》二善縁《ニ》一、忽聞《ク》下弥陀慈父《ハ》不レ違《ニ》二弘願《ニ》一、済中抜《スルヲ》群生《ヲ》上。日夜驚忙《シ》、発《シ》レ心《ヲ》願《フ》レ往《ヲ》、所以《ニ》精勤《シテ》不レ倦《マ》。当《シ》下念《ジ》二仏恩《ヲ》一報尽《ヲ》為《シ》レ期《ト》心恒《ニ》計念《ス》上。（『浄全』六、六〇五頁上—下）

『捨子問答』は、この記述を取意して示したのであろう。

(403) これは、『安楽集』巻上の次の記述の取意であろう。

譬《バ》如《シ》下有《テ》レ人於二空曠迥《ナル》処《ニ》一値《フ》二遇怨賊《ノ》抜《キ》レ刀《ヲ》奮《テ》レ勇《ヲ》直《ニ》来《テ》欲《スルニ》一レ殺《ント》。此《ノ》人径《ニ》走《ルニ》視《ル》レ渡《ルベキヲ》二一河《ノ》一、未《ルニ》レ及《バ》レ到《ルコト》レ河《ニ》、即《チ》作《ス》二此《ノ》念《ヲ》一。我《レ》至《ラバ》二河《ノ》岸《ニ》一、為《ン》二脱《テ》レ衣《ヲ》渡《ラントヤ》一、為《ン》二著《テ》レ衣浮《トヤ》一。若脱《テ》レ衣《ヲ》渡《バ》、唯恐《クハ》無《ケン》レ暇《マ》。若著《テ》レ衣《ヲ》浮《バ》、復畏《クハ》首領難《カラン》レ全《フシ》。爾時《ノ》但有《テ》三一心《ニ》作《スノミ》二渡河《ノ》方便《ヲ》一、無《キガ》中余《ノ》河《ノ》心想間雑《スルコト》上。

行者《モ》亦爾《ナリ》。念《ズル》二阿弥陀仏《ヲ》一時、亦如《シ》三彼《ノ》人念《ジテ》レ渡《ヲ》、念念相次《テ》、無《キガ》二余《ノ》心想間雑《スルコト》一。或《ハ》念《ジ》二仏《ノ》法身《ヲ》一、或《ハ》念《ジ》二仏《ノ》神力《ヲ》一、或《ハ》念《ジ》二仏《ノ》智慧《ヲ》一、或《ハ》念《ジ》二仏《ノ》毫相《ヲ》一、或《ハ》念《ジ》二仏《ノ》相好《ヲ》一、或《ハ》念《ズ》二仏《ノ》本願《ヲ》一。称名《モ》亦爾《ナリ》。但能専至《ニ》相続《シテ》不《レバ》レ断《ヘ》、定《テ》生《ゼン》二仏前《ニ》一。（『浄全』一、六八八頁上）

なお、ここで「念念相次」や「相続不断」とは、「念念相続」と同様、〝多念義〟を含意する語であろう。この点については、『禅批判』二二〇—二二二頁、註(201)参照。

(404)『観念法門』（『浄全』四、二三二頁下）からの引用。

(405) 前掲の『観経疏』記述〔299〕からの引用。

(406) 前掲の『観経疏』記述〔242〕からの引用。

(407) 了祥は、『捨子問答』序段Ⓐに『般舟讃』が引かれており、さらに、ここで「五部九巻」と言われていることから、『捨子問答』の成立を、建保五年（一二一七年）より後であると見ている。『後世講義』一五頁下、前註(61)参照。

(408) あるいは、〝善導の著作だけでなく、すべての経論に全く見られない〟ということをも、意味しているかもしれない。

(409) 本書、第四章、記述〔238〕参照。

(410) 『昭法全』三一四頁参照。

(411) 前註(402)参照。

(412) この『往生要集』からの引用とされるものについては、後出の記述〔324〕参照。

(413) 『往生要集』巻中本（『浄全』十五、八五頁下）からの引用。ただし「怠ラザレ」は、『往生要集』では、「莫レ忘ルルコト」となっている。

(414) 『往生要集』巻上末（『浄全』十五、六四頁下）からの引用。

(415) ここまでは、『往生拾因』（『浄全』十五、三七四頁下―三七五頁上）からの引用。

(416) 「此ノ故ニ」からは、『往生拾因』（『浄全』十五、三七五頁上）からの引用。なお、この引用文の後に「無間修也」とあることから、この引用文が、「無間修」を説明するものであることが知られる。

(417) 『浄全』のテキストには、「釈解」とあるが、貞享二年本の「解釈」（下一九右八行）に訂正する。

(418) 前註(416)参照。

(419) 『真聖全』（二、七五〇頁）のテキストには、「ただ信心を要とす」となっていて、「ただ」が前に付されている。この「ただ信心を要とす」という表現は、『歎異抄』第一条（記述〔72〕）に見られるものと一致している。しかし、『唯信鈔』の親鸞真蹟本では、「西本願寺本」（『真蹟集成』八、九〇頁一―二行）でも、「専修寺ひらがな本」（『真蹟集成』八、一八〇頁三行）でも、「ただ」を欠いているので、「ただ」を付した読み方は、『歎異抄』第一条の影響によって成立したのかもしれない。

ただし、『歎異抄』第一条との関係を無視したとしても、ここは、「ただ信心を要とす」という表現の方が、「ただ」を欠く表現よりも自然であるということは、否定できないであろう。というのも、『唯信鈔』記述〔325〕には、「ただ信心のてをのべて誓願のつなをとるべし」とあるが、この文章の趣旨をまとめたものが、「〔ただ〕信心を要とす」という表現であると考えられるからである。

また、「信心を要とす」の後には、「そのほかおばかへりみざるなり」という語が続くのであるが、この「ほか」という語は、「ただ」という語が前に置かれていた方が、その意味が明確になるであろう。さらに、文章全体の調子というものがある。「散乱放逸のものおもすつることなし。信心を要とす」では、「信心を要とす」の語が、いかにも唐突で、文章全体の調子を害なっているように感じられる。

しかしながら、〝真蹟〟と称される二つの写本に「ただ」を欠くことを重視し、ここでは「信心を要とす」という読み方を採用したい。

(420) 「岸上《ノ》人」という表現は、『観経疏』「玄義分」に次のように用いられる。
諸仏大悲《ハ》於《ス》二苦者《ニ》一、心偏《ニ》愍《ス》二念《ノ》常没衆生《ヲ》一。是《ヲ》以《テ》勧《テ》帰《セシム》二浄土《ニ》一。亦如《キハ》二溺《タル》レ水《ニ》之人《ノ》一急《ニ》須《シ》二偏《ニ》救《フ》一。岸上《ノ》之者《ヲバ》、何《ゾ》用《モテ》レ済《フコトヲ》為《セン》。（『浄全』二、六頁上）

(421) 『観念法門』（『浄全』四、二二四頁上）からの引用。ただし、若干の語句の相違がある。
しかし、ここには、「縄」や「つな」が出るわけでもなく、また趣旨も異なっている。

(422) 「藤堂(三)」三八五頁参照。ただし、博士は、「この問答の第六と第七の文を引用転載している」と述べて、註(22)を付され、その出典を、『浄全』の「一〇・七〇七・上下」と記されているが、『禅勝房との十一箇条問答』の第六答は、『浄全』（十、七〇七頁上―下）に、第七答は、『浄全』（十、七〇八頁下）に見られると思われる。

(423) 『浄全』のテキストには、「勧ル。コトニ」とあり、貞享二年本にも同じ読み（下二三右六行）が示されているが、文意を考えて、敢えてテキストを変更した。

(424) 「往生の心ざし」という語は、『和語灯録』巻四所収の『十二箇条の問答』第七答に、次のように用いられている。
答ていはく。浄土をねがへどもはげしからず、念仏すれども心のゆるなる事をなげくは、往生の心ざしのなきにはあらず。心ざしのなき物は、ゆるなるをもなげかず、はげしからぬをもかなしまず。いそぐみちは、あしのおそきをなげく。いそがざるみちには、これをなげかざるがごとし。（『昭法全』六七七頁）
ここでも、「往生の心ざし」と〝懈怠〟との関係が扱われているが、しかし、その趣旨は、『捨子問答』記述〔333〕の「念仏ノ倦キ事ハ、往生ノ志ナキ人」という語とは、異なっている。

(425) 『無量寿経』巻下の次の記述を若干省略して引用したものである。
生死《ノ》常《ノ》道、転相《ヒ》嗣立《ス》。或父《ハ》哭《シ》レ子《ヲ》、或子哭《シ》レ父《ヲ》、兄弟夫婦、更相哭泣《ス》。顛倒上下、無常《ノ》根本《ナリ》。皆当《シ》二過去《ギル》一。不レ可《カラ》二常《ニ》保《ツ》一。教語開導《スレドモ》、信《ズル》レ之《ヲ》者《ハ》少《シ》。是《ヲ》以《テ》生死《ニ》流転《シテ》、無《シ》レ有《ルコト》二休止《一》。（『浄全』一、二五頁）

(426) 『大般涅槃経』（南本）（大正一二、七四二中）からの引用。この引用文は『往生要集』巻上本（『浄全』十五、四九頁上）にも見られる。

(427) 『宝積経』巻九六の偈（大正一一、五四二中）からの引用。この引用文は『往生要集』巻上本（『浄全』十五、五〇頁下）にも見られる。
なお、道元の「十二巻本」『正法眼蔵』巻一「出家功徳」巻には、
おほよそ無常たちまちにいたるときは、国王・大臣・親昵・従僕・妻子・珍宝たすくるなし、ただひとり黄泉におもむくのみなり。おのれにしたがひゆくは、ただこれ善悪業等のみなり。（『古本校定　正法眼蔵　全』大久保道舟編、筑摩書房、一九七一年、六一

六頁）
という著名な一節があるが、この一節は、ここで引用された『宝積経』の経文と多くの語が一致している。従って、この道元の一節には、この経文を引用した『往生要集』からの影響があるかもしれない。私自身は、道元思想の〝前期〟から〝後期〟への変化の理由の一つとして、道元が〝鎌倉行化〟の時に浄土教から影響を受けたことを想定している。『道元思想論』二四頁、七〇頁、註(4)参照。
(428) 『金剛般若経』の偈（大正八、七五二中）からの引用。この引用文は『往生要集』巻上本（『浄全』十五、五二頁下）にも見られる。
(429) 『付法蔵因縁伝』巻五（大正五〇、三一五上）からの引用。この引用文は『往生要集』巻上本（『浄全』十五、五二頁上）にも見られる。
(430) 『摩訶止観』巻七上（大正四六、九三下）からの引用。この引用文は『往生要集』巻上本（『浄全』十五、四九頁下）にも見られる。
(431) 『観経疏』「定善義」（『浄全』二、四〇頁上）からの引用。
(432) 『往生要集』巻上本（『浄全』十五、五〇頁下）からの引用。
(433) 『往生拾因』冒頭部分（『浄全』十五、三七一頁上）からの引用。
(434) 引用未確認。
(435) 前註(394)参照。
(436) この「上人ノ常ノ勧メ」の典拠は、確認できなかった。
(437) 本書、第二章、記述〔5〕、及び、七四―七五頁参照。
(438) 〝他力廻向〟〝願力廻向〟の説については、本書、第四章、第六節（五八八―五九四頁）で考察する。
(439) 『捨子』一八頁下一〇―一一行（下一三右四―五行）。
(440) 法然の「聖道門」に対する評価については、稿を改めて論じたい。
(441) 『後世講義』のテキストには「ニトメテアル」とあるが、『後世録』（一四頁上）では「トシテアル」とあり、こちらの読みに従った。
(442) 前出の記述〔33〕〔34〕についての考察を参照。

第四章　『唯信鈔』について

――親鸞思想の研究（二）――

私は、『唯信鈔』の著者は、聖覚ではなく親鸞であろうと思っている。また、『唯信鈔』ばかりでなく、『自力他力事』『一念多念分別事』も親鸞の著作であろうと考えている。私はすでに前章において、『後世物語』が親鸞の著作であることを論証し得たと思うので、もしも『唯信鈔』等に関する私見が正しいとすれば、親鸞が晩年関東の弟子達に書き送った和文の小品群は、すべて親鸞の著作であったということになるのである。

親鸞は、『親鸞聖人御消息集』略本、第一通（広本、第六通）で、

〔1〕たゞ詮ずるところは、『唯信鈔』・『後世物語』・『自力他力』、この御文どもをよく〳〵つねにみて、その御こゝろにたがへずおはしますべし。（『定本』三(2)、一二五―一二六頁）

と述べているので、この書状の真偽を疑わないかぎり、親鸞が『唯信鈔』『後世物語』『自力他力事』を他人の著作と規定しているのは明らかであるが、それにもかかわらず、ここに述べられた三著作、および、『一念多念分別事』を、私は親鸞の著作と見るのである。

このような『唯信鈔』等の親鸞撰述に関する私見について、以下に要点のみを記すことにしたい。

一　『唯信鈔』の著作について

まず『唯信鈔』の聖覚撰は、極めて疑問である。この問題に関する一般的な見解としては、宮崎円遵氏の『親鸞聖人書誌』（略号『親鸞書誌』）に、『唯信鈔』に関して、次のような説明が見られる。

聖覚が本書を述作したのは、承久三年八月五十五歳のことであるが、宗祖は早くよりその生涯を通じて屢々これを写伝し、御消息に見える如く門弟に推奨して味読せしめられた。されば宗祖の今鈔の書写真蹟の現存するものも尠くない。聖覚は吉水教団の有力者であつたが、今鈔の今に伝はるのは宗祖の写伝によるので、余他の系統には伝らなかつたやうである。

宗祖が初めて今鈔を書写したのは、寛喜二年五十八歳の時で、聖覚が今鈔を述作して後九年である。当時宗祖は関東在住中であるから、何人かゞ京都からこれを送致したのであらう。寛喜の真蹟写本は現在高田派専修寺に襲蔵されてゐる。奥書には

草本云、承久三歳仲秋仲旬第四日安居院法印聖覚作也、

寛喜二歳仲夏下旬第五日、以彼草本真筆、愚禿親鸞書写之

とあり、その表紙には、「釈覚然」「釈信証」の袖書があるから、宗祖がこの両門弟に附与されたものである。（『親鸞書誌』二一四―二一五頁）〔傍線＝松本〕

しかし、〝『唯信鈔』が現存するのは、親鸞の写伝によるので、他の系統には伝わらなかった〟というのは、奇妙なことのように思われる。尤も、『明義進行集』巻三に、聖覚の著作として『唯信鈔』を挙げ、『唯信鈔』からの引用を示していることは、事実である。[1] しかし、この言及や引用も、親鸞の写伝にもとづくとすれば、「余他の系統には伝ら

なかったやうである」という宮崎氏の理解を訂正する必要はないであろう。

最近、平雅行氏は、その著『日本中世の社会と仏教』（略号『日本中世』）の第九章「嘉禄の法難と安居院聖覚」において、松野純孝博士の『親鸞――その生涯と思想の展開過程』（略号『親鸞（松野）』）第六章における詳細な研究を承けて、聖覚（一一六七―一二三五）の生涯について検討し、その中で、一二二七年（嘉禄三年）の専修念仏の弾圧に聖覚が積極的に加担したという見解を示された。つまり、一二二一年（承久三年）に『唯信鈔』を著したとされる聖覚が、一二二七年には、専修念仏の弾圧に加わっていたということになるのであるが、

わずか六年前に『唯信鈔』を著わした聖覚が、『選択集』の印板焼却にまで関わったことになる。（『日本中世』三五六頁）

という平氏の言葉に示唆されている通り、氏の論証が『唯信鈔』を尊重する人々、特に浄土真宗系の人々にとって、一種の衝撃をもたらしたことは、確かであろう。

私は、聖覚が専修念仏の弾圧に加担したという平氏の論証を否定するつもりはない。おそらく、聖覚は、事実このように行動したのであろう。ただし私は、聖覚は『唯信鈔』を書いていないであろうと考えるのである。私が、聖覚の生涯に対する松野博士や平氏の詳細な研究から読み取ったのは、聖覚が当時の仏教界の寵児といってもよい程の有名人であったということである。この点は、親鸞とは全く対照的であることに注意する必要がある。聖覚がどこで導師や講師を勤めたかは様々の史料から詳しく知ることができる。それ故、一二二七年に、聖覚が専修念仏の弾圧にどのように具体的に加担したかまでが明らかになったのである。しかるに、仏教界の注目を一身に浴びていたであろう聖覚が『唯信鈔』を著したことを伝える史料は、親鸞の奥書き以外には皆無なのである。これ程、奇妙なことはないであろう。

前掲の宮崎氏の解釈によれば、「何人かが京都からこれを送致した」ために、関東在住中の親鸞が、関東でこれを書

写したとされているが、何故、当時一級の知識人である聖覚の著作が、京都から関東の親鸞のもとに送られたのに、京都の周囲の人々はこれを書写し伝えなかったのであろうか。考えられる一つの可能性としては、聖覚と親鸞が無二の親友とも言える間柄であったため、聖覚は自らの著作を親鸞のみに送り、他の誰にもこれを見せなかったということが考えられるが、境遇も、仏教界でのステイタスも全く異なる二人の間に、このような親密な関係があったとは、とても考えられない。

平松令三氏は、この点について、その著『親鸞真蹟の研究』（略号『真蹟研究』）で、

それにしても、百何十里の距離をへだてて、聖覚の自筆本がとどけられたところに、やはり聖人と聖覚とのなみなみならぬ関係を、思わざるを得ない。（『真蹟研究』一四四頁）

と言われているが、私にはこの「なみなみならぬ関係」が信じられないのである。

さらに、聖覚が、宮崎氏が言うように、「吉水教団の有力者」であったかどうかも疑問である。この点で、平松氏の次のコメントは重要であろう。

『唯信鈔』の著者聖覚法印は、親鸞聖人と同じく法然上人の門下で、聖人にとって兄弟子だったと考えられている。「考えられている」というのは、この当時の史料で彼を「法然の弟子」と明記したものがない。たとえば、元久元年法然上人が比叡山へ送った七ヶ条起請文には、法然門下の二百余名が連署していて、一門の状況が知られるのだが、聖覚の名がそこに見えない、ということなどから、断定はできないのだけれども、彼自身、表白文の中で法然上人を「我大師」と敬称していたり、その他の状況から、まず法然門下としてまちがいない、と考えられているからである。（『真蹟研究』一四一頁）

即ち、『七ヶ条起請文』、つまり、『七箇条制誡』に聖覚の名が無いことは、何と言っても注意されるべきであり、また、聖覚が法然を「我大師」と呼んだという『聖覚法印表白文』(2)にしても、これを伝えるのは親鸞系統のみである。

また、松野博士は、『明義進行集』や『四十八巻伝』の記事により、法然と聖覚の関係を示されているが、(3) 両書の成立は一二五〇年代の『尊号真像銘文』や『唯信鈔文意』等の親鸞の著作活動の後のことであろう。

さらに、書誌的に見ても、『唯信鈔』には、多くの疑問があるように思われる。まず、宮崎氏は前掲の論述で「宗祖が初めて今鈔を書写したのは、寛喜二年五十八歳の時で」と述べ、その証拠として専修寺所蔵の所謂「信証本」といわれる真蹟本の奥書きを示されているが、(4) この点については、平松氏によって疑問が提出されていると思われる。即ち、氏は、次のように言われる。

奥書によれば、この本は寛喜二年、聖人五十八歳の時の書写の如くであるが、筆跡はよく暢達しているものの、その筆致は枯れており、とてもそのような壮年期のものとは思われず、『唯信鈔文意』の筆跡と完全に一致するので、聖人八十五歳の康元二年に、『唯信鈔文意』と一組として書写されたものと考えられる。従って寛喜二年の奥書は、書写の底本とした本に記されていた奥書ということになる。(『真蹟研究』一四六―一四七頁)〔傍線＝松本〕

つまり、『唯信鈔』「信証本」は、親鸞五十八歳の寛喜二年（一二三〇年）に書写されたものではなく、専修寺蔵真蹟『唯信鈔文意』（正月二十七日本）とともに、親鸞八十五歳の康元二年（一二五七年）に書写されたというのである。従って、〝五十八歳〟ではなく〝八十五歳〟のときの書写であったというのである。ただし、平松氏の前掲論述の末尾の一文を見ると、氏は、親鸞が寛喜二年に『唯信鈔』を書写したこと自体を疑ってはおられないようである。つまり、そこで「書写の底本とした本」とあるのは、〝親鸞自身がすでに寛喜二年に書写した本〟という意味であろう。しかし、氏がその存在を想定する〝寛喜二年の親鸞自身の『唯信鈔』の真蹟書写本〟は、現存していないのである。

親鸞真蹟とされる『唯信鈔』の書写本のうち奥書きを有するものは、もう一点ある、専修寺所蔵の「ひらがな本」である。これは、文暦二年（一二三五年）六月十九日奥書き本とも言われるものであるが、この奥書きについては、(5) 松野博士によって疑問が提起されている。錯綜した問題であるので、若干長文ではあるが、博士の論述を、以下にそのまま示すことにしたい。

唯信抄の撰述年次について一つの問題がある。三重県専修寺蔵のもう一本の親鸞真筆本「平仮名唯信鈔」奥書（高田学報六所収写真版による）には、

本云承久三歳仲秋中旬
第四日以安居院法印聖覚
（寛喜二歳仲夏下旬第五日以彼）
真筆草本書写之
文暦二歳乙未六月十九日
愚禿親鸞書之

とある。右のうち、カッコは原本になく、私が今便宜上付けたものである。それはこのカッコの部分が墨色が異なっていて、のちに書き込まれた——もちろん親鸞自らの書き込みであるが——ものであるからである。今試みに、このカッコの箇所を伏せてみると、

本云承久三歳仲秋中旬第四日以安居院法印聖覚真筆草本書写之

となって、承久三年八月十四日に安居院法印聖覚の真筆草本をもって、この唯信抄を書写したということになる。そうすると、承久三年八月十四日は唯信抄の撰述年次ではなく、それ以前に撰述されていた唯信抄を誰かが転写した年次を示すことになる。（『親鸞（松野）』二九七—二九八頁註（23））（傍線＝松本）

つまり、「寛喜二年……」の書き込みを省いて奥書を読むと、承久三年（一二二一年）が『唯信鈔』撰述の年ではなくて、書写の年になってしまうというのである。この議論が、『唯信鈔』の成立に関して大きな疑問を提起していることだけは、確実であろう。

また、私より見て不審に思われるのは、文暦二年（一二三五年）六月十九日の「愚禿親鸞書之」の語である。「書之」とは、普通、書写ではなく、著作したことを意味する語ではなかろうか。例えば、道元の『正法眼蔵』について見ると、懐奘等が各巻を書写した場合、「書写之」と書くのが通例であって、それを一度たりとも「書之」と書いてはいない。親鸞は、『西方指南抄』真蹟本の六冊中の五冊の奥書きにも、「書之」と書いているが、(6) ここでも、「書之」は、単なる書写という行為以上の意味をもっていると思われる。いずれにせよ、『唯信鈔』の撰述、書写の年代に関して、疑問が皆無というわけではないであろう。

またここで私の素朴な疑問を述べておけば、親鸞は、何故、自己の著作、または書写について、その奥書きに年齢を記すのであろうか。これは極めて珍しいことで、法然・道元・日蓮の著作にこのような例は見られないと思われる。今日の感覚から言っても、著者が論文や著作に脱稿の年月日を書くことはあっても、自己の年齢を記すことはない。これは、日本や諸外国の作家・文学者においてもすべて同様であろう。では、親鸞は何故に自己の年齢を、しかも七十歳代、八十歳代という非常に高齢な年齢を明記したのであろうか。これを親鸞の性向と言ってしまえばそれまでであるが、そこには何等かの理由があったのであろうか。

二 『唯信鈔』の〝信心正因〟説

さて、私が『唯信鈔』を親鸞の著作と考えるのは、その内容面の考察にもとづいているので、以下はこの『唯信鈔』の内容的、思想的問題に議論を移すことにしよう。

議論を明確なものにするため、平氏の解釈の検討から始めたい。まず、『唯信鈔』には、次のように説かれている。

〔2〕ふたつに浄土門といふは、今生の行業を廻向して順次生に浄土にむまれて、浄土にして菩薩の行を具足して、

仏にならむと願ずるなり。この門は末代の機にかなえり。まことにたくみなりとす。たゞし、この門にまたふたつのすぢわかれたり。ひとつには諸行往生、ふたつには念仏往生なり。諸行往生といふは、あるいは父母に孝養し、あるいは師長に奉事し、あるいは五戒八戒をたもち、あるいは布施忍辱を行じ、乃至三密一乗の行をめぐらして、浄土に往生せむとねがふなり。

これみな往生をとげざるにあらず。一切の行はみなこれ浄土の行なるがゆへに。たゞこれはみづからの行をはげみて往生をねがふがゆへに、自力の往生となづく。行業もしおろそかならば、往生とげがたし。かの阿弥陀仏の本願にあらず。摂取の光明のてらさざるところなり。（『定本』六⑵、四一―四二頁）

ここでは、「浄土門」に「ふたつのすぢ」が分れているとし、それを「諸行往生」と「念仏往生」とした上で、まず「諸行往生」の説明がなされている。ここで、「これみな往生をとげざるにあらず」と言われているのは、「諸行往生」が認められていること、つまり、〃諸行によって往生できる〃ということが認められていることを示している。また、「かの阿弥陀仏の本願にあらず」とは、「諸行」が阿弥陀仏の本願の行でないこと、つまり、〃諸行非本願〃という立場を示している。従って、以上の二点を合すれば、ここには、〃諸行往生〃と〃諸行非本願〃がともに認められており、〃諸行は本願の行ではないが、諸行によっても往生できる〃という立場が説かれているということになる。

それ故、この点では、記述〔2〕について、平氏が、

諸行を弥陀の本願ではないとの立場をとりながらも、すべて往生行であるとし自力往生・諸行往生の可能性を認めてしまっている。（『日本中世』三六六―三六七頁）

と評価されるのは正しいと思われる。

ただし、「認めてしまっている」という平氏の言葉は、暗に〃認める〃ことが、不適切であるという意味を含んでいる。つまり、平氏は、

少ない史料だけに判断はむずかしいが、以上の聖道・諸行・雑修に関する姿勢の中で、法然の思想との対比上、特に注目すべきは諸行往生の容認という事実であろう。なぜならこれは、念仏以外の諸行が非往生行であることを論証しようとした法然の『選択集』とは、思想的立場が決定的に異質だからである。（『日本中世』三六七頁）（傍線＝松本）

と言われるように、『唯信鈔』の「諸行往生の容認」という立場は、『選択集』の「諸行が非往生行であること」、つまり、〝諸行によっては往生できない〟という『選択集』の立場とは異質であるとされるのである。この平氏の『選択集』理解が不適切であることについては、すでに本書の第一章で論証した。(7) 即ち、『選択集』の第十二章で、

〔3〕縦《ヒ》雖《ドモ》レ無《シト》二余行一、以《テ》二孝養奉事《ヲ》一、為《ス》二往生《ノ》業《ト》一也。（『昭法全』三三九頁）

等と言われるのは、「孝養奉事」等の諸行によって往生できるという立場、つまり、「諸行往生の容認」を説いている。また、『唯信鈔』記述〔2〕の「めぐらして」という語について言えば、『選択集』に、〝雑行を廻向することによって往生できる〟という立場が説かれていることは、明らかである。即ち、法然は、『選択集』第二章で、

〔4〕若《シ》行《ズレバ》二後《ノ》雑行《ヲ》一即《チ》心常《ニ》間断《ス》。雖《ドモ》レ可《シト》二廻向《シテ》得《ル》一レ生《コトヲ》、衆《テ》名《ク》二疎雑之《ノ》行《ト》一也。（『浄全』二、五八頁下）

という『観経疏』の言葉を二回引用し、(8) また自らも、『選択集』第二章で、

〔5〕廻向者《トハ》、修《スル》二雑行《ヲ》一者《ハ》、必《ズ》用《フル》二廻向《ヲ》一之時《ニ》、成《ル》二往生之因《ト》一。（『昭法全』三二六頁）

と述べている。従って、『唯信鈔』記述〔2〕の所説は、基本的には、『選択集』の立場と矛盾するものではないと考えられる。

また、親鸞自身も、『一念多念文意』で、

〔6〕おほよそ、八万四千の法門は、みなこれ浄土の方便の善なり。これを要門といふ。これを仮門となづけたり。（『定本』三(1)、一四四頁）

と述べている。ここに見られる「みなこれ浄土の方便の善なり」と『唯信鈔』記述〔2〕の「これみな往生をとげざるにあらず、一切の行はみなこれ浄土の行なるがゆへに」とは、趣旨が一致し、表現も類似していると思われる。

また、『醍醐本法然上人伝記』所収の『一期物語』に、

〔7〕然依《ラバ》二浄土宗意《ノニ》一者、一切教行《ノ》悉成《ハクル》二念仏方便《ノト》一。(『浄典研(資)』一七〇頁)

と言われているのも、趣旨は等しいであろう。

ただし、『唯信鈔』記述〔2〕で注意すべき点は、むしろ、

たゞこれはみづからの行をはげみて往生をねがふがゆへに、自力の往生となづく、行業もしおろそかならば、往生とげがたし。

という〝ただし書き〟にあるのであり、ここに、法然とは異なる『唯信鈔』の著者の独自性があるのである。即ち、「自力」と「他力」という語について言えば、これは『選択集』で、各一回しか用いられていない。[9] それは『往生論註』からの引用文中に見られるもので、その引用文を含む当該の『選択集』第一章の記述を示せば、次の通りである。

〔8〕且《ク》曇鸞法師《ノ》『往生論註《ニ》』云《ク》、「謹《テ》案《ズルニ》、龍樹菩薩《ノ》十住毘婆沙《ニ》云《ク》、菩薩求《ムルニ》二阿毘跋致《ヲ》一、有《リ》二二種《ノ》道一。一者《ハ》難行道、二者《ハ》易行道《ナリ》。難行道者《トハ》、謂《ク》五濁之世、於《テ》二無仏時《ノニ》一、求《ムルヲ》二阿毘跋致《ヲ》一為《ス》レ難《ト》。此難《ノ》乃《チ》有《リ》二多途一。粗言《ヒテ》二五三《ヲ》一以《テ》示《サン》二義意《ヲ》一。一者《ハ》外道《ノ》相善《ハ》乱《ル》二菩薩《ノ》法《ヲ》一、二者《ハ》声聞《ノ》自利《ハ》障《フ》二大慈悲《ヲ》一、三者《ハ》無顧《ノ》悪人《ハ》破《ス》二他《ノ》勝徳《ヲ》一、四者《ハ》顛倒《ノ》善果《ハ》能《ク》壊《ス》二梵行《ヲ》一、五者《ハ》唯是《レ》自力《ニシテ》無《シ》二他力《ノ》持《ツ》一。如《キノ》二斯等《ノ》一事、触《テ》レ目《ニ》皆是《ナリ》。譬《バ》如《シ》二陸路《ノ》歩行《ハ》則《チ》苦《シキガ》一。易行道者《トハ》、謂《ク》但以《テ》二信仏《ノ》因縁《ヲ》一願《ズレバ》レ生《ゼント》二浄土《ニ》一、乗《ジテ》二仏願力《ニ》一便《チ》得《テ》レ往二生《スルコトヲ》彼《ノ》清浄土《ニ》一。仏力住持《シテ》即《チ》入《ル》二大乗正定之聚《ニ》一。正定即《チ》是《レ》阿毘跋致《ナリ》。譬《バ》如《シ》二水路《ノ》乗船《ハ》則《チ》楽《ナルガ》一」上已。此《ノ》中《ノ》難行道者《トハ》、即《チ》是《レ》聖道門也。易行道者《トハ》、即《チ》是《レ》浄土門也。難行易行《ト》、聖道浄土《ト》、其《ノ》言雖《モ》レ異《ナリト》其《ノ》意是《レ》同《ジ》。(『昭法全』三一二―三一三頁)

つまり、法然は、『選択集』の地の文では、「自力」「他力」の語を全く用いていないので、『観経疏』で「自力」「他

力」の語を全く用いなかった善導と同様に、法然も「自力」と「他力」の区別を強調しなかったと私は考えるのであるが、いずれにせよ、法然が認めた「自力」と「他力」の区別とは、次のようなものであることが、記述〔8〕末尾の法然自身の語によって、明らかである。

聖道門＝難行道＝自力

浄土門＝易行道＝他力

しかるに、『唯信鈔』記述〔2〕の〝ただし書き〟における「自力」の用法は、この『選択集』の用法とは、明らかに異なるのである。即ち、『選択集』において「自力」は、「聖道門」を意味していたのに対し、記述〔2〕の〝ただし書き〟では、「浄土門」中の「諸行往生」について、「自力」という語が使われているのである。

また、『唯信鈔』では、記述〔2〕に続けて、

〔9〕ふたつに念仏往生といふは、阿弥陀の名号をとなえて往生をねがふなり。これは、かの仏の本願に順ずるがゆへに、正定の業となづく。ひとへに弥陀の願力にひかるゝがゆへに、他力の往生となづく。（『定本』六(2)、四二頁）

と言われることから、その著者が、「諸行往生」と「念仏往生」を「自力の往生」と「他力の往生」と見なしていることは、明らかである。

しかるに、『唯信鈔』記述〔2〕の〝ただし書き〟における「自力」という語と、「往生とげがたし」という語を直結してみると、ここには、〝「自力」によっては、「往生とげがたし」〟という立場が浮び上がってくるのである。確かに、『唯信鈔』の著者は、〝往生すべからず〟というような語を用いて、〝「自力」によっては、往生できない〟とまでは言っていない。しかし、これは、そのように言えば、「これみな往生をとげざるにあらず」という「諸行往生の容認」と明確に矛盾することになってしまうからであって、その著者の本音は、〝「自力」によっては、往生できない〟という考え方にあったのではないかと思われる。

〝「自力」によっては、往生できない〟という考え方は、法然作とされる『念仏往生要義抄』において、

〔10〕他力の念仏は往生すべし。自力の念仏はまたく往生すべからず。（『昭法全』六八二頁）

という語によって、明確に示されているが、私はこの文献を、『選択集』記述〔8〕に説かれる「自力」と「他力」の区別に合致しない等の理由で、偽撰と見なしているのである。[10] しかるに、「念仏」に「自力」と「他力」を区別して、〝「自力の念仏」によっては、往生できない〟とする考え方は、隆寛作とされる『自力他力事』にも、次のように認められる。

〔11〕念仏の行につきて、自力・他力といふことあり。これは極楽をねがひて弥陀の名号をとなふる人の中に、自力のこゝろにて念仏する人あり。まづ自力のこゝろといふは、「身にもわるきことをばせじ、口にもわるきことをばいはじ、心にもひがごとをばおもはじ」と加様につゝしみて念仏するものは、この念仏のちからにて、よろづのつみをのぞきうしなひて、極楽へかならずまいるぞと、おもひたる人をば、自力の行といふなり。

加様にわが身をつゝしみとゝのへて、よからんとおもふはめでたけれども、まづ世の人をみるに、いかにも〳〵おもふさまにつゝしみえんことは、きはめてありがたきことなり。そのうへに、弥陀の本願をつや〳〵としらざるとがのあるなり。さればいみじくしえて往生する人も、まさしき本願の極楽にはまいらず、わづかにそのほとりへまいりて、そのところにて本願にそむきたるつみをつぐのひてのちに、まさしき極楽には生ずるなり。これを自力の念仏とはまうすなり。（『定本』六(2)、八三―八四頁）

しかも、この『自力他力事』も、本章で後に詳論するように、隆寛の著作ではなく、親鸞の著作と考えられるので、『自力他力事』記述〔11〕の「自力の念仏」と『唯信鈔』記述〔2〕の「自力の往生」という語は、殆んど同義であると考えられる。

勿論、『唯信鈔』の「自力」「他力」の用法と、『自力他力事』や『念仏往生要義抄』の「自力」「他力」の用法とが、

表面的には相違していることは、認めざるを得ない。即ち、『唯信鈔』は、

聖道門

浄土門┬諸行往生＝自力の往生
　　　└念仏往生＝他力の往生

と説くのに対し、『自力他力事』『念仏往生要義抄』では、

念仏┬自力の念仏
　　└他力の念仏

と説くからである。しかし、いずれにおいても、〝自力によっては、往生できない〟という観念が、その所説の根底にあることは確実であると思われる。

しかるに、この〝自力によっては、往生できない〟という考え方は、法然より後、特に親鸞系において、強く主張されたものだと思われる。例えば、弁長の『徹選択本願念仏集』巻下には、

〔12〕問曰《テク》。有人《ノ》云《ク》「他力往生者《ハ》、是《レ》往生《ノ》正行也。自力往生者《ハ》、全《ク》非《ズ》二其《ノ》正行《ニ》一也」。是《ノ》義如何。答曰《テク》。当世《ノ》之人人盛《ニ》談《ズ》二此《ノ》義《ヲ》一其《ノ》本文何《レノ》処《ソ》乎。善導和尚《ハ》不レ立《テ》二自力他力之名目《ヲ》一。又非《ズ》二曇鸞道綽所立之自力他力之義《ニハ》一。彼《ノ》『十住毘婆沙論』《ノ》意《ハ》約《シテ》三菩薩求《ルニ》二阿毘跋致《ヲ》一立《ツ》二自力他力《ヲ》一。曇鸞道綽《ハ》依《レリ》二此意《ニ》一也。我身《ガ》無行《ニシテ》不レ唱《ヘ》二称名《ヲ》一偏《ニ》取《リテ》二信心《ヲ》一以《テ》レ之《ヲ》為《スコト》二他力《ト》一、全《ク》無《シ》二其《ノ》本文一。小智之輩立《テ》二此《ノ》邪義《ヲ》一自迷迷他《スルコト》尤《モ》罪業之至《リ》也。早早起《シ》二改悔之心《ヲ》一急急《ニ》翻《シテ》レ邪《ヲ》而帰《スベシ》レ正《ニ》。（『浄全』七、一〇五頁下―一〇六頁上）

とあり、「自力往生者、全非其正行也」という考え方が、当時流行したことを伝えている。勿論、弁長はこのような考え方を、「邪義」として否定しているのであるが、この「邪義」を弁長が「不唱称名、偏取信心、以之為他力」と規定していることから見て、ここには、親鸞の〝信心正因〟説や〝他力〟説と極めて近似した考え方が、批判されていることは、明らかであろう。また、このような観点から見るとき、記述〔12〕の「自力往生者、全非其正行也」には、やはり〝自力によっては、往生できない〟という考え方が認められると思われる。つまり、「全非其正行也」とは、単に〝往生の正行ではない〟というだけではなく、〝全く往生の正行ではない〟ということを意味するであろう。つまり、「全非」には、往生を全否定する語感が感じられる。とすれば、「自力往生者、全非其正行也」という表現は、『唯信鈔』記述〔2〕の「自力の往生となづく。行業もしおろそかならば、往生とげがたし」という語と、ほぼ同趣旨と見ることができるであろう。

また私が、この「往生とげがたし」という『唯信鈔』記述〔2〕の言葉が、〝自力によって往生するのは難しいが、しかし、自力によって往生することもできる〟ということを意味するのではなく、むしろ〝自力によっては、往生できない〟ということを説いていると考える理由の一つは、『末灯鈔』第十二通に、

〔13〕信心ありとも、名号をとなへざらんは、詮なく候。また一向名号をとなふとも、信心あさくば、往生しがたく候。(『定本』三(2)、八八頁)

と述べられることにあるのである。すでに本書の第三章で考察したように、[11] ここで「信心あさくば、往生しがたく候」というのは、親鸞が〝信心か称名か〟という問題に対し、故意に不明瞭な解答をなしているのであって、親鸞の真意は、〝信心がなければ、往生できない〟という〝信心正因〟説なのである。それと同様に、『唯信鈔』記述〔2〕の「往生とげがたし」という表現の背後にあるのは、〝自力によっては、往生できない〟という『唯信鈔』の著者、即ち、親鸞の根本的な確信であろう。

このように考えれば、『唯信鈔』記述〔2〕には、むしろ親鸞独自の考え方、つまり、〝信心正因〟説が説かれていると見ることができるであろう。

さて、親鸞の〝信心正因〟説は、〝称名か信心か〟という問題意識なくしては生じなかったと思われるが、〝称名か信心か〟という問題は、親鸞においては、〝称名（念仏）か三心か〟という議論の枠組において扱われることが多い。つまり、松野博士の表現を用いれば、親鸞は、三心を深心（信心）の一心に〝つめた〟のであって、この点で、

この三心を一心につめて、一心の信心を強く打ち出したのは親鸞であった。それはいわゆる三心一心の問答を試みて、三心を一心の信心に結帰させていることで明らかである。（『親鸞（松野）』二三八頁）

という博士の説明は、全く適切であろう。つまり、博士が指摘されたように、『教行信証』「信巻」には、

〔14〕弥陀如来雖《ドモ》レ発《シタマフト》ニ三心《ヲ》一、涅槃真因《ノ》唯《ハ》以《テス》ニ信心《ヲ》一、是《ノ》故《ニ》論主合《シテ》レ三《ヲ》為《セル》レ一《ト》歟。（『定本』一、一一五頁）

とあり、ここで「三心」は「信心」の一心につめられているのである。また、「涅槃真因唯以信心」という表現に、「信心」を往生の正因とする〝信心正因〟説が説かれていることは、言うまでもない。

この親鸞の〝信心正因〟説は、『教行信証』「行巻」末尾の「正信念仏偈」でも、

〔15〕正定之因《ハ》唯信心《ナリ》。（『定本』一、八九頁）

〔16〕速《カニ》入《ルコトハ》ニ寂静無為《ノ》楽《ニ》一、必《ズ》以《テ》ニ信心《ヲ》一為《ス》ニ能入《ト》一。（同右、九一頁）

という語によって示されている。記述〔15〕〔16〕は、親鸞がそれぞれ曇鸞と法然の説として述べる語であるが、しかしそこにはむしろ親鸞自身の〝信心正因〟説が示されているのである。また、最も明快な〝信心正因〟説は、『末灯鈔』第一通の

〔17〕信心のさだまるとき往生またさだまるなり。（『定本』三(2)、六〇頁）

という言葉に示されているであろう。

しかるに、『唯信鈔』も〝称名（念仏）か信心か〟の問題を、〝称名か三心か〟という問題として論じるのである。即ち、まず、次のような一節がある。

〔18〕つぎに、念仏をまふさむには、三心を具すべし。たゞ名号をとなふることは、たれの人か一念十念の功をそなえざる。しかはあれども、往生するものはきわめてまれなり。これすなわち三心を具せざるによりてなり。『観無量寿経』にいはく、「具三心者、必生彼国」といへり。善導の釈にいはく、「具三心必得往生也、若少一心即不得生」といへり。三心の中に一心かけぬれば、むまるゝことをえずといふ。よの中に弥陀の名号をとなふる人おほけれども、往生する人のかたきは、この三心を具せざるゆへなりとこゝろうべし。（『定本』六(2)、五三―五四頁）

ここで、傍線を付した部分にある「往生するものはきわめてまれなり」とか「往生する人のかたき」というのは、〝称名か信心か〟という問題に対して、親鸞が例の如く曖昧な表現を用いているのであって、親鸞の真意はあくまでも、〝名号を称えても、三心がなければ、往生できない〟というものなのであり、しかも、この「三心」とは、次に見るように、「信心」を意味しているから、ここでは、〝信心がなければ、往生できない〟〝信心があれば、必ず往生できる〟という〝信心正因〟説が説かれていることは確実である。

では、『唯信鈔』は、どのように三心を信心（深心）の一心につめるのであろうか。次のように述べられている。

〔19〕仏力をうたがひ、願力をたのまざる人は、菩提のきしにのぼることかたし。たゞ信心のてをのべて、誓願のつなをとるべし。仏力無窮なり。罪障深重のみをおもしとせず。仏智無辺なり。散乱放逸のものおもすつることなし。〔たゞ〕信心を要とす。[12] そのほかおばかへりみざるなり。信心決定しぬれば、三心おのづからそなわる。本願を信ずることまことなれば、虚仮のこゝろなし。浄土をまつことうたがひなければ、廻向のおもひあり。このゆへに、三心ことなるににたれども、みな信心にそなわれるなり。（『定本』六(2)、五九―六〇頁）

ここに、「〔ただ〕信心を要とす」とあるが、これこそ『唯信鈔』全体の中心テーマであり、『唯信鈔』の書名の由来ともなったものであり、かつその著者である親鸞の〝信心正因〟説を何よりも端的に示す語であると思われる。

三 『唯信鈔』と〝一念義〟〝多念義〟

さて、『唯信鈔』の末尾の部分には、〝一念〟と〝多念〟の問題が扱われているが、平雅行氏は、『唯信鈔』と〝一念義〟の関係について、次のように言われている。

『唯信鈔』について更に指摘しておくべきは、一念義への態度が想像以上に厳しいことである。例えば聖覚は、

まづ専修念仏といふて、もろもろの大乗の修行をすてゝ、つぎに一念の義をたてゝ、みづから念仏の行をやめつ、まことにこれ魔界たよりをえて、末世の衆生をたぶろかすなり

と、一念義の流布を魔界の仕業とまで語っている。顕密仏教的浄土教の枠内にあった聖覚が、自力念仏・諸行往生・聖道得悟を否定する一念義を厳しく非難したとしても、もはや不思議はなかろう。そして十月十五日の聖覚らの要求内容の一つに、一念義の中心人物たる幸西の逮捕と流罪の実現が入っていたことを思えば、聖覚が弾圧へと積極的に動く可能性も十分あったと言わなければならない。

このように『唯信鈔』そのものの中に、聖覚が弾圧へと動く可能性を見てとることができた。(『日本中世』三六七—三六八頁)〔傍線＝松本〕

ここで平氏は、『唯信鈔』からある文章を取り上げることによって、その著者とされる聖覚が〝一念義〟を厳しく批判したということ、及び、その聖覚の〝一念義〟に対する批判的姿勢が聖覚を専修念仏の弾圧へ積極的に加担させる思想的根拠になったということを主張されている。この平氏の解釈は、残念なことに袴谷憲昭氏によっても無批判に承認されたのであるが、基本的な誤解にもとづいている。というのも、平氏が取り上げた文章が、『唯信鈔』の著者自

身の立場を示すものではないからである。

また、『唯信鈔』の著者を〝一念義〟の批判者と見る平氏の右の解釈は、氏よりも遙か以前に示された松野純孝博士の詳細な研究を踏まえておらず、ある意味では、そこから大きく後退している。というのも、松野博士はすでに、次のように言われているからである。かなりの長文であるが、重要なため、その全文を示す。

すなわち、一念義の「往生の業一念にたれりといふは、その理まことにしかるべし」と、一念往生の立場の正当性を認めている。聖覚によると、一念義の「乃至一念」というのは経典の一文なのであるから、正しいとせねばならない。それは経典の文を信じなければ仏語を信じないことになるからであるというのである。したがって、「一念をすくなしとおもひて偏数をかさねずば往生しがたしとおもはば、まことに不信なりといふべし」と、多念義的立場の不当を述べている。この意味では彼は一念義の立場にあったと言わねばならない。しかし、彼は一念義の立場から称名の念仏を不信とし、不要とすることには同じえなかった。このような考え方を「魔界たよりをえて末世の衆生をたぶろかす」ものと批難している。聖覚には口称の念仏もまた仏法なので、そうした念仏行をやめることは同時にまた仏法を信ぜざる不信であると思われていたからであろう。そこで、彼はここから「一念決定しぬと信じて、しかも一生おこたりなくまふす」ことを専修念仏の「正義」であるとしたのである。これは「上一形を取り」、「下一念を取る」源空の「念仏往生」の立場と同じものである。この立場は、すでに見てきたように「上一形を取」る「尽形の称念」＝「イノチツクルマデ」の多念義的色彩が強いように見えて、その実は全く逆に「下一念を取」る一念義的立場に著しく重心のある立場であった。されば聖覚のこうした「正義」の立場も、多念ではなく一念に力点を置いたことはいうまでもない。聖覚が右の「尽形の称念」というような多念義的ことばを使っているように見えるが、すでに述べたように、「偏数をかさねずば往生しがたし」とする多念義の思想を、「まことに不信なりといふべし」と言っていることで明らかである。

散乱増・睡眠増の地体懈怠の念仏を打ち出した聖覚が、多念義よりは一念義の思想系列に属していたことは、きわめて当然であったはずである。(『親鸞(松野)』三〇一―三〇二頁)〔傍線＝松本〕

ここで、松野博士は『唯信鈔』の著者(伝統的には聖覚とされる)の立場を〞一念義〞の系統に位置づけられているが、この松野説に私は全面的に賛成する。平氏が何故に、「聖覚が、多念義よりは一念義の思想系列に属していた」という松野説を無視されたのか、私には解せないのである。

ただし、私は、松野博士が前掲の論述で述べられた全ての論点に賛同しているわけではない。つまり、私が破線を付した部分に示される博士の説に、私は同調できない。つまり、〞「魔界たよりをえて末世の衆生をたぶろかす」ものと批難している〞というのは、『唯信鈔』の著者自身が何等かの見解を批難しているというのではなくて、『唯信鈔』で批判の対象となる〞ある論者〞が何等かの見解を批難している言葉だと私は見るのである。即ち、「魔界たよりをえて末世の衆生をたぶろかす」というのは、『唯信鈔』の著者自身の立場を示すものではないが、これを著者自身の立場と見る松野説が、平氏によって無批判に継承され、『唯信鈔』の立場を〞一念義〞に対して批判的なものと見る平説が成立したと言えるであろう。換言すれば、平氏は、松野博士がおかされた唯一つの過失に全面的に依拠して、自説を成立させたことになるのである。

では、この点を示すために、『唯信鈔』の関連部分、つまり、結論部分のテキストと私訳、及び解釈を、次に示すことにしよう。

〔20〕つぎに、念仏を信ずる人のいはく。往生浄土のみちは、信心をさきとす。[13] 信心決定しぬるには、あながちに称念を要とせず。『経』にすでに「乃至一念」ととけり。このゆへに、一念にてたれりとす。偏数をかさねむとするは、かへりて仏の願を信ぜざるなり。念仏を信ぜざる人とて、おほきにあざけりふかくそしると。[14]

まづ、専修念仏といふて、もろもろの大乗の修行をすてゝ、つぎに、一念の義をたてゝ、みづから念仏の行をやめつ。まことにこれ魔界たよりをえて、末世の衆生をたぶろかすなり。

この説ともに得失あり。往生の業一念にたれりといふは、その理まことにしかるべしといふとも、徧数をかさぬるは不信なりといふ、すこぶるそのことばすぎたりとす。

一念をすくなしとおもひて、徧数をかさねずば往生しがたしとおもはば、まことに不信なりといふべし。往生の業は一念にたれりといゑども、いたづらにあかし、いたづらにくらすに、いよいよ功をかさねむこと要にあらずやとおもふて、これをとなえば、ひめもすにとなへ、よもすがらとなふとも、いよいよ功徳をそへ、ますます業因決定すべし。善導和尚は、「ちからのつきざるほどはつねに称念す」といへり。これを不信の人とやはせむ。ひとへにこれをあざけるも、またしかるべからず。

一念といえるは、すでに経の文なり。これを信ぜずば、仏語を信ぜざるなり。

このゆへに、一念決定しぬと信じて、しかも一生おこたりなくまふすべきなり。これ、正義とすべし。念仏の要義おほしといゑども、略してのぶることかくのごとし。（『定本』六(2)、六七―六九頁）

〔私訳〕次に〝念仏を信じる人〟（〝一念義〟論者、〝信の一念義〟論者）は、Ⓐ「往生浄土の道は、信心を先とする。信心が決定したのちには、強いて称念（多念）を必要としない。『経』にすでに〝乃至一念〟と説いている。この故に、〔信の〕一念で充分であるというのである。遍数（称名の数、多念）を重ねようとするのは、却って仏の願を信じていないのであり、念仏を信じていない人である」と言って〔〝多念義〟論者を〕おおいに嘲けり、深く誹る。〔の〕と。

〔〝多念義〟論者は〕、Ⓑ「〔〝一念義〟論者は〕まず、専修念仏と言って諸々の大乗の行を捨て、次に、一念の義を立てて、自ら念仏（称名）の行を〔も〕やめてしまう。誠にこれは魔界が便りを得て、末世の衆生をたぶらかすものである」と言う。

この〔二つの〕説（〝一念義〟と〝多念義〟）〔ⒶⒷ〕は、両者ともに、長所、短所がある。即ち、「往生の業は、〔信の〕一念で充分である」という〔〝一念義〟論者の〕説は、その道理は本当にその通りであると思われるけれども、「遍数を重ねるのは、〔仏の願や念仏を〕信じていないのである」と言うのは、すこぶるその言葉は過ぎていると思われる。

一方、〔〝多念義〟論者が〕「一念では少ない」と思って、「遍数を重ねなければ、往生するのは難しい」と思うならば、〔そのような考え方は〕本当に不信であると言うべきであろう。

また、「往生の業は〔信の〕一念で充分である」といっても、〔信の一念を獲得した後に〕徒らに日夜を過ごしているときに、「ますます功徳を重ねることが必要ではないか」と考えて、これ（念仏）を称えるならば、日中も称え夜中も称えても、ますます功徳を増加し、ますます業因（往生の業の因）が決定するであろう。〔それ故〕善導和尚は、「力が尽きないうちは常に称念する」と言ったのである。どうしてこれを不信の人だと言えようか。偏えにこれ（〝多念義〟論者）を嘲けるのも、また正しくはない。

〔ただしすでに述べたように〕、「一念」というのは、すでに『経』の文句である。これを信じないならば、仏語を信じないことになるのである。

それ故、「一念決定する」と信じて、しかも一生おこたることなく〔念仏を〕称えるべきである。これを正義とすべきである。念仏の要点は多いけれども、略して説明すれば、このようになる。

ここで、『唯信鈔』の著者、即ち、私見によれば、親鸞が主張していることは、彼が『末灯鈔』記述〔13〕で、

信心ありとも、名号をとなへざらんは、詮なく候。また一向名号をとなふとも、信心あさくば、往生しがたく候。

と述べたことと、全く趣旨が一致しているのである。つまり、〝信心か称名か〟〝一念か多念か〟という問題に対して、親鸞は、この『唯信鈔』記述〔20〕で、〝多念義〟の主張と〝一念義〟の主張をまず提示し、次にその二つの主張のい

ずれにも得失があるとして、両者を調停し和解させるように見せながら、その根本においては〃一念〃〃信心〃の立場、つまり、〃信の一念義〃を断固として主張し続けているのである。

即ち、『末灯鈔』記述〔13〕においては、すでに考察したように、[15]「詮なく候」というのと、「往生しがたく候」というのとでは、重さが全く異なるのである。つまり、親鸞の立場においては、「信心あさくば、往生しがたく候」とは言えるが、「名号をとなへざらんは」「往生しがたく候」とは、言えないのである。言うまでもなく、「信心」こそが往生を決定づける正因だと考えられているからである。また、それ故にこそ『末灯鈔』記述〔13〕に続けて、

〔21〕されば念仏往生とふかく信じて、しかも名号をとなへんずるは、うたがひなき報土の往生にてあるべく候なり。詮ずるところ、名号をとなふといふとも、他力本願を信ぜざらんは、辺地にむまるべし。本願他力をふかく信ぜんともがらは、なにごとにかは辺地の往生にてさふらふべき。このやうをよく〳〵御こゝろえ候て御念仏さふらふべし。（『定本』三(2)、八八頁）

という記述によって、〃信心正因〃説が述べられるのである。

これと同様に『唯信鈔』記述〔20〕にも、〃一念義〃と〃多念義〃を〃一念義〃の立場から調停しようとする親鸞の典型的な論法が認められる。そこで以下に、記述〔20〕の論旨の展開について、若干のコメントを述べよう。

まず冒頭の「念仏を信ずる人」という語は、一見すると、念仏、つまり、称名を支持する〃多念義〃論者を意味するように見えるが、実はそうではない。「念仏を信ずる人」の「信」という語が、いわば「念仏」という語を無効にしているのであって、「念仏を信ずる人」は、〃信心〃論者、つまり〃信の一念義〃論者であって、[16]この点は、その後に、「往生浄土のみちは、信心をさきとす」とか、「信心決定しぬるには、あながちに称念を要とせず」という語があることによって、知られるのである。

その後、この〃一念義〃論者は、「信心歓喜乃至一念」という『無量寿経』第十八願成就文（後出の記述〔168〕）から、

「乃至一念」の語を出して教証としている。予め言えば、後に登場する〝多念義〟論者は、自己の主張について教証として経文を示していない。つまり、〝一念義〟論者に比べれば、〝多念義〟論者は、それだけ初めから、『唯信鈔』において、不利な立場におかれているのである。

さて、〝一念義〟論者は、右の教証の故に、「一念にてたれり」という主張が帰結すると論じる。記述〔20〕のここまでの論旨を考えれば、ここで「一念」という語が、一声、つまり、一回の称名ではなく、「信心をさきとす」とか、「信心決定しぬるには」と言われた「信心」の「一念」を意味していることは、明らかであろう。

さらに、「偏数をかさねむとするは、かへりて仏の願を信ぜざるなり」とあるが、まずこの「偏数」という語に注目したい。この「偏数をかさねる」というのは、称名の数を繰り返すことで、即ち、〝多念〟を意味する語と思われるが、一般に、〝多念〟を意味するには、日本の浄土教のテキストにおいては、「数遍」という語を用いるのが普通であると思われる。つまり、すでに述べたように、永観の『往生拾因』や弁長の『徹選択本願念仏集』『末代念仏授手印』、隆寛の『極楽浄土宗義』、『捨子問答』『閑亭後世物語』『明義進行集』、さらに、法然撰と伝えられるものでは『三部経大意』や『東大寺十問答』『十二箇条の問答』に、「数遍」の語は用いられている。(17)

しかるに、親鸞は「数遍」の語を全く用いず、「偏数」の語を用いるのである。(18) その用例は、『教行信証』「行巻」の

〔22〕凡《ソ》就《イテ》二往相回向《ノ》行信《ニ》一行《ニ》則《チ》有《リ》二一念一、亦信《ニ》有《リ》二一念一。言《フ》二行之一念《ト》一者《ハ》、謂《ク》就《イテ》二称名《ノ》偏数《ニ》一顕《ス》二開選択易行《ノ》至極《ヲ》一。（『定本』一、六八—六九頁）

という記述に見られ、さらに『一念多念文意』の

〔23〕これは正定聚のくらゐをうるかたちをあらわすなり。「乃至」は、称名の偏数のさだまりなきことをあらわす。「一念」は、功徳のきわまり、一念に万徳ことごとくそなわる。よろづの善みなおさまるなり。（『定本』三(1)、一三七頁）

〔24〕多念をひがごととおもふまじき事

本願の文に、「乃至十念」とちかひたまへり。すでに十念とちかひたまへるにてしるべし、一念にかぎらずといふことを。いはむや「乃至」とちかひたまへり。称名の偏数さだまらずといふことを。（同右、一三九頁）

〔25〕「上尽一形」といふは、上はかみといふ、すゝむといふ、のぼるといふ、いのちおはらむまでといふ。尽はつくるまでといふ。形はかたちといふ、あらわすといふ。念仏せむこと、いのちおはらむまでとなり。「十念、三念、五念のものもむかへたまふ」といふは、念仏の偏数によらざることをあらはすなり。（同右、一四二―一四三頁）

という記述にも見られる。これらの用例を見ると、親鸞が「数遍」ではなく、「偏数」という語を用いた意味が理解できるのである。即ち、例えば、弁長が『徹選択本願念仏集』巻上で、

〔26〕依《テ》レ之善導釈《シテ》云《ク》、「従《リ》二一万一至《ルト》二十万《ニ》二」。又云《ク》、「三万六万十万者、皆是《レ》上品上生人」《ト》。就《テ》二此等《ノ》文《ニ》一如《ク》二上人在世之時《ノ》一、可《キ》レ励《ム》二若干之称名《ヲ》一也。然《ルニ》近代念仏義者之中《ニ》、作《ラ》レ号《シ》二先師之一門《ト》一、抛《テ》二此『選択集』《ヲ》一、立《ル》二今案《ノ》私義《ヲ》一之間、異義蘭菊《ニシテ》而邪徒紛紛《タリ》。有人《ノ》云《ク》、「若《シ》不《シテ》レ解《セ》二其《ノ》義《ヲ》一而行《ゼバ》二称名《ヲ》一者、譬《バ》如《ク》二牛《ノ》吼《ルガ》一、亦似《タリ》二犬《ノ》鳴《クニ》一、只是《レ》畜生之念仏也。是《ノ》故《ニ》念仏者《ハ》当《シ》二学《テ》レ文《ヲ》而解《ス》レ義《ヲ》也」云云。依《テ》レ之《ニ》彼《レ》号《シテ》下得《タル》二学文《ヲ》一之人《ト》上而乱二入《シテ》諸国《ニ》一止《メ》二数遍《ヲ》一失《スル》二称名《ヲ》一事、浅猿《シ》浅猿《シ》。無慚《ナリ》無慚《ナリ》。此《レ》則《チ》第六天之魔民也。弥陀仏之怨敵也。（『浄全』七、九六頁下―九七頁上）

と述べて、「止数遍」という行為について〝一念義〟論者を批判するとき、「数遍」は、称名を多数繰り返すこと、つまり、〝多念〟を意味していたのであるが、[19] 親鸞が「偏数」というとき、それは単に〝称名の数〟〝称名の回数〟を意味しているにすぎない。従って、親鸞は「数遍」、つまり、〝多念〟を否定するために「偏数」の語を用いたとも考えられるのである。即ち、『教行信証』記述〔22〕では、「行ノ一念ト言フハ、謂ク称名ノ偏数ニ就イテ、選択易行ノ至極ヲ顕開ス」とあり、「顕開選択易行至極」の語が難解であるが、ここで用いられる「極」という語は、『教行信証』「信巻」の

〔27〕夫按ズルニ二真実信楽ヲ一、信楽ニ有リ二一念一。一念者ハ、斯レ顕シ二信楽開発ノ時剋之極促ヲ一、彰ス二広大難思ノ慶心ヲ一也。（『定本』一、一三六―一三七頁）

という記述における「極」、及び『一念多念文意』の記述〔23〕や、

〔28〕一念といふは、信心をうるときのきわまりをあらわすことばなり。（『定本』三(1)、一二七頁）

という記述における「きわまり」と同様に、〝多念〟ではなく、〝信〟の「一念」を表す語なのであろう。[20] 従って、親鸞は、『教行信証』記述〔22〕で、「行」について「偏数」の語を用いながらも、やはり「行之一念」、つまり、「一念」を説いているのであるが、その「一念」とは、実は〝信〟の「一念」を意味するであろう。

しかるにこの点は、『一念多念文意』記述〔23〕〔24〕〔25〕においても、同様であろう。つまり、そこでは、〝称名の遍数（回数）は定まらない〟とか、〝念仏は遍数（回数）によるのではない〟と言われているが、実質的には、そこで〝多念〟は否定されているのである。記述〔24〕の冒頭には、「多念をひがごととおもふまじき事」とあり、親鸞は、『一念多念文意』の記述〔24〕以後の部分において〝多念義〟を擁護しなければならない筈であるが、私には、記述〔24〕の「称名の偏数さだまらずといふこと」とか、記述〔25〕の「念仏の偏数によらざること」という語が〝多念義〟を擁護しているとは思えない。むしろ、その逆であろう。

さて、ここで、考察を、『唯信鈔』記述〔20〕に戻すことにしよう。そこには〝一念義〟論者と思われる「念仏を信ずる人」の主張の中に、「一念にてたれりとす」という語に続いて、

偏数をかさねむとするは、かへりて仏の願を信ぜざるなり。

という語が見られるが、この語は極めて重要な問題を含んでいる。というのも、〝称名の数を繰り返すこと、つまり、多念を称することは、阿弥陀の本願を信じないことである〟という非難は、〝一念義〟論者から〝多念義〟論者に向けて繰り返し投ぜられてきた語だからである。このような非難が、いついかなる時点から実際に行われるようになった

のかは、明らかではない。しかし、すでに本書の第三章で考察したように、(21)弁長は、『浄土宗名目問答』巻中における〝一念義〟批判の一連の論述の中において、次のような「有人」の説を紹介している。

〔29〕又重《テ》問《テ》曰《ク》。有人《ノ》云《ク》、「畏《ルハ》二罪業《ヲ》一不《ル》レ信《ゼ》二念仏《ヲ》一也。申《スハ》二数遍《ヲ》一疑《フ》二本願《ヲ》一也。然《レバ》則《チ》不レ畏《レ》二造罪《ヲ》一、恣《ニ》造《ル》レ罪《ヲ》、是《レ》信《ズル》二念仏《ヲ》一之人也」。(『浄全』十、四一一頁下)

つまり、ここで、「有人」の説く〝一念義〟は、「不畏造罪、恣造罪」という所謂〝造悪無礙〟説と結合しているのであるが、ここで「有人」が「数遍ヲ申スハ、本願ヲ疑フナリ」と言うのは、『唯信鈔』記述〔20〕の「偏数をかさねむとするは、かへりて仏の願を信ぜざるなり」と全く同義であり、〝多念義〟を批判していることは、明らかであろう。私は、親鸞が弁長の著作を読んでおり、かつ、帰洛後は、弁長の〝一念義〟批判に答えることを自らの思想的課題の一つとしていたと考えるものであるが、とりわけ、『唯信鈔』記述〔20〕のこの部分と、『浄土宗名目問答』記述〔29〕は、表現上の類似が著しい。即ち、「疑本願」は、「仏の願を信ぜざるなり」に変えられ、「不信念仏」は、「念仏を信ぜざる人」に変えられ、そして言うまでもなく、「申数遍」は、「偏数をかさねむとするは」に代えられたのである。このように見れば、記述〔20〕における「偏数」の語は、弁長の「数遍」を変更したものであるとも考えられるのである。また、『唯信鈔』記述〔20〕冒頭の「念仏を信ずる人」も、『浄土宗名目問答』記述〔29〕では、「信念仏之人」として出ており、いずれの記述においても、〝一念義〟論者を指している。『唯信鈔』記述〔20〕の著者が、『浄土宗名目問答』記述〔29〕を参照して書いていることは、最早明らかなように思われる。

さて、次に、記述〔20〕の「おほきにあざけりふかくそしると」の「と」について述べたい。私はこの「と」という語と、以下に出る「この説ともに」の「ともに」という語が正確に理解されなかったために、従来の解釈に誤りが生じたのではないかと考えている。即ち、『唯信鈔』の著者は、基本的には〝一念義〟の主張と〝多念義〟の主張を提示し、その両者「ともに」得失ありと論じているのであるが、この二つの主張を結ぶ語が「と」であると思われる。

つまり、「と」は、英語の“and”を意味するのであろう。

「そしる」という動詞の後に、“and”を意味する「と」が来るというのは、いかにも奇妙な用法に思われるが、しかし、注目すべきことに、親鸞の真蹟とされる『唯信鈔』の専修寺所蔵「ひらがな本」では、「ふかくそしると」を、

〔30〕ふかくそしるト（『真蹟集成』八、二一七頁三行）

と書いているのである。つまり「と」だけをカタカナで「ト」と書き、しかも右端に寄せているのである。これは、この「ト」が、特殊な用法であることを示すものと思われる。従って、ここでは、この「と」を〃一念義〃の主張と〃多念義〃の主張を並列的につなぐ語と解しておきたい。

次に、『唯信鈔』記述〔20〕には、

まづ、専修念仏といふて、もろもろの大乗の修行をすてゝ、つぎに、一念の義をたてゝ、みづから念仏の行をやめつ。まことにこれ魔界たよりをえて、末世の衆生をたぶろかすなり。

と述べられるが、これは、『唯信鈔』に登場する〃多念義〃論者が〃一念義〃論者を非難する語なのである。決して、『唯信鈔』の著者、即ち、私見によれば親鸞自身が、〃一念義〃論者を非難する言葉なのではない。

では、親鸞が、このように〃一念義〃を〃魔説〃として非難する言葉をどこで知ったかと言えば、それは、やはり、弁長の著作であろう。即ち、弁長は『徹選択本願念仏集』記述〔26〕で、〃一念義〃論者を、「第六天之魔民也。弥陀仏之怨敵也」と厳しく非難しているのである。[22] また、弁長は『徹選択本願念仏集』記述〔12〕でも、「我身無行、不唱称名、偏取信心、以之為他力」なる人々の主張を「邪義」として批判しているが、これも、「他力」論者＝「信心」論者＝〃一念義〃論者に向けられた批判だと思われる。特に、そのうち「我身無行」の語は、『唯信鈔』記述〔20〕の「みづから念仏の行をやめつ」に、表現として類似していることは、注意したい。要するに、『唯信鈔』の著者は弁長の著作を読んでおり、そこに見られる〃一念義〃批判の記述を参照しつつ『唯信鈔』記述〔20〕を書いていると思われる。

次に記述〔20〕には、「この説ともに得失あり」とある。「この説」という所は、『真宗聖教全書』所収テキストの脚註[23]によれば、(乙)本、つまり、河内願得寺蔵乗専写本と、(丁)本、つまり、『真宗仮名聖教』所収本では、「このふたつの説」と読んでいるとされている。[24]真蹟とされる「西本願寺本」[25]、専修寺「ひらがな本」[26]、東本願寺蔵断簡[27]では、すべて「この説ともに……」という読み方なので、これが本来の形であることは確かであろうが、しかし、「ふたつの」という語を補なって、「この二つの説ともに」と読むことは、論旨を明確にする点では、有益なのである。つまり、「得失」があるというのは、Ⓐの〝一念義〟論者の主張にも、Ⓑの〝多念義〟論者の主張にも、「ともに得失あり」という意味なのである。また、以上の考察によって、記述〔20〕の前述の「ト」という語を“and”と解するという私見の妥当性も示されたであろう。

では、Ⓐの〝一念義〟論者の主張には、どのような「得」（長所）「失」（短所）があるのか。「往生の業一念にたれりといふは、その理まことにしかるべし」が、その「得」を述べたものであり、「偏数をかさぬるは不信なりといふ、すこぶるそのことばすぎたりとす」が、その「失」を述べたものなのである。

では、Ⓑの〝多念義〟論者の主張には、どのような「得」と「失」があるとされるのか。「一念をすくなしとおもひて、偏数をかさねずば往生しがたしとおもはば、まことに不信なりといふべし」が、その「失」を述べたものであり、「往生の業は一念にたれりといゑども、いたづらにあかし、いたづらにくらすに、いよいよ功をかさねむこと要にあらずやとおもふて、これをとなえば、ひめもすにとなへ、よもすがらとなふとも、いよいよ功徳をそへ、ますます業因決定すべし……。これを不信の人とやはせむ。ひとへにこれをあざけるも、またしかるべからず」が、その「得」を述べたものなのである。

従って、『唯信鈔』記述〔20〕のここまでの部分には、

Ⓐ〝一念義〟論者の主張

Ⓑ〝多念義〟論者の主張
〝一念義〟論者の主張の「得」
〝一念義〟論者の主張の「失」
〝多念義〟論者の主張の「失」
〝多念義〟論者の主張の「得」

という論点が述べられたことになる。

その次の「一念といえるは、すでに経の文なり。これを信ぜずば、仏語を信ぜざるなり」は、以下の結論を導くために置かれている文章であって、ここに『唯信鈔』の著者の〝一念義〟論者としての根本的確信が示されている。

次に示される「一念決定しぬと信じて、しかも一生おこたりなくまふすべきなり」という文章こそが、『唯信鈔』がその全論証を経て、最終的に導こうとする結論であって、これを「正義」と呼んでいる。

すでに述べたように、私は、『唯信鈔』の著者は親鸞だと考えており、親鸞が『唯信鈔』を著作し、そして繰り返し書写して関東の弟子達に送り、『唯信鈔』を読むことを勧めたのは、何よりも、この「正義」を弟子達に示したかったからであろう。それにもかかわらず、ここで「正義」とされる

一念決定しぬと信じて、しかも一生おこたりなくまふすべきなり。

という文章は、決して分り易いものではない。前半は、おそらく、〝一念〟の〝信〟について述べ、後半は、〝多念〟の称名の勧めを説くものであろうが、前半の「一念決定しぬと信じて」というのは、漠然としている。おそらく直接的には、〝一念に往生が決定すると信じて〟という意味なのであろうが、その〝一念に往生が決定すると信じる〟ということが、また〝信の一念が決定する〟という意味でもあるのであろう。要するに、この結論の前半は、『末灯鈔』記述〔17〕の「信心のさだまるとき往生またさだまるなり」という文章とほぼ同趣旨を表していることは、間違いない

であろう。

さて、「一念決定しぬと信じて、しかも一生おこたりなくまふすべきなり」という『唯信鈔』の主張する「正義」は、実はその後の浄土教文献に大きな影響を与えたと思われる。つまり、この「正義」は〝一念義〟にも〝多念義〟にも「得」と「失」を指摘した上で、両者を巧みに調和させたような印象を人々に与えたために、大きな影響力をもったのである。後論するように、『唯信鈔』の著者の立場は、『唯信鈔』を読む限り、あくまでも〝一念義〟なのであるが、迂闊な読者には、前掲の『唯信鈔』の「正義」は、〝一念義〟と〝多念義〟を対等に見事に調停しているような印象を与えたからである。従って、この「正義」については、その後の浄土教文献の中に、様々のヴァリアントが生じることになったのだと思われる。(28) 以下に、その例を示そう。

(1)『西方指南抄』所収の『或人念仏之不審聖人に奉問次第』
(31) 答。「十声一声」の釈は、念仏を信ずるやうなり。かるがゆへに、信おば一念に生るととり、行おば一形をはげむべしと、すゝめたまへる釈也。(『定本』五、二八四頁)
(2)『和語灯録』巻四所収の『十二問答』
(32) 答。「十声一声」の釈は、念仏を信ずる様。「念念不捨者」の釈は、念仏を行ずる様也。かるがゆへに、信をば一念にむまるととりて、行をば一形にはげむべしとすゝめ給へる釈也。(『浄全』九、五七六頁下)
(3)『醍醐本法然上人伝記』所収の『禅勝房との十一箇条問答』
(33) 答云。「十声一声」《ノ》釈《ハ》是《レ》信《ズル》二念仏《ヲ》一之様也。信《ヲバ》取《テ》二一念往生《スト》一、行《ニハ》一形可レ励也。(『浄典研(資)』一七九頁)

(4)『和語灯録』巻四所収の『禅勝房にしめす御詞』

〔34〕かるがゆへに、信をば一念にむまるととりて、行をば一形にはげむべし。(『昭法全』四六四頁)

(5)『拾遺和語灯録』所収の『登山状』

〔35〕しかれば、信を一念にむまるとゝりて、行をば一形にはげむべしとすゝむる也。弥陀の本願を信じて、念仏の功をつもり、運心としひさしくば、なんぞ願力を信ぜずといふべきや。すべて博地の凡夫、弥陀の浄土にむまれん事、他力にあらずば、みな道たえたるべき事也。(『昭法全』四二七頁)

(6)『醍醐本法然上人伝記』所収の『三心料簡事』

〔36〕 一念信心事

取《テ》二信《ヲ》於一念《ニ》一、尽《スベシ》二行《ヲ》於一形《ニ》一、疑《フ》二一念往生《ヲ》一者、即《チ》多念皆疑念之念仏也云々。(『浄典研(資)』二〇九―二一〇頁)

(7)『閑亭後世物語』巻下

〔37〕道理と申すは、念仏は一念にも往生をとぐるを、然るべく命延《のび》て弥申しかさねて、多念の功をつめるよと思ひて、数遍を申すべき也。上人常の御詞には、罪は五逆もさはり無しと知るとも、構へて小罪をもつくらじと思ふべし。往生は一念に足りぬと存ずとも、多念を重ねんと思ふべし。信をば一念に往生すと取りて、行をば多念にはげむべしと云々。(『閑亭』四五頁上―下)

これら七つの記述においては、『唯信鈔』記述〔20〕の「正義」、つまり、「一念決定しぬと信じて、しかも一生おこたりなくまふすべきなり」と類似の表現が見られる。例えば、記述〔31〕の『西方指南抄』所収の『或人念仏之不審聖人に奉問次第』には、「信おば一念に生るととり、行おば一形をはげむべし」とあるが、他の記述〔32〕―〔37〕においても、ほぼ同様の文章が認められるであろう。記述〔31〕―〔37〕において、これらの類似表現は、すべて法然の語として示されているが、これらの類似表現を、すべて親鸞が著した『唯信鈔』記述〔20〕の「正義」のヴァリアントと見る私見によれば、それらの表現が法然のものであることはありえないのである。

特に、『閑亭後世物語』は、『唯信鈔』の直接の影響下にあり、また『唯信鈔』に言及する書物であって、前掲の記述〔37〕のうち、

念仏は一念にも往生をとぐるを、然るべく命延て弥申しかさねて、多念の功をつめると思ひて、数遍を申すべき也。

とあるのは、『唯信鈔』記述〔20〕に、

往生の業は一念にたれりといゑども、いたづらにあかし、いたづらにくらすに、いよいよ功をかさねむこと要にあらずやとおもふて、これをとなえば、ひめもすにとなへ、よもすがらとなふとも、いよいよ功徳をそへ、ますます業因決定すべし。

と言われるのと趣旨が一致している。従って、『閑亭後世物語』記述〔37〕の「信をば一念に往生すと取りて、行をば多念にはげむべし」は、『唯信鈔』記述〔20〕の「正義」、つまり、「一念決定しぬと信じて、しかも一生おこたりなくまふすべきなり」のヴァリアントであることが知られるであろう。

以上で、『唯信鈔』記述〔20〕に関する解釈を一応示し終ったが、『閑亭後世物語』における『唯信鈔』への言及について検討することによって、『唯信鈔』記述〔20〕に関する私の解釈が基本的に妥当であることが示されると思われる。そこで、『唯信鈔』記述〔20〕の思想的立場についてさらに考察する以前に、『閑亭後世物語』と『唯信鈔』の関りを見ておきたい。

すでに本書の第三章で論じたように、『閑亭後世物語』は、『後世物語』『捨子問答』と密接に関連する文献であり、私はこれら三文献の成立順序を、

『捨子問答』→『後世物語』→『閑亭後世物語』

と考えた(29)。また、その章の主要なテーマは、『後世物語』が『捨子問答』を素材として親鸞によって著作されたことを論証することにあった。従って、『閑亭後世物語』が、親鸞に言及しないにせよ、親鸞の影響下、あるいは、親鸞が著作した『唯信鈔』『後世物語』『自力他力事』の影響下にあることは、明らかである。例えば、『閑亭後世物語』巻上の

〔38〕仏の本願と申すは、元来かゝる悪業ふかき衆生のためとおこし給へる也。然るを、我心のわるければ、よも仏の御心に叶はじと思ふこそ、聽て本願を疑ふにて候へ。(『閑亭』三六頁上)

という記述が、『後世物語』第七答ⓠの

〔39〕いはゆる弥陀の本願は、すべてもとより罪悪の凡夫のためにして、聖人のためにあらずとこゝろえつれば、わがみのわるきにつけても、さらにうたがふおもひのなきを、信心といふなり。(『後世』ⓠの一部(30))

という記述(31)の影響下にあることは、明らかであろう。

『閑亭後世物語』は、上下二巻より成るが、巻下の冒頭には、

〔40〕問。念仏に一念多念と申す義の候なるは、いかなる事ぞ。(『閑亭』四五頁上)

という問いを掲げて、〝一念〟〝多念〟の問題を扱っている。この問題に対する『閑亭後世物語』の基本的立場は、記述〔37〕にも示されたように、『唯信鈔』の「正義」にもとづくものであって、この「正義」のヴァリアントが記述〔37〕に存することは、すでに見た通りである。しかるに、『閑亭後世物語』には、記述〔37〕よりもやや後の個所に、次のような記述が見られるのである。

〔41〕聖覚法印の云く「或人の云く『一念往生の本願を知らずして多念の数遍をかさぬるも迷へる心也。一念の功力を信じては、何の料にか多念をはげまん』と云々。此の義は其の信心の程は深《ふか》く目出度けれども、其の詞最も過分也。一念の功力実に往生に不足無しと知らば、弥《いよ〱》こそ喜こんでなを多く申さんと思ふべけれ。一念を疑ひて多念

を申さんと思ふも、多念皆不定の業なるべし。多念を謗りて一念を執するもひが事也。一念に決定往生すべしとしりぬる名号ならば、夜も昼も徒に明し徒に暮さず申して、功徳を弥副《そ》へんとこそ思ふべき事なれ」と云々。（『閑亭』四六頁下―四七頁上）

この記述〔41〕が、『唯信鈔』〔20〕の取意、あるいは、パラフレイズしたものであることは、誰の眼にも明らかであろう。即ち、この記述で、

或人の云く『一念往生の本願を知らずして多念の数遍をかさぬるも迷へる心也。一念の功力を信じては、何の料にか多念をはげまん』と云々。

とあるのは、『唯信鈔』記述〔20〕のⒶの〝一念義〟論者の主張に相当し、『閑亭後世物語』記述〔41〕に、

一念を疑ひて多念を申さんと思ふ

とあるのが、『唯信鈔』記述〔20〕のⒷの〝多念義〟論者の主張に相当している。また、記述〔41〕で、

一念に決定往生すべしとしりぬる名号ならば、夜も昼も徒に明し徒に暮さず申して、功徳を弥副へんとこそ思ふべき事なれ。

とあるのは、記述〔20〕の「一念決定しぬと信じて……」という「正義」と、「いよいよ功をかさねむこと要にあらずやとおもふて、これをとなえば、ひめもすにとなへ、よもすがらとなふとも、いよいよ功徳をそへ、ますます業因決定すべし」とを合糅したものであろう。また、記述〔41〕の「其詞最も過分也」が『唯信鈔』記述〔20〕の「すこぶるそのことばすぎたりとす」を言い換えたものであることは、言うまでもない。

かくして、『閑亭後世物語』記述〔41〕を参照することによって、『唯信鈔』記述〔20〕の基本的な構成が、最初に、〝一念義〟論者の主張と〝多念義〟論者の主張を提示し、次に、両者の主張の「得」「失」を指摘し、最後に〝一念義〟と〝多念義〟を調停するような結論、つまり、実質的には〝一念義〟にもとづいて〝一念義〟と〝多念義〟を調停す

るような結論を提示するというものであることが、明らかになったと思われる。

では、以下に、『唯信鈔』記述〔20〕の思想的立場について、さらに深く考察してみよう。私は、すでに若干述べたように、『唯信鈔』記述〔20〕は、表面的には〝一念義〟と〝多念義〟の対立を調停しているように見えながら、根本的には、〝一念義〟の立場を完全に認めていると考えている。これはすでに、松野博士が前掲の論述で的確に指摘されていることであるが、『唯信鈔』記述〔20〕の結論たる「正義」を導くものとして、

一念といえるは、すでに経の文なり。これを信ぜずば、仏語を信ぜざるなり。

という文章があり、ここに〝一念義〟の正当性は、全面的に認められているのである。

そして、この〝一念義〟の正当性の全面的な承認にもとづいて、「このゆへに、一念決定しぬと信じて、しかも一生おこたりなくまふすべきなり」という「正義」が結論として導かれるのであるから、この「正義」が〝一念義〟の正当性を前提にしていることは、明らかであろう。正に、松野博士が、前掲の論述で、

されば聖覚のこうした「正義」の立場も、多念ではなく一念に力点を置いたことはいうまでもない。

と言われる通りなのである。

また、『唯信鈔』記述〔20〕は、〝一念義〟論者の主張と〝多念義〟論者の主張の両者に「得」「失」を指摘するという構成をとっており、「この説ともに得失あり」という語も、この構成を踏えているが、しかし、両者の主張に対して指摘される「得」「失」は、その重さが全く異なっている。即ち、〝一念義〟論者の主張について、どのような「失」が指摘されているかといえば、「偏数をかさぬるは不信なりといふ、すこぶるそのことばすぎたりとす」というように、単に〝言葉が過ぎている〟と言われているのに対し、〝多念義〟論者の主張に対して指摘される「失」とはどのようなものかといえば、「一念をすくなしとおもひて、偏数をかさねずば往生しがたしとおもはば、まことに不信なりといふべし」というように、「不信」であると言われているのである。〝言葉が過ぎている〟つまり、『閑亭後世物語』記述〔41〕

の表現を用いれば、言葉が「過分」であると言うのと、「まことに不信なり」と言うのとでは、その重さが全く異なることは、明らかであろう。

特に、『唯信鈔』記述〔20〕は、〝一念義〟論者の主張の「得」と「失」を、

往生の業一念にたれりといふは、その理まことにしかるべしといふとも、偏数をかさぬるは不信なりといふ、すこぶるそのことばすぎたりとす。

と述べて、松野博士の言われるように、右の傍線を付した部分で、〝一念義〟論者の主張の正当性を全面的に認めている。しかるに、「まことにしかるべしといふとも」というこの表現、この論法は、明らかに親鸞のものなのであり、ここに、『唯信鈔』を親鸞作と考える私見の最大の根拠があるのである。

しかるに、この点について説明するためには、本書の第三章で提示した議論を踏まえる必要がある。詳しくは、その第三章を見て頂きたいが、(32) ここで要点のみを再び記しておきたい。〔なお、使用テキストの表示・記号など、第三章のものをそのまま用いる〕

まず、『捨子問答』第四問と『後世物語』第三問は、次の通りである。

Ⓗ捨子問テ云ク。「縦ヒ念仏隙ナク申ストモ、三心ヲ知ラデハ、往生スベカラズ」ト申スヲバ、何ガ知リ侍ルベキ。〔『捨子』第四問〕

ⓗ㈢また、ある人とふていはく。「念仏まふすとも、三心をしらでは、往生すべからず」と候なるは、いかゞし候べきと。〔『後世』第三問〕

ここで、『後世物語』ⓗが『捨子問答』Ⓗにもとづいていることは、明らかであろうが、この両者で問題になっているのは、〝念仏を称えても、三心を知らなければ、往生できない〟という見解である。つまり、Ⓗで〝捨子〟は、この見解をどのように理解したらよいのかと〝師〟に尋ねているのである。

この見解を、真宗大谷派の了祥（一七八八—一八四二）は、『後世物語講義』で、〝一念義〟と見なしている。即ち、直接的には、『後世物語』ⓗの「念仏まふすとも、三心をしらでは」について〝三心を知る〟というときの〝知る〟に大きな意味があるとし、右の見解が、「智解学文シテ三心ヲ解知セネバナラヌ」(33)と説く〝一念義〟の主張だと論じるのである。私見によれば、この了祥の理解は、妥当だと思われる。というのも、〝念仏を称えても、三心を知らなければ、往生できない〟という見解においては、いわば、〝称名か三心か〟という形で問題が設定されており、〝称名〟よりも〝三心の知〟を往生の正因とするこの見解は、〝称名〟を重視する〝多念義〟とは矛盾し、しかも、〝三心〟が〝信〟の一心につめられれば、〝信〟を重視する〝一念義〟の主張に一致するからである。

しかるに、このような〝一念義〟の見解を、いかに理解すべきかという〝捨子〟の問いに対して、『捨子問答』第四答、『後世物語』第三答で〝師〟は、次のように答えるのである。

Ⓘ師答テ云ク。故上人ノ仰ラレシハ、「三心ハコマカニ沙汰シテ知ラネドモ、念仏ダニモ慇《ネンゴロ》ニスレバ、自然ニ具足セラル、也。サレバコソ、三心ト云フ名ヲダニモ知ラザル在家ノ無智ノ人ニモ、念仏シテ神妙ニ往生スル事ナレ」ト云々。ゲニモ此ノ事目ノ前ノ証拠ナリ。不レ可レ疑。

如何様ニ思入テ勤《ツト》メ給ヘバ、加様ニハ尋ネ給フゾ。心ノ底ヲ顕シ給ヘ。其ノ心根《ココロネ》ハ三心ニ当リ不レ当トヲ分別セント云々。〔『捨子』第四答〕

ⓘ師のいはく。まことにしかなり。たゞし、故法然聖人のおほせごとありしは、「三心をしれりとも、念仏まふさずば、その詮なし。たとひ三心しらずとも、念仏だにまふさば、そらに三心は具足して極楽にはむまるべし」とおほせられしを、まさしくうけたまはりしこと、このごろこゝろえあはすれば、まことにさもとおぼえたるなり。

たゞしおのおの存ぜられむところのこゝちをあらわしたまへ。それをきゝて三心にあたりあたらぬよしを分別せむと。〔『後世』第三答〕

ここでも、『後世物語』ⓘが『捨子問答』Ⓘにもとづいていることは明らかであるが、しかし『後世物語』ⓘは、『捨子問答』Ⓘから見るとき、様々な変更、省略、付加をともなっており、そこに『後世物語』の著者、つまり、親鸞の独自性が認められるのである。とり分け重要なのは、『捨子問答』Ⓘの方では、〝三心は細かく知らなくても、念仏さえ丁寧にすれば、三心は自然に具わる〟という法然の言葉を出して、〝三心を知らなければならない〟という〝一念義〟の主張を否定しているのに対し、『後世物語』ⓘの方は、それを否定するどころか、まず、「まことにしかなり」と述べて、〝一念義〟の主張を全面的に認めていることである。

この「まことにしかなり」は、『捨子問答』Ⓘには相当する語が存在せず、従って、『後世物語』の著者による付加と考えられるが、この言葉が『唯信鈔』記述〔20〕の「その理まことにしかるべし」という語と意味においても一致し、表現としても殆んど一致していることは、明らかであろう。つまり、親鸞は、『後世物語』ⓘにおいても、『唯信鈔』記述〔20〕においても、〝一念義〟の主張に対しては、まず「まことにしかなり」とか「まことにしかるべし」と述べて、全面的な賛意を表しているのである。(34)

しかも、両文献においては、その後の議論までも、一致している。即ち、〝一念義〟の主張に対してまず全面的な賛意を表した後は、今度は、その主張に対して、若干の「失」を指摘するのである。即ち、まず『後世物語』ⓘでは、

ただし、故法然聖人のおほせごとありしは、「三心をしれりとも、念仏まふさずば、その詮なし……」。

と言われるが、ここで、傍線を付した部分は、すべて親鸞による付加、つまり、親鸞自身の言葉なのである。

しかるに、この「ただし……三心をしれりとも、念仏まふさずば、その詮なし」は、『捨子問答』Ⓘとの関係から見ても、〝一念義〟の主張に対して、何等かの「失」を述べていなければならない。しかし、「念仏まふさずば、その詮なし」の「その詮なし」とは、〝往生できない〟という意味では、決してない。これは単に親鸞が、〝称名〟の立場、つまり、〝多念義〟に対して、若干の配慮を払った言葉にしかすぎない。即ち、この点では、すでに考察した『末灯鈔』

記述〔13〕の

信心ありとも、名号をとなへざらんは、詮なく候。

という文章と全く同じなのである。しかも、「その詮なし」と「詮なく候」とでは、表現までも一致している。

従って、『後世物語』ⓘの「ただし……三心をしれりとも、念仏まふさずば、その詮なし」と、『末灯鈔』記述〔13〕の「信心ありとも、名号をとなへざらんは、詮なく候」は、ともに親鸞自身の立場を語る親鸞自身の言葉なのであるが、いずれも、〝信心〟を重視する〝一念義〟の主張に対し若干の「失」を指摘し、〝称名〟を重んじる〝多念義〟の主張に若干の「得」を指摘したものに他ならない。しかるに、親鸞自身が『末灯鈔』記述〔13〕に連続する『末灯鈔』記述〔21〕において、「詮ずるところ、名号をとなふといふとも、他力本願を信ぜざらんは、辺地にむまるべし」と述べているように、また、『後世物語』ⓘで「まことにしかなり」と述べ、『唯信鈔』記述〔20〕で「まことにしかるべし」と述べているように、親鸞自身の根本的な立場が〝信の一念義〟にあったことは、否定することができないのである。

要するに、『唯信鈔』記述〔20〕の「まことにしかるべしといふとも」と『後世物語』ⓘの「まことにしかなり。ただし」は、典型的な親鸞の論法なのであり、また、親鸞自身が著した言葉であることは、最早明らかなのである。かくして、『唯信鈔』の著者が親鸞であることは、すでに確定したとも言えるであろう。

親鸞が『後世物語』と『唯信鈔』のいずれを先に著作したかということは、容易に確認できることではない。ただし、『唯信鈔』の思想的立場について以下でさらに考察する以前に、『唯信鈔』の著者である親鸞が、『後世物語』の著者である親鸞と同様に、『捨子問答』を読んでいたであろうということを、論証しておきたい。

まず、『閑亭後世物語』記述〔38〕と『後世物語』記述〔39〕を、再び次に提示しよう。

〔38〕仏の本願と申すは、元来かゝる悪業ふかき衆生のためとおこし給へる也。然るを、我心のわるければ、よも仏の御心に叶はじと思ふこそ、軈て本願を疑ふにて候へ。〔『閑亭』〕

〔39〕いはゆる弥陀の本願は、すべてもとより罪悪の凡夫のためにして、聖人のためにあらずとこゝろえつれば、わがみのわるきにつけても、さらにうたがふおもひのなきを、信心といふなり。(『後世』)

しかるに、これに関連する記述として、『唯信鈔』には、次のように説かれている。

〔42〕よの人つねにいはく、「仏の願を信ぜざるにはあらざれども、わがみのほどをはからふに、罪障のつもれることはおほく、善心のおこることはすくなし。こゝろつねに散乱して一心をうることかたし。身とこしなへに懈怠にして精進なることなし。仏の願ふかしといふとも、いかでかこのみをむかへたまはむ」と。

このおもひまことにかしこきににたり。憍慢をおこさず、高貢のこゝろなし。しかはあれども、仏の不思議力をうたがふとがあり。仏いかばかりのちからましますとしりてか、罪悪のみなればすくはれがたしとおもふべき。

(『定本』六(2)、五七―五八頁)

これについて私は、『閑亭後世物語』の著者が、記述〔38〕の破線を付した部分を書いたとき、『唯信鈔』〔42〕の破線を付した部分を素材にしなかったということはないであろうと考えている。つまり、両記述において破線を付した部分は、いずれも、〝本願を疑うこと〟をテーマとしているのであって、そこにおいては、〝自身は罪悪の身であるが故に、阿弥陀仏によっては救われないであろう〟と考えることが、〝本願を疑うこと〟であるとされているのである。これを言い換えれば、〝自身は、どんなに罪悪の身であっても、阿弥陀仏の本願によって救われる〟と考えることこそが、〝本願を信じること〟になるとされているわけであるが、『後世物語』記述〔39〕の破線を付した部分は、正にこのことを言ったものに他ならない。

なお、すでに述べたように、私は、『後世物語』『唯信鈔』を親鸞の著作と考えるのであるが、前掲の三つの関連した記述を見ると、『後世物語』記述〔39〕の「わがみのわるきにつけても」に対応する『閑亭後世物語』記述〔38〕の言葉は、「我心のわるければ」であるが、これが『唯信鈔』記述〔42〕を見ると、「罪悪のみなれば」となっており、

『後世物語』と『唯信鈔』との間に表現上の一致が認められる。これは両者の著者が同一だからであろう。

因みに言えば、『後世物語』記述〔39〕「わがみのわるきにつけても」は、いわば親鸞が好んだ表現であり、私が親鸞自身の著作と考える『自力他力事』にも、次のように出ているのである。

〔43〕他力の念仏とは、「わが身のをろかにわるきにつけても、かゝる身にてたやすくこの娑婆世界をいかゞはなるべき。つみは日々にそなへてかさなり、妄念はつねにをこりてとゞまらず。かゝるにつけては、ひとへに弥陀のちかひをたのみあおぎて念仏をこたらざれば、阿弥陀仏かたじけなく遍照の光明をはなちて、この身をてらしまもらせたまへば、観音勢至等の無量の聖衆ひき具して、行住坐臥、もしはひる、もしはよる、一切のときところをきらはず、行者を護念して、目しばらくもすてたまはず、まさしくいのちつきいきたえんときには、よろづのつみをばみなうちけして、めでたきものにつくりなして、極楽へゐてかへらせおはしますなり。(『定本』六(2)、八四—八五頁)

ところで、前掲の『後世物語』記述〔39〕、『唯信鈔』記述〔42〕、『閑亭後世物語』記述〔38〕の破線を付した部分に見られる〝「自身は罪悪の身なるが故に、阿弥陀仏によって救われないであろう」と考えることが、本願を疑うことになる〟という主張は、『浄土宗名目問答』記述〔29〕で、「罪業ヲ畏ルルハ、念仏ヲ信ゼザル也」と説かれた「有人」の主張、つまり、〝一念義〟論者の主張に類似しているのである。しかるに弁長は、そこでの「有人」の説を、「然則不畏造罪、恣造罪、是信念仏之人也」という語によって、所謂〝造悪無礙〟説として説明している。

私はすでに本書の第三章で、所謂〝造悪無礙〟説を、〝過去造悪無礙〟説と〝未来造悪無礙〟説に分けて考察すべきであることを主張した。[35] 即ち、〝これまで造られた悪は、往生の礙りとならない〟という主張を、〝過去造悪無礙〟説と呼び、〝これからいくら悪を造っても、往生の礙りとならない〟という主張を、〝未来造悪無礙〟説と呼ぶのである。一般には、このうち〝未来造悪無礙〟説を〝造悪無礙〟説と呼ぶのであろうが、単に〝造悪無礙〟説というとき、本章でも、この〝未来造悪無礙〟説を指すことにしたい。

さて、このような観点から、弁長の『浄土宗名目問答』記述〔29〕における「有人」の説を見ると、そこに、「不畏造罪、恣造罪」とある以上、この「有人」の説が、〝未来造悪無礙〟説として弁長によって描かれていることは、明らかであろう。問題は、この〝未来造悪無礙〟説と親鸞との関係であるが、『歎異抄』は別として、親鸞自身の著作中に、この〝未来造悪無礙〟説は、明確な形では確認できないと思われる。ただし、この問題に関する親鸞の立場は、極めて微妙なものだと思われる。即ち、親鸞の言明の一部には、〝過去造悪無礙〟説と〝未来造悪無礙〟説とのいずれとも、解釈できるような側面が認められるのである。

また、主著『教行信証』に、明確な形で、所謂〝造悪無礙〟説、つまり、〝未来造悪無礙〟説の批判は、見られないと思われる。親鸞が、関東の弟子達に宛てた書簡の一部において、〝未来造悪無礙〟説を批判したのは[36]、事実であるが、親鸞は、殆んどすべての著作において〝過去造悪無礙〟説を一貫して力説しているので、読者にとって、親鸞の〝造悪無礙〟説に対する立場が分りにくいものであることは否定できないであろう。しかも、親鸞の帰洛後、関東の親鸞門下の間に、所謂〝造悪無礙〟説が生じたことは、否定できない事実なのである。さらに、『歎異抄』の存在がある。この書物に関する私見は、すでに述べたが[37]、私は、この書物の〝造悪無礙〟説は、〝未来造悪無礙〟説にまで達していると考えている。『歎異抄』は親鸞の著作ではなく、関東の〝造悪無礙〟派による創作であるというのが私の基本的理解であるが、しかし彼等が親鸞門下であったことも、事実なのである。従って、〝造悪無礙〟説に対する親鸞の立場は、極めて微妙なものであったと言わざるを得ないであろう。

では、『唯信鈔』では、親鸞はこの問題をどのように扱うのであろうか。『唯信鈔』記述〔42〕の「仏いかばかりのちからましますとしりてか、罪悪のみなればすくはれがたしとおもふべき」という語、特にこのうちの「罪悪のみなればすくはれがたし」という語を見ると、そこに説かれているのは、〝未来造悪無礙〟説、つまり、所謂〝造悪無礙〟

説ではなくて、〝過去の造悪は、往生の礙りにならない〟という意味での〝過去造悪無礙〟説であるように思われる。

この点は、『唯信鈔』記述〔42〕に続けて、次のように説かれることからも、知られるであろう。

〔44〕五逆の罪人すら、なほ十念のゆへにふかく刹那のあひだに往生をとぐ。いはむやつみ五逆にいたらず、功十念にすぎたらむおや。[38] つみふかくば、いよいよ極楽をねがふべし。「不簡破戒罪根深[39]」といへり。善すくなくば、ますます〳〵弥陀を念ずべし。「三念五念仏来迎[40]」とのたまへり。むなしくみを卑下して、こゝろを怯弱にして、仏智不思議をうたがふことなかれ。(『定本』六(2)、五八頁)

つまり、ここで「つみふかくば、いよいよ極楽をねがふべし」とか「むなしくみを卑下して……仏智不思議をうたがふことなかれ」というのは、〝過去の造悪は、往生の礙りにならない〟という〝過去造悪無礙〟説を説くものであろう。

また、すでに示した『唯信鈔』記述〔19〕には、

仏力無窮なり。罪障深重のみをおもしとせず。仏智無辺なり。散乱放逸のものおもすつることなし。信心を要とす。

とあったが、ここでも、「罪障深重のみ(身)をおもしとせず」は、〝過去造悪無礙〟説を示しているであろう。さらに、ここに見られる「信心を要とす」という語は、端的に親鸞の〝信心正因〟説を説いているが、親鸞において「信心」は、常に〝過去造悪無礙〟説と結合して語られていることに注意したい。この点は、『後世物語』記述〔39〕の「わがみのわるきにつけても、さらにうたがふおもひのなきを、信心といふなり」においても同様である。つまり、親鸞にとって〝信心〟とは、〝過去造悪無礙〟説なくしては決して成立しないあるものだったのである。

しかるに、この点は、『唯信鈔文意』(専修寺正月二十七日本)の次の記述においても、同様であろう。

〔45〕自力のこゝろをすつといふは、やう〳〵さま〴〵の大小聖人善悪凡夫の、みづからがみをよしとおもふこゝろをすて、みをたのまず、あしきこゝろをかへりみず、ひとすぢに具縛の凡愚屠沽の下類、無礙光仏の不可思議の

本願、広大智慧の名号を信楽すれば、煩悩を具足しながら無上大涅槃にいたるなり。（『定本』三(1)、一六七―一六八頁）

つまり、ここでも「信楽」という〝信心〟は、「あしきこころをかへりみず」「具縛の凡愚屠沽の下類」「煩悩を具足しながら」という語によって示される〝過去造悪無礙〟説にもとづいて成立しているのである。ここの「あしきこころをかへりみず」が、『後世物語』記述〔39〕の「わがみのわるきにつけても」と全く同じ意義をもっていることは、明らかであろう。従って、〝過去造悪無礙〟説と〝信心〟との結合を説く『後世物語』記述〔39〕や、『唯信鈔』記述〔42〕〔44〕〔19〕が、すべて親鸞の著作したテキストであることも、確実であろう。

では、いよいよ、『唯信鈔』記述〔42〕と『捨子問答』との関係を明らかにしよう。即ち、『唯信鈔』記述〔42〕は、『捨子問答』第七問答の一部を素材として書かれていると思われるので、まず、『唯信鈔』記述〔42〕を再度掲げ、次に、『捨子問答』第七問答Ⓝⓞの一部と、それに対応する『後世物語』第六問答ⓝⓞの一部のテキストを以下に列挙しよう。なお、実線を付す部分は、表現が一致する部分である。〔Ⓝⓞⓝⓞについては、本書第三章に示したテキストを用いる〕

〔42〕よの人つねにいはく、「仏の願を信ぜざるにはあらざれども、わがみのほどをはからふに、罪障のつもれることはおほく、善心のおこることはすくなし。こゝろつねに散乱して一心をうることかたし。身とこしなへに懈怠にして精進なることなし。仏の願ふかしといふとも、いかでかこのみをむかへたまはむ」と。このおもひまことにかしこきににたり。憍慢をおこさず、高貢のこゝろなし。しかはあれども、仏の不思議力をうたがふとがあり。仏いかばかりのちからましますとしりてか、罪悪のみなればすくはれがたしとおもふべき。（『唯信鈔』）

〔46〕捨子問テ云ク。有所ニテ承ル。「誰カハ衆生、曠劫ヨリ以来、及至今日マデ、常ニ十悪・五逆・謗人・謗三宝・

不孝父母等ノ衆罪ヲ造レリ。此ノ罪三界六道二十五有ノ衢毎《チマタゴト》ニ満チフサガリタリ。是レニ纏レテ、出離其ノ期ヲ知ラヌ生死ノスモリタリ。然ルヲ今纔ニ弥陀ノ教門ニ値ヒ奉テ、自ラ往生ノ行ヲ励ムト云フトモ、愛欲ノ浪鎮《トコシナヘ》ニ立チテ善心ヲケガシ、瞋恚ノ炎頻ニモヱテ功徳ヲ焼ク。サレバ積ム所ノ悪業煩悩、十方ノ土ヨリモ多ク、一期ノ念仏ハ喩ルニ爪ノ上ノ土ヨリモ少シ。其ノ力ヲ論ズルニ、悪ハ多クシテ、繋ク鉄ノ鏁ノゴトシ。善ハ少クシテ、引糸筋ノ如シ。サル時ニ此ノ念仏ノ物ニ成立ツベシトモ覚エズ。仏ノ願ヲバ疑ハズトモ、我等ガ罪障ノ多ク、又重キヲ思ヒ解クニ、往生アヤウキ也」ト申シ侍リシ。此レハゲニト覚ヘ侍ル也ト云。〔『捨子』第七問Ⓝ〕

〔47〕師答テ云ク。此ノ尋ハ上ニ申シツル至誠心深心ヲ能クモ不二心得一。廻向発願心ヲ不《ル》二具足《セ》一ナリ。廻向発願心トハ、心ヲメグラシテ、向テ彼ノ国ニ生ント欣フ也。然ルヲ我身ノ罪ノ積テ多キニヨリ、貪瞋煩悩ニサヘギラレテ、往生叶ヒ難シト思ヒ侍ベランハ、「我ガ名号ヲ唱ヘン者、罪障ノ軽重ヲバ云ハズ、穢土ヨリ運ンデ浄土ニ引接セン」ト誓ヒ給ヘル阿弥陀仏ノ来迎ノ本願ヲ忘レタルニ似タリ。抑モ罪ノ多キ事ヲノミ信ジテ、功徳ノツム事ヲバ可《キ》レ疑《フ》ヤ。〔『捨子』第七答Ⓞの第一段落〕

〔48〕また、ある人いはく。曠劫よりこのかた乃至今日まで、十悪・五逆・四重・謗法等のもろもろのつみをつくるゆへに、三界に流転して、いまに生死のすもりたり。かゝるみのわづかに念仏をまふせども、愛欲のなみとこしなえにおこりて善心をけがし、瞋恚のほむらしきりにもえて功徳をやく。よきこゝろにてまふす念仏は万が一なり。そのよはみなけがれたる念仏なり。されば、切《せち》にねがふといえども、この念仏ものになるべしとおぼえず。ひとびともまたさるこゝろをなほさずばかなふまじくまふすときに、げにもとおぼえて、まよひ候おばいかゞし候べきと。〔『後世』第六問ⓝ〕

〔49〕師のいはく。これはさきの信心をいまだこゝろえず。かるがゆへに、おもひわづらひてねがふこゝろもゆるになるといふは、廻向発願心のかけたるなり。

善導の御こゝろによるに、「釈迦のおしえにしたがひて、弥陀の願力をたのみなば、愛欲瞋恚のおこりまじわるといふとも、さらにかへりみることなかれ」といへり。まことに、本願の白道、あに愛欲のなみにけがされむや。他力の功徳、むしろ瞋恚のほむらにやくべけむや。〔『後世』第六答⓪の第一・第二段落〕

ここで、『捨子問答』Ⓝ、つまり記述〈46〉と『後世物語』ⓝ、つまり記述〈48〉で語句が一致している個所には、実線を付してあるので、いかに『後世物語』ⓝ、つまり、記述〈48〉が『捨子問答』Ⓝ、つまり、記述〈46〉にもとづいているかが知られるであろう。

『捨子問答』Ⓝ、つまり、記述〈46〉を中心に論旨の流れをたどってみると、〝捨子〟は、ある所で、こうこうこういう意見が述べられたのを聞いたが、その意見は全くその通り（「ゲニ」）だと思われるが、どうであろうかと〝師〟に尋ねているのである。〝捨子〟が聞いた意見は、カギ括弧で括った部分であり、その意見では、要するに、〝衆生は、曠劫以来、様々な罪を造り、三界に流転して煩悩にまとわれているので、そのような罪障が多い衆生が、わずかに一期の念仏で往生することは難しい〟というものであろう。

『後世物語』ⓝ、つまり、記述〈48〉は、〝捨子〟がある所で聞いた意見を〝師〟に尋ねるというのではなく、〝ある人〟が、ある意見を抱き、それを直接〝師〟に尋ねるという構成になっているが、これは『後世物語』が〝捨子〟を登場させないために生じたかなり無理な設定なのである。それはさておき、『後世物語』は、〝捨子〟がある所で聞いた意見の内容にも、若干の変更を加えている。即ち、『捨子問答』Ⓝ、つまり、記述〈46〉には、「一期ノ念仏ハ喩ルニ爪ノ上ノ土ヨリモ少シ」という一文があるが、ここで、「一期の念仏」とは、〝曠劫以来の造罪と比較すれば、ごく僅かな期間である一生涯の念仏〟という意味であろう。しかるに、〝一生涯の念仏〟とは、言うまでもなく、臨終まで続けられる念仏、つまり、〝多念〟ということを含意している。従って、〝一念義〟論者である親鸞は、この言葉を『後世物語』に受け入れることはできない。それ故、単に「わづかに念仏をまふせども」という表現に変えたのである。

また、〝捨子〟に対する〝師〟の答えも、『後世物語』では、変更を蒙っている。即ち、『捨子問答』では〝師〟は、まず、前述の見解には、至誠心・深心、そして廻向発願心の三心が欠けていると答えるのであるが、『後世物語』では、まず「信心をいまだこころえず」と答えている。これは、『後世物語』の著者、即ち、親鸞が、「信心」を何よりも重視する立場、つまり、〝信心正因〟説を説くからであろう。

無論、その後で、廻向発願心が欠けていることも言われるが、〝師〟の答えの冒頭に、まず「信心」の語が出されることは、若干異常なのである。というのも、『捨子問答』においても、『後世物語』においても、この一連の個所では〝三心〟が問題とされており、しかも、『後世物語』記述〔48〕、つまり、ⓝの直前の第五答ⓜの末尾には、「……を深信といふなり。よくよくこれをこころうべし」という文章が、置かれていたからである。[41] 従って、『後世物語』ⓝにおける〝師〟の答えの冒頭に出る「信心」を「深心」と読みかえる一本もあったことを、了祥は伝えている。[42] しかし、親鸞にとっては、ここはどうしても、「深心」ではなくて「信心」でなければならなかったのである。というのも、すでに述べたように、親鸞において〝過去造悪無礙〟説と「信心」説は、常に論理的に不可離に結合していたからである。

〝過去造悪無礙〟説は、『捨子問答』ⓞ記述〔47〕における〝師〟の答えの中でも、語られている。即ち、

然ルヲ我身ノ罪ノ積テ多キニヨリ、貪瞋煩悩ニサヘギラレテ、往生叶ヒ難シト思ヒ侍ベランハ、「我ガ名号ヲ唱ヘン者、罪障ノ軽重ヲバ云ハズ、穢土ヨリ運ンデ浄土ニ引接セン」ト誓ヒ給ヘル阿弥陀仏ノ来迎ノ本願ヲ忘レタルニ似タリ。抑モ罪ノ多キ事ヲノミ信ジテ、功徳ノツム事ヲバ可レ疑ヤ。

というところには、〝過去に造った罪は、往生の礙りにならない〟という〝過去造悪無礙〟説が認められるのである。

また、『後世物語』ⓞの記述〔49〕においても、

「弥陀の願力をたのみなば、愛欲瞋恚のおこりまじわるといふとも、さらにかへりみることなかれ」といへり。まことに、本願の白道、あに愛欲のなみにけがされむや。他力の功徳、むしろ瞋恚のほむらにやくべけむや。

という一節に〝造悪無礙〟説が説かれていることは、明らかであろう。しかし、この『後世物語』⓪の〝造悪無礙〟説は、『捨子問答』⓪に示される〝造悪無礙〟説と比べれば、〝未来造悪無礙〟説的な語感が感じられるということは、すでに本書の第三章で論じた通りである。(43)

また、この二つのテキストにおける〝造悪無礙〟説には、大きな趣旨の相違がある。それを一言で言えば、『捨子問答』のそれは、〝名号〟や〝称名〟にもとづく〝過去造悪無礙〟説であるのに対し、『後世物語』のそれは、〝信心〟にもとづく〝造悪無礙〟説なのである。即ち、『捨子問答』⓪の記述〔47〕においては、「我ガ名号ヲ唱ヘン者、罪障ノ軽重ヲバ云ハズ、……浄土ニ引接セン」とあるように、〝名号〟または、〝称名〟が往生の正因とされているが、『後世物語』⓪記述〔49〕の「弥陀の願力をたのみなば」の方は、〝信心正因〟説を説いているのである。また、『後世物語』⓪記述〔49〕には、〝名号〟や〝称名〟のことが一切言われていない。『後世物語』記述〔49〕は、〝師〟の第六答⓪の後半を省略して示したものであるが、省略された部分にも、〝名号〟や〝称名〟への言及は一切無いのである。これに対して、『捨子問答』⓪の記述〔47〕における〝師〟の答えの最後に出る「功徳ノツム事」が、〝称名〟の積み重ね、つまり、〝多念〟を意味していることは、明らかであろう。

従って、『捨子問答』⓪と、『後世物語』⓪は、ともに〝造悪無礙〟説を説いていながら、前者の〝過去造悪無礙〟説は、〝称名正因〟説（〝多念義〟）にもとづくものであり、後者の〝造悪無礙〟説は、〝信心正因〟説（〝一念義〟）にもとづくものであるという決定的な相違があるのである。これは、『捨子問答』と『後世物語』の思想的立場が、次のように異なっているからである。

『捨子問答』→〝称名正因〟説＝〝多念義〟

『後世物語』→〝信心正因〟説＝〝一念義〟

では、『唯信鈔』記述〔42〕の〝過去造悪無礙〟説は、〝称名正因〟説にもとづくものであろうか、それとも〝信心正因〟説にもとづくものであろうか。まず、記述〔42〕に、〝称名〟のことは一切言われていないことに注意したい。また、「仏の不思議力をうたがふとがあり」とある。この語は、『後世物語』⑩の記述〔49〕における〝師〟の答えにあった「信心をいまだこころえず」という語に相当するであろう。つまり、『唯信鈔』記述〔42〕でも、〝信心正因〟説にもとづいて、〝過去造悪無礙〟説が説かれているのである。

この点は、『唯信鈔』のこの部分をさらに読み進めていくと一層明らかになる。即ち、『唯信鈔』記述〔42〕の後に連続する『唯信鈔』〔44〕にも、〝称名〟への明確な言及は見られず、「仏智不思議をうたがふことなかれ」と言われているのである。では、『唯信鈔』記述〔42〕〔44〕で「うたがふ」とは、何を意味するのか。それは、具体的には〝過去造悪有礙〟、つまり、〝過去の造悪が往生の礙りになる〟と考えることを、〝仏智〟や〝仏力〟を〝疑うこと〟、つまり、〝不信〟であると言っているのである。ということは、〝過去造悪無礙〟説、つまり、〝過去の造悪は、往生の礙りにならない〟と考えることが、「仏の不思議力」や「仏智不思議」に対する〝信〟であると述べているのと同じであろう。即ち、〝過去の造悪は、往生の礙りにならない〟と考えること、つまり、〝「本願力によって」過去の造悪は、往生の礙りとはならない〟と考えることを〝本願〟に対する〝信〟と言うのであろう。

しかも、〝信〟に対するこのような見解は、『唯信鈔』記述〔44〕のやや後に出る『唯信鈔』記述〔19〕の

仏力をうたがひ、願力をたのまざる人は、菩提のきしにのぼることかたし。たゞ信心のてをのべて、誓願のつなをとるべし。仏力無窮なり。罪障深重のみをおもしとせず。仏智無辺なり。散乱放逸のものをもすつることなし。信心を要とす。そのほかおばかへりみざるなり。

という文章にも、認められると思われる。いずれにせよ、ここで〝信心正因〟説と〝過去造悪無礙〟説が論理的に不可離に結合していることは確実であり、ここに親鸞の根本的立場が認められる。

さて、『唯信鈔』記述〔42〕は、〝過去造悪無礙〟説を説く点だけではなく、問いと答えの形式をとる点でも、『捨子

問答』ⓃⓄと『後世物語』ⓝⓞに一致している。すでに見たように、『唯信鈔』と『後世物語』の思想的立場は、〝信心正因〟説、即ち、〝一念義〟であり、『捨子問答』の立場は、〝称名正因〟説、つまり、〝多念義〟であるが、『唯信鈔』記述〔42〕は、『捨子問答』Ⓝ、つまり、記述〔46〕を参照し、それを素材にして書かれているように思われる。というのも、両者には、次のようにほぼ一致する語句が見出されるからである。

『捨子問答』Ⓝ記述〔46〕	『唯信鈔』記述〔42〕
「仏ノ願ヲバ疑ハズトモ、	「仏の願を信ぜざるにはあらざれども、……
我等ガ罪障ノ多ク	罪障の
「積ム所ノ悪業……多ク	つもれることはおほく
「善ハ少クシテ	「善心のおこることはすくなし

このように、両者にはほぼ一致する表現が見られるのであるが、これは、親鸞が『捨子問答』を素材にして『後世物語』を著したように、『唯信鈔』の著作においても、『捨子問答』Ⓝ記述〔46〕を参照し素材にして、『唯信鈔』記述〔42〕を書いたことを示しているであろう。とすれば、『唯信鈔』が承久三年（一二二一年）に成立したということは、あり得ないであろう。というのも、『捨子問答』は、隆寛の没（一二二七年）以後に、隆寛の流れをくむ者によって、書かれたと考えられるからである。私は、『捨子問答』に、その言葉が引かれる「明賢阿闍梨」が、任治元年（一二四〇年）高野検校に任ぜられた明賢を指すであろうという想定を有力な根拠として、また、『捨子問答』が一二五二年以前に成ったと思われる『後世物語』の素材になっていることを根拠として、『捨子問答』の成立を、ほぼ一二四〇年代に想定したのである[44]が、『唯信鈔』の著者が『捨子問答』を参照しているのが事実とすれば、『後世物語』と同様、『唯信鈔』も一二四〇年代後半か、一二五二年以前の一二五〇年代の成立ということになるであろう。

四　松野純孝博士の『唯信鈔』解釈をめぐって

さて、『唯信鈔』の思想に関する松野純孝博士の研究は、『唯信鈔』の立場と親鸞の立場の一致する点、相違する点を詳しく論じており、博士の論点を無視することはできない。言うまでもなく、『唯信鈔』を親鸞の著作と見る私見よりすれば、博士が指摘される相違点というものは、本質的なものとは思えないのであるが、まずは、松野博士の説を確認し、その後、それについて私見を述べたい。

まず、第十七願の問題がある。親鸞が法然とは異なって第十七願を別立し、「諸仏称揚之願」として、これを重視したことは、『教行信証』「行巻」冒頭に、次のように示されている。

〔50〕謹按《テズルニ》二往相《ノ》廻向《ヲ》一、有《リ》二大行一、有《リ》二大信一。大行者《ハ》、則《チ》称《スルナリ》二無礙光如来《ノ》名《ヲ》一。斯《ノ》行《ハ》、即是《チレ》摂《シ》二諸善《ノ》法《ヲ》一、具《セリ》二諸徳《ノ》本《ヲ》一、極速円満《ス》、真《ノ》如一実功徳宝海《ナリ》。故《ニ》名《ク》二大行《ト》一。然《ルニ》斯《ノ》行者《ハ》、出《タリ》レ於《ヨリ》二大悲《ノ》願一。即是《チレ》名《ケ》二諸仏称揚之願《ト》一、復名《ク》二諸仏称名之願《ト》一、復名《ク》二諸仏咨嗟之願《ト》一、亦可《シ》レ名《ク》二往相廻向之願《ト》一、亦可《キ》レ名《ク》二選択称名之願《ト》一也。
　諸仏称名《ノ》願『大経《ニ》』言《ク》。設我得《ムニ》レ仏《ヲ》、十方世界《ノ》無量《ノ》諸仏、不三悉咨嗟《シテ》称《セ》二我名《ヲ》一者《バ》、不《ジ》レ取《ラ》二正覚《ヲ》一。(『定本』一、一七―一八頁)

この第十七願の別立・重視は、いわば親鸞思想の特徴であるが、『唯信鈔』にも、同じ考え方が、次のように説かれるのである。

〔51〕これによりて、一切の善悪の凡夫、ひとしくむまれ、ともにねがはしめむがために、たゞ阿弥陀の三字の名号をとなえむを、往生極楽の別因とせむと、五劫のあひだふかくこのことを思惟しおはりて、まづ第十七に諸仏にわが名字を称揚せられむといふ願をおこしたまへり。この願、ふかくこれをこゝろうべし。名号をもて、あまね

く衆生をみちびかむとおぼしめすゆへに、かつ〴〵名号をほめられむとちかひたまへるなり。しからずば、仏の御こゝろに名誉をねがふべからず。諸仏にほめられて、なにの要かあらむ。

如来尊号甚分明　十方世界普流行　但有称名皆得往　観音勢至自来迎(45)

といへる、このこゝろか。(『定本』六(2)、四五―四六頁)

これについて、松野博士は、

第十七願とは、親鸞でいう「諸仏称揚」の願で、この第十七願によってはじめて、王本願としての第十八願の念仏の立場が諸仏に称揚・証誠され、かくして念仏の立場が諸仏の立場に優位することが確認されるものである。

(『親鸞(松野)』二三六頁)

と説明されている。

しかるに、松野博士は、第十七願の別立は、すでに法然によっても説かれていたとする見解を、まず、次のように述べられる。

もっとも源空は「拾遺黒谷語灯録」に、

念仏往生と申す事は、弥陀の本願に、「わが名号をとなへんもの、わがくにゝむまれずといはゞ、正覚をとらじ」とちかひて、すでに正覚をなり給へるがゆへに、この名号をとなふるものは、かならず往生する事をう。このちかひをふかく信じて、乃至一念もうたがはざるものは、十人は十人ながらむまれ、百人は百人ながらむまる。

と、「念仏往生義」について語っていることが伝えられている。この「念仏往生」とは、第十八願を指し、「わが名号をとなへんもの……」という誓願は第十七願を指していることは言うまでもない。したがって、右の文は第十八願が第十七願によって支えられ、証誠されるものであることを語っているものであるから、これによって源空が第十八願の成立・成就の根拠として、第十七願の重要性を認めていたことが知られる。(『親鸞(松野)』二三六頁)〔傍線=松本〕

しかし、ここで〝「わが名号をとなへんもの……」という誓願は第十七願を指している〟という松野博士の理解は、適切ではないように思われる。「わが名号をとなへんもの、わがくににむまれずといはば、正覚をとらじ」は、第十八願を指すと解釈して、何等不自然ではないからである。

さらに博士は、

また三重県専修寺蔵の「正嘉二歳戊午八月十八日書写之」の奥ある「三部経大意」に、源空は第十七願を第十八願と並べて次のように説いてもいる。すなわち、

その名を往生の因としたまへることを、一切衆生にあまねくきかしめむために諸仏称揚の願をたてたまへり、第十七の願これなり。[46]

このほか、「黒谷上人語灯録」などにも見えている。(『親鸞(松野)』二三六頁)

と論じられるが、私見によれば、そもそも『三部経大意』は様々に問題点の指摘されている[47]〝疑惑の書〟であり、専修寺蔵『三部経大意』の所説をすべて法然(源空)に帰してよいかどうかは、疑問である。『三部経大意』には正嘉二年(一二五八年)書写の奥書きを有する専修寺所蔵写本以外に、建長六年(一二五四年)書写の金沢文庫所蔵写本があり、そこにも、

〔52〕其ノ名号ヲ往生ノ因トシ給ヘル事ヲ一切衆生ニ遍ク聞カシメンガ為ニ、諸仏称揚ノ願ヲ立テ給ヘリ。第十七ノ願是レ也。(『昭法全』三二頁)

とあるが、法然が実際にこのように説いたということがありうるであろうか。専修寺所蔵写本が、かつて考えられたように[48]、親鸞の真蹟であるのか、それとも、生桑完明氏によって主張されたように[49]、正嘉二年の奥書きを有する親鸞

真蹟本を慶信が書写したものであるかは明らかでないが、いずれにせよ、親鸞の手を経ている筈である。金沢文庫本と親鸞との関係は明らかでないが、第十七願を「諸仏称揚ノ願」として別立し重視するのは、やはり法然ではなくて親鸞の考え方と見るべきではなかろうか。建長六年（一二五四年）と正嘉二年（一二五八年）という二つの写本の奥書きの年次が近接しているのは、おそらく、この時点を遡ること十年ほどの間に、つまり、一二四〇年代後半以後に、『三部経大意』の成立があったことを示していると思われる。

『三部経大意』金沢文庫写本には、

〔53〕若此ノ釈ノ如ク、一切ノ菩薩ト同ジク諸悪ヲステ、行住坐臥ニ真実ヲモチキ(ル)ハ、悪人ニアラズ。煩悩ヲハナレタル物ナルベシ。彼ノ分段生死ハナレ、初果終シタル聖者ナヲ貪瞋癡等ノ三毒ヲ起ス。何況一分ノ惑ヲモ断ゼザラム罪悪生死ノ凡夫、イカニシテカ此ノ真実心ヲ具スベキヤ。此ノ故ニ自力ニテ諸行ヲ修テ、至誠心ヲ具セムトスルモノハ、専ラカタシ。千ガ中ニ一人モナシト云ヘル是レ也。（『昭法全』三五頁）

とあり、ここには、「悪人」という語が見えているが、「悪人」の語は、親鸞の思想表現にとって不可欠の語であると、私は見ている。(50) 右の記述の「若此ノ釈ノ如ク、一切ノ菩薩ト同ジク諸悪ヲステ、行住坐臥ニ真実ヲモチキルハ、悪人ニアラズ」という文章には、「菩薩」や〝善人〟でなく「悪人」を正機とする親鸞独自の〝悪人正機〟説が、示されているであろう。

故に、『三部経大意』は、親鸞の手に成ったものか、または、親鸞の考え方を反映した著作であると考える方が、適切であろうと思われる。少なくとも、『三部経大意』の所説を、そのまま法然に帰することは、極めて危険であろう。また、松野博士が前掲の論述で言及された「黒谷上人語灯録」のことも、殆んど問題にならないであろう。というのも、博士が言及されたのは、(51) 一二七五年成立の『和語灯録』巻一に収録された『三部経釈』の

〔54〕名号をもて因として衆生を引接し給ふ事を、一切衆生にあまねくきかしめんがために、第十七の願に、「十方世

界の無量の諸仏、こと〴〵く咨嗟してわが名を称せずといはゞ正覚をとらじ」といふ願をたて給ひて、次に十八の願に「乃至十念若不生者不取正覚」とたて給へり。（『真聖全』四、五五三―五五四頁）

という記述であろうが、『三部経釈』が『三部経大意』の影響を受けて成立していることは、明らかであろう。従って、『三部経釈』記述〔54〕も、『三部経大意』記述〔52〕にもとづいていると思われる。ただし、記述〔54〕には、記述〔52〕と『教行信証』記述〔50〕にある「諸仏称揚ノ願」という語が欠落していることには、注意すべきであろう。

次に、松野博士は〝三心〟と〝一心〟、あるいは、〝信心〟の問題について、次のように論じられる。

　このように見てくると、聖覚が三心の問題を信の一心につめたことは、この思想が源空にも見られるから、源空によったものであろうが、やはり重心のおき方において、源空とやや異なってきていると言わねばならないであろう。このことは標題においてもよく表われているように思われる。すなわち、唯信抄は、「唯念仏抄」なのではなく、「唯信抄」なのである。選択本願念仏集のように念仏を打ち出した「唯念仏抄」ではなく、信を打ち出した「唯信抄」なのである。（『親鸞（松野）』二四二頁）〔傍線＝松本〕

私は、『唯信鈔』の著者を聖覚と見るものではないが、『唯信鈔』が〝信〟を中心とし『選択本願念仏集』が〝念仏〟為本であるという右の論述の後半の論旨には全く賛成なのである。しかし、〝三心を信の一心につめる思想が法然にも見られる〟という主張には、同意できない。では、松野博士は法然の著作のどこに、そのような思想が説かれていると言われるのであろうか。博士は、『真宗聖教全書』より、次の四つの記述を挙げられている。[52]

〔55〕詮じては、まことの心ありて、ふかく仏のちかひをたのみて、往生をねがはんずる心也。（『真聖全』四、六二〇頁）

〔56〕詮じては、たゞま事の心ありて、ふかく仏のちかひをたのみて、往生をねがはんずるにて候ぞかし。（同右、七五八頁）

〔57〕このゆへに、ねがふ心いつはらずして、げに往生せんとおもひ候へば、おのづから三心はぐそくすることにて

候なり。（同右、七三六頁）

（58）三心はまち〳〵にわかれたりといゑども、要をとり詮をゑらびて、これをいへば、深心ひとつにおさまれり。

（同右、七八六頁）[53]

ここで記述（55）は、『和語灯録』中の『浄土宗略抄』に見られるものであり、記述（56）は『拾遺和語灯録』中の『御消息』にあるものであり、記述（57）は『拾遺和語灯録』中の『示或女房法語』に出るものである。記述（56）が記述（55）のヴァリアントであることは、明らかであるが、記述（55）（56）（57）とも、すべて〝三心を信の一心につめる〟記述ではない。即ち、記述（55）について言えば、「まことの心ありて」は、至誠心（真実心）、「ふかく仏のちかひをたのみて」は深心、「往生をねがはんずる心」は、廻向発願心に相当するのである。同様に、記述（57）においても、「ねがふ心」は廻向発願心、「いつはらずして」は至誠心、「げに往生せんとおもひ」が深心に相当する。従って、これら三つの記述は、〝三心を信の一心につめる〟ものではない。なお、記述（55）を含む『浄土宗略抄』の法然真撰には疑問がある。[54]

最後の記述（58）のみが、明らかに「三心」を「深心」（信心）につめているが、これはまたしても、『三部経大意』（専修寺写本）に含まれる記述なのである。この記述に相当するものは、金沢文庫蔵写本では、

（59）三心ハ区ニ分レタリト云ヘドモ、要ヲ取リ詮ヲ撰テ是ヲイヘバ、深心□□ヲサマレ□。（『昭法全』三二―三三頁）

となっており、『和語灯録』の『三部経釈』でも、

（60）三心はまち〳〵にわかれたりといへども、要をとり詮をえらんで、これをいえば、深心におさめたり。（『真聖全』四、五五五頁）

となっている。しかし、すでに述べたような理由から、これを法然の説と見ることはできないであろう。むしろ『三部経大意』記述（58）（59）に〝三心〟を〝深心〟、つまり、〝信〟の一心につめる説が見られることは、法然ではなく

親鸞が、この説の創唱者、あるいは、代表者であることを示していると思われる。それ故、『唯信鈔』を親鸞の著作と見る私よりすれば、この〝三心〟を〝信の一心〟につめる説が『唯信鈔』に見られることは、全く当然のことなのである。

従って、『唯信鈔』記述〔19〕で、

三心ことなるにゝたれども、みな信心にそなわれるなり。

と述べたのも親鸞ならば、『三部経大意』（専修寺写本）記述〔58〕で、

三心はまち〳〵にわかれたりといゑども、要をとり詮をゑらびて、これをいへば、深心ひとつにおさまれり。

と説いたのも、親鸞だったと見得るのではなかろうか。

しかるに、松野博士は、〝三心〟に関する『唯信鈔』と親鸞の立場の相違を、次のように説明されている。

これは、けっきょく、三心のうち一心でも欠けては往生できない、という立場で、聖覚は三心の問題を深心（信の一心）につめ、散乱増・睡眠増の地体懈怠の機に相応させようとしたのであるが、観経によるかぎり、聖覚はこの問題をおしすすめることができず、三心を全具せねばならないという立場にもふれざるをえなかったと見える。それは観経によるかぎり、踏み越えることのできない限界点でもあった。聖覚の三心の問題にもここに限界のあったことは否めない。そこで親鸞はこの限界を乗り越えるために……。こうして観経の三心を真実の三心としないで、大経の三信心（一心）を真実とすることによって、三心を一心に結帰せしめたわけである。聖覚の観経による限界は、かくして乗り越えられていった。それは聖覚の「唯信」の立場をさらに深めたものと言えるであろう。この親鸞の論は、おなじく唯信抄の解説書たる「唯信鈔文意」にあるのである。（『親鸞（松野）』二六八—二六九頁）

しかし、私は、この松野博士の所論に必ずしも全面的に賛成できないのである。『唯信鈔』記述〔18〕には、確かに、

三心の中に一心かけぬれば、むまるゝことをえずといふ。

と述べられているが、〝三心〟に関する『唯信鈔』の結論は、むしろ、『唯信鈔』記述〔19〕の

〔たゞ〕信心を要とす。そのほかおばかへりみざるなり。信心決定しぬれば、三心おのづからそなわる……三心ことなるににたれども、みな信心にそなわれるなり。

という一節、つまり、〝唯信〟の立場を説く一節にあるであろう。従って、『唯信鈔』の立場が、次のように説示される『唯信鈔文意』の立場と基本的に異なるものであるとは、私には思えないのである。

〔61〕「具三心者必生彼国」[55]といふは、三心を具すればかならずかのくににむまるとなり。しかれば善導は、「具此三心必得往生也。若少一心即不得生」[56]とのたまへり。「具此三心」といふは、みつの心を具すべしとなり。「必得往生」といふは、必はかならずといふ。得はうるといふ。うるといふは往生をうるとなり。「若少一心」といふは、若はもしといふ。ごとしといふ。少はかくるといふ。すくなしといふ。一心かけぬればむまれずといふなり。一心かくるといふは信心のかくるなり。信心かくといふは、本願真実の三信のかくるなり。『観経』の三心をえてのちに、『大経』の三信心をうるを一心をうるとはまふすなり。このゆへに『大経』の三信心をえざるをば一心かくるとまふすなり。この一心かけぬれば真の報土にむまれずといふなり。(『定本』三(1)、一七七頁)

ここで言われる「『大経』の三信心」ということは、確かに『唯信鈔』には説かれていないが、しかし、『唯信鈔』記述〔19〕に「信心決定しぬれば、三心おのづからそなわる」と言われている以上、『唯信鈔』の著者が記述〔18〕で「三心の中に一心かけぬれば、むまるることをえずといふ」と書いたとき、「一心かくるといふは信心のかくるなり」という『唯信鈔文意』記述〔61〕の考え方を有していなかったとは、言い切れないであろう。しかも、この「といふ」という語は、『唯信鈔』の著者が〝……と言う〟という意味ではなくて、善導が〝……と言っている〟という意味であろう。つまり、『唯信鈔』の著者は、この善導の言葉に全面的に賛成できなかったからこそ、記述〔19〕で「信心決定しぬれば、三心おのづからそなわる」と結論づけたのだと思われる。

次に松野博士は、『唯信鈔』の至誠心釈について、

善導の「散善義」の「不得外現賢善精進之相、内懐虚仮(57)」の文を、聖覚が伝統に従って源空同様によんでいたのを、親鸞が「唯信鈔文意」で、「あらはにかしこきすがた、善人のかたちをあらわすことなかれ、精進なるすがたをしめすことなかれとなり。そのゆへは『内懐虚仮』なればなり」と独自なよみ方をしたことはすでに述べたとおりである。これも聖覚の意趣をさらに深めたものと言える。（『親鸞（松野）』二六九頁）〔傍線＝松本〕

と論ぜられたが、『唯信鈔』の著者が、「不得外現賢善精進之相、内懐虚仮」を、伝統に従って法然と同様に読んでいたという理解は、正しいであろうか。

まず、法然の読み方とは、『選択集』に、

〔62〕不レ得《レ》下外現《ニジテ》二賢善精進之相《ヲ》一内懐《ニクコトヲ》中虚仮《ヲ》上。（『昭法全』三二八頁）

とあるのを指すのであろう。尤も、返り点等は法然がつけたわけではないであろうが、漢文の読み方としては、「内懐虚仮なればなり」という『唯信鈔文意』の読み方(58)や、「うちに虚仮をいだければなり」という『三部経大意』専修寺写本の読み方(59)、さらに、「うちに虚仮をいだけばなり」(60)という『選択集』の親鸞書写本（一二五九年）の顕智転写本（一三〇二年）の読み方に比べれば、自然だと思われる。

では、『唯信鈔』は、至誠心をどのように説明するのであろうか。その説明とは、次の通りである。

〔63〕その三心といふは、ひとつには至誠心、これすなわち真実のこゝろなり。おほよそ、仏道にいるには、まづまことのこゝろをおこすべし。そのこゝろまことならずば、そのみちすゝみがたし。阿弥陀仏の、むかし菩薩の行をたて、浄土をまうけたまひしも、ひとへにまことのこゝろをおこしたまひき。これによりて、かのくにゝむまれむとおもはむも、またまことのこゝろをおこすべし。

その真実心といふは、不真実のこゝろをすて真実のこゝろをあらわすべし。まことにふかく浄土をねがふこゝ

ろなきを、人にあふては、ふかくねがふよしをいひ、内心にはふかく今生の名利に著しながら、外相にはよをいとふよしをもてなし、ほかには善心ありたふときよしをあらわして、うちには不善のこゝろもあり、放逸のこゝろもあるなり。これを虚仮のこゝろとなづけて、真実心にたがえる相とす。これをひるがへして、真実心おばこゝろえつべし。このこゝろをあしくこゝろえたる人は、よろづのことありのまゝならずば虚仮になりなむずとて、みにとりて、はゞかるべく、はぢがましきことおも、人にあらはししらせて、かへりて放逸無慚のとがをまねかむとす。

いま真実心といふは、浄土をもとめ穢土をいとひ、仏の願を信ずること、真実のこゝろにてあるべしとなり。かならずしも、はぢをあらはにし、とがをしめせとにはあらず。ことにより、おりにしたがひて、ふかく斟酌すべし。善導の釈にいはく、「不得外現賢善精進之相、内懐虚仮」といへり。(『定本』六(2)、五四—五六頁)

ここで注目したいのは、

まことにふかく浄土をねがふこゝろなきを、人にあふては、ふかくねがふよしをいひ、内心にはふかく今生の名利に著しながら、外相にはよをいとふよしをもてなし、

という文章なのである。ここで、「を」「ながら」という接続助辞は、逆接を意味するであろう。つまり、ここでは、「内心」は〝虚仮〟であるにもかかわらず、「外相」に〝賢善精進の相〟を現すことが、否定されているのである。即ち、〝虚仮〟という「内心」と〝賢善精進の相〟という「外相」とが単純に〝and〟という語によって結合され、〝aとbは〟為すべきではない(「不得」)と言われているのではなく、〝bであるにもかかわらず、aを為すべきではない〟、つまり、「内心」は〝虚仮〟であるにもかかわらず、「外相」に〝賢善精進の相〟を示すべきではない、ということが述べられているのだと思われる。とすれば、この文章の意図は、「内心」には〝虚仮〟という〝事実〟があるにもかかわらず、それを偽って「外相」に〝賢善精進の相〟を現すなかれということであるから、「不得」を「外現賢善精進之相」

にだけかかるとする『唯信鈔文意』等の読み方に近接するであろう。
『唯信鈔』には、確かに「内懐虚仮なればなり」というように、「内懐虚仮」を「不得外現賢善精進之相」の〃理由〃に読む読み方は、明確には示されていない。しかし、「内懐虚仮なればなり」という〃理由〃が成立するのは、「内懐虚仮なり」という〃事実〃が認められているからであろう。つまり、「内懐虚仮なり」ということが〃事実〃として認められているからこそ、その〃事実〃を〃理由〃として、〃外に賢善精進の相を現すことを得ざれ〃という禁止が言われるのであろう。とすれば、『唯信鈔文意』の「内懐虚仮なればなり」と『唯信鈔』記述〔63〕の前掲の文章における「……を……。……ながら……」という表現との距離は、左程大きくはないと思われる。
なお、『唯信鈔』記述〔63〕について、一つ指摘しておきたいことがある。それは、「こころ」という語を多用する親鸞の〃書き癖〃〃語り癖〃のことである。『唯信鈔』記述〔63〕には、「こころ」という語が、十五回用いられている。いかに〃三心〃をテーマに論じているにせよ、この「こころ」の用例は余りにも多過ぎると思われる。例えば、破線を付した部分には、
うちには不善のこゝろもあり、放逸のこゝろもあるなり。これを虚仮のこゝろとなづけて、真実心にたがえる相とす。これをひるがへして、真実心おばこゝろえつべし。このこゝろをあしくこゝろえたる人は、
とあるが、これを読んでいると、ここには「こころ」という語が余りにも頻繁に繰り返されるので、論旨が一体何であるのかさえ分らなくなってしまいそうである。しかるに、「こころ」という名詞と「こころう」という動詞の多用は、親鸞の顕著な〃書き癖〃なのである。このことは『親鸞聖人著作用語索引』（略号『親鸞用語索引』）「和漢撰述の部」における「こころ」と「こころう」の項を見れば(61)一目瞭然であるが、その典型的な例を、以下に若干挙げておこう。
まず、『唯信鈔文意』（専修寺正月二十七日本）には、次のようにある。
〔64〕「乃至十念若不生者不取正覚」といふは、選択本願の文なり。この文のこゝろは、「乃至十念」のみなをとなえ

むもの、もしわがくににむまれずば仏にならじと、ちかひたまへる本願なり。「乃至」はかみしもと、おほきすくなき、ちかきとおき、ひさしきおも、みなおさむることばなり。多念にとゞまるこゝろをやめ、一念にとゞまるこゝろをとゞめむがために、法蔵菩薩の願じましますは御ちかひなり。「非権非実」といふは、法華宗のおしえなり。浄土真宗のこゝろにあらず。聖道家のこゝろなり。かの宗のひとにたづぬべし。(『定本』三(1)、一八〇—一八一頁)

ここには、「こころ」が五回用いられているが、第一例に「この文のこころ」とあるのは、〝この文の意味〟という意味であろう。同じ『唯信鈔文意』に、

(65)また「唯」はひとりといふこゝろなり。(『定本』三(1)、一五五頁)

と言われているように、親鸞の著作には、この意味での「こころ」の用例が非常に多い。ここから、「こころう」という動詞の多用も起るのであろう。

さて再び『唯信鈔文意』記述(64)にもどれば、その後に出る「多念にとどまるこころ」と「一念にとどまるこころ」の「こころ」は、所謂〝心〟を言うのであろう。しかし何となく曖昧な表現である。次に「浄土真宗のこころ」と「聖道家のこころ」の「こころ」は、〝意味〟であるのか、〝心〟であるのか。おそらく〝意味〟という意味に近いのであろうが、それにしても曖昧な表現だと思われる。いずれにせよ、親鸞が「こころ」という語を好んだことは、以上の用例によって、明らかであろう。

また、『一念多念文意』の末尾にも、次のようにある。

(66)ゐなかのひと〴〵の文字のこゝろもしらず、あさましき愚癡きわまりなきゆへに、やすくこゝろえさせむとて、おなじことをとりかへし〳〵かきつけたり。こゝろあらむひとは、おかしくおもふべし。あざけりをなすべし。しかれども、ひとのそしりをかへりみず、ひとすぢにおろかなるひと〴〵を、こゝろえやすからむとてしるせる

なり。（『定本』三(1)、一五二頁）

ここにも、「こころ」の様々な用法が見られる。「文字のこころ」というのは、ほぼ〝文字の意味〟という意味であろうが、この〝文字の意味〟を知らないものに、〝意味を理解させる〟というのが、「こころえさせ」るということなのであろう。すると「こころあらむひと」というのは、〝文字の意味を理解している人〟という意味になるのかもしれない。

次に、『後世物語』第五答ⓜにも、「こころ」が異常に多用される次のような一節がある。[62]

〔67〕つぎに「弥陀誓願の深重なるをもて、かゝる衆生をみちびきたまふと信知して、一念もうたがふこゝろなかれ」とすゝめたまへり。このこゝろをえつれば、わがこゝろのわるきにつけても、弥陀の大悲のちかひこそ、あはれにめでたくたのもしけれとあおぐべきなり。もとより、わがちからにてまいらばこそ、わがこゝろのわるからむによりて、うたがふおもひをおこさめ。ひとへに仏の御ちからにてすくひたまへば、なにのうたがひかあらむとこゝろうるを、深信といふなり。よくよくこれをこゝろうべし。（『後世』第五答ⓜの一部）

このうち、最後の「よくよく……こころうべし」というのは、親鸞の語り癖とも言えるもので、『親鸞用語索引』を見れば、親鸞がこれに殆んど一致する表現をいかに多用したかが分る。[63]「よくよくこころえたまふべし」という表現に至っては、三回も用いているが、「よくよく」と「こころう」という動詞の結合より成る表現の代表的な例を示すものとして、『浄土三経往生文類』（略本）の末尾に出る、

〔68〕これらの真文にて、難思往生とまふすことを、よく〳〵こゝろうべしと。（『定本』三(1)、一七頁）

を挙げておきたい。

では、最後に、『末灯鈔』第三通（『血脈文集』第六通、善性本『親鸞聖人御消息集』第五通）から、「こころ」が頻りに繰り返される一節を示すことにしよう。

〔69〕浄土真実のひとも、このこゝろをこゝろうべきなり。光明寺の和尚の『般舟讃』には、信心のひとはその心すでにつねに浄土に居すと釈したまへり。居すといふは浄土に信心のひとのこゝろつねにゐたりといふこゝろなり。これは弥勒とおなじといふことをまふすなり。これは等正覚を弥勒とおなじとまふすによりて、信心のひとは如来とひとしとまふすこゝろなり。(『定本』三(2)、七〇頁)

いずれにせよ、「こころ」の多用が、親鸞の著しい書き癖、語り癖であることは、明らかであって、〔64〕親鸞自身の著作と考えられる『唯信鈔』記述〔63〕にも、親鸞のこの性癖が認められるのである。

次に、松野博士は、『唯信鈔』の〝一念義〟について、次のように論じておられる。

唯信抄は「信心決定しぬれば三心おのづからそなわる」「たゞ信心を要とす」として、「唯信」の立場を打ち出した。けれども、聖覚の一念はやはり「信」よりは「声」の一念の色彩が強いようである。たとえば、「善知識のおしえによりて十念の往生をきくに、深重の信心たちまちにおこり」という場合の「十念」は、「十声」の意味であることは、別な箇所で、「わづかに十返の名号をとなえて、すなわち浄土にむまる」と述べていることでもわかる。唯信抄で「一念決定しぬと信じて、しかも一生おこたりなくまふすべき」ことを念仏の正義としたこの一念は、源空が「一声に決定しぬと、こゝろのそこより真実に、うらくと一念も疑心なくして、決定心をえてのうへに、一声に不足なしとおもへども、仏恩を報ぜむとおもひて、精進に念仏のせらるゝなり」とした「一声」と同じと思われる。この源空の語に傍点した箇所を右の唯信抄の文に照合してみると、ちょうど同じ文に重なるから、唯信抄の一念が源空の一声にあたることになり、唯信抄の一念がまた一声をさしていると考えられるのである。源空のこの語は、第三章第二節でも述べたように、一念義の思想でもあった。(『親鸞(松野)』二六九—二七〇頁)

〔傍線=松本〕

ここで博士が、「聖覚の一念はやはり「信」よりは「声」の一念の色彩が強いようである」と論じられたことに、私

は基本的に賛成できないのである。即ち、まず、ここで博士は、『唯信鈔』から、

〈70〉善知識のおしえによりて十念の往生をきくに、深重の信心たちまちにおこりて、これをうたがふこゝろなきなり。これすなわち、くるしみをいとふこゝろふかく、たのしみをねがふこゝろ切なるがゆへに、「極楽に往生すべし」ときくに、信心たちまちに発するなり。「いのちのぶべし」といふをきゝて、医師・陰陽師を信ずるがごとし。もしこのこゝろならば、最後の刹那にいたらずとも、信心決定しなば、一称一念の功徳、みな臨終の念仏にひとしかるべし。（『定本』六⑵、六四頁）

という記述の冒頭にある傍線を付した文章を引かれ、ここでの「十念」は「十声」を意味するから、『唯信鈔』の〝一念〟は〝一声〟を意味すると論じておられるようであるが、「十念」が「十声」を意味するというのは、当然であろう。というのも、「十念」が〝十信〟を意味することはないと思われるからである。つまり、「十」という多数性を意味する語が「念」の前に置かれる場合、そこで言われているのは、〝多念〟であるから、「念」は〝信〟ではなく〝声〟しか意味しないであろう。これは、『唯信鈔』で、

〈71〉十念といえるは、たゞ称名の十返なり。（『定本』六⑵、六一頁）

と言われる通りである。

しかし、『唯信鈔』においても、また、いかなるテキストにおいても、「十念」が「十声」を意味するからといって、「一念」が〝一声〟を意味するとは、限らない。前掲の『唯信鈔』記述〈70〉で説かれていることは、むしろ、〝信心正因〟説であり、〝信の一念義〟なのである。即ち、「十念の往生をきくに、深重の信心たちまちにおこりて」という文章において、重要なのは、「深重の信心」という語の方なのである。そして、この「深重の信心」が「たちまちにおこり」とか、「信心たちまちに発するなり」と言われているが、この「たちまちに」とは、即時性を示すものであり、従って、「深重の信心」や「信心」を〝一念〟として規定するものなのである。(65) それ故に、ここに説かれているのは、

正に〝信の一念義〟に他ならないのである。

しかも、この〝信の一念義〟は、『唯信鈔』記述〔70〕の次のような結論部分において、極めて明確に示されているのである。

もしこのこゝろならば、最後の刹那にいたらずとも、信心決定しなば、一称一念の功徳、みな臨終の念仏にひとしかるべし。

ここで、冒頭の「このこころ」は、上述したような親鸞の「こころ」という語に対する愛好を示す一例であり、曖昧な表現である。「最後の刹那にいたらずとも、信心決定しなば」は、〝信の一念義〟によって、〝臨終業成〟説を否定し、〝平生業成〟説を肯定するものであるが、[66] このような意味は、「信心決定しなば」という語の後に、『末灯鈔』第一通の記述〔17〕後半の言葉を借りて、「往生またさだまるなり」という語を付加すれば、一層明確に示されるであろう。即ち、ここで、「最後の刹那にいたらずとも、信心決定しなば」という語によって述べられていることと、『末灯鈔』記述〔17〕で、

信心のさだまるとき往生またさだまるなり。

と言われていることは、全く同義なのである。この点は、『末灯鈔』記述〔17〕の直前の部分に、

〔72〕このゆへに臨終まつことなし。来迎たのむことなし。（『定本』三(2)、五九―六〇頁）

と言われていることからも、明らかであろう。

従って、松野博士が、『唯信鈔』の〝一念〟が〝一声〟を意味するという見解を論証するために引用された文章を含む『唯信鈔』記述〔70〕は、博士の主張とは逆に、〝信の一念義〟〝信心正因〟説を説くものであると思われる。

次に博士は、前掲の論述で、〝『唯信鈔』記述〔20〕で「正義」とされる「一念決定しぬと信じて、しかも一生おこたりなくまふすべきなり」というテーゼにおける「一念」が〝一声〟を意味するという解釈を示されるが、この「正

義」における「一念」が、〝信〟の「一念」を意味することは、私がすでに論じたことにより、ほぼ明らかになったと思われる。即ち、この『唯信鈔』記述〔20〕の「正義」は、記述〔31〕―〔37〕に示したような様々のヴァリアントを生み出したのであるが、それらに見られる「信をば一念にむまるととりて」とか、「取信於一念」というヴァリアントは、『唯信鈔』記述〔20〕の「正義」における「一念」が、〝信〟の「一念」であることを示していると思われる。しかるに、もしその「一念」が〝一声〟を意味しているとすれば、『唯信鈔』全体の基本的立場である「信心を要とす」という〝信心正因〟説と矛盾することにもなるであろう。

また、松野博士は、前掲の論述で、『西方指南抄』巻中末所収の『三機分別』(別名『決定往生三機行相』)から法然(源空)の言葉を引いて「唯信抄の一念が源空の一声にあたる」と論じられたが、この博士の議論には、疑問がある。そこで引かれた『三機分別』の言葉を、博士はその著『親鸞』第三章第二節でも引用され、

第二に、源空は一念に余れる二念・三念の念仏を、仏恩報謝の念仏として意義づけていたことをあげねばならない。

弥陀の本願を縁ずるに、一声に決定しぬと、こゝろのそこより真実に、うらくと一念も疑心なくして、決定心をえてのうへに、一声に不足なしとおもへども、仏恩を報ぜむとおもひて、精進に念仏のせらるゝなり。この「一声に不足なしとおもへども、仏恩を報ぜむとおもひて」、二念以後の念仏することは、また一念義の唱えていたものでもあった。(『親鸞(松野)』一二五―一二六頁)〔傍線=松本〕

と論じられたのであるが、私はこの議論に同意できないのである。というのも、まず第一に、『西方指南抄』にもとづいて法然の思想を語るという方法自体に問題があると思われるからである。『西方指南抄』の成立には、親鸞が大きく関与していることは言うまでもない。『西方指南抄』にもとづいて、ある教説を法然のものとして取り出してみても、実際には、それは親鸞の教説であったという可能性も充分考えられるのである。

松野博士は、

従来、真宗側では、「信心為本」と一念以後の念仏を「仏恩報謝」の念仏とした思想とは、親鸞によってはじめて打ち出された思想と言われていたが、この思想の基本は右のように師源空にあったことが知られると思う。（『親鸞（松野）』一二九頁）〔傍線＝松本〕

と言われるのであるが、私は、ここに言われる「従来」の「真宗側」の理解は、基本的に妥当であろうと考えている。つまり、「信心為本」説や、〝仏恩報謝の念仏〟は、基本的には、親鸞の独創であると思うのである。

松野博士が引用された『三機分別』の文章に、〝仏恩報謝の念仏〟が説かれていることは明らかであるが、この説が法然によって説かれたとは私には思えない。それは、この『三機分別』が法然の言葉を述べたものであるとは、私には考えられないからである。

勿論、私は、『西方指南抄』所収のすべての文献が、法然の説法、著作にもとづかない親鸞の創作であるなどと主張するつもりはない。しかし、松野博士によって言及された『三機分別』は、『漢語灯録』にも、『和語灯録』にも、『拾遺語灯録』にも、相当する文献を見出し得ない全く独自な文献なのである。これが果して法然の著述、説法であるかどうかを疑う理由は、充分にあるであろう。

しかるに、その『三機分別』の内容を見てみると、これは到底、法然の著作・説法とは考えられない。結論を先に言えば、これは親鸞の著作であると思われるが、以下に、この極めて注目すべき書物の内容について、若干検討することにしよう。

五　『三機分別』の基本的立場

まず、『三機分別』、または、『決定往生三機行相』という名称は、この文献の冒頭にある次の記述にもとづいて設けられたものと思われる。

〔73〕和尚の御釈によるに、決定往生の行相に、三の機のすぢわかれたるべし。第一に信心決定せる、第二に信行ともにかねたる、第三にたゞ行相ばかりなるべし。（『定本』五、一八七―一八八頁）

ただし、この三機の分類というのは、この『三機分別』において、かなり複雑に説明されているので、難解である。それを予め、私なりの一応の理解に従って整理すれば、次のようになると思われる。

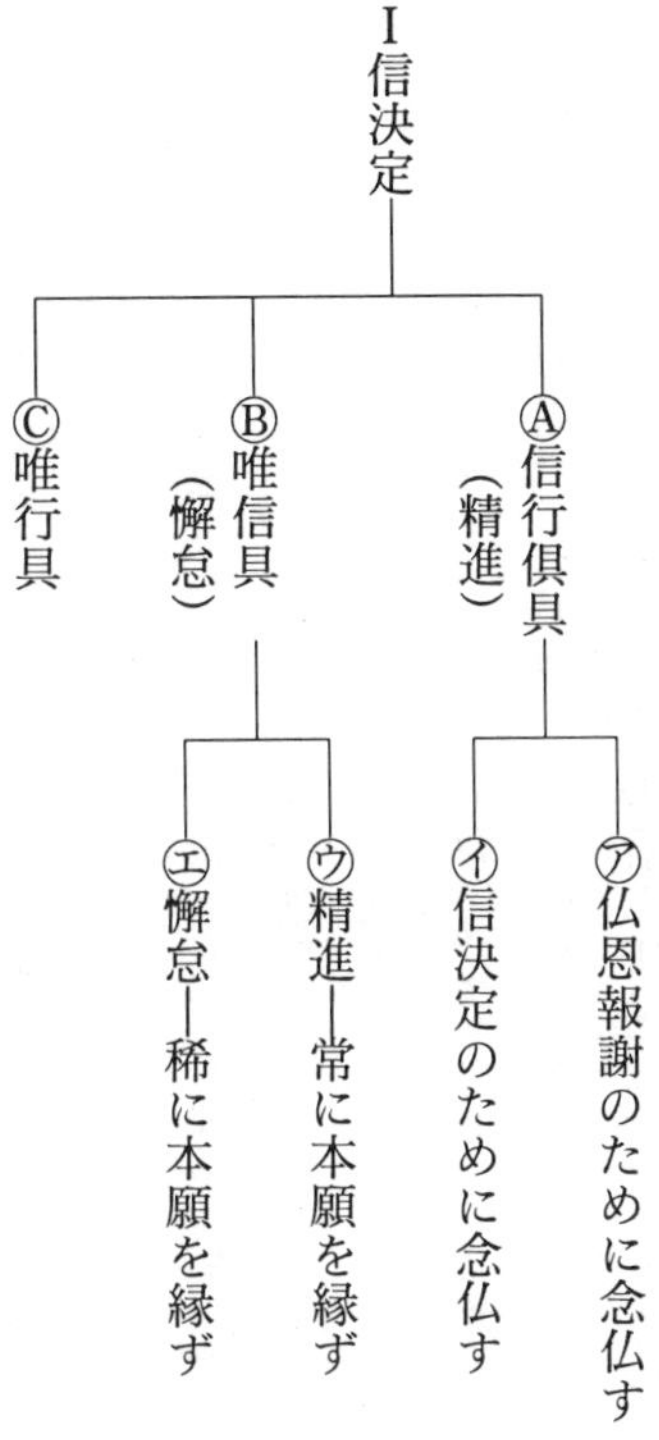

即ち、まず、〝信心〟が決定している者（Ⅰ）が、〝信心〟の他に〝行〟を有する者（Ⓐ）と〝行〟を有しないもの（Ⓑ）に分けられ、そのうち、前者が、〝仏恩報謝〟のために念仏する者（㋐）と、〝信決定〟のために念仏する者（㋑）に分

けられ、先程の後者（Ⓑ）が、〝精進〟の者（㋒）と〝懈怠〟の者（㋓）に分けられるのである。

これらの人々の分類と説明が、『三機分別』の内容の大半をなしているが、記述〔73〕の直後には、まず次の説明がある。〔なお、論旨を分り易くするために、右に説明した〝機の分類〟に関する記号を挿入する〕

〔74〕第一に信心決定せる機（Ⅰ）といふは、これにつきて又二機（ⒶⒷ）あり。一にはまづ精進の機（Ⓐ）といふ者《は》、又これについて二機（㋐㋑）あり。一（㋐）には弥陀の本願を縁ずるに、一声に決定しぬと、こゝろのそこより真実に、うら〳〵と一念も疑心なくして、決定心をえてのうへに、一声に不足なしとおもへども、仏恩を報ぜむとおもひて、精進に念仏のせらるゝなり。（『定本』五、一八八頁）

ここには、㋐の機が、決定心（信心）を、得た後で、さらに、仏恩を報ずるために念仏する者として説明されている。ここに、松野博士が前掲の二つの論述で引用された文章が含まれるのであるが、博士の解釈については、後に詳しく検討することにして、まずは、『三機分別』全体の内容を把握しておきたい。

次に㋑の機は、次のように説明される。

〔75〕二（㋑）には上にいふがごとく、決定心をえての上に、本願によて往生すべき道理おばあおいでのち、わがかたよりわが信心をさしゆるがして、かく信心をえたりとおもひしらず、われ凡夫なり、仏の知見のまへには、とづかずもあるらむと、こゝろかしこくおもふて、なほ信心を決定せむがために、念仏をはげむなり。決定心をえふせての上に、わがこゝろをうたがふは、またく疑心とはなるべからざる也。（『定本』五、一八九頁）

この機は、決定心（信心）を得た後で、さらに、自己の信心について疑問をもち、さらに信心を決定するために念仏する者として、説明されている。「われ凡夫なり、仏の知見のまへには、とづかずもあるらむと、こころかしこくおもふて」という表現には、『三機分別』の著者が、この㋑の機を高く評価していることが伺われるであろう。

なお、ここには、「わがこころをうたがふは、またく疑心とはなるべからざる也」という語がある。これは、自己の

「信心」を疑うことは、「疑心」とならないという意味であろうが、では何を疑えば「疑心」となるかと言えば、「仏の知見」を疑えば、「疑心」になるということであろう。つまり、ここでの説明の背景には、親鸞が『教行信証』「化身土巻」で引用した[67]『無量寿経』の次のような経文があるのである。

〔76〕爾《ノ》時慈氏菩薩、白《シテ》レ仏《ニ》言《サク》。世尊、何《ノ》因何《ノ》縁《アリテ》、彼《ノ》国《ノ》人民、胎生化生《ナルト》。仏告《ハク》二慈氏《ニ》一。若《シ》有《リテ》二衆生一、以《テ》二疑惑心《ヲ》一、修《シテ》二諸《ノ》功徳《ヲ》一、願《ゼンニ》レ生《ゼント》二彼《ノ》国《ニ》一、不レ了《セ》二仏智不思議智不可称智大乗広智無等無倫最上勝智《ヲ》一、於《テ》二此《ノ》諸智《ニ》一、疑惑《シテ》不レ信《ゼ》、然猶《モ》信《ジ》二罪福《ヲ》一、修二習《シテ》善本《ヲ》一、願《ズ》レ生《ゼント》二其《ノ》国《ニ》一。此《ノ》諸衆生、生《ジテ》二彼《ノ》宮殿《ニ》一、寿五百歳《マデ》、常《ニ》不レ見レ仏《ヲ》、不レ聞《カ》二経法《ヲ》一、不レ見二菩薩声聞聖衆《ヲ》一。是《ノ》故《ニ》於《テ》二彼《ノ》国土《ニ》一、謂《フ》二之《ヲ》胎生《ト》一。

若《シ》有《リテ》二衆生一、明《カニ》信《ジ》二仏智乃至勝智《ヲ》一、作《シ》二諸《ノ》功徳《ヲ》一、信心迴向《スレバ》、此《ノ》諸衆生、於二七宝《ノ》華《ノ》中《ニ》一、自然《ニ》化生《シ》、跏趺《シテ》而坐《シ》、須臾之頃《ニ》、身相光明智慧功徳、如《ク》二諸《ノ》菩薩《ノ》一、具足《シ》成就《セン》。(『浄全』一、三三―三四頁)

即ち、ここには、「仏智」を〝了らず〟、「仏智」に対して「疑惑心」「疑惑不信」をもち、しかも「罪福」を信じる者と、「仏智」を「明信」する者とが、「胎生」と「化生」として区別されているが、『三機分別』記述〔75〕の「疑心」が、この経文で言われた「仏智」、つまり、「仏の知見」に対する「疑惑心」を指していることは、明らかであろう。

また、この『無量寿経』の経文[68]〔76〕が、親鸞の教説、特に次のような『教行信証』「化身土巻」の〝三願転入〟の教説に決定的な影響を与えたことも、明らかであろう。

〔77〕凡《ソ》大小聖人・一切善人、以《テ》二本願《ノ》嘉号《ヲ》一為《ルガ》二己《ガ》善根《ト》一故《ニ》、不レ能《ハ》レ生《ルコト》レ信《ヲ》、不レ了《ラ》二仏智《ヲ》一、不《ル》レ能《ハ》レ了三知《スルコト》建二立《セルコトヲ》彼《ノ》因《ヲ》一故《ニ》、無《キ》レ入《ルコト》二報土《ニ》一也。是《ヲ》以《テ》、愚禿釈《ノ》鸞、仰《ギ》二論主《ノ》解義《ヲ》一、依《テ》二宗師《ノ》勧化《ニ》一、久《シク》出《テ》二万行諸善之仮門《ヲ》一、永《ク》離《ナル》二双樹林下之往生《ヲ》一、回二入《シテ》善本徳本《ノ》真門《ニ》一、偏《ニ》発《シキ》二難思往生之心《ヲ》一。然《ルニ》今特《マコトニ》出《デテ》二方便《ノ》真門《ヲ》一、転二入《セリ》選択《ノ》願海《ニ》一、速《カニ》離《レテ》二難思往生《ノ》心《ヲ》一、欲《ス》レ遂《ゲント》二難思議往生《ヲ》一、果遂之誓良《ニ》有《ル》レ由《ユヘカナ》哉。爰《ニ》久《シク》入《テ》二願海《ニ》一、深《ク》知《レリ》二仏恩《ヲ》一、為《ニ》レ報二謝《スル》至徳《ヲ》一、摭《ヒロフテ》二真宗《ノ》簡要《ヲ》一、恒常《ニ》称二念《ス》不可思議《ノ》徳海《ヲ》一。弥《イヨイヨ》喜二愛《シ》斯《ヲ》一、特《ニ》頂二戴《スル》斯《ヲ》一也。(『定本』一、三〇九頁)

即ち、ここに「不了仏智」とあるのは、『無量寿経』記述〈76〉の「不了仏智」を承けて、「仏智」に対する「疑惑不信」の立場を示しているのであり、また、ここに「善本徳本真門」と言われる「善本」も、記述〈76〉の「善本」を承け、やはり、「仏智」に対する「疑惑不信」の立場を示している。また、「善本徳本真門」の「徳本」が、『無量寿経』の

〈78〉設《シ》我《レ》得《ンニ》レ仏《ヲ》、十方《ノ》衆生、聞《テ》二我《ガ》名号《ヲ》一、係《テ》二念《ヲ》我国《ニ》一、植《エ》二諸《ノ》徳本《ヲ》一、至心《ニ》迴向《シテ》欲《センニ》レ生《ゼント》二我国《ニ》一、不《ンバ》二果遂《セ》一者、不レ取《ラ》二正覚《ヲ》一。(『浄全』一、八頁)

という第二十願の「徳本」という語を承けていることは言うまでもない。

かくして、『三機分別』が、親鸞によって重視された『無量寿経』の経文〈76〉をベイスにして所説を展開していることは、確実だと思われる。

なお、『三機分別』記述〈75〉には「本願によて往生すべき道理おばあおいで」という語があるが、「あおぐ」「仰ぐ」は、親鸞の愛用した表現だと思われる。[69] 例えば、『教行信証』「化身土巻」の所謂「後序」には、

〈79〉慶《シイ》哉、樹《テ》二心《ヲ》弘誓《ノ》仏地《ニ》一、流《ス》二念《ヲ》難思《ノ》法海《ニ》一。深《ク》知《リテ》二如来《ノ》矜哀《ヲ》一、良《トニ》仰《グ》二師教《ノ》恩厚《ヲ》一。慶喜弥至《リ》、至孝弥重《シ》。因《テ》レ茲《ニ》鈔《シ》二真宗《ノ》詮《ヲ》一、摭《ヒロフ》二浄土《ノ》要《ヲ》一。唯念《ジテ》二仏恩《ノ》深《キコトヲ》一、不レ恥《ヂ》二人倫《ノ》嘲《ヲ》一。若《シ》見二聞《セム》斯《ノ》書《ヲ》一者、信順《ヲ》為レ因《ト》、疑謗《ヲ》為《シテ》レ縁《ト》、信楽《ヲ》彰《シ》レ於二願力《ニ》一、妙果《ヲ》顕《ハサント》レ於二安養《ニ》一矣。……爾者、末代《ノ》道俗可《キ》二仰《デ》信敬《ス》一也。(『定本』一、三八三頁)

また『浄土文類聚鈔』にも、

〈80〉慶《シイ》哉、愚禿仰《デ》惟《レバ》、樹《テ》二心《ヲ》弘誓《ノ》仏地《ニ》一、流《ス》二情《ヲ》難思《ノ》法海《ニ》一。嘆《ジ》レ所《ヲ》レ聞《ク》、慶《ビテ》レ所《ヲ》レ獲《ル》、探二集《メ》真言《ヲ》一鈔二出《シテ》師釈《ヲ》一、専《ラ》念《ジテ》二無上尊《ヲ》一特《ニ》報《ズ》二広大《ノ》恩《ヲ》一。(『定本』二(2)、一三八―一三九頁)

〈81〉然《レバ》則《チ》執持名号之真説、一心不乱之誠言、必可《ズシ》レ帰《ス》レ之《ニ》、特《ニ》可《シ》レ仰《グ》レ之《ヲ》。(同右、一五一頁)

とあり、また、前掲の『教行信証』記述〈77〉や『後世物語』記述〈67〉にも、「仰」や「あおぐ」の語があったので

ある。

さて、『三機分別』記述〈75〉の直後には、

〈82〉精進の二類の機かくのごとし。これおば第二の信行ならべる行相の機としるべし。(『定本』五、一八九頁)

という記述があり、『三機分別』記述〈74〉〈75〉で説明された㋐㋑の二機が、「精進」の機とか、「信行ならべる行相の機」と呼ばれるが、ここで「精進」とか「行」は、具体的には、「念仏」を意味しており、彼等が、そのように呼ばれるのは、彼等は、「決定心」(信心)を得た後で、「念仏」という「行」に「精進」するとされるからである。

これに対して「信心」を得た後で、「念仏」にはげまない人々もいる。彼等は、次のように説明される。

〈83〉次に懈怠の機(Ⓑ)といふは、決定心をえての上によろこびて、仏恩を報ぜむがために、常に念仏せむとおもへども、あるいは世業衆務にもさえられ、また地躰懈怠のものなるがゆへに、おほかた念仏のせられぬ也。この行者は、一向信心をはげむべき也。はげむ機につきて、また精進・懈怠のものあるべし。(『定本』五、一八九—一九〇頁)

この機の人々(Ⓑ)は、「決定心」(信心)を得た後で、仏恩を報じるために念仏しようと思っても、できない者を指している。つまり、「念仏」という「精進」を欠いているために、「懈怠」とされるのである。このような人々に対しては、「一向信心をはげむべき也」と勧めているが、これは、〝信心だけをはげむべきである〟という意味であろう。では、「信心」をはげめば、〝仏恩報謝〟の「念仏」がなされるようになるというのであろうか。いずれにせよ、この「信心をはげむ」ことに関して、さらに「精進」(㋒)と「懈怠」(㋓)が分けられるというのである。

このうち、㋒の機は、次のように説明される。

〈84〉精進(㋒)といふは、常に本願の縁ぜらるべき也。縁ずれば、また自然にいさぎよき念仏も申さるべし。この念仏は最上の念仏なり。(『定本』五、一九〇頁)

ここに、「常に本願の縁ぜらるべき也」とあり、これが後に説明される〝稀に本願を縁ずる〟という㋓の「懈怠」の機に対してもつ、この「精進」の機㋒の特徴とされている。「本願の縁ぜらる」とか「本願を縁ずる」[70]という表現は、分りにくいが、〝本願を縁じる〟とは、〝本願を縁(pratyaya)とする〟、または、〝本願を所縁(ālambana)とする〟という意味であろう。しかるに〝pratyaya〟も〝ālambana〟も、いずれも、依り所(所依・基体)を意味すると思われるので、「本願を縁ずる」とは、〝本願を対象とする〟とか〝本願に依存する〟〝本願に頼る〟〝本願を頼む〟という意味なのであろう。

しかるに、この「本願を縁ずる」〝本願を頼む〟とは、記述〔83〕との連絡を考えれば、「信心」のことを言っている筈である。というのも、記述〔83〕では、「信心」を「はげむ機」について、「精進」と「懈怠」が分けられたからである。しかも、次に示す『唯信鈔』の記述〔85〕には、「本願をたのむ信」という語が出ているので、『三機分別』でも、「本願を縁ずる」ものが「信心」を意味することは、明らかだと思われる。

〔85〕つぎに、この念仏往生の門につきて、専修・雑修の二行わかれたり。専修といふは、極楽をねがふこゝろをおこし、本願をたのむ信をおこすより、たゞ念仏の一行をつとめて、またく余行をまじえざるなり。他の経咒おもたもたず、余の仏菩薩おも念ぜず、たゞ弥陀の名号をとなえ、ひとへに弥陀一仏を念ずる、これを専修となづく。雑修といふは、念仏をむねとすといゑども、また余の行おもならべ、他の善おもかねたるなり。このふたつの中には、専修をすぐれたりとす。(『定本』六(2)、四八頁)

なお、この『唯信鈔』の記述〔85〕において、注意しておきたいのは、ここで「専修」と「雑修」は、単に「余行」をまじえるかまじえないかによって分けられているのではないということである。即ち、両者は、〝信〟と〝不信〟の立場として区別されていることに注意する必要がある。つまり、記述〔85〕では、「専修」の説明に、「本願をたのむ信をおこすより、ただ念仏の一行をつとめて」とあるが、この文章は『唯信鈔』記述〔20〕で「正義」とされる「一念決定しぬと信じて、しかも一生おこたりなくまふすべきなり」というテーゼと正確に対応していると考えられる。即ち、ここで「本願をたのむ信」とは、〃信〃の〃一念〃、つまり『三機分別』記述〈74〉〈75〉〈83〉の言葉を用いれば、「決定心」としての「信」なのであり、「ただ念仏の一行をつとめて」とは、〃信〃の〃一念〃を獲得した後の〃多念〃、つまり〃仏恩報謝の念仏〃を意味するのである。

これに対して、『唯信鈔』記述〈85〉の「雑修」の説明には、「信」については一切言われないどころか、「他の善をもかねたるなり」とある。この「善」という語が、親鸞思想において、〃不信〃の立場を表していることは、すでに見た『無量寿経』記述〈76〉の「善本」と、『教行信証』記述〈77〉の「善本」との関係だけから見ても、明らかであろう。

従って、『唯信鈔』記述〈85〉において、「専修」と「雑修」は、「本願をたのむ信」を有する〃信〃の立場と、その〃信〃を欠き「善」を修する〃不信〃の立場として区別されているのである。これは、正に親鸞の根本思想と言わざるを得ないであろう。

さて、『三機分別』記述〈84〉にもどれば、そこには「縁ずれば、また自然にいさぎよき念仏も申さるべし」とあり、その「いさぎよき念仏」とは、「最上の念仏」であると言われるのであるが、少なくとも、『三機分別』記述〈83〉との連絡を考えるならば、記述〈83〉に「仏恩を報ぜむがために、常に念仏せむとおもへども……おほかた念仏のせられぬ也」とある以上、ここでの「いさぎよき念仏」＝「最上の念仏」とは、「仏恩を報ぜむがため」の念仏、つまり、〃仏恩報謝の念仏〃であることになるであろう。従って、ここには、〃本願を縁ずる〃「信」があれば〃仏恩報謝の念仏〃が自然になされるようになるという説が認められるように思われる。

しかるに、この〃信心獲得後の仏恩報謝の念仏〃について、『三機分別』の著者は、ある誤解を斥けようとして、記述〈84〉の直後に、次のように述べるのである。

〔86〕これをあしくこゝろえて、この念仏の最上におぼゆれば、「この念仏ぞ往生おもし。また願にも乗ずらむ」とおもはむはわるし。そのゆへは仏の御約束、「一声もわが名をとなえむものをむかえむ」といふ御ちかひにてあれば、最初の一念こそ願には乗ずることにてあるべけれ。(『定本』五、一九〇頁)

ここには、極めて重要な論点、はっきり言えば、親鸞思想の本質というようなものが認められる。即ち、まず、ここに「これをあしくこころえて」とあるが、これに極めて類似した表現が、『唯信鈔』記述〔63〕に、「このこころをあしくこころえたる人は」と出ているのである。このような類似した表現は、私には同一の著者によって書かれたもののように思われる。つまり、『三機分別』の著者も、親鸞その人である可能性が大なのである。

次に『三機分別』記述〔86〕の内容について言えば、そこでは、「この念仏ぞ往生おもし。また願にも乗ずらむ」という理解が誤解として斥けられている。ここで、「この念仏」とは、〝信心獲得後の仏恩報謝の念仏〟を言うのであろう。この〝信心獲得後の仏恩報謝の念仏〟が、「最上の念仏」であり、それ故「おもし」とは言っても、それによって〝願に乗ずる〟のではないというのが、「……とおもはむはわるし」という文章の趣旨だと思われる。では、〝信心獲得後の仏恩報謝の念仏〟によって〝願に乗ずる〟のでなければ、何によって〝願に乗ずる〟のかと言えば、その点が、「仏の御約束、〝一声もわが名をとなえむものをむかえむ〟といふ御ちかひにてあれば、最初の一念こそ願には乗ずることにてあるべけれ」と説明されているのである。

では、ここで「最初の一念」とは何か。それは、「一声」を指すのであろうか。この「最初の一念」という言葉をいかに理解するかということは、実は、『三機分別』記述〔74〕の「一声に決定しぬと、……一念も疑心なくして、決定心をえてのうへに」という語をいかに解するかという問題と重なるのであり、従って、この語に関する松野博士の解釈に関する評価と別には論じえないのであるが、結論を先取りして言えば、『三機分別』記述〔86〕の「最初の一念」は、最初の「一声」を意味しないであろう。(71) つまり、直前に出る「一声」ではなく、敢えて「一念」という別の語が著者によって選ばれていることの意義は大きいと思われる。

即ち、ここで、「最初の一念」と言われているのは、「一声もわが名をとなえむものをむかえむ」という「御ちかひ」、つまり、〝一声によって往生できる〟という〝本願〟に対する〝信〟の〝一念〟を指すのであろう。この「信心」が『三機分別』で「決定心」とも言われているのは、この「信心」、つまり、「本願を頼む信」が獲得された時点こそが、往生が決定するときであるということを意味しているであろう。つまり、『末灯鈔』記述〔17〕で「信心のさだまるとき往生またさだまるなり」と言われたのと同じことが、ここで言われていると思われる。

〝願に乗ずる〟とは、実質的には〝往生がさだまる〟ことと同義であろう。つまり、一度〝願に乗ずる〟ならば、その時点で〝往生はさだまる〟のであって、その後二度と再び、往生が不確定な状態に戻ることはないとされているのであろう。このように考えれば、「最初の一念こそ願には乗ずることにてあるべけれ」とは、〝「信心」獲得の一念に、本願に乗じ、往生が定まる〟という説、つまり、〝信心正因〟説、〝信の一念義〟を説くものと考えられる。これは、正に親鸞思想の本質と言わざるを得ないであろう。

さらに、『三機分別』は、記述〔86〕に続けて、次のように述べている。

〔87〕また常に本願の縁ぜらるれば、たのもしきこゝろもいでくべき也。その時このこゝろのよく相続のせらるればとて、「それをもて往生すべし」とおもふべからず。かくのごとくおもはゞ、疑惑になるべきなり。こゝろのゆるからむときは、往生の不定におぼゆべきがゆへに。（『定本』五、一九〇—一九一頁）

ここでも、ある誤解が否定されているのであるが、その誤解とは、〝常に本願を縁ずることから「たのもしきこころ」が生じるが、この「たのもしきこころ」が「相続」されるならば、それによって往生できる〟と考えることを言うのであろう。では、ここで、「たのもしきこころ」とは何であろうか。〝たのもし〟という語は、『後世物語』記述〔67〕に、〝本願〟を対象として、弥陀の大悲のちかひこそ、あはれにめでたくたのもしけれとあおぐべきなり。

と用いられている。ということは、「たのもしきこころ」は、やはり、〃本願〃を対象とする心であって、〃本願〃を「たのもし」と思う心、つまり、〃本願〃を頼む心を意味するのではないかと思われる。

しかるに、『三機分別』記述〔87〕で否定される誤解は、〃この「たのもしきこころ」の「相続」によって往生できる〃という考え方なのである。すでに述べたように、『三機分別』では、〃信心がさだまるとき、往生が定まる〃、あるいは、〃信心によって、往生できる〃という〃信心正因〃説が、説かれているのであるから、〃信心獲得の後に生じる「たのもしきこころ」の「相続」によって往生できる〃というのは、誤解であるということになるのであろう。しかるに、これは、極めて興味深い議論と思われる。というのも、「たのもしきこころ」が、〃本願を頼む心〃を意味し、それがまた、〃信心〃を意味するとすれば、ここでは、〃信心〃の「相続」によって往生できるという理解が否定されていることになるからである。

もしこのように解釈することが正しいとすれば、ここには、〃信心〃の〃決定〃や〃獲得〃は、「相続」ではなく、「一念」になされるということが、言われているのであろう。『三機分別』記述〔87〕では、〃「たのもしきこころ」の「相続」によって往生できる〃という考え方が「疑惑」と呼ばれているが、この「疑惑」という語は、言うまでもなく『無量寿経』記述〔76〕の経文に出ていた「疑惑心」とか「疑惑不信」という語を承けている。つまり、その経文では、「仏智」を信ぜずに「罪福」や「善本」や「功徳」を信じることが「疑惑」と述べられたのであるが、ここでも、その説が継承されて、「疑惑」という語が用いられているのである。

では、この『三機分別』記述〔87〕では、「疑惑」とは、具体的に何を疑うこと、何を信じないことなのであろうか。それを明らかにするのが、「こころのゆるからむときは、往生の不定におぼゆべきがゆへに」という語なのである。つまり、「こころ」、即ち、〃「たのもしきこころ」がゆるいときには、往生は不定であると考えられるから〃というのは、

〝「たのもしきこころ」がゆるいときも、往生は決定している〟と考えなければならないという意味であろう。つまり、信心が一旦決定した後に生じる「たのもしきこころ」が〝ゆるい〟ものであろうとなかろうと、往生は信心決定の時点で完全に決定しているのであるから、〝「たのもしきこころ」がゆるいときには、往生は不定（不確定）になる〟と考えるのは、〝信心の決定によって往生が決定する〟〝信の一念によって往生できる〟という〝信心正因〟説を疑うものであるというのが、ここでの趣旨ではないかと思われる。

なお、『三機分別』記述〔87〕には、「相続」という語がある。この語は、善導『往生礼讃』の

〔88〕若《シ》能《ク》如《ク》レ上《ノ》、念念相続《シ》、畢命《ヲ》為《ス》レ期《ト》者《ハ》、十即《ハチ》十生《ジ》、百即《ハチ》百生《ズ》。（『浄全』四、三五六頁下）

という文章における「念念相続」という表現が端的に示しているように、本来〝多念〟を意味する語である。『三機分別』記述〔87〕において否定される誤解は、〝信心決定〟後における称名の〝多念〟によって往生できると主張するものではなくて、「たのもしきこころ」の〝多念〟「相続」によって往生できると主張するものであるが、『三機分別』記述〔86〕において否定された誤解は、〝信心決定後の仏恩報謝の称名〟の〝多念〟によって往生できると主張していたのである。従って、この二つの誤解は、信心決定後の称名の〝多念〟、あるいは、「たのもしきこころ」の〝多念〟（「相続」）によって往生できると説く一種の〝多念義〟であって、『三機分別』の著者は、〝信の一念義〟によって、この両者を否定したと見ることができるであろう。

では、どのように考えるのが正しいのかと言えば、『三機分別』は、記述〔87〕に続けて、それを次のように説明する。

〔89〕たゞおもふべきやうは「我《わが》かたより一分の功徳もなく、本願の御約束にそなえしところの念仏の功徳も、瞋恚のほむらにやけぬれども、[72]かの願力の不取正覚の本誓のあやまりなきかたよりすくわれまいらせて、往生はすべし」と、返《かへす》〴〵もおもふべき也。（『定本』五、一九一頁）

この文章は難解である。ただ、ここで「我《わが》かたより一分の功徳もなく」と「かの願力の不取正覚の本誓のあやまりなきかたより」という二つの語の対比を考えてみると、ここには、所謂〝自力〟が否定され、〝他力〟が肯定されているということが理解される。しかも、「我《わが》かたより一分の功徳もなく」という表現には、特に西山派の〝全分他力〟説と類似する説が説かれているように見える。というのも、西山派の証空は、『述成』で次のように言うからである。

〔90〕故に自力なる時は、機の方より、仏助け玉ひ候へと思ふ義なり。他力を心得て見れば、仏の方より衆生を追ひありきたまひけるを知らずして、今日まで流転しけるなり。仏の方より衆生を追ひありきたまひける上は、機の方より、とかう心得て、仏の御心に相応せんなんど思ふべき事にはあらず。下々品の失念といふは、必ずしもこゝを聞き分けて自力を息むるにはあらず、苦に逼まられて、追い歩く根性の自然にやむなり。南無阿弥陀仏と唱ふれば、自然に他力の念仏三昧に同ずるなり。平時の時も構へて構へて、此の失念の機に同じて、機の方より仏を追ひ歩く心を止めて、平に仏に摂取せられ奉りたる身なればと、ほれぼれと憑み奉るべきなり、此の位の心を、如是至心とも、除八十億劫の利益とも申すなり。

すべて機より心をはげまして強くなすべき往生にあらず。全分に打ち任せて信じ奉るべきなり。[73]

ここに「機の方より」が「自力」とされ、「仏の方より」[74]が「他力」とされ、その「他力」はまた、「全分に打ち任せて」ということであるともされるので、このような説が西山派の〝全分他力〟説と言われるのであろうが、『三機分別』記述〔89〕の「本誓のあやまりなきかたより」とか「我《わが》かたより一分の功徳もなく」という表現は、このような西山派の〝全分他力〟説の影響を受けて成立しているように思われる。それ故、梯実円氏も、『三機分別』記述〔89〕の所説を、「全分他力説」と呼ばれている。[75]

しかし、記述〔89〕の所説を〝全分他力〟説と呼ぶことは、私にはためらわれる。というのも、よく注意してみると『三機分別』記述〔89〕と『述成』の記述〔90〕との間には、かなり趣旨の違いがあるように思われるからである。

即ち、後者の「南無阿弥陀仏と唱ふれば、自然に他力の念仏三昧に同ずるなり」というような所説を、〝信心正因〟説に立脚する『三機分別』の著者が許容するとは思えないのである。

また、『三機分別』記述〔89〕の「我《わが》かたより一分の功徳もなく」という語が、果して〝全分他力〟説を説いているかどうか、つまり、〝自力〟を全面的に排除しているかどうかは疑問である。即ち、この語に用いられている「功徳」という言葉は、記述〔89〕の「念仏の功徳も、瞋恚のほむらにやけぬれども」という所にも出ており、記述〔89〕の所説全体のキー・タームであると考えられる。つまり、「我かたより一分の功徳もなく……念仏の功徳も、瞋恚のほむらにやけぬれども」は、「功徳」を否定する表現とも見られるのである。

「功徳」という語は、いうまでもなく、『無量寿経』の経文〔76〕で用いられたものである。つまり、その経文において、「仏智」を信じない「疑惑不信」の「胎生」の衆生について、「修諸功徳」とか「修習善本」と言われていたのである。特に、この「修諸功徳」という語は、

〔91〕設我得仏、十方衆生、発菩提心、修諸功徳、至心発願、欲生我国、臨寿終時仮令不与大衆囲繞
現其人前者、不取正覚。(『浄全』一、七—八頁)

という『無量寿経』の第十九願の願文にも出るが、この第十九願の立場を、親鸞は、『浄土三経往生文類』(略本)で、次のように説明している。

〔92〕観経往生といふは、修諸功徳の願により至心発願のちかひにいりて、万善諸行の自善を廻向して浄土を忻慕せしむ。また『無量寿仏観経』に、定善散善を分別し、三福九品の諸善をときて、九品往生をすゝめしむ。これ他力の中の自力なり。これを『観経』の宗とす。このゆへに観経往生といふ。これみな方便化土の往生なり。これを双樹林下往生とまふすなり。(『定本』三(1)、七—八頁)

また、同書で、親鸞は、「植諸徳本」の語を有する『無量寿経』第二十願の立場を次のように説明している。

〔93〕弥陀経往生といふは、不果遂者の誓願によりて、植諸徳本の真門にいる。諸善万行を貶して少善根となづけたり。善本徳本の名号をえらびて、多善根多功徳とのたまへり。しかるに係念我国の人、不可思議の仏力を疑惑して信受せず、善本徳本の尊号をおのれが善根とす。みづから浄土に廻向せしむ。これを『弥陀経』の宗とす。このゆへに弥陀経往生といふ。他力の中の自力なり。尊号を称するゆへに疑城胎宮にむまるといゑども、不可称不可説不可思議の他力をうたがふそのつみおもくして、牢獄にいましめられていのち五百歳なり。尊号の徳によるがゆへに、難思往生とまふすなり。（『定本』三⑴、一三―一四頁）

また、『浄土三経往生文類』（略本）の冒頭に見られる第十八願の立場の説明は、次の通りである。

〔94〕大経往生といふは、如来選択の本願、不可思議の願海、これを他力とまふす。これすなわち念仏往生の願因によりて、必至滅度の願果をうるなり。現生に正定聚のくらゐに住して、かならず真実報土にいたる。これは阿弥陀如来の往相廻向の真因なるがゆへに、無上涅槃のさとりをひらく。これを『大経』の宗とす。このゆへに大経往生とまふす。また難思議往生とまふすなり。（『定本』三⑴、三頁）

親鸞の〝三願転入〟とは、自らがこの三願の立場を順次に転入したことを意味するとされるが、この三つの立場の違いとは何なのであろうか。「功徳」という語に関して、右の三つの記述を比べると、記述〔94〕の第十八願の立場の説明には、この語は、現れていない。ということは、親鸞は、〝三願転入〟によって〝「功徳」の否定〟を説いたと言えるのではなかろうか。勿論、同じく「功徳」とは言っても、記述〔92〕の所説と記述〔93〕の所説、つまり、第十九願の立場とされるものと第二十願の立場とされるものにおいて、「功徳」と言われるものの意味は、異なっている。即ち、前者においては、「万善諸行の自善を廻向して」という語によって示されるように、「万善諸行」を「自善」、つまり、自己の「功徳」として廻向する立場が言われるのに対し、後者においては、「善本徳本の尊号をおのれが善根とす。みづから浄土に廻向せしむ」という語によって示されるように、「名号」（念仏）を「おのれが善根」、つまり、自己の「功徳」とする立場、即ち『教行信証』記述〔77〕の〝三願転入〟の文の語を用いれば「以本願嘉号、為己善根」という立場が言われているのである。つまり、後者は、所謂〝自力念仏〟の立場ということになる。

しかも、この〝自力念仏〟の立場を、特に性格づけているのは、「他力をうたがふ」というその「疑惑」「不信」のあり方なのである。この親鸞の説明が、『無量寿経』記述〔76〕で「仏智」に対して「疑惑不信」をもち、しかもなお「信罪福」し、「修諸功徳」する「胎生」の衆生についての説明から影響を受けていることは、明らかである。つまり、言ってみれば、親鸞は、『無量寿経』記述〔76〕の「胎生」の説明中、「修諸功徳」を第十九願に配当し、「疑惑不信」を、第二十願に配当したのである。

このように見れば、親鸞の〝三願転入〟説の根底にあるのは、『無量寿経』記述〔76〕で示された〝「信罪福」と「信仏智」は完全に対立する〟という説であることは、明らかであろう。つまり、親鸞は、「信罪福」を〝功徳（自善・自力）を信じる立場〟と読み、「信仏智」を〝本願他力を信じる立場〟と解したのである。

この二者択一的な二つの立場が、〝三願転入〟説において、三つの立場のように説明されているのは、〝功徳（自善・自力）を信じる立場〟が、〝諸行〟と〝念仏〟（称名）によって区別されているからに他ならない。つまり、〝諸行〟を自らの功徳（「自善」）とするのが第十九願の立場とされ、〝念仏〟〝名号〟を自らの功徳（「己善根」）とするのが第二十願の立場とされたのである。しかも、第十八願の立場を〝本願他力に対する信の立場〟として特別に際立たせるためには、第十八願の立場に転入する直前に置かれる第二十願の立場は、『教行信証』記述〔77〕の〝三願転入〟の説明文の冒頭にある「以本願嘉号、為己善根故、不能生信、不了仏智」という表現に見られるように、「不信」「疑惑」の立場として特徴づけられる必要があったのである。かくして、『無量寿経』記述〔76〕に説かれる〝「信罪福」＝「疑惑不信」と「信仏智」との対立〟が、親鸞の〝三願転入〟説の根底に据えられていることは、明らかであろう。

そこで親鸞の〝三願転入〟説に関する以上の私の解釈を、次のようにまとめておこう。

Ⓐ第十九願 ┐
Ⓑ第二十願 ┘— 信罪福・信自善・信功徳 ┬ 諸行
　　　　　　　　　　　　　　　　　　└ 名号 — 疑惑不信
Ⓒ第十八願 — 信仏智・信本願他力

もっとも、次のような『正像末和讃』「愚禿述懐」の説を見れば、親鸞は「疑惑不信」をⒷの立場のみに割り当てたわけではなく、ⒶⒷのいずれにも配当したことが知られるであろう。

〔95〕自力諸善のひとはみな
仏智の不思議をうたがへば
自業自得の道理にて
七宝の獄にぞいりにける。〔一二二〕（『定本』二⑴、二〇〇頁上）

〔96〕仏智の不思議をうたがひて
善本徳本たのむ人
辺地懈慢にむまるれば
大慈大悲はえざりけり。〔六〕（同右、一九二頁上）

〔97〕罪福ふかく信じつゝ
善本修習する人は
疑心の善人なるゆへに
方便化土にとまるなり。〔一一〕（同右、一九五頁上）

さて、このように親鸞の〝三願転入〟説の構造を把えてから、次のような『三機分別』記述〔89〕を再び見てみると、私はそこに〝三願転入〟と基本的に構造が一致する説が説かれているのではないかと思うのである。

〔89〕たゞおもふべきやうは、「我かたより一分の功徳もなく、本願の御約束にそなえしところの念仏の功徳も、瞋恚のほむらにやけぬれども、かの願力の不取正覚の本誓のあやまりなきかたよりすくわれまいらせて、往生はすべし」と返〳〵もおもふべき也。

即ち、ここで「我《わが》かたより一分の功徳」、「念仏の功徳」「願力」というのが、それぞれ前述のⒶⒷⒸの立場に対応するのではないかと考えるのである。ただし、「本願の御約束にそなえしところの念仏の功徳も、瞋恚のほむらにやけぬ[76]れども」という文章の意味は何か、またこの文章がⒷの〝自力念仏〟の立場、つまり『浄土三経往生文類』記述〔93〕の「善本徳本の尊号をおのれが善根とす」という立場に本当に合致するかどうかが問題となるであろう。しかるに、もし、この文章を「本願の御約束にそなえしところの念仏の功徳も」〝「おのれが善根とす」ることによって[77]〟「瞋恚のほむらにやけぬれども」という意味に解釈することができれば、この文章の意味をⒷの〝自力念仏〟の立場に合致するものとして理解することができるであろうが、このような解釈をなし得るかどうか私には自信がない。

ただ私としては、「我かたより一分の功徳も」と「念仏の功徳も」に見られる二つの「も」という語の存在を重視したい。つまり、これは、Ⓐの立場も、Ⓑの立場も、否定されることを言っているのではないかと思うのである。とすれば、『三機分別』記述〔89〕の「かの願力」という語が、肯定されるべきⒸの立場、つまり『浄土三経往生文類』記述〔94〕の言葉を用いれば、「如来選択の本願」「願海」「他力」の立場、あるいは、〝三願転入〟を説く『教行信証』記述〔77〕の表現によれば、「選択ノ願海」の立場を説いているということになるであろう。

以上、若干の疑問はあるものの、『三機分別』記述〔89〕には、親鸞の〝三願転入〟説と基本的に一致する説が示されているという想定を私見として提示したい。しかも、この想定は、記述〔89〕最後の「かへすがへすもおもふべき也」という語を読むに至って、いよいよその妥当性が補強されるように思われる。というのも、これは、親鸞が愛用した語法だと思われるからである。即ち、親鸞が「かへすがへす」という語を多用したことは、『親鸞用語索引』の「かへすがへす」の項目(78)に明らかであるが、今その例を若干、以下に挙げてみよう。即ち、親鸞は『末灯鈔』第十六通（『親鸞聖人御消息集』広本、第五通）の中で、

〔98〕なによりも聖教のをしへをもしらず、また浄土宗のまことのそこをもしらずして、不可思議の放逸無慚のものどものなかに、悪はおもふさまにふるまふべしとおほせられさふらふなるこそ、かへす〲あるべくもさふらはず。……すまじきことをもし、いふまじきことをもいはゞ、煩悩にくるはされたる儀にはあらで、わざとすまじきことをもせば、かへす〲あるまじきことなり。（『定本』三⑵、一〇〇―一〇一頁）

というように、「かへすがへす」を二回も用いており、『末灯鈔』第二十通（『親鸞聖人御消息集』広本、第一通）でも、

〔99〕明法御房の往生のこと、をどろきまふすべきにはあらねども、かへす〲うれしくさふらふ。鹿嶋・なめかた・奥郡、かやうの往生ねがはせたまふひと〲の、みなの御よろこびにてさふらふ。またひらつかの入道殿の御往生のことききさふらふこそ、かへす〲まふすにかぎりなくおぼえさふらへ。（『定本』三⑵、一一四頁）

というように、二度この語を用いているのである。

従って『三機分別』記述〔89〕の「かへすがへすもおもふべき也」は、親鸞自身の言葉であり、記述〔89〕、及び、『三機分別』全体を、親鸞の著作と見てもよいのではないかと思われる。かく考えれば、『三機分別』記述〔89〕に親鸞独自の〝三願転入〟説と基本的に一致する考え方が説かれていたとしても、何等奇異なことではないであろう。

では、再び『三機分別』の本文にもどって考察しよう。『三機分別』は、記述〔89〕に続けて、次のように㋓の機について説明している。

〔100〕懈怠のものといふは、衆務にさまたげられもせよ、本願を縁ずる事のまれにあるべきなり。まれにはありといふとも、いさゝかも一念にとるところの信心のゆるがずして、その時は又決定心のおこるべきなり。（『定本』五、

一九一頁）

この機㋓は、信心（決定心）を獲得した後で、仏恩報謝の念仏を修することができず、信心にはげむのであるが、その信心をはげむことについても、「懈怠」であるために、稀にしか本願を縁じることのない者を言うのである。しかるに、ここに注目すべきは、「一念にとるところの信心」という語が用いられていることであり、この語は、信心獲得の時点が「一念」と表現されることを示している。つまり、「いささかも一念にとるところの信心のゆるがずして、その時は又決定心のおこるべきなり」とは、〝「信心」は、「一念」に獲得され、それはその後も決してゆるぐことのないものであるが、この機㋓が、「信心」、つまり、「決定心」を獲得した後で、稀に本願を縁じるとき、再び「決定心」、つまり、「信心」が、この機に起る〟という意味であろう。

なお、「一念にとるところの信心」という表現は、次に見る『三機分別』記述〈101〉にもう一回用いられるが、私が『唯信鈔』記述〈20〉で「正義」とされる「一念決定しぬと信じて……」というテーゼのヴァリアント群と考える諸記述（〈31〉―〈37〉に含まれるもの）の中では記述〈36〉の『醍醐本法然上人伝記』所収『三心料簡事』の「取二信《テ》於《ヲ》一念《ニ》一」という表現に、よく合致している。従って、「一念にとるところの信心」という『三機分別』の言葉が親鸞自身の言葉であるならば、「取信於一念」という記述〈36〉の表現は、親鸞著『唯信鈔』記述〈20〉の「一念決定しぬと信じて……」という「正義」だけでなく、同じ著者による『三機分別』の「一念にとるところの信心」という表現からも影響を受けて成立したものとも見ることができるかもしれない。

さて『三機分別』は、「信心決定せる機」（I）の四機㋐㋑㋒㋓についての説明を、次のように締め括っている。

〈101〉今上にあぐるところの四人、真実に決定心をだにもえたらば、精進（Ⓐ）にてもあれ、懈怠の機（Ⓑ）にてもあれ、本願を縁ずるこゝろねは、たとへば黒雲のひまより、まれにてもつねにても、いでむところの満月の光をみむがごとくなるべし。信心の得不得おば、おの〳〵わがこゝろにしてしりぬべし。事にふれて一念にとるところの信心ゆるがずば、仮令よき信心としるべし。「これもことわりばかりにて信心あり。こゝろゆるぐべからず」と、まじなひつけむ事は、要あるべからず。散心につけても、いさゝかにてもゆるぐこゝろあらば、信心よはしとしるべし。信心よはしとおぼえば、懈怠の機(Ⓑ)はなほ信をはげむで本願を縁ずべき也。それになほかなわずば、かまへて行相におもむきてはげむべきなり。精進の機(Ⓐ)は、一向恒所造の行相におもむきてはげむべきなり。行相は正助二行を、一向正行にても、また助業をならべむとも、おの〳〵意楽にまかすべきなり。(『定本』五、一九一―一九三頁)

ここで、〝黒雲のすきまから満月を見る〟という比喩は、〝本願〟を満月に喩え、〝本願を縁じること〟を、黒雲の隙間から満月を見ることに喩えているのであろう。つまり、「真実に決定心だにもえたらば」というように、一旦決定的な〝信心〟を獲得したならば、その人は、その後は常に〝本願〟という満月に照らされているが、その際、衆生の側に「本願を縁ずるこころね」、つまり、「本願を頼む信」があれば、その限り、〝本願〟という満月が見えるということを意味するように思われる。この比喩は、確かに難解ではあるが、基本的には、梯氏が指摘された(79)『教行信証』「行巻」末尾の「正信念仏偈」中の次の記述に示される比喩と同趣旨であると見るべきであろう。

(102)能《ク》発《スレバ》二一念喜愛心《ヲ》一　不《シテ》レ断《ゼ》二煩悩《ヲ》一得《ルナリ》二涅槃《ヲ》一
凡聖逆謗斉《ヒトシク》回入《スレバ》　如《シ》二衆水入《テ》レ海《ニ》一味《ナルガ》一
摂取心光常《ニ》照護《シタマフ》　已《ニ》能《ク》雖《ドモ》レ破《スト》二無明《ノ》闇《ヲ》一
貪愛瞋憎之雲霧　常《ニ》覆《ヘリ》二真実信心《ノ》天《ニ》一
譬《バ》如《シ》下日光《ノ》覆《ハルレドモ》二雲霧《ニ》一　雲霧之下明《ニシテ》無《キガ》上レ闇。(『定本』一、八六―八七頁)

この「正信念仏偈」の記述は、「一念喜愛心」、つまり、〝一念〟の〝信心〟を発せば、その後は、「摂取心光常照護」、つまり、常に摂取の光に照護されることを、「日光」が「雲霧」に覆われても、「雲霧」の下は、常に「闇」が無くて明るいことに喩えたものである。

この比喩と『三機分別』記述〔101〕の比喩では、雲の上にあるものが、「日」と「満月」で異なっている。また、「正信念仏偈」の比喩では、「覆真実信心天」とあり、「信心」は「天」に喩えられ、それが覆われると言われているように見えるが、このような説は、『三機分別』記述〔101〕の方には無いと思われる。ただ両者の比喩に共通している点は、〝「一念」の「信」を獲得し発した後は、どんなことがあろうと、常に往生が確定している〟という観念であろう。この〝常に往生が確定していること〟を、「正信念仏偈」記述〔102〕は「摂取心光常照護」という語で述べていると考えられる。つまり、「雲」や「霧」は、日光や月光を多少は妨げるものであっても、太陽や月からは、「雲霧」を通して常に「摂取」の「心光」が〝信心〟獲得者を「照護」しているというのである。従って、ここに『末灯鈔』記述〔17〕で「信心のさだまるとき往生またさだまるなり」と言われる親鸞の〝信心正因〟説が説かれていることは、明らかである。また、『三機分別』記述〔101〕の比喩と「正信念仏偈」記述〔102〕の比喩は、同一の著者、つまり、親鸞によるものと思われるが、この点は、後にまた確認されるであろう。

さて、ここで再び『三機分別』記述〔101〕にもどれば、「事にふれて一念にとるところの信心ゆるがずば」以下は、難解であるが、基本的には、〝「一念にとるところの信心」は、その後決して無くなることはない〟ということが言われているのではないかと思われる。また、そこには、「散心につけても、いささかにてもゆるぐこころあらば、信心よはしとしるべし」の語があるが、ここにも、「信心よはし」と言われているだけで、「信心なし」とは言われていない。つまり、〝一旦獲得された「信心」は、決して失われない〟という立場が、ここには示されているのであろう。

しかるに、『三機分別』における三機の区別が難解であるのは、ここで「信心よはし」と考える人が、第三の機(Ⓒ)でもあるということなのである。即ち、『三機分別』は、記述〔101〕に続けて、この第三の機を、次のように説明している。

〈103〉第三に行相をはげむ機（Ⓒ）といふは、上にあぐるところの信精進懈怠の機（㋒㋓）の、我《わが》信心決定せるやうを、こゝろによく〳〵あむじほどく時、「我《われ》信心決定せず、やゝもすれば行業のおこるにつけ、信心の間断するにつけて、往生の不定におぼゆるまではなけれども、また決定往生すべしともおぼえぬは、信心の決定せざるなり」と勘《かむが》えて、一向行におもむきてはげむをいふなり。この機は懈怠のいでき、念仏のものうからむ時は、おどろきて行をはげむべきなり。信心もよはく念仏もおろそかならば、往生不定のものなり。この人またあしくこゝろえて「行をはげむは、この行業をもて往生すべし」とおもはゞ、疑惑になるべきなり。（『定本』五、一九三―一九四頁）

ここで「上にあぐるところの信精進懈怠の機」とは、『三機分別』における説明の順序から言えば、第二機、つまり、〝唯信具〟の機（Ⓑ）の「精進」と「懈怠」の二種（㋒㋓）を指すと思われる。すでに記述〈101〉で「精進」「懈怠」の機（ⒶⒷ）が、自ら「信心よわし」と考えたときには、「行相におもむきてはげむべきなり」ということ、が言われたのであるが、この第三の「行相をはげむ機」Ⓒとは、㋒と㋓の二機が自己の信心が決定していないと考えたとき、「行相をはげむ」面を、第三の機として別に立てたものであろう。

しかるに、「我が信心決定せるやうを、こころによくよくあむじほどく時」という表現を注意して読むと、この機の「信心」がすでに決定していることは、著者によって認められているように思われる。もっとも、この点は、この機が「信精進懈怠の機」（㋒㋓）と呼ばれ、また「信心決定せる機」ともされていたことからすれば、当然のことである。つまり、『三機分別』の説明する三機ⒶⒷⒸは、すべて「信心の決定せる機」なのであり、それ故にこそ、『三機分別』冒頭の記述〈73〉で、「決定往生の行相に、三の機のすぢわかれたるべし」と言われたのである。つまり、『三機分別』で、「決定往生」と「信心決定」は連動しているのであって、そこには、「信心のさだまるとき往生またさだまるなり」という親鸞の〝信心正因〟説が認められるのである。

さて、再び『三機分別』〈103〉にもどれば、そこに「よくよくあむじ」とあるのは、親鸞が愛用した表現であると考えられる。即ち、親鸞が「よくよく……べし」という表現を多用したことは、すでに本書の第三章で述べたが、[80] 特に、「よくよくあむじ」に類する表現としては、『末灯鈔』第二十通に、

〔104〕当時はこの身どものやうにては、いかゞ候べかるらんとおぼえ候。よく〳〵案ぜさせたまふべく候。(『定本』三(2)、一一九―一二〇頁)

という用例もあるのである。

また、『三機分別』記述〔103〕の「あしくこころえて」という語はすでに、『三機分別』記述〔86〕に見られたが、この表現が『唯信鈔』記述〔63〕の「あしくこころえたる人」に一致していることは、すでに述べた通りである。しかも、記述〔86〕で「この念仏ぞ往生おもし。また願にも乗ずらむ」と言われた考え方と同様に、『三機分別』記述〔103〕でも、「この行業をもて往生すべし」というように、〝念仏（行業）によって、往生できる〟という〝称名正因〟説が、誤解として否定されているのである。言うまでもなく、『三機分別』の基本的立場が、〝信心正因〟説だからである。

また、この誤解が、「疑惑」として否定されるのも、このような〝「行業」によって往生できる〟という考え方が、『無量寿経』記述〔76〕の「修諸功徳」「信罪福」の立場と同一視され、「仏智」、つまり、親鸞の表現によれば「本願」に対する「疑惑不信」と見なされるからに他ならない。

このような『三機分別』の〝信心正因〟説は、記述〔103〕の後に続く次の一節に明確に示されている。

〔105〕今、念仏の行をはげむこゝろは、つねに念仏あざやかに申せば、念仏よりして信心のひかれていでくる也。信心いできぬれば、本願を縁ずる也。本願を縁ずれば、たのもしきこゝろのいでくる也。このこゝろいできぬれば、信心の守護せられて、決定往生をとぐべしとこゝろうべし。(『定本』五、一九四頁)

これは、『三機分別』において、一種の結論をなしている重要な一節であるが、ここでは「念仏の行をはげむ」理由（「こころ」）が、「念仏よりして信心のひかれていでくる也」と説明されている。つまり、「念仏の行」は、「信心」発生

の手段としてしか、その意義は認められていない。そして、「信心」の発生から、「本願を縁ずる」心が生じ、さらに、「たのもしきこころ」が生じ、それによって、「信心」が「守護」されて「決定往生をとぐべし」と言われているのであるから、「往生」を決定するものは、やはり「信心」以外ではないのである。これこそ、『三機分別』の基本的立場、つまり、〝信心正因〟説なのである。

しかるに、『三機分別』が〝念仏をはげむこと〟を認める点について、それは〝自力〟の立場ではないかという疑問が、記述〔105〕に続けて、次のように提起される。

〔106〕これにつきて人うたがひていはく。念仏をはげみて信心を守護して往生をとぐべきならば、はげむところの念仏は自力往生とこそなるべけれ。いかゞ他力往生といふべきや。今《いま》自力といふは、聖道自力にすべからず。いさゝかあたえていえるなるべし。(『定本』五、一九四―一九五頁)

つまり、〝念仏をはげむというのは、自力往生になるのではないか〟と言うのである。「今自力といふは」以下は難解であるが、ここで「自力」というのは、聖道門を指すのではなく、浄土門中の〝自力〟、特に〝自力念仏〟を指しているのだという意味であろう。

これに対して、『三機分別』は、まず、次のように答えている。

〔107〕答ていはく。念仏を相続して相続より往生をするは、またく自力往生にはあらず。そのゆへは、もとより三心は本願にあらず。これ自力なり。三心は自力なりといふは、本願のつなにおびかれて、信心の手をのべてとりつく分をさすなりとこゝろうべし。今、念仏を相続して信心を守護せむとするに、三心の中の深心をはげむ行者也。相続の念仏の功徳をもちて、回向して往生を期せば、まことに自力往生をのぞむものといはるべきなり。(『定本』五、一九五頁)

まずここで、「念仏を相続して相続より往生をする」というのは、「念仏を相続して信心を守護せむとする」という立場、つまり、『三機分別』記述〔105〕で示された立場を意味するであろうが、それは、「またく自力往生にはあらず」というのが、『三機分別』の答えなのである。では、「自力往生」とは何かと言えば、「相続の念仏の功徳をもちて、廻向して往生を期」すことであると言われている。「功徳」という語の意味については、すでに考察した通りであるが、「念仏の功徳」という語は、すでに『三機分別』記述〔89〕に出ており、記述〔89〕でも、この記述〔107〕でも、この語は、親鸞よりすれば、「尊号をおのれが善根とす」る第二十願の〝自力念仏〟の立場を示すものとされるのである。では、「自力往生」〝自力念仏〟が否定されるとすれば、『三機分別』では、〝全分他力〟説が認められているのかと言えば、そうではないであろう。というのも、『三機分別』記述〔107〕のうちで、

もとより三心は本願にあらず。これ自力なり。三心は自力なりといふは、本願のつなにおびかれて、信心の手をのべてとりつく分をさすなりとこゝろうべし。今、念仏を相続して信心を守護せむとするに、三心の中の深心をはげむ行者也。

という部分では、「本願」という〝他力〟に対して、「三心」「信心」は「自力」であると主張されることによって所謂〝全分他力〟説が否定されていると考えられるからである。

「三心は自力なり」というのは、かなり特異な、またある意味では、ショッキングな表現であると思われ、それ故に、梯氏は、右の一節について、

ここに『観経』の三心を自力の分済とみ、深心のみを他力の信心とみるという特異な三心観が表明されているが、（『法然教学』四七二頁）

という解釈を示されるが、この解釈は適切ではないと思われる。即ち、ここに「『観経』の三心」という観念を導入する必要はないし、「深心のみを他力の信心とみる」というのも、右の『三機分別』の所説に合致しないであろう。というのも、『三機分別』記述〔107〕の右の一節が、「三心」と「信心」を区別しているとは思えないからである。つまり、

「信心の手をのべて」という所を「三心の手をのべて」に代えても意味は大きく変らないであろう。即ち、記述〔107〕で『三機分別』が説いているのは、「本願」という〝他力〟に対して言えば、〝「三心」=「深心」=「信心」〟は「自力」であるが、その「信心」という「自力」を励んでも「自力往生」にはならないが、これに反して、「相続の念仏の功徳」を廻向して往生しようとすれば、それは、『三機分別』記述〔103〕の「この行業をもて往生すべし」という立場と同様に、「自力往生」になる、ということではないかと思われる。従って、ここには、〝信心正因〟説と〝称名正因〟説の区別が説かれ、後者にもとづく〝多念称名の「功徳」によって往生する〟という立場が、「自力往生」として否定されているのであろう。

六　親鸞における〝信心〟と〝他力〟について

では、〝「本願」という他力に対して、「信心」(「三心」)は「自力」である〟という『三機分別』記述〔107〕の所説は、親鸞の立場を示すものではありえないであろうか。そのようなことはないであろう。記述〔107〕には、〝「本願」という他力に対して「三心」が「自力」である〟というのは、「本願のつなにおびかれて、信心の手をのべてとりつく分をさすなり」と言われているのであるが、これと同様な「本願」と「信心」の関係は、『唯信鈔』にも、次のように説かれているからである。

〔108〕たとへば人ありて、たかききしのしもにありてのぼることあたはざらむに、ちからつよき人きしのうへにありて、つなをおろして、このつなにとりつかせて、「われきしのうえにひきのぼせむ」といはむに、ひく人のちからをうたがひ、つなのよはからむことをあやぶみて、てをおさめてこれをとらずば、さらにきしのうえにのぼることをうべからず。ひとへにそのことばにしたがふて、たなごゝろをのべて、これをとらむには、すなわちのぼる

ことをうべし。

仏力をうたがひ、願力をたのまざる人は、菩提のきしにのぼることかたし。たゞ信心のてをのべて、誓願のつなをとるべし。仏力無窮なり。罪障深重のみをおもしとせず。仏智無辺なり。散乱放逸のものおもすつることなし。〔たゞ〕[81]信心を要とす。そのほかおばかへりみざるなり。(『定本』六(2)、五八―五九頁)〔後半は記述〔19〕として前掲〕

ここに、「とりつかせて」とあり、また、「信心のてをのべて誓願のつなをとるべし」とある。この文章と、『三機分別』記述〔107〕の「本願のつなにおびかれて、信心の手をのべてとりつく」という文章は、全く同趣旨であり、かつ同一の著者、つまり、親鸞の手になるものであることは明らかであろう。

確かに、『唯信鈔』記述〔108〕は、「信心」を「自力」とは呼んでいない。しかし、「仏力無窮なり。罪障深重のみをおもしとせず……〔ただ〕信心を要とす」という文章は、〝本願他力は、確かに無限の救済力をもつものではあるけれども、しかし、〔機の側からは〕ただ信心だけが必要なのだ〟と述べて、〝全分他力〟説を斥けているのである。というのも、もし〝全分他力〟であるならば、機の側からは、何もなす必要はなく、従って、「……を要とす」ということも言われない筈だからである。しかるに、「仏力をうたがひ、願力をたのまざる人は、菩提のきしにのぼることかたし」というのは、〝信心がなければ、往生できない〟と言っているに等しい。つまり、〝ただ信心だけが必要なのだ〟というのである。かくして、「〔ただ〕信心を要とす[82]」「ただ信心のてをのべて、誓願のつなをとるべし」と述べる『唯信鈔』が、「信心」を「自力」と見なしていることは、明らかだと思われる。

また、論理的に考えても、〝全分他力〟説というものが、〝信心〟という契機さえも否定するものであることは、自明であろう。私は、西山派の〝全分他力〟説は一遍の念仏説に継承されていると見ているが、一遍について、かつて私は、次のように論じたことがある。

親鸞はたしかに信をなによりも重視し強調した。彼にとってはつねに、「信心を要とす」であり、「信心さだまるとき、往生さだまるなり」であった。しかしその信とは、まったくの自己放棄であり、絶対の他力でなければならなかった。あるいはより正確にいえば、人間は絶対に他力的な存在であることを信じることであった。しかし絶対の他力を追求するとすれば、親鸞の立場はなお徹底を欠いていた。つまり絶対に他力であるならば、われわれ凡夫が往生しようとしまいと、そんなことは実はどうでもよいことなのである。また、われわれが信じようと信じまいと、それは阿弥陀仏には関係ない。ただたいせつなのは、阿弥陀仏が阿弥陀仏であるということだけである。真に他力であるならば、われわれ凡夫の立場というものは、残らず消えてなくなってしまう。したがって、信不信ということは、まったく問題にもならない。他力の徹底とはおそらくこうしたものであろうし、それを実際に行ったのが、親鸞のあとに来た一遍（一二三九～八九年）であった。[83]

これは極めて稚拙な論説ではあったが、[84]私の基本的理解に変化はない。つまり、〝絶対の他力〟とか〝他力の徹底〟を追求して〝全分他力〟を主張しようとすれば、〝信〟という衆生の側の契機さえも否定されるに至ると見るのである。私が右の論述で、一遍に〝他力の徹底〟を見出したとき、その典拠となったのは、『一遍上人語録』の次のような言葉であった。

(109)自力他力は初門の事なり。自他の位を打捨て唯一念仏になるを他力とはいふなり。熊野権現の「信不信をいはず、有罪無罪を論ぜず、南無阿弥陀仏が往生するぞ」と示現し給ひし時より、法師は領解して、自力の我執を打捨てたり。（『仮名法語集』一二七頁）

ここには、「信不信をいはず」という言葉があるが、これこそ、〝全分他力〟説が、機の側からの〝信〟という契機さえも不要とし否定することを示している。

しかるに、同様の立場は、西山派の証空にも認められるのである。即ち、彼は『述成』で、次のように述べている。

(110)今失念の機、善根成就せざる凡夫を体とすといふは、機の、左あればかかればと騒ぐ心を按へて、斯《かか》る疑ひの機、信心一つも無き機を本として摂取して正覚を成じたまへる仏体にて在しけるよと思ひ付く所を、今の他力の信心とは云ふなり。云何にも此の疑ひ騒ぐ意を静めての上に、本願の体を心に懸けて念仏して往生すといふ分は、尚機を本とする故に、真実他力の信心にては無き者なり。[85]

念仏といふは他力なり。他力といふは、我が心を本とせず。[86]

ここでは、二つの「信心」が言われている。即ち、「信心一つも無き機」という語における「信心」とは、「疑ひ騒ぐ意を静めての上に、本願の体を心に懸けて念仏して往生すといふ分」を意味するであろうが、それは「他力の信心」ではないというのである。しかし、〝信〟とは、『無量寿経』記述〔76〕の経文にある「疑惑不信」という語によっても示されるように、〝疑わないこと〟を言う筈であるから、証空の〝全分他力〟説は、この〝疑わないこと〟という機の側からの〝信〟という契機さえも否定していると考えられる。しかも、証空と一遍の〝全分他力〟説に共通していることは、〝名号〟を絶対視する説、いわば、〝名号の全分他力〟説であり、この点が、『一遍上人語録』記述〔109〕の「南無阿弥陀仏が往生するぞ」という語、及び、記述〔110〕の証空の「念仏といふは他力なり」という語に明示されているであろう。そこで、彼等の立場を確認するために、この〝名号〟を絶対視する〝名号の全分他力〟説を示すものと思われる証空と一遍の言葉を、以下に順次に挙げておこう。

〔111〕今、此の本願の名号には、五劫思惟の心内に南無の機をのせて願じ、兆載永劫の万行は、流転の我等どもの為めに行じて、知らざるに、仏の方よりぞ南無阿弥陀仏と一つに成じ、凡夫往生の仏とは成りたまへり。此の故に衆生の方よりは、何一つも用意すべき事なく、全分に仏の方より、何一つも漏さず御認《おんしたた》め候なり。是れを心得て凡夫の往生を成じ給へるなり。[87]（『述成』）

〔112〕六字名号一遍法、十界依正一遍体。（『仮名法語集』一〇七頁）

〔113〕能帰といふは南無なり。十方衆生なり。是れすなはち命濁中夭の命なり。然るに常住不滅の無量寿に帰しぬれ

ば、我執の迷情をけづりて、能帰所帰一体にして、生死本無なるすがたを、六字の南無阿弥陀仏と成就せり。（同右、一二六頁）

(114) 我体を捨て南無阿弥陀仏と独一なるを一心不乱といふなり。されば念念の称名は念仏が念仏を申すなり。（同右、一二六頁）

(115)「決定往生の信たらず」とて人ごとに歎くは、いはれなき事なり。凡夫のこゝろには決定なし。決定は名号なり。しかれば決定往生の信たらずとも、口にまかせて称せば往生すべし。是の故に往生は心によらず、名号によりて往生するなり。「決定の信をたてゝ往生すべし」といはゞ、猶心品にかへるなり。わがこゝろを打すてゝ、「一向に名号によりて往生す」と意得れば、をのづから又決定の心はおこるなり。（同右、一二九頁）

このうち、記述〈115〉について言えば、ここで一遍が親鸞その人を明確に意識しているかどうかは分らないが、本書の第三章でも論じたように、(88) 記述〈115〉は、論理的には、親鸞の〝信心正因〟説に対する批判となっている。というのも、親鸞は正に「決定の信をたてて往生すべし」と説いたと思われるからである。

従って、親鸞の思想を、単純に〝絶対他力〟とか〝全分他力〟と理解すべきではない。記述〈110〉の証空の語には、「他力の信心」という語が見られたが、記述〈110〉の趣旨を考えれば、この「他力の信心」とは、〝自力〟の「信心」に対して言われていることは、明らかである。つまり、証空は「信心」に〝自力〟の「信心」と「他力の信心」を区別しているのであるが、このような説は果して親鸞にも認められるであろうか。

親鸞が「他力の信心」という語を多用していることは、事実である。しかし、問題は、この語の意味は何かということである。〝他力を信じること〟なのか、それとも、〝他力による信心〟なのか。親鸞がこの問題を曖昧にしたまま、「他力の信心」という語を用いたということも、大いにありうるであろう。親鸞をとりまく環境において、「自力」という語に対しては、専ら否定的な評価のみが下されるという傾向が存在したと思われるからである。言うまでもなく、けるという語は本来、曇鸞によって「聖道門」に対して投ぜられた語であって、このことが、その後の浄土教における「自力」に対する否定的な評価を決定づけたであろう。

しかし、親鸞が、〝本願〟を疑わないこと、つまり、〝本願〟に対する〝信〟を二つに分けて〝自力〟の「信心」と「他力の信心」と呼んだということはなかったように思われる。つまり、親鸞において、基本的には、〝本願〟という〝他力〟を信じることが、「他力の信心」であった筈である。

例えば、『浄土和讃』「大経意」〔一六・一七〕には、

〔116〕定散自力の称名は

　果遂のちかひに帰してこそ

　をしへざれども自然に

　真如の門に転入する。

　安楽浄土をねがひつゝ

　他力の信をえぬひとは

　仏智不思議をうたがひて

　辺地懈慢にとまるなり。（『定本』二(1)、四一頁上—四二頁上）

と述べられるが、ここで「他力の信」は、「自力の称名」と対比されているのであって、〝自力の信〟と区別されているわけではない。

また、『弥陀如来名号徳』にも、

〔117〕自力の行者おば、如来とひとしといふことはあるべからず、おの〱自力の心にては、不可思議光仏の土にいたることあたはずと也。たゞ他力の信心によりて、不可思議光仏の土にはいたるとみえたり。（『定本』三(1)、二三

二頁）

とあるが、ここでも、「他力の信心」とは、「自力の心」、あるいは、「自力の行」、つまり、記述〔116〕の表現を用いれば、「自力の称名」と対比されていると考えられる。

また、『唯信鈔文意』（専修寺正月二十七日本）の冒頭には、次のようにある。

〔118〕「唯信抄」といふは、「唯」はたゞこのことひとつといふ。ふたつならぶことをきらふことばなり。またはひとりといふこゝろなり。「信」はうたがひなきこゝろなり。すなわち、これ真実の信心なり。虚仮はなれたるこゝろなり。虚はむなしといふ。仮はかりなるといふことなり。虚は実ならぬをいふ。仮は真ならぬをいふなり。本願他力をたのみて自力をはなれたる、これを「唯信」といふ。「鈔」はすぐれたることをぬきいだしあつむることばなり。このゆへに「唯信鈔」といふなり。また「唯信」はこれこの他力の信心のほかに余のことならはずとなり。すなわち本弘誓願なるがゆへなればなり。（『定本』三⑴、一五五―一五六頁）

ここにも、「他力の信心」という語があるが、その意味は、「本願他力をたのみて自力をはなれたる、これを『唯信』といふ」という文によって示されていると思われる。つまり、〝本願他力をたのむ心〟が、「他力の信心」とされているのである。

この点は、次の『尊号真像銘文』（略本）の一節においても、同様である。

〔119〕「至心信楽」といふは、至心は真実とまふすなり。真実とまふすは如来の御ちかひの真実なるを至心とまふすなり。煩悩具足の衆生は、もとより真実の心なし。清浄の心なし。濁悪邪見のゆへなり。信楽といふは、如来の本願真実にましますを、ふたごゝろなくふかく信じてうたがはざれば信楽とまふすなり。この至心信楽は、すなわち、十方の衆生をしてわが真実なる誓願を信楽すべしとすゝめたまへる御ちかひの至心信楽なり。凡夫自力のこゝろにはあらず。（『定本』三⑴、四一―四二頁）

つまり、ここでも「信楽」とは〝本願を信じて疑わないこと〟であり、「凡夫自力のこころにはあらず」というのは、この「信楽」が「自力のこころ」とは異なる「他力の信心」であることを、意味しているのであろう。従って、親鸞において、「他力の信心」とは、基本的には、〝他力を信じる心〟を意味し、〝他力による信心〟を意味してはいないであろう。

しかるに、これに対して、『歎異抄』には、「如来よりたまはりたる信心」という表現が、次のように認められる。

〔120〕如来よりたまはりたる信心を、わがものがほにとりかへさんとまふすにや。〔第六条〕(『定本』四⑴、一〇頁)

〔121〕法然聖人のおほせには、「源空が信心も如来よりたまはりたる信心なり。善信房の信心も如来よりたまはらせたまひたる信心なり。さればたゞひとつなり。別の信心にておはしまさんひとは、源空がまひらんずる浄土へは、よもまひらせたまひさふらはじ」と、おほせさふらひしかば、(『定本』四⑴、三五―三六頁)

この「如来よりたまはりたる信心」という語は、親鸞の「他力の信心」という言葉を、〝他力による信心〟と解釈する可能性を示しているように思われ、また、西山派の〝全分他力〟説に見られる〝絶対の他力〟という観念にも接近しているように思われるが、まず、親鸞自身の著作に、この語が見出されないという事実は、親鸞の著作とは異なる『歎異抄』の思想的独自性が、この語によって示されていると見ることができるであろう。

さらに、〝信心をたまはる〟という表現にしても、親鸞の著作とされるものにおいては、この種の表現が見られるのは、僅かに二例のみであろう。即ち、まず、『末灯鈔』第十八通に、

〔122〕御たづねさふらふことは、弥陀他力の廻向の誓願にあひたてまつりて、真実の信心をたまはりてよろこぶこゝろのさだまるとき、摂取してすてられまいらせざるゆへに、金剛心になるときを正定聚のくらゐに住すともまふす。弥勒菩薩とおなじくらゐになるとも、とかれて候めり。弥勒とひとつくらゐになるゆへに、信心まことなるひとをば、仏とひとしともまふす。(『定本』三⑵、一〇四頁)

とあり、『末灯鈔』第二通に相当する「真蹟書簡」第一通「かさまの念仏者のうたがひとわれたる事」（以下「かさまの念仏者」と略す）にも、

〔123〕この信心をうることは、釈迦・弥陀・十方諸仏の御方便よりたまはりたるとしるべし。（『定本』三(2)、六―七頁）

とあるのである。

しかるに、このうち、記述〔122〕を含む『末灯鈔』第十八通は、『末灯鈔』のみに収録された書簡であり、古写本も存在しない。従って、その信憑性については、問題視することもできるように思われる。

また、『一念多念文意』に、

〔124〕信心をうるをよろこぶ人おば、経には諸仏とひとしきひとと、ときたまへり。（『定本』三(1)、一三五―一三六頁）

とあることは事実であるが、記述〔122〕の「真実の信心をたまはりてよろこぶこころのさだまるとき」というのは、やや異常な表現ではなかろうか。〝信心が定まる〟とは言うが、〝よろこぶ心が定まる〟とは何のことであろうか。従って、私は『末灯鈔』第十八通の信憑性には疑問をもつが、仮りにこの書簡が真撰であるとしても、『親鸞用語索引』による限り、「信心」と「たまはる」との結合は、この『末灯鈔』第十八通に見られるものと、「かさまの念仏者」記述〔123〕に見られるものの二例だけなのである。[89]「かさまの念仏者」の問題点については、後に考察したい。

かくして、親鸞において「他力の信心」という語が〝他力による信心〟をも意味していたかどうかは疑わしい。つまり、親鸞において、「信心」とは、基本的に〝他力（本願）を信じる心〟であり、それが「他力の信心」という語の意味する所であったと思われるが、これ以外に〝自力の信心〟なるものを親鸞が認めていたかどうか疑問なのである。

では、親鸞は、〝自力の信心〟という語を用いたのであろうか。『親鸞用語索引』による限り、[90]親鸞の著作とされるものの中に、「自力の信」という用例は、二回ある。

まず、「かさまの念仏者」には、次のようにある。

〔125〕しかれば、わがみのわるければいかでか如来むかへたまはむとおもふべからず。凡夫はもとより煩悩具足したるゆへに、わるきものとおもふべし。またわがこゝろよければ往生すべしとおもふべからず。自力の御はからいにては、真実の報土へむまるべからざるなり。行者のおの〳〵の自力の信にては、懈慢辺地の往生、胎生疑城の浄土までぞ、往生せらるゝことにてあるべきとぞ、うけたまはりたりし。（『定本』三(2)、四頁）

ここに見られる「自力の信」という語の意味は明らかではない。直前に「自力の御はからいにては」とあるので、「信」は「はからい」を意味するのかもしれないが、何故それを「信」と表現する必要があったのか理解できないのである。

また、この「自力の信」については、異読があることが重要である。即ち、記述〔125〕に示した『定本親鸞聖人全集』の「自力の信」という読みは、東本願寺蔵「真蹟書簡」の読みに[91]従ったものであって、「かさまの念仏者」に対応する『末灯鈔』第二通の乗専写本によれば、「自力の信」は「自力の身」[92]となっているのである。また、梅原真隆氏の『末灯鈔の研究』によれば、浄興寺本・勝興寺本も、「自力の身」と読んでいる。[93]おそらく一三三三年に従覚が『末灯鈔』を編んだときには、ここには「自力の身」という読みがあったのであろう。

しかし、だからと言って、この読みが最古のものであるということにはならない。「真蹟書簡」と言われるものに、「自力の信」とあるからである。また、「かさまの念仏者」に相当するものは『血脈文集』にも、第一通として収められているが、その専琳寺写本にも、「自力の信」とあり、順崇刊本では、「自力のはからひ」としている。[94]また、「かさまの念仏者」に内容的に一致する高田専修寺蔵「念仏者疑問」にも、「自力の信」とあるのである。[95]これらの異読を見るに、「自力の信」が古形であって、それが「自力の身」、または、「自力のはからひ」に変更されたように思われる。

では何故に、「自力の信」が「自力の身」に変えられたのであろうか。おそらく、「信」を「身」に変更した者には、「自力の信」が親鸞の語法としては異常なものに思えたのであろう。それ故、「信」が「身」に変更されたのであろうと思われる。

しかし、親鸞自身が、「自力の信」と書いたことは、確かなのであろうか。「真蹟書簡」と言われる「かさまの念仏者」は、『真蹟集成』第四巻に写真版が収録されている。それによって問題の個所を見ると[96]、一般に「自力の信」と読まれている「信」の文字が、少なくとも私には若干読みにくいのである。勿論、私には写本読解の初歩的な知識さえないが、この「かさまの念仏者」なる「真蹟書簡」の他の個所に現れる「信」と比して、私にとって読みにくい文字であることは確かである。即ち、この書簡には、計十一例の「信」の文字が見られ、「自力の信」は、その第三例に当るが、他の十例については、私も容易に「信」と読めるのに、第三例の「自力の信」の所の「信」という文字のみが、私には読みにくいのである。その直前の「の」の字と続けて筆を運んでいるせいかもしれないが、人偏の「イ」の文字が、他の例と比べて不明確であり、またその右側には「言」というつくりが書かれているようであるが、「イ」との間隔が、他の諸例と比べて狭いように思われる。いずれにせよ、写本読解について素人たる私には、この文字だけが「信」と読みにくいのであるが、では何故親鸞は、この書簡の「信」の全十一例のうち、「自力の身」という異読を有し、かつ、親鸞の語法としても異例な「自力の信」という語を書くに際してのみ、私のような素人には読みにくい「信」の文字を書いたのであろうか。これは単なる偶然であろうか。それとも理由があるのであろうか。

「信」は、親鸞にとっては最も重要な文字であった筈である。それが、「自力の信」と書くとき、「信」の文字がある程度不明瞭になったということは、「自力の信」と書くことに、その筆者が若干の抵抗をもったためではなかろうか[97]。

ただ私には、この書簡がどのような手続きを経て、親鸞の「真蹟」であると論証されたのかについて、現在の所、知識を有していない。「真蹟」の論証とは容易なものではないであろう。『教行信証』の西本願寺本と高田専修寺本や、専修寺蔵『三部経大意』の写本のように、かつて親鸞真蹟とされていたものが、その後の研究により、それが否定されるということも、珍しいことではないのである。これはどの宗派の宗祖の著作についてもしばしば認められる傾向であろう。
「真蹟書簡」と言われる「かさまの念仏者」を見ると、残念ながら、奥書きの親鸞の署名の部分が、[98]文字が読みとれない。つまり、『真蹟集成』第四巻による限り、「愚禿親鸞八十三歳書之」とあるべき十字のうち、はっきり判読できるのは、「愚」と「十三歳書之」だけであって、その間にあるべき「禿」の字も不明瞭であり、その後の「親鸞八」の三字は、殆んど〝白〟の状態とも言えるのである。しかるに、「親鸞」という署名は、この「かさまの念仏者」という書簡の信憑性を示す最も重要なものではなかろうか。それが読みとれないのである。

また私は、この「かさまの念仏者」という書簡の内容に疑問をもつのである。この書簡が成立したとき、上述の問題の言葉が「自力の信」と書かれていたことは、ほぼ間違いないのであろう。しかし、それを書いたのは、親鸞であったかどうか。「真蹟書簡」が確かに真蹟であるとすれば、親鸞が書いたことは自明であるが、そうであるとすれば、この書簡には、親鸞の著作においては異例とも思われる二つの表現があることになる。即ち、「自力の信」という表現と、記述〔123〕に示したように、〝信心をたまはる〟という表現である。とすれば、この書簡は、少なくとも、親鸞の他の著作と比べて、異なった傾向を有するということだけは言えるであろう。

この「かさまの念仏者」という書簡については、これが『血脈文集』の第一通に収められているということの意義を無視できない。しかるに、『血脈文集』の内容に、私は強い疑問をもっており、すでに本書第三章で、第二通の所謂「慈信房義絶宣誓状」については、これを偽撰であろうと推定した。[99]

『血脈文集』については、すでに論じたように、[100]梅原真隆氏の次の評価が最も重要なものと思われる。

かくのごとく、全編すべて性信房に関するものである。故に、この文集は性信系統の人々即ち横曾根門徒の手によつて編纂せられたものと解すべきである。(『血脈研究』三三頁)

この文集の特徴は法然聖人と親鸞聖人との的伝の血脈を性信房が相承したといふ一点に存する。即ち、法然・親

鸞・性信の三代伝持の血脈をしるしづけんとしたところに鋭い特徴が見出されるのである。（同右、三五頁）

これらによって私は、この文集は法然・親鸞・性信の三代伝持の血脈相承を立証せんがために、編纂せられたことを推考するものである。（同右、三六頁）（傍線＝松本）

つまり、梅原氏は、『血脈文集』を「法然・親鸞・性信の三代伝持の血脈相承を立証せんがために」「性信系統の人々即ち横曽根門徒の手によって編纂せられたもの」と見なされるのであるが、私は、単に「編纂せられた」というだけでなく、『血脈文集』所収の各書簡の中には、このような性信系統の人々の意図にもとづいて〝創作〟された書簡も含まれているのではないかと考えるのである。

そこで、『血脈文集』第一通に相当する「かさまの念仏者」をみると、その末尾には、

(126)これさらに性信房・親鸞がはからひ申すにはあらず候。ゆめ〳〵。（『定本』三(2)、七頁）

とあるのである。これは異常な表現ではなかろうか。親鸞がいかに謙虚な人柄であろうとも、自分の弟子の名前を自分の名の上に書くということがありうるであろうか。しかも、この書簡の内容を見る限り、ここに「性信」の名が出ることは、極めて唐突なのである。つまり、全く突然に性信を親鸞の代理人、または、後継者として指名しているような印象を与える。それ故、ここにはむしろ、「法然・親鸞・性信の三代伝持の血脈相承を立証せんがため」の性信系統の人々の意図的な作為を読みとるべきではなかろうか。

また、この「かさまの念仏者」なる書簡は、どのような教説を説くものであろうか。私はこの書簡に、関東門弟の〝造悪無礙〟説を認めざるを得ないのである。即ち、私は、すでに述べたように、〝造悪無礙〟説を、〝過去の造悪は、往生の礙りにならない〟という〝過去造悪無礙〟説と、〝これからいくら造悪しても、往生の礙りにならない〟という〝未来造悪無礙〟説に分けて考えるが、関東門弟系の『歎異抄』第一条の

(127)悪をもおそるべからず。（『定本』四(1)、四頁）

という文章に、私は、〝未来造悪無礙〟説を認めるだけでなく、(101)同じく関東系の『血脈文集』第一通に相当する「かさまの念仏者」にも、同様の傾向を認めざるを得ないのである。

例えば、すでに示したこの書簡の記述〔125〕中の「わがみのわるければいかでか如来むかへたまはむとおもふべからず」という言葉は、明確に〝造悪無礙〟説を説いているであろう。しかし、これが浄土教一般に認められる〝過去造悪無礙〟説であるのか、それとも、法然や隆寛、そして、親鸞自身も『親鸞聖人御消息集』に収められる書簡の中で批判している〝未来造悪無礙〟説、つまり、所謂〝造悪無礙〟説であるのかは、明らかでない。ただし、〝過去造悪無礙〟説であれ、〝未来造悪無礙〟説であれ、ともかく、この書簡が〝造悪無礙〟説を中心テーマとしていることは、記述〔125〕に続く次の一節によって明らかなのである。

〔128〕第十八の本願成就のゆへに、阿弥陀如来とならせたまひて、不可思議の利益きわまりましまさぬ御かたちを、天親菩薩は尽十方無礙光如来とあらわしたまへり。このゆへに、よきあしき人をきらはず、煩悩のこゝろをえらばず、へだてずして、往生はかならずするなりとしるべしとなり。（『定本』三(2)、四―五頁）

即ち、ここで、「無礙」という語と、「あしき人をきらはず」「煩悩のこころをえらばず、へだてず」という語が連動して、〝造悪無礙〟説を表現しているのである。

しかるに、この記述〔128〕は、『唯信鈔文意』（専修寺正月二十七日本）の

〔129〕法身はいろもなし。かたちもましまさず。しかれば、こゝろもおよばれず。ことばもたへたり。この一如よりかたちをあらわして、方便法身とまふす御すがたをしめして、法蔵比丘となのりたまひて、不可思議の大誓願おこしてあらわれたまふ御かたちおば、世親菩薩は尽十方無礙光如来となづけたてまつりたまへり。この如来を報身とまふす。（『定本』三(1)、一七一頁）

という一節を下敷にし、それにもとづいているのではないかと思われる。というのも、「かさまの念仏者」記述〔128〕

の「御かたちを、天親菩薩は尽十方無礙光如来とあらわしたまへり」は、『唯信鈔文意』記述〈129〉の「御かたちおば、世親菩薩は尽十方無礙光如来となづけたてまつりたまへり」に対応していることは明らかであるが、記述〈128〉の「とあらわしたまへり」という表現は、奇妙に思われるからである。即ち、〃あらわす〃とか〃あらわる〃という語は、『唯信鈔文意』記述〈129〉では、無色無形の法身が、有色有形の報身たる無礙光如来という「御かたち」を〃現すこと〃を言うのであるが、「かさまの念仏者」記述〈128〉では、世親が「御かたち」を「無礙光如来」と「あらわしたまへり」となっており、〃あらわす〃という語の意味が異なっている。これはおそらく、無形無色の法身が、無礙光如来という「御かたち」を〃現した〃が、その現れた「御かたち」を世親が無礙光如来と〃名づけた〃という『唯信鈔文意』記述〈129〉の論旨における二つの動詞、つまり、〃現した〃と〃名づけた〃（「あらわして」「なづけたてまつりたまへり」）を、「かさまの念仏者」記述〈128〉では、一つの語で一挙に示そうとして、「あらわしたまへり」という語を用いたものであろうが、「あらわしたまへり」という語によっては、〃名づける〃という意味が表現されないという不合理が生じるのである。

この不合理は、「かさまの念仏者」記述〈128〉前半に対する石田瑞麿氏の次のような和訳においても、露呈している。

第十八の本願が成就することによって、ここに阿弥陀仏とおなりになってあらわされた、人間の思惟を超えた恵みのきわまりないそのおすがたを、天親菩薩は尽十方無碍光如来とあらわされました。（『親鸞（石田）』一〇六頁上）

即ち、石田氏は、原文に「あらわしたまへり」が一度しか用いられていないのにかかわらず、『唯信鈔文意』記述〈129〉の「あらわして」「あらわれ」に対応する個所にも、あえて「あらわされた」という訳語を置かざるを得なかったのである。しかし、この「あらわされた」という訳語には、それに相当する原語が、「かさまの念仏者」記述〈128〉には、全く存在しないのである。

また、「かさまの念仏者」という書簡が、『唯信鈔文意』にもとづいていることは、次の記述の対比からも、明らかだと思われる。

〔45〕自力のこゝろをすつといふは、やうくさまぐの大小聖人善悪凡夫の、みづからがみをよしとおもふこゝろをすて、みをたのまず、あしきこゝろをかへりみず、ひとすぢに具縛の凡愚屠沽の下類、無礙光仏の不可思議の本願、広大智慧の名号を信楽すれば、煩悩を具足しながら無上大涅槃にいたるなり。〔『唯信鈔文意』〕

〔130〕しかれば、無明煩悩を具して安養浄土に往生すれば、かならずすなわち無上仏果にいたると、釈迦如来ときたまへり。（『定本』三⑵、五頁）〔「かさまの念仏者」〕

しかるに、ここで、この二つの記述を、いずれも親鸞自身の文章と見ることに問題はないであろうか。少なくとも、『親鸞用語索引』による限り、親鸞の著作において、「無上仏果」という語が用いられるのは、この「かさまの念仏者」記述〔130〕における用例以外にはないのである。(102) これに対して、「無上涅槃」または「無上大涅槃」という語を親鸞がいかに好んだかは、同じ索引に明らかであるが、(103) その代表として、『尊号真像銘文』（略本）の、

〔131〕のぼるといふは無上涅槃にいたる、これを「昇」といふなり。（『定本』三⑴、四六頁）

〔132〕「不断煩悩得涅槃」といふは、煩悩具足せるわれら、無上大涅槃にいたるなりとしるべし。（同右、六七頁）

という用例を挙げておこう。

かくして、「無上仏果」は、親鸞が他の個所で用いない語であり、親鸞の著作においては、異例な表現であることは、明らかである。従って、「かさまの念仏者」記述〔130〕は、『唯信鈔文意』記述〔45〕にもとづいた創作であると見るべきではなかろうか。

また、「かさまの念仏者」という文献が『唯信鈔文意』にもとづいていることは、前者の記述〔123〕、つまり、

〔123〕この信心をうることは、釈迦・弥陀・十方諸仏の御方便よりたまはりたるとしるべし。

という文章が、『唯信鈔文意』の次の記述を下敷にして成立していると思われることによっても、推測される。

〈133〉この信心のおこることも、釈迦の慈父・弥陀の悲母の方便によりておこるなり。これ自然の利益なりとしるべしとなり。(『定本』三(1)、一五九頁)

〈134〉釈迦は慈父、弥陀は悲母なり。われらがちゝはゝ、種種の方便をして、無上の信心をひらきおこしたまへるなりとしるべしとなり。(同右、一七六頁)

即ち、「信心」「釈迦」「弥陀」「方便」「しるべし」という語の一致は決して偶然のものではなく、「かさまの念仏者」記述〈123〉が『唯信鈔文意』記述〈133〉〈134〉にもとづいていることを示しているであろう。ただし、両者の内容に大きな相違があることも見逃せない。つまり『唯信鈔文意』においては、「信心」は、「おこる」とか、「ひらきおこす」とは言われているが、〃たまはる〃とまでは言われていない。「かさまの念仏者」記述〈123〉の「釈迦・弥陀…の御方便よりたまはりたる」という表現が、『歎異抄』記述〈120〉の「如来よりたまはりたる信心」という表現に接近するものであることは、明らかであるが、おそらく〃たまはる〃という語が暗示する〃全分他力〃説的な「信心」の解釈は、「かさまの念仏者」から『歎異抄』へと、さらに強化されていったのであろう。

なお、〃信心〃が「釈迦」と「弥陀」の何等かの作用によって「おこる」という説は、『末灯鈔』第二十通(『親鸞聖人御消息集』広本、第一通)にも、

〈135〉往生の信心は、釈迦・弥陀の御すゝめによりておこるとこそみえてさふらへば、(『定本』三(2)、一一八頁)

〈136〉往生の金剛心のおこることは、仏の御はからひよりおこりて候へば、(同右、一二〇頁)

と説かれ、さらに、『末灯鈔』第二十一通にも、

〈137〉この真実の信心のおこることは、釈迦・弥陀の二尊の御はからひよりおこりたりとしらせたまふべし。(『定本』三(2)、一二二頁)

と説かれている。「信心」が「おこる」きっかけとなる仏の作用が、ここでは、「御すすめ」とか「御はからひ」と言

われており、『唯信鈔文意』記述〈133〉〈134〉の「方便」とは若干異なっているが、この点も、「かさまの念仏者」記述〈123〉の「御方便」が『唯信鈔文意』記述〈133〉〈134〉の「方便」という語を承けていることを、示しているであろう。

また、「かさまの念仏者」の問題点について、さらに言えば、この書簡における

〈138〉釈迦・弥陀・十方の諸仏、みなおなじ御こゝろにて、本願念仏の衆生には、かげのかたちにそえるがごとくしてはなれたまはず、とあかせり。（『定本』三⑵、六頁）

という文章中の「本願念仏の衆生」という語は極めて特異な言葉である。即ち、『親鸞用語索引』(104)によれば、親鸞の著作中、「本願念仏」の用例は、『親鸞聖人御消息集』第三通（広本、第六通）の「阿弥陀如来の選択本願念仏」(105)という言葉を除けば、この記述〈138〉と、『教行信証』「行巻」末尾の「正信念仏偈」に、

〈139〉弥陀仏《ノ》本願念仏《ハ》、邪見憍慢悪衆生、
信楽受持《スルコト》　甚《ダ》以《テ》難《シ》、難中之《ノ》難無《シ》レ過《タルハ》レ斯《ニ》。（『定本』一、八七頁）

とあるだけなのである。ということは、「本願念仏」の語が「選択」とか「弥陀仏」という語の後に直接接続しない例は、「かさまの念仏者」記述〈138〉における一例のみということになるのである。(106)

また「かさまの念仏者」の次の一節は、私にとっては最も理解に苦しむものなのである。

〈140〉仏恩のふかきことは、懈慢辺地に往生し、疑城胎宮に往生するだにも、弥陀の御ちかひのなかに、第十九・第廿の願の御あわれみにてこそ、不可思議のたのしみにあふことにて候へ。仏恩のふかきこと、そのきわもなし。いかにいはんや、真実の報土へ往生して大涅槃のさとりをひらかむこと、仏恩よく〳〵御安ども候べし。（『定本』三⑵、七頁）

ここで「不可思議のたのしみ」とは何を指すのであろうか。「たのしみ」という言葉自体、親鸞は、その著作において、この記述〈140〉以外では、『唯信鈔文意』において、

〈141〉「極楽」とまふすは、かの安楽浄土なり。よろづのたのしみつねにして、くるしみまじわらざるなり。(『定本』三(1)、一七〇頁)

と用いるだけであるが、ここでは「たのしみ」は、極楽浄土の楽を意味している。では、「かさまの念仏者」記述〈140〉の「たのしみ」も、極楽浄土の楽を言うものであろうか。記述〈140〉の「いかにいはんや、真実の報土へ往生して」という語を見ると、この語よりも以前の文章には、真実の報土たる極楽浄土への往生ではないことが言われているように見える。即ち、記述〈140〉は、

ⓐ懈慢辺地に往生し、疑城胎宮に往生するだにも……不可思議のたのしみにあふことにて候へ。

ⓑいかにいはんや、真実の報土へ往生して大涅槃のさとりをひらかむこと、

という構造になっていると思われる。つまり「懈慢辺地」と「疑城胎宮」に往生して、「不可思議のたのしみ」を得るという第十九願・第二十願の立場と、「真実の報土」へ往生して「大涅槃のさとり」をひらくという第十八願の立場が対比されているのである。

しかるに、親鸞が第十九願・第二十願の立場に関して、「不可思議」という語を用いることはあり得ないと思われる。何となれば、「不可思議」という語は、親鸞によって、三願のうち、必ず第十八願の立場に対してしか用いられないからである。今、この点を示すために、すでに示した『浄土三経往生文類』記述〈94〉を、次に再び掲げよう。

〈94〉大経往生といふは、如来選択の本願、不可思議の願海、これを他力とまふす。これすなわち念仏往生の願因によりて、必至滅度の願果をうるなり。現生に正定聚のくらゐに住して、かならず真実報土にいたる。これは阿弥陀如来の往相廻向の真因なるがゆへに、無上涅槃のさとりをひらく。これを『大経』の宗とす。このゆへに大経往生とまふす。また難思議往生とまふすなり。

ここに、「不可思議の願海」とあるのは、言うまでもなく第十八願を意味している。この第十八願による往生を親鸞

は、ここでも、また『教行信証』記述〈77〉の〃三願転入〃を説く文章においても、「難思議往生」と表現しているが、記述〈77〉にも、「称念不可思議徳海」という語があり、「難思議」と「不可思議」が、第十八願を意味することに少しも変りはないのである。また、「不可思議」が第十八願を意味することは、『唯信鈔文意』〈45〉の「不可思議の本願」という表現においても、同様である。

しかし、親鸞において「不可思議」が第十八願を意味するというのは、ある意味では当然である。というのも、すでに繰り返し言及した『無量寿経』記述〈76〉の「不了仏智不思議智」という語の「仏智」「不思議智」を、親鸞は第十八願を意味すると解したからである。この点は、『浄土三経往生文類』(広本)が、

〈142〉しかりといゑども定散自力の行人は、不可思議の仏智を疑惑して信受せず、[107]如来の尊号をおのれが善根として、みづから浄土に廻向して果遂のちかひをたのむ。(『定本』三(1)、三四頁)

という表現によって、第二十願の立場を明らかにしていることによっても、知られるであろう。

かくして、親鸞において「不可思議」という語は、基本的には、第十八願を意味するのであって、第十九願や第二十願の立場を親鸞が「不可思議」と呼ぶことはありえないということが理解されたであろう。従って、「かさまの念仏者」の記述〈140〉において、「不可思議のたのしみ」が第十九願・第二十願による往生から生じる楽を意味しているとすれば、「かさまの念仏者」の著者が親鸞であることは、疑問視せざるを得ないであろう。

勿論、これに対しては次のような反論がなされる筈である。即ち、〃記述〈140〉の「懈慢辺地に往生し、疑城胎宮に往生するだにも、……第十九・第二十の願の御あわれみにてこそ、不可思議のたのしみにあふことにて候へ」という文における「不可思議のたのしみにあふ」とは、第十九願・第二十願によって懈慢辺地や疑城胎宮に往生した後、第十八願に転入し、真実報土に往生して、そこで「不可思議のたのしみにあふ」ことを言っているのだ〃という反論である。私も、このように解釈できるのではないかと繰り返し考えてみた。しかし、「かさまの念仏者」記述〈140〉がす

でに示したようなⓐⓑという構造をもつことは、否定できないように思われる。つまり、ⓑ冒頭の「いかにいはんや、真実の報土へ往生して」という語の存在は、やはり大きいのであって、「いかにいはんや」という語の前と後で、懈慢辺地・疑城胎宮への往生（第十九願・第二十願）と、真実報土への往生（第十八願）とが区別されていると解するのが、最も自然であると思われる。

かくして、「かさまの念仏者」は、第十九願・第二十願の立場について、「不可思議」という語を用いているように思われることから考えて、[108]また、その他様々の問題点より考えても、その著者は、親鸞ではなく、性信系統の人物であろうと思われる。おそらく、『血脈文集』の劈頭にも置かれる本文献は、『唯信鈔文意』をベイスにして、『血脈文集』成立のやや以前に創作されたものであろう。

従って、結論を言えば、『親鸞用語索引』に出る「自力の信」の二つの用例のうち、一つの用例、つまり、「かさまの念仏者」記述〔125〕の用例は、親鸞のものと見る必要はないと思われる。しかるに、残る一つの用例は、『唯信鈔文意』（専修寺正月二十七日本）の次の一節にみられるものである。

〔143〕かやうのさま〴〵の戒品をたもてるいみじきひと〴〵も、他力真実の信心をえてのちに真実報土には往生をとぐるなり。みづからのおの〴〵の戒善、おの〴〵の自力の信、自力の善にては実報土にはむまれずとなり。（『定本』三(1)、一六六頁）

ここに、「おの〴〵の自力の信……にては」とあり、「かさまの念仏者」記述〔125〕にも、「おの〴〵の自力の信にては」とあるので、その書簡が『唯信鈔文意』をベイスにして成立している面の大きいことから考えても、記述〔125〕の「自力の信」は、記述〔143〕の「自力の信」という語を承けたものであることは明らかである。すると、『唯信鈔文意』記述〔143〕の用例のみが、親鸞が用いた「自力の信」の唯一の用例ということになるのである。これは極めて特異なことであるが、まさか『唯信鈔文意』の真撰を疑うわけにもいかないであろう。そこで、『唯信鈔文意』記述〔143〕

を、親鸞の用いた「自力の信」の唯一の用例をもつ記述として考察することにしたい。

まず、「自力の信」の後に出る「自力の善」の語は、『真蹟集成』第八巻で全文が公開された専修寺蔵真蹟の「正月十一日本」にも[109]、また、『定本』第三巻に収められている光徳寺本[110]にも、存在しない。「おのおのの自力の信」の前に、「おのおのの戒善」という語があることから考えても、専修寺蔵真蹟「正月二十七日本」で「おのおのの自力の信」の後にある「自力の善」という語は余計であると思われる。また、これを省いて「正月十一日本」のように、「おのおのの自力の信にては」と読んだ方が、「かさまの念仏者」記述〔125〕の「おのおのの自力の信にては」と完全に一致するのである。

では、『唯信鈔文意』記述〔143〕の「自力の信」とは何か。私には、これが、その直前に出る「他力真実の信心」にひかれて、いわば偶然に不注意に用いられた語としか思えないのである。というのも、『唯信鈔文意』のどこを見ても、〝信心〟を〝自力の信心〟と〝他力の信心〟に分け、その両者の区別を説明するというような個所は見られないからである。即ち、『唯信鈔文意』において、〝信心〟とは〝他力の信心〟、つまり、〝本願他力を信じること〟のみを言い、それとは別に〝自力の信心〟なるものは、説かれていないのである。

この点は、『唯信鈔文意』（専修寺正月二十七日本）の次の記述を見れば、明らかになる。

〔144〕しかれば大小の聖人・善悪の凡夫みなともに自力の智慧をもては大涅槃にいたることなければ、無礙光仏の御かたちは智慧のひかりにてましますゆへに、この仏の智願海にすゝめいれたまふなり。（『定本』三(1)、一五七頁）

ここでは、「自力の智慧」という言葉と、「仏の智願海」という言葉が対比されている。つまり、「仏の智願海」とは、「仏智」たる第十八願を指し、「仏の智願海にすすめいれたまふ」は、『唯信鈔文意』記述〔143〕の「他力真実の信心をえてのちに真実報土には往生をとぐるなり」に対応し、「自力の智慧をもては大涅槃にいたることなければ」は、記述〔143〕の「自力の信……にては実報土にはむまれず」に対応している。この意味上の対応・一致から知られることは、

〝他力の信心〟に対して、〝自力〟の立場を、「自力の信」と呼ぶ必然性はないということである。それは、記述〈144〉のように、「自力の智慧」と呼んでもよいし、あるいは、『唯信鈔文意』の次の記述のように、「自力の心」と呼ぶことも、「自力のこころ」と呼ぶことも、できるのである。

〈145〉「廻心」といふは、自力の心をひるがへしすつるをいふなり。実報土にむまるゝひとは、かならず金剛の信心のおこるを「多念仏」とまふすなり。（『定本』三(1)、一六七頁）

〈45〉自力のこゝろをすつといふは、やうやうさまざまの大小聖人善悪凡夫の、みづからがみをよしとおもふこゝろをすて、みをたのまず、あしきこゝろをかへりみず、ひとすぢに具縛の凡愚屠沽の下類、無礙光仏の不可思議の本願、広大智慧の名号を信楽すれば、煩悩を具足しながら無上大涅槃にいたるなり。（前出）

ここでは「自力の心」「自力のこころ」は、決して〝信心〟とは呼ばれていない。つまり、〝信心〟は、「金剛の信心」「不可思議の本願……を信楽す」という語によって示されるように、〝他力の信心〟、つまり、〝他力を信じること〟のみが〝信心〟とされているのである。

さらに『唯信鈔文意』（専修寺正月二十七日本）より、もう一つだけ例を挙げておこう。

〈146〉「随縁」は衆生のおのおのの縁にしたがひて、おのおののこゝろにまかせて、もろもろの善を修するを極楽に廻向するなり。すなわち八万四千の法門なり。これはみな自力の善根なるゆへに、実報土にはむまれずと、きらわるゝゆへに、「恐難生」といへり。「恐」はおそるといふ。真の報土に雑善自力の善むまるといふことをおそるゝなり。「難生」はむまれがたしとなり。（『定本』三(1)、一七二―一七三頁）

ここに、「おのおののこころ」とあるが、この語が『唯信鈔文意』記述〈143〉の「おのおのの自力の信」と同義であることは、明らかであろう。つまり、「おのおののこころ」は、「おのおのの」〝自力の〟「こころ」と言っても、意味は変らないのである。従って、記述〈143〉の「自力の信」は、「自力の心」「自力のこころ」、そして、『唯信鈔文意』

記述〔146〕や記述〔143〕自身にあるように、「自力の善」と述べても同義であり、それが「信」と呼ばれなければならない必然性は存在しないのである。それ故、その「自力の信」という語は、単にその前に出る「他力真実の信心」という語に導き出されて偶然的に用いられたと見るべきであり、[11]親鸞には、〝信心〟を〝自力の信心〟と〝他力の信心〟とに区別する考え方は存在しなかったと思われる。つまり、親鸞にとって、〝信心〟とは、常に〝他力の信心〟であり、それは、〝本願という他力を信じること〟を意味していたのである。

さて、以上の議論は、『三機分別』記述〔107〕の「三心は自力なり」という説が、親鸞の説として不適切ではないということを論証するために提示したものである。即ち、『三機分別』記述〔107〕の「三心は自力なりといふは、本願のつなにおびかれて、信心の手をのべてとりつく分をさすなり」という説は、『唯信鈔』記述〔108〕の「ただ信心のてをのべて、誓願のつなをとるべし」という説と完全に一致するものであり、両者において「信心」は「自力」であるとされていると思われる。一方、『唯信鈔』を除く親鸞の他の著作には、「他力の信心」という語が多く見出されるが、それは〝他力を信じる心〟を意味していると思われ、「信心」それ自体を「他力」と言っているわけではない。従って、「信心」それ自体を「自力」であると見る『三機分別』の所説、及び『唯信鈔』の所説は、「他力の信心」という親鸞の言葉と矛盾するものではないと思われる。また、『歎異抄』に至ると、「如来よりたまはりたる信心」という表現が成立するが、これは、〝他力による信心〟というように〝信心〟をも〝他力〟によるものと見る〝全分他力〟説に接近した表現であると思われる。

また、『唯信鈔文意』の中には、親鸞の言葉としておそらく唯一、「自力の信」という語が見出され、しかもそれは否定されるべきものとされているが、それは、「自力の心」とも「自力の智慧」とも「自力の善」とも表現されうるもので、「信」と呼ばれるべき必然性は存在しない。従って、親鸞には、〝信心〟を〝自力の信心〟と〝他力の信心〟とに分ける考え方は存在せず、親鸞にとって〝信心〟といえば、それは常に〝他力の信心〟であり、それはまた〝他力を信じる心〟を意味していたと思われる。

では、〝他力を信じる心〟、つまり、〝他力に対する信心〟そのものは、〝他力〟であるのか〝自力〟であるのか。〝信じる〟ということは、「手をのべてとりつく」というように機の側からの主体的行為を指すと考えられるので、『三機分別』では、それを「自力」と表現しているのであるが、この、〝「他力」を信じる「信心」は「自力」である〟という考え方自身、親鸞の説として不適切だとは私には思えない。それ故、私は、「三心は自力なり」という『三機分別』の言葉を、親鸞の語として受けとることができると考えるのである。

そこでさらに、親鸞において「他力の信心」、つまり、〝他力に対する信心〟そのものは「自力」と言えるかという問題を考えてみたい。この問題に対する決定的とも言える解答は、『愚禿鈔』の次の記述に与えられているであろう。

(147)真実浄信心《ハ》内因《ナリ》 摂取不捨《ハ》外縁《ナリ》。(『定本』二(2)、一三頁)

ここで、「真実浄信心」は「内因」であると言われている。「摂取不捨」が「外縁」であるというのは、〝本願〟が、自己の外にある縁(pratyaya)、つまり、依存すべき依り所、頼むべきもの、即ち、〝他力〟であると言うのであろう。とすれば、〝内因〟は、自己の内にある原因、往生の正因という意味であり、これは〝自力〟であるとされていると思われる。

同様の説は、次のように『教行信証』「行巻」にも説かれている。

(148)良《ニ》知《ヌ》、無《マサズバ》二徳号慈父一能《ノ》生因闕《ケナム》、無《マサズバ》二光明《ノ》悲母一所《ノ》生縁乖《キナム》。能所《ノ》因縁雖《ドモ》レ可《シト》二和合《ス》一非《バ》二信心《ノ》業識《ニ》一無《シ》レ到《ルコト》二光明土《ニ》一。真実《ノ》信業識、斯《レ》則《チ》為《ス》二内因《ト》一。光明名《ノ》父母、斯《レ》則《チ》為《ス》二外縁《ト》一。内外《ノ》因縁和合《シテ》、得二証《ス》報土《ノ》真身《ヲ》一。(『定本』一、六八頁)

ここで、「信心業識」「真実信業識」が、「報土真身」を「得証」するための「内因」であると述べられ、「光明名」、つまり、「徳号」と「光明」が、「外縁」であると言われている。この記述は、『愚禿鈔』(147)の所説に比べて趣旨が把握しにくいが、要するに、「信心」「真実信」が報土往生という果に対する「内因」だというのである。

しかるに、この『教行信証』記述〈148〉の説明は、次のような『観経疏』「序分義」の一節にもとづくことが、知られている。(112)

〈149〉既有《レバ》二父母一即《チ》有《リ》二大恩一。若《シ》無《クバ》レ父者、能生之因即《チ》闕《ケン》。若《シ》無《クバ》レ母者、所生之縁即《チ》乖《ク》。若《シ》二人倶《ニ》無《クバ》、即《チ》失《ハン》二託生之地《ヲ》一。要《ズ》須《シ》三父母《ノ》縁具《シテ》方《ニ》有《ル》二受身之処一。既《ニ》欲《スルニ》レ受《ケント》レ身《ヲ》、以《テ》二自業識《ヲ》一為《シ》二内因《ト》一、以《テ》二父母精血《ヲ》一為《ス》二外縁《ト》一。因縁和合《ス》、故《ニ》有《リ》二此身《ノ》一。（『浄全』二、二九頁下—三〇頁上）

しかし、ここでは、「内因」は、「自業識」とされているだけで、「信心業識」とか「真実信業識」とか言われているわけではない。つまり、〝信心〟については、全く言及されず、単に、「父」（因）、「母」（縁）という「外縁」と、「業識」という「内因」の和合の結果として、「受身」、つまり、肉体の獲得たる誕生があると述べられているにすぎない。

この『観経疏』の比喩との相違をよく理解しないと、『教行信証』記述〈148〉の所説の意義は知られない。すでに述べたように、記述〈148〉では、「内因」を〝信心〟と説明している点に特徴がある。では、「外縁」とは何か。それは「光明名」、つまり、「光明」と「徳号」とされているが、これが、それぞれ、「母」・「父」と言われ「縁」・「因」と説明されているのは、『観経疏』記述〈149〉の比喩の枠組を踏襲したからであって、重要な意味は有しない。つまり、『教行信証』記述〈148〉の所説の重要なポイントは、後半にあるのであって、その構造は、次の通りである。

内因（信心）
外縁（光明・名）　和合 → 果（得証報土真身）

従って、山辺・赤沼『教行信証講義』が問題にしている「両重因縁両重因果の義」と「両重因縁一重因果の義」という二つの解釈のうち、〝名号を因とし、光明を縁として、この因縁が和合して信心が生じる〟という初重の説を認める第一の解釈は、(113)不合理なものであろう。『教行信証』記述〈148〉前半に、〝名号の因と光明の縁から、信心が生じる〟

などということは一切言われていないし、記述〔148〕のベイスになった『観経疏』記述〔149〕においても、「自業識」が「父」と「母」から生じるなどということは全く言われていないことに注意しなければならない。つまり、「自業識」は、「父」と「母」の果としての〝子〟なのではなく、「父」「母」とは別に、過去世以来積集されてきた自己の業の果としての識なのである。これこそ、いわば〝輪廻の主体〟であるが、もしも〝子は、父と母からのみ生れる〟と考えるならば、この〝輪廻の主体〟が否定されて、輪廻説そのものが成立しなくなることは明らかであろう。それ故、〝信心（自業識）が、名号（父）と光明（母）から生じる〟と主張することは、この輪廻説の基本的構造を把握していないことにもとづく誤解である。繰り返せば、〝信心〟は、「自業識」であって、〝子〟ではない。〝子〟は、「得証報土真身」、つまり、報土往生という果なのである。

山辺・赤沼『教行信証講義』は、この点で極めて不合理なものと思われる「両重因縁両重因果の義」の解釈の方に共感を示しており、(114)従って、『教行信証』記述〔148〕の所説を、次のように説明している。

かくの如く光明名号の父母の因縁に依つて信心を頂かして貰ひ、光明の縁と、信心の因と、(115)内外の因縁、全く他力で参らして貰ふのが私共の最後である。これを思へば愈々名号の慈父、光明の慈母のおめぐみを喜ぶ外はないのである。（『教行講義』一、六三二頁）〔傍線＝松本〕

ここで、「全く他力で参らして貰ふ」という語が示しているように、これは、一種の〝全分他力〟説であり、つまりは、〝信心の因〟も〝他力〟であると見るものである。しかし、この説が正しいとすれば、『唯信鈔』記述〔108〕の言葉を用いれば、「ただ信心のてをのべて、誓願のつなをとる」必要もないことになるであろう。

さて、ここで再び『教行信証』記述〔148〕の所説を、『愚禿鈔』記述〔147〕の所説と比較して考えてみよう。両者において、「信心」が「内因」とされることは一致しているが、「外縁」については、記述〔147〕では「摂取不捨」とされ、記述〔148〕では「光明名」、つまり、「光明」と「徳号」とされている。『愚禿鈔』記述〔147〕の「摂取不捨」につ

いては、私はそれを〝本願〟であり〝他力〟であるとする解釈をすでに示した。確かに、『唯信鈔文意』に、

〔150〕誓願真実の信心をえたるひとは、摂取不捨の御ちかひにおさめとりてまもらせたまふによりて、行人のはからひにあらず。金剛の信心をうるゆへに、憶念自然なるなり。（『定本』三⑴、一五九頁）

とあるように、「摂取不捨」が「御ちかひ」「誓願」、つまり、〝本願〟を意味することも事実である。しかし、一般には、「摂取不捨」という語の典拠は、『観無量寿経』〝真身観文〟中の

〔151〕一一《ノ》光明偏照《クシテ》㆓十方世界《ヲ》㆒、念仏《ノ》衆生《ヲ》摂取《シテ》不㆑捨《テ》。（『浄全』一、四四頁）

という語とされるから、「摂取不捨」は直接的には「光明」を意味する語であり、親鸞も、すでに示した「正信念仏偈」記述〔102〕で、「摂取心光常照護」と述べていたのである。それ故、『愚禿鈔』記述〔147〕の「摂取不捨」は『教行信証』記述〔148〕の「光明」に対応していると考えられる。

しかるに、記述〔148〕で「外縁」であるとされる「光明名」とは、実に奇妙な言葉ではなかろうか。この言葉は、親鸞の全著作中、ここにしか用いられていない。親鸞は、記述〔148〕の直後に、善導の『往生礼讃』から、

〔152〕以《テ》㆓光明名号《ヲ》㆒、摂㆓化《ス》十方《ヲ》㆒、但使《ム》㆓信心求念《セ》㆒、（『浄全』四、三五六頁下）

という文章を引いているが、何故親鸞は『教行信証』記述〔148〕で、ここにあるように「光明名号」と言わず、「光明名」などという奇妙な語、また、漢字三字という落ち着きの悪い語を用いたのであろうか。

私は、ここに〝称名正因〟説に対する批判的意識、あるいは、端的に言えば、〝名号の軽視〟を認めるのである。つまり、親鸞にとって、「外縁」として重要なのは、「光明」の方であって、「名」、つまり、「名号」の方ではなかったのであろう。そして、その「光明」とは、「摂取不捨」を意味し、それはまた、〝本願〟を意味していたのである。つまり、『教行信証』記述〔148〕も、『愚禿鈔』記述〔147〕と全く同様に、〝本願他力（外縁）に対する信心（内因）〟を往生の必要条件として説いているのである。

では、〝信心〟そのものは、〝他力〟なのか〝自力〟なのか。「内因」という言葉以上に、それが〝自力〟であることを示すものはないと思われる。しかるに、「内因」を〝自己の内にある因〟と解する私見について、いまだ読者に疑問があるとすれば、その場合には、『観経疏』記述〔149〕の「自業識」という語において、「自」が何を意味するかということを考えてみるべきであろう。「自」は、明らかに「内因」の「内」の語義を説明する語となっているのである。即ち、『教行信証』記述〔148〕について言えば、「信心業識」とは、「父母」という〝他者〟、つまり、自己より「外」にあるものの「業識」なのではなく、「自業識」、つまり、自己の「内」にある「業識」なのである。

かくして、親鸞において〝信心〟は〝自力〟と見なされていると解釈することができるように思われる。つまり、親鸞思想の基本構造とは、〝本願（他力）と信心（自力）の結合によって、往生が成立する〟、即ち、〝本願（他力）に対する信心（自力）によって往生できる〟というものに他ならないであろう。従って、『三機分別』記述〔107〕が「三心は自力なりといふは、本願のつなにおびかれて、信心の手をのべてとりつく分をさすなり」と述べて、「信心」を「自力」と規定しているのは、親鸞思想の基本構造と合致するものと考えられるのである。

さて、これまでの議論で、私は親鸞の所謂〝他力廻向〟説、あるいは〝願力廻向〟説に全く触れないできた。しかるに、一切を弥陀の願力による廻向と見るこの説こそ、〝信心〟そのものを〝他力〟と見る最も重要な論拠とされてきたことに、疑問の余地はない。言うまでもなく、前掲『教行信証講義』の「全く他力で参らして貰ふ」という論述も、この〝他力廻向〟の説にもとづいているのである。

では、まずこの説が、『教行信証』において如何に説かれているかを確認しておこう。第一に、「信巻」の次のような記述は、〝願力廻向〟説を代表するものと考えられている。

〔153〕爾者《バ》、若行《ハ》若信《ハ》、無ㇾ有《シルコト》四一事《トシテ》非《ルコト》三阿弥陀如来《ノ》清浄願心之所《ニ》二回向成就《シタマフル》一。非二無《クシテ》ㇾ因他因《ノ》有《ルニハ》一也。可ㇾ知《シル》。（『定本』一、一一五頁）

これは、〝「行」も「信」も、すべてのものが、阿弥陀の「清浄願心」によって廻向され成就されたものである〟と説くものであろう。「非無因他因有」とは、「行」も「信」も、「清浄願心」を因としているので、無因であることはなく、他のものを因としていることもないという意味であろう。

石田瑞麿氏は、この記述中の「所回向」を「与えられ(116)」と訳されるが、これは「廻向」を「廻施」と同義と見られたためであろう。山辺・赤沼『教行信証講義』でも、次のように、「丸丸貰い受けた」という表現をしている。

又阿弥陀如来は自分の方《かた》で御成就なし下された行信をすべて、衆生へ廻向して下されるから、私共衆生は、丸々貰ひ受けた行信を以て、浄土へ参らして貰ふので、他の因で浄土へ生れるのではない。(『教行講義』二、二五一頁)

〔傍線＝松本〕

また、「信巻」記述〔153〕と同様の趣旨を説くと思われる記述は、「証巻」にも、次のように認められる。

〔154〕夫案《ズレ》二真宗《ノ》教行信証《ヲ》一者《バ》、如来《ノ》大悲回向之利益《ナリ》。故若因《ニハ》若果《ハ》、無《シ》レ有《ルコト》四一事《トシテ》非《ルコト》三阿弥陀如来《ノ》清浄願心之所《ニ》二回向成就《シタマヘル》一。因浄《ナルガ》故《ニ》、果亦浄也。応《シ》レ知《ル》。(『定本』一、二〇一頁)

しかし、〝他力廻向〟〝願力廻向〟の説が最も顕著に見られるのは、「信巻」であると思われる。というのも、そこには、「信心」を弥陀によって衆生に「廻施」されたものとする主張が、次のように明確に認められるからである。

〔155〕言《フ》二信楽《ト》一者《ハ》、則《チ》是《レ》如来《ノ》満足大悲円融無礙信心海《ナリ》。……斯心者《ハ》即《チ》如来《ノ》大悲心《ナルガ》故《ニ》、必成《ズル》二報土《ノ》正定之因《ト》一。如来悲二憐《シテ》苦悩《ノ》群生海《ヲ》一、以《テ》二無礙広大《ノ》浄信《ヲ》一、回二施《シタマヘリ》諸有海《ニ》一。是《ヲ》名《ク》二利他真実《ノ》信心《ト》一。(『定本』一、一二〇—一二一頁)

ここで、「信楽」「信心」「斯心」「大悲心」「浄信」は、すべて同じ心であり、それは本来弥陀のものであるが、それが弥陀によって衆生に「廻施」されると説かれている。従って、「信巻」では、この「信心」は、

〔156〕言《フ》二「能生清浄願心」《ト》一者《ハ》、獲二得《スル》金剛《ノ》真心《ヲ》一也。本願力回向《ノ》大信心海《ナルガ》故《ニ》、不《ラ》レ可《ラ》二破壊《ス》一、喩《フル》三之《ヲ》如《シト》二金剛《ノ》一也。(『定本』一、一三二頁)

〔157〕言《フ》二信心《ト》一者《ハ》、則《チ》本願力廻向之信心也。（同右、一三八頁）

というように、「本願力回向大信心海」とか「本願力廻向之信心」と表現されるのである。この表現が、〝本願力によって廻向され与えられた信心〟を意味することは明らかであろう。

また、一二五五年に親鸞によって書かれたとされる『尊号真像銘文』（略本）にも、極めて明確に、

〔158〕「至心信楽願為因」といふは、弥陀如来廻向の真実信心を阿耨菩提の因とすべしとなり。（『定本』三(1)、六六頁）

と説かれているのである。

しかし、このような〝願力廻向〟説、〝他力廻向〟説に対しては、望月信亨博士が、

信心までも、如来の廻向成就とする時、それが果たして何を意味するであろうか。（『略述』四一三頁）

という厳しい批判を示されている。おそらく、以上見たような〝願力廻向〟〝他力廻向〟の説は、

唯だ吾等は拱手して、如来の恩恵を享受すれば足るといふほど結構な教はない。実に棚から落ちた牡丹餅を、寝ながら食ふやうな話である。併かしながら斯様な絶待他力が果たして成立つものであらうか。（『略述』四一三頁）

という望月博士の批判を、論理的には、決して回避することはできないであろう。

しかし、このような〝絶対他力〟説、あるいは〝願力廻向〟説によって、〝信心〟を弥陀より廻向されたものと見る理解は、親鸞自身が『愚禿鈔』記述〔147〕や『教行信証』「行巻」記述〔148〕で、「信心」を「内因」と規定したことと矛盾するのではなかろうか。つまり、記述〔148〕で「信心」は「業識」、つまり、『観経疏』記述〔149〕の語を用いれば、「自業識」とされたのであるが、この「自業識」は、〝機〟自身の「識」、それも、迷妄にもとづく「業識」であって、これを〝如来によって廻向されたもの〟と見ることはできないであろう。

また、『教行信証』「総序」には、

〔159〕噫《アア》、弘誓《ノ》強縁《ハ》多生《ニモ》叵《ク》レ値《マフアヒ》、真実《ノ》浄信《ハ》億劫《ニモ》叵《シ》レ獲。遇《タマ》獲《バ》二行信《ヲ》一、遠《ク》慶《ベ》二宿縁《ヲ》一。（『定本』一、七頁）

という文章があり『浄土文類聚鈔』には、
〈160〉噫、弘誓強縁《ハ》多生《ニモ》難《ク》レ値《マフアヒ》、真実《ノ》浄信《ハ》億劫《ニモ》叵《シ》レ獲。遇《タマ》獲《バ》二信心《ヲ》一、遠《ク》慶《ベ》二宿縁《ヲ》一。（『定本』二(2)、一三八頁）
という文章がある。この二つの文章の前半は、〝本願に値うのは、多生を経ても難かしく、また、たとえ本願にあっても信心を得るのは、また難しい〟という意味であろうから、後半は、記述〈160〉に従って、〝それ故、たまたま信心を得たら、遠く過去の宿縁を慶べ〟と読むべきものと思われる。

しかるに、このように、この二つの文章の趣旨を解するならば、その趣旨は、〝願力廻向〟説と合致しないように思われる。というのも、〝願力廻向〟説によるならば、その個所は〝たまたま信心を得たら、それは弥陀によって廻向されたものであるから、弥陀に感謝せよ〟とでも、述べられるべきだったと思われるからである。従って、私には、記述〈159〉〈160〉に、〝信心〟を弥陀によって廻施されたものとする〝願力廻向〟説は、読みとれないのである。それどころか、「弘誓強縁……真実浄信」という表現には、〝本願〟を「強縁」、つまり、「外縁」とし、〝信心〟を「内因」とする『愚禿鈔』記述〈147〉や、『教行信証』「行巻」記述〈148〉の考え方が説かれているように感ぜられる。

また、「行巻」末尾の「正信念仏偈」には、
〈161〉往還回向《ノ》由《ハル》二他力《ニ》一　正定之因[117]《ハ》唯信心《ナリ》。
惑染凡夫《ノ》信心発《スレバ》　証二知《セシム》　生死即涅槃《ナリト》一。（『定本』一、八九頁）〔一部は、記述〈15〉として前出〕
という記述がある。ここで前半に「往還回向由他力、正定之因唯信心」とある文章は、「信心」までも「他力」であると説いているであろうか。私にはそうは思えない。「往還」の「往」は報土への〝往生〟であって、〝往生〟は〝願力〟に乗じてなされるのであるから、「他力」によることは当然である。しかし、「往還回向由他力、正定之因唯信心」は、〝aは……であるが、bは……である〟という対比的表現であって、ここで「正定之因」たる「信心」は、「往還回向」と区別されて、非「他力」、つまり、〝自力〟とされていると思われる。即ち、ここには、『唯信鈔』記述〈108〉の

たゞ信心（自力）のてをのべて誓願（他力）のつなをとるべし。仏力（他力）無窮なり、罪障深重のみをおもしとせず。仏智（他力）無辺なり、散乱放逸のものおもすつることなし。〔たゞ〕信心（自力）を要とす。そのほかおばかへりみざるなり。

という一節と、基本的には、全く同じことが言われているのである。この一節の論旨を分り易くするために、右の引用では「他力」「自力」という語を挿入したが、ここで、〝他力〟と〝自力〟が対比されているように、「正信念仏偈」記述〈161〉の「往還回向由他力、正定之因唯信心」でも、〝他力〟と〝自力〟が対比されている。つまり、この言葉は、〝往還の廻向は全く他力に由るが、しかし、その他力に乗じさせ、正しく往生を決定するものは、ただ信心だけなのであるから、ただ信心だけが機の方には必要なのである〟と説いているのであろう。即ち、「正信念仏偈」記述〈161〉の「唯信心」と『唯信鈔』記述〈108〉の「ただ信心のてをのべて」「〔ただ〕信心を要とす」[118]は、全く同義なのである。

また、記述〈161〉の「凡夫信心発」も、〝凡夫が信心を発す〟の意味であって、〝凡夫に信心が廻施される〟〝凡夫に信心がたまわる〟などとは言われていないのである。またそこで「信心」は〝自力〟と見なされていると解した方が、「行巻」記述〈148〉の〝「信心」＝「内因」〟の説と合致するであろう。

また、「如来よりたまはりたる信心」という『歎異抄』の表現について考えてみよう。〝願力廻向〟説が親鸞思想の本質であり、「信巻」記述〈155〉に言われるように、〝信心〟が弥陀によって廻施されたものであると親鸞が常に考えていたとするならば、「如来よりたまはりたる信心」という語を、親鸞自身がその著作の中で用いていてもよさそうなものである。しかるに、すでに述べたように、この語は『歎異抄』記述〈120〉〈121〉に見られるだけであり、また〝信心〟を〝たまわる〟ものとするのも、他の書簡集に収録されていない『末灯鈔』第十八通〈122〉と、「かさまの念仏者」記述〈123〉だけなのである。しかも、記述〈123〉は、「信心」を、「釈迦・弥陀・十方諸仏の御方便よりたまはりたる」と述べており、弥陀の〝願力廻向〟、つまり、弥陀によって廻施されたものであるとはしていない。

「かさまの念仏者」記述〈123〉の所説が、『唯信鈔文意』記述〈133〉〈134〉の所説の影響を受けて成立していると思われることは上述した通りであり、また、それと同様の所説は、『末灯鈔』第二十通〈135〉〈136〉、第二十一通〈137〉にも見られるので、これらの記述における〝信心〟の〝おこる〟あり方、〝たまわる〟あり方についてまとめてみれば、以下のようになる。

ⓐ〝信心は、釈迦と弥陀の「方便」によって「おこる」〟

〈133〉この信心のおこることも、釈迦の慈父・弥陀の悲母の方便によりておこるなり。これ自然の利益なりとしるべしとなり。(『唯信鈔文意』)

〈134〉釈迦は慈父、弥陀は悲母なり。われらがちゝはゝ、種種の方便をして、無上の信心をひらきおこしたまへるなりとしるべしとなり。(同右)

ⓑ〝信心は、釈迦と弥陀の「すすめ」「はからひ」によって「おこる」〟

〈135〉往生の信心は、釈迦・弥陀の御すゝめによりておこるとこそみえてさふらへば、(『末灯鈔』第二十通)

〈136〉往生の金剛心のおこることは、仏の御はからひよりおこりて候へば(同右)

〈137〉この真実の信心のおこることは、釈迦・弥陀の二尊の御はからひよりおこりたりとしらせたまふべし。(『末灯鈔』第二十一通)

ⓒ〝信心は、釈迦・弥陀・十方諸仏の「方便」によって「たまわる」〟

〈123〉この信心をうることは、釈迦・弥陀・十方諸仏の御方便よりたまはりたるとしるべし。(「かさまの念仏者」)

ⓓ〝信心は、「弥陀他力の廻向の誓願」によって「たまわる」〟

〈122〉弥陀他力の廻向の誓願にあひたてまつりて、真実の信心をたまはりてよろこぶこゝろのさだまるとき、摂取してすてられまいらせざるゆへに、金剛心になるときを正定聚のくらゐに住すともまふす。(『末灯鈔』第十八通)

以上のⓐⓑⓒⓓの四説のうち、〝願力廻向〟説に合致するのは、ⓓ説のみであろう。というのも、〝願力廻向〟説とは、〝弥陀の願力によって廻向される〟という説であって、釈迦や十方諸仏の願力については、問題としないからである。しかも、ⓓ説を説く『末灯鈔』第十八通に問題のあることは、すでに述べた通りである。

従って、少なくとも、『教行信証』「信巻」や『尊号真像銘文』記述〔158〕に顕著に説かれている〝願力廻向〟説を、親鸞思想の一貫した本質であるとか、親鸞の一貫した主張であるとか把えることについては、疑問が生じざるを得ないであろう。[119] 私としてはむしろ、親鸞において、〝信心〟、つまり、〝他力〟を信じる「他力の信心」は、「内因」であり、〝自力〟と見なされていたと考えたい。それ故、このように見れば、『三機分別』記述〔107〕の

三心は自力なりといふは、本願のつなにおびかれて、信心の手をのべてとりつく分をさすなりとこゝろうべし。

という説を、親鸞の説と見ることに問題はないことになるであろう。

以上〝「信心」〟を〝自力〟と見る解釈について、長い傍論となってしまったが、本論にもどり、『三機分別』の論旨を逐ってみよう。

七　親鸞における〝信の一念義〟の構造

さて、『三機分別』では、第三の「行相をはげむ機」ⓒが念仏することについて、記述〔107〕に続けて、次のように言われている。

〔162〕また念仏はすれども、常に信心もおこらず、願を縁ずる事のつねにもなければとて、往生を不定におもふべからず。そのこゝろなければども、たゞ自力を存せず、すべて疑惑のこゝろなくして常に念仏すれば、我こゝろにはおぼえねども、信心のいろのしたひかりて相続するあひだ、決定往生をうるなり。しるべし、そのこゝろは、た

とへば月のひかりのうすぐもにおほはれて、満月の躰はまさしくみえずといゑども、月のひかりによるがゆへに、世間くらからざるがごとし。（『定本』五、一九五―一九六頁）

ここで問題になっているのは、往生の不定と決定ということであるが、「往生を不定におもふべからず」というのが、主旨であると思われる。つまり、この第三機「行相をはげむ機」Ⓒも、「信精進懈怠の機」Ⓑが念仏をはげむ面を言ったものであって、その「信精進懈怠の機」は、「信心決定せる機」（Ⅰ）の一種なのである。ということは、この第三機「行相をはげむ機」も、「信心決定せる機」の中に含まれるということになる。つまり、この「行相をはげむ機」は、〝信心〟が決定していないように見えても、実は決定しているのであるから、〝往生〟も決定しており、従って、「往生を不定におもふべからず」と言われるのであろう。

それ故、記述〔162〕の「常に信心もおこらず」は、〝信心が全くおこらない〟という意味ではなくて、〝信心が常におこっているというわけではない〟という意味であろう。つまり、この機には、〝信心〟がおこらないことがあったとしても、〝信心〟はすでに決定していると考えられているのである。この点が、すでに見た『三機分別』記述〔101〕と同様、〝満月が薄雲によって覆われても、雲の下の世間は暗くない〟という比喩によって示されていると思われるが、注意すべきことは、この『三機分別』記述〔162〕における比喩の説明が、記述〔101〕以上に「正信念仏偈」記述〔102〕に表現として一致している点である。

いまこの点を示すために、再び記述〔102〕を次に示そう。

〔102〕能《ク》発《スレバ》二 一念喜愛心《ヲ》一　不《シテ》レ断《ゼ》二煩悩《ヲ》一得《ルナリ》二 涅槃《ヲ》一
凡聖逆謗斉《ク》回入《スレバ》　如《シ》二衆水入《テ》レ海《ニ》一味《ナルガ》一
摂取《ノ》心光常《ニ》照護《シタマフ》　已《ニ》能《ク》雖《ドモ》レ破《スト》二無明《ノ》闇《ヲ》一
貪愛瞋憎之雲霧　常《ニ》覆《ヘリ》二真実信心《ノ》天《ニ》一

譬《バ》如《シ》下日光《ノ》覆《ハルレドモ》二雲霧《ニ》一　雲霧之下明《ニシテ》無《キガ》上レ闇。〔前出〕

即ち、『三機分別』記述〔162〕の「世間くらからざる〔がごとし〕」は、記述〔102〕の「明無闇」に対応し、『三機分別』記述〔162〕の「信心のいろのしたひかりて」は、難解な語であるが、記述〔102〕の「雲霧之下」に対応しているのであろう。ただし、『真蹟集成』第五巻によると、「信心ノイロノシタヒカリテ」の「ヒ」の文字が異常である。(120) つまり、何等かの文字の上に重ねて、別の筆で「ヒ」と太く書き込んだように見える。つまり本来は別の文字が書かれていたように思われる。それが「ア」であれば、「正信念仏偈」記述〔102〕末尾の「〔雲霧之〕下明〔無闇〕」と一致するようにも思われるが、下に書かれている文字は、その大きさから考えて、「ア」ではないかもしれない。(121) 従って、「信心のいろのしたひかりて」の読みには若干の問題があるが、それにもかかわらず、この語を含む『三機分別』記述〔162〕の比喩と「正信念仏偈」記述〔102〕の比喩との表現上の一致は、明らかであろう。つまり、両者は同一の著者、即ち、親鸞の手に成るものと思われる。

「正信念仏偈」記述〔102〕と『三機分別』記述〔162〕のいずれにおいても、〝日光(月光)は雲霧によって覆われても、雲の下は明るい〟という比喩が言わんとすることは、〝一旦「信心」が決定したものには、「往生」は決定しているのであって、「信心」決定後に、「信心」がおこらないように見えても、「往生」が決定していることには何等変りない〟ということであろう。この点が『三機分別』記述〔162〕では「往生を不定におもふべからず」、そして、「正信念仏偈」記述〔102〕では「摂取心光常照護」という語によって、説かれていると思われる。

では、最後に、『三機分別』の結論部分を見てみよう。それは、次のようなものである。

〔163〕行相の三機のやう、かくのごとし。詮ずるところ、信心よはしとおもはゞ、念仏をはげむべし。決定心えたりとおもふての上に、なほこゝろかしこからむ人は、よく〳〵念仏すべし。また信心いさぎよくえたりとおもひてのちの念仏おば、別進奉公とおもはむにつけても、別進奉公はよくすべき道理あれば、念仏をはげむべし。地躰

は我《わが》こゝろをよく〳〵按《あん》じほどいて、行にても、信にても、機にしたがひて、たえむにまかせてはげむべき也。

かくのごとくこゝろをえてはげまば、往生は決定はづるべからざる也。(『定本』五、一九六—一九七頁)

ここでまず、「よくよく按じ」は、すでに述べたように親鸞愛用の語であり、また「詮ずるところ」は、親鸞の口癖とも言えるほど多用した語であることは、『親鸞用語索引』に明らかであるが、(122) その一例は、すでに示した『末灯鈔』第十二通の記述〔21〕にも見られたのである。

さて、『三機分別』記述〔163〕における結論とは、「行にても、信にても、機にしたがひて、たえむにまかせてはげむべき也」というものであるが、すでに述べたように、『三機分別』に説かれる三機とは、すべて「信心決定せる機」であると思われるので、〝はげむ〟ことによって〝往生〟の決定があるというのではなくて、〝往生〟は〝信心〟が決定した時点で、すでに定まっているとされていると思われる。

以上、『三機分別』の内容を概観したが、そこに説かれるのは、〝信心が定まるとき、往生が定まる〟という親鸞独自の〝信心正因〟説であり、その著者も親鸞であると思われる。

さて、『三機分別』の内容について詳細に検討したのは、松野博士が前掲の論述で、『三機分別』記述〔74〕の一部分と『唯信鈔』記述〔20〕の「一念決定しぬと信じて、しかも一生おこたりなくまふすべきなり」というテーゼとの趣旨の一致を指摘され、

唯信抄の一念がまた一声をさしていると考えられるのである。(『親鸞(松野)』二七〇頁)

と論じられたからである。私は、『唯信鈔』の「一念」は〝信の一念〟を指すと考えるので、再び『三機分別』記述〔74〕を次に引用し、松野博士のこの解釈について考察したい。

〔74〕第一に信心決定せる機といふは、これにつきて又二機あり。一にはまづ精進の機といふ者《は》、又これについて二機あり。一には弥陀の本願を縁ずるに、一声に決定しぬと、こゝろのそこより真実に、うら〳〵と一念も疑心な

くして、決定心をえてのうへに、一声に不足なしとおもへども、仏恩を報ぜむとおもひて、精進に念仏のせらるゝなり。

傍線を付した部分が、松野博士が引用され、『唯信鈔』の記述〔20〕の「正義」といわれるテーゼとの一致を指摘された文章であるが、確かに、「一声に決定しぬ」は、『唯信鈔』記述〔20〕の「正義」における「一念決定しぬ」に対応し、表現も酷似している。この点を指摘された博士の炯眼には敬服せざるを得ない。しかし、この対応を認めたとしても、そこから、『唯信鈔』記述〔20〕の「一念決定しぬ」の「一念」が「一声」を意味すると帰結することは、容易にはできないであろう。すでに述べたように、『唯信鈔』記述〔20〕の「正義」に関するヴァリアント群は、「一念決定しぬ」の「一念」を〝信〟の「一念」と解することを要求しているように思われるし、また、この「一念」が「一声」を意味するとすれば、『唯信鈔』の基本的立場である〝信心正因〟説と矛盾することになると思われるからである。

そこで、『唯信鈔』記述〔20〕の「正義」における「一念決定しぬ」が、『三機分別』記述〔74〕の「一声に決定しぬ」に対応すると言う松野博士の指摘を承認しつつ、記述〔74〕のさらに先の部分を読んでみよう。そこには、「一念も疑心なくして、決定心をえてのうへに」という語が出ている。この部分が、『唯信鈔』記述〔20〕の「正義」の「一念決定しぬと信じて」の「信じて」に対応することは、勿論、博士によっても認められている。即ち、そこで「疑心なくして」といわれる「決定心」が〝信心〟を意味していることは、明らかであろう。この点は、『三機分別』記述〔74〕冒頭の「信心決定せる機」という語の存在からも確認される。しかるに、『三機分別』記述〔74〕には、「決定」という語は、「一声に決定しぬと……一念も疑心なくして、決定心をえて」というように、一回ではなく二回使われているのである。すると、『唯信鈔』記述〔20〕の「正義」で「一念決定しぬ」というときの「決定」は、『三機分別』記述〔74〕の問題の文中に見られる二つの「決定」のうち、後者、つまり、「決定心」の「決定」の方に対応しているとも考えられるのである。

注意すべきことは、『唯信鈔』記述〔20〕の「正義」が、「一念に決定しぬ……」とは決して表現されていないことである。つまり、「一念決定しぬ」は、「〔信心の〕一念が決定しぬ」とも読めるのである。しかるに、『唯信鈔』には〝信心が決定する〟という意味で、「信心決定」という表現が用いられることが、三回もある。即ち、記述〔19〕の「信心決定しぬれば」と記述〔70〕の「信心決定しなば」と記述〔20〕の「信心決定しぬるには」である。従って、「一念決定しぬ」を〝一念（信心）が決定した〟と読む可能性も認められると思われる。

勿論、このように読めば、「一念決定しぬ」の後に来る「と信じて」が意味をなさないことも、確かである。つまり、〝信心〔が〕決定しぬと信じて〟ということになってしまうからである。

しかし、『末灯鈔』第十一通に相当する「真蹟書簡」第二通には、次のような一節があることに注目したい。

〔164〕四月七日の御ふみ、五月廿六日たしかに〱み候ぬ。さてはおほせられたる事、信の一念、行の一念、ふたつなれども、信をはなれたる行もなし。行の一念をはなれたる信の一念もなし。そのゆへは行と申すは、「本願の名号をひとこゑとなえてわうじやうす」と申すことをきゝて、ひとこゑをもとなへ、もしは十念をもせんは行なり。この御ちかひをきゝて、うたがふこゝろのすこしもなきを、信の一念と申せば、信と行とふたつときけども、「行をひとこゑする」ときゝて、うたがはねば、行をはなれたる信はなしときゝて候。又信はなれたる行なしとおぼしめすべし。これみなみだの御ちかひと申すことをこゝろうべし。行と信とは、御ちかひを申すなり。あなかしこ〱。（『定本』三(2)、八―九頁）

まず、ここで親鸞が「行の一念」と「信の一念」という語をはっきりと区別して用いていることを理解する必要がある。では、この二つは何を意味するのか。極めて、難解であるが、実線を付した二つの文章、即ち、

本願の名号をひとこゑとなえてわうじやうすと申すことを……。

きゝて、うたがふこゝろのすこしもなきを、信の一念と申せば、

という二つの文章に「行の一念」と「信の一念」が説かれていると思われる。即ち、「名号を一声称えれば往生する」ということ（本願）を聞いて、疑わない心が「信の一念」であり、その聞かれる内容である「名号を一声（一念）称えれば往生する」という主張のうち「一声称える」ということが「行の一念」なのである。つまり、〝「行の一念」によって往生できる〟と聞いて信じるのが、「信の一念」である、ということになる。これは、実に複雑な構造であると言えるであろう。

記述〔164〕には、「きゝて、ひとこゑをもとなへ、もしは十念をもせんは行なり」とある。ここで、「ひとこゑをもとなへ」というのは、「行の一念」であり、「十念をもせんは」というのは、〝行の十念〟を意味するであろう。つまり、〝「行の一念」によって往生できる〟と聞いて、「行の一念」を行じたり、〝行の十念〟を行じたりするということもあるとされているのである。とすれば、〝「行の一念」によって往生できる〟ということを聞いて、「行の一念」や〝行の十念〟を行じる者、いわば〝行者〟と、〝「行の一念」によって往生できる〟と聞いて、それを信じる者、即ち〝信者〟の二種のケースが考えられていることになるが、そのうちの前者、つまり、〝行者〟は、親鸞にとって興味のない存在であったと思われる。その点は、記述〔164〕に、

> 「行をひとこゑする」ときゝて、うたがはねば、行をはなれたる信はなしときゝて候。

とあることによって、明らかなのである。即ち、この文章は、石田瑞麿氏によって

> 一声でも称えると浄土に生れることができるということを聞いて、これを疑わなければ、み名を称えるという行を離れて信ずる心はない、と聞いています。（『親鸞（石田）』一一五頁上）（傍点＝石田、傍線＝松本）

と訳されているが、私がこの訳を優れたものと考えるのは、私が傍線を付した「浄土に生れることができる」という語を、氏が敢て補われたからなのである。つまり、聞かれる内容は、あくまで〝「行の一念」によって往生できる〟ということでなければならない。しかも、右の文章で「行をはなれたる信はなし」と述べているのは、〝「行の一念」に

よって往生できる〟と聞いて「信の一念」が生じることを言っているのであって、〝「行の一念」によって往生できる〟と聞いて「行の一念」や〝行の十念〟を行じる人は、親鸞の眼中にはないのである。

ここで、極めて興味深いことは、「信の一念」を得る人には、称名を行じる必要性は全く認められていない点である。何故なら、その人は、〝「行の一念」によって往生できる〟と聞いて、これを信じればよいとされているだけであるから、そこには、「行の一念」を行じることを要求するような契機は、全く存在しないからである。従って、記述〔164〕の「行をはなれたる信はなし」というのは、親鸞の巧みな論法であって、実際には、そこに言われている「信」に、「行」は全く必要とされていないのである。というのも、繰り返せば、「信の一念」とは、〝「行の一念」によって往生できる〟と聞いて、それを疑わないことを言っているにしかすぎないからである。

かくして親鸞において、「信」とは〝「……」を聞いて信じること〟以外ではなかったということになる。親鸞は、同様の考え方を、『一念多念文意』で、次のように述べている。

〔165〕「及称名号」といふは、「及」はおよぶといふは、かねたるこゝろなり。「称」は御なをとなふるとなり。また「称」は、はかりといふこゝろなり。はかりといふは、ものほどをさだむることなり。名号を称すること、とこゑひとこゑ、きくひと、うたがふこゝろ一念もなければ、実報土へむまるとまふすこゝろなり。また『阿弥陀経』の七日もしは一日名号をとなふべしとなり。これは多念の証文なり。(『定本』三(1)、一五一頁)

ここに、「これは多念の証文なり」と言われるが、実は、この記述は、「信の一念」を説くものであって、〝多念義〟の擁護には、全くなっていないのである。というのも、この記述で「名号を称すること、とこゑひとこゑ、きくひと、うたがふこころ一念もなければ」とは、〝「称名の一声(「行の一念」)または十声(〝行の十念〟)によって往生できる」と聞いたひとが、これを信じるならば〟という意味だと思われるからである。つまり、一声や十声は、聞かれる内容に含まれている要素にしかすぎず、従って記述〔165〕は、〝「一声や十声によって往生できる」と聞いて、これを信じる

「信の一念」によって、実報土に往生できる〃という〃信の一念義〃を説くものに他ならないのである。

全く同様の〃信の一念義〃は、『唯信鈔』の次の記述にも説かれている。

〔166〕いのち一刹那にせまりて、存ぜむことあるべからずとおもふには、後生のくるしみたちまちにあらわれ、あるいは火車相現し、あるいは鬼卒まなこにさいぎる。いかにしてか、このくるしみをまぬかれ、おそれをはなれむとおもふに、善知識のおしえによりて、十念の往生をきくに、深重の信心たちまちにおこりて、これをうたがふこゝろなきなり。

これすなわち、くるしみをいとふこゝろふかく、たのしみをねがふこゝろ切なるがゆへに、「極楽に往生すべし」ときくに、信心たちまちに発するなり。「いのちのぶべし」といふをきゝて、医師・陰陽師を信ずるがごとし。もしこのこゝろならば、最後の刹那にいたらずとも、信心決定しなば、一称一念の功徳、みな臨終の念仏にひとしかるべし。(『定本』六(2)、六三―六四頁)〔前掲の記述〔70〕と一部重複〕

この記述において、

十念の往生をきくに、深重の信心たちまちにおこりて、

「極楽に往生すべし」ときくに、信心たちまちに発するなり。

という二つの文章は、全く同義であろう。即ち、ここでは、「十念の往生」「極楽に往生すべし」が、聞かれる内容であって、〃「十念(十声)によって極楽に往生できる」と聞いて、それに対して「信心」の一念が「たちまちに」生じるときが、「信心決定」のときであり、「最後の刹那にいたらずとも」、その時点において、往生が定まる〃という〃信の一念義〃〃信心正因〃説が、ここに説かれていると考えられる。言うまでもなく、これは、親鸞その人の説である。

なお、ここで、「信心決定しなば、一称一念の功徳……」という表現の「一念」は「信心」と解さなければ、論旨が成立しないであろう。また、「信心たちまちに」の「たちまちに」も、即時性を表現し、従って〃一念〃を意味するで

あろう。

さて、親鸞において、〝信心〟とは、〝「……」を聞いて信じること〟を意味するということは、『教行信証』「信巻」の

〈167〉然《ニ》『経《ニ》』言《フ》レ聞者《トハ》、衆生聞《テ》二仏《ノ》願生起本末《ヲ》一無《シ》レ有《ルコト》二疑心《一》、是《ヲ》曰《フ》レ聞《ト》也。(『定本』一、一三八頁)

という文章においても、示されている。ここで、聞かれる内容は、「仏願生起本末」とされているが、ここで『経』と言われているのは、「信巻」で少し前の個所に引用されている『無量寿経』巻下の(123)

〈168〉諸有《ル》衆生、聞《テ》二其《ノ》名号《ヲ》一、信心歓喜《シテ》、乃至一念、至心《ニ》廻向《シテ》、願《ゼバ》レ生《ゼント》二彼《ノ》国《ニ》一、即得《チテ》二往生《ヲ》一、住《セン》二不退転《ニ》一。唯除《ク》二五逆誹謗《ト》正法《トヲ》一。(『浄全』一、一九頁)

という第十八願成就文を指しているのであり、ここで「聞」の内容・対象は、「其名号」とされている。しかるに、この経文の「聞其名号、信心歓喜、乃至一念」という語が、親鸞の〝信の一念義〟に基本的なアイデアを与えたことは、明らかである。つまり、この語に親鸞は、〝「……」を聞いて、信じる「信の一念」が、往生を決定する〟という理論を読みとったのであるが、この親鸞の〝信の一念義〟、あるいは、〝信心正因〟説とは、実は〝称名〟や〝多念〟を、「……」という聞かれる内容の中に封じ込めて、その意義を奪い、それによって〝称名正因〟説を否定するものだったのである。

即ち、前掲の「真蹟書簡」第二通の記述〈164〉を見ると、そこで、「本願の名号をひとこゑとなえてわうじやうす」という〝行の一念義〟、つまり、〝称名の一声によって往生できる〟という主張は、「……」という聞かれる内容の中に封じ込められてしまい、実質的にはその意義が否定されているのである。即ち〝「……」を聞いて、信じる「信の一念」が、往生を決定する〟というのが親鸞の理論であって、その際、「……」という聞かれ信じられる内容が、〝一声によって往生できる〟という〝行の一念義〟であろうと、〝十声によって往生できる〟という〝行の十念義〟であろうと、

それは〝「……」を聞いて、信じる「信の一念」が、往生を決定する〟という親鸞の〝信の一念義〟の構造にとっては、全く本質的な意味をもたないのである。

この点は、『一念多念文意』記述〈165〉と『唯信鈔』記述〈166〉においても同様であって、両者において、「名号を称すること、とこゑひとこゑ」とか「十念の往生」という〝多念義〟は、聞かれ信じられる「……」という内容の中に封じ込められ、その意義は、実質的には否定されているのである。というのも、〝「一声または十声によって、往生できる」と聞いて、これを信じれば（信の一念をもてば）往生できる〟という〝信の一念義〟による限り、人は、「一声または十声によって、往生できる」と信じれば往生できるのであって、彼は、〝一声または十声の称名をなさなければ往生できない〟とは、全く言われていないからである。

かくして、親鸞は、「聞其名号、信心歓喜、乃至一念」という『無量寿経』の経文にもとづいて、「名号」も〝称名〟も、単なる「聞」と「信」の内容、つまり、聞かれ信じられる「……」という内容の中に封じ込めてしまい、それによって〝称名正因〟説、〝多念義〟を否定し、〝信心正因〟説、〝信の一念義〟を確立することができたのである。

親鸞は、『唯信鈔』記述〈20〉でも、「『経』にすでに「乃至一念」ととけり。このゆへに、一念にてたれりとす」という〝一念義〟論者の主張の中に、この『無量寿経』記述〈168〉の語を引用し、それを承けて、自ら、

一念といえるは、すでに経の文なり。これを信ぜずば、仏語を信ぜざるなり。

と述べており、「聞其名号、信心歓喜、乃至一念」という語が親鸞にとっていかに決定的な意味をもっていたかが分る。

しかも、注意すべきことは、この語の「一念」を〝信の一念〟と解する親鸞の理解は、「聞其名号、信心歓喜、乃至一念、〔至心廻向、願生彼国〕」という漢訳の経文の理解としても、また、対応すると考えられる梵語原典の経文、つまり、

tasya 'mitābhasya tathāgatasya nāmadheyaṃ śṛṇvanti, śrutvā cāntaśa ekacittotpādam apy adhyāśayena prasādasahagatam utpādayanti,[124]

その阿弥陀如来の名号（nāmadheya）を聞き、聞いてから、最低一つの発心をも、信心（prasāda）を伴ったものとして、志楽（adhyāśaya）によって、生じる〔人々〕。

という経文に関する理解としても、基本的には正しいのである。というのも、ここに言われている「一念」、または“ekacittotpāda”「一つの発心」を「一声」と解することは、到底できないからである。ただし、『無量寿経』のこの経文にもとづいて、〃多念義〃や、〃称名正因〃説を、「……」という「聞」や「信」の内容の中に封じ込めて否定し去る理論を創造したのは、正に親鸞の独創であると言わざるを得ないであろう。(125)

さて、以上の考察によって、親鸞においては、〃「一声または十声によって、往生できる」と聞いて、これを信じる「信の一念」が、往生を決定する〃という理論、つまり、〃信の一念義〃が確かに形成されていたことが判明した。この理論を『三機分別』記述〔74〕に適用してみると、そこに、

一声に決定しぬと、こゝろのそこより真実に、うら〳〵と一念も疑心なくして、決定心をえてのうへに、

と言われているのは、〃「一声に決定しぬ」と聞いて、これを信じる「信の一念」を得た上に〃と読むことができる。つまり、「一声」という〃行の一念〃は、聞かれ信じられる「……」という内容の中に封じ込められ、その意義が否定されているのである。従って、『三機分別』記述〔74〕が真に主張しようとすることは、〃聞〃と〃信〃の「……」という内容の中に封じ込められた「一声」ではなくて、「一念も疑心なくして、決定心」という言葉によって明示される〃信の一念〃であることが理解されるのである。

また、この「一声に決定しぬ」と『唯信鈔』記述〔20〕の「一念決定しぬと信じて」を単に表現として対応させれば、「一念」が「一声」に対応することは、全く松野博士の指摘の通りであるが、しかし「一念決定しぬと信じて」を、〃「一念（一声）に決定しぬ」と聞いて信じて〃という意味に解することは、適切ではないであろう。というのも、我々は「一念決定しぬと信じて」という『唯信鈔』の「正義」の言葉に、『唯信鈔』記述〔166〕に説かれているのと同様の

〝信の一念義〟、つまり、〝「一声または十声によって、往生できる」と聞いて、これを信じる「信の一念」が、往生を決定する〟という理論の全てを読みとることができなければならないが、そのためには、この「一念」を〝信の一念〟と解さざるを得ないと思われるからである。

「一念」という語は、『唯信鈔』に八回用いられている。そのうち七例は、問題の「一念決定しぬと信じて……」という「正義」を含む記述〔20〕に見られ、他の一例は、すでに考察した記述〔70〕、または〔166〕に用いられるものであるが、記述〔166〕の「一念」も「信心」を意味すると思われることは、すでに述べた通りである。すると、『唯信鈔』において、「一念」という語はすべて「信心」を意味していると見ざるを得ないであろう。従って、以上の考察の結論を言えば、『三機分別』記述〔74〕等を根拠にした「唯信抄の一念がまた一声をさしている」という松野博士の見解に、私は従うことはできないのである。(126)

八　『唯信鈔』の来迎思想

さて、『唯信鈔』に関する松野博士の見解について、もう一点検討したい。博士は、『唯信鈔』の来迎思想について、次のように言われている。

唯信抄には、「念珠をとらば弥陀の名号をとなふべし、本尊にむかはゞ弥陀の形像にむかふべし。たゞちに弥陀の来迎をまつべし」と伝統的来迎思想が見られる。これに対して、親鸞はこうした来迎思想を説いている聖覚の唯信抄の解説書たる「唯信鈔文意」で、「『来迎』といふは来は浄土へきたらしむといふ、これすなわち若不生者のちかひをあらはす御のりなり。…すなわち他力をあらはす御ことなり。…『迎』といふは、むかへたまふといふ、まつといふこゝろなり」と釈している。これは明らかに聖覚の自力善根主義廻向義に基づく来迎思想を、親鸞一流の「来」「迎」の字訓の転声釈によって否定し、他力的不廻向義に基づく来迎思想を新しく打ち出したものである。このことは、親鸞が「来迎は諸行往生にあり、自力の行者なるがゆへに、臨終といふことは諸行往生の人にいふべし、いまだ真実の信心をえざるがゆへなり」として、臨終の来迎思想を諸行往生の自力の立場に基づくものとして、専修の立場からは明らかに否定していることによっても明瞭である。(『親鸞(松野)』二六七―二六八頁)

〔傍点＝松野、傍線＝松本〕

しかし、『唯信鈔』の来迎思想が、「伝統的来迎思想」であるとは、私には思えない。即ち、『唯信鈔』記述〔166〕で、「最後の刹那にいたらずとも、信心決定しなば、一称一念の功徳、みな臨終の念仏にひとしかるべし」と述べて、〝信心正因〟説、〝平生業成〟説を説く『唯信鈔』の著者が、「伝統的来迎思想」を説いているとは考えられないからである。松野博士が引用された『唯信鈔』の「念珠をとらば……」という文章は、次の記述に見られるものである。

〔169〕いままた、これを按ずるに、なほ専修をすぐれたりとす。そのゆへは、もとより濁世の凡夫なり。ことにふれてさわりおほし。弥陀これをかゞみて易行の道をおしえたまへり。ひめもすにあそびたはぶるゝは、散乱増のものなり。よもすがらねぶるは、睡眠増のものなり。これみな煩悩の所為なり。たちがたく伏しがたし。あそびやまば念仏をとなへ、ねぶりさめば本願をおもひいづべし。専修の行にそむかず。一万徧をとなへて、そのゝちに他経・他仏を持念せむは、うちきくところたくみなれども、念仏たれか一万徧にかぎれとさだめし。精進の機ならば、ひめもすにとなふべし。

念珠をとらば、弥陀の名号をとなふべし。本尊にむかはゞ、弥陀の形像にむかふべし。たゞちに弥陀の来迎をまつべし。なにのゆへか、八菩薩の示路をまたむ。もはら、本願の引導をたのむべし。わづらはしく、一乗の功能をかるべからず。行者の根性に上中下あり。上根のものは、よもすがらひぐらし念仏をまふすべし。なにのいとまにか、余仏を念ぜむ。ふかくこれをおもふべし。みだりがはしくうたがふべからず。(『定本』六(2)、五二―五

三頁）

まず、この記述は、〝来迎〟を説くことを意図したものではない。「なほ専修をすぐれたりとす」「他経・他仏を持念せむ」「なにのいとまにか、余仏を念ぜむ」という語が示しているように、この記述の意図は、弥陀に対する念仏の行の他に、他仏を念じ他経を読む行をも兼修する「雑修」を否定して「専修」を主張することにあるのである。即ち、この『唯信鈔』記述〔169〕の意義を正しく理解するためには、まず『唯信鈔』における次のような「専修」と「雑修」の定義を知る必要がある。

〔170〕つぎに、この念仏往生の門につきて、専修・雑修の二行わかれたり。専修といふは、極楽をねがふこゝろをおこし、本願をたのむ信をおこすより、たゞ念仏の一行をつとめて、またく余行をまじえざるなり。他の経咒おもたもたず、余の仏菩薩おも念ぜず、たゞ弥陀の名号をとなえ、ひとへに弥陀一仏を念ずる、これを、専修となづく。

雑修といふは、念仏をむねとすといゑども、また余の行おもならべ、他の善おもかねたるなり。このふたつの中には、専修をすぐれたりとす。そのゆへは、すでにひとへに極楽をねがふ。かの土の教主を念ぜむほか、なにのゆへか他事をまじえむ。（『定本』六(2)、四八―四九頁）〔前掲の記述〔85〕に前半が重複〕

この「専修」「雑修」の説明は、実は、常識的なものではない。「本願をたのむ信をおこすより、たゞ念仏の一行をつとめて」という表現は、『唯信鈔』の基本的主張たる〝信心正因〟説にもとづく念仏説、つまり、往生を決定づける〝信の一念〟獲得後の念仏（多念）という説を説いているように見える。

また、「念仏の一行」と区別される「余行」が何を意味するかが問題である。つまり、「他の経咒おもたもたず、余の仏菩薩おも念ぜず」という個所を見ると、「余行」とは、他経を持し他仏を念ずることを意味しているように見える。さらに、『唯信鈔』記述〔169〕に、「他経・他仏を持念せむ」とあるのも、「余行」に相当するのである。しかるに問題は、浄土三部経を読誦したり、阿弥陀仏を礼拝・讃嘆・観察したりする行、つまり、『選択集』の説に従えば、〝正行〟中の〝助業〟は、「念仏の一行」に含められているのか、それとも、そこから排除されて「余行」とされているのかということなのである。

親鸞の〝助業〟に対する評価は、『愚禿鈔』の

(171)上来、定散六種兼行《スルガ》故曰《ニフ》二雑修《ト》一。是《ヲ》名《ケ》二助業《ト》一、名為《テス》二方便仮門《ト》一、亦名《ル》二浄土《ノ》要門《ト》一也。応《シ》レ知《ル》。(『定本』二(2)、三八頁)

という記述に見られると思われる。これは、〝助業〟を、「念仏の一行」から排除し、「余行」に含める考え方であろう。しかるに、このような観点から、『唯信鈔』記述(170)を見ると、それは微妙な表現をとってはいるが、「ただ弥陀の名号をとなえ、ひとへに弥陀一仏を念ずる」という所を見ると、読誦・礼拝等の行も、「念仏の一行」から排除され、「余行」に含められていると思われる。つまり、『唯信鈔』は〝助業〟の意義を本質的には、認めていないのである。

このような「専修」と「雑修」の説明に対して、『唯信鈔』では、次のような疑問が提起される。

(172)これにつきて人うたがひをなさく。[127] たとへば人ありて念仏の行をたてゝ毎日に一万偏をとなえて、そのほかは、ひめもすにあそびくらし、よもすがらねぶりおらむと、またおなじく一万をまふして、そのゝち経おもよみ余仏おも念ぜむと、いづれかすぐれたるべき。『法華』に「即往安楽」の文あり、これをよまむに、あそびたはぶれにおなじからむや。『薬師』には八菩薩の引導あり。これを念ぜむは、むなしくねぶらむにるべからず。かれを専修とほめ、これを雑修ときらはむこと、いまだそのこゝろをえずと。(『定本』六(2)、五一―五二頁)

即ち、〝一万遍の念仏を称えるとき以外は、無為に過している「専修」と、一万遍の念仏を称えるとき以外は、「経おもよみ、余仏おも念ぜむ」「雑修」と、どちらが勝れているか〟というのである。ここでも「経おもよみ」の「経」が、所謂「他経」を指しているかどうかは、問題である。その後、『法華経』等の名が出るので、「経おもよみ」の「経」

は、浄土三部経以外の「他経」を指していると解され易いが、『唯信鈔』の著者は、あくまでも、「経おもよみ」と言っており、「他経おもよみ」とは言っていない。つまり、ここに、『唯信鈔』の著者の、いわば〝本音〟を認めるべきであって、要するに、彼は〝自経〟たる浄土三部経を読誦することも、「余行」と見なしているのである。

さて、前掲の論述で松野博士によって問題とされた『唯信鈔』記述(169)は、右の記述(172)の後に続くものであり、記述(172)で提起された反問に答えるものであることが理解されるならば、記述(169)が〝来迎〟説を説こうとしたものではなく、「専修」を説くことを意図したものであることが、知られるであろう。

特に、記述(169)の「念仏たれか一万偏にかぎれとさだめし」という語は、『尊号真像銘文』(略本)の、

(173)「乃至十念」とまふすは、如来のちかひの名号をとなえむことをすゝめたまふに、偏数のさだまりなきほどをあらはし、(『定本』三(1)、四二頁)

という記述や、『一念多念文意』の、

(174)「乃至」は称名の偏数のさだまりなきことをあらわす。(『定本』三(1)、一三七頁)

(175)いはむや「乃至」とちかひたまへり。称名の偏数さだまらずといふことを。(同右、一三九頁)

(176)「十念三念五念のものもむかへたまふ」といふは、念仏の偏数によらざることをあらはすなり。(同右、一四二―一四三頁)

という記述と同様、〝称名の数に、限りや定めはない〟と述べることによって、一日に何千遍、何万遍というように数を定めて念仏する〝多念義〟論者を批判した言葉と考えられる。[128]

『唯信鈔』記述(169)では、次に、「精進の機ならば、ひめもすにとなふべし」とあるが、この「精進の機」とは、『三機分別』記述(74)で、「第一に信心決定せる機といふは、これにつきて又二機あり。一にはまづ精進の機といふ者、又これについて二機あり」と言われた「精進の機」を意味しているように思われる。つまり、『唯信鈔』は、『三

機分別』よりも後に、親鸞によって著され、『三機分別』の所説をベイスにしている面があるように感じられる。しかるに、『唯信鈔』記述〔169〕の「精進の機」が、『三機分別』記述〔74〕の「精進の機」に一致しているとすれば、後者は、「信心決定せる機」の一種であるから、『唯信鈔』記述〔169〕の「ひめもすにとなふべし」とは、〝信心〟獲得後の念仏（多念）を意味していることになる。つまり、『唯信鈔』は、この「ひめもすにとなふ」という〝多念〟によって〝往生〟が決定するとは、説いてはいないのである。しかるに、この解釈、つまり、『唯信鈔』記述〔169〕の「ひめもすにとなふ」を〝信心〟獲得後の念仏と見る解釈は、『唯信鈔』記述〔170〕の「本願をたのむ信をおこすより、ただ念仏の一行をつとめて」という文章の趣旨とも合致する。それ故、「ひめもすにとなふべし」という『唯信鈔』記述〔169〕の〝多念〟の勧めは、「信心決定せるもの」、即ち、〝往生〟の決定したものに対してなされているのであって、〝往生〟を決定づけるための手段として、説かれているわけではないのである。

次に、『唯信鈔』記述〔169〕に「念珠をとらば、弥陀の名号をとなふべし。本尊にむかはば、弥陀の形像にむかふべし。ただちに弥陀の来迎をまつべし」とあるが、「弥陀の名号をとなふべし」という念仏の勧めについては、その念仏から、すでに〝往生〟を決定づけるものとしての本質的意義は奪われていることにまず注意したい。次に、「念珠をとらば、弥陀の名号をとなふべし。本尊にむかはば、弥陀の形像にむかふべし」とは、〝もしも、念珠を取るとすれば、余仏ではなく弥陀の名号を称へよ。もしも、本尊に向って礼拝をするならば、余仏ではなく、弥陀に向うべし〟と述べているのであって、ここで、〝必ず念珠を取って名号を称えよ〟とか、〝必ず弥陀の形像に向って礼拝せよ〟などと説いているわけではない。

『唯信鈔』記述〔169〕には、その後に問題の「ただちに弥陀の来迎をまつべし」という語がある。これについては、まず「弥陀の来迎をまつべし」という語が〝もし来迎をまつならば、余仏ではなく弥陀の来迎をまつべし〟という意味に解しうることは、次に「なにのゆへか、八菩薩の示路をまたむ」とあることから、明らかであろう。即ち、記述〔169〕

の一貫した「専修」の主張においては、〝余仏ではなく、弥陀〟というのが、最も重要なポイントなのである。

しかるに、この「ただちに弥陀の来迎をまつべし」という語には、さらに重要な論点が含まれている。つまり、ここにある「ただちに」という語は、〝臨終来迎〟説を否定して、いわば、〝平生来迎〟説を説いているのである。

この〝平生来迎〟説を、了祥は「摂取来迎ノ義」という言葉によって表現するが、了祥によれば、この「摂取来迎ノ義」は、『後世物語』と『自力他力事』に説かれているというのである。即ち、まず『後世物語』第六答⓪では、〝廻向発願心〟を説明して、次のように言われる。

〔177〕善導[129]の御こゝろによるに、「釈迦のおしえにしたがひて、弥陀の願力をたのみなば、愛欲瞋恚のおこりまじわるといふとも、さらにかへりみることなかれ」といへり。まことに、本願の白道、あに愛欲のなみにけがされむや。他力の功徳、むしろ瞋恚のほむらにやくべけむや。[130]

たとひ欲もおこり、はらもたつとも、しづめがたくしのびがたくば、たゞ仏たすけたまへとおもへば、かならず弥陀の大慈悲にてたすけたまふこと、本願かぎりあるゆへに摂取決定なり。摂取決定なれば来迎決定なり[131]とおもひかためて、いかなる人きたりていひさまたぐとも、すこしもやぶられざるこゝろを[132]、金剛心といふ〔。しかるゆへは、如来に摂取せられたてまつれば」なり。

これを廻向発願心といふなり。これをよくよくこゝろうべし。〔『後世』第六答⓪の一部〕

ここに、「摂取決定なれば来迎決定なり」とある文章に、了祥は「摂取来迎ノ義」という説を読みとるのである。[133]では、それは、いかなる意味か。おそらく、平生のときに、〝信心〟獲得の時点で〝摂取〟があるが、その〝摂取〟こそ〝来迎〟に他ならないと説くものと思われる。つまり、〝来迎〟を受ける時点を、臨終ではなく、平生の〝信心〟獲得の時点と見なすのである。

〝来迎〟を臨終の時点から〝信心〟獲得の時点にまで遡らせるというのは、驚くべき説と思われるかもしれないが、この「摂取来迎ノ義」の趣旨は、『後世物語』記述〔177〕の素材とされた『捨子問答』第七答⓪の次のような〝来迎〟説と比較するとき、明確に理解されるであろう。

〔178〕善導ハ「釈迦ノ教ニ随ヒ、弥陀ノ願力ニ乗ジテ、愛欲瞋恚ノ水火ノ波ヲカヘリミズ、一筋ニ欣ヘ」トコソ勧メ給ヒタレ。ゲニモ本願ノ白道、豈ニ貪瞋ノ浪ニケガサレンヤ。他力ノ法財、寧ロ煩悩ノ盗人ニヲカサレンヤ。

既ニ仏ニ摂取不捨ノ光御座ス。我ガ他力不思議ノ名号ヲ唱フル称名オコタラズバ、光リ時トシテ捨テ給ハジ。西ニ傾ケル木ハ、遂ニ西ニ倒レズト云フ事ナシ。極楽ヲ欣ヒ、弥陀ヲ頼ミ、本願ニ乗ジ、名号ヲ唱ヘテ、一期志ヲ西ニ運ブ人、往生ナンゾ疑ハン。『往生要集』ノ聖衆来迎ノ所ニ云ク、「念仏ノ功徳積リ、運心年久シキ者ハ、臨命終ノ時ニ大喜自ラ生ズ」云々。思ヤレ、相続念仏ノ行者、最後ニ仏ノ来迎ニ預ラン事ヲ。眼蓋ヲ上テ仏像ヲ守リ奉リ、端坐合掌シテ五色ノ糸ヲ手ニカケテ、一筋ニ仏ノ誓ヲ頼ミテ、余念ナク口ニハ名号ヲ唱ヘテ、乱ル、事ナカラン。爰ニ本願所成ノ仏身、無数ノ化仏菩薩ヲ友ナヒテ、紫雲光明ハ山ノ如クニヲコリ、海会ノ聖衆ハ星ノ如クニ連リ、苦ノ庭ニ立チ、床ノ前ニ顕レ給ヒ、勢至ハ手裏ヲ挙ゲテ御手ヲ授ケ、観音ハ臂ヲ舒テ台ヲ寄ス。弥陀ハ則チ他力本願ノ威徳ヲフルイ、横ニ来迎引接ノ政ヲハリ行ヒ給ハン。此ノ時ニ当リテ三界六道ニ我等ヲ留ル煩悩罪業、一トシテ勢ヲ並ブル者ナシ。魔王ノ十軍ハ、謀ヲ忘テ去リ、炎王倶生神ハ、筆モ及バズシテアキレタリ。夜叉獄卒ノ武キ質《スガタ》、腰ヲカヾメテ形ヲカクシ、羅刹牛頭ノハゲシキ眼、杖ヲ捨テ跡ヲケヅリ、三毒ノ邪業ノ炎シメリ、百八ノ煩悩烟ヲヤム。行者始テ此ノ事ヲ見ル。身ノ楽ミ心ノ喜ビ、喩ヘヲ取ルニ物ナシ。愛瞋ノ繋忽チニユヒメヨハリ、牢獄ノトザシ速カニタテヲ破ル。遂ニ仏ノ後ヘニ随ヒテ、永ク火宅ノ悲ヲ捨テハテ、極楽無為ノ境ニ入リヌ。自ラ膚ヲ見レバ、金色ト成リ、心ヲ廻セバ三世了然ナリ。坐セントスレバ、宝ノ台身ヲウケ、歩マントスレバ、金ノ蓮足ノ下ニアリ。出デントスレバ、帝釈前ニ跪キ、入ラントスレバ、梵王後ニ随ヘリ。昔娑婆ニシテ苦ヲウケシ時ハ、我身一ツ猶助ケントスル方便ヲ知ラズ。今浄土ニ生レテ、世々生々ノ父母恩所ヨリ始メテ、万ノ苦ノ衆生ヲ引導シテ、共ニ不退ノ楽ニホコル。
此等ハ皆彼ノ国ニ生レント欣ヒテ、他力ノ名号ヲ唱ヘツル称名念仏ノ力也。如何様ニ心ヲ廻ラシテ、思ヒヲ極楽ニカケテ、専ラ御名ヲ唱フルヲ、廻向発願心具足シタル人ト云フナリ。（『捨子』第七答⓪の一部）

まず、ここで、〝来迎〟の説明が非常に長いことは、『捨子問答』が〝来迎〟を極度に重視していることを示している。この極めて長い〝来迎〟の説明を、親鸞は『後世物語』記述〈177〉で、約三分の一程の量に短縮してしまったのである。それは、単に量的に短縮しただけではない。『捨子問答』記述〈178〉の〝来迎〟説に見られる本質的な要素をすべて省いてしまったのである。つまり、『捨子問答』記述〈178〉に説かれるのは、言うまでもなく、伝統的な〝臨終来迎〟説であって、その〝臨終来迎〟をもたらすのは、「称名念仏」「相続念仏」、つまり、〝多念〟なのである。しかるに、『後世物語』記述〈177〉では、〝称名〟のことは、一切言われていない。また、「来迎」の言葉はあるものの、その「来迎」の時点が臨終であるとは全く述べられず、また、その「来迎」のあり様、つまり、『捨子問答』記述〈178〉には述べられている「聖衆」や「紫雲」「勢至」「観音」のことも、一切言われていない。ということは、『後世物語』の著者たる親鸞が、所謂の「来迎」に全く興味をもたず、その意義も認めていなかったことを示している。

『後世物語』記述〈177〉の「摂取決定なれば来迎決定なり」という「摂取来迎ノ義」は、一応「来迎」という語を用いてはいるが、〝来迎とは摂取に他ならない〟として「来迎」を「摂取」に解消し、実質的には、「来迎」説を否定するものなのである。

ただし、了祥によれば同じく「摂取来迎ノ義」が説かれているとされる『自力他力事』（後論するように、これも親鸞の著作である）には、やや伝統的〝来迎〟説に接近するような、次のような記述が認められる。

〈179〉かゝるにつけては、ひとへに弥陀のちかひをたのみあおぎて、念仏をこたらざれば、阿弥陀仏かたじけなく遍照の光明をはなちて、この身をてらしまもらせたまへば、観音・勢至等の無量の聖衆ひき具して、行住坐臥、もしはひる、もしはよる、一切のときところをきらはず、行者を護念して、目しばらくもすてたまはず、まさしくいのちつきいきたえんときには、よろづのつみをばみなうちけして、めでたきものにつくりなして、極楽へゐてかへらせおはしますなり。（『定本』六(2)、八四―八五頁）

ここに、「観音・勢至等の無量の聖衆ひき具して」とあるのが〃来迎〃を意味していることは、間違いない。しかし、この〃来迎〃は、臨終の時点にあると説かれているのではない。この点は、その後の「行住坐臥、もしはひる、もしはよる、一切のときところをきらはず」という語の存在によって、明らかである。また、「観音・勢至等……」の前には、「阿弥陀仏かたじけなく遍照の光明をはなちて、この身をてらしまもらせたまへば」という語が見られるが、この語は、〃来迎〃ではなくて、むしろ『観無量寿経』記述〔151〕で、「一一《ノ》光明、遍照《クシテ》二十方世界《ヲ》一、念仏《ノ》衆生《ヲ》摂取《シテ》不レ捨《テ》」と言われた〃摂取不捨〃を説いていると思われる。

また、『自力他力事』記述〔179〕で、「観音・勢至等の無量の聖衆ひき具して」の後に出る「行住坐臥、……行者を護念して、目しばらくもすてたまはず」という表現も、〃摂取不捨〃を説くものであろう。すると、『自力他力事』の〃来迎〃説は、むしろ〃摂取〃説の中に埋没しているのであって、従って、〃来迎とは摂取に他ならない〃という説、つまり、了祥の言う「摂取来迎ノ義」を説いていることは、明らかであると思われる。

さて、了祥は、『後世物語講義』で、

〔180〕コレガ『自力他力事』ニモ出デ、隆寛ノ意ハ摂取来迎。カノ『唯信文意』ノ摂取来迎ハコノ隆寛ト同義。（『後世講義』七七頁上）

と述べている。後論するように、『自力他力事』の著者を、私は隆寛ではなく親鸞と見るのであるが、それはさておき、ここで注目されるのは、了祥が『自力他力事』記述〔179〕に説かれている「摂取来迎ノ義」が、『唯信鈔文意』にも説かれていると主張していることである。しかるに、了祥が意図しているのが、『唯信鈔文意』（専修寺正月二十七日本）

の次の記述であることは、明らかであろう。

〔181〕「自来迎」といふは、自はみづからといふなり。弥陀無数の化仏・無数の化観音・化大勢至等の無量無数の聖衆、みづからつねにときをきらはず、ところをへだてず、(134)真実信心をえたるひとにそひたまひて、まもりたまふゆへに、みづからとまふすなり。……

誓願真実の信心をえたるひとは、摂取不捨の御ちかひにおさめとりてまもらせたまふによりて、行人のはからひにあらず。(135)金剛の信心をうるゆへに憶念自然なるなり。この信心のおこることも、釈迦の慈父・弥陀の悲母の方便によりておこるなり。これ自然の利益なりとしるべしとなり。

「来迎」といふは来は浄土へきたらしむといふ。これすなわち「若不生者」のちかひをあらはす御のりなり。穢土をすてゝ真実報土にきたらしむとなり。すなわち、他力をあらはす御ことなり。また「来」はかへるといふ。かへるといふは願海にいりぬるによりて、かならず大涅槃にいたるを、法性のみやこへかへるとまふすなり。法性のみやこといふは、法身とまふす如来のさとりを自然にひらくときを、みやこへかへるといふなり。これを真如実相を証すともまふす。無為法身ともいふ。滅度にいたるともいふ。法性の常楽を証すともまふすなり。このさとりをうれば、すなわち大慈大悲きわまりて、生死海にかへりいりて普賢の徳に帰せしむとまふす。この利益におもむくを「来」といふ。これを法性のみやこへかへるとまふすなり。

「迎」といふは、むかへたまふといふ。まつといふこゝろなり。選択不思議の本願・無上智慧の尊号をきゝて、一念もうたがふこゝろなきを真実信心といふなり。(136)金剛心ともなづく。この信楽をうるときかならず摂取してすてたまはざれば、すなわち正定聚のくらゐにさだまるなり。このゆへに信心やぶれず、かたぶかず、みだれぬこと、金剛のごとくなるがゆへに、金剛の信心とはまふすなり。これを「迎」といふなり。『大経』には、「願生彼国、即得往生、住不退転(137)」とのたまへり。「願生彼国」は、かのくににむまれむとねがへとなり。「即得往生」は、信心をうればすなわち往生すといふ。すなわち往生すといふは、不退転に住するをいふ。不退転に住すといふは、すなわち正定聚のくらゐにさだまるとのたまふ御のりなり。これを「即得往生」とはまふすなり。(『定本』三(1)、一五八—一六一頁)〔一部は記述〔133〕〔150〕として前出〕

ここに説かれる説を、了祥が「摂取来迎ノ義」と見なすのは、ここで、伝統的な〝臨終来迎〟説が〝摂取不捨〟説によって解体されているからであろう。つまり、ここには、第一段落に、「弥陀無数の化仏・無数の化観音・化大勢至等の無量無数の聖衆」とあって〝来迎〟が述べられ、また、「来迎」の語も出るが、実際には、ここに説かれているのは、〝信心を得た時に、「摂取してすてたまはざれば、すなわち正定聚のくらゐにさだまるなり」〟という〝信心正因〟説にもとづく〝摂取不捨〟の説に他ならないのである。

従って、親鸞は、『後世物語』記述〔177〕でも、『自力他力事』記述〔179〕でも、『唯信鈔文意』記述〔181〕でも、〝来迎〟については、基本的に同じ説を説いたのである。即ち、「来迎」という語を用いつつも、実際には、〝来迎とは、摂取に他ならない〟として、〝来迎〟を〝摂取〟に帰せしめ、伝統的な〝臨終来迎〟説を解体したのである。では、その場合の〝摂取〟とは何かといえば、〝信心〟獲得の時点で、「正定聚のくらゐにさだまること」、つまり〝往生〟が決定することを言うのである。要するに、ここに説かれるのは、『末灯鈔』記述〔17〕で「信心のさだまるとき往生またさだまるなり」と述べられた親鸞独自の〝信心正因〟説に他ならないのである。

『唯信鈔文意』記述〔181〕第四段落には、

(ア)この信楽をうるときかならず摂取してすてたまはざれば、すなわち正定聚のくらゐにさだまるなり。このゆへに信心やぶれず、かたぶかず、みだれぬこと、金剛のごとくなるがゆへに、金剛の信心とはまふすなり。これを「迎」といふなり。

とあるが、全く同じ趣旨が、『後世物語』記述〔177〕で、

(イ)摂取決定なれば来迎決定なりとおもひかためて、いかなる人きたりていひさまたぐとも、すこしもやぶられざるこゝろを金剛心といふ〔。しかるゆへは、如来に摂取せられたてまつれば〕[138]なり。これを廻向発願心といふなり。

これをよくよくこゝろうべし。

と述べられたのである。この(イ)のうち「しかるゆへは如来に摂取せられたてまつれば」という部分は、専修寺蔵定専書写本には欠けており、それについて了祥は、

〔182〕「然ルユヘハ如来ニ摂取セラレタテマツレバナリ」。一本ニハコレダケノ文ナシ。時ニ此処ニ金剛堅固トユリ据リタハ摂取不捨ノ光明ノ力ヂヤト云フ文ガ、アマリ当流ニ合ヒ過ギルデ、若ヤ後人ノ加筆デハ無イカト一度ハ疑ウテ見タガ、然シ『自力他力事』ニ往生ノ因果ミナ他力ノ意ニ云フテアリ。又消息ニハ「念仏ノマメヤカニトナヘラレン時モ、コレモホトケノ摂取ノチカラナリトオモフベシ」ト。然ラバ隆寛モ摂取ノ故ニ金剛ト云フ。(『後世講義』八四頁上―下)

と言っている。「アマリ当流ニ合ヒ過ギルデ」とは、けだし至言だと思われるが、「当流ニ合ヒ過ギル」どころか、前掲の二つの記述、つまり、『唯信鈔文意』(ア)と『後世物語』(イ)は、全く同趣旨であり、しかも、同一の著者、つまり、親鸞によって書かれたものなのである。これは、(ア)の「信心やぶれず……金剛の信心とはまふすなり」という表現と、(イ)の「やぶられざるこころを金剛心といふ」という表現との一致を考えれば、明らかであろう。[139] また、すでに述べたように、[140]『後世物語』記述〔177〕の(イ)末尾の「よくよくこころうべし」は、親鸞愛用の表現であり、また記述〔177〕の「はらもたつ」も、親鸞が好んだ語であろう。[141] さらに記述〔177〕の「功徳……瞋恚のほむらにやく」という表現も、『三機分別』記述〔89〕の「功徳も、瞋恚のほむらにやけ」に一致している。[142]

また、『自力他力事』記述〔179〕には、「極楽へゐてかへらせおはしますなり」とあるが、『唯信鈔文意』記述〔181〕でも、極楽へ往生することを、繰り返し「かへる」ことだと説明している。また記述〔179〕の「めでたき」も、親鸞

愛用の表現である。(143)

かくして、『後世物語』記述〔177〕、『自力他力事』記述〔179〕、『唯信鈔文意』記述〔181〕には、全く同様の〝来迎〟説が説かれていることが明らかになったと思われる。それは、了祥が「摂取来迎ノ義」と呼ぶように、〝信心〟獲得にもとづく〝摂取不捨〟を〝来迎〟と説くものであって、伝統的な〝来迎〟説、つまり、〝臨終来迎〟説とは、似て非なるものであり、端的に言えば、〝臨終来迎〟説の否定と考えられる。

この〝臨終来迎〟説の否定としての〝摂取来迎〟説は、すべて親鸞によって説かれたものと思われるが、同じく親鸞の著書と考えられる『唯信鈔』には、説かれていないであろうか。私は前掲の論述で松野博士が「伝統的来迎思想」を説くものとして問題にされた『唯信鈔』記述〔169〕の、

たゞちに弥陀の来迎をまつべし。

という語がそれを説いているであろうと思うのである。つまり、「たゞちに弥陀の来迎をまつべし」というのは、尋常な表現ではない。というのも、もしこの「来迎」が、〝臨終来迎〟を意味するとすれば、「たゞちに……来迎をまつべし」は〝たゞちに臨終を願へ〟という意味になってしまうが、この語の意図はそのようなところにはないと思われるからである。即ち、「たゞちに……来迎をまつべし」は、『唯信鈔』記述〔70〕の、

最後の刹那にいたらずとも、信心決定しなば、一称一念の功徳、みな臨終の念仏にひとしかるべし。

と同義であろう。ということは、「たゞちに」とは、「信心決定」の時点を言うのであって、その「信心決定」の時点に〝来迎〟があるという意味であろう。とすれば、ここには〝来迎〟が〝信心〟獲得の時点にまでもたらされる〝摂取来迎〟説が説かれていると考えられるのである。従って、結論として言えば、『唯信鈔』記述〔169〕には、「伝統的来迎思想」が説かれており、それは『唯信鈔文意』記述〔181〕に説かれる来迎思想とは異なる〟という松野博士の見解には、従うことができないのである。

以上、『唯信鈔』の立場と親鸞の立場に相違があるとする松野博士の見解について批判的に考察したが、両者の一致点に関する博士の見解には、私はほぼ全面的に賛成なのであり、その点を指摘された博士の研究を極めて優れたものと考えている。最後に、その松野博士の研究に依存して、『唯信鈔』の〝結文〟と『教行信証』の〝結文〟の一部を次に示すことにしよう。

(183)念仏の要義おほしといゑども、略してのぶることかくのごとし。

これをみむひと、さだめてあざけりをなさむか。しかれども、信謗ともに因として、みなまさに浄土にむまるべし。今生ゆめのうちのちぎりをしるべとして、来世さとりのまへの縁をむすばむとなり。われおくれば人にみちびかれ、われさきだゝば人をみちびかむ。生生に善友となりて、たがひに仏道を修せしめ、世世に知識として、ともに迷執をたゝむ。(『定本』六(2)、六九—七〇頁)

(184)因《テ》レ茲《ニ》、鈔《シ》二真宗詮《ノヲ》一摭《フ》二浄土要《ノヲ》一。唯念《ジテ》二仏恩深《ノキコトヲ》一、不レ恥《ヂ》二人倫嘲《ノリヲ》一。若見《シ》二聞斯書《センノヲ》一者《ノ》、信順為《ヲシト》レ因、疑謗為《ヲシテト》レ縁、信楽《ヲ》彰《シ》レ於二願力《ニ》一、妙果《ヲ》顕《ハサムト》レ於二安養《ニ》一矣。(『定本』一、三八三頁)(前出の記述(79)の一部)

これについて松野博士は、『往生要集』『往生拾因』『選択集』の〝結文〟をも示されて比較研究されたが、(144)私より見れば、『唯信鈔』記述(183)と『教行信証』記述(184)の〝結文〟の一致はやはり際立っているように思われる。即ち、「信謗ともに因として」と「信順為因、疑謗為縁」という表現は、以上の五文献の中では、両者にのみ見られるものであるし、「あざけり」「嘲」も、両者にのみ存する語なのである。

また、残念ながら、松野博士は、『唯信鈔文意』の〝結文〟を示されなかったが、今それを示せば、次の通りである。

(185)ゐなかのひと〴〵の文字のこゝろもしらず、あさましき愚癡きわまりなきゆへに、やすくこゝろえさせむとて、おなじことをたび〳〵とりかへし〳〵かきつけたり。こゝろあらむひとはおかしくおもふべし。あざけりをなすべし。しかれどもおほかたのそしりをかへりみず、ひとすぢにおろかなるものをこゝろえやすからむとてしるせ

るなり。（『定本』三(1)、一八三頁）

ここで「あざけりをなすべし。しかれども」とあるのは、『唯信鈔』記述〔183〕の「あざけりをなさむか。しかれども」に明らかに一致している。従って、『唯信鈔』記述〔183〕、『唯信鈔文意』記述〔185〕、『教行信証』記述〔184〕は、同一の著者の手に成るものと考えられる。つまり、『唯信鈔』の著者が親鸞であることは、その〝結文〟によっても、示されているのである。

以上で、『唯信鈔』の著者が親鸞であることは一応論証されたと考え、以下に『自力他力事』と『一念多念分別事』の著者も親鸞であることを、簡潔に論証したい。

九　『自力他力事』について

『自力他力事』は、隆寛作とされているが、本書は、隆寛の著作、または、隆寛の著作とされるものを素材として、親鸞によって書かれたものと思われる。まず『自力他力事』は次のように始まっている。

〔186〕念仏の行につきて、自力・他力といふことあり。これは極楽をねがひて弥陀の名号をとなふる人の中に、自力のこゝろにて念仏する人あり。（『定本』六(2)、八三頁）〔前掲の記述〔11〕の一部〕

ここに、「念仏の行につきて、自力・他力といふことあり」とあるが、これは、隆寛が述べることのない主張であろうと思われる。隆寛の思想を如何なる資料・著作によって把えるべきかがまず問題であるが、私は、金沢文庫蔵の『具三心義』（一二一六年）と『極楽浄土宗義』（一二二〇年）によるべきであろうと考えている。隆寛の著作とされるものには、他に、『滅罪劫数義』と金沢文庫蔵『散善義問答』があるが、私はそれらの真撰を疑問視している。また凝然が『浄土法門源流章』の中で隆寛の教説を解説した部分[145]も参考となるであろう。

さて、『具三心義』を読むと、隆寛がいかに〝他力〟を強調したかが分る。しかし、そこで隆寛は、念仏を「自力」と「他力」によって区別してはいない。『具三心義』における念仏の区別は、次に見るように「本願念仏」と「非本願念仏」なのである。

(187)念仏有《ニリ》二二種一。一本願念仏、二非本願念仏。非本願念仏者《ト》、六念中《ノ》念阿弥陀是也《レ》。本願念仏者《ト》、三心具足念仏、今《ノ》所レ論《ズル》也。(『隆寛集』二頁下)

また、『具三心義』の四年後(一二二〇年)に書かれた『極楽浄土宗義』巻中でも、念仏(称名)は、次のように二分されている。

(188)答。就《テ》二称名行一有《ニリ》二二種一。一者三心具足《ノ》称名、此人《ノハ》必生《ズル》二本願土一《ノニ》。二者六念中《ノ》念仏、此人《ノハ》不レ発《ルガ》二三心《サ》一故《ヲニ》、得レ生《ルコトヲ》二辺地一《ニ》。所謂下品《ノ》三人是也《レ》。(『隆寛集』二八頁下)

つまり、隆寛は、〝三心〟の具・不具、発・不発によって、念仏を二種に分けるのであるが、両者を「他力念仏」「自力念仏」とは表現していない。また、「六念中念阿弥陀」や「六念中念仏」は、「称名」ではないであろう。

しかるに、一二一七年に隆寛によって書かれ、一二二〇年、つまり、『極楽浄土宗義』の成ったのと同年に、隆寛自身によって再治されたと言われる[146]『散善義問答』には、「自力念仏」「他力念仏」の語が、次のように出るのである。[147]

(189)会云。正行念仏《ハ》□□□□□他力念仏《ナリ》。六念□□□□□所談一自力念仏《ナリ》。(『隆寛集』四〇頁下)

「他力念仏」の文字の前の五文字は、判読できないもののようであるが、「者具足三心」であるかもしれない。ただし、「自力念仏」「他力念仏」という念仏の区分ほど分り易いものはない。もし、この区分を隆寛が一二一七年の『散善義問答』で採用していたとしたら、一二二〇年の『極楽浄土宗義』で用いないということは、考えられないであろう。この点は、「自力念仏」「他力念仏」の語が、一二二〇年の『散善義問答』の再治のとき、付加されたと考えてみても変らないと思われる。

しかも『散善義問答』には、疑問視すべき点が他にもある。この書物について、平井正戒氏は、

本書は首尾を欠き、中間に又散逸破損の箇所あり。文中、「老愚沙門隆寛」とか「七旬愚老隆寛」などと記されてゐる所がある。（『隆寛浄土教』三四頁）

と言われているが、確かに『散善義問答』には、

愚老隆寛（『隆寛集』四五頁上）

老愚沙門隆寛（同右、五七頁下）

七旬愚老隆寛（同右、七四頁上）

などという表現があるのである。しかし、これは、隆寛にふさわしくないと思われる。というのも、一二二〇年に書かれた『極楽浄土宗義』巻中と巻下の奥書きで、隆寛は次のように述べているからである。

〔190〕日本国天台山首楞厳院戒心谷権律師隆寛、為《ニ》レ扶《ケン》二末学《ヲ》一抽《テ》レ要《ヲ》記《ス》レ之《ヲ》。頗有《リ》二稟承一、見人勿《レ》レ軽《ルコト》。于時承久第二暦春始始之秋終々功而已。（『隆寛集』二九頁下、三七頁下）

このように一二二〇年（承久二年）に、「日本国天台山首楞厳院戒心谷権律師隆寛」と誇らしく記した隆寛が、一二一七年か一二二〇年のある時点で、『散善義問答』に「愚老隆寛」と書いたのは、急に気が弱くなってしまったからであろうか。因みに、一二一六年の『具三心義』巻上、巻下の奥書きにも、隆寛は、

権律師隆寛記之（『隆寛集』一一頁下、二〇頁下）

と書いている。「律師」と称することは、隆寛の誇りでもあり、このことは、彼の〝造悪無礙〞説批判とも関係すると思われるが、この「律師」という語も、『散善義問答』の上掲の署名には欠けているのである。

隆寛は、『具三心義』記述〔187〕で、念仏を「本願念仏」と「非本願念仏」に分けている。しかるに、「本願」は〝他力〞であるから、「本願念仏」と「非本願念仏」を『散善義問答』記述〔189〕のように、「他力念仏」と「自力念仏」

に分けることには何の不都合もないであろうと考えられるかもしれない。しかし、私は『具三心義』『極楽浄土宗義』に「自力念仏」と「他力念仏」の語が用いられていない点に、重要な意味があるのではないかと考えるのである。つまり、「自力念仏」と「他力念仏」という区分は、余りにも単純にすぎ、隆寛の念仏思想の構造が、これによっては充分に示されないのではないかと思うのである。

隆寛は『具三心義』で、「必具三心之義」(148)を力説し、〝三心〟の具・不具、発・不発によって、念仏を「本願念仏」と「非本願念仏」に二分したのであるが、〝三心〟の中では、特に〝真実心〟(至誠心)を重視した。即ち、〝真実心〟に関する『具三心義』の次のような説明に、隆寛の基本思想が示されていると言っても過言ではないであろう。

(191)真実心者《ト》、帰《スル》二本願一《ニ》之心也。帰《スルト》二本願一《ニ》者、即《チ》称《スル》二仏名一《ヲ》也。(『隆寛集』一〇頁下)

(192)答。以《テ》二凡夫心一《ヲ》不レ為《サ》二真実一《ト》、以《テ》二弥陀《ノ》願一《ヲ》為《ス》二真実一《ト》。帰《スル》二真実《ノ》願一《ニ》之心《ナルガ》故《ニ》、約《シテ》二所帰之願一《ニ》名《ク》二真実心一《ト》。(同右、四頁下)

(193)不《ル》レ発《サ》二真実心一《ヲ》之時《ノ》称名念仏《ハ》、属《シ》二虚仮《ノ》行一《ニ》摂《スベシ》二雑毒《ノ》善一《ニ》。(同右、六頁下)

即ち、「真実心」は、「帰本願之心」と定義されるのであるが、その「真実心」が「真実」と言われるのも、記述(192)に説かれるように、「真実」なる「願」に帰するから、そのように言われるだけであって、「凡夫」の「心」そのものは「真実」ではないというのである。おそらく、「以凡夫心不為真実、以弥陀願為真実」というのが、隆寛思想の最も基本的なアイデアであると見てよいであろう。

従って、隆寛が力説した「必具三心之義」とは、何よりも、「真実」なる「願」に「帰」すること、即ち、「帰本願」であって、それは、別の言い方をすれば、「真実心」を「発」することに他ならなかったのである。それ故、『具三心義』記述(193)に示されるように、まだ「真実心」を「発」していない「時」の「称名念仏」は「虚仮行」とされるのである。まだ「真実心」を「発」していない「時」とは、まだ「真実」なる「本願」に「帰」していない「時」と同義であることは、言うまでもない。この「時」こそが、隆寛にとっては、往生に至る為の、いわば〝決定的なターニング・ポイント〟であり、〝決定的な時点〟であると考えられたことは、明らかであろう。

ここから『具三心義』巻下における隆寛の次のような〝二種白道〟の説も生じるのである。

(194)明知《ニヌ》、未《ル》レ帰《セ》二本願《ニ》一之時《ハ》、以《テ》二願生之心《ヲ》一為《ス》二白道《ト》一。帰二入《シヌル》 他力《ニ》一之後《ハ》、以《テ》二弥陀之願《ヲ》一為《ス》二白道《ト》一。(『隆寛集』一九頁上)

この〝二種白道〟説を隆寛は、『具三心義』巻下で、

(195)既捨《ニテ》二自力願生之白道《ヲ》一直向《ニフ》二他力本願之白道《ニ》一、豈非《ニズ》下廻《シテ》二諸行業《ヲ》一直向《ニフニ》中西方《ニ》上乎。(『隆寛集』一八頁上)

とも表現している。つまり、「帰本願之時」とは、「自力」から「他力」へ「帰入」する「時」を意味しているのである。この点を最も明瞭に示すのは、『具三心義』巻上の次の一節であろう。

(196)問。隠《シテ》二十八願《ノ》来迎《ヲ》一譲《ル》二十九願《ニ》一有《ル》二何意《カ》一耶。答。発菩提心修諸功徳《ノ》人《ハ》、唯期《シテ》二成仏《ヲ》一不《ル》レ期《セ》二往生《ヲ》一之機也。此人《ノ》勿発《ニシテ》二三心《ヲ》一帰《スル》二他力《ニ》一時、得《ル》二聖衆現前大喜《ヲ》一。為《ニ》レ顕《サンノ》二此義《ヲ》一譲《ル》二十九願《ニ》一也。(『隆寛集』四頁上)

即ち、ここで、「発菩提心、修諸功徳」とあるのは、「自力」の行を意味しており、その「自力」の行を修していた人が、「三心」を「発」して、「他力」に「帰」した「時」、「聖衆現前大喜」を得ると言うのである。ここでも、「自力」から「他力」、つまり、「本願」への「帰入」の「時」が、決定的なターニング・ポイントとされていることが知られる。なお、「聖衆現前大喜」を得るというのは、この「時」に、〝来迎〟があると言っているのではない。(149)『無量寿経』の第十九願に、「臨寿終時」(150)とあるように、将来、臨終時に、〝来迎〟を受けることと解すべきであろう。平井氏の所論の如く、(151)隆寛思想の基本は、〝臨終来迎〟〝臨終業成〟にあったと思われるからである。

しかし、以上見てきただけでも、隆寛の立場がいかに親鸞のそれに近いかが理解されたであろう。おそらく親鸞は、隆寛の何等かの著作を読み、「帰本願」「帰入他力」「発真実心」の「時」が、往生にとって決定的なターニング・ポイ

ントになるという教説から強い影響を受け、この「時」を、〃信心〃獲得の「時」と解し、その時点で〃往生〃は決定するという〃信心正因〃説を創出したのであろう。「凡夫心」には、「真実」はなく、「他力」「本願」のみが「真実」であるとする隆寛の基本的な考え方にも、親鸞は全く同感であったし、「自力」から「他力」への「帰入」を力説する隆寛の説が親鸞思想の根本を形成し、それが〃三願転入〃説となって表れたと見るのは、ごく自然な見方だと思われる。

特に『極楽浄土宗義』巻中の次の一節には、親鸞の〃三願転入〃説の基本的枠組と言ってもよい考え方が示されていると思われる。

(197)問。念仏往生《ノ》機《ニ》有《リ》二幾《ノ》差別一乎。答。案《ズルニ》二大経《ノ》心《ヲ》一有《リ》二三種《ノ》別一。所謂十八十九廿願是《レ》其《ノ》証也。○問。至誠心《ノ》相如何。答。至者真也。誠者実也。是《レ》即《チ》指《シテ》二弥陀《ノ》本願《ヲ》一名《テ》為《ス》二真実《ト》一。帰《スル》二真実願《ノ》一之心《ナルガ》故《ニ》、随《テ》二所帰願《ニ》一以《テ》二能帰《ノ》心《ヲ》一為《ス》二真実心《ト》一也。○問。深心《ノ》相如何。答。深《ク》信《ジテ》二真実願《ヲ》一永《ク》不レ生《ゼ》二疑心《ヲ》一。名《テ》レ之《ヲ》為《ス》二深心《ト》一也。○問。廻向発願心《ノ》相如何。答。信《ジテ》二真実願《ヲ》一疑心不生之故《ニ》、待《チ》二聖衆《ノ》来迎《ヲ》一期《ス》二順次往生《ヲ》一。此《レ》其《ノ》第三《ノ》心也。

第十八願《ノ》機《ハ》、必《ズ》具《ス》二此《ノ》三心《ヲ》一耳。十九願《ノ》機《ハ》者、発菩提心修諸功徳《ノ》人遇《テ》レ縁《ニ》発《シテ》二三心《ヲ》一蒙《リ》二来迎《ヲ》一得《ル》二往生《ヲ》一是《レ》也。此《ノ》機《ノ》中《ニ》有《リ》二三輩一。其《ノ》相『大経』并鸞師『略論』等可《シ》レ見《ル》レ之《ヲ》矣。二十願《ノ》機《ハ》者、念仏与《ト》二余行一兼修《シテ》信心不《ル》二決定《セ》一人、忽《ニ》遇《テ》レ縁《ニ》発《シテ》二三心《ヲ》一依《ルガ》二他力《ニ》一故《ニ》、果《シテ》以《テ》遂《グル》二往生《ヲ》一是《レ》也。(『隆寛集』二一頁上—下)

即ち、ここで隆寛は、第十八・第十九・第二十の三願によって、三機を分け、「第十八願機」を「必具此三心」、「十九願機」を「発菩提心修諸功徳人」、「二十願機」を「念仏与余行兼修、信心不決定」と規定しているのであるが、これは、親鸞の三願・三機の区別に、基本的には対応すると思われる。

ただし隆寛と親鸞の相違は、隆寛は〃三心〃中の〃真実心〃を重視したのに対し、親鸞が〃深心〃、つまり、〃信心〃を重視した点にあると思われる。ここから、隆寛の〃称名〃の立場、つまり、〃多念義〃と、親鸞の〃信心〃の立場、つまり、〝一念義〟の区別が生じたのである。つまり、『具三心義』記述〔191〕にあるように、隆寛にとって、「真実心」を発することは「帰本願」であり、「帰本願」とは「称仏名」なのである。『具三心義』記述〔193〕には、「不発真実心之時称名念仏、属虚仮行」とあるから、「帰本願」か〝不帰本願〟かによって、隆寛が「称名念仏」、つまり、「称仏名」を二分していることは明らかであり、従って、「称仏名」であっても、「帰本願」ではなくて〝不帰本願〟の場合もある筈なのであるが、隆寛はあくまでも、「帰本願」とは「称仏名」だと言い切るのである。

ここには、明らかに、法然の〝称名正因〟説から離れたくないという隆寛の意図が認められるであろう。つまり、〝称名〟以外に、別に〝往生〟を決定づける原理、例えば〝信心〟のような原理を認めたくはないという意図が伺われるのである。

従って、隆寛は『具三心義』記述〔187〕において、「念仏」を「本願念仏」と「非本願念仏」に分けているが、これは決して「称名念仏」をその二種に分けたのではない。彼にとって「称名念仏」は、「念仏」の一種としての「本願念仏」＝「三心具足」に相当するからである。この点は、『具三心義』の次の記述によっても明らかであろう。

〔198〕問。道綽『安楽集』引《テ》二第十八願《ヲ》一云《ク》、「若有衆生、縦令一生造悪、臨命終時、十念相続、称我名字、若不生者、不取正覚(152)」。善導『礼讃』引《テ》二同願《ヲ》一云《ク》、「若我成仏、十方衆生、称我名号、下至十声、若不生者、不取正覚(153)」。今就《テ》二両処釈《ノニ》一推《スルニ》二知師資《ノ》意《ヲ》一只以《テ》二称名《ヲ》一為《ス》二往生《ノ》要《ト》一。全以《テ》二三心《ヲ》一不《ル》レ為《サ》レ要《ト》也。

答。必具《スル》二三心《ヲ》一之義、文理如《シ》レ前《ノ》。但両師《ハ》雖《ドモ》レ略《スト》二三心之言《ヲ》一不レ失《ハ》二三心之義《ヲ》一。其《ノ》故《ハ》称《スルコト》二名号《ヲ》一帰《スルガ》二本願《ニ》一故《ナリ》。称《スルコト》二名号《ヲ》一者《ハ》不《ルガ》レ疑《ハ》二本願《ヲ》一故《ナリ》。称《ス》二名号《ヲ》一者、被《ルルガ》レ催《サ》二欲生《ノ》心《ニ》一故也。定知《テヌ》、一称名号之声《ノ》中《ニ》三心具足《シテ》無《シ》レ有《ルコト》二闕減一。依《リ》レ文《ニ》不《ルハ》レ依《ラ》レ義《ニ》、愚者所レ好《ム》也。可レ恥《シ》々《ツ》。(『隆寛集』二頁下—三頁上)

この問答の意味は、極めて分り易いものであろう。即ち、隆寛が余り「具三心」を力説するので、〝「往生ノ要」は、「三心」ではなくて「称名」ではないのか〟という問いがなされたのに対して、隆寛は「称名」には「三心」が自ずから「具足」しているのだと答えているのである。

このように隆寛は、「具三心」を力説しつつも、「三心」を「称名」とは別の原理として立てることを嫌い、「称名」を「往生ノ要」(154)であるとする法然の〝称名正因〟説に忠実であろうとした。「具三心」を力説した隆寛が〝称名正因〟説の枠内にとどまりえたのは、隆寛において、〝「具三心」とは「発真実心」であり、「発真実心」とは「帰本願」であり、「帰本願」とは「称仏名」である〟という原則が守られていたからである。つまり、「真実心」を「帰本願之心」とし、その「本願」とは「名号」であるとしたために、「称名」以外に「三心」という原理を別に立てなくても済んだのである。従って、隆寛の議論は、すべて「本願」の「名号」に「帰」するのであって、ここに、凝然の『浄土法門源流章』で、

(199)長楽寺隆寛律師《ハ》、立《ツ》二多念義《ヲ》一。(『浄全』十五、五九四頁上)

と言われるように、隆寛は〝多念義〟を主張したという理解が成立する理由があるのである。

この点で、『極楽浄土宗義』記述(197)における隆寛の「二十願機」の説明を見てみたい。隆寛がそこで、「二十願機」を「念仏与余行兼修」と述べている点が注目される。つまり、この表現は「念仏」を〝自力〟と〝他力〟に分けて、「二十願機」を、親鸞のように、〝自力念仏〟の機と位置づけているわけではないのである。そうではなくて、そこで「念仏」は〝他力〟を意味するのである。その〝他力〟たる「念仏」と〝自力〟たる「余行」を「兼修」するからこそ、その機は、「信心不決定」と言われるのである。

このような「念仏」理解をもつ隆寛が、『自力他力事』記述(186)で、「念仏の行につきて、自力・他力といふことあり」と述べるとは考えられないであろう。記述(186)では、この後に続けて、「これは極楽をねがひて弥陀の名号をとなふる人の中に、自力のこころにて念仏する人あり」とあるが、この「自力のこころにて念仏する人」とは、「二十願機」に関する隆寛の「念仏与余行兼修」という説明よりも、むしろ親鸞の『正像末和讃』「愚禿述懐」(五)の

〈200〉自力称名の人はみな
　如来の本願信ぜねば
　うたがふつみのふかきゆへ
　七宝の獄にぞいましむる。（『定本』二(1)、一九一頁上）

という説明における「自力称名」が、『一念多念文意』では、

〈201〉「不定聚」は、自力の念仏、疑惑の念仏の人は、報土になしといふなり。（『定本』三(1)、一三八頁）

というように、「自力の念仏」「疑惑の念仏」と言われるのであるが、隆寛においては、〝称名念仏〟は「本願念仏」であり、基本的にそれは〝他力の念仏〟と考えられていたと思われる。従って、『自力他力事』記述〈186〉の「念仏の行につきて、自力・他力といふことあり」は、隆寛ではなくて、親鸞の説・親鸞の言葉であると考えられる。

勿論、親鸞がこのように述べるとき、彼は「自力念仏」「他力念仏」の語を有する『散善義問答』の説にもとづいていたと見ることも可能であるかもしれない。しかるに、すでに若干述べたように、『散善義問答』は、隆寛の著作としては、問題があると思われる。例えば、この書には、次のように説かれている。

〈202〉仏願《モ》仏名《モ》国徳《モ》行者《ノ》行《モ》、悉《ク》他力《ナリ》。全《ク》非《ズ》二自力《ニ》一。（『隆寛集』五一頁上）

これは、一種の〝全分他力〟説とも言えるもので、表現としても、『教行信証』「信巻」記述〈153〉に類似するように思われる。

また、私が最も『散善義問答』の隆寛真撰に疑問を感じるのは、この書に次のように説かれることなのである。

〈203〉会云。一念《ノ》満《ハ》十念《ナリ》。十念《ノ》満《ハ》百念《ナリ》。然《ルニ》一念《ノ》中《ニ》、必《ズ》有《リ》二十念一。十念《ノ》中《ニ》必《ズ》有《ル》二百念一也。可《シ》レ見《ル》二『滅罪劫数義』《ヲ》一也。（『隆寛集』五七頁上）

ここに、『唯信鈔』にも、『一念多念分別事』にも示される〝一念のつもり＝多念〟という説が説かれていることは、

明らかであるが、この説については後論することにして、『散善義問答』には、すぐこの後に「可見『具三心義』」とあるので、右の『滅罪劫数義』への言及が、自著への参照を促していることは、確実であろう。しかし、この『滅罪劫数義』ほど疑惑の書もないのである。

この『滅罪劫数義』の奥書きには、

〔204〕聖暦庚午之歳窮冬甲子之日、為《ニ》レ勧《メンガ》二愚者《ニ》一注《ス》レ之《ヲ》。敢《テ》不レ為《ニセ》二智人《ノ》一。猥《ク》勿レ嘲々々。権律師隆寛記矣。(『隆寛集』一六四頁上)

とあり、奇妙なことに「嘲」という語が、『教行信証』記述〔184〕の「嘲」と、『唯信鈔』記述〔183〕と『唯信鈔文意』記述〔185〕の「あざけり」に一致している。また、この奥書きに従い、『滅罪劫数義』は一二一〇年に隆寛によって著されたとされるのであるが、すでに見たように、一二一七年に書かれたとされる『散善義問答』記述〔203〕には、この書物は言及されているものの、『具三心義』(一二一六年)と『極楽浄土宗義』(一二二〇年)には、『滅罪劫数義』は、全く引用も言及もされていない。

しかも、『滅罪劫数義』の内容を見ると、私にはとても隆寛の著作とは思えないのである。結論より言えば、これは〝信の一念義〟を説く書物だと思われる。冒頭には、

〔205〕問。一念《ニ》滅《スルコト》二八十億劫《ノ》罪《ヲ》一有《リ》二何故《ノ》一耶。答。仏之密意《ハ》弘深《ニシテ》難《シ》レ測《リ》。今試《ニ》述《ベテ》二一義《ヲ》一扶《ケム》二愚者《ノ》信心《ヲ》一。(『隆寛集』一六二頁下)

と述べられ、『観無量寿経』〝下品下生〟の説明における

〔206〕汝若不《シ》レ能《ハ》レ念《ズルコト》者、応《シ》レ称《ス》二無量寿仏《ヲ》一。如《ク》レ是《ノ》至心《ニ》令《メ》二声《ヲ》不《ラ》レ絶《エ》、具二足《シテ》十念《ヲ》一称《ス》二南無阿弥陀仏《ト》一。称《スルガ》二仏名《ヲ》一故《ニ》、於二念念《ノ》中《ニ》一除《ク》二八十億劫生死《ノ》之罪《ヲ》一。(『浄全』一、五〇頁)

という経文の「於念念中、除八十億劫生死之罪」という語が問題にされていることが分る。つまり、何故、「一念」に

八十億劫の罪を滅することができるか、というのである。この『滅罪劫数義』の冒頭の記述〔205〕に、すでに「一念」と「信心」という語が出ていることは、注目に値する。平井氏は、この『滅罪劫数義』の考察において、「この一念は臨終の一念である」〔155〕と述べて、この「一念」が〝平生〟の〝一念〟ではないという解釈を繰り返されている。その解釈の根拠は、そもそもこの問題の発端となる『観無量寿経』の経文の〝滅罪〟が〝臨終〟のことを言っているからというのである。しかし、『滅罪劫数義』の説が、『観無量寿経』の経文から切り離されていることもありうるので、冒頭の記述〔205〕の「一念」も、始めから〝臨終〟の〝一念〟と限定しないで理解した方がよいであろう。

さて、『滅罪劫数義』は、「一念」に「八十億劫罪」を何故「滅」するかを、「満数」という奇妙な理論を用いて、次のように説明している。

〔207〕答。一之満是《ハレ》十也。十之満是《ハレ》百也。百之満是《ハレ》千也。千之満是《ハレ》万也。万之満是《ハレ》億也。料知《リヌ》、一声《ノ》満是《ハレ》十《ナリ》。十声《ノ》満《ハ》是《レ》百《ナリ》。展転相望《シテル》論二其《ノ》滅罪《ヲ》一、一念之力当《ハレリ》二十之八万劫《ニ》一。十念之力当《ハレリ》二百之八万劫《ニ》一。百《ノ》八万者《ト》、即是《チレ》八十億也。（『隆寛集』一六二頁下）

ここで「億」は、〝一万×一万〟ではなく、十万を意味しているようである。これによれば、「一念」の力は、八十万劫の罪を滅し、「十念」の力は、八百万劫、つまり、八十億劫の罪を滅するということであるらしい。また、「満数」とは、〝十倍の数〟を意味することも、右の説明から知られるであろう。この点は、後に、

〔208〕十念者一念之満也……百念者十念之満也。（『隆寛集』一六三頁下）

と述べられることからも明らかである。従って、ここには、〝一念のつもり＝多念〟説が示されていると考えられる。ただし、『滅罪劫数義』は、「一念」がどれ程の劫数の罪を滅するかという点に、実は余り重きをおいていないことが、次の記述から理解される。

〔209〕一念之力、雖《ドモ》レ滅《スト》二無量罪《ノヲ》一、如来《ノ》巧辨、随《フガ》二時宜《ニ》一故《ニ》、施設《ノ》区分《タリ》。（『隆寛集』一六三頁下）

〔210〕竊《ニ》案《ズルニ》道理《ヲ》、依《リテ》一念信《ノ》速《ニ》得《ルニ》往生《ヲ》、無始已来生死之罪《ノ》一時《ニ》滅尽《シヌ》。更《ニ》雖《ドモ》不《ト》可《カラ》定《ム》劫数《ヲ》随《テ》事《ニ》辨《ズル》数《ヲ》之時《ニ》、取《リ》百劫千劫《ヲ》乃至取《ルニ》塵点劫《ヲ》、不可《ラ》相違《ス》矣。（同右、一六三頁上）

しかも、ここに「依一念信、速得往生」と言われていることは、無視できない。これは、明らかに〝「一念信」によって、速かに「往生」できる〟という〝信の一念義〟を説くものであろう。これについても平井氏は、「臨終の利益の諸相」であるとして、この「一念信」も臨終の「一念信」であると解されるのであるが、[156] 果して正しいであろうか。というのも、この記述〔210〕の少し前には、次のような記述が見出されるからである。

〔211〕問。何故《ガ》取《ソル》満数《ヲ》耶。答。凡取《ソルコト》満数《ヲ》源《モト》起《レリ》本願《ヨリ》。所謂第十八願《ノ》十念也《ナリ》。於十念《ノ》中《ニ》一二三念無《ク》失《フコト》、四五六念悉《ク》収《メ》、七八九念皆摂《ス》。以《テ》何《カ》得《ヲル》知《ルコトヲ》。経《ニ》曰《ク》、「信心歓喜、乃至一念、即得往生、住不退転」。明《カニ》知《ヌ》、十念《ノ》願《ノ》中《ニ》、決定《シテ》成就《スト》一念《ノ》往生《ヲ》。（『隆寛集』一六二頁下—一六三頁上）

即ちここに、第十八願中の「十念」とその願成就文たる記述〔168〕の「信心歓喜、乃至一念」の相違が、「満数」の理論によって説明されているのであるが、最後の「明知、十念願中、決定成就一念往生」の語は、「一念往生」を第十八願の真義と見なすものであって、しかも、その「一念」とは「信心歓喜」の「一念」、つまり「信心」の「一念」とされているのである。それ故、『滅罪劫数義』の記述〔210〕の「依一念信、速得往生」と記述〔211〕の「一念往生」とは同義であることになる。

第十八願の願成就文の「信心歓喜、乃至一念」は、『唯信鈔』記述〔20〕でも〝一念義〟論者の教証とされ、また、親鸞の〝「……」を聞いて、信じる信心が、往生を決定する〟という〝信心正因〟説の根拠ともなったことは、すでに見た通りであるから、ここでも、その「一念」が〝臨終の一念〟と解されているとは思えない。むしろ、『滅罪劫数義』のテーマが、親鸞の説と同様な〝信の一念義〟であるとすれば、「一念」は、〝平生〟における「信心」の「一念」を指すであろう。

さて、『滅罪劫数義』が〝信の一念義〟を最も明瞭に説いているのは、次のようなその結論部分だと思われる。

〔212〕問。一念《ノ》難思利益《ハ》、為《スヤ》二自力《ト》一為《スヤ》二他力《ト》一。答。不レ依《ラ》二自力《ニ》一、専《ハラ》是他力也。○問。他力相《ノ》如何。答。愚鈍重罪凡夫《ノ》、迷《ヒ》二修行道《ノ》一闇《シ》二懺悔法《ノ》一。西土能化、憐《テ》レ之《ヲ》、名字之中《ニ》、摂《シテ》二持万善《ヲ》一、若男若女、信《ズルヲ》レ之《ヲ》以為《テシ》レ因《ト》、罪人愚人、称《スルヲ》レ之《ヲ》為《ス》レ縁《ト》。因縁和合《シテ》、仏智観察《スルニ》、十悪《モ》非《ニ》二十悪《ニ》一、五逆《モ》非《ニ》二五逆《ニ》一、善悪不二《ニシテ》、迷悟一如《ナリ》。宜《ナル》哉、無始流転之生死、一声之中《ニ》断滅《シ》、無始本有之依正、一念間《ニ》感見《スルコトシ》、可レ思《フシ》可レ知《ル》。光明《ノ》摂取、奇雲《ノ》来迎、天外《ノ》細楽、室内《ノ》異香、観音《ノ》蓮台、勢至《ノ》授手、化仏《ノ》来現、聖衆《ノ》囲繞、皆《レ》是弥陀本願力之所レ致《ス》也。豈為《ニン》二凡愚自行力之所《ト》一レ及《ブ》乎。此《レ》其《ノ》他力《ノ》相矣《ナリ》。（『隆寛集』一六四頁上）

ここでまず、「一念」に罪が滅するという「利益」は、「他力」であるとされるが、[157]その「他力ノ相」とは何かが問われ、それが「名字之中、摂持万善、若男若女、信之以為因、罪人愚人、称之為縁、因縁和合、仏智観察」と説明されている。ここに、「信之以為因、……称之為縁、因縁和合」とあることについて、了祥が、次のようにコメントしていることは、重要であろう。

〔213〕第六ニハ信心念仏因縁同。コレハ『滅罪義』ニ出デ、「信心ハ因、念仏ハ縁」トアル。三心正因九品正行ヂヤデ、浄土ニ生ズル因ハ信心ト立テルナリ。「行巻」自釈九左光明名号因縁モ信心ヲ因、念仏ヲ縁トアル。コレガ大事ノコトデ、信ヲ念仏へ込メテ信ト念仏トヲ一ニシテ云フ時ハ、念仏ガ往生ノ因トモ業トモ云ハレル。其ノ中ヲ信ト称名トニ分ケルト、信ガ因、称名ガ縁トナル。斯クノ如ク立ツル人ハ、外ニ少シモナシ。当流ノ信心為本ニ合シテオル。

（『後世講義』三二一頁下）

まず、了祥自身の『滅罪劫数義』に対する理解について言えば、彼は、この書物を隆寛の著作であると見ている。了祥が隆寛の著作と見るのは、この書物と『一念多念分別事』と『自力他力事』であって、『後世物語』も隆寛の立場を示すものと見なしている。[158]

しかし、これらはすべて問題の書であり、私としては、了祥が『具三心義』と『極楽浄土宗義』を読まなかったことが惜しまれる。なお、現在、大谷大学図書館に蔵せられ、また、平井氏の著書の付録としても収録された『滅罪劫数義』は、了祥その人の書写本だったとも考えられている(159)。

さて、右の記述(213)で、「第六ニハ信心念仏因縁同」とは、了祥が真宗の教義と隆寛説の一致点を十点挙げたものの内の第六に当るもので、要するに、親鸞説と隆寛説では、〝往生〟という〝果〟に対して、「信心」を「因」、「念仏」を「縁」と見る点が一致しているというのである。「コレハ『滅罪義』ニ出デ、信心ハ因、念仏ハ縁トアル」というのは、『滅罪劫数義』記述(212)の「信之以為因……称之為縁」の語を指したものであろう。そして了祥は『教行信証』「行巻」記述(148)の、

真実信業識、斯則為内因。光明名父母、斯則為外縁。内外因縁和合、得証報土真身。

という語にも、「信心ヲ因、念仏ヲ縁」という説を読み取り、隆寛説と親鸞説は、この点で全く一致していると論じているのである。

了祥の最後のコメント、つまり、「斯クノ如ク立ツル人ハ、外ニ少シモナシ。当流ノ信心為本ニ合シテオル」は、全く適切だと思われるが、「信心為本」は、「信心正因」とした方が分りやすかったであろう。『滅罪劫数義』の〝信心正因〟説と親鸞の〝信心正因〟説との一致は、正に了祥の指摘した通りであり、『滅罪劫数義』記述(212)と『教行信証』記述(148)とでは、「因縁和合」という語までが一致していることを考えると、この一致は単に偶然的なものとは思えない。とすれば、親鸞が『滅罪劫数義』を読んだのか、『滅罪劫数義』の著者が親鸞の著作を読んだのか、あるいは、親鸞が『滅罪劫数義』を著したのか、というような可能性が考えられるであろう。

なお、隆寛の『具三心義』『極楽浄土宗義』には、「信心」を〝往生〟の「因」とする考え方は、説かれていないと思われる。すでに考察したように、隆寛の立場は、基本的に法然の〝称名正因〟説に忠実なものであるから、これは

当然であろう。また、『極楽浄土宗義』巻下の

〈214〉四十八願《ハ》毎《ニ》レ願以《テ》二念仏往生《ヲ》一為《ス》レ本《ト》。即《チ》第十八願是《レ》也。指《テ》二此《ノ》称名行《ヲ》一今名《ク》二増上《ノ》勝因《ト》一。所《ハ》二以然《ル》一者、他力《ヲ》為《スガ》二増上縁《ト》一故《ニ》、一声十声必蒙《ル》二来迎《ヲ》一。本願《ニ》有《ルガ》二難思力《ノ》一故《ニ》、善人悪人同《ク》生《ズ》二報土《ニ》一。（『隆寛集』三〇頁下）

という記述を見ると、ここには、「称名行」を「因」とし「他力」「本願」を「縁」とする、善導以来の伝統的な〝称名正因〟説が説かれているように思われる。

次に、『滅罪劫数義』記述〈212〉には、「因縁和合」という語の後に、「仏智観察、十悪非十悪、五逆非五逆、善悪不二、迷悟一如」とある。これは何のことであろうか。おそらく、「信心」の「因」と「念仏」の「縁」が和合して、「十悪非十悪……迷悟一如」と観ずる「仏智」が生じるという意味であろう。しかるに、これは、またしても、『教行信証』「行巻」の「正信念仏偈」記述〈161〉の「惑染凡夫信心発、証知生死即涅槃」、及び「正信念仏偈」記述〈102〉の「能発一念喜愛心、不断煩悩得涅槃」に趣旨が一致しているのである。さらに『滅罪劫数義』記述〈212〉の「皆是弥陀本願力之所致也」は、『散善義問答』記述〈202〉や「信巻」記述〈153〉に説かれる一種の〝全分他力〟説に一致している。さらに、『滅罪劫数義』記述〈212〉の最後に「来迎」が説かれていることは分るが、そこに説かれるのは、すでに考察したような、了祥の言う「摂取来迎ノ義」ではないかと思われる。

以上の考察の結論として言えば、『滅罪劫数義』は、親鸞の説と全く一致する〝信心正因〟説、〝信の一念義〟を説く書物であって、隆寛の著作とは考えられない。また、この『滅罪劫数義』に自著として言及している『散善義問答』も、隆寛の作ではないように思われる。無論、『散善義問答』は、『具三心義』にも言及しているので、隆寛説には通じており、従って、表立って〝信の一念義〟を説くことはしていない。しかし、『散善義問答』は、

〈215〉問。経云《ク》、「随世尊後、即得往生」(160)、心如何。答。『疏』云《ク》、「明随仏身後、一念即生」(161)。○難云《テク》。依《テ》レ釈《ニ》見《ルニ》レ経《ヲ》、全《ク》無《シ》二一念《ノ》言一、如何。会云《テク》。已云《フ》二「即得往生」《ト》一。即《ノ》字《ハ》顕《ス》二一念《ノ》義《ヲ》一也。（『隆寛集』七六頁下）

という記述では、『観無量寿経』の「即得往生」という経文の「即」を「一念」の意味に解しており、このような解釈は〝一念義〟を説いていると考えられないこともない。いずれにせよ、『散善義問答』には疑問があり、そこに説かれる「自力念仏」と「他力念仏」の区分も、私には隆寛説であるとは思えないのである。

すでに述べたように、『自力他力事』記述(186)の「念仏の行につきて、自力・他力といふことあり」という説も、隆寛の説というより、親鸞の説であると思われる。ただし、親鸞が記述(186)を書く際に、「自力念仏」「他力念仏」の語を有する『散善義問答』を参照したということも、あったかもしれない。あるいは、『滅罪劫数義』記述(212)の「善悪不二、迷悟一如」と「正信念仏偈」記述(161)の「生死即涅槃」との意味上の一致を考えると、『滅罪劫数義』と『散善義問答』が親鸞以後に成立したという可能性も否定できないであろう。

次に、記述(186)以後の『自力他力事』の趣旨を見てみよう。記述(186)に続けて、次のように言われている。

(216)まづ自力のこゝろといふは、「身にもわるきことをばせじ、口にもわるきことをばいはじ、心にもひがごとをばおもはじと、加様につゝしみて念仏するものは、この念仏のちからにて、よろづのつみをのぞきうしなひて、極楽へかならずまいるぞ」とおもひたる人をば、自力の行といふなり。

加様にわが身をつゝしみとゝのへてよからんとおもふはめでたけれども、まづ世の人をみるに、いかにも〳〵おもふさまにつゝしみえんことは、きはめてありがたきことなり。そのうへに、弥陀の本願をつや〳〵としらざるとがのあるなり。されば、いみじくしえて往生する人も、まさしき本願の極楽にはまいらず、わづかにそのほとりへまいりて、そのところにて本願にそむきたるつみをつぐのひてのちに、まさしき極楽には生ずるなり。これを自力の念仏とはまうすなり。

他力の念仏とは、「わが身のをろかにわるきにつけても、かゝる身にてたやすくこの娑婆世界をいかゞはなるべき。つみは日々にそへてかさなり、妄念はつねにをこりてとゞまらず。かゝるにつけては、ひとへに弥陀のちかひをたのみあおぎて念仏をこたらざれば、阿弥陀仏かたじけなく遍照の光明をはなちて、この身をてらしまもらせたまへば、観音勢至等の無量の聖衆ひき具して、行住坐臥、もしはひる、もしはよる、一切のときところをきらはず、行者を護念して、目しばらくもすてたまはず、まさしくいのちつきいきたえんときには、よろづのつみをばみなうちけして、めでたきものにつくりなして、極楽へゐてかへらせおはしますなり。(『定本』六(2)、八三―八五頁)〔一部は記述〔11〕〔43〕〔179〕と重複〕

この「自力の念仏」と「他力の念仏」の説明において、「自力」と「他力」はどのように区別されているであろうか。「自力の念仏」と「他力の念仏」において、「念仏」は、共通しているので、「自力の念仏」と「他力の念仏」の説明から、「念仏」に関する部分を省けば、「自力」と「他力」の区別が知られると思われる。そこで、それを省くと、「自力」と「他力」は、次のように説明されていることになる。

自力―身にもわるきことをばせじ……と、加様につつしみて、

他力―わが身のをろかにわるきにつけても……ひとへに弥陀のちかひをたのみあおぎて、

これを見ると、ここで、「自力」は、〃悪を為すまい〃という〃修善〃の立場、「他力」は、自ら愚人・悪人であるが故に、〃自力〃を断念して、ひとえに〃本願他力〃を頼む立場とされていることが分る。すると、ここでの「自力」と「他力」の区別は、『歎異抄』第三条[162]における「自力作善のひと」と「他力をたのみたてまつる悪人」の区別に類似するものであることが知られる。即ち、「自力」は、「作善」、または、〃善〃に結びつき、「他力」は「悪人」、または、〃悪〃と結合するのである。無論、私は『歎異抄』第三条の〃悪人正因〃説が親鸞の思想を正確に反映するものであるとは考えていない。[163]しかし、『自力他力事』における「自力」と「他力」の区別が、何となく親鸞風のものであるということは、いかなる読者でも感じざるを得ないであろう。

即ち、親鸞自身が、「わるきことをばせじ」という〃修善〃の立場を、「罪福」を信じ「仏智」を疑う「自力」とし

て斥けたことは、『正像末和讃』「愚禿述懐」の次の記述によっても、明らかであろう。

(217)不了仏智のしるしには
　如来の諸智を疑惑して
　罪福信じ善本を
　たのめば辺地にとまるなり。〔一〕(『定本』二(1)、一八八頁上)

(200)自力称名の人はみな
　如来の本願信ぜねば
　うたがふつみのふかきゆへ
　七宝の獄にぞいましむる。〔五〕〔前出〕

(95)自力諸善のひとはみな
　仏智の不思議をうたがへば
　自業自得の道理にて
　七宝の獄にぞいりにける。〔二二〕〔前出〕

また、同じ『正像末和讃』「愚禿悲歎述懐」〔六〕の

(218)蛇蝎奸詐のこゝろにて
　自力修善はかなふまじ
　如来の廻向をたのまでは
　無慚無愧にてはてぞせむ。(『定本』二(1)、二一〇頁上)

という記述の「自力修善はかなふまじ」は、『自力他力事』記述〔216〕の「世の人をみるに、いかにもいかにもおもふ

さまにつつしみえんことは、きはめてありがたきことなり」に、趣旨として一致している。

しかるに、私には、「わるきことをばせじ」という〝修善〟の立場を、隆寛が〝自力〟として斥けたとは、とても考えられないのである。〝修善〟の立場を、〝自力〟として斥けることは、当然、〝造悪無礙〟説とも関係してくる。つまり、〝善を為すべし、悪は造るべからず〟という〝修善〟〝捨悪〟の立場が〝自力〟として斥けられるならば、当然そこには、〝他力の立場においては、善を為す必要もなく、悪を造ってもよいのだ〟という〝造悪無礙〟説が生じる根拠があるからである。しかるに、隆寛は、〝他力〟ということを極めて強調しつつも、〝他力〟を口実として〝造悪無礙〟説を説く人々を、『極楽浄土宗義』巻下で、次のように厳しく批判しているのである。

〔219〕末代愚者《ノ》、寄《テ》二事《ヲ》於他力《ニ》一、不《ルハ》レ恐《レ》二悪《ヲ》於自身《ニ》一、必《ズ》違《シ》二願意《ニ》一、必《ズ》違《ス》二仏意《ニ》一。経論《ニモ》無《シ》二誠証一、和漢《ニモ》無《シ》二蹤跡一。如《キ》二下品《ノ》三生《ノ》一者《ハ》、皆是《レ》臨終《ニ》遇《ヒ》二善縁《ニ》一忽《ニ》改悔《シ》廻心《スル》人也。不レ足《ラ》二造悪往生之証《ニ》一矣。（『隆寛集』三三頁上―下）

つまり、〝他力〟に帰するときの「廻心」ということを最も強調した隆寛は、〝他力を頼めば、悪人は悪人のままで往生できる〟というような考え方を最も嫌ったのである。従って、隆寛は、『唯信鈔文意』記述〔45〕で、

無礙光仏の不可思議の本願、広大智慧の名号を信楽すれば、煩悩を具足しながら無上大涅槃にいたるなり。

と説かれる親鸞の説を、決して許容しなかったであろう。

また隆寛は、〝善を為すべきではない〟とか、〝悪を造ってもよい〟などと考えたのではなく、〝自力によっては善を為すこともできず、悪を捨てることもできないので、他力によって善を為すべきであり、悪を捨てるべきである〟と考えたのである。この隆寛の思想は、『具三心義』巻上の次の記述に明瞭に示されている。

〔220〕此《レ》便《チ》標《スルナリ》一二種《ノ》真実《ヲ》一。先《ツ》立《ルコト》二自利真実《ヲ》一者、明《ス》下改《テ》二外現精進内懐虚仮之行《ヲ》一欲《スルコトヲ》上レ令《メント》三三業《ヲ》而帰《セ》二利他真実《ニ》一也。又若不《シ》レ立《テ》二自利真実《ヲ》一者、恐《クハ》不レ励《マ》二三業《ノ》修善《ヲ》一不《ラムコトヲ》レ慎《マ》二三業《ノ》造悪《ヲ》一。次立《ルコト》二利他真実《ヲ》一者、明《ス》下帰《シテ》二利他真実《ノ》願《ニ》一遁《ルコトヲ》中雑毒虚仮《ノ》難《ヲ》上也。又若不《シ》レ立《テ》二利他真実《ヲ》一者、恐《クハ》不《シテ》レ知《ラ》二弥陀《ノ》願意《ヲ》一、空《ク》疲《レ》二自力之行《ニ》一、徒《ニ》励《テ》二自力之行《ヲ》一、不《ルコトヲ》レ順《ハ》二

弥陀《ノニ》本願一。（『隆寛集』七頁下）

〔221〕二明《ス》三真実心中制《ニ》二捨《スルコトヲ》　自他諸悪《ノヲ》一。所謂「一者真実心中制捨」已下是《レ》也。此《レ》明《ス》下非《ザル》二自力《ノ》所《ニ》レ堪《ル》故《ニ》、必《ズ》縁《テ》二利他《ノ》願《ニ》二可《キコトヲ》上レ成《ズ》二自利《ノ》捨悪《ヲ》一。（同右、七頁下）

このうち、記述〔221〕の「非自力所堪故、必縁利他願」という文章は、理解しやすいであろう。つまり、〝修善〟も〝捨悪〟も、〝自力〟ではできないので、必ず「利他願」という〝他力〟に〝縁って〟のみなすことができる、というのである。つまり、〝修善〟や〝捨悪〟を〝自力〟として否定するのではなく、それを〝他力〟に〝縁って〟なすことを勧めているのである。従って、記述〔220〕で、「励三業修善」とか「慎三業造悪」と言われる「自利真実」とは、そこで「自力之行」と言われる〝自力〟なのではなく、「真実」、つまり、〝他力〟なのである。繰り返せば、〝他力〟に帰すことによって、〝本願〟を頼むことによって、〝修善〟も〝捨悪〟もなされるというのが、隆寛の立場なのである。[164]

これに対して、『自力他力事』記述〔216〕の「自力のこころといふは、身にもわるきことをばせじ……」という文章を読むと、そこでは〝修善〟ということそれ自体が、〝自力〟として否定されているように見える。この点は『正像末和讃』記述〔97〕の

〔97〕罪福ふかく信じつゝ
　善本修習する人は
　疑心の善人なるゆへに
　方便化土にとまるなり。〔前出〕

という一節においても、同様であろう。つまり、「善本修習する」こと自体が、〝他力〟に対する〝疑惑〟〝不信〟、つまり、〝自力〟として斥けられているのである。従って、結論を言えば、『自力他力事』における〝自力〟〝他力〟の区別は隆寛説と一致せず、親鸞説と合致する。また、すでに考察したように、隆寛において〝称名〟〝念仏〟は、基本的

には〝他力〟であり、従って、「自力の念仏」ということは、ありえない。この点から見ても、『自力他力事』記述〔216〕の所説は、隆寛のものではないであろう。

また、記述〔216〕には、親鸞の愛用の表現がいくつも見られる。まず、記述〔216〕に二回出る〝めでたし〟という形容詞は、すでに述べたように、親鸞が愛用したものである。また、「わが身の……わるきにつけても」という表現も、『後世物語』第七答ⓠの

〔39〕いはゆる弥陀の本願は、すべてもとより罪悪の凡夫のためにして、聖人のためにあらずとこゝろえつれば、わがみのわるきにつけても、さらにうたがふおもひのなきを、信心といふなり。〔前出〕

という文中に出ているのである。しかるに、この『後世物語』第七答ⓠの記述〔39〕は、それに相当するものを『捨子問答』の中に見出すことはできないので、『後世物語』の著者、つまり、親鸞自身の説を説くものと考えられる。(165)

また、『自力他力事』記述〔216〕の「弥陀のちかひをたのみあおぎて」の「たのみあおぎ」に類似した表現が、『尊号真像銘文』(略本)の

〔222〕「然我大師聖人」といふは、聖覚和尚は聖人をわが大師聖人とあおぎたのみたまふ御ことばなり。(『定本』三(1)、六四頁)

という文章に出ており、『後世物語』第五答ⓜの記述〔67〕の

わがこゝろのわるきにつけても、弥陀の大悲のちかひこそ、あはれにめでたくたのもしけれとあおぐべきなり。(166)

という文章にも出ている。また、ここには、『自力他力事』記述〔216〕の「わが身の……わるきにつけても」に類似する「わがこころのわるきにつけても」という表現までもが見られる。つまり、記述〔216〕には、「わが身の……わるきにつけても……弥陀のちかひをたのみあおぎて」とあり、『後世物語』記述〔67〕には、「わがこころのわるきにつけても……弥陀の大悲のちかひこそ……〔めでたく〕たのもしけれとあおぐべきなり」とあり、〝機〟の〝悪人〟たるこ

とと、本願のたのむべきこととが、いわばセットになって説かれているのである。言うまでもなく、これは親鸞思想の特質である。なお、記述〈67〉には、親鸞が愛用した「めでたく」の語も見られる。

さて、『自力他力事』記述〈216〉の後には、次のように言われている。

〈223〉されば、つみのきゆることも、南無阿弥陀仏の願力なり。めでたきくらゐをうることも、南無阿弥陀仏の弘誓のちからなり。ながくとをく三界をいでんことも、阿弥陀仏の本願のちからなり。極楽へまいりてのりをきゝさとりをひらきやがて仏にならんずることも、阿弥陀仏の御ちからなりければ、ひとあゆみもわがちからにて極楽へまいることなし」とおもひて余行をまじへずして、一向に念仏するを、他力の行とはまうすなり。(『定本』六(2)、八五—八六頁)

この所説について、了祥は、

〈224〉然ルニ元祖モ、ヒトヘニタダ弘願ヲタノムトテ、正意ハ全分他力、隆寛ノ義ハ『自力他力事』ニ審ナリ。往生ノ因果ミナ他力ト立テテ当流ニ同ジ。(『後世講義』七九頁上)

と述べて、『自力他力事』に、「当流」と同じ「全分他力」説を見出している。ここで了祥の言う「当流」の「全分他力」説、つまり、「往生ノ因果ミナ他力ト立テ」る説とは、『教行信証』記述〈153〉〈154〉等に説かれるものを指すことは明らかであろう。

この点に関連して、隆寛も『極楽浄土宗義』巻下で、

〈225〉念々声々或滅《ニハシ》二五十億劫重罪《ヲ》一、或滅《ハス》二八十億劫重罪《ヲ》一、是《レ》即《チ》願力《ノ》不思議也。他力《ノ》不思議也。……偏《ニ》是《レ》依《テ》二他力《ニ》一消二滅《スル》衆罪《ヲ》一之相也。(『隆寛集』三三頁下)

と述べて、念仏による滅罪が「他力」によるものであることを認めている。しかし、ことさら〝全分他力〟を意図しようとする表現は『具三心義』『極楽浄土宗義』には見られないと思われる。ただし、すでに見たように、〝信の一念

義〟を説くと思われる『滅罪劫数義』記述〔212〕には、「皆是弥陀本願力之所致也」という表現があったのであり、了祥の言う『自力他力事』記述〔223〕の「全分他力」説は、これと完全に一致しているのである。なお、記述〔223〕にも、「めでたき」という親鸞愛用の語が見られる。

さて、『自力他力事』の最後の部分は、次の通りである。

〔226〕たとへば、腰おれ足なへて、わがちからにてたちあがるべき方もなし。ましてはるかならんところへゆく事は、かけてもおもひよらぬことなれども、たのみたる人のいとおしとおもひて、さりぬべき人あまた具して力者に輿をかゝせてむかへにきたりて、やはらかにかきのせてかへらんずる十里二十里の道もやすく、野をも山をもほどなくすぐる様に、われらが極楽へまいらんとおもひたちたるは、つみふかく煩悩もあつければ、腰おれ足なへたる人々にもすぐれたり。たゞいまにても死するものならば、あしたゆふべにつくりたるつみのをもければ、かうべをさかさまにして、三悪道にこそはおちいらんずるものにてあれども、ひとすぢに阿弥陀仏のちかひをあおぎて念仏してうたがふこゝろだにもなければ、かならず〳〵たゞいまひきいらんずる時、阿弥陀仏目の前にあらはれて、つみといふつみをば、すこしものこる事なく功徳と転じかへなして、無漏無生の報仏報土へゐてかへらせおはしますといふことを、釈迦如来ねんごろにすゝめおはしましたる事をふかくたのみて、二心なく念仏するをば、他力の行者とまうすなり。

かゝるひとは、十人は十人ながら百人は百人ながら、往生することにてさふらふなり。かゝる人をやがて一向専修の念仏者とはまうすなり。おなじく念仏をしながら、ひとへに自力をたのみたるは、ゆゝしきひがごとにてさふらふなり。あなかしこ〳〵。

寛元四歳丙午三月十五日　書之

愚禿釈親鸞七十四歳

（『定本』六(2)、八六—八八頁）

まず、この記述において、「むかへにきたりて……かへらんずる」は、『唯信鈔文意』の
〔227〕「捴迎来」といふは、「捴」はふさねてといふ。すべてみなといふこゝろなり。「迎」はむかふるといふ。まつといふ。他力をあらわすこゝろなり。「来」はかへるといふ。きたらしむといふ。法性のみやこへむかへゐてきたらしめ、かへらしむといふ。法性のみやこより衆生利益のために、この娑婆界にきたるゆへに「来」をきたるといふなり。法性のさとりをひらくゆへに「来」をかへるといふなり。(『定本』三(1)、一六四頁)
という記述の「法性のみやこへむかへゐてきたらしめ、かへらしむ」に表現が一致するように思われる。

また、『自力他力事』記述〔226〕に出る「ひとすぢに」も、親鸞が好んだ表現であることは、『親鸞用語索引』(167)に明らかであるが、例えば、『尊号真像銘文』(略本)には、
〔228〕「唯信」とまふすは、すなわちこの真実信楽を、ひとすぢにとるこゝろをまふすなり。(『定本』三(1)、四三頁)
とある。また、「ひとすぢに」は、『唯信鈔文意』記述〔45〕にも用いられている。

最後に、『自力他力事』の末尾には、親鸞がこれを書いた年月日が、寛元四年(一二四六年)と出ているが、すでに述べたように、「書之」とは、〝書写〟ではなく、〝著作〟を意味すると見るのが、自然であろう。

以上、論じたように、『自力他力事』は、その内容や言葉使い等から考えて、親鸞の著作と見るべきものであろう。この文献を、冒頭で「長楽寺隆寛律師作」としたのは、おそらく親鸞自身であろうから、親鸞が隆寛の何等かの著作、あるいは、隆寛に帰せられる著作を参照して、隆寛の教義を自らの立場からまとめるために『自力他力事』を著したという可能性も考えられるであろう。しかし、『自力他力事』に説かれる教説・思想は、隆寛のものではなく、それはあくまでも親鸞自身のものなのである。以上が、『自力他力事』に関する私見である。

一〇　『一念多念分別事』について

次に、『一念多念分別事』について論じたい。これもまた親鸞の著作であると思われる。この書物については、まず末尾の部分から見ていきたい。

〔229〕されば かへすぐも、[168] 多念すなはち一念なり、一念すなはち多念なりといふことはりをみだるまじきなり。

南無阿弥陀仏

本云

建長七歳乙卯四月廿三日

愚禿釈善信八十三歳書写之

(『定本』六(2)、八〇頁)

まず最後に、「愚禿釈善信八十三歳書写之」とあるが、親鸞が「愚禿釈善信」と自称することは、極めて珍しいと思われる。あるいは、その全著作中、ここだけであるのかもしれない。少なくとも、『親鸞用語索引』では、確認できない。親鸞は、〝善信房親鸞〟なのであろうから、[169]「釈」の後には「親鸞」という法諱が置かれなくてはならないのではなかろうか。

次に、「多念すなはち一念なり、一念すなはち多念なり」というのは、『一念多念分別事』の結論を示しているが、少なくとも私は、これは隆寛が絶対に書くことのない言葉だと思っている。これは、『具三心義』『極楽浄土宗義』、そして、『捨子問答』を読んでの私の確信である。平井正戒氏もまた、

之等遺著を通して見ると、彼はやはり、多念義であったと私は考へる。(『隆寛浄土教』二〇二頁)

という結論に達している。平井氏の研究は、記述〔199〕で見たように、隆寛が「多念義」を立てたと説く凝然の『浄

土法門源流章』を遡ること五十年以前の愚勧住信『私聚百因縁集』（一二五七年）に「隆寛長楽寺ノ多念義ノ元祖」とあること等を指摘している。(170) その他、了祥等の真宗系統の学者以外は、すべて隆寛の主張を〝多念義〟としているのであるが、真宗の学者がそのように見ないのは、真宗系統のみに伝えられる『一念多念分別事』『自力他力事』、あるいは、場合によっては、『後世物語』を隆寛の著作と見なすことから、帰結しているのである。

私は、凝然が、『浄土法門源流章』記述〈199〉で「長楽寺隆寛律師、立多念義」と書いたとき、彼が真宗系統に伝えられるこれらの書物の存在を全く知らなかったとは思っていない。ただ、凝然は、それらを疑わしい書物と見たのであろう。私見は、既に繰り返し述べているように、それらの書物をすべて親鸞の著作と見るものなのである。

さて、『一念多念分別事』記述〈229〉の直前には、次のようにある。

〈230〉こゝろのそこをば、おもふやうにまふしあらはしさふらはねども、これにてこゝろえさせたまふべきなり。

おほよそ、一念の執かたく、多念のおもひこはき人々は、かならずをはりのわるきにて、いづれも〱本願にそむきたるゆへなりといふことは、おしはからせたまふべし。（『定本』六(2)、七九―八〇頁）

ここで、親鸞は、『一念多念分別事』が自著であることを、自ら露呈している。というのも、これは、親鸞が関東の「ゐなかのひとびと」に文書を書き送るときの通例になっている言葉だからである。即ち『唯信鈔文意』の末尾には、次のようにある。

〈231〉この文どものこゝろは、おもふほどはまふさず。よからむひとにたづぬべし。ふかきことは、これにてもおしはかりたまふべし。

南無阿弥陀仏

ゐなかのひと〴〵の文字のこゝろもしらず、あさましき愚癡きわまりなきゆへに、やすくこゝろえさせむとて、おなじことをたび〱とりかへし〱かきつけたり。（『定本』三(1)、一八二―一八三頁）〈一部、記述〈185〉と重複〉

同様の趣旨は、『唯信鈔文意』の他の個所にも、次のように述べられている。
〔232〕この文のこゝろは、おもふほどはまふさず。これにておしはからせたまふべし。（『定本』三(1)、一六二頁）
〔233〕文のこゝろは、おもふほどはまふしあらはし候はねども、あら〳〵まふすなり。ふかきことは、これにておしはからせたまふべし。（同右、一六九頁）

また、『一念多念文意』にも次のようにある。
〔234〕この文どもは、これ一念の証文なり。おもふほどはあらはしまふさず。これにておしはからせたまふべきなり。（『定本』三(1)、一三八頁）
〔235〕これは多念の証文なり。おもふやうにはまふしあらはさねども、これにて一念多念のあらそひあるまじきことは、おしはからせたまふべし。（同右、一五一頁）

これらの記述〔230〕―〔235〕は、すべて親鸞が、「ゐなかのひとびと」に対して、〝充分に思う存分、委曲を尽した説明はできなかったが、ほぼ概略は述べたので、これによって、深い意味を推し計るべきである〟と述べた語なのである。『一念多念分別事』記述〔230〕の「こころのそこをば、おもふやうにまふしあらはしさふらはねども」と『唯信鈔文意』記述〔233〕の「文のこころは、おもふほどはまふしあらはし候はねども」が、別人の手になる文章であるとは、到底考えられないであろう。従って、『一念多念分別事』記述〔230〕で、親鸞は『一念多念分別事』が自著であることを認めていることになる。奇妙なことに、このような傾向は『後世物語』にも見られるのである。即ち、『後世物語』では、その序段ⓐの末尾で、親鸞は、
〔236〕そのおもむきを、たちどころにしてつぶさにしるして、ゐなかの在家無智の人々のためにくだすなり。よくよくこゝろをしづめて御覧ずべし。〔『後世』ⓐの一部〕

と述べているのである。[171] これらの点を考慮すると、親鸞は、『後世物語』や『一念多念分別事』や『自力他力事』を著

したとき、それらを全く自著ではないものとして書いたのではなく、幾分は自著であることをも認めつつ書いたということになりそうである。

いずれにせよ、『一念多念分別事』の著者が隆寛ではなく、親鸞であることを論証するためには、単に記述〔230〕の存在を指摘するだけで充分であると、私は考えているが、『一念多念分別事』の内容とはどのようなものであろうか。この書物の結論は、すでに記述〔229〕で示したように「多念すなはち一念なり、一念すなはち多念なり」というものであり、またこの書の冒頭には、

〔237〕念仏の行につきて、一念多念のあらそひ、このごろさかりにきこゆ。これはきはめたる大事なり。よくよくつゝしむべし。一念をたてゝ多念をきらひ、多念をたてゝ一念をそしる、ともに本願のむねにそむき、善導のをしへをわすれたり。(『定本』六(2)、七五頁)

と述べられ、「一念多念のあらそひ」が否定されていることから、本書は〝一念義〟と〝多念義〟を和解させ調停する文献のように解されているが、それは皮相な見方である。『一念多念分別事』は、『唯信鈔』と同様に、〝一念義〟をも〝多念義〟をも擁護するように見せつつ、実は〝一念義〟を説くものに他ならないからである。

そこで、本文献の内容を見てみたいが、その前にまず本文献の構成を確認しておきたい。その構成とは、次のようなものと思われる。

㋐序論=「一念多念のあらそひ」の否定(記述〔237〕)
㋑〝一念義の擁護〟(「多念はすなはち一念のつもりなり」……「あだやはさふらふべき」)(記述〔239〕〔242〕)
㋒〝多念義の擁護〟(「かくいへばとて、ひとへに一念往生をたてて」……「こころうきことなり」)(記述〔238〕)
㋓〝一念義〟と〝多念義〟の和解・調停を示す善導の語の引用(「これによりて」……「おほせられてさふらへ」)(『定本』六(2)、七九頁二—六行)

㋔結論（「これらの文は、たしかに一念多念なかあしかるべからず」……「ことはりをみだるまじきなり」）（『定本』六(2)、七九頁六行―八〇頁五行）〔一部は、記述〔229〕〔230〕として前出〕

この内㋓の所で善導の語の引用が示されるが、ただし、善導は『一念多念分別事』において、主として〝多念義〟の代表者として出されていることは、注意しておきたい。つまり、記述〔237〕の「本願のむねにそむき、善導のをしへをわすれたり」というのは、「一念多念のあらそひ」が、「本願のむね」や「善導のをしへ」に反するという意味をもつだけではなく、そこには「本願のむね」は〝一念義〟を支持し、「善導のをしへ」は〝多念義〟を説くという意味も込められていると思われる。

では、次に㋑〝一念義の擁護〟と㋒〝多念義の擁護〟の内容を見たいが、この両者は、本書において対等な地位を占めているとは、到底考えられない。まず、㋑と㋒の分量を比較すれば、㋒は㋑の半分以下の量しかない。しかも、次に㋒の全文を示すように、そこでは、「善導のをしへ」を示す引用文が中心であって、『一念多念分別事』独自の理論や議論なるものは、そこに全く示されていないのである。

〔238〕かくいへばとて、ひとへに一念往生をたてゝ多念をひがごとゝいふものならば、本願の文の「乃至十念[172]」をもちゐず、『阿弥陀経』の一日乃至七日の称名は、そゞろごとになしはてんずるか。これらの『経[173]』によりて善導和尚も、あるひは「一心専念弥陀名号、行住坐臥不問時節久近、念々不捨者是名正定之業、順彼仏願故[174]」とさだめおき、あるいは「誓畢此生無有退転、唯以浄土為期[175]」とをしへて、無間長時に修すべしとすゝめたまひたるをば、しかしながらひがごとになしはてんずるか。

浄土門にいりて、善導のねんごろのをしへをやぶりもそむきもせんずるは、異学別解の人にはまさりたるあだにて、ながく三途のすもり[176]として、うかぶよもあるべからず。こゝろうきことなり。（『定本』六(2)、七八―七九頁）

ここで、「善導のねんごろのをしへ」とは、〝多念義〟を指していることは、「無間長時に修すべし」という語によっても明らかであるが、ここで〝多念義〟の典拠として引かれる「一心専念弥陀名号……」という『観経疏』「散善義」の言葉が、法然において、〝開宗の文〟とされる程の決定的な意味をもっていたことは、注意しておきたい。(177)

さて、右の記述〔238〕で、「一念往生をたてて」というのは、具体的には、記述〔238〕の前に述べられる㋑の内容を指していることは、明らかであるが、『一念多念分別事』には、記述〔238〕つまり、㋒の後に、これと同様に、〝かくいへばとて、ひとへに多念往生をたてて一念をひがごとというものならば〟などという言葉は、全く見られないのである。このことからも、本文献において㋑の〝一念義の擁護〟と㋒の〝多念義の擁護〟は、対等の地位を有しているのではないことが知られる。つまり、『一念多念分別事』においては、㋑において、確かに「一念往生」は「立て」られているが、それと同じ地位において、㋒において〝多念往生〟など「立て」られてはおらず、そこでは単に「多念をひがごととい ふ」べきではないと言われているだけなのである。

では、次に、㋑の〝一念義の擁護〟の内容を見たいが、その前半は、次の通りである。

〔239〕多念はすなはち一念のつもりなり。そのゆへは、人のいのちは日々にけふやかぎりとおもひ、時々にたゞいまやをはりとおもふべし。無常のさかひは、むまれてあだなるかりのすみかなれば、かぜのまへのともしひをみても、くさのうへのつゆによそへても、いきのとゞまりいのちのたえむことは、かしこきもおろかなるも、一人としてのがるべきかたなし。このゆへに、たゞいまにても、まなことぢはつるものならば、弥陀の本願にすくはれて、極楽浄土へむかへられたてまつらむとおもひて、南無阿弥陀仏となふることは、一念無上の功徳をたのみ、一念広大の利益をあおぐゆへなり。

しかるに、いのちのびゆくまゝには、この一念が二念・三念となりゆく。この一念かやうにかさなりつもれば、一時にもなり二時にもなり、一日にも二日にも一月にもなり、一年にも二年にもなり、十年・二十年にも八十年にもなりゆくことにてあれば、いかにしてけふまでいきたるやらむ。たゞいまやこのよのをはりにてもあらむとおもふべきことはりが、一定したるみのありさるなるによりて、善導は「恒願一切臨終時、勝縁勝境悉現前(178)」とねがはしめて、念念にわすれず、念念におこたらず、まさしく往生せむずるときまで念仏すべきよしを、ねむごろにすゝめさせたまひたるなり。(『定本』六(2)、七五―七七頁)

ここに、「多念はすなはち一念のつもりなり」という本文献の中心をなす独創的理論が示される。これを〝一念のつもり＝多念〟説と呼んでおこう。この〝一念のつもり＝多念〟説は、すでに見た『滅罪劫数義』記述〔208〕に「十念者一念之満也」という語によって説かれており、後に見るように『唯信鈔』にも説かれているが、しかし、最も明確な形で説かれるのは、この『一念多念分別事』記述〔239〕においてなのである。この理論を一言で表現すれば〝平生の一念を臨終の一念と見なし、命が長らえて、それが繰り返されることによって、多念となる〟というものである。つまり、記述〔239〕の言葉を用いれば、平生のある時点に、「ただいまにても、まなことぢはつるものならば」とか、「ただいまやこのよのをはりにてもあらむ」と考えて、「一念無上の功徳をたのみ、一念広大の利益をあおぐ」べきであるが、しかるに、「いのちのびゆくままには」、つまり、延命するにつれて、「この一念が二念・三念」という〝多念〟になっていくというのである。従って、この理論のポイントは、〝臨終まで多念を続ける〟という〝多念義〟の立場を否定して、平生の一念を臨終の一念と見なし、その平生の一念の「無上の功徳」を「たのみ」「あおぐ」ことによって往生できるという〝一念義〟を説く点にあるのである。

この点を了祥は、『後世物語講義』で、次のように解説している。

〔240〕故ニ根本ノ多念ハ空阿等デ隆寛デハナイ。ヨリテ『分別事』等ニ辯ズルトコロノ一念即多念多念即一念トハ、平生モ臨終ノ機ニナリテ、今ヲモ知レヌ無常ノ命ト思ヒ、疑ナク称フレバ、其ノ時死ネバ往生ナリ。其ノ命延レバ百声ニナリ千声ニナリ生涯称ヘル。然レバ一念ノツモリタガ多念。多念ヲクダイテミレバ皆一念。一切万法皆極微。小サナモノガ集リテ出来タモノ。生涯ノ多念ヲクダイテ見レバ一念ノツモリ。

斯クノ如ク立ツルガ隆寛。『唯信鈔』ノ臨終念仏ノ下又同ジ。全ク臨終念仏ハ執セズ、平生ノ一念多念。然レバ多念ト云フ名ハツク筈ナケレドモ、然シ一念多念ノ分別ハシナガラ『閑亭』下左三ニアル如ク、タヾ一声モ無上大利ヂヤデ、アラ貴ヤト思ヘバタヾ自然ト念仏ガ口ニ浮ンデ八万四千返称ヘルヂヤニ依リテ、「一念デコトスム」ト云フ邪義カラハ多念ト名ヲ立テタモノ。隆寛ノ意デハ多念ハツノラネドモ、余処カラ付ケタ多念ノ名ト見エル。然シナガラ門弟ニアリテハ自ラ多念ヲツノルモノモ有ツタトミエル。是レ即チ『捨子問答』ナリ。ソレガ正意ニ違スルニヨリテ、コレヲ又破シタガ『閑亭物語』ナリ。故ニ隆寛ハ多念ヲツノラネドモ、外カラ名ヅケタ多念ノ名。門弟ニハ心ヨリ多念ヲ募ルモノアルベシ。(『後世講義』一三頁上―下)

ここに、隆寛の立場を〝多念義〟と見ない了祥の基本的理解が示されている。彼が隆寛の立場を〝多念義〟と見ないのは、『一念多念分別事』を隆寛の著作と見なし、その記述(239)に説かれる〝一念のつもり=多念〟説を、隆寛の立場を示すものと見るからに他ならない。この理論を、再び了祥の語を用いて言えば、「平生モ臨終ノ機ニナリテ」、平生の一念を臨終の一念と見なし、「其ノ時死ネバ往生ナリ。其ノ命延レバ百声ニナリ千声ニナリ生涯称ヘル」ということになる。

従って、この理論は、了祥が「全ク臨終念仏ハ執セズ」と述べるように、〝臨終念仏〟〝臨終正念〟の否定であり、それ故、〝臨終業成〟説の否定であって、「平生ノ一念」に、往生を決定する因を見出すものなのである。破線を付した「平生ノ一念多念」という部分は、『後世物語録』では「平生念仏ノ多念(179)」となっているが、その意味は、〝平生の一念のつもり(繰り返し、積重)が多念となる〟ということであろう。

では、「平生ノ一念」とは、つまり「多念はすなはち一念のつもりなり」と言われるときの「一念」とは、〝称名〟の〝一念〟なのか、それとも〝信〟の〝一念〟なのであろうか。「一念のつもり」としての「多念」が〝多声〟であることは明らかであるから「一念」は〝一声〟であると考えるならば、それは単純すぎる見方であろう。私は「多念はすなはち一念のつもりなり」と言われるときの「一念」を〝信〟の〝一念〟と見る。というのも、記述〔239〕前半に、次のように説かれているからである。

弥陀の本願にすくはれて、極楽浄土へむかへられたてまつらむとおもひて、南無阿弥陀仏ととなふることは、一念無上の功徳をたのみ、一念広大の利益をあおぐゆへなり。

この文章を厳密に理解するように努めよう。ここでは、「南無阿弥陀仏ととなふること」、つまり、称名することは、「一念無上の功徳をたのみ、一念広大の利益をあおぐゆへなり」と言われているのである。つまり、この文章で、称名と「一念」は区別されており、一回名号を称えることを「一念」と言っているのではない。「たのみ」「あおぐ」が親鸞愛用の語であったことは、すでに『尊号真像銘文』記述〔222〕と『後世物語』記述〔67〕で見た通りである。即ち記述〔67〕には、

弥陀の大悲のちかひこそ、あはれにめでたくたのもしけれとあおぐべきなり。

という表現があったのである。すると、親鸞においては、「たのみ」「あおぐ」対象は、「弥陀の大悲のちかひ」という〝本願〟であることが分る。ということは『一念多念分別事』記述〔239〕の右の文章で、「弥陀の本願にすくはれて……とおもひて」と、「一念無上の功徳をたのみ、一念広大の利益をあおぐ」とは、意味が一致しているのであって、結論として言えば、「一念無上の功徳をたのみ」とは、〝本願〟に対する〝信〟の「一念」を言うものに他ならない。正に親鸞自身が『一念多念文意』記述〔28〕で、

一念といふは、信心をうるときのきわまりをあらわすことばなり。

と説明する通りなのである。

従って、「南無阿弥陀仏ととなふることは、一念無上の功徳をたのみ、一念広大の利益をあおぐゆへなり」という文章は、時間的には文章を逆に読むべきであって、その意味は、「一念無上の功徳をたのむ」ことによって、〝本願〟に

対する〝信〟の〝一念〟が獲得され、それによって〝往生〟が決定した後で、称名の〝多念〟がなされるという意味に解される。言うまでもなく、これは親鸞独自の〝信の一念義〟を説くものに他ならない。

『一念多念分別事』記述〔239〕の「一念」が〝一声〟に見えつつ、実は〝信〟の〝一念〟を意味しているということは、次の『唯信鈔』の記述を参照することによっても理解されると思われる。

〔241〕つぎに、また人のいはく、「臨終の念仏は、功徳はなはだふかし。十念に五逆を滅するは、臨終の念仏のちからなり。尋常の念仏は、このちからありがたし」といへり。

これを按ずるに臨終の念仏は、功徳ことにすぐれたり。たゞし、そのこゝろをうべし。……臨終の念仏、これになずらえてこゝろえつべし。いのち一刹那にせまりて存ぜむことあるべからずとおもふには、後生のくるしみたちまちにあらわれ、あるいは火車相現し、あるいは鬼卒まなこにさいぎる。いかにしてか、このくるしみをまぬかれ、おそれをはなれむとおもふに、善知識のおしえによりて、十念の往生をきくに、深重の信心たちまちにおこりて、これをうたがふこゝろなきなり。これすなわち、くるしみをいとふこゝろふかく、たのしみをねがふこゝろ切なるがゆへに、極楽に往生すべしときくに、信心たちまちに発するなり。いのちのぶべしといふをきゝて、医師・陰陽師を信ずるがごとし。もしこのこゝろならば、最後の刹那にいたらずとも、信心決定しなば、一称一念の功徳、みな臨終の念仏にひとしかるべし。(『定本』六(2)、六二—六四頁)〔一部、記述〔70〕と重複〕

ここでも、記述〔240〕で了祥が「『唯信鈔』ノ臨終念仏ノ下又同ジ」と指摘したように、「臨終の念仏」の意義が否定されて、平生の〝一念〟のつもりを〝多念〟とする〝一念のつもり＝多念〟説が説かれているのである。

しかるに、その〝一念〟とは、末尾に、「最後の刹那にいたらずとも、信心決定しなば、一称一念の功徳」とあるように、「信心」の「一念」を意味しているのである。ここには、「一称一念の功徳」と述べられているので、ここには

「一称」の〝一念義〟も説かれていると思われるかもしれないが、それは、〝多念義〟との衝突を回避するためになされた親鸞の巧みな論法であって、『唯信鈔』において、「一念」が〝信〟の〝一念〟を意味することは、すでに詳しく論じた通りである。従って、『一念多念分別事』に説かれる〝一念のつもり＝多念〟説も、親鸞独自の〝信の一念義〟を説くものに他ならないことが知られるのである。

なお、『一念多念分別事』記述〈239〉には、平生の〝一念〟を臨終の〝一念〟と見なすべきことを述べる際に「ただいまやをはりとおもふべし」とか、「ただいまにても、まなことぢはつるものならば」とか、「ただいまやこのよのをはりにてもあらむ」という語が用いられているが、『自力他力事』記述〈226〉にも「ただいまにても死するものならば」とか、「ただいまひきいらんずる時」という表現があることに注目したい。つまり、『自力他力事』記述〈226〉においても、〝一念のつもり＝多念〟説によって、〝信の一念義〟が説かれているのである。

さて、『一念多念分別事』記述〈239〉の最後の方には、善導の『往生礼讃』の「恒願一切臨終時、勝縁勝境悉現前」という言葉が引かれている。この言葉は、本来、臨終時の〝来迎〟を説くものであり、従って、その〝臨終来迎〟に至るまで「念念にわすれず、念念におこたらず」、つまり、『往生礼讃』の表現を用いれば、「畢命を期となして誓いて中止せざる」(180)という念仏、つまり〝多念〟の教証となるべきものであるが、それが記述〈239〉においては、〝一念のつもり＝多念〟説によって、〝一念義〟の立場から解釈されているのである。つまり、『一念多念分別事』記述〈239〉の「念念にわすれず、念念におこたらず」という文章においては、「念念」は、〝一念一念〟であり、上述したように、その〝一念〟とは〝信〟の〝一念〟であるというのが、『一念多念分別事』の著者、つまり、親鸞のいわんとすることなのである。

さて、『一念多念分別事』の㋑〝一念義の擁護〟の後半は、次の通りである。

〈242〉すでに、一念をはなれたる多念もなく、多念をはなれたる一念もなきものを、ひとへに多念にてあるべしとさだむるものならば、『無量寿経』の中に、あるひは「諸有衆生、聞其名号、信心歓喜、乃至一念、至心廻向、願生彼国、即得往生、住不退転」ととき、あるひは「乃至一念、念於彼仏、亦得往生(181)」とあかし、あるひは「其有得聞、彼仏名号、歓喜踊躍、乃至一念、当知此人、為得大利、則是具足無上功徳(182)」とたしかにをしへさせたまひたり。善導和尚も、『経』のこゝろによりて、「歓喜至一念、皆当得生彼(183)」とも、「十声一声一念等、定得往生(184)」とも、さだめさせたまひたるをもちゐざらんにすぎたる浄土の教のあだやはさふらふべき。(『定本』六(2)、七七―七八頁)

冒頭に、「すでに、一念をはなれたる多念もなく、多念をはなれたる一念もなきものを」とあり、この言葉は、㋔結論の「多念すなはち一念なり、一念すなはち多念なり」と一致しているが、この「……をはなれたる……もなく……をはなれたる……もなき」とか、「すなはち」という表現は、〝一念のつもり＝多念〟説という理論によって〝一念義〟を説いているからこそ、記述(242)では、この理論から「ひとへに多念にてあるべしとさだむるものならば……」という〝多念義〟の否定が帰結するのである。この点は、㋒〝多念義の擁護〟の個所に、この〝一念のつもり＝多念〟説が全く説かれていないことからも、知られるであろう。

また、記述(242)において〝一念義〟、それも〝信の一念義〟の最も重要な教証とされているのが、「信心歓喜、乃至一念」の語を含む『無量寿経』の第十八願成就文、つまり、記述(168)であることも、著者の親鸞としては、当然すぎるほど当然のことであったであろう。

以上をもって、『一念多念分別事』が親鸞の著作であるとする論証を終りたい。

私は本章で、『唯信鈔』『自力他力事』『一念多念分別事』は親鸞の著作であるとする論証を提示した。また、本書の第三章では、『後世物語』も『捨子問答』を素材として書かれた親鸞の著作であることを論証した。これらの私の論証が正しいとすれば、私にとって不思議に思えることは、親鸞は関東の弟子達に、何故、自己の著作を他人の著作として書き送る必要があったのかということなのである。(185) これについては、今後さらに研究を深めて解答を見出したいと考えている。

註

(1) 『明義進行集』中外出版社、一九二四年、六四—六七頁。また、後論するように『閑亭後世物語』にも引用と見られるものがある。
(2) 『定本』六(2)、二一七—二一九頁。
(3) 『親鸞(松野)』二二七—二二九頁参照。
(4) 『真蹟集成』八、一四〇頁、三六一頁参照。
(5) 同右、二二八頁参照。
(6) 『真蹟集成』五、一三七頁、二六三頁、三八八頁、『真蹟集成』六、七一三頁、九二一頁参照。ただし「中巻末」の奥書きにのみ、「書写之」(『真蹟集成』五、五二七頁) とある。
(7) 本書、第一章、二—二〇頁参照。
(8) 『昭法全』三一四頁、三一五頁参照。
(9) 本書、第一章、一四頁、第二章、七三—七五頁参照。
(10) 『念仏往生要義抄』を偽撰と見る私見については、本書、第一章、五五—六一頁、註(18)参照。
(11) 本書、第三章、二五八—二五九頁参照。
(12) ここを、『真聖全』(二、七五〇頁) では、「ただ信心を要とす」と読んでいるが、この読み方については、本書、第三章、四六三頁、註(419)参照。
(13) 「信心をさきとす」とは、その後に「称念を要とせず」とあることから、「信心を要とす」と同義と考えられる。とすれば、これは『唯信鈔』記述〔19〕の「信心を要とす」に、趣旨が全く一致するのである。『唯信鈔』記述〔20〕で「信心をさきとす」と述べるのは、〝一念義〟論者であるから、この点からも、「信心を要とす」と説く『唯信鈔』自身の立場が、〝一念義〟、つまり、〝信の一念義〟であることが知られるであろう。
(14) この「と」という語については、後論する。

(15) 前註(11)参照。

(16) 『教行信証』「行巻」末尾の所謂「正信偈」も、正式には「正信念仏偈」(『定本』一、八五頁)と言われ、〃念仏を信ずること〃が標榜されているが、実際には、そこに説かれるのは、「正定之因唯信心」(『定本』一、八九頁)という〃信心正因〃説であるから、『尊号真像銘文』(『定本』三(1)、六六頁、一一五頁)のように、「念仏」が落ちて「正信偈」と呼ばれることになるのであろう。

(17) 本書、第三章、一八五—一八六頁参照。『十二箇条の問答』(『昭法全』六七五頁)。

(18) ただし、「遍数」という語は、法然作とされる『無量寿経釈』(『昭法全』九〇頁八—一〇行)にも、用いられている。また、「念数」という語は、善導・法然によって用いられている。本書、第三章、四〇四頁、記述〔328〕、四三六頁、註(112)参照。

(19) 「数遍」が〃多念〃を意味することは、『末代念仏授手印』に、
依《テ》レ之専《ニトスル》二自行《ヲ》一之時《ハ》、以《テ》二口称数遍《ヲ》一而為《シ》二正行《ト》一、勧《スルヲ》二化他一之日《ハ》、以《テ》二称名多念《ヲ》一而教《ユ》二浄業《ト》一。(『浄全』十、一頁上)
と述べられることによっても、明らかであろう。即ち、ここで、「口称数遍」と「称名多念」は、同義とされているのである。

(20) 「信巻」冒頭の「大信心者……極速円融之白道」(『定本』一、九六頁)においても、「極速」は「一念」を意味するであろう。

(21) 本書、第三章、一八七—一八八頁参照。

(22) 勿論、その背景には、法然『七箇条制誡』の
此《ノ》十箇年以後《ヨリ》、無智不善輩《ノ》、時々到来《ス》。……此上《ノ》猶背《ク》二制法《ニ》一輩者、是非《レズ》二予《ガ》門人《ニ》一、魔眷属《ノ》也。(『昭法全』七八九頁)
という文章があるであろう。弁長がこの「魔眷属」を〃一念義〃の徒と解したことは、明らかである。

(23) 『真聖全』二、七五五頁、脚註㊂。

(24) 確かに『真宗仮名聖教』には、「コノ二ノ説トモニ」(『仮名聖教』一〇四八頁)とある。

(25) 『真蹟集成』八、一二五頁二行。

(26) 同右、二一八頁四行。

(27) 同右、二三八頁二—三行。

(28) これについては、本書、第一章、三〇—四四頁参照。

(29) 本書、第三章、一四八—一四九頁参照。

(30) 『後世物語』の全テキスト、及び『捨子問答』の第九問答までのテキストについては、本書、第三章に示したテキストを用いる。

(31) この記述の意義については、本書、第三章、二二二—二五三頁参照。

(32) 本書、第三章、二五三—二六〇頁参照。

(33)『後世講義』四一頁下。

(34)『親鸞聖人御消息集』第三通（広本、第八通）にも、

まづ一念にて往生の業因はたれりとまふしさふらふは、まことにさるべきことにてさふらふべし。（『定本』三(2)、一三〇―一三一頁）

とあり、『唯信鈔』記述〔20〕の

往生の業一念にたれりといふは、その理まことにしかるべし

と表現がほぼ完全に一致している。故に、『後世物語』ⓘよりも、この『親鸞聖人御消息集』第三通の文章の方が、『唯信鈔』の親鸞撰述を示すより強力な証拠と言えるかもしれない。もっとも、この書簡が、すぐその後で、

そのやうは『唯信鈔』にくわしくさふらふ。よく〳〵御覧さふらふべし。（『定本』三(2)、一三一頁）

と述べて、『唯信鈔』の所説を承けていることを示していることも事実であるが、少なくとも、この書簡の中では、親鸞は『唯信鈔』を自著でないものと規定してはいない。それ故、「往生の業一念にたれり」という『唯信鈔』記述〔20〕の所説を、そこで自説として述べているという可能性も考えられる。

(35)本書、第三章、一七七頁参照。

(36)『親鸞聖人御消息集』に収録されている書簡に、〝未来造悪無礙〟説に対する批判が見られることについては、本書、第三章、一九三―一九八頁参照。

(37)本書、第三章、一九一頁、二〇一頁、二四〇―二五三頁参照。

(38)ここで、「五逆の罪人すら、なほ……往生をとぐ。いはむやつみ五逆にいたらず……おや」と述べられているのは、『歎異抄』第三条の「善人なをもて往生をとぐ、いはんや悪人をや」とは、全く逆の考え方であろう。しかも、この『唯信鈔』記述〔44〕の著者は親鸞だと私は考えるのである。すると、『歎異抄』の説と親鸞の説は、一致しないと考えられる。

(39)『五会法事讃』（『浄全』六、六八六頁上）からの引用。

(40)『法事讃』巻下（『浄全』四、二五頁下）からの引用。

(41)本書、第三章、二九〇頁参照。

(42)『後世物語講義』で、了祥は、次のように述べている。

コレモ至誠心深心ヂヤニヨリテ、深心ガヨイト思フテ「信心」ヲ「深心」トカヘタモノ。コレ又イラヌ御世話デ、（『後世講義』一八頁下―一九頁上）

なお、『真聖全』二、七六三頁、脚註㊄参照。
(43) 本書、第三章、三三三―三三六頁参照。
(44) 同右、一四五―一四九頁参照。
(45) 『五会法事讃』(『浄全』六、六七七頁下)からの引用。
(46) 『定本』六(2)、九―一〇頁参照。
(47) 末木文美士『鎌倉仏教形成論　思想史の立場から』法蔵館、一九九八年、一三六―一三七頁参照。
(48) 『親鸞書誌』二一三頁参照。
(49) 生桑完明『親鸞聖人撰述の研究』法蔵館、一九七〇年、三一七頁、『定本』六(2)、二三二頁参照。
(50) 本書、第三章、二三二―二三九頁参照。
(51) 『親鸞(松野)』二六一頁、註(38)参照。
(52) 同右、二四〇頁参照。
(53) 『定本』六(2)、一二―一三頁参照。
(54) 『浄土宗略抄』の〝自力〟〝他力〟の区別は、『選択集』のように、聖道門を〝自力〟、浄土門を〝他力〟と規定するものではなく、次に示すように、〝念仏〟の中に〝自力〟と〝他力〟を分けるものであり、この点、親鸞の用法に接近しているので、本文献の法然撰は疑問であろう。

惣じておなじく念仏を申す人なれども、弥陀の本願をばたのまずして、自力をはげみて念仏ばかりにてはいかゞ往生すべき。(『昭法全』五九七頁)

自力といは、わがちからをはげみて往生をもとむる也。他力といは、たゞ仏のちからをたのみたてまつる也。(同右、六〇一頁)

なお、「ただ」が『昭法全』のテキストで欠けているのは、元亨版や正徳版のテキストを正確に示していないと思われる。『真聖全』四、六二二頁、『浄全』九、五二七頁上参照。
(55) 『観無量寿経』(『浄全』一、四六頁)からの引用。
(56) 『往生礼讃』(『浄全』四、三五四頁下)からの引用。
(57) 『観経疏』「散善義」(『浄全』二、五五頁下)の言葉。
(58) 『定本』三(1)、一七九頁。
(59) 『定本』六(2)、一六頁。

(60) 『定本』六(1)、八三頁。

(61) 『親鸞用語索引』和漢撰述の部、一二三―一二七頁。

(62) 『後世物語』第四答ⓚにも、〝「こころ」の多用〟が認められることについては、本書、第三章、二八四頁参照。

(63) 『親鸞用語索引』和漢撰述の部「よくよく」の項（四〇五―四〇六頁）参照。本書、第三章、一六〇頁参照。

(64) ここで思い出されるのは、やはり親鸞と幸西との関係である。幸西の立場を私は、「天台本覚法門の単純な一元論、唯心論から大きな径庭は無い」（『禅批判』二二二頁）と見なしたが、〝「心」の多用〟は、幸西にも認められる。それ故、かつて望月信亨博士が論じられたように（『略述』三六九頁、三九三頁、四一五頁、四二〇頁、四三〇頁）、親鸞が幸西の影響を受けているとすれば、親鸞における〝「こころ」の多用〟は、幸西を承け継ぐものであるかもしれない。

(65) 「たちまちに」は、『教行信証』「信巻」記述〔27〕の「時剋之極促」、『一念多念文意』記述〔28〕の「ときのきわまり」、そして前註(20)に引いた「信巻」の記述中の「極速」と同様、〝一念〟を意味するであろう。

(66) 松野博士は、この点について、次のように述べられる。

けれども聖覚には「最後の刹那にいたらずとも、信心決定しなば一称一念の功徳、みな臨終の念仏にひとしかるべし」として、平生の念仏が臨終の念仏と異ならないことが力説されるようになっている。……だから、聖覚が平生の念仏を臨終の念仏と等価値にまで評価するに至ったことは、順次生往生の立場から脱却して、如来等同に近づいてきた傾向を示すものである。しかし、この思想はすでに、「醍醐本」の「平生臨終事」に、「以二平生念仏《ノ》一《ヲ》決定思《トヘハ》、臨終又以決定也」とあり、また「黒谷上人語灯録」に、「問ていはく、摂取の益をかうぶる事は、平生か臨終か、いかむ。答ていはく、平生の時なり」ともあって、源空に見られる思想でもある。（『親鸞（松野）』二七四頁）〔傍線＝松本〕

私は、『唯信鈔』の著者を聖覚と見る点を除けば、前半のコメントには賛成であるが、「しかし、この思想はすでに」以下の論旨には、同意できない。というのも『醍醐本法然上人伝記』は、〝疑惑の書〟であり、その中でも、とりわけ、

以《テ》二平生念仏《ノ》一《ヲ》決定思《トヘバ》、臨終又以《テ》決定也。（『浄典研（資）』二〇九頁）

と述べて、〝平生業成〟説を説く『三心料簡事』には問題がある。この『三心料簡事』は、末尾に、「善人尚以往生況悪人乎事」（『浄典研（資）』二一三頁）という「口伝」を有し、また、前掲の「以平生念仏決定思、臨終又以決定也」の後には、「一念信心事」として『唯信鈔』記述〔20〕の「正義」のヴァリアントが、「取信於一念、尽行於一形」（記述〔36〕）と示されることから考えても、親鸞以後に成立した文献と見るべきであろう。なお、上述の「口伝」については、本書、第三章、二四七―二五三頁参照。

また、松野博士が法然の語として引かれるもう一つの語「問ていはく……」は、『念仏往生要義抄』からのものであるが、私がこの書

を偽撰と見ることについては、すでに述べた。本書、第一章、五五―六一頁、註(18)参照。

(67)『定本』一、二七二頁参照。ただし、そこでの引用は、記述〔76〕の「謂之胎生」までである。

(68)この経文の意義については、本書、第三章、一七八―一七九頁参照。

(69)『親鸞用語索引』教行信証の部「あおぐ」の項(二頁)、和漢撰述の部「あおぐ」の項(二頁)参照。また、後註(166)参照。

(70)「本願を縁ずる」という表現は、後出の『三機分別』記述〔100〕に見られることに、注意しておきたい。

(71)梯実円氏は、『三機分別』記述〔86〕の「最初の一念」は、〝最初の一声〟を意味するという解釈を、次のように述べられる。

あくまで最初の一声で本願に乗じ終わっていると信ずべきで、相続の称名によって救われようと思ってはならないといわれる。(『法然教学』四七〇頁)

(72)「瞋恚のほむらにやく」は、後出の『後世物語』記述〔177〕にも出ているので、親鸞の表現と考えられる。

(73)森英純編『西山上人短篇鈔物集』文栄堂、一九八〇年、八五頁。『法然教学』三五〇頁参照。

(74)『正法眼蔵』「生死」の巻については、かつて伊藤猷典氏によって偽撰説が提出されたことがあるが、その巻に、

ただわが身をも心をもはなちわすれて、仏のいへになげいれて、仏のかたよりおこなはれて、これにしたがひもてゆくとき、ちからをもいれず、こころをもつひやさずして、生死をはなれ、仏となる。(大久保道舟編『古本校定　正法眼蔵　全』筑摩書房、一九七一年、七七九頁)

とあるのは、西山派の〝全分他力〟説の影響であろう。特に、ここに見られる「仏のたかより」「わすれて」「ちからをもいれず」「こころをもつひやさず」は、『述成』記述〔90〕の「仏の方より」「失念」「心をはげまして強くなすべき」に対応している。従って、西山義の影響があると思われる点から見ても、「生死」の巻は、偽撰と見るべきであろう。

なお、「生死」の巻を偽撰とする私見については、『道元思想論』二四七―二五〇頁、註(32)参照。

(75)『法然教学』四七一頁。

(76)前註(72)参照。

(77)梯氏は、記述〔89〕の「念仏の功徳も、瞋恚のほむらにやけぬれども」という語を、

一声の称名も、わが行として見れば、瞋恚の煩悩に焼きつくされるから、(『法然教学』四七一頁)〔傍線＝松本〕

と解釈されるが、この解釈は、〝「おのれが善根とす」ることによって〟という私見と一致するようにも思われる。

(78)『親鸞用語索引』和漢撰述の部、七五頁。

(79)『法然教学』四七三頁参照。

(80) 本書、第三章、一六〇頁、四三一頁、註(71)参照。

(81) この「ただ」という語については、前註(12)、及び本書、第三章、四六三頁、註(419)参照。

(82) 「(ただ)信心を要とす」という表現は、『歎異抄』第一条にも、次のように出ている。

弥陀の本願には、老少・善悪のひとをえらばれず、たゞ信心を要とすとしるべし。そのゆへは、罪悪深重、煩悩熾盛の衆生をたすけんがための願にまします。しかれば本願を信ぜんには、他の善も要にあらず。念仏にまさるべき善なきゆへに。(『定本』四(1)、四頁)

これによって知られることは、『歎異抄』が『唯信鈔』記述〔108〕「(ただ)信心を要とす」を親鸞の言葉だと見ているということである。この『歎異抄』の理解は正しいと思われる。この『歎異抄』で、「ただ信心を要とす」という語は、「他の善も要にあらず」、つまり、〝他の善も必要ではない〟と対比して用いられていることからも知られるように、この『歎異抄』第一条でも、『唯信鈔』記述〔108〕におけると同様に、〝ただ信心だけが必要である〟を意味すると思われる。

しかるに、現代の学者の多くが、『歎異抄』第一条の「ただ信心を要とす」の「要」を〝必要〟の意味に解さないのは、何故であろうか。即ち、この「ただ信心を要とす」を、梅原真隆『歎異抄』(角川文庫、一九五四年)は、

ただ本願の救いをまうけにする信心ひとつが肝要である(六二頁)〔傍線＝松本〕(以下、同様)

と訳し、安良岡康作『歎異抄』(旺文社文庫、一九七四年)は、

ただ、それを信ずる心が肝要である(一三頁)

と訳し、石田瑞麿『親鸞(石田)』は、

ただ信心だけを救いにあずかるための要《かなめ》としている(八一頁下)

と訳し、谷川理宣等編著『歎異抄事典』(柏書房、一九九二年)は、

ただ信心ひとつが肝要である(一一頁)

と訳し、梯実円『聖典セミナー「歎異抄」』(本願寺出版社、一九九四年)は、

ただその本願の救いをはからいなく領解する信心が肝要である(二四頁)

と訳している。

しかも、これらの書物は、同じ『歎異抄』第一条の「他の善も要にあらず」の所では、一様に「必要ではない」「必要はない」という訳を示しているのである。これは何を示すであろうか。私の見るところ「ただ信心を要とす」という語を〝ただ信心だけが必要である〟と訳してはならないという意識が、訳者に見られると思われる。つまり、その語を〝ただ信心だけが必要である〟と訳すならば、「信心」

が〝自力〟と解されかねないと訳者には漠然と感じられたのであろう。しかし、〝信心〟は他力廻向でなければならないという理解が訳者にあるために、〝ただ信心だけが必要である〟というような訳は、敢て避けられたのであろう。

実際、真宗大谷派の深励（一七四九―一八一七）は『歎異抄講林記』巻上（『真宗大系』二三）において、上に示した訳者達と同様に、「肝要」という語を用いて、『歎異抄』第一条の「ただ信心を要とす」を、

信心ヲ以テ肝要トスル（『真宗大系』二三、四一二頁上）

と説明しているのである。

なお、このような真宗の伝統教学の影響を承けていないと思われる佐藤正英氏は『歎異抄論註』（青土社、一九九二年）で、問題の語を、

ただ阿弥陀仏の誓願への〈信〉を必要とする（四九九頁）

と訳されている。

(83) 拙著『仏教への道』東京書籍、一九九三年、一七二―一七三頁。

(84) この『仏教への道』では、『歎異抄』にもとづいて親鸞の思想を解説している部分（一六五―一七一頁、一七七―一七八頁）があるが、『歎異抄』の立場と親鸞の立場は異なると見る今日の私よりすれば、訂正が必要であろう。

(85) 「真実の他力の信心」という異読もあることに注意したい。『西山上人短篇鈔物集』八二頁、脚註⑯参照。

(86) 『西山上人短篇鈔物集』八二頁。『法然教学』三五一頁参照。

(87) 『西山上人短篇鈔物集』八三―八四頁。『法然教学』三四八頁参照。

(88) 本書、第三章、二九三―二九四頁参照。

(89) 『親鸞用語索引』和漢撰述の部、「たまわる」の項（二五四頁）参照。

(90) 同右、和漢撰述の部、「じりき」の項（一九八―一九九頁）参照。

(91) 『定本』三(2)、四頁参照。

(92) 同右、六五頁参照。

(93) 梅原真隆『末灯鈔の研究』親鸞聖人研究発行所、一九二四年、四一頁参照。

(94) 『血脈研究』四頁。

(95) 『定本』三(2)、五〇頁。

(96) 『真蹟集成』四、四〇四頁一〇行。

(97) また、「かさまの念仏者」には、〝信〟を意味する語としては、「信楽」(三例)、「信心」(五例)、「信受」(一例)があるだけで、問題の「自力の信」という語以外には、単に「信」一字のみという用例は見られないことにも、注意したい。

(98) 『真蹟集成』、四、四〇七頁、最終行。

(99) 本書、第三章、一二九―一三二頁参照。

(100) 同右、一三一―一三二頁参照。

(101) 同右、一九一頁参照。

(102) 『親鸞用語索引』和漢撰述の部、「無上仏果」の項(三八〇頁)参照。

(103) 同右、和漢撰述の部、「無上大涅槃」「無上涅槃」の項(三七九―三八〇頁)、教行信証の部、「無上涅槃」の項(三九五頁)参照。

(104) 同右、教行信証の部、「本願念仏」の項(三七二頁)、和漢撰述の部、「本願念仏」の項(三五七頁)参照。

(105) 『真聖全』二、六九九頁。ただし、恵空写本には「念仏」の語を欠いている。『真聖全』二、六九九頁、脚註㈠、『定本』三(2)、一三三頁参照。

(106) ただし、後出の『具三心義』記述〔187〕で、隆寛が「念仏」を、「本願念仏」と「非本願念仏」の二種に分けていることに、注意したい。さらに、「本願ノ念仏」という語は、『捨子問答』第十一答(本書、第三章、記述〔289〕)にも用いられている。

(107) 『浄土三経往生文類』(略本)では、ここに相当する部分が、「不可思議の仏力を疑惑して信受せず」(前掲の記述〔93〕参照)となっている。

(108) 古田武彦『親鸞思想――その史料批判――』(冨山房、一九七五年、二七二頁)には、「かさまの念仏者」記述〔140〕の

御あわれみにてこそ、不可思議のたのしみにあふことにて候へ。

という文章中の「不可思議のたのしみにあふことにて」が、蓮光寺本に欠けていることが、報告されている。この欠落を古田氏は、「不注意の語句逸脱」「単純写誤」(二七二頁)と解されるが、古田氏が主張されている蓮光寺本の〝古さ〟が認められるとすれば、「かさまの念仏者」の原型には、「不可思議のたのしみにあふことにて」の語句が欠けていたのかもしれない。

実際この語句がない方が、文章もすっきりするし、私が指摘している「不可思議」という語についての問題点、つまり、「不可思議」は、第十八願を意味する語であるにもかかわらず、「かさまの念仏者」記述〔140〕では、第十九願・第二十願の立場に関して用いられているという問題点も除かれるのである。しかし、この「不可思議のたのしみにあふことにて」という語句が、「かさまの念仏者」記述〔140〕の原型に本来欠けていたとすれば、この語句を欠く文章は、親鸞自身の表現としては不適切ではないが、今度は、この語句を有する所謂「真蹟本」の〝真蹟性〟が否定されることになるであろう。

(109)『真蹟集成』八、二九二頁四行。

(110)『定本』三(1)、一九七頁。

(111)また、私に疑問に思われることは、親鸞が何故、記述〔143〕で、「自力の信心」と書かなかったのかということなのである。というのも、直前に「他力真実の信心」とあるように、『唯信鈔文意』では、〃信〃を意味する単独の名詞としては、専ら「信心」が用いられるからである。なお、『唯信鈔文意』冒頭の「信は……」（『定本』三(1)、一五五頁三行）は、『唯信鈔』の書名の「信」を説明したものであるから、特例である。

(112)『教行講義』一、六二九―六三〇頁参照。

(113)同右、六三三頁参照。

(114)同右、六三五頁参照。

(115)「光明の縁」は、「光明名の縁」と書くべきであろう。この説明では、「名」、つまり、「名号」が軽視されていると言わざるを得ない。

(116)『親鸞(石田)』二五一頁下参照。

(117)『真蹟集成』一、一五〇頁二行によれば、「正定之因」の「因」の文字は、本来あった何等かの文字の上に重ねて太く書かれたものであることは、明らかである。では、そこに本来書かれていた文字は何かと言えば、その形から考えて、おそらく「業」であるように思われる。言うまでもなく、「正定之業」という語は、『観経疏』「散善義」（『浄全』二、五八頁下）に用いられた有名な語であり、親鸞も、「正信念仏偈」で、

本願《ノ》名号《ハ》正定《ノ》業《ナリ》　至心信楽《ノ》願《ヲ》為《ス》レ因《ト》。（『定本』一、八六頁）

という表現を用いている。なお、そこで用いられる「業」の文字（『真蹟集成』一、一四六頁三行）の形を見ると、「正定之因」の「因」の下に書かれていた文字は、やはり「業」であるように思われる。

(118)「ただ」という語を補うべきか否かについては、すでに述べたように、本書、第三章、註(419)参照。

(119)この点で、かつて結城令聞博士が提起した〃信巻別撰説〃が重要な意味をもってくると思われる。即ち、「信巻」の所説の独自性についての考察が必要であろう。これについては、別に論じたい。なお、『尊号真像銘文』（略本）の成立（一二五五年）も、親鸞晩年（八十三歳）のことである。

(120)『真蹟集成』五、四六二頁六行。

(121)例えば、同じ『三機分別』に用いられる「ア」の文字（『真蹟集成』五、四六三頁一行、四六〇頁二行、四行、五行）と比べると、文字の大きさがやや小さすぎるようにも見える。

(122)『親鸞用語索引』和漢撰述の部、「せんず」の項（二三〇頁）参照。

(123)『定本』一、一三七頁参照。ただし、『無量寿経』記述〔168〕の末尾の「唯除五逆誹謗正法」は、そこでは引用されていない。

(124) *Sukhāvatīvyūha* (Ashikaga ed.), p. 42, *ll.* 5-7. また、『梵蔵和英合璧浄土三部経』（『浄全』二十三）九六頁二―三行参照。なお、この経文の翻訳・意義については、藤田宏達『原始浄土思想の研究』岩波書店、一九七〇年、五九一―五九五頁参照。また、袴谷憲昭「成仏と往生」『駒沢短期大学仏教論集』三、一九九七年、九七頁にも和訳がある。

(125) 親鸞自身は、「聞信」という語を一度だけ、つまり、「正信念仏偈」で、

一切善悪凡夫人　聞二信《スレバ》如来《ノ》弘誓願一《ヲ》
仏言《ヘリ》二広大勝解者《ト》一　是《ノ》人《ヲ》名《ク》二分陀利華《ト》一。（『定本』一、八七頁）

と用いているが、ここでも、「聞信」の対象は、「如来弘誓願」、つまり、〝本願〟であって、その〝本願〟の内容の本質をなしている筈の〝念仏〟や〝名号〟は、ここに明示されていない。

(126) なお、松野博士が『三機分別』記述〔74〕に注目され、それと『唯信鈔』記述〔20〕の「正義」との関連を指摘された功績は大きいと思われる。というのも、私は本論に述べたように、『三機分別』を親鸞の著作と考えるのであるが、『西方指南抄』には『三機分別』以外にも、親鸞の著作と見なさざるを得ない文献が含まれているように思われるからである。

例えば、梯氏が「一念義的な傾向性の強い法語」（『法然教学』四七三頁）と言われる『四箇条問答』の末尾には、次のような結論が示される。

㋐かるがゆへに、一念に無上の信心をえてむ人は、往生の匂薫ぜる名号の衣をいくえともなくかさねきむとおもふて、歓喜のこゝろに住して、いよ〳〵念仏すべしと云へり。（『定本』五、二一八頁）

この結論が『唯信鈔』の結論、つまり記述〔20〕の「このゆへに、一念決定しぬと信じて、しかも一生おこたりなくまふすべきなり」という「正義」と完全に一致していることは、明らかであろう。また、この『四箇条問答』には、「詮ずるところは」（『定本』五、二一三頁）というような親鸞愛用の語も見られるので、この『四箇条問答』は、『西方指南抄』のみに収録されていることから考えてみても、親鸞の著作、乃至は、親鸞の手の加わった作品と見るべきであろう。

また、『西方指南抄』所収の他の文献の中で、私が親鸞の著作ではないかと疑っているものに、『黒田の聖へ遣す書』がある。その後半を示せば、次の通りである。

㋑本願に乗ずる事は、たゞ信心のふかきによるべし。うけがたき人身をうけて、あひがたき本願にまうあひ、おこしがたき道心をおこして、はなれがたき輪廻の里をはなれ、むまれがたき浄土に往生せむことは、よろこびの中のよろこびなり。

罪は十悪五逆のものむまると信じて、少罪おもおかさじとおもふべし。罪人なほむまる、いはむや善人おや。行は一念十念むなしからずと信じて、無間に修すべし。一念なほむまる、いかにいはむや多念おや。阿弥陀仏は「不取正覚」の御ことば成就して、現にかのくにましませば、さだめて命終には来迎したまはむずらむ。釈尊は、よきかなや、わがおしえにしたがひて、生死をはなれむと知見したまはむ。六万の諸仏は、よろこばしきかな、われらが証誠を信じて、不退の浄土に生ぜむと、よろこびたまふらむ。天をあふぎ地にふしてよろこぶべし。このたび弥陀の本願にまうあえる事を、行住坐臥にも報ずべし。かの仏の恩徳をたのみてもなほたのむべきは、「乃至十念」の御言、信じてもなほ信ずべきは、「必得往生」の文なり。

黒谷聖人源空　（『定本』五、二九五―二九六頁）

まず冒頭の「本願に乗ずる事は、ただ信心のふかきによるべし」は、『唯信鈔』記述〔19〕の「ただ信心のてをのべて、誓願のつなをとるべし……〔ただ〕信心を要とす」と趣旨が完全に一致するように思われる。

また、㋑には「本願にまうあひ」「本願にまうあえる」という語があるが、石田瑞麿氏が言われるように（『親鸞(石田)』四七頁上）、「まうあふ」は、親鸞独特の敬語の用法であろう。即ち、『一念多念文意』に、

㋒「遇」はまうあふといふ。まうあふとまふすは、本願力を信ずるなり。（『定本』三(1)、一四七頁）

とあり、『唯信鈔文意』（専修寺正月二十七日本）にも、

㋓いま願力にまうあふことをえたり。（『定本』三(1)、一七六頁）

とあるのである。これについて、『親鸞用語索引』「もうあう」の項（教行信証の部、四〇一頁、和漢撰述の部、三八四頁）参照。

この「まうあふ」は親鸞特有の語であるが故に、『黒田の聖へ遣す書』が『和語灯録』に収録されたとき、「まうあふ」は単に「あふ」に変えられている（『昭法全』四九九頁脚註53、五〇〇頁脚註55、『浄全』九、五六六頁下―五六七頁上）。

また、㋑の「行は一念十念むなしからずと信じて、無間に修すべし」は、「十念」の語が余計であるにもかかわらず、上述の『唯信鈔』記述〔20〕の「正義」に趣旨が一致している。さらに、「行住坐臥にも報ずべし。かの仏の恩徳を……」には、所謂〝仏恩報謝の念仏〟という親鸞の説が説かれているであろう。また、㋑の破線を付した部分には、「よろこぶ」の類語が多用されているが、私はこれを親鸞思想の特徴だと考えるのである。㋑には、「よろこばしきかな」の語があるが、「慶哉」は、『教行信証』の「序」と「後序」に出る語（『定本』一、七頁四行、三八三頁二行）でもあるのである。

また、㋐にも、「歓喜のこころ」という語が用いられている。そこで、「歓喜のこころ」とは、その前に出る「信心」を意味するであろう。つまり、㋐で、『無量寿経』記述〔168〕の「信心歓喜、乃至一念」の経文にもとづいて、〝信の一念義〟が説かれていることは、

明らかなのである。

さらに、㋑の末尾に出る「黒谷聖人源空」は、源空、つまり、法然自身が書く言葉ではありえない。従って、この語は、『和語灯録』では削除されているが（『昭法全』五〇〇頁脚註㊹参照）、しかし、親鸞が法然を「比叡山延暦寺宝幢院黒谷源空聖人」と呼んだことがあることは、『尊号真像銘文』（広本）（『定本』三(1)、一〇六頁）によって知られるのである。

なお、㋑だけではなく、『黒田の聖へ遣す書』全体においても、「となふ」とか「名号」という言葉は全く用いられない。勿論、「一念十念たりぬべし」（『定本』五、二九四頁）とか、「三念五念にいたるまで」（同、二九四頁）というように〝多念〟を意味する語が見られるのは確かであるが、しかし、明確には〝称名〟が言われておらず、㋑末尾の「信じてもなほ信ずべきは」という表現に見られるように、もっぱら〝信〟のみが強調されている。

以上の諸点より考えて、この小品を親鸞の著作と見ることができるであろう。また、そうであるとすると、㋑に「罪人なほむまる、いはむや善人おや」とあるのは、『唯信鈔』記述〔44〕の「五逆の罪人すらなほ……」という表現と同様に（前註(38)参照）、『歎異抄』第三条で「善人なをもて……」と説かれる〝悪人正因〟説とは逆の親鸞自身の立場を示していると言えるかもしれない。

なお、『西方指南抄』に収められる諸文献については、いずれの文献についても、親鸞の手が加わっているのではないかと一応疑ってみる必要があるであろう。

(127)『定本』（六(2)、五一頁）の「うたがひをなさで」を、『真聖全』（二、七四五頁）の「うたがひをなさく」に訂正する。『定本』六(2)、五一頁、脚註①参照。

(128) 毎日、数を定めて念仏することについては、本書、第三章、記述〔20〕〔21〕〔22〕、四〇三―四〇七頁参照。

(129) 実線を付した部分は、次に示す『捨子問答』記述〔178〕の実線を付した部分に、表現が一致する個所である。

(130)「瞋恚のほむらにやく」という表現は、『三機分別』記述〔89〕にも見られる。前註(72)参照。

(131)『真聖全』（二、七六三頁）のテキストには、「摂取決定なるがゆへに往生決定なり」とあるが、『定本』（六(2)、一〇五頁）の読みに従う。これについて、了祥も、次のように述べている。

サレバ聖覚ヤ隆寛ノ書ニハ「来迎」トアルガ正シイニ違イナイ。『唯信鈔』ニモ「来迎」ヲケヅリタ本ガアレバ、ソレト同様ニ此ノ『後世物語』モカヘタモノ。（『後世講義』一八頁下）

(132)『真聖全』（二、七六三頁）のテキストには「かわらざる」とあるが、『定本』（六(2)、一〇五頁）の「やぶられざる」という読みに従う。

(133)『後世講義』八四頁上参照。

(134)「つねにときをきらはず、ところをへだてず」は、『自力他力事』記述〔179〕の「もしはひる、もしはよる、一切のときところをきらはず」という表現とほぼ一致している。即ち、この記述〔179〕の著者も親鸞なのである。

(135)「行人のはからひにあらず。金剛の信心をうるゆへに」という語において、「行人」と「信心」の対立に注意すべきである。即ち、この語は、『観無量寿経』記述〔151〕が「摂取不捨」の対象を「念仏衆生」と規定しているのとは異なり、その対象を「行人」、つまり、「念仏衆生」とせずに、「信心」をえた人、即ち、記述〔181〕の「誓願真実の信心をえたるひと」と規定するものなのである。言うまでもなく、ここには、〃念仏〃(行)よりも「信心」〃という親鸞の〃信心正因〃説が認められる。

(136)〃信とは、「……」を聞いて信じることである〃という説が、ここにも示されている。

(137)『無量寿経』記述〔168〕の一部。

(138)『定本』(六(2)、一〇五頁)のテキストでは、「しかるゆへは、如来に摂取せられたてまつればなり」という文を欠く。また、この欠けた部分の後には、「なり」が存在する。本書、第三章、四五四頁、註(299)参照。

(139)ただし、了祥が最初に抱いた「しかるゆへは如来に摂取せられたてまつればなり」という文章は「後人ノ加筆デハ無イカ」という疑いは、正当であろうと思われる。つまり、この文章は、〃信心〃をも〃願力廻向〃であるとする真宗の教義にもとづいて、後人が付加したものであろう。『後世物語』のテキストとしては、やはり『定本』で底本とされた定専写本が古形を伝えると思われるからである。

(140)「よくよくこころうべし」については、本書、第三章、一六〇頁、四三一頁、註(71)参照。

(141)『親鸞用語索引』和漢撰述の部、「はらだち」「はらだつ」の項(三一三頁)参照。

(142)前註(130)(72)参照。

(143)本書、第三章、二〇七頁、四四一頁、註(142)参照。

(144)『親鸞(松野)』二五四—二五六頁参照。

(145)『浄全』十五、五九四頁上—五九五頁下。

(146)『隆寛浄土教』三四—三五頁参照。

(147)「自力念仏」「他力念仏」という語は、『散善義問答』の他の個所(『隆寛集』六〇頁下)にも見られる。

(148)後出の『具三心義』記述〔198〕中の言葉。

(149)「得聖衆現前大喜」を、その時点で〃来迎〃を受けることを意味すると解せば、上述したような〃摂取来迎〃説が成立するであろう。

(150)『浄全』一、七頁。

(151)『隆寛浄土教』二一五頁、二一七頁、二二九頁、二三八頁参照。

(152)『安楽集』巻上（『浄全』一、六九三頁上）からの引用。
(153)『往生礼讃』（『浄全』四、三七六頁上）からの引用。
(154)記述〔198〕でも「要」は、『唯信鈔』記述〔19〕の「〔ただ〕信心を要とす」の「要」と同様、〝必要〟を意味するであろう。なお、「必具三心」を力説する隆寛が、『選択集』の「三心者是行者至要也」（『昭法全』三三三頁）の「要」を〝必要〟の意味に解していることは、明らかであろう。石井教道氏も、この「至要」を、「どうしてもなくてはならぬ大切なもの」（『選択集全講』四三七頁）と説明している。ただし私は、「三心者是行者至要也」を、〝そっけない表現〟と見ている。何よりも〝称名正因〟説の確立を目指したと思われる法然が、〝三心〟を余り強調することはなかったと考えるからである。この点について、本書、第一章、二一—二四頁参照。
(155)『隆寛浄土教』二二八頁。
(156)同右、二二八頁参照。
(157)この点を了祥は、次のように説明している。
『滅罪義』ニハ、罪ノ滅スルハ一念十念ノ力カト問フテ、仏智光明ノ力ヂヤト他力ニ奪ツテ有ル。（『後世講義』一八頁下）
(158)『後世講義』八頁下—九頁上、一〇頁下参照。
(159)『隆寛浄土教』四七頁、『後世講義』九頁上参照。
(160)『観無量寿経』（『浄全』一、四八頁）からの引用。
(161)『観経疏』「散善義」（『浄全』二、六四頁上）からの引用。
(162)本書、第三章、記述〔148〕参照。
(163)同右、二四〇—二五三頁参照。
(164)『隆寛浄土教』一四二頁参照。
(165)本書、第三章、二二二—二三九頁参照。
(166)「たのもしけれとあおぐ」という表現については、了祥の詳しい説明（『後世講義』七七頁下—七八頁下）がある。
(167)『親鸞用語索引』和漢撰述の部、「ひとすじ」の項（三二二頁）参照。
(168)すでに本章（五五一—五五二頁）で述べたように、「かへすがへす」も、親鸞愛用の語である。
(169)中沢見明『史上之親鸞』洛東書院、一九三三年、七七頁参照。
(170)『隆寛浄土教』二〇一頁参照。
(171)本書、第三章、一四〇頁、一五五頁、一五九—一六〇頁参照。

(172)『無量寿経』の第十八願の願文（本書、第三章、記述(314)）からの引用。
(173)『阿弥陀経』の経文（本書、第一章、記述(9)に引かれたもの）(『浄全』一、五三—五四頁)の所説を指す。
(174)『観経疏』「散善義」（本書、第三章、記述(299)）からの引用。
(175)『観経疏』「散善義」(『浄全』二、六二頁上)からの引用。
(176)「三途のすもり」に類似した「生死のすもり」という語が、『捨子問答』第七問Ⓝと『後世物語』第六問ⓝに見られることに注意したい。本書、第三章、三二三頁参照。
(177)この点について、弁長の『末代念仏授手印』には、次のように言われている。
上人《ノ》曰《ク》、見二得《テ》此《ノ》文《ヲ》一之後、捨《テ》二年来所修之《ノ》雑行《ヲ》一、成《リキ》二一向専修之身《ト》一。(『浄全』十、二頁下)
また、『選択集全講』九五—九六頁参照。
(178)『往生礼讃』(『浄全』四、三五九頁下)からの引用。
(179)『後世録』一二頁上。
(180)『往生礼讃』の〝四修〟の説明(『浄全』四、三五五頁下)においては、「恭敬修」「無余修」「無間修」を説明して、三回にわたって、「畢命為期、誓不中止、即是長時修」という語が用いられている。つまり、善導において、〝四修〟は、すべて〝多念〟を意味するのである。
(181)『無量寿経』巻下の次の経文の傍線を付した部分の引用。
乃至一念、念《ジテ》二於彼《ノ》仏《ヲ》一、以《テ》二至誠心《ヲ》一、願《ズレバ》レ生《ゼント》二其《ノ》国《ニ》一、此人《ノ》臨終《ニ》、夢《ニ》見《テ》二彼《ノ》仏《ヲ》一、亦得二往生《ヲ》一。(『浄全』一、二〇頁)
(182)『無量寿経』巻下(『浄全』一、三五頁)からの引用。
(183)『往生礼讃』(『浄全』四、三六二頁上)からの引用。
(184)『往生礼讃』で、〝法の深信〟を説く記述（本書、第三章、記述(221)）の取意であろう。
(185)また、仮りに私の論証が誤っていて、これらの四文献は全て親鸞の著作ではないとすれば、親鸞は何故、他人の著作ばかりを関東の弟子達に書き送ったのであろうか。自著を書き送る方が、遙かに自然であったであろう。

〔F.M.作成〕

D．研究者

C．人　名

B．典　　籍

【ま】

【み】

索　引

A．引用テキスト中に現れる主要語句
B．典籍　C．人名　D．研究者

A．引用テキスト中に現れる主要語句

著者略歴

松本史朗（まつもと　しろう）

1950年　東京に生れる。
1973年　駒沢大学仏教学部仏教学科卒業。
1981年　東京大学大学院博士課程（印度哲学）満期退学。
現　在　駒沢大学仏教学部教授，博士（仏教学）。

著　書　『縁起と空――如来蔵思想批判――』（1989年，大蔵出版）
『仏教への道』（1993年，東京書籍）
『禅思想の批判的研究』（1994年，大蔵出版）
『チベット仏教哲学』（1997年，大蔵出版）
『道元思想論』（2000年，大蔵出版）
論　文　「仏教の批判的考察」
「Buddhism and Postmodernism」
「svabhāvapratibandha」等。

法然親鸞思想論

2001年2月10日　初版第1刷発行
2002年12月20日　初版第2刷発行

著　者　松　本　史　朗
発行者　鈴　木　正　明
発行所　大蔵出版株式会社
〒112-0015　東京都文京区目白台1-17-6
TEL. 03(5956)3291　FAX. 03(5956)3292
印刷所　㈱厚徳社・㈱興英文化社
製本所　㈱関山製本社

 ISBN 4-8043-0547-5 C3015